Giorgio Vasari

Das Leben des Michelangelo

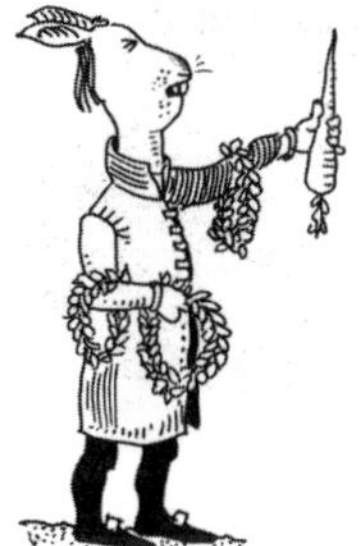

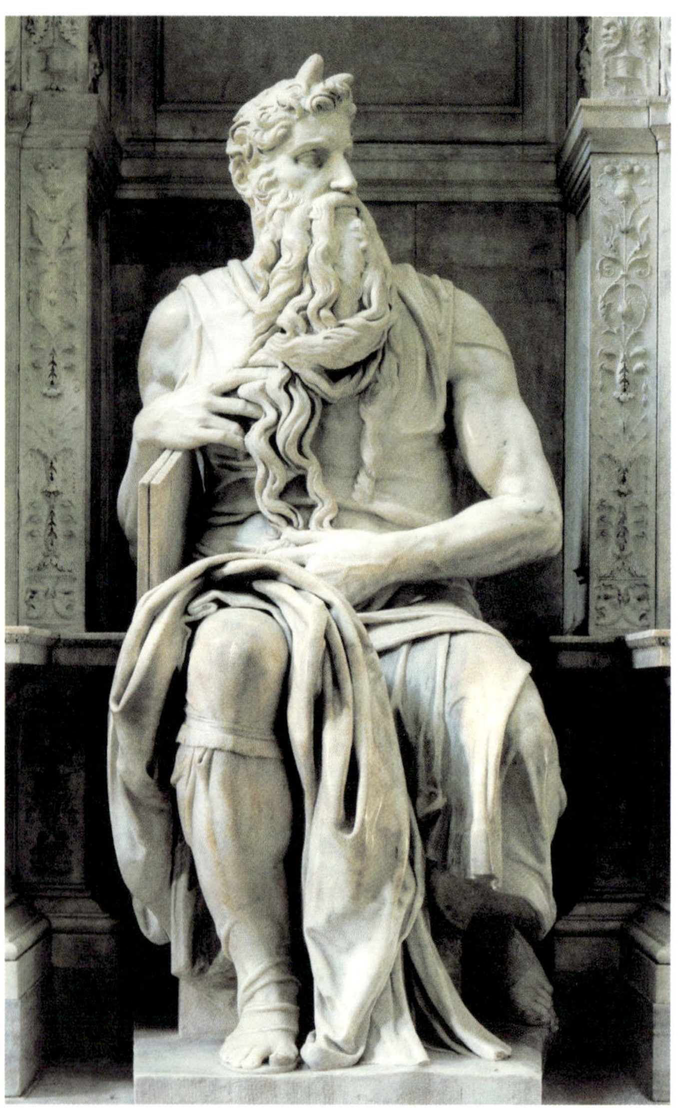

Moses. Rom, San Pietro in Vincoli, Juliusgrabmal

GIORGIO VASARI

DAS LEBEN DES MICHELANGELO

Neu übersetzt von Victoria Lorini
Herausgegeben, kommentiert und eingeleitet von Caroline Gabbert

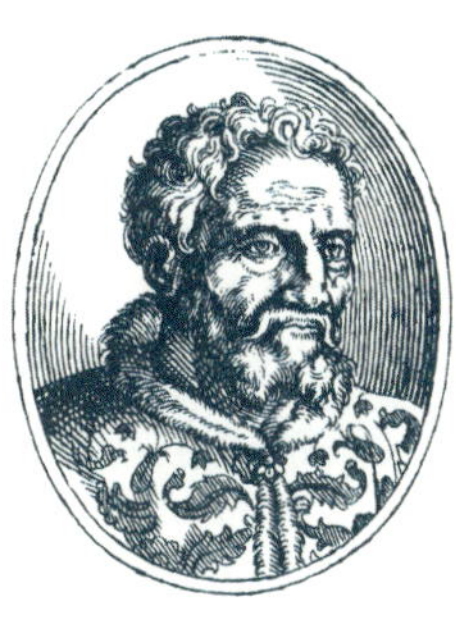

Verlag Klaus Wagenbach Berlin

Zu dieser Neuausgabe

Kaum ein anderes literarisches Werk hat auf die Kunstgeschichtsschreibung folgender Generationen einen so nachhaltigen Einfluß ausgeübt wie die von Giorgio Vasari (1511–1574) verfaßten und erstmals 1550 im Druck erschienenen *Lebensbeschreibungen der berühmtesten Maler, Bildhauer und Architekten*, die achtzehn Jahre später in einer revidierten und erweiterten Fassung noch einmal herausgegeben wurden. Heute ist das Hauptwerk Vasaris vor allem unter dem Titel *Le vite* bekannt.

Vasaris Text wurde in der Fassung von 1568 (nach der kritischen Ausgabe von Rosanna Bettarini und Paola Barocchi) neu übersetzt – textgetreu, ungekürzt und vollständig auch da, wo Vasari sich zu wiederholen scheint.

Eine Einführung stellt die jeweilige Künstlervita vor. Der Anmerkungsapparat behandelt nicht nur die jeweiligen kunsthistorischen, literarischen und zeitgeschichtlichen Aspekte auf neuestem wissenschaftlichem Stand, sondern benennt auch die heutigen Standorte (und Zustände) der Kunstwerke, die wichtigsten Abweichungen gegenüber der ersten Ausgabe der *Vite* sowie die uns heute bekannten Lebensdaten des Künstlers. Jeder Band enthält außerdem Abbildungen der wichtigsten Kunstwerke, die von Vasari erwähnt wurden.

Herausgegeben von Alessandro Nova
mit Matteo Burioni, Katja Burzer und Sabine Feser

Der Verlag dankt Constanze Korb für die Durchsicht des Manuskripts.

Inhalt

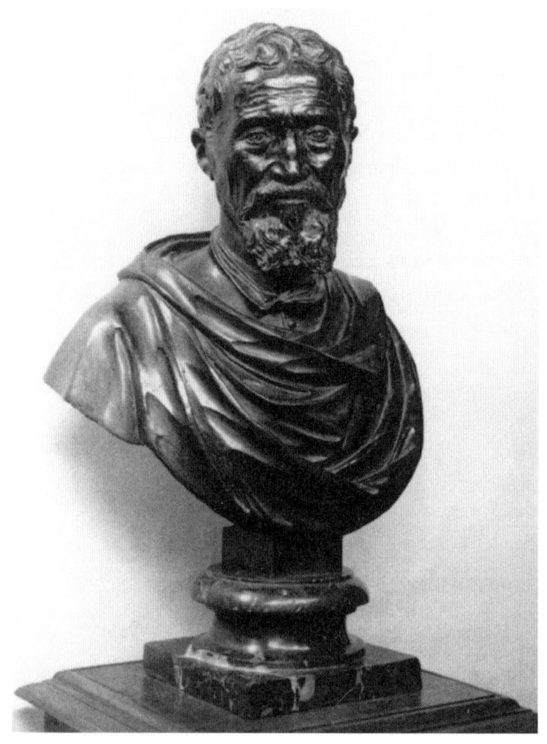

Daniele da Volterra und Giambologna (?): Porträtbüste Michelangelos nach der Totenmaske. Florenz, Casa Buonarroti

Einleitung

Die Lebensbeschreibung Michelangelos aus der zweiten Edition der *Vite de' più eccellenti pittori, scultori e architettori* Giorgio Vasaris von 1568 ist die umfangreichste Vita des gesamten Werkes. Die erste Version der Michelangelo-Vita hatte Giorgio Vasari wahrscheinlich ab 1542[1] verfaßt, als er zwar ein vielbeschäftigter, aber nicht fest an einen Hof oder Auftraggeber gebundener Maler und Architekt war. Bereits diese erste Fassung, die 1550 in der ersten Ausgabe der *Vite* gedruckt wurde, stellte die bis dahin umfassendste Schilderung des Lebenslaufs des Künstlers dar. Andere Biographien, wie die 1527 in Latein verfaßte *Michaelis Angeli Vita* des Historikers Paolo Giovio (*1483 oder 1486 Como – † 1552 Florenz) oder Beschreibungen seiner Werke, beispielsweise im *Codex Magliabechiano*[2], waren wesentlich kürzer gefaßt und wurden im 16. Jahrhundert nur von einem eingeschränkten Leserkreis rezipiert.

Innerhalb der ersten Edition der *Vite* präsentierte Vasari die Lebensbeschreibung Michelangelos als Höhepunkt seiner in drei Epochen unterteilten Geschichte der Künstler. Zudem war Michelangelo als einziger noch lebender Künstler aufgenommen worden, so daß sich zum Zeitpunkt der Veröffentlichung seine Vita mit der Vollendung der Kunstentwicklung gleichsetzen ließ.

In der zweiten Edition der *Vite*, die 1568 in Florenz durch den Verleger Jacopo Giunti publiziert wurde, veränderte Vasari die inhaltliche Struktur, indem er zahlreiche Lebensbeschreibungen, unter anderem die Vita Michelangelos, überarbeitete und erweiterte. Auch fügte er neue Künstlerbiographien hinzu, darunter seine eigene. Wahrscheinlich begann er bereits in der zweiten Hälfte der 1550er Jahre mit Redaktions- und Rechercheearbeiten, für die er 1566 eine Reise nach Rom sowie durch Mittel- und Oberitalien unternahm.[3] Die Vita Michelangelos erfuhr dabei die vielleicht grundlegendste Umarbeitung aller Künstlerbiographien, wie der um das Zweieinhalbfache gewachsene Umfang zeigt. Daß diese Lebensbeschreibung jedoch nicht nur aufgrund ihres Umfangs, sondern auch inhaltlich eine Besonderheit darstellt, läßt sich an der Veröffentlichung eines Sonderdrucks der Vita ablesen, die vor oder parallel zur Veröffentlichung der Gesamtausgabe der zweiten *Vite*-Edition erfolgte. Unter dem Titel *La Vita del gran Michelagnolo* erschien die Lebensbeschreibung Michelangelos mit einem eigenen Titelblatt und mit einer von der Gesamtausgabe der *Vite* abweichenden Widmung [siehe Appendix].

Daß Vasari in der 1568er Edition der *Vite* eine in zahlreichen Passagen völlig neue Fassung von Michelangelos Lebensbeschreibung präsentierte, ist nicht allein dem langen Leben des Künstlers geschuldet, der 1564 im Alter von fast 89 Jahren starb und bis zu seinem Lebensende überaus produktiv war. Für Vasaris Erweiterungen und Umarbeitungen lassen sich verschiedene Gründe anführen: So war Vasari, als er die erste Version der Vita niederschrieb, offenbar unzureichend über einige Werke Michelangelos informiert, wie beispielsweise die Darstellung der Auftragshistorie des Juliusgrabmals zeigt. Als Reaktion auf die erste Edition der *Vite* wurde 1553 eine weitere Lebensbeschreibung Michelangelos publiziert, verfaßt von dem Maler Ascanio Condivi (*1525 Ripatransone – †1574 ebenda), der wahrscheinlich von Michelangelo dabei unterstützt wurde. Condivi veröffentlichte in seiner *Vita di Michelagnolo Buonarroti* also Informationen aus erster Hand und korrigierte auf diese Weise Vasaris Darstellung. Infolge dieser Kritik übernahm Vasari in seiner zweiten Fassung der Vita zahlreiche Passagen aus Condivis Text.

Neben Auszügen aus Condivis Vita fügte er weitere schriftliche Quellen sowie Informationen von Gewährsleuten, die Michelangelo persönlich verbunden waren, in die Vita ein. Vasaris Recherchen kam dabei seine in der Zwischenzeit verbesserte soziale Position zugute. Als Hofkünstler und -architekt der Medici zählte er seit 1555 zu den wichtigsten Figuren im Herzogtum Toskana, was ihm die Kontaktaufnahme zu Literaten, Geistlichen oder Weggefährten Michelangelos sowie zum Künstler selbst erleichtert haben mag. Vasari suchte in den 1550er Jahren den persönlichen und brieflichen Austausch mit Michelangelo. Indem er Briefe Michelangelos im Text der Vita zitiert, werden seine Absicht, die Authentizität seiner Überlieferung zu demonstrieren, und seine starke Identifikation mit dem Künstler erkennbar.

Zudem spiegelte sich Vasaris Position im Text der Vita insofern wider, als er die Arbeit Michelangelos mit der Kunstpolitik seines Dienstherren, Cosimo I. de' Medici (*1519 Florenz – †1574 ebenda), verknüpfte. Augenfällig wird dies durch Vasaris Assoziation des Lebens und der Werke Michelangelos mit der von Cosimo 1563 gegründeten Accademia del Disegno. Auch die kunsttheoretischen Diskussionen der Mitglieder der Accademia, an denen Vasari beteiligt war, wirkten sich auf seine Beschreibungen der Kunstwerke Michelangelos aus. Auf diese Weise bildet die Vita ein chronologisches Gerüst, das mit Vasaris kunsttheoretischen Interessen eng verwoben ist. Sie vermittelt eine anschauliche Vorstellung von den Normen und Bedingungen der florentinischen Kunstkritik und vom Ideal des Künstlers in einer Epoche, die künstlerisches Schaffen als intellektuelle Betätigung nobilitierte.

Vasaris Überlieferung kanonisierte über mehrere Jahrhunderte die Vorstellung vom Leben und Werk Michelangelos. Nicht nur aufgrund der erzählerischen Qualitäten, sondern auch durch das von Vasari arrangierte Konvolut von Quellen stellt die Vita einen Höhepunkt der Kunsthistoriographie der Frühen Neuzeit dar. Wegen dieser Vielschichtigkeit ist sie immer noch ein wichtiger Bezugspunkt der Michelangelo-Forschung.

Giorgio Vasari und Michelangelo Buonarroti: Austausch und Positionsbestimmung zwischen Biograph und Künstler

Als die erste Edition der *Vite* im Sommer 1550 gedruckt vorlag, entschloß sich Vasari, Michelangelo persönlich ein Exemplar zu übereignen. Obwohl Vasari behauptete, daß er bereits vor der Drucklegung den direkten Austausch mit Michelangelo gesucht habe, kann seine Gabe als Beginn eines regelmäßigen Kontakts zwischen den beiden Künstlern angesehen werden.

Michelangelo reagierte, indem er ein Sonett[4] verfaßte und einen Brief an Vasari schrieb.[5] In seiner gewundenen und äußerst ambivalenten Rhetorik mischen sich spöttische Ironie und Lob für Vasaris Leistung auf kaum unterscheidbare Weise. Überdies äußerte Michelangelo seine Kritik an Vasaris Darstellung mit der Hilfe Ascanio Condivis. Im Vorwort seiner 1553 erschienenen *Vita di Michelagnolo Buonarroti* kritisierte Condivi, ohne Vasari namentlich zu nennen, die falschen und mangelhaften Angaben über das Leben und die Werke des Künstlers, die von anderen Autoren verbreitet worden waren.[6]

Condivi, der in seinem Heimatort Ripatransone in den Marken zum Maler ausgebildet worden war, lebte seit Mitte der 1540er Jahre in Rom. Dort hielt er sich im Umkreis der sogenannten *fuorusciti* auf, der politischen Gegner Cosimo I. de' Medicis,[7] und arbeitete möglicherweise eine Zeitlang als Gehilfe Michelangelos, was seine Behauptung bestätigen würde, daß er engen Kontakt zum Künstler hatte. 1554 kehrte er in seinen Heimatort zurück und heiratete 1555 eine Nichte des römischen Gelehrten Annibale Caro (*1507 Civitanova – †1566 Rom). Über die Umstände der Entstehung von Condivis Michelangelo-Vita läßt sich nichts Sicheres sagen. Da es sich um Condivis einzige kunsthistorische Publikation handelt, ist es wahrscheinlich, daß Michelangelo diese billigte oder sogar beauftragte, um Vasaris Darstellung zu korrigieren, und Annibale Caro möglicherweise dabei editorische Unterstützung leistete.[8] Jedenfalls legt Condivis Perspektive auf Leben und Werk Michelangelos nahe, daß er seine Informationen vom Künstler selbst erhielt. So weist er erstmals auf die vermeintlich adlige Herkunft Michelangelos hin, gibt zahlreiche Anekdoten zu seinen Werken wieder und schildert seine Arbeit für Piero de' Medici, seine Flucht nach Bologna sowie die Anfertigung eines *Amor* für Kardinal Riario und weitere Aufträge, von denen Vasari keine Kenntnis hatte. Auch die umfangreiche Beschreibung des Entwurfs für das Juliusgrabmal einschließlich der gescheiterten Ausführung und der weiteren verzweigten Auftragshistorie wird erstmals von Condivi veröffentlicht und zur »Tragödie des Juliusgrabmals« stilisiert.[9]

Die erhaltenen Briefe Michelangelos und Vasaris, die weiteren Aufschluß über das Verhältnis zwischen Biograph und Künstler geben, datieren in die zweite Hälfte der 1550er Jahre. Aus ihnen läßt sich ablesen, daß der Kontakt zwischen beiden von gegenseitiger Höflichkeit und Freundlichkeit geprägt war. Da Briefe in der Frühen Neuzeit keinen rein privaten Charakter besaßen, ist es wahrscheinlich, daß sowohl Vasari als auch Michelangelo sich der Tatsache bewußt waren, daß ihre Korrespondenz nicht nur vom jeweiligen Adressaten, sondern auch von Dritten gelesen und – im Fall Vasaris – publiziert werden konnten. Obwohl es in den Briefen auch um Angelegenheiten geht, die heute als privat angesehen werden, wie beispielsweise Michelangelos Stolz über die Geburt seines Großneffen Buonarroto, handelt es sich um eine Form der Selbstdarstellung und der strategischen Kommunikation, unter anderem mit dem florentinischen Hof. Wortlaut und Inhalt der Briefe sind daher auch auf eine öffentliche Wirkung angelegt. Vasari wirbt beispielsweise in seinen Briefen um Anerkennung für seine Arbeit, während Michelangelo die Fehlgriffe seiner Gehilfen beklagt, die auf der Baustelle von Neu-Sankt Peter zusätzliche Kosten und Zeitverluste verursachten. Vasari trat in seinen Briefen zudem als Vermittler Cosimo I. de' Medicis auf und versuchte in dessen Auftrag, den Künstler zur Rückkehr nach Florenz zu bewegen. Michelangelo wehrte diese Vereinnahmung durch die Kunstpolitik des Großherzogs ab, indem er auf seine Verpflichtungen in Rom verwies oder sein Alter und die damit einhergehenden Gebrechen anführte.[10]

Als Quellen für die Überarbeitung der Vita nutzte Vasari die verschiedenen an ihn gerichteten Briefe Michelangelos über den Neubau von Sankt Peter und die Bibliothek von San Lorenzo[11], überdies die Michelangelo-Vita Condivis und einen weiteren anonymen Traktat über die *Esequie del Divino Michelagnolo Buonarroti*, eine Beschreibung der 1564 abgehaltenen Trauerfeierlichkeiten für Michelangelo in Florenz. Dabei zitierte oder paraphrasierte er jeweils vollständige Passagen, so daß die zweite Edition der Lebensbeschreibung Michelangelos an manchen Stellen wie ein heterogenes Konvolut erscheint. Sein Umgang mit der Vita Condivis ist jedoch ein Beispiel dafür, daß es sich bei dieser Vereinnahmung und Verdopplung der verschiedenen Texte nicht um eine unoriginelle Kopie oder gar um ein Plagiat im modernen Sinn handelt, sondern daß Vasari auf diese Weise seine Quellen interpretierte. Die Tatsache, daß er sich selbst in manchen Passagen als Ich-Erzähler einschaltet, könnte darauf hinweisen, daß er sich als Augenzeuge für die Authentizität seiner Überlieferung verbürgen und damit gleichzeitig die Deutungshoheit über das Leben Michelangelos reklamieren wollte.

Vasari übernahm Condivis Vita nicht in vollem Umfang, sondern verwendete daraus unter anderem Details zu Michelangelos Arbeit während des republikanischen Aufstands in den 1520er Jahren in Florenz, Informationen zu den Gemälden der vatikanischen Cappella Paolina sowie zahlreiche Anekdoten. Wo Condivi jedoch beispielsweise zugunsten Michelangelos historische Fakten ignoriert, weil er ein bestimmtes Image des Künstlers transportieren will, wie im Fall der Behauptung, Michelangelo habe sich sämtliche Kenntnisse in Malerei, Bildhauerei und Architektur autodidaktisch angeeignet, zitiert Vasari den Lehrvertrag, um Condivis Angabe als fehlerhaft darzustellen. Auch beschreibt er die *Brutus*-Büste, die von Condivi verschwiegen wird. Den Urheber dieser Textabschnitte nennt Vasari jedoch nicht namentlich und reagiert somit entsprechend auf die Kritik Condivis.

Während Condivi in seiner Michelangelo-Vita dem Schema einer Chronik folgt und den Künstler für einen »Gefangenen«[13] der verschiedenen Päpste hält und seine Mühen (*fatiche*) betont, vermittelt Vasari ein ganz anderes Bild von dem Leben und den Werken Michelangelos. Bereits in der ersten Fassung hatte er Michelangelo zum ›göttlichen‹ Künstler stilisiert und behielt dies in der zweiten Edition bei.[14] Indem er am Ende der Vita Aussprüche und Sentenzen Michelangelos einfügte, die er zum Teil von Condivi übernahm, zeigt er die Weisheit und den Witz des Künstlergenies und charakterisierte dessen höfische Gewandtheit, die ein Gegengewicht zu seiner göttlichen Inspiration bilden sollte. Ein solches literarisches Porträt, das durch die in der Vita überlieferten Dialoge historischer Persönlichkeiten ergänzt wird, ist innerhalb der gesamten *Vite* einzigartig. Das Stilmittel der wörtlichen Rede ist dabei ein wesentliches Element, das Vasari nutzt, um den erzählerischen Spannungsbogen zu verstärken.[15]

Vasaris Überarbeitung der Vita umfaßte darüber hinaus Beschreibungen der ab der zweiten Hälfte der 1540er Jahre neu entstandenen Skulpturen und der Bauprojekte, wie beispielsweise die Baugeschichte von Neu-Sankt Peter, zu der auch die detaillierte Beschreibung des Kuppelmodells gehört.

Bei der Recherche zu den Werken Michelangelos wurde Vasari wie bereits während der Arbeit an der ersten Edition von etlichen befreundeten Literaten und Humanisten unterstützt, die größtenteils Mitglieder der Accademia Fiorentina oder der Accademia del Disegno waren. Der Anteil der jeweiligen Gelehrten an den *Vite* und der Lebensbeschreibung Michelangelos ist schwer einzuschätzen. Bekannt ist, daß Vincenzo Borghini (*1515 Florenz – †1580 ebenda) Vasari in verschiedener Hinsicht bei der Redaktion der Texte zur Seite stand. Möglicherweise schrieb Borghini auch den bereits erwähnten Traktat über die Trauerfeierlichkeiten für Michelangelo in Florenz, den Vasari in die zweite Edition der Vita einarbeitete. Pier Francesco Giambullari (*1495 Florenz – †1555 ebenda), Kustode der Biblioteca Laurenziana, sowie der florentinische Gelehrte Cosimo Bartoli

(*1503 Florenz – †1572 ebenda) vermittelten Vasari wahrscheinlich wichtiges Hintergrundwissen zu den Werken Michelangelos in Florenz.[16] Zudem könnte Vasari von Giovan Francesco Fattucci, einem langjährigen Freund Michelangelos, der sich als Geistlicher in Florenz und Rom im Umkreis Giulio de' Medicis bewegte, dem späteren Papst Clemens VII., Hinweise zur Auftragshistorie der Fresken der Sixtinischen Kapelle, des Juliusgrabmals und anderer Werke erhalten haben.[17]

Weiterhin ist bekannt, daß Vasari den Neffen und Alleinerben Michelangelos, Leonardo Buonarroti (*1519 Florenz – †1599 ebenda), darum ersuchte, ihm Informationen über den Bau von Sankt Peter aus dem Nachlaß Michelangelos zukommen zu lassen.[18] Wahrscheinlich vermittelte auch Sebastiano Malenotti, der auf der Baustelle von Neu-Sankt Peter arbeitete und gleichzeitig eine Art Diener oder Sekretär Michelangelos war, wissenswerte Details zu dessen Architekturprojekten in Rom.[19] Daniele da Volterra (*1509 Volterra – †1566 Rom) und Tiberio Calcagni (*1532 Florenz – †1565 Rom) hätten Vasari ebenfalls Auskunft zu Michelangelos römischen Werken geben können. Beide hatten entweder dank der Vermittlung Michelangelos Aufträge erhalten oder unter seiner Leitung gearbeitet. Daniele da Volterra war so eng mit Michelangelo befreundet, daß er als Zeuge die Inventarisierung seines Nachlasses in dessen römischer Werkstatt beglaubigte und die Überführung von Michelangelos Leichnam nach Florenz organisierte.[20]

Vasaris Selbstinszenierung

Mit Hilfe der zahlreichen neuen Informationen zum Leben und Werk Michelangelos gestaltete Vasari bei seiner Überarbeitung der Vita eine facettenreiche und chronologisch geordnete Erzählung. Dadurch, daß er selbst als Ich-Erzähler auftritt, stellt er den Zusammenhang zwischen einzelnen Ereignissen her. Dabei weicht er in seiner Erzählung bisweilen von den historischen Fakten ab. Indem Vasari seinen persönlichen Kontakt zu Michelangelo schildert, dessen Briefe an ihn zitiert und Redewendungen oder Aphorismen des Künstlers überliefert, inszeniert er sich selbst als Mittler zwischen Auftraggeber und Künstler, als Schüler und Verwalter des künstlerischen Erbes Michelangelos sowie als Kenner und Sammler seiner Werke.[21] Vasaris eigene Lebensbeschreibung, die er in der zweiten Edition der *Vite* erstmals veröffentlichte, wirkt dagegen wie eine nüchterne Bilanz seines künstlerischen Schaffens. Sie ist dabei gleichwohl als Äußerung seines Strebens nach *gloria* und *immortalitas* zu verstehen, eingeschränkt durch den christlichen Verhaltenskodex von Tugend und Laster.[22] Diese Absicht liegt zwar auch seiner Selbstinszenierung innerhalb der Michelangelo-Vita zugrunde, jedoch steht das Erzählerische dort im Vordergrund.

Ausgehend von der falschen Behauptung, er sei in seiner Jugend ein Schüler Michelangelos gewesen, was er sowohl in der Vita Francesco Salviatis als auch in der Michelangelo-Vita erwähnt, präsentiert sich Vasari als einzig legitimer Nachfolger des von ihm bewunderten, allseits begabten Künstlers. So schildert er zum Beispiel seine eigene Erfindungsgabe beim Einsatz von Arbeitstechniken und assoziiert auf diese Weise seine künstlerische Tätigkeit mit der seines Vorbilds. Vasari konzipiert damit den Lebenslauf Michelangelos als Entsprechung zu seiner eigenen Leistung als Hofkünstler in den Diensten der Medici. Er versäumt es auch nicht, Michelangelos wohlwollendes Urteil über seine Bau- und Dekorationsprojekte in Florenz zu erwähnen.[23] Sicherlich hatte Vasari dabei die Mitglieder der Accademia del Disegno als Leser im Sinn, vor denen er auf diese Weise sein Ansehen steigern wollte.

Teil seiner Selbstinszenierung ist auch, den verschiedenen Gehilfen Michelangelos die Fähigkeit oder Bereitschaft zu dessen Nachfolge mit der Begründung abzusprechen, daß es ihnen an *disegno* fehle. Erhaltene Studienblätter zeigen, daß Michelangelo seinen Lehrlingen und Gehilfen zwar Vorlagen zum Zeichnen an die Hand gab, dabei aber häufig genug seine eigene Meisterschaft und Schnelligkeit demonstrierte, verbunden mit der Aufforderung zur stetigen Übung.[24]

Der handwerkliche Aspekt des Übens als elementarer Bestandteil der künstlerischen Ausbildung entspricht eigentlich Vasaris didaktischem Konzept, das er in der zweiten Ausgabe der *Vite* am Beispiel Raffaels sowie in den Lebensläufen der Raffael-Schüler betont.[25] Demnach bedarf es zur Herausbildung des künstlerischen Urteils eines praktischen Trainings, vermittelt durch künstlerische Vorbilder, Anatomie- oder Antikenstudien. Dadurch erlernt der angehende Künstler verschiedene Stilarten sowie die perfekte Naturnachahmung und findet schließlich zur Ausprägung der künstlerischen Urteilsfähigkeit (*giudizio*) und zu seinem eigenen Stil (*maniera*).[26] Der Aneignung einer *maniera* durch künstlerische Studien steht der *paragone*, der Wettstreit zwischen Künstlern oder verschiedenen Künsten, als Entwicklungsmotor und geschichtsmächtiges Prinzip gegenüber.[27] Durch die Betonung der Nähe von Michelangelos *disegno* zur göttlichen Inspiration drängt Vasari den Aspekt einer künstlerischen Didaktik in dessen Vita in den Hintergrund und widerspricht damit seinem eigenen Grundsatz, sich *giudizio* und *disegno* mittels Übung anzueignen. Ausgehend von Michelangelos Vita sind beide Eigenschaften als intellektuelle Fähigkeiten zu verstehen, die nur bis zu einem gewissen Grade erlernt oder trainiert werden können.

Das Mäzenatentum der Medici und Florenz als Zentrum der Künste

Indem Vasari sich in der Vita als Vermittler bei der Fertigstellung einiger Projekte Michelangelos in Florenz inszeniert, stellt er einen Zusammenhang zwischen dem Lebenslauf des Künstlers und dem Mäzenatentum Cosimo I. de' Medicis her, den es realiter jedoch nicht gab. Vasari rekonstruiert eine Genealogie der herausragenden Förderer und Auftraggeber Michelangelos aus der Familie der Medici, die von Lorenzo de' Medici über Papst Leo X. bis hin zu Clemens VII. reicht. Michelangelos tatsächliche Position gegenüber den Medici wird von Vasari vollständig übergangen. Nur aus der historischen Rahmenhandlung erschließt sich, daß der Künstler, der während des Aufstands gegen die Medici die republikanischen Parteigänger unterstützt hatte, nach Wiedereinsetzung der mediceischen Herrschaft und dem Tod seines Mäzens, Papst Clemens VII., im Jahr 1534 aus Angst vor Repressalien nach Rom übersiedelte und nie mehr nach Florenz zurückkehrte.

Vasari präsentiert Michelangelo ungeachtet dessen als Vorbild und Patron der jungen florentinischen Künstler, der dem Herrscher von Florenz und Begründer der Accademia del Disegno, Cosimo I. de' Medici, durch die Souveränität seiner künstlerischen Leistung ebenbürtig ist. Dieser Aspekt kommt in der Vita auch in der vollständig übernommenen Beschreibung des Katafalks und der Organisation der Trauerfeierlichkeiten für Michelangelo aus dem Traktat *Esequie del Divino Michelagnolo Buonarroti* zum Ausdruck. Neben diesem Traktat, der die offizielle Lesart der von Herzog Cosimo I. genehmigten Feierlichkeiten wiedergab, wurden im Umkreis der Accademia del Disegno zwei weitere Leichenreden von Lionardo Salviati und Giovanni Maria Tarsia sowie eine Anthologie mit Lobgedichten publiziert.[28] Indem Vasari den Exequien-Traktat zitiert, erweist er seinem Dienstherrn eine weitere Reverenz und unterstreicht zugleich die Bedeutung der Akademie für die kunsttheoretischen Diskussionen um die Gleichrangigkeit von Architektur, Malerei und Bildhauerei. Denn im Untertitel des Traktats ist von der *Accademia de' Pittori, Scultori et Architettori* die Rede, womit klargestellt ist, daß in der Accademia del Disegno neben Malern und Bildhauern auch Künstlerarchitekten Mitglieder sein konnten, sofern sie den *disegno* beherrschten.[29] Die Reihenfolge der verschiedenen Kunstgattungen, die Vasaris kunsttheoretischen Modifikationen in der zweiten Ausgabe der *Vite* entspricht, schlägt sich auch im Titel der 1568er Edition nieder.[30] Auf diese Weise verflicht Vasari die überragende künstlerische Bedeutung Michelangelos als personifizierter Genius des *disegno* mit der Repräsentation des Herzogtums Toskana, das er zum Zentrum und Ursprung der bedeutendsten italienischen Künstler stilisiert.

Wie bereits erwähnt, verbreitete Vasari die Vita Michelangelos vor oder parallel zur Veröffentlichung der zweiten *Vite*-Edition als separaten Sonderdruck. Dieser erschien wie die gesamten *Vite* im Verlag Jacopo Giuntis mit einem eigenen Frontispiz und einer von der Gesamtausgabe der *Vite* abweichenden Widmung an Alessandro de' Medici (*1536 Florenz – †1605 Rom) unter dem Titel *La Vita del gran Michelagnolo* [siehe Appendix]. Gestaltung und Inhalt des Titelblatts und der Widmung erlauben es, weitere Rückschlüsse auf die Sonderstellung der Vita Michelangelos innerhalb des Gesamtwerks zu ziehen. Wie viele Exemplare der separaten Vita gedruckt wurden, kann heute nicht mehr ermittelt werden.

Für das Titelblatt des Sonderdrucks ließ Vasari sich mit dem Beinamen »der Große« einen neuen Ehrennamen für Michelangelo einfallen, der bisher stets wie auch anläßlich der 1564 in Florenz abgehaltenen Trauerfeierlichkeiten als »divino« angesprochen wurde.[31] Der Bericht über die Trauerfeierlichkeit und der Sonderdruck stehen so in einem engen, wechselseitigen Verhältnis, da Staatsbegräbnis und das Epitheton »der Große« bisher Herrschern vorbehalten waren. Diese Erinnerungsschrift schildert die Überführung des Leichnams Michelangelos von Rom nach Florenz, beschreibt die Motive des Katafalks und zitiert die Korrespondenz zwischen Cosimo I. de' Medici und seinem Stellvertreter in der Accademia del Disegno, Vincenzo Borghini, der auch als Autor des Traktats gilt. Der Sonderdruck, der durch seine Widmung auf den 6. Februar 1567 datiert werden kann, enthält den Bericht der Trauerfeierlichkeiten in vollem Umfang und annonciert diesen Umstand bereits auf dem Titelblatt. Ihr Adressat, Alessandro de' Medici, der Sohn Ottaviano de' Medicis (*1482 Florenz – †1546 ebenda), einer der ersten Auftraggeber und Förderer Vasaris, war zu diesem Zeitpunkt als diplomatischer Gesandter Cosimo I. de' Medicis an der römischen Kurie tätig. Vasari huldigte so dem Nachkommen seines früheren Auftraggebers und gleichzeitig seinem herzöglichen

Dienstherrn, Cosimo I. de' Medici. Zudem verweist er mit seiner Widmung auf die Verbindung zwischen der Medici-Linie Ottavianos und Alessandros und Michelangelo, der Taufpate von Alessandros Bruder Bernardetto († nach 1576 Ottaviano) war. Er erschuf also gezielt ein familiäres und mäzenatisches Beziehungsnetz, das den herausragenden Künstler Michelangelo, die Medici und ihn selbst miteinander verknüpft. Mit dieser Selbstdarstellung verbürgt sich Vasari in diesem Fall für die Aktualität der Vita, indem er seine Rolle als Augenzeuge und Teilhaber am Lebenslauf des bedeutenden Künstlers in den vorangegangenen fünfzehn Jahren betont. Da die Widmung keine Seitenzahlen besitzt, die Paginierung des Sonderdrucks jedoch mit jener in der Lebensbeschreibung Michelangelos in den *Vite* identisch ist, druckte Jacopo Giunti offenbar einfach zusätzliche Exemplare der bereits für die *Vite* gesetzten Seiten. So war der Sonderdruck ein kostengünstig hergestelltes Nebenprodukt der monumentalen, zweiten Ausgabe der *Vite*, der ohne Zweifel auch das Interesse für das Gesamtwerk wecken half.

Denkbar ist daher, daß die mutmaßlich von Borghini verfaßte und ebenfalls von Jacopo Giunti herausgegebene Beschreibung der Exequien zum Zeitpunkt der Drucklegung der Michelangelo-Vita um 1567/68 vergriffen war. Vasari hätte somit den noch immer gefragten Text in die Vita Michelangelos integriert, um an dieses außergewöhnliche gesellschaftliche und mediale Ereignis zu erinnern. Weil noch nie zuvor einem Künstler fürstliche Exequien zuteil geworden waren,[32] stellten die Bestattungsfeierlichkeiten für Michelangelo einen wegweisenden Präzedenzfall innerhalb der höfischen Gesellschaft von Florenz dar. Mit dem Hinweis auf Borghinis Beschreibung der Trauerfeierlichkeiten, in der die Accademia del Disegno zum Inbegriff der von Herzog Cosimo geförderten Kunst stilisiert worden war, sicherte sich Vasari die notwendige Aufmerksamkeit des mediceischen Hofes und der Akademiemitglieder. Durch diese Huldigung an das Mäzenatentum Cosimos und die Accademia del Disegno als Institution der kunsttheoretischen Diskussionen hob er zudem Fürst und Akademie als elementare Faktoren seiner Kunsthistoriographie hervor. Dies wird durch Vasaris Bemerkung bestätigt, daß diejenigen Leser, die sich die vollständige Ausgabe der *Vite* nicht leisten könnten, mit dem Sonderdruck der Biographie des bekanntesten florentinischen Künstlers sozusagen das Gesamtwerk *pars pro toto* erhielten. Indem Vasari mit dem Sonderdruck die 1568 noch nicht bekannte literarische Form der Künstlermonographie vorwegnahm,[33] in welcher Künstlerbiographie, Mäzenatentum und eine akademische Kunsttheorie zur Synthese gelangen, wird die *Vita del gran Michelagnolo* zum Schlüsseltext der gesamten Ausgabe der *Vite*. Die Lektüre der Michelangelo-Vita ermöglichte es nach Vasaris Verständnis, die Gesamtentwicklung der florentinischen Kunst zu erschließen.

Vasaris Kunsttheorie: Unterschiede zwischen der ersten und der zweiten Edition

Im Gegensatz zu Vasaris historischer Darstellung des Lebens Michelangelos ist davon auszugehen, daß seine kunsttheoretische Bewertung, die er in die Werkbeschreibungen der Vita einfließen ließ, der Position Michelangelos größtenteils entsprach. Bereits in der ersten Fassung der Vita bezog sich Vasari dabei unter anderem auf die *Due lezzioni* (Florenz 1549) des Philosophen Benedetto Varchi (*1503 Florenz – †1565 Montevarchi). An dieser Diskussion zur Rangfolge der Künste, dem sogenannten *paragone*, waren florentinische Literaten- und Künstlerzirkel beteiligt, die sich im Umkreis der Accademia Fiorentina bewegten. Auch Michelangelo kannte den Traktat, weil er wie auch Vasari an der von Varchi initiierten Umfrage teilgenommen und sich zu der Frage geäußert hatte, ob Malerei und Bildhauerei gleichrangige Künste seien. Varchi hatte Michelangelos Werke als Beispiele für die Gleichrangigkeit von Poesie und bildender Kunst angeführt.[34] Zumindest durch diesen indirekten Kontakt waren beide Künstler über die jeweilige kunsttheoretische Position des anderen informiert. Vasari signalisierte dies in seinem

Beitrag, indem er Michelangelos Meinung wiedergab und ausgehend davon vor allem die Bedeutung des *disegno* und der Naturnachahmung thematisierte.[35]

Der kunsttheoretische Perspektivwechsel Vasaris, der an den Werkbeschreibungen der zweiten Edition der Vita ablesbar ist, besteht in einer argumentativen Abschwächung bestimmter Stilmerkmale, die in Vasaris erster Fassung den absoluten Maßstab eines herausragenden *disegno* gebildet hatten und durch Michelangelos Werke repräsentiert wurden. Vasaris Anpassung der kunsttheoretischen Argumentation innerhalb der Vita Michelangelos entspricht allgemein den Veränderungen, denen die gesamte zweite Edition der *Vite* unterworfen wurde. Von außen betrachtet, können sie unter anderem auf Vasaris gesellschaftlichen Aufstieg zum Hofkünstler und seine Beteiligung an der 1563 durch Cosimo I. de' Medici gegründeten Accademia del Disegno zurückgeführt werden, und sie sind aufgrund der herausragenden Bedeutung der Lebensbeschreibung Michelangelos innerhalb der *Vite* dort besonders eindrücklich. Auch die oben dargestellte inhaltliche Erweiterung der Vita blieb nicht ohne Einfluß auf die kunsttheoretische Bewertung der Werke Michelangelos.

Vasaris Werkbeschreibungen sind in den Kontext der historischen und biographischen Ereignisse eingebettet. Dabei verbindet der Autor die kunsttheoretische Terminologie zur Bewertung von Entwurf und Ausführung eines Werks und das Künstlerlob mit hagiographischen Metaphern, die vermutlich dem Klima der Gegenreformation geschuldet sind. Indem Vasari, wie bereits ausgeführt wurde, auf die politische Repräsentation der Medici als Mäzene der florentinischen Künstler verweist, die Vita aber auch zur Selbstinszenierung nutzt, verdichten sich in manchen Passagen seine verschiedenen Intentionen derart, daß sich mehr als eine mögliche Lesart der entsprechenden Textstellen anbietet.

Die Neugewichtung der kunsttheoretischen Inhalte in der zweiten Edition der Vita besteht in einer stärkeren Betonung der Vorherrschaft des *disegno* im Verhältnis zur künstlerischen Praxis. Künstler, deren Werke nach Vasari vor allem durch handwerklich-technische Geschicklichkeit ausgezeichnet sind, fallen hinter diejenigen zurück, die durch die Außerordentlichkeit des geistigen Entwurfs glänzen. Ein Beispiel dafür gibt der Architekt Antonio da Sangallo der Jüngere.[36]

Aufgrund dieser Schwerpunktverschiebung relativiert Vasari die Dominanz des Begriffs *maniera*, der nicht mehr das Zentrum seiner historiographischen Darstellung bildet. Die erste Edition der *Vite* teilte die Kunst noch in drei Entwicklungsstufen auf – Beginn, Blütezeit und Reife – und stellte die Werke und damit die *maniera* Michelangelos als den End- und Höhepunkt der Entwicklung der toskanischen Kunst seit Giotto dar. Dagegen ließ Vasari in der zweiten Edition auf die Michelangelo-Vita weitere Lebensläufe folgen, darunter seine eigene Lebensbeschreibung, eine Sammelvita der Mitglieder der Accademia del Disegno sowie die Biographien nordalpiner Künstler.[37] Im Vergleich zur ersten Edition erfolgte damit eine Öffnung seines Epochenmodells, die auf der Folie der Gründung der Accademia del Disegno 1563, zu deren Ehrenvorsitzenden Michelangelo gekürt wurde, als konsequente Anpassung der Kunsthistoriographie erscheint: Die Entwicklung der Kunst findet zwar in Michelangelo weiterhin ihren Höhepunkt, ist aber noch nicht abgeschlossen.

Vasaris Darstellung der Ereignisse nach dem Tod Michelangelos veranschaulicht diese Veränderung: Als der Leichnam des großen Künstlers mehrere Wochen nach seinem Tod nach Florenz überführt wird, erleben die bei der Öffnung des Sarkophages anwesenden Mitglieder der Accademia del Disegno, daß der Körper des Künstlers noch nicht durch Verwesung entstellt ist. Zweifellos entlehnt Vasari dieses Motiv mittelalterlichen Heiligenlegenden und erhebt Michelangelo durch den Verweis auf die Unverweslichkeit des Leibes in den Rang eines christlichen Heiligen. Im Zusammenhang mit den Streitigkeiten innerhalb der Accademia del Disegno über die Frage nach dem Vorrang von Malerei oder Skulptur, die 1564 just während der Arbeiten an dem Katafalk für die Trauerfeier Michelangelos unter den Mitgliedern ausbrachen, stilisiert Vasari den Künstler zu einer unangreifbaren und einenden Identifikationsfigur dieser Institution. Vasari setzt Michelangelo, den im *disegno* und den drei Künsten universal begabten, künstlerisch und ökonomisch autonomen Künstler, als Patron dieses beherrschenden Prinzips der drei Künste ein. Unter diesem Patronat, orientiert am normativen, von Vasari immer wieder als ›göttlich‹ bezeichneten *disegno* Michelangelos, kann sich die florentinische Kunst weiterentwickeln, läßt sich die Kunstgeschichte – wie die nachfolgenden Biographien zeigen – fortschreiben.

Mit der Ausnahme, daß allein Giulio Romano und dessen Erfindungsgabe (*invenzione*) und *historia* in der 1550er Fassung als »niemandem nachrangig« bezeichnet wird, worin sich möglicherweise die kunsttheoretische Neugewichtung der zweiten Ausgabe andeutet,[38] präsentiert Vasari in der ersten *Vite*-Edition die Vollendung der Kunst durch die *maniera* Michelangelos. In der zweiten Edition charakterisiert er dann die *maniera* anderer Künstler, allen voran die *grazia* der Malerei Raffaels, als ebenso herausragend,[39] so daß die verschiedenen Spielarten der *maniera moderna* im Mittelpunkt stehen. Vasari läßt damit weitere Künstler neben Michelangelo treten, die den Stil des großen Meisters variieren. Augenfällig wird dies anhand von Vasaris Beschreibung des *Jüngsten Gerichts* in der Sixtinischen Kapelle, in welcher in der ersten Ausgabe der Vita sein Künstlerlob kulminiert. In der zweiten Fassung schränkt Vasari sein Lob des Freskos als Prüfstein für die Malerei der Vergangenheit, der Gegenwart und der Zukunft deutlich ein. In einer vor der Beschreibung eingefügten Passage hält er fest, daß Michelangelos Fresko zwar in der Komplexität der Körperdarstellungen und deren Vollendung unübertroffen sei, Farbgebung, Phantasie und Lieblichkeit des Kolorits jedoch von anderen Malern besser verwirklicht worden seien. Vasaris Argumentation wurde in diesem Punkt durch die Kunstkritik Pietro Aretinos und Ludovico Dolces beeinflußt. In dem fiktiven *Dialogo della pittura intitolato l'Aretino* (Venedig 1557) begründete Dolce seine höhere Wertschätzung der Malerei Raffaels gegenüber jener Michelangelos. Vasari reagierte in der Vitenausgabe von 1568 auf diese kunsttheoretische Diskussion und erkannte der Anmut (*grazia*), dem Kolorit (*colorito*) und der Lieblichkeit (*vaghezza*) der Werke Raffaels die gleiche Wertschätzung zu wie der Schwierigkeit (*difficoltà*) und der Stärke und Energie (*terribilità*) Michelangelos.

Darüber hinaus stellte Vasari in der zweiten Fassung die Rolle Michelangelos als Architekt stärker heraus, was sich an der neu hinzugekommenen Beschreibung des ersten Entwurfs des Juliusgrabmals und an der detailreich geschilderten Baugeschichte von Neu-Sankt Peter ablesen läßt, einschließlich der Beschreibung des Kuppelmodells. Die Elogen auf diese Werke, bei denen Vasari die Erfindungsgabe des Künstlers betont, stehen in Zusammenhang mit der Ausdifferenzierung des Architektenberufs in der zweiten Edition der *Vite*, die mit der gleichzeitigen Diskussion um die Statuten der Accademia del Disegno zu tun hat. Vor diesem Hintergrund erklärt sich Vasaris größere Wertschätzung des Künstlerarchitekten, wobei er neben dem Lob der architektonischen Erfindungsgabe Michelangelos die Nützlichkeit und Sicherheit seiner Bauwerke herausstellt. Vasaris Verständnis der Architektur als dritte Kunstgattung neben Malerei und Bildhauerei basiert auf dem *disegno* als geistigem Entwurf, dessen Beherrschung die Künstlerarchitekten sowohl von den Steinmetzen als auch von den Ingenieuren unterscheidet.[40]

›perfezzione – giudizio – disegno‹

Schränkt Vasari die Bedeutung der *maniera* Michelangelos in der zweiten Ausgabe der Vita ein, so betont er die Göttlichkeit des Künstlers umso mehr. In der Einleitung ersetzt Vasari den Begriff der Schwierigkeit (*difficoltà*), deren Überwindung er

Michelangelo in der ersten Ausgabe bescheinigte, durch den Terminus Perfektion (*perfezzione*). Mit dieser Verschiebung des Schwerpunkts auf die Vollendung eines Kunstwerks wird die göttliche Inspiration und Begabung des Künstlers gegenüber der (mühsamen) Übung durch tägliche Praxis hervorgehoben. Auf diese Weise setzt Vasari neben erlerntes künstlerisches Urteilsvermögen (*giudizio*) und *disegno* die angeborene Begabung und Inspiration. Die Entwicklung der *maniera* Michelangelos verläuft nach Vasari als ein vom Vorbild eines Lehrers unabhängiger Prozeß. Vasaris Lob der Perfektion Michelangelos gipfelt in der Gleichsetzung der bildenden Künste mit den *artes liberales*, die sich in der Analogie Michelangelos mit Dante ausdrückt, wofür die Beschreibung des *Jüngsten Gerichts* in der Sixtinischen Kapelle erneut beispielhaft ist. Vasari griff bei dieser Argumentation auf Benedetto Varchis *Due lezzioni* (Florenz 1549) zurück, in der dieser nicht nur die Gleichrangigkeit der drei Künste postulierte, sondern auch die Werke Michelangelos der Dichtung Dantes als ebenbürtig erklärte.[41] Daß Vasari die Gedanken Varchis in der zweiten Ausgabe der *Vite* stärker betonte, geht wahrscheinlich auf den Einfluß Vincenzo Borghinis zurück, dem er wesentliche inhaltliche Impulse verdankte.

›*non-finito*‹

Der Begriff des *non-finito*, den Vasari in der zweiten Ausgabe der Michelangelo-Vita neu einführt, geht ebenfalls auf die theoretischen Überlegungen Varchis zurück. Dieser hatte den Begriff in seiner Grabrede für Michelangelo im Zusammenhang mit der unvollendeten Ausführung eines Kunstwerks geprägt. In Folge werden grob bearbeitete Skulpturen Michelangelos, an denen noch die Bossierung, in Gestalt grober Meißelspuren, sichtbar ist, positiv beschrieben. Dies ist bemerkenswert, weil sich Vasari an anderen Stellen negativ darüber äußert, wenn ein Künstler ein Werk unvollendet läßt.[42] Die positive Umwertung des *non-finito* führt Vasari erstmals bei Michelangelos *Heiligem Matthäus* ein. In seiner Beschreibung der Skulptur betont er deren Funktion als Demonstrationsobjekt des *disegno* und der Urteilsfähigkeit (*giudizio*) des Bildhauers. So läßt sich am *non-finito* einer Skulptur beispielsweise die Veränderung eines Entwurfs im Verhältnis zur Norm der Blockgerechtigkeit und den handwerklich-technischen Möglichkeiten der Steinbearbeitung ablesen und bewerten. Auch in diesem Zusammenhang wird Vasaris Konzentration auf die geistige Konzeption eines Kunstwerks statt auf dessen Vollendung deutlich. Vasaris Konzept des *non-finito* verweist darüber hinaus auf den schöpferischen *furor* oder die *terribilità* Michelangelos und findet in den *Vite* in der Bildhauerei Donatellos seinen Vorläufer.[43]

›*terribilità*‹

Die mit dem *disegno* verbundenen kunsttheoretischen Begriffe der Erfindungsgabe (*invenzione*), Schwierigkeit (*difficoltà*), Phantasie (*fantasia*) und (Gestaltungs-)Freiheit (*licenza*) setzt Vasari häufig in der Beschreibung der architektonischen Schöpfungen Michelangelos ein. Die Plastizität und Dynamik der Formen, die in der Architektur immer wieder hervorgehoben werden, macht Vasari auch für die Fresken, Gemälde und Skulpturen Michelangelos geltend und faßt diese an mehreren Stellen unter den Begriff der *terribilità* zusammen, wie zum Beispiel in der Beschreibung des *Jüngsten Gerichts*, der Deckenfresken der Sixtinischen Kapelle sowie des Kuppelmodells für Sankt Peter. Wie David Summers in seinem Beitrag zu Michelangelos Kunsttheorie dargelegt hat, stellt die *terribilità* für Vasari einen künstlerischen Modus dar, der sich neben den genannten Fähigkeiten durch geistige Stärke, Willenskraft und Vehemenz auszeichnet und einen Gegensatz zur Anmut (*grazia*) der Malerei Raffaels bildet. Der Begriff der *terribilità* beschreibt jedoch nicht nur Michelangelos *maniera*.[44] Vasari, der stets den Stil der Werke eines Künstlers mit dessen Charakter gleichsetzt, überträgt die *terribilità* der Malereien, Skulpturen und Bauwerke Michelangelos auch auf dessen Persönlichkeit. Den üblicherweise in bezug auf weltliche und geistliche Herrscher gebrauchten Begriff setzt Vasari ein, um die künstlerische Souveränität und das autonome und freigebige Handeln Michelangelos zu charakterisieren und ihn im Verhältnis zu seinen tatsächlichen und vermeintlichen Auftraggebern, wie Julius II. oder Cosimo I., als gleichrangig darzustellen. Obwohl Vasari die künstlerische Souveränität als grundsätzliches Merkmal eines Künstlerlebens versteht,[45] bietet sie im Fall Michelangelos, dessen künstlerische Konzepte in unmittelbare Nähe der göttlichen Schöpfungsideen gerückt sind, eine Gemeinsamkeit mit diesen ebenfalls göttlich inspirierten weltlichen und geistlichen Herrschern. Die Einsamkeit, Barmherzigkeit und der asketische Lebenswandel Michelangelos verweisen indes auf das Ideal der *vita contemplativa*, die den schöpferischen Geist auszeichnet und mit dessen Evozierung Vasari das herrschaftliche Gebaren des Künstlers kompensiert. Indem Michelangelo in Vasaris Charakterisierungen fürstliche und monastische Verhaltensweisen vereint, stellt sich ein Gleichgewicht zwischen *vita contemplativa* und *vita activa* ein, das in der antiken Literatur, beispielsweise in Ciceros *Gesprächen in Tusculum*, aber auch in der Patristik und Scholastik als Ideal gilt.

Rezeption und Forschungsgeschichte der Vita

Im Zuge des wachsenden Interesses an den Quellen zur Frühen Neuzeit innerhalb der deutschen Kunstgeschichte wurden die gesamten *Vite* durch Ludwig Schorn und Ernst Förster (1832–1849) übersetzt. Auf ihre Ausgabe folgte 1887 eine erste textkritische Edition der Michelangelo-Vita und anderer ausgewählter Lebensbeschreibungen Vasaris durch Karl Frey. Die Michelangelo-Vita Ascanio Condivis war bereits einige Jahre zuvor ins Deutsche übertragen worden. Neben zahlreichen Einzeluntersuchungen zu verschiedenen Aspekten des Gesamtwerks der *Vite* sowie der Lebensbeschreibung Michelangelos verfaßte Paola Barocchi mit *La Vita di Michelangelo nelle redazioni del 1500 e del 1568* (1962) eine grundlegende vergleichende Untersuchung zum Text der ersten und zweiten Edition Vasaris und knüpfte damit an die Arbeit von Karl Frey an. Sie konzentrierte sich auf die Quellen Vasaris und erläuterte den Text der Vita Michelangelos durch umfangreiche Anmerkungen.

Die deutschsprachige, quellenkritische Vasariforschung setzte im 19. Jahrhundert zu einem Zeitpunkt ein, an dem sich die Forschungen zu Michelangelo in zwei Richtungen entwickelt hatten. Einerseits präsentierte eine an Zuschreibungen interessierte, kennerschaftlich geprägte Kunstwissenschaft, abhängig vom eigenen Zeitgeschmack und ausgehend von den Werken und den damit verbundenen Quellen, ein Vasari und seiner Geschichtskonstruktion zum Teil widersprechendes Bild vom Künstler und dessen Biographie. Unter dem Einfluß der Romantik sah die Forschung Michelangelo als dämonisch-titanischen Zerstörer des klassizistischen Formideals. Im späten 19. Jahrhundert wandelte sich diese Vorstellung, und der Künstler wurde zum bürgerlich-erhabenen Individuum stilisiert.[46]

Die andere Tendenz der Forschung, die sich auf die Biographie des Künstlers konzentrierte, mündete in der zweiten Hälfte des 19. Jahrhunderts in eine literarisch geprägte Künstlerbiographik mit wissenschaftlichem Anspruch. Sie hegte die Vorstellung eines sich prozeßhaft und kontinuierlich entwickelnden Lebenslaufes – entsprechend der Genese der Werke – und versuchte, diese in den kulturgeschichtlichen Hintergrund zu integrieren.[47] Indem beispielsweise Herman Grimm in seiner 1860–1863 erschienenen Michelangelo-Biographie die Renaissance als eine Epoche des Individualismus[48] auffaßte, diente ihm der Lebenslauf des Künstlers, einem der »großen Männer der Geschichte«[49], als Spiegelbild seiner Zeit. In Michelangelos Persönlichkeit manifestierte sich nach Grimms Darstellung eine Geschichte, die auf »ihre zukünftige Erscheinung« vorausweist.[50] Durch seine künstlerische Souveränität und seine republikanische Gesinnung, die Grimm als »demokratisch« interpretierte,[51] wurde Michelangelo zum Ideal einer bürgerlichen Gesellschaft des späten 19. Jahrhunderts.

Auch im 20. und 21. Jahrhundert stoßen Michelangelo-Biographien auf ein breites Interesse. Mit ihrer Interpretation der Quellen zum Leben Michelangelos in Romanform veranschaulichen Irving Stone oder Antonio Forcellino, wie sich die Sichtweise auf das Leben des Künstlers im Verlauf mehrerer Jahrzehnte verändert hat, und sorgen zugleich dafür, daß Vasaris Bild des Künstlers bis in die Gegenwart hineinwirkt.[52]

CG

Bibl.: Barocchi, *Scritti*, Bd. I; Bettarini/Barocchi, *Vite*; Carteggio indiretto, Bd. II; Codex Magliabechiano, Ed. Frey; Condivi, Ed. Nencioni; Condivi, Ed. Valdek; Giovio, *Michaelis Angeli vita*; Michelangelo, *Rime*; Vasari, *Kunsttheorie*; Vasari, *Mein Leben*; Vasari, *Raffael*; Vasari, *Raffael-Werkstatt*; Schorn/Förster 1832–1849; Frey 1887; Burckhardt 1904; Grimm 1904; Kallab 1908; Tolnay 1948; Brizio 1952; Castelfranchi Vegas 1952; De Ruvo 1952; Frey 1961; Stone 1961; Barocchi 1962; Wittkower/Wittkower 1964; Steinmann/Wittkower 1967; Waźbiński 1976; Wilde 1978; Carteggio 1979; Summers 1981; Carteggio 1983, Bd. V; Belting 1983; Barocchi 1984 (1968); Kliemann 1991; Engelhard 1992; Alpers 1995 (1960); Kliemann, Julian: ›Giorgio Vasari‹, in: Turner 1996, Bd. XX-XII, S. 10–25; Lupton 1996; Pon 1996a; Hirst 1998; Le Mollé 1998; Rosenberg 2000b; Barocchi 2001; Goffen 2002; Gilbert 2003; Romani 2003; Schmidt 2003; Tauber 2003; Hirst 2004a; Hellwig 2005; Simonetti 2005; Wallace 2005; Bredekamp 2009; Forcellino 2007; Burioni 2008; Risaliti/Vossila 2008; Imorde 2008; Sonnabend 2009.

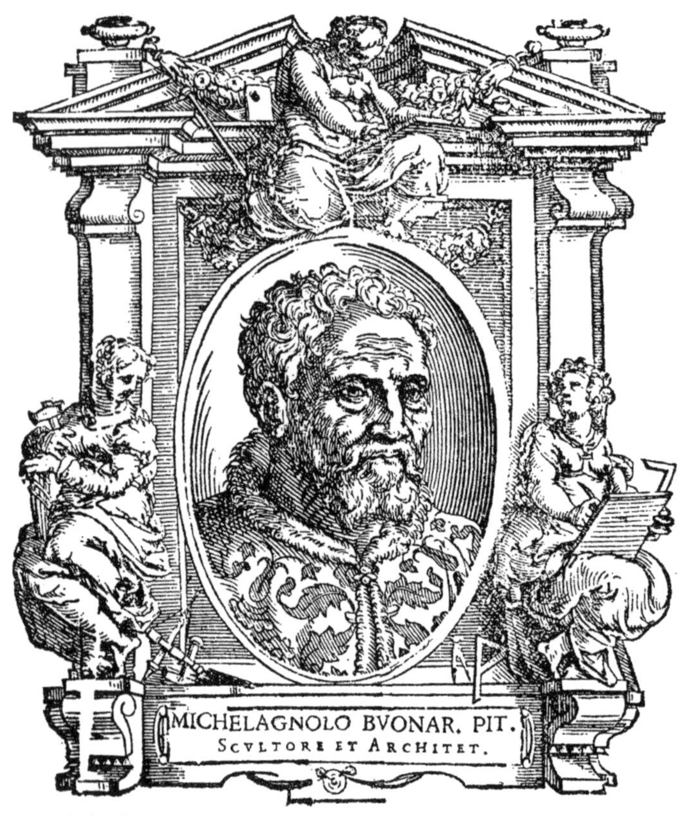

Porträtholzschnitt Michelangelo Buonarrotis aus der 1568er Ausgabe der ›Vite‹

Giorgio Vasari
Das Leben des Malers, Bildhauers und Architekten Michelangelo Buonarroti aus Florenz

Vita di Michelagnolo Buonarroti Fiorentino Pittore, scultore et architetto (1568)

Im Licht des hochberühmten Giotto[1] und seiner Nachfolger bemühten sich findige und vortreffliche Geister, der Welt eine Probe vom Ausmaß ihres Talents zu geben, das ihnen dank der Güte der Gestirne und durch die ausgewogene Struktur ihrer Temperamente mitgegeben war und sie voller Eifer danach streben ließ, die Großartigkeit der Natur mit herausragender Kunst nachzuahmen, um sich auf diese Weise soweit als möglich jener höchsten, von vielen als Intelligenz bezeichneten Wahrnehmungsstufe anzunähern, doch obwohl sie sich voll und ganz dafür hingaben, war es vergebens. Da wandte der Statthalter des Himmels in seiner unermeßlichen Güte die Augen gnädig zur Erde und beschloß im Angesicht der Endlosigkeit solch vergeblichen Mühens, der glühenden aber fruchtlosen Studien und der menschlichen Anmaßung, die so weit von der Wahrheit entfernt ist wie die Dunkelheit vom Licht, uns von so viel Unzulänglichkeit zu erlösen und einen Geist auf die Erde zu senden, der dank allseitiger Begabung in jeder Kunst und in jedem Beruf befähigt sein würde. Nur für sich alleine arbeitend, sollte er die Perfektion der Kunst des *disegno* in der Linienführung, dem Umreißen, dem Schattieren und Aufhellen zur Erzeugung von Plastizität in der Malerei aufzeigen, in der Skulptur mit gründlichem Urteil zu Werke gehen und in der Architektur Wohnräume gestalten, die bequem, sicher, der Gesundheit zuträglich, freundlich, wohlbemessen und voll abwechslungsreichem Dekor wären. Darüber hinaus wollte er ihn mit der wahren Moralphilosophie und der Zierde lieblicher Dichtung ausstatten, auf daß die Welt ihn als einzigartiges Spiegelbild für das Leben, die Werke, die Unantastbarkeit der Sitten und alle menschlichen Handlungen erwählen und bewundern würde und er uns eher von himmlischer denn irdischer Herkunft erschiene. Und weil er sah, daß in der Ausübung solcher Tätigkeiten und in diesen einzigartigen Künsten, sprich der Malerei, Bildhauerei und Architektur, die toskanischen Künstler immer schon größer und den anderen um ein Vielfaches überlegen waren, da sie sich mehr als jedes andere Volk Italiens den Mühen und dem Studium aller Tätigkeiten unterwarfen, wollte er ihm Florenz, die würdigste aller Städte, zur Heimat geben, um in ihr schließlich verdientermaßen die Vollendung all dieser Vorzüge durch einen ihrer Bürger krönen zu lassen.[2]

So wurde unter schicksalhaft glücklichem Stern Ludovico di Leonardo Buonarroti Simoni,[3] Abkömmling, wie man sagt, der adligen und sehr alten Familie der Grafen von Canossa,[4] durch seine ehrbare und vornehme Frau[5] im Jahr 1474 im Casentino ein Junge geboren. Jenem Ludovico, der in diesem Jahr Podestà der Ortschaften von Chiusi und Caprese war,[6] die in der Aretiner Diözese nahe dem La Verna-Felsen liegen, auf dem der Heilige Franziskus die Stigmata empfing, wurde, wie ich sage, am Sonntag, dem sechsten März, gegen acht Uhr abends, ein Sohn geboren, dem er den Namen Michelangelo gab.[7] Er tat dies, ohne weiter darüber nachzudenken und von Höherem gelenkt, um anzudeuten, daß er ein himmlisches und göttliches Wesen jenseits sterblicher Sphären war,[8] so wie es auch die Konstellation bei seiner Geburt anzeigt, als Merkur und Venus wohlmeinend im zweiten Haus des Jupiter empfangen wurden.[9] Für seine Taten bedeutete dies, daß sowohl Hand als auch Geist wunderbare und herrliche Werke hervorzubringen versprachen. Nachdem das Amt des Podestà abgelaufen war, kehrte Ludovico nach Florenz und in das Dorf von Settignano drei Meilen vor der Stadt zurück, wo er dank seiner Vorfahren ein Anwesen besaß.[10] Dieses Gebiet ist reich an Gestein und voll von *macigno*-Steinbrüchen,[11] in denen schon immer Steinmetze und Bildhauer tätig waren, die dieser Ort in großer Zahl hervorbringt. In jenem Dorf gab Ludovico Michelangelo zu einer Amme, die die Frau eines Steinmetzen war. Deshalb sagte Michelangelo einmal im Scherz zu Vasari: »Giorgio, wenn mein Talent nur irgendetwas Gutes hat, dann liegt das an meiner Geburt in dem feinen Klima Eurer Heimat Arezzo. Da habe ich mit der Milch meiner Amme auch Meißel und Hammer eingesogen, die mir bei der Ausführung meiner Figuren dienen.«[12]

Mit der Zeit bekam Ludovico recht viele Kinder,[13] und da er nicht sehr gut gestellt war und nur über geringe Einkünfte verfügte, gab er seine Söhne bei der Zunft der Woll- und Seidenweber in die Lehre und den bereits herangewachsenen Michelangelo zu Meister Francesco aus Urbino[14] in die Lateinschule. Da dessen Begabung ihn zum *disegno* hinzog, verbrachte er alle Zeit, die er nur erübrigen konnte, heimlich mit Zeichnen, wofür er vom Vater und seinen älteren Verwandten gescholten und zuweilen geschlagen wurde, da sie die Beschäftigung mit jener ihnen unbekannten Tätigkeit wohl als erniedrigend und ihrer alten Familie für unwürdig erachteten. Zu dieser Zeit schloß Michelangelo Freundschaft mit dem jungen Francesco Granacci,[15] der bei Domenico Ghirlandaio[16] in die Lehre ging, um die Kunst der Malerei zu erlernen. In seiner Zuneigung zu Michelangelo, dessen Fähigkeit im Zeichnen er erkannt hatte, versorgte er ihn täglich mit Zeichnungen des Ghirlandaio, der damals nicht nur in Florenz, sondern in ganz Italien als einer der besten Meister angesehen war. Da nun Michelangelos Verlangen nach dieser Beschäftigung Tag für Tag wuchs und Ludovico erkannte, daß er den Jungen nicht vom Zeichnen abhalten konnte, und er keine andere Abhilfe wußte, beschloß er auf den Rat von Freunden hin, ihn zu Domenico Ghirlandaio zu geben, damit er Nutzen daraus ziehen und diese Kunst erlernen würde.

Michelangelo war vierzehn Jahre alt, als er zu Domenico in die Lehre kam. Der Verfasser seiner nach 1550, dem Erscheinungsjahr meiner ersten Vitenausgabe, geschriebenen Lebensbeschreibung behauptet, daß von einigen, die ihn gar nicht kannten, Dinge über ihn gesagt worden wären, die sich nicht zugetragen haben, und sie außerdem vieles ausgelassen hätten, das erwähnenswert gewesen wäre.[17] Vor allem bezeichnete er Domenico in Bezug auf diesen Passus als einen Neidhammel, der Michelangelo niemals auch nur irgendeine Unterstützung zukommen ließ.[18] Daß dies falsch ist, kann man an einem handschriftlichen Eintrag von Michelangelos Vater Ludovico sehen, den dieser in eines von Domenicos Büchern schrieb. Jenes Buch befindet sich noch heute bei seinen Erben und verkündet folgendes: »1488. An diesem 1. April halte ich, Ludovico di Leonardo di Buonarroti, fest, daß ich meinen Sohn Michelangelo für die nächsten drei Jahre zu Domenico und David di Tommaso di Currado gebe, und zwar unter folgenden Vereinbarungen und Bedingungen: Besagter Michelangelo hat bei den Obengenannten für den erwähnten Zeitraum das Malen und die Ausübung dieser Tätigkeit zu erlernen, wobei die Obengenannten ihn anleiten werden. Die genannten Domenico und David müssen ihm in diesen drei Jahren vierundzwanzig Florin zahlen: davon im ersten Jahr sechs Florin, im zweiten acht und im dritten zehn, alles in allem eine Summe von 96 Lire.«[19] Und daneben findet sich diese Eintragung oder Rechnung, die ebenfalls von der Hand Ludovicos geschrieben ist: »Obengenannter Michelangelo bekam an diesem 16. April zwei Goldflorin in Gold ausgezahlt. Ich, sein Vater Ludovico di Leonardo, erhielt zwölf Lire zwölf in bar.« Diese Vermerke habe ich aus selbigem Buch kopiert, um zu beweisen, daß alles, was ich damals schrieb und nun schreiben werde, der Wahrheit entspricht. Außerdem weiß ich, daß niemand ihn besser kannte als ich und keiner ihm ein größerer Freund und treuerer Diener war, wie auch Nichteingeweihte bezeugen müssen. Auch glaube ich, daß keiner eine größere Zahl und mit tieferer Zuneigung von ihm selbst verfaßte Briefe vorweisen kann als jene, die er mir schrieb.[20] Ich habe mir diese Abschweifung als Beweis für die Wahrheit erlaubt, und dies soll für alles Folgende in seiner Lebensbeschreibung genügen. Kehren wir also nun zur Geschichte zurück.

Michelangelos Talent und seine Persönlichkeit bildeten sich in einer Weise aus, die Domenico staunen ließ, denn er sah ihn

Dinge ausführen, die für einen Jugendlichen außerordentlich waren. So schien es ihm nicht nur, daß er seine anderen Schüler, von denen er eine große Zahl hatte, überflügelte, sondern er viele Male den Werken gleichkam, die er als Meister ausführte. Einmal hatte einer der jungen Leute, die bei Domenico lernten, mehrere bekleidete Frauenfiguren Ghirlandaios mit der Feder abgezeichnet, woraufhin Michelangelo dieses Blatt nahm und mit einer größeren Feder eine dieser Frauenfiguren mit neuen Linien so umriß, wie sie hätte sein sollen, um perfekt zu wirken. Und voller Bewunderung sieht man den Unterschied zwischen den beiden Stilen und die Qualität und Urteilskraft dieses so kühnen und stolzen Jünglings, der mutig genug war, die Werke seines Meisters zu verbessern.[21] Wie eine Reliquie bewahre ich dieses Blatt heute bei mir auf, das mir Granacci mit weiteren Zeichnungen, die er von Michelangelo bekommen hat, für mein *libro de' disegni*[22] überließ. Giorgio zeigte es Michelangelo, als er 1550 in Rom war, und dieser erkannte es wieder und freute sich, es wiederzusehen, wobei er aus Bescheidenheit sagte, er habe als Kind mehr von dieser Kunst verstanden als im Alter.

Nun trug es sich zu, daß zu der Zeit, als Domenico die große Kapelle von Santa Maria Novella[23] ausmalte, Michelangelo sich eines Tages, als dieser nicht da war, daranmachte, das Gerüst mit einigen Werkbänken, all dem Handwerkszeug der Kunst und einigen der jungen Leute, die dort arbeiteten, naturgetreu nachzuzeichnen.[24] Als Domenico zurückkehrte und Michelangelos Zeichnung sah, sagte er: »Der versteht davon mehr als ich«, fassungslos angesichts des neuen Stils und der neuartigen Nachahmungsweise, zu der ein Jüngling in so zartem Alter durch eine vom Himmel mitgegebene Urteilskraft fähig war und die eigentlich nur von einem Künstler erwartet werden konnte, der viele Jahre mehr gearbeitet hatte als er. Weil all das von der Natur gnädig mitgegebene Wissen und Können durch Studium und Kunst weiter verfeinert wurden, erntete Michelangelo Tag für Tag eher göttliche als menschliche Früchte. Ganz deutlich begann sich dies in dem Bild zu offenbaren, das er nach einem Stich des Deutschen Martin[25] ausführte und das ihm höchstes

Ansehen einbrachte. Als nämlich eine in Kupfer gestochene Szene jenes Martin damals nach Florenz gelangte, die den von Teufeln geplagten Heiligen Antonius zeigte,[26] kopierte Michelangelo sie mit der Feder so, daß man keinen Unterschied sah, und führte sie dann in Farbe aus. Um einige der skurrilen Teufelsgestalten dort nachzubilden, kaufte er Fische mit ungewöhnlich gefärbten Schuppen und stellte in diesem Werk dann so viel Können unter Beweis, daß es ihm Ansehen und Ruhm eintrug.[27] Auch kopierte er Blätter von der Hand verschiedener alter Meister so getreu, daß man sie nicht als Kopien erkannte, weil er sie einfärbte und mit Rauch und verschiedenen Mitteln verschmutzte, damit sie alt wirkten und man beim Vergleich mit dem Original das eine vom anderen nicht unterscheiden konnte. Dabei tat er dies aus keinem anderen Grund als aus dem, die Kopien mit den Originalen derer auszutauschen, die er aufgrund ihrer Vortrefflichkeit in der Kunst bewunderte und mit seiner Arbeit zu überflügeln trachtete.

Zu dieser Zeit beschäftigte Lorenzo de' Medici, il Magnifico,[28] in seinem Garten an der Piazza von San Marco[29] den Bildhauer Bertoldo,[30] und zwar nicht so sehr als Kustoden oder Aufseher über die vielen schönen Antiken, die er dort unter hohen Kosten angesammelt und zusammengetragen hatte, sondern weil es ihm ein tiefes Bedürfnis war, eine Schule für vortreffliche Maler und Bildhauer einzurichten und er sich genannten Bertoldo, der ein Schüler Donatellos[31] war, als ihren Lehrer und Leiter wünschte. Auch wenn dieser so alt war, daß er nicht mehr arbeiten konnte, galt er doch als ein sehr erfahrener und angesehener Meister, nicht nur weil er auf sorgfältigste Weise die [Bronze-]Güsse der Kanzeln Donatellos[32] gesäubert[33] hatte, sondern auch aufgrund vieler anderer seiner Gußwerke, Kriegsszenen und weiterer kleiner Arbeiten, in deren Kunstfertigkeit ihn damals in Florenz keiner übertraf. In seiner tiefen Liebe zu Bildhauerei und Malerei schmerzte es Lorenzo sehr, daß sich zu seiner Zeit keine berühmten und edlen Bildhauer fanden, so wie es viele Maler von höchstem Ansehen und Ruhm gab, und beschloß deshalb, wie ich sagte, eine Schule zu eröffnen. Aus diesem Grund bat er Domenico Ghirlandaio, falls er in seiner Werkstatt junge Leute hätte, die solchem zugeneigt wären, sie zu diesem Garten zu schicken, wo er sie auszubilden wünschte und in einer Weise prägen wollte, mit der er sich selbst, ihm [Domenico] und seiner Stadt zur Ehre gereichen würde. So bekam er von Domenico unter anderem Michelangelo und Francesco Granacci als hervorragende junge Leute geschickt. Als die beiden in den Garten kamen, trafen sie auf Torrigiani,[34] einen jungen Abkömmling der Torrigiani, der aus Ton ein paar rundplastische Figuren arbeitete, die ihm Bertoldo aufgegeben hatte. Michelangelo sah dies und schuf aus Wetteifer ebenfalls welche, infolge der Lorenzo, als er diesen schönen Geist erblickte, große Erwartungen in ihn setzte. Dadurch ermutigt, begann jener nach einigen Tagen aus einem Stück Marmor den antiken Kopf eines alten, runzeligen Fauns nachzubilden, dessen Nase abgebrochen war und dessen Mund sich zu einem Lachen öffnete.[35] Michelangelo, der zuvor weder Marmor noch Meißel je angerührt hatte, gelang die Nachahmung so gut, daß der Magnifico voller Staunen war. Und als er sah, daß er im Unterschied zu dem antiken Kopf den Mund aus einem eigenen Einfall heraus mit Bohrungen geöffnet, ihm eine Zunge gemacht hatte und alle Zähne sehen ließ, sagte jener Herr mit der ihm eigenen scherzenden Freundlichkeit zu ihm: »Du solltest wissen, daß die Alten niemals alle Zähne haben und ihnen immer der eine oder andere fehlt.« In seinem schlichten Wesen schien es Michelangelo, der diesen Herrn zugleich fürchtete und verehrte, daß er recht habe, und kaum war jener fort, schlug er sogleich einen Zahn aus und bohrte das Zahnfleisch so an, daß es wirkte, als sei er ausgefallen. Nun wartete er voller Verlangen auf die Rückkehr des Magnifico, und als der dann kam und Michelangelos Einfachheit und Güte sah, lachte er mehr als nur das eine Mal und berichtete seinen Freunden davon wie von einem Wunder.[36] Nachdem er beschlossen hatte, Michelangelo zu unterstützen und zu fördern, schickte er nach dessen Vater Ludovico und bat ihn dafür um Erlaubnis mit dem Versprechen, ihn aufzunehmen wie seinen eigenen Sohn. Jener sagte ihm gerne zu,

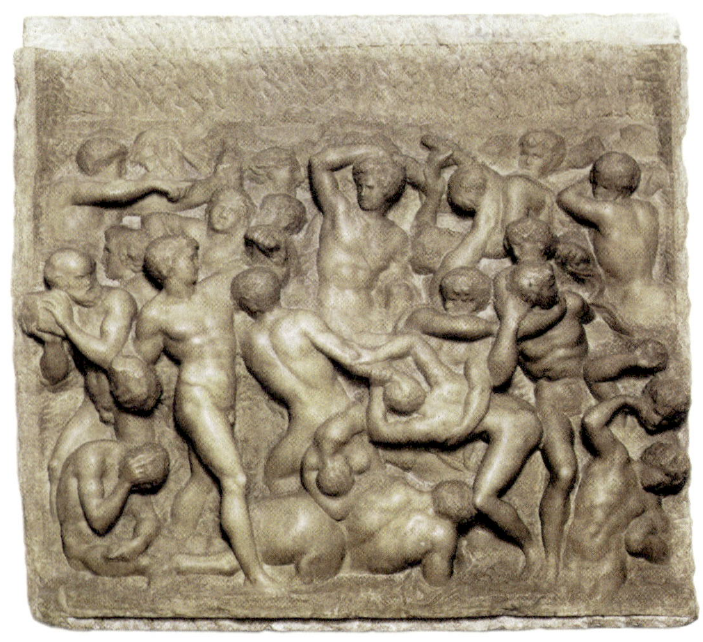

Kentaurenschlacht. Florenz, Casa Buonarroti

woraufhin der Magnifico ihm in seinem Haus ein Zimmer zuweisen und ihn umsorgen ließ. Stets speiste er nun mit seinen Söhnen und anderen ehrwürdigen Personen von Rang, die sich um den Magnifico scharten, an seiner Tafel und wurde von ihm mit Ehren bedacht. Dies geschah in dem Jahr, das auf Michelangelos Aufnahme bei Domenico folgte und als er fünfzehn oder sechzehn Jahre alt war. Er blieb vier Jahre in diesem Haus, bis zum Tod von Lorenzo il Magnifico [14]92.[37] In dieser Zeit bekam Michelangelo von jenem Herrn einen Lohn von fünf Scudi im Monat, damit er seinen Vater unterstützen konnte. Außerdem schenkte er ihm, um ihm eine Freude zu machen, einen violetten Mantel und gab dem Vater ein Amt in der Zollbehörde.[38] Tatsächlich wurde all den jungen Leuten in dem Garten ein Gehalt bezahlt, wobei der eine mehr, der andere weniger

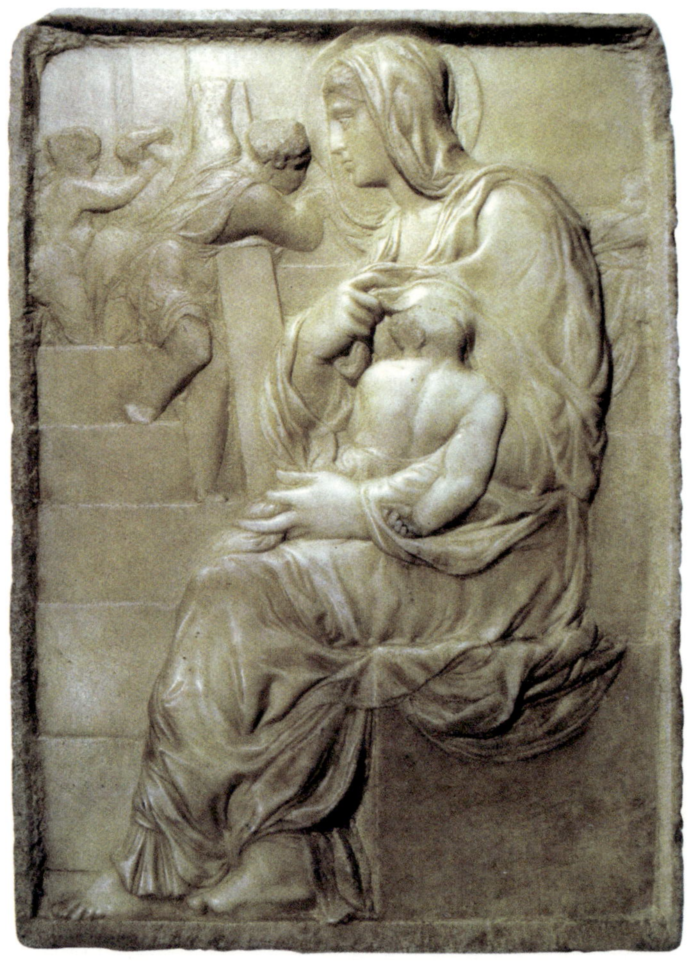

Madonna mit dem Kind (›Madonna della Scala‹). Florenz, Casa Buonarroti

bekam, aber alles der Großzügigkeit jenes freigebigen und hochedlen Bürgers zu verdanken war, der sie ein Leben lang belohnte. In dieser Zeit schuf Michelangelo auf Anraten von Poliziano,[39] der ein Mann von einzigartiger humanistischer Bildung war, aus einem Stück Marmor, das ihm jener Herr [Lorenzo] zur Verfügung gestellt hatte, eine Schlacht des Herkules mit den Kentauren [siehe Seite 38]. Sie gelang ihm so schön, daß heutige Betrachter sie bisweilen nicht von der Hand eines Jünglings glauben, sondern das Werk eines geschätzten Meisters darin sehen, der sich in Studien aufgerieben hat und in dieser Kunst Erfahrung besitzt.[40] Heute befindet sie sich in seinem Haus, wo sein Neffe Leonardo[41] sie als das außerordentliche Werk, das sie ist, zur Erinnerung aufbewahrt. Jener Leonardo hatte in seinem Haus als Andenken an den Onkel noch vor wenigen Jahren eine von Michelangelo im Flachrelief gearbeitete Madonna in Marmor vorzuweisen [siehe Seite 39],[42] die kaum mehr als eine Elle hoch ist und in der er noch als Jüngling Donatellos Stil nachzuahmen versuchte, was ihm so ausnehmend gut gelang, daß sie von dessen Hand zu stammen scheint, obwohl man bei ihm mehr Anmut und *disegno* sehen kann. Dieses Relief schenkte Leonardo dann Herzog Cosimo,[43] der es als ein einzigartiges Werk verwahrt, da es von ihm kein anderes skulptiertes Flachrelief als dieses eine gibt.

Doch kommen wir auf den Garten von Lorenzo il Magnifico zurück: Dieser Garten war angefüllt mit Antiken und geschmückt mit vortrefflichen Malereien, die zur Schönheit, zum Studium und zum Vergnügen an jenem Ort versammelt worden waren. Michelangelo trug stets die Schlüssel zu ihm bei sich und zeigte in jeder Hinsicht größeren Eifer als die anderen und stellte mit lebhaftem Tatendrang seine stete Bereitschaft unter Beweis. Viele Monate lang zeichnete er nach Masaccios Malereien in der Carmine-Kirche[44] und kopierte jene Werke mit so beeindruckender Urteilskraft [siehe rechts],[45] daß Künstler und andere Leute darüber staunten und deshalb mit seinem Ansehen zugleich auch der Neid gegen ihn wuchs. Es heißt, Torrigiani, mit dem er Freundschaft geschlossen hatte und herumalberte, habe ihm aus Neid auf seine größere Würdigung und überlegene Begabung in der Kunst mit der Faust derart heftig auf die Nase geschlagen, daß diese brach und ihn durch eine unglückliche Quetschung für immer zeichnen sollte.[46] Torrigiani

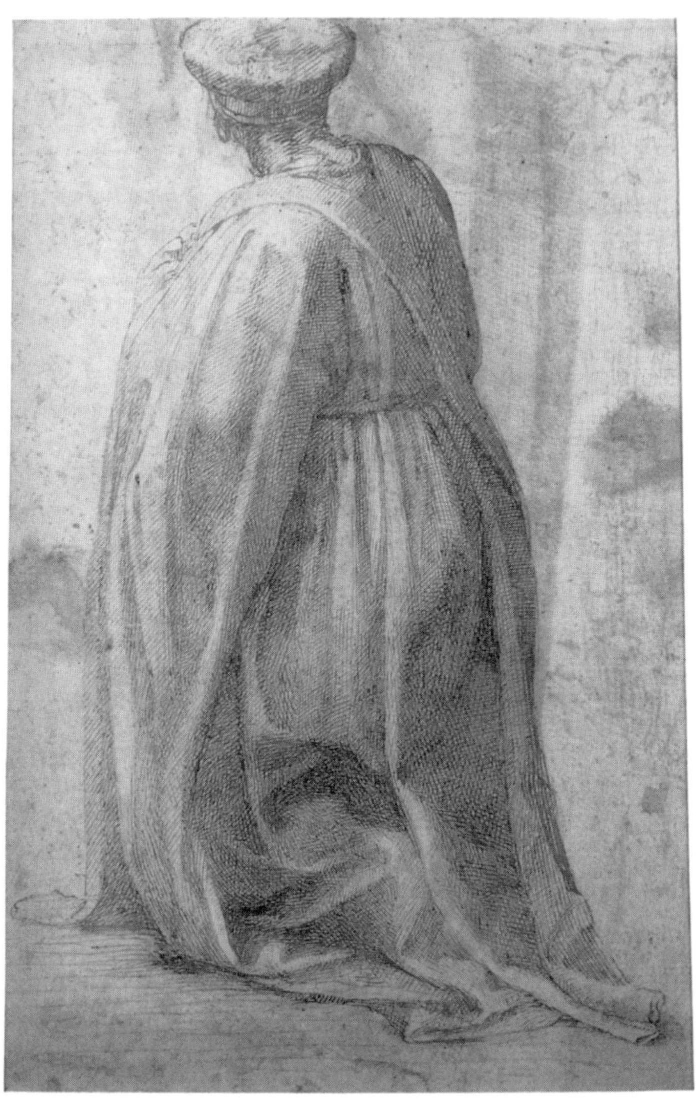

Bildeinwärts kniender Mann in langärmeligem Mantel.
Wien, Albertina, Graphische Sammlung

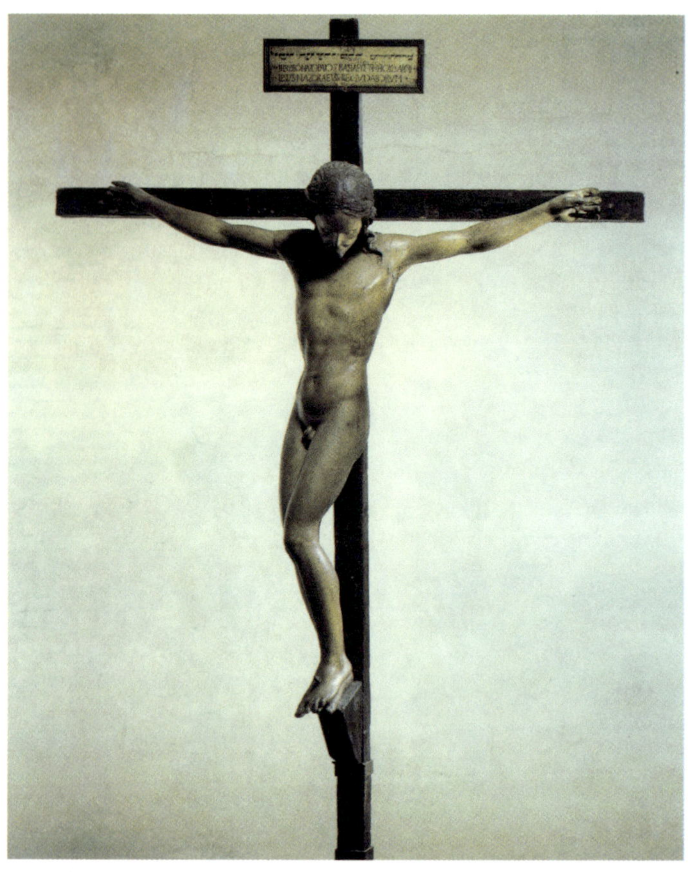

Kruzifix. Florenz, Santo Spirito

wurde dafür aus Florenz verbannt, wie wir an anderer Stelle berichtet haben. Nach dem Ableben von Lorenzo il Magnifico kehrte Michelangelo unter größtem Bedauern über den Tod dieses Mannes und Freundes aller Talente in das Haus seines Vaters zurück. Michelangelo erwarb nun einen großen Marmorblock und schuf daraus einen vier Ellen großen Herkules, der viele Jahre im Palast der Strozzi stand und sehr bewundert wurde,[47] bis man ihn dann im Jahr der Belagerung von Giovan Battista della Palla[48] an König Franz nach Frankreich[49] schickte. Es heißt auch, daß Piero de' Medici,[50] der Michelangelo seit geraumer Zeit kannte und nun Erbe seines Vaters Lorenzo geworden war, häufig nach ihm schicken ließ, wenn er antike Kameen und andere Werke der Steinschneidekunst zu erwerben gedachte. Und als es einen Winter in Florenz heftig schneite, ließ er ihn in seinem Innenhof eine Schneeskulptur bauen, die wunderschön war. Dabei ehrte er Michelangelo für seine Verdienste in einer Weise, daß dessen Vater allmählich bewußt wurde, wie sehr er von den Großen geschätzt wurde, und er ihn daraufhin sehr viel stattlicher einkleiden ließ, als es üblich war.[51]

Für die Kirche Santo Spirito in Florenz[52] schuf er ein hölzernes Kruzifix, das über dem Halbrund des Hauptaltars angebracht wurde und sich noch immer dort befindet [siehe links].[53] Diese Arbeit gelang zur Zufriedenheit des Priors,[54] der ihm die Annehmlichkeit einer eigenen Unterkunft verschaffte, in der er zum Studium der Anatomie viele Male Leichen sezierte und damit seinen künftigen großartigen *disegno* zu perfektionieren begann.

Unterdessen waren die Medici aus Florenz vertrieben worden, Michelangelo hatte sich allerdings schon wenige Wochen zuvor nach Bologna und dann nach Venedig begeben, weil er als ein Vertrauter der Familie befürchtete, Opfer irgendeines Anschlags zu werden, da ihm die Anmaßung und schlechte Regierung Piero de' Medicis bekannt waren. Da er in Venedig aber kein Auskommen gefunden hatte, kehrte er nach Bologna zurück. Dort widerfuhr ihm aus Unachtsamtkeit das Pech, beim Durchqueren des Stadttors das Märkchen für die Ausreise nicht an sich genommen zu haben, wie es Messer Giovanni Bentivoglio[55] damals aus Argwohn verfügt hatte und das vorsah, Fremde, die nicht über dieses Märkchen verfügten, zu einer Strafe von 50 Bologneser Lire zu verurteilen. Michelangelo war dadurch in eine mißliche Lage geraten und hatte obendrein keine Mittel, um zu bezahlen. Zufällig sah ihn Messer Giovan Francesco Aldrovandi,[56] der einer aus dem Rat der Sechzehn war, und

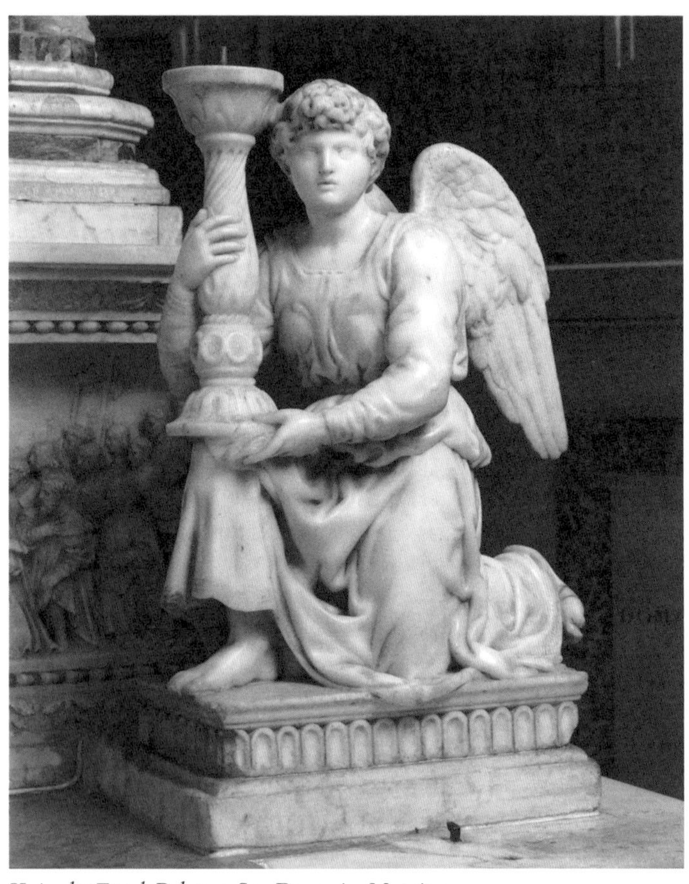

Kniender Engel. Bologna, San Domenico Maggiore, Arca des Heiligen Dominikus

nachdem er sich die Geschichte hatte berichten lassen, befreite er ihn aus Mitleid und nahm ihn für mehr als ein Jahr bei sich auf. Eines Tages führte Aldrovandi ihn zum Grabmal des Heiligen Dominikus, das, wie schon gesagt, von den frühen Bildhauern Giovanni Pisano[57] und dann Meister Niccolò dell'Arca[58] geschaffen worden war. Da dort ein leuchtertragender Engel

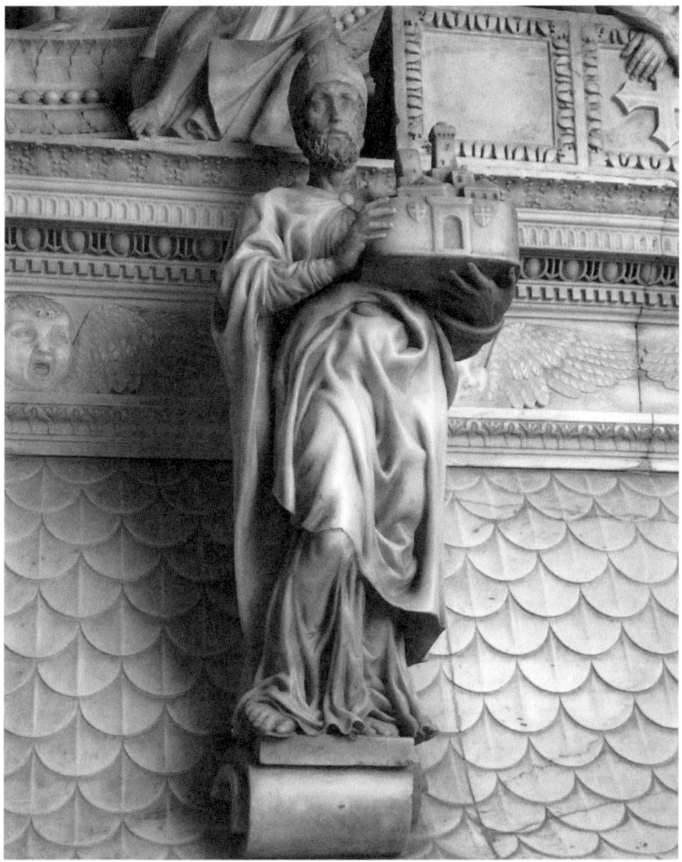

Heiliger Petronius. Bologna, San Domenico Maggiore, Arca des Heiligen Dominikus

und ein Heiliger Petronius fehlten, Figuren in einer Höhe von ungefähr einer Elle, fragte er ihn, ob er es sich zutrauen würde, diese auszuführen, was er bejahte. Er ließ sich den Marmor geben und gestaltete sie in einer Weise, daß sie nun die besten Figuren dort sind, woraufhin ihm Messer Francesco Aldrovandi für beide dreißig Scudi auszahlen ließ [siehe links und oben].[59]

Michelangelo blieb kaum mehr als ein Jahr in Bologna. Er wäre wohl länger geblieben, um die Liebenswürdigkeit des Aldrovandi zu erwidern, der ihn für seinen *disegno* liebte, und weil ihm die toskanische Aussprache Michelangelos gefiel, dem er mit Vergnügen beim Vorlesen der Werke Dantes,[60] Petrarcas,[61] Boccaccios[62] und anderer toskanischer Dichter lauschte. Michelangelo erkannte aber, daß er dort nur Zeit verlor, und kehrte deshalb gerne nach Florenz zurück. Er schuf für Lorenzo di Pierfrancesco de' Medici[63] einen Johannesknaben aus Marmor[64] und begann aus einem anderen Marmorblock einen schlafenden Cupido[65] in Lebensgröße. Als er fertig war, wurde er Pierfrancesco dank der Vermittlung von Baldassare del Milanese[66] als ein schönes Werk präsentiert. Der kam zu demselben Urteil und sagte zu ihm: »Ich bin sicher, daß er als antik durchgehen würde, wenn Du ihn nur vergraben würdest: Schick' ihn nach Rom, nachdem Du ihn so bearbeitet hast, daß er alt wirkt, und Du wirst sehr viel mehr dafür bekommen, als wenn Du ihn hier verkaufen würdest.« Es heißt, Michelangelo habe ihn daraufhin in einer Weise behandelt, daß er antik wirkte, was einen nicht verwundern muß, da ihn sein Talent zu solchem und noch viel mehr befähigte. Andere hingegen sind der Auffassung, jener Milanese habe ihn [den Cupido] nach Rom gebracht, dort in seinem Weinberg vergraben und ihn dann als ein antikes Werk für zweihundert Scudi dem Kardinal von San Giorgio[67] verkauft. Wieder andere sagen, er sei ihm von einem Agenten des Milanese verkauft worden, der Pierfrancesco schrieb, er solle Michelangelo dreißig Scudi geben, da er für den Cupido nicht mehr erhalten habe, womit er zugleich den Kardinal, Pierfrancesco und Michelangelo täuschte. Als er [der Kardinal] aber durch einen Augenzeugen erfuhr, daß die Knabenfigur in Florenz geschaffen worden war, brachte er durch einen seiner Beauftragten die Wahrheit ans Licht und zwang Milaneses Agenten, ihm das Geld wiederzugeben und den Cupido zurückzunehmen. Er kam dann Herzog Valentino[68] in die Hände und der schenkte ihn der Markgräfin von Mantua,[69] die ihn in ihre Heimat brachte, wo er heute noch zu sehen ist. Nicht ohne Häme blieb diese Angelegenheit für den Kardinal

San Giorgio, der die Qualität des Werks nicht erkannte, die auf Vollkommenheit beruht und durch die moderne Werke, sofern ausgezeichnet, genauso gut sind wie antike. Es ist also reine Eitelkeit, mehr auf den Namen als auf die Tatsachen zu achten, doch diese Sorte Mensch, die größeren Wert auf Schein als auf Sein legt, hat es zu jeder Zeit gegeben.

Die Angelegenheit verlieh Michelangelo so viel Prestige, daß man ihn umgehend nach Rom brachte und in die Dienste von Kardinal San Giorgio stellte. Weil der aber kaum Kunstverstand besaß, blieb Michelangelo fast ein Jahr dort, ohne daß er ihn das Geringste ausführen ließ. In jener Zeit freundete sich ein Barbier des Kardinals, der einst Maler gewesen war und recht sorgfältig mit Temperafarben zu kolorieren verstand, aber keinen *disegno* besaß, mit Michelangelo an, woraufhin dieser ihm einen Karton mit dem Heiligen Franziskus, der die Stigmata empfängt, anfertigte, den der Barbier dann mit größter Sorgfalt auf einer kleinen Tafel in Farbe ausführte. Dieses Gemälde befindet sich heute in San Pietro in Montorio, in der ersten Kapelle rechter Hand vom Eingang der Kirche.[70] Messer Jacopo Galli,[71] ein römischer Edelmann mit Verstand, erkannte daraufhin Michelangelos Talent und ließ ihn einen lebensgroßen Cupido aus Marmor[72] ausführen und anschließend die zehn Spannen hohe Figur eines Bacchus [siehe Seite 48], der in der Rechten eine Schale und in der Linken ein Tigerfell und Weintrauben hält, in die ein Satyr hineinzubeißen versucht. In dieser Figur sieht man, daß er eine Art Mischung herrlich gelungener Gliedmaßen angestrebt hat und dabei vor allem die jugendliche Schlankheit der männlichen Figur in Verbindung mit den fleischigen Rundungen eines weiblichen Körpers eingefangen hat – ein bewunderungswürdiges Werk, mit dem er in der Statuenkunst seine Überlegenheit über jeden anderen modernen Künstler, der bis zu diesem Zeitpunkt gearbeitet hatte, unter Beweis stellte.[73] Auf diese Weise bereicherte er im Verlauf seines Romaufenthalts sein Wissen in der Kunst in einer Form, daß der Anblick seiner komplexen Gedanken und des mit spielerischer Leichtigkeit ausgeübten schwierigen Stils unglaublich war und er jene, die

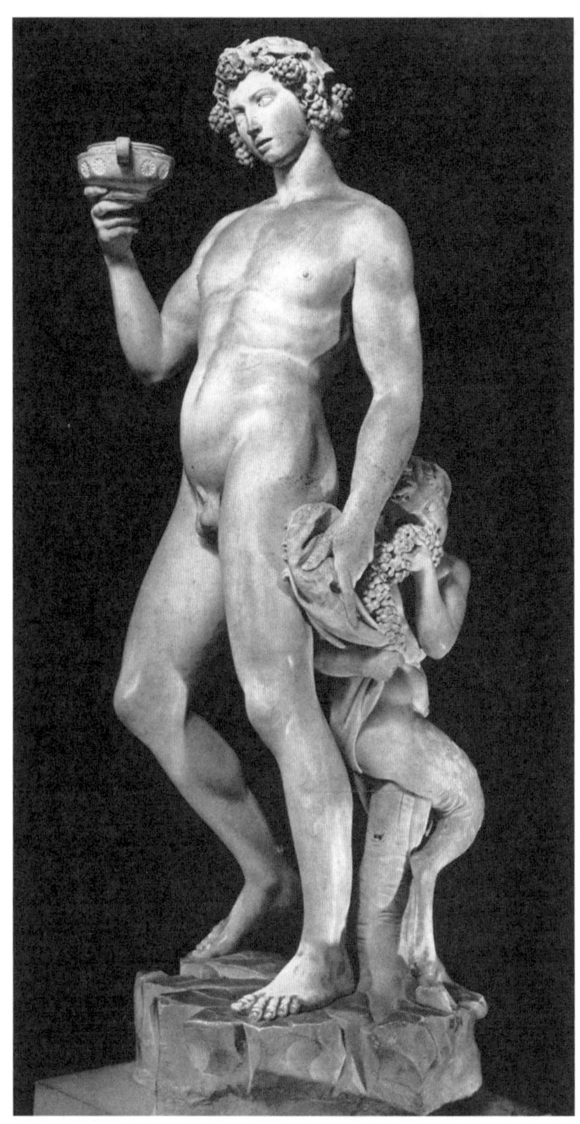

Bacchus. Florenz, Museo Nazionale del Bargello

an solche Dinge nicht gewöhnt waren, in Schrecken versetzte, durchaus aber auch solche, die mit guten Werken vertraut waren, weil alle bis dahin geschaffenen Werke im Vergleich zu seinen nichtig erschienen.

Dank dieser Umstände erwachte in dem als Kardinal von Rouen bekannten französischen Kardinal von Saint-Denis[74] der Wunsch, durch einen derart außergewöhnlichen Künstler eine würdige Erinnerung seiner selbst in dieser berühmten Stadt zu hinterlassen. Er ließ ihn also eine rundplastische Pietà aus Marmor schaffen, die nach ihrer Fertigstellung in Sankt Peter in der Marienkapelle der Fieberkranken im Marstempel[75] Aufstellung fand [siehe unten]. Kein Bildhauer, kein noch so außerordent-

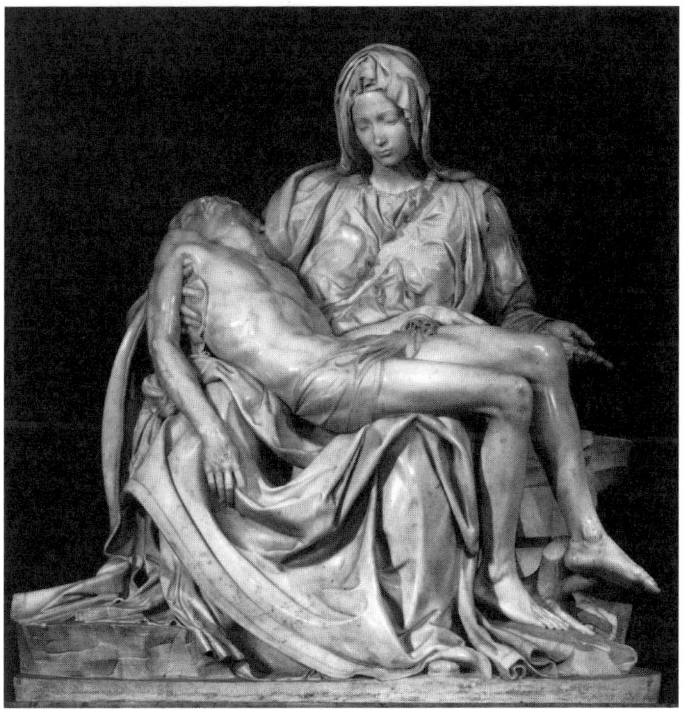

Pietà. Rom, Vatikan, Sankt Peter

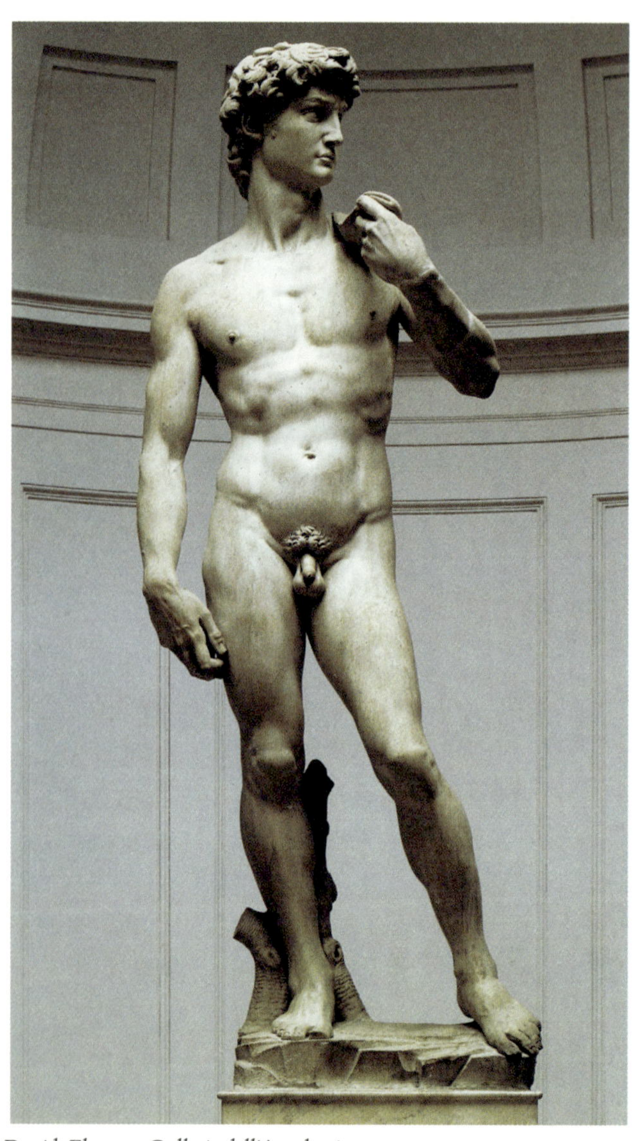

David. Florenz, Galleria dell'Accademia

licher Künstler glaubte, hinsichtlich *disegno* und Anmut jemals an dieses Werk heranreichen zu können, und auch nicht mit Anstrengung die feine Oberflächenbehandlung, die Politur und die Unterbohrungen des Marmors mit so viel Kunstfertigkeit ausführen zu können, wie Michelangelo es dort getan hatte, da sich in ihr das ganze Vermögen und die Macht der Kunst offenbarten. Unter den schönen Dingen dort sieht man außer seinen göttlichen Stoffen den toten Christus, und was die Schönheit der Glieder und einen kunstvoll gebildeten Körper angeht, soll niemand glauben, eine nackte Gestalt sehen zu können, an der die Muskeln, Venen und Nervenstränge den Knochenbau wohlverstandener überziehen als an jenem Körper, noch einen Toten, der einem Toten ähnlicher ist als dieser. Lieblichste Gesichtszüge und der harmonische Übergang von Ansätzen und Gelenken an den Armen, am Körper und an den Beinen wie auch die ausgearbeiteten Venen und Handgelenke sind von einer Art, daß man tatsächlich voller Verwunderung darüber staunt, wie die Hand eines Künstlers in so kurzer Zeit ein derart herrliches Werk so göttlich und getreu auszuführen vermochte. Mit Sicherheit ist es ein Wunder, daß ein ursprünglich formloser Stein zu jener Vollendung gebracht wurde, welche die Natur mit Mühe aus dem Fleisch zu formen pflegt.[76] Michelangelos Liebe und sein Bemühen wirkten in diesem Werk auf eine Weise zusammen, daß er hier (was er späterhin in keinem anderen Werk tat) den Schriftzug seines Namens auf den Gürtel setzte, der über die Brust der Madonna läuft. Dazu kam es, als Michelangelo eines Tages dort hineinkam, wo sie aufgestellt war und eine große Zahl Fremder aus der Lombardei davor fand, die sie sehr lobten. Als einer von ihnen einen anderen fragte, wer sie geschaffen habe, antwortete dieser: »Unser Gobbo aus Mailand.«[77] Michelangelo schwieg dazu, doch irgendwie erschien es ihm seltsam, daß seine Anstrengungen einem anderen angerechnet werden sollten. Also schloß er sich eines Nachts mit einem Lämpchen ein und ritzte mit den mitgebrachten Meißeln seinen Namen ein.[78] Und wirklich wahr ist, was ein Schöngeist über sie bemerkte, so als wäre sie eine wirklich lebendige Figur:

»Schönheit und Seelengröße,
Mitleid und Schmerz, Tod in lebendigen Steinen,
Getrost! Vom Tod ihr werdet sehen
Ihn vor der Zeit erstehen!
Laßt darum ab vom ungemeßnen Weinen.
Und ob sie Spott getrieben,
Uns ist er Herr geblieben,
Und Dir, Sohn, Vater, Gatte, heiliger Christ,
Der Du ihm Mutter, Tochter, Braut die einz'ge bist.«[79]

Dies brachte ihm höchsten Ruhm ein, auch wenn einige mehr aus Ahnungslosigkeit als sonst etwas sagen, er habe die Madonna zu jung gestaltet. Erkennen und wissen sie denn nicht, daß jungfräuliche Wesen sich dank ihrer Unberührtheit das Aussehen ihres Gesichts über lange Zeit makellos erhalten, während für jene, die gelitten haben wie Christus, das Gegenteil gilt? Dieses Werk brachte seinem Talent jedenfalls mehr Ruhm und Ansehen ein als alle seine vorherigen.

Einige Freunde schrieben ihm aus Florenz, er solle doch zurückkehren, weil sich ihm durchaus die Gelegenheit bieten könne, aus jenem Marmorblock, der verhauen in der Dombauhütte lagerte, eine Figur zu schaffen, wozu er schon vormals seine Bereitschaft bekundet hatte. Piero Soderini,[80] der damals auf Lebenszeit zum *gonfaloniere* dieser Stadt berufen worden war und viele Male davon gesprochen hatte, ihn durch Leonardo da Vinci[81] bearbeiten zu lassen, verhandelte damals gerade darüber, ihn Meister Andrea Contucci aus Monte San Savino[82] zu übertragen, einem hervorragenden Bildhauer, der versuchte, ihn für sich zu bekommen. So schwierig es war, daraus eine ganze Figur ohne Anstückungen zu gewinnen – was sich keiner außer ihm zutraute –, kam Michelangelo, der schon vor Jahren den Wunsch dazu verspürt hatte, nach Florenz und versuchte, ihn zu erhalten. Dieser Marmorblock maß neun Ellen, und ein gewisser Meister Simone da Fiesole hatte dort in unglücklicher Weise eine Kolossalstatue begonnen, die so übel zugerichtet war – er hatte sie zwischen den Beinen durchlöchert und alles schlecht ausgeführt und verunstaltet –, daß die Verwalter der Dombauhütte von Santa

Maria del Fiore, unter deren Verantwortung er fiel, ihn aufgegeben hatten und sich nicht weiter um seine Fertigstellung kümmerten. Viele Jahre war es so um ihn bestellt gewesen und wäre es wohl auch weiter geblieben. Michelangelo aber vermaß ihn von neuem, und nachdem er geprüft hatte, ob man aus diesem Block eine vernünftige Figur hauen konnte, indem man ihre Haltung dem von Meister Simone verunstalteten Stein anpaßte, beschloß er, ihn von den Baumeistern und Soderini zu erbitten. Da jene ihn als wertlos erachteten, wurde ihm dies gewährt, auch weil man der Meinung war, daß alles, was man daraus machen würde, besser sein müsse als der Zustand, in dem er sich seinerzeit befand, denn weder zerschlagen noch so übel zugerichtet war er der Bauhütte von irgendeinem Nutzen. Michelangelo fertigte ein Wachsmodell an[83] und stellte darin als Wahrzeichen des Palasts den jungen David mit einer Schleuder in der Hand dar, um zu zeigen, daß so wie dieser sein Volk verteidigt und gerecht regiert hatte auch die Führer jener Stadt sie mutig verteidigen und gerecht regieren sollten. Er begann ihn in der Dombauhütte von Santa Maria del Fiore, wo er zwischen Mauer und Brettergerüst einen Sichtschutz um den Marmorblock anbrachte und dann kontinuierlich an ihm arbeitete, ohne daß jemand ihn zu Gesicht bekam, bis er ihn zur letzten Vollendung gebracht hatte [siehe Seite 50].[84] Allerdings war der Marmor von Meister Simone derart verunstaltet und beschädigt worden, daß Michelangelo an manchen Stellen nicht genug Material für die Umsetzung seiner Vorstellung blieb. Also richtete er es so ein, daß an den äußeren Enden des Marmorblocks einige der ursprünglichen Meißelspuren Meister Simones erhalten blieben, von denen man immer noch die ein oder andere sehen kann. Und sicher war es ein Wunder, wie Michelangelo hier einen Toten wieder zum Leben erweckte.

Als die Statue fertig und zu solcher Vollendung gebracht war, kamen verschiedene Diskussionen darüber auf, wie sie zur Piazza della Signoria transportiert werden sollte. Zu diesem Zweck konstruierten Giuliano da Sangallo[85] und sein Bruder Antonio[86] ein Gestell aus sehr stabilen Holzbrettern und häng-

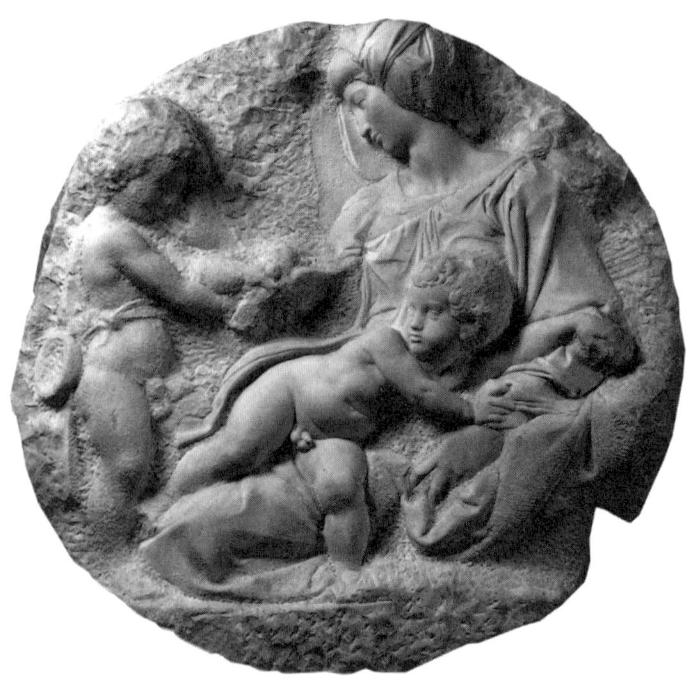

Madonna mit dem Kind und dem Johannesknaben (›Tondo Taddei‹). London, Royal Academy of Arts

ten die Figur mit Tauen darin auf, damit sie bei Erschütterungen nicht zerbrechen, sondern stets hin und her geschaukelt würde. Auf flachen Planken zogen sie sie dann mit Winden über den Boden und brachten sie zu ihrem Aufstellungsort. In das Tau, das die Figur hielt, hatte er eine Schlinge gemacht, die ganz locker lief und sich unter Belastung zusammenzog, was eine sehr schöne Erfindung ist, von der ich in meinem *libro* eine eigenhändige Zeichnung von ihm habe, und ein bewundernswert sicherer und solider Weg, um Lasten zu vertäuen.[87]

Damals begab es sich, daß Piero Soderini ihn mit großem Gefallen an seinem Aufstellungsort sah, während Michelangelo ihn an einigen Stellen überarbeitete, und dabei zu ihm sagte, daß

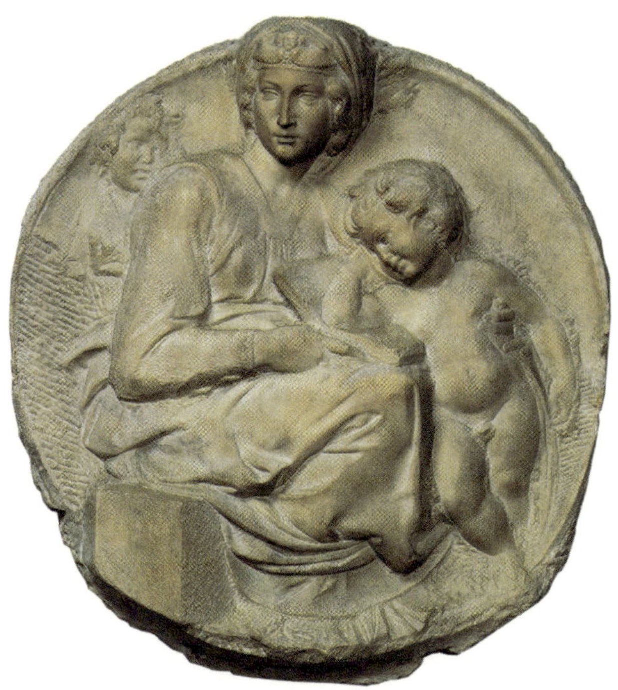

Madonna mit dem Kind und dem Johannesknaben (›Tondo Pitti‹)
Florenz, Museo Nazionale del Bargello

ihm die Nase der Figur zu groß geraten schien. Michelangelo erkannte, daß der *gonfaloniere* unterhalb der monumentalen Statue stand und sein Blickwinkel es ihm nicht erlaubte, die wirklichen Maßverhältnisse zu erkennen, stieg aber, um ihn zufriedenzustellen, auf das Gerüst, das sich auf der Höhe der Schultern befand. Geschwind nahm Michelangelo einen Meißel und ein wenig Marmorstaub von den Gerüstplanken in die linke Hand und ließ, während er den Meißel nun leicht zu bewegen begann, nach und nach den Staub herabrieseln, ohne dabei die Nase im geringsten zu verändern. Dann sah er hinunter zum *gonfaloniere*, der dort stand und zusah und sagte: »Schaut nun«. »Mir gefällt er jetzt besser«, sagte der *gonfaloniere*, »Ihr habt ihm das Leben geschenkt«. Da stieg Michelangelo herab und amüsierte sich insgeheim darüber, wie er diesen Herrn zufriedengestellt hatte, wobei er Mitleid mit denen empfand, die als Kenner erscheinen wollen und dabei keine Ahnung haben, wovon sie reden.[88] Als das Werk verankert und fertig war, enthüllte er es, und tatsächlich brachte es alle modernen und antiken Statuen, seien sie nun griechisch oder römisch, um ihren Ruhm. So kann man sagen, daß weder der Marforio von Rom,[89] der Tiber[90] oder Nil vom Belvedere[91] noch die Kolossalstatuen vom Monte Cavallo[92] ihm auch nur irgendwie gleichkamen, so wohlbemessen und mit solcher Schönheit und Güte brachte Michelangelo ihn zur Vollendung: Er zeigt wunderschön geformte Beine und einen göttlich schlanken Hüftansatz, und nie sah man weder eine lieblichere Haltung noch eine Anmut, die jenem Werk gleichkam, weder Füße oder Hände, noch einen Kopf, die in allen Teilen mit so qualitätvoller Kunstfertigkeit, Ausgewogenheit und *disegno* in Zusammenklang gebracht waren. Wer diese Statue gesehen hat, hat sicher keinen Bedarf mehr, sich irgendein anderes Werk der Bildhauerkunst unserer oder früherer Tage von welchem Künstler auch immer anzuschauen.[93]

Michelangelo erhielt von Piero Soderini vierhundert Scudi Lohn für diese Statue, die 1504 aufgestellt wurde. Durch die Berühmtheit, die sie ihm in der Bildhauerei einbrachte, kam es, daß er für genannten *gonfaloniere* einen wunderschönen Bronze-David ausführte, den jener dann nach Frankreich sandte.[94] Außerdem meißelte er seinerzeit in groben Zügen zwei Marmortondi, wovon der eine für Taddeo Taddei[95] bestimmt war, in dessen Haus er sich heute befindet [siehe Seite 54 und 55].[96] Den anderen[97] begann er für Bartolomeo Pitti[98] und wurde von Fra Miniato Pitti vom Monte Oliveto,[99] einem fundierten Kenner der Kosmographie, vieler Wissenschaften und insbesondere der Malerei, seinem guten Freund Luigi Guicciardini[100] zum Geschenk gemacht. Jene Werke gelten als vorzüglich und bewundernswert. Zu dieser Zeit bossierte er auch eine Marmorstatue des Heiligen Matthäus in der Dombauhütte von Santa Maria del Fiore[101] [siehe rechts], und jene im Entwurfsstadium verbliebene

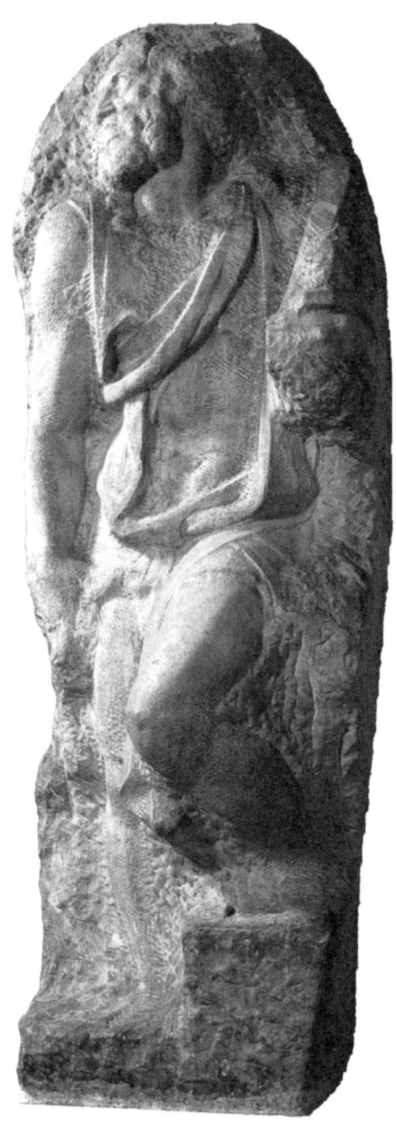

Heiliger Matthäus. Florenz, Galleria dell'Accademia

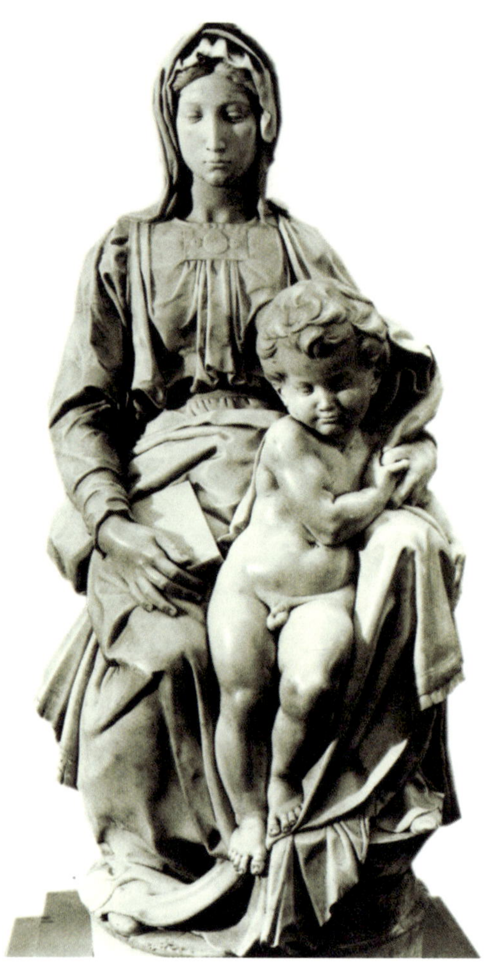

Madonna mit dem Kind. Brügge, Onze Lieve Vrouwkerk (Nôtre Dame)

Statue beweist seine Perfektion und lehrt die Bildhauer, wie man Figuren aus dem Marmor herausschlägt, ohne sie zu verunstalten, und wie einem die Urteilskraft beim Wegnehmen des Marmors stets zum Vorteil gereicht, weil sie die Möglichkeit wahrt, bei Bedarf beliebig zu umreißen oder abzuwandeln.

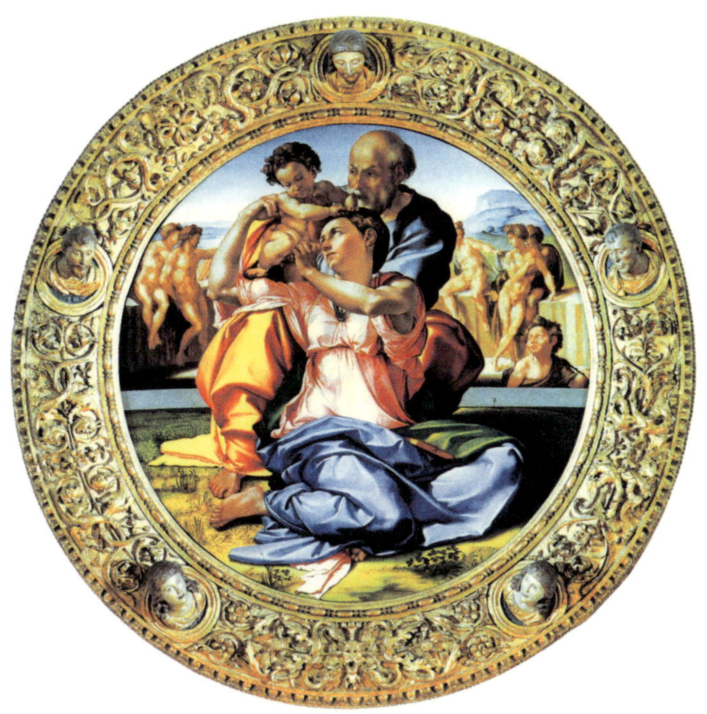

Heilige Familie (›Tondo Doni‹). Florenz, Uffizien

Auch schuf er einen bronzenen Tondo mit einer Madonna, den er auf Anfrage einiger flämischer Händler in Bronze goß, die im Auftrag der Familie Mouscron agierten, sehr angesehener Persönlichkeiten ihres Landes; sie zahlten ihm hundert Scudi dafür und schickten ihn nach Flandern [siehe links].[102]

Agnolo Doni,[103] der ein Bürger aus Florenz und Freund von ihm war und sich ungemein am Besitz schöner Werke sowohl antiker wie moderner Künstler erfreute, verspürte den Wunsch, ein Werk von Michelangelo zu besitzen. Also begann der für ihn einen gemalten Tondo mit einer Madonna [siehe oben], die auf beiden Beinen kniend das Kind in ihrem Arm hält und Joseph reicht, der es entgegennimmt. In der Kopfwendung der

Mutter Christi und ihrem fest auf die vollkommene Schönheit des Sohnes gerichteten Blick läßt Michelangelo ihre tiefe Freude darüber erkennen, an all dem teilzuhaben und ihre Zuneigung zu jenem hochheiligen alten Mann, der ihn mit der gleichen Liebe, Zärtlichkeit und Ehrfurcht entgegennimmt, was man wunderbar an seinem Gesicht ablesen kann, auch ohne lange hinzuschauen.[104] Aber damit begnügte Michelangelo sich nicht: Um die Großartigkeit seiner Kunst einmal mehr unter Beweis zu stellen, zeigte er im Hintergrund dieses Werks zahlreiche nackte Gestalten, die sich anlehnen, aufrecht stehen oder sitzen, und er bearbeitete dieses Bild mit so viel Sorgfalt und Präzision, daß es unter seinen wenngleich wenigen Tafelbildern als die vollendste und schönste Arbeit gilt. Nachdem es fertig und verpackt war, schickte er es durch einen Boten zu Agnolos Haus, beiliegend ein Zettel, auf dem er siebzig Dukaten als Bezahlung forderte. Als der sparsame Mensch, der er war, befremdete es Agnolo, für ein Gemälde so viel auszugeben, obwohl er durchaus erkannte, daß es mehr wert war. Er sagte also zu dem Boten, vierzig würden genügen, und gab ihm diese, woraufhin Michelangelo sie ihm zurückschickte und ausrichten ließ, daß er entweder hundert Dukaten zahlen oder das Bild zurückgeben solle. Da sagte sich Agnolo, dem das Werk gefiel, »Ich werde ihm die Siebzig geben«, doch jener gab sich damit nun nicht mehr zufrieden, sondern wollte wegen Agnolos mangelndem Vertrauen das Doppelte von dem, was er beim ersten Mal verlangt hatte, weshalb Agnolo gezwungen war, wollte er das Bild behalten, ihm hundertvierzig Dukaten zu schicken.

Es begab sich, daß zu der Zeit, als der außerordentliche Maler Leonardo da Vinci, wie in seiner Vita berichtet, im großen Ratssaal malte, der damalige *gonfaloniere* Piero Soderini, Michelangelo, dessen großes Talent er erkannte, einen Teil jenes Saals in Auftrag gab. So kam es, daß dieser nun in Konkurrenz zu Leonardo die andere Wand ausführte, für die er als Gegenstand den Krieg gegen Pisa wählte. Michelangelo bekam im Spital der Färber[105] bei Sant'Onofrio einen Raum zugewiesen und begann dort einen sehr großen Karton, wollte aber nicht, daß andere ihn zu Gesicht bekamen. Er füllte ihn mit nackten Gestalten, die im Begriff sind, wegen der Hitze im Arno zu baden, als im Lager Alarm eines feindlichen Angriffs gegeben wird. Während die Soldaten aus dem Wasser steigen, um sich anzukleiden, sah man dank Michelangelos göttlichen Händen, wie einige sich beim Anlegen der Rüstung beeilen, um ihren Kameraden zur Hilfe zu kommen, die nächsten sich den Harnisch umschnallen, viele andere diverse Waffen ergreifen und eine zahllose Menge zu Pferd kämpfend die Schlacht beginnt. Unter den Figuren war dort ein Greis, der einen Efeukranz auf dem Kopf trug, der ihm Schatten spenden sollte. Er hatte sich hingesetzt, um sich die Strümpfe anzuziehen, kam aber nicht hinein, weil seine Beine vom Wasser naß waren, so daß er unter dem Eindruck des Tumults der Soldaten, der Schreie und des Trommellärms in seiner Hast gewaltsam an einem Strumpf zerrte. Und einmal abgesehen davon, daß man alle Muskel- und Nervenstränge der Figur sah, hatte er den Mund verzogen, womit er ganz deutlich zeigte, wie sehr er litt und wie er bis zu den Zehenspitzen angespannt war. Es gab dort auch Trommler und Figuren, die mit zusammengerollten Kleidern nackt in die Richtung des Kampfgetümmels liefen. In ganz außergewöhnlichen Haltungen sah man dabei die einen aufrecht, andere kniend oder gebeugt, liegend hingestreckt oder in der Luft hängend und in komplizierten Verkürzungen wiedergegeben. Auch waren viele Figuren dort zu Gruppen gefügt und auf unterschiedliche Weise skizziert: die einen mit Kohle umrissen oder schraffiert, andere schattiert und mit Bleiweiß gehöht, weil er zeigen wollte, wieviel er von dieser Tätigkeit verstand. In den Künstlern rief das Staunen und Bewunderung hervor, denn Michelangelo hatte ihnen in diesem Blatt das Äußerste der Kunst vorgeführt, und einige, die sie gesehen haben, sagen angesichts solch göttlicher Figuren, daß man weder von seiner noch anderer Hand jemals etwas gesehen hat, das an Göttlichem in der Kunst von keinem noch so großen Talent je wieder zu erreichen sein wird.[106] Sicher darf man das glauben, denn als der Karton nach seiner Fertigstellung unter großem Aufsehen der Künstlerschaft und zu Michelangelos äußerstem Ruhm in die

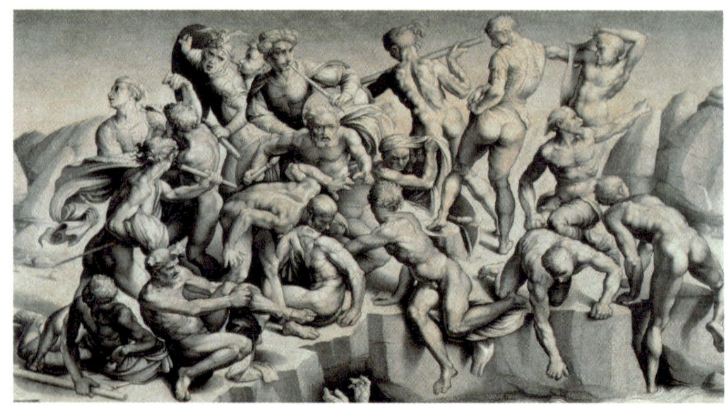

Aristotile da Sangallo (zugeschrieben): Kopie nach einem Detail von Michelangelos Schlacht von Cascina. Holkham Hall, Earl of Leicester Collection

Sala del Papa gebracht wurde, sind all jene, die nach diesem Karton ihre Studien gemacht und ihn abgezeichnet haben, wie es in Florenz späterhin Fremde und Einheimische viele Jahre lang taten, zu herausragenden Persönlichkeiten dieser Kunst geworden, wie wir sehen konnten. So studierten nach diesem Karton sein Freund Aristotile da Sangallo [siehe oben],[107] Ridolfo Ghirlandaio,[108] Raffael Sanzio aus Urbino,[109] Francesco Granacci, Baccio Bandinelli[110] und der Spanier Alonso Berruguete.[111] Es folgten Andrea del Sarto,[112] Franciabigio,[113] Jacopo Sansovino,[114] Rosso,[115] Maturino,[116] Lorenzetto[117] und Tribolo,[118] der damals noch ein Kind war, Jacopo Pontormo[119] und Perino del Vaga,[120] die allesamt ausgezeichnete Florentiner Meister waren.[121] Da dieser Karton zu einer Schule für die Künstler geworden war, brachte man ihn in das Haus der Medici in den großen oberen Saal. Dort überließ man ihn allerdings zu vertrauensvoll den Händen der Künstler, und als sich, wie an anderer Stelle berichtet,[122] während der Krankheit Herzog Giulianos[123] keiner um diese Angelegenheit kümmerte, wurde er zerrissen und in viele Stücke zerteilt und ist nun an viele Orte verstreut, wie einige Teile bezeugen, die noch im Haus des mantuanischen Edelmanns Messer Uberto Strozzi[124] in Mantua zu sehen sind, wo sie mit großer Ehrfurcht aufbewahrt werden. Sieht man sie, meint man in der Tat, eher ein göttliches als ein menschliches Werk vor sich zu haben.

Michelangelos Ruf hatte sich durch die Pietà, die Kolossalstatue von Florenz und den Karton so verbreitet, daß ihm nach dem Tod von Papst Alexander VI.[125] und der Wahl Julius' II.[126] im Jahr 1503 (als Michelangelo ungefähr neunundzwanzig Jahre alt war) die große Gunst widerfuhr, von Julius zu sich gerufen zu werden, um für ihn sein Grabmal zu schaffen, wofür er ihm durch seinen Gesandten ein Reisegeld von hundert Scudi auszahlen ließ. In Rom angekommen, vergingen allerdings viele Monate, ehe man ihn an irgend etwas Hand anlegen ließ.[127] Endlich entschied jener sich für einen Entwurf,[128] den er für dieses Grabmal gemacht hatte und der ein trefflicher Beweis für Michelangelos Können ist, da er an Schönheit, Pracht,[129] großem Dekor und Statuenreichtum jedes antike kaiserliche Grabmal übertraf. Dadurch ermutigt, beschloß Papst Julius, mit dem Neubau der römischen Kirche von Sankt Peter zu beginnen, wo er es, wie an anderer Stelle berichtet, später aufstellen wollte.[130] Also machte Michelangelo sich mit großer Tatkraft an die Arbeit und begab sich zunächst einmal nach Carrara, um mit zweien seiner Lehrlinge alle benötigten Marmorblöcke zu brechen, wofür er in Florenz von Alamanno Salviati[131] tausend Scudi erhielt. Er verbrachte acht Monate in diesen Bergen ohne weiteres Geld oder Lohnzahlungen. Dabei kamen ihm angeregt durch die Felsformationen vielerlei Einfälle, wie er ein Denkmal von sich hinterlassen könnte, indem er nach dem Vorbild der antiken Künstler große Statuen in jene Steinbrüche schlagen würde.[132] Als die Menge der Marmorblöcke ausgewählt und an der Meeresküste verladen worden war, transportierte man sie nach Rom, wo sie die Hälfte des Platzes vor Sankt Peter, um Santa Caterina herum und zwischen der Kirche und dem Verbindungsgang, der zur Engelsburg führt, einnahmen. Hier hatte Michelangelo die Werkstatt einrichten lassen, in der er die Figuren und das übrige des Grabmals bearbeiten wollte. Damit er bequem zum Besichtigen der Arbeiten gelangen könnte, hatte der Papst eine Zugbrücke vom Gang bis zur Werkstatt errichten lassen, wodurch er sehr vertraut mit ihm wurde. Diese Gunstbezeugungen sorgten mit der Zeit für viel Ungemach und Verfolgung und schürten eine Menge Neid unter seinen Künstlerkollegen.

Zu Julius' Lebzeiten und danach vollendete Michelangelo für dieses Werk vier Statuen, weitere acht umriß er grob,[133] wie an entsprechender Stelle zu berichten sein wird. Und da dieses Werk mit größtem Einfallsreichtum geplant war, werden wir nun im Anschluß die von ihm gewählte Anordnung darlegen.[134] Damit es größer wirken würde, plante er es freistehend, so daß es von allen vier Seiten betrachtet werden konnte. Auf der einen Seite maß es zwölf Ellen und auf den anderen beiden achtzehn Ellen, so daß sich ein Verhältnis von eineinhalb Quadrat[135] ergab. Außen herum war es mit einer Reihe von Nischen versehen, dazwischen Hermen, die von der Körpermitte aufwärts bekleidet waren und auf dem Kopf das erste Gesims trugen. An jede Herme war in seltsam anmutender, bizarrer Haltung ein nackter Gefangener gebunden, der mit den Füßen auf dem Vorsprung eines Sockels stand. Diese Gefangenen stellten alle von diesem Papst bezwungenen und der Apostolischen Kirche unterworfenen Provinzen dar. Weitere Statuen, verschiedene davon aber ebenfalls angebunden, repräsentierten alle Tugenden und geistreichen Künste, die damit verdeutlichten, daß auch sie dem Tod unterlegen waren, wie jener Papst, der sie so ehrenvoll ausüben ließ. Auf den Ecken des ersten Gesimses waren vier große Statuen geplant: die *vita activa* und die *vita contemplativa*, der Heilige Paulus und Moses. Das Werk stieg über dem Gesims mit sich verjüngenden Stufen an, mit einem figürlichen Bronzefries und weiteren Figuren, Putten und Verzierungen ringsherum. Obenauf befanden sich als Abschluß zwei Figuren, von denen eine den Himmel darstellte, der lächelnd eine Bahre auf den Handflächen trug, daneben die Erdgöttin Kybele, die aussah, als ob sie darüber trauern würde, daß sie durch den Tod dieses Mannes jeglicher Tugend beraubt in dieser Welt zurückbleiben muß. Und der Himmel schien zu lächeln, weil seine Seele der himmlischen Herrlichkeit zuteil geworden war. Auch war es so eingerichtet, daß man durch Nischen an den Stirnwänden der quadratischen Struktur hinein- und hinausgehen konnte. Innen befand sich ein oval geformter Umlauf in der Art von Tempeln, in dessen Mitte der Sarkophag stand, in den der Leichnam jenes Papstes gelegt werden sollte. Insgesamt gehörten zu diesem Werk vierzig Statuen aus Marmor, nicht gezählt die übrigen Szenen, Putten, Verzierungen und die allesamt profilierten Gesimse und anderen Teile der architektonischen Struktur. Der größeren Einfachheit halber wies Michelangelo an, einen Teil der Marmorblöcke nach Florenz zu bringen, wo er hin und wieder den Sommer zu verbringen gedachte, um dem schlechten römischen Klima zu entfliehen. In mehreren Teilen führte er eine Seite dieses Werks vollständig aus und vollendete in Rom eigenhändig zwei Gefangene [siehe Seite 66],[136] die wirklich göttlich sind, und weitere Statuen, wie man sie niemals besser sah, die allerdings nicht für dieses Projekt verwendet wurden: Er schenkte besagte Gefangene Herrn Roberto Strozzi,[137] in dessen Haus er krank gewesen war; später wurden sie als Geschenk an König Franz gesandt, und heute befinden sie sich in Écouen in Frankreich. In Rom umriß er grob weitere acht Statuen,[138] während er in Florenz einen Sieg mit einem Gefangenen darunter bossierte und vollendete, der sich heute im Besitz von Herzog Cosimo befindet und Seiner Exzellenz von seinem [Michelangelos] Neffen Leonardo als Geschenk überlassen worden war [siehe Seite 67]; den Sieger hat dieser in dem großen, von Vasari ausgemalten Saal seines Palasts aufgestellt.[139] Er vollendete den fünf Ellen hohen Moses[140] aus Marmor [siehe Seite 67], eine Statue, der kein modernes Werk an Schönheit je gleichkommen wird, wie es gleichermaßen von den antiken gesagt werden kann. In sitzender Position, von unsagbar würdiger Haltung, legt er einen Arm auf die Tafeln, die er in der einen Hand hält, während er sich mit der anderen in den Bart greift, der wallend und lang in einer Weise im Marmor ausgeführt ist, daß die Haare – womit die Bildhauerei große Schwierigkeiten hat – unendlich fein, flaumig weich und mit einzelnen Strähnen auf eine Weise wiedergegeben sind, daß es unmöglich scheint, wie der Meißel hier zum Pinsel wurde. In seiner Schönheit besitzt das

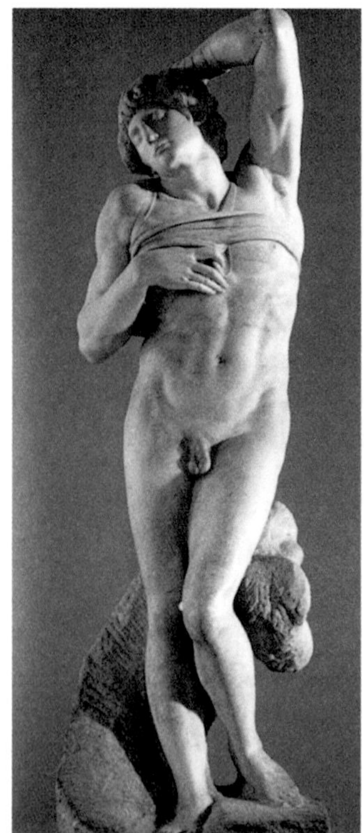
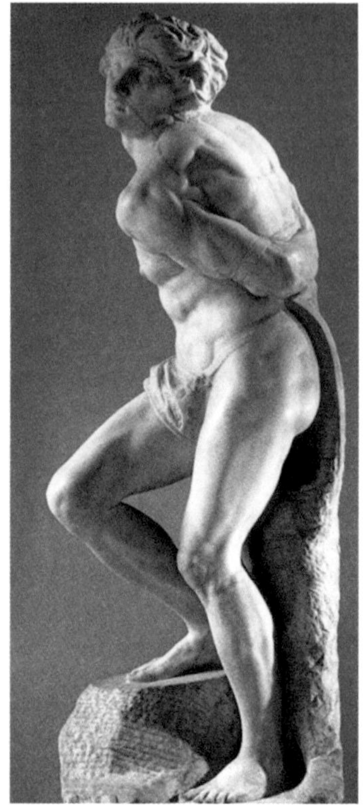

Der ›sterbende‹ (links) und der ›rebellische‹ (rechts) Sklave. Paris, Musée du Louvre

Gesicht in der Tat die Ausstrahlung eines wahren Fürsten, heilig und gewaltig, weshalb man ihn, während man ihn betrachtet, fast um einen Schleier bitten möchte, der sein Gesicht verhüllt, so strahlend und hell leuchtend wirkt es. Und so trefflich hat er die göttliche Ausstrahlung wiedergegeben, die Gott diesem allerheiligsten Antlitz verliehen hat, darüber hinaus sind die Stoffe durchbrochen und mit einem wunderschönen Saumaufschlag vollendet, es sind die Arme mit Muskeln, die Hände mit Knochen und Nervensträngen in solcher Schönheit und Perfek-

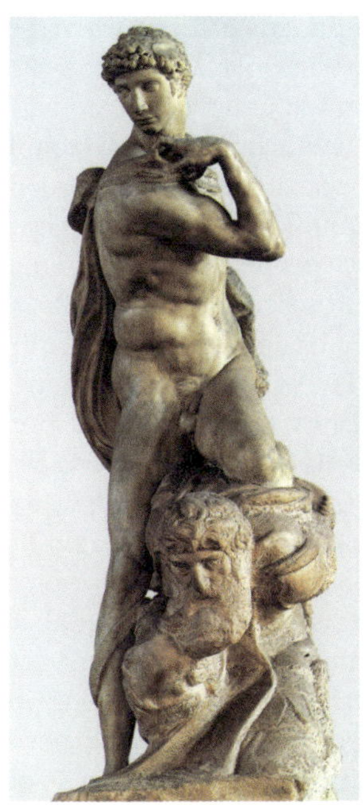

Der Sieger.
Florenz, Palazzo Vecchio

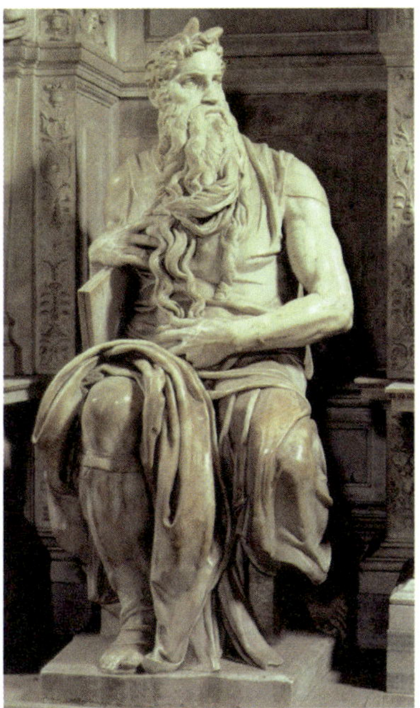

Moses. Rom, San Pietro in Vincoli, Juliusgrabmal

tion ausgeführt, auch Beine und Knie und darunter die Füße mit dem passenden Schuhwerk so gelungen, ja, er ist in allen seinen Teilen so vollendet, daß Moses sich heute mehr denn je einen Freund Gottes nennen darf, da jener seinen Körper durch Michelangelos Hände lange vor allen anderen für seine Auferstehung hat zusammenfügen und vorbereiten lassen.

Und die jüdischen Männer und Frauen mögen weiterhin jeden Samstag wie die Stare in Scharen zu ihm kommen und ihn bewundern und werden dabei kein menschliches, sondern ein göttliches Werk verehren.

Schließlich gelangte man bezüglich dieses Werks zu einer abschließenden Einigung und errichtete von den ursprünglich vier Teilen einen der kleineren in San Pietro in Vincoli.[141] Es heißt, daß zu der Zeit, als Michelangelo an diesem Auftrag arbeitete, alle noch fehlenden und in Carrara verbliebenen Marmorblöcke für besagtes Grabmal in Ripa[142] ankamen und dann zu den anderen auf den Platz von Sankt Peter gebracht wurden. Da nun diejenigen, die für den Transport gesorgt hatten, bezahlt werden mußten, ging Michelangelo wie gewöhnlich zum Papst. Dieser war an jenem Tag aber mit den Angelegenheiten von Bologna beschäftigt, weshalb er nach Hause zurückkehrte und den Marmor aus eigener Tasche bezahlte, weil er überzeugt war, dafür umgehend eine Anweisung Seiner Heiligkeit zu bekommen. Anderntags ging er wiederum zum Papst, um mit ihm zu sprechen, hatte aber Schwierigkeiten, eingelassen zu werden, da ein Reitknecht ihn aufforderte, sich in Geduld zu üben, denn er habe Anweisung, ihn nicht vorzulassen. Daraufhin sprach ein Bischof den Reitknecht an: »Du weißt wohl nicht, wer dieser Mann ist.« »Nur zu gut weiß ich das«, sagte der Knecht, »aber ich bin hier, um auszuführen, was mir meine Oberen und der Papst aufgetragen haben.« Dieser Vorfall mißfiel Michelangelo und schien seinen früheren Erfahrungen zu widersprechen, weshalb er dem Knecht des Papstes verärgert zur Antwort gab, er solle diesem doch ausrichten, wenn Seine Heiligkeit künftig nach ihm schicken lasse, er anderswohin gegangen sei. Zurück in seiner Unterkunft, bestieg er um zwei Uhr in der Nacht die Postkutsche und überließ es zwei Dienern, den gesamten Hausrat an die Juden zu verkaufen und ihm dann nach Florenz zu folgen, wo er selbst sich hinbegeben hatte. Als er in Poggibonsi ankam, das auf Florentiner Gebiet liegt, und er sich somit in Sicherheit befand, hielt er an. Es verging nicht viel Zeit, bis fünf Kuriere mit Briefen des Papstes[143] eintrafen, um ihn zurückzubringen, doch weder die Bitten noch der Brief, der ihm unter Androhung seiner Ungnade die Rückkehr befahl, vermochten ihn zum Einlenken zu bewegen. Schließlich ließ er sich durch die Bitten der Boten umstimmen und schrieb zwei Worte als Erwiderung an Seine Heiligkeit, in denen er ihn um Verzeihung dafür bat, daß er nicht mehr vor ihn treten wolle, da er ihn wie einen Unglückseligen hatte davonjagen lassen, was er in seiner treuen Ergebenheit nicht verdient habe, und er sich jemand anderen suchen solle, der ihm dienen würde.

Nach seiner Ankunft in Florenz widmete er sich in den drei Monaten, die er dort blieb, der Fertigstellung des Kartons für den großen Saal, den Piero Soderini von ihm ausgeführt sehen wollte. Indessen erreichten die Signoria drei Breven,[144] in denen Michelangelos Rückkehr nach Rom gefordert wurde. Als jener diese Rage des Papstes sah, bekam er es mit der Angst, und wie man sagt, weckte dies in ihm den Wunsch, nach Konstantinopel zu gehen und (auf Vermittlung einiger Franziskaner-Brüder[145]) dem Türken[146] zu dienen, der ihn eine Brücke von Konstantinopel nach Pera bauen lassen wollte. Doch gegen seinen Willen überredete ihn Piero Soderini, den Papst aufzusuchen, und zwar zu seiner Sicherheit in der offiziellen Rolle und mit dem Titel eines Gesandten der Stadt.[147] Zuletzt empfahl er ihn noch seinem Bruder, dem Kardinal Soderini,[148] der ihn beim Papst einführen sollte, und schickte ihn dann nach Bologna, wo Seine Heiligkeit sich von Rom aus hinbegeben hatte. Seinen Weggang von Rom erzählt man sich allerdings auch noch auf andere Weise: Der Papst sei über Michelangelo verärgert gewesen, der ihm keinen Blick auf seine Werke gestatten wollte. Jener hatte seine Gehilfen im Verdacht, wie es mehr als einmal geschehen war, bei bestimmten Gelegenheiten, wenn Michelangelo nicht im Haus oder bei der Arbeit war, ihm heimlich zu zeigen, woran er arbeitete. Und als er [der Papst] eines Tages einen seiner Gehilfen mit Geld bestach, um in die Kapelle seines Onkels Sixtus zu gelangen und zu sehen, was er ihn dort, wie schon vor kurzem berichtet, malen ließ, warf Michelangelo, der sich dieses Mal im Verdacht auf das verräterische Handeln seiner Gehilfen versteckt hatte, beim Eintreten des Papstes in die Kapelle mit Brettern nach ihm, ohne zu wissen, um wen es sich handelte, woraufhin dieser wutentbrannt wieder hinauseilte. Wie dem auch sei, es genügt, daß er sich mit dem Papst entzweite und dann aus Angst fortging.[149]

Als er in Bologna eintraf, hatte er kaum die Stiefel ausgezogen, als er von Vertrauten des Papstes zu Seiner Heiligkeit in den Palast der Sechzehn[150] geführt wurde, wobei er von einem

Bischof des Kardinals Soderini begleitet wurde, da der Kardinal aufgrund einer Erkrankung selbst nicht mitgehen konnte. Als sie vor den Papst traten, kniete Michelangelo nieder, und während Seine Heiligkeit ihn schräg und scheinbar verärgert betrachtete, sagte er zu ihm: »Statt zu mir zu kommen, hast Du wohl gewartet, bis wir Dich aufsuchen?«, womit er andeuten wollte, daß Bologna näher an Florenz liegt als an Rom. Mit einer verbindlichen Handbewegung und lauter Stimme bat Michelangelo ihn demütig um Verzeihung und entschuldigte sich, daß er aus Zorn gehandelt habe, da er es nicht ertragen konnte, auf diese Weise davongejagt zu werden, und sagte, daß er ihn erneut für seine Verfehlung um Vergebung bitte.[151] Auch der Bischof, der Michelangelo vor den Papst geführt hatte, wollte ihn entschuldigen und sagte zu Seiner Heiligkeit, Menschen wie er seien eben einfältig und außer für ihre Kunst zu nichts zu gebrauchen, weshalb er ihm doch verzeihen möge. Zorn überkam da den Papst, und mit dem Stab, den er hielt, schlug er nach dem Bischof und rief: »Einfältig bist Du, der Du ihm Gemeinheiten an den Kopf wirfst, die nicht einmal Wir gegen ihn gebrauchen.« Mit Stockhieben setzten die Reitknechte den Bischof vor die Tür, und als er fort war und der Papst seiner Wut über ihn Luft gemacht hatte, segnete er Michelangelo, der nun mit Geschenken und Versprechungen in Bologna gehalten wurde, bis Seine Heiligkeit ihm den Auftrag zu einer fünf Ellen hohen Bronzestatue mit dem Ebenbild Papst Julius' erteilte.[152] Höchste Kunstfertigkeit verwandte er auf die Haltung, die im ganzen Würde und Größe besaß, während er Reichtum und Pracht in den Gewändern und im Gesicht Mut, Stärke, Entschlossenheit und ungeheure Energie zum Ausdruck brachte. Sie wurde dann in einer Nische über dem Portal von San Petronio aufgestellt.

Während Michelangelo an ihr arbeitete, kam, wie es heißt, der exzellente Goldschmied und Maler Francia[153] vorbei, um sie sich anzuschauen, weil er von der Wertschätzung und dem Ruhm dieses Mannes und seiner Werke gehört, aber noch kein einziges von ihnen gesehen hatte. Es wurden also Vermittler eingesetzt, damit er sie würde besichtigen können, und die Gnade wurde ihm erwiesen. Als er dann Michelangelos Kunstfertigkeit sah, geriet er ins Staunen, und nach seiner Meinung zu der Figur gefragt, erwiderte Francia, dass der Guß wunderschön und das Material formvollendet sei. Michelangelo schien es nun so, als habe er mehr die Bronze als die künstlerische Leistung gelobt, und sagte: »Ich bin dafür Papst Julius, der sie mir gab, in derselben Weise verpflichtet wie Ihr den Drogisten, die Euch mit Euren Malfarben versorgen.« Und in Gegenwart jener Edelleute nannte er ihn voller Zorn einen Dummkopf. Als ihm späterhin ein Sohn des Francia unter die Augen kam, der ein sehr schöner Jüngling war, sagte er in bezug auf diese Begebenheit: »Deinem Vater gelingen wohl lebende Figuren schöner als gemalte.«[154] Unter jenen Edelleuten befand sich einer, dessen Namen ich nicht kenne und der Michelangelo fragte, was ihm größer erschiene: die Statue jenes Papstes oder ein paar Ochsen, woraufhin der zur Antwort gab: »Das kommt auf die Ochsen an: Im Vergleich zu den bolognesischen sind unsere aus Florenz zweifellos kleiner.«

Michelangelo vollendete ein Tonmodell dieser Statue,[155] bevor der Papst aus Bologna nach Rom aufbrach. Als Seine Heiligkeit es besichtigen kam, wußte er noch nicht, was er ihr in die linke Hand geben sollte, während die rechte mit stolzer Geste erhoben war. Den Papst veranlaßte das zu der Frage, ob jene denn den Segen erteile oder einen Fluch andeute, worauf Michelangelo erwiderte, daß sie die Bevölkerung von Bologna ermahne, weise zu sein. Als er um die Meinung Seiner Heiligkeit bat, ob er in die linke Hand ein Buch legen solle, sagte er: »Mach' ihr ein Schwert, ich hab' doch keine Bildung.« Der Papst hinterlegte bei der Bank von Messer Antonmaria da Lignano[156] tausend Scudi für ihre Fertigstellung, und nach Ablauf von sechzehn Monaten, die er sich mit ihrer Ausführung mühte, wurde sie, wie schon erwähnt, an der Kirchenfassade von San Petronio angebracht; auch von ihrer Größe haben wir bereits gesprochen. Diese Statue wurde von Bentivoglio[157] zerstört und ihre Bronze an Herzog Alfonso von Ferrara[158] verkauft, der eine Kanone daraus machen ließ, die den Namen ›Giulia‹ erhielt. Einzig der Kopf blieb unversehrt und befindet sich heute in seiner *guardaroba*.[159]

Während der Papst nach Rom zurückgekehrt war und Michelangelo diese Statue vollendet hatte, versuchte Bramante,[160] der ein Freund und Verwandter von Raffael aus Urbino war und damit Michelangelo kaum freundlich gesonnen, die Abwesenheit desselben auszunutzen: Da sie [Bramante und Raffael] sahen, wie der Papst seine bildhauerischen Werke favorisierte und überhöhte, überlegten sie, Seine Heiligkeit von ihnen abzulenken und dahin zu bringen, ihn nicht weiter an seinem Grabmal arbeiten zu lassen, indem sie sagten, es schiene doch so, als wolle man den Tod beschleunigen, und es sei ein schlechtes Omen, sich zu Lebzeiten ein Grabmal bauen zu lassen. Sie überredeten ihn, Michelangelo bei seiner Rückkehr zum Gedenken an seinen Onkel Sixtus das Gewölbe der Kapelle ausmalen zu lassen, die jener im Palast hatte bauen lassen.[161] Auf diese Weise gedachten Bramante und weitere Konkurrenten Michelangelos, ihn von der Bildhauerei abzuhalten, in der sie seine Perfektion erkannten, und ihn in die Verzweiflung zu treiben, weil sie dachten, daß er, wenn sie ihn malen lassen würden, aufgrund seiner fehlenden Erfahrung mit Freskofarben ein weniger geachtetes Werk schaffen und im Vergleich zu Raffael Geringeres zustande bringen würde. Und sollte es ihm doch gelingen, würde er sich auf jeden Fall mit dem Papst entzweien, womit sie auf dem einen oder anderen Weg ihr Vorhaben, ihn loszuwerden, umgesetzt hätten.[162] Als Michelangelo dann nach Rom zurückgekehrt war, standen die Dinge so, daß der Papst sein Grabmal fürs erste nicht vollenden wollte und ihn ersuchte, das Gewölbe der Kapelle auszumalen.[163] Michelangelo wünschte aber das Grabmal fertigzustellen, und da ihm das Kapellengewölbe als eine große und schwierige Arbeit erschien und er um seine geringe Praxis im Umgang mit Farben wußte, versuchte er alles, sich dieser Last zu entledigen, und brachte dafür Raffael ins Gespräch. Je mehr er sich aber weigerte, desto mehr wuchs das Verlangen des Papstes, der in seinen Unternehmungen stets ungestüm war und außerdem erneut von Michelangelos Konkurrenten und besonders von Bramante angestachelt wurde, weshalb der Papst, hitzig wie er war, fast schon wieder mit Michelangelo zürnte. Dieser sah ein, daß Seine Heiligkeit darauf beharrte, und entschloß sich zu ihrer Ausführung. Nun befahl der Papst Bramante, das Gerüst zu bauen, das für ihre Ausmalung benötigt wurde, und der hängte es vollständig an Seilen auf und bohrte dafür Löcher in das Gewölbe. Als Michelangelo das sah, fragte er Bramante, wie er denn nach vollendeter Bemalung die Löcher wieder schließen solle, woraufhin dieser zur Antwort gab: »Das überlegen wir uns später« und hinzufügte, daß man es nicht anders machen könne. Da erkannte Michelangelo, daß Bramante in dieser Hinsicht entweder nicht viel taugte oder ihm wenig freundlich gesonnen war. Er ging also zum Papst und sagte ihm, daß das Gerüst unbrauchbar und Bramante nicht in der Lage gewesen sei, es auszuführen, woraufhin jener in Bramantes Gegenwart erwiderte, er solle es auf seine Art machen. Also wies er an, es auf Stützbalken zu errichten, welche die Wand nicht berührten, was späterhin Bramante und andere gelehrt hat, wie Gewölbe einzurüsten sind, damit man gute Werke ausführen kann. Dem mittellosen Zimmermann, der das Gerüst neu machte, überließ er dann so viele Seile, daß dieser, nachdem er sie verkauft hatte, dank Michelangelos Geschenk die Mitgift für seine Tochter aufbringen konnte.[164]

Er begann nun mit den Kartons für besagtes Gewölbe. Der Papst wollte außerdem die Wandseiten abschlagen lassen, die zu Sixtus' Zeiten von früheren Meistern bemalt worden waren,[165] und legte die Gesamtkosten für dieses Werk auf fünfzehntausend Scudi fest, ein Preis, den Giuliano da Sangallo errechnet hatte. Der Umfang dieses Unternehmens zwang Michelangelo zu dem Entschluß, sich Hilfe zu holen, und so schickte er nach Männern aus Florenz. Er war entschlossen, in diesem Werk die Überlegenheit seiner Bemühungen gegenüber denjenigen zu demonstrieren, die dort zuvor gemalt hatten, und den modernen Künstlern außerdem zu zeigen, wie man zeichnet und malt. Den Ruhm und das Heil der Kunst vor Augen, trieb ihn das Sujet zu Höchstleistungen an, und so begann und vollendete er die Kartons.[166] Weil er das Gewölbe in Fresko auszuführen gedachte, so aber noch nie gearbeitet hatte, kamen einige seiner Malerfreunde aus Florenz nach Rom, um ihm in dieser Sache

Hilfe zu leisten und ihm die Technik der Freskoarbeit zu zeigen, in der einige von ihnen Erfahrung besaßen, darunter Granacci, Giuliano Bugiardini,[167] Jacopo di Sandro,[168] der ältere Indaco,[169] Agnolo di Donnino[170] und Aristotile. Man begann mit der Arbeit und zunächst ließ er sie einige Proben ausführen. Als er aber sah, daß ihre Bemühungen weit von seinen Vorstellungen entfernt waren und ihn nicht zufriedenstellten, entschied er eines Morgens, alles abzuschlagen, was sie geschaffen hatten. Dann schloß er sich in der Kapelle ein, verweigerte ihnen den Einlaß und ließ sich auch nicht sehen, wenn er zu Hause war. Als ihnen diese Farce zu lange dauerte, brachen sie auf und kehrten gedemütigt nach Florenz zurück.[171] Michelangelo war nun entschlossen, die ganze Arbeit allein zu übernehmen, und brachte sie unter Aufbietung aller Mühe und Tatenlust trefflich zu Ende. Dabei ließ er sich niemals sehen, um keine Gelegenheit zu geben, das Werk zeigen zu müssen, was in den Köpfen der Leute den Wunsch nach seinem Anblick Tag für Tag wachsen ließ.

Auch Papst Julius war voller Verlangen, seine Unternehmungen dort in Augenschein zu nehmen, und da man sie ihm vorenthielt, stieg seine Begierde ins Unermeßliche. Also machte er sich eines Tages auf, um sie zu besichtigen, erhielt aber keinen Einlaß, weil Michelangelo nichts zeigen wollte.[172] Hieraus entstand dann jenes Durcheinander, das wie berichtet zu seinem Weggang aus Rom führte, weil er dem Papst keine Besichtigung gestatten wollte.[173] Nach dem, was ich von ihm zur Klärung dieser dubiosen Angelegenheit gehört habe, wurde sie dadurch ausgelöst, daß sich nach der Fertigstellung des ersten Drittels an einigen Stellen durch den winterlichen Nordwind Schimmel zu bilden begann. Der Grund hierfür war, daß der weiße, aus Travertin hergestellte römische Kalk nicht so schnell trocknet und vermischt mit der kastanienbraunen Pozzolanerde eine dunkle Grundierung[174] ergibt, die, wenn sie flüssig und wäßrig und die Wand gut durchfeuchtet ist, beim Trocknen häufig ausblüht. So erschienen an vielen Stellen salzige Wasserflecken, die aber mit der Zeit an der Luft verschwanden.[175] Michelangelo brachte diese Sache zum Verzweifeln und er wollte nicht mehr weitermachen. Als er sich beim Papst dafür entschuldigte, daß ihm jene Arbeit nicht gelingen wollte, sandte Seine Heiligkeit Giuliano da Sangallo zu ihm, der ihm erklärte, woher der Fehler rührte, ihn bestärkte weiterzumachen und ihm beibrachte, wie der Schimmel zu entfernen sei. Als das Werk zur Hälfte ausgeführt war, wollte der Papst, der schließlich einige Male dort gewesen war und es mit Michelangelos Hilfe von einigen Sprossenleitern aus in Augenschein genommen hatte, daß man es enthüllte, da er von Natur aus hastig und ungeduldig war und nicht abwarten konnte, bis es vollendet und, wie man sagt, letzte Hand angelegt war.

Sobald man es enthüllt hatte,[176] lief ganz Rom zusammen, um es zu sehen, und als erster kam der Papst, der nicht einmal abwartete, bis sich nach dem Abnehmen der Gerüste der Staub gelegt hatte. Raffael von Urbino aber, der sich ganz hervorragend aufs Nachahmen verstand,[177] veränderte gleich nach der Besichtigung seinen Stil und schuf zur Demonstration seines Könnens die Propheten und Sibyllen in der Pace[-Kirche].[178] Bramante versuchte daraufhin, die andere Hälfte der Kapelle durch den Papst an Raffael übertragen zu lassen, doch als Michelangelo davon hörte, beschwerte er sich über Bramante und zeigte dem Papst schonungslos die vielen Fehler in seinem Lebenswandel und an seinen Bauwerken auf,[179] die Michelangelo dann am Bau der Peterskirche korrigierte, wie man später gesehen hat. Der Papst aber, der Michelangelos Können jeden Tag höher schätzte, wünschte ihn fortfahren zu sehen, weil er davon ausging, nachdem er das enthüllte Werk gesehen hatte, daß Michelangelo die zweite Hälfte noch viel besser gestalten könne. Auf diese Weise brachte er jenes Werk in zwanzig Monaten vollkommen alleine zur letzten Vollendung, ohne eine weitere Hilfe als die des Farbenreibers zu haben.

Michelangelo bedauerte zuweilen, daß er durch die Eile, zu der ihn der Papst antrieb, es nicht so hatte fertigstellen können, wie er es sich gewünscht hätte, da der Papst ihn ständig mit Fragen belästigte, wann er denn fertig werden würde. Bei einer jener Gelegenheiten gab er ihm zur Antwort, es sei fertig, »wenn ich in künstlerischer Hinsicht mit mir zufrieden bin«, worauf der Papst erwiderte: »Und Wir wollen, daß Ihr Uns zufriedenstellt, die Wir es schnell ausgeführt zu sehen wünschen« und schloß damit, daß er ihn, sollte er es nicht eiligst zu Ende bringen, von jenem Gerüst würde werfen lassen.[180] Weil Michelangelo den Zorn des Papstes fürchtete und durchaus zu fürchten hatte, stellte er nun ohne weitere Verzögerung das übrige fertig und enthüllte es nach Abbau des restlichen Gerüsts am Morgen von Allerheiligen, so daß der Papst in die Kapelle kommen und zur großen Zufriedenheit der ganzen Stadt die Messe feiern konnte.

Michelangelo wollte noch einige Stellen *a secco* überarbeiten, so wie es jene früheren Meister in den unteren Szenen getan hatten: dazu gehörten einige Flächen, Gewandstoffe und Zonen in der Luft in Ultramarinblau und goldene Verzierungen an manchen Stellen, um ihm größere Pracht zu verleihen und es zu einem Blickfang zu machen. Als der Papst hörte, daß dies noch fehlte, sprach er sich für ihre Ausführung aus, denn er hatte das reiche Lob derer im Ohr, die das Werk gesehen hatten. Weil

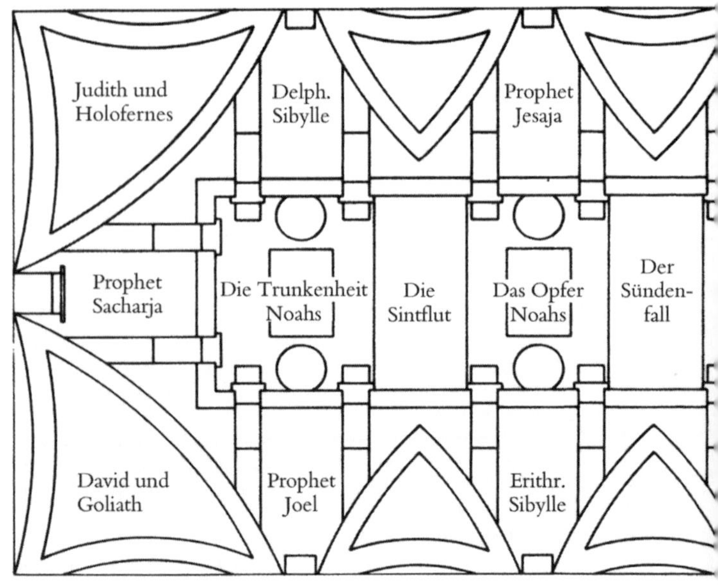

Rom, Vatikan, Sixtinische Kapelle.

Michelangelo das Wiederaufstellen des Gerüsts aber zu lange gedauert hätte, blieb es, wie es war. Jedesmal, wenn der Papst Michelangelo sah, sagte er zu ihm: »Die Kapelle sollte mit Farben und Gold bereichert werden, sie wirkt ärmlich.« Worauf Michelangelo in vertraulichem Ton erwiderte: »Heiliger Vater, die Menschen zu jener Zeit trugen kein Gold am Leib und die, welche hier gemalt sind, waren niemals besonders reich, sondern Heilige, die Reichtümer verachteten.«[181] Michelangelo bekam für dieses Werk vom Papst in mehreren Zahlungen dreitausend Scudi, von denen er fünfundzwanzig für die Farben ausgeben mußte. Äußerst unbequem gestaltete sich die Ausführung dieses Werks, da er mit erhobenem Kopf arbeiten mußte[182] und sich dabei auf eine Weise die Augen verdarb, daß er keine Briefe mehr lesen oder Zeichnungen betrachten konnte, ohne sie hochzuhalten – ein Zustand, der einige Monate anhielt. Ich selbst kann dies nur bestätigen, da ich in den großen Gemächern im Palast von Her-

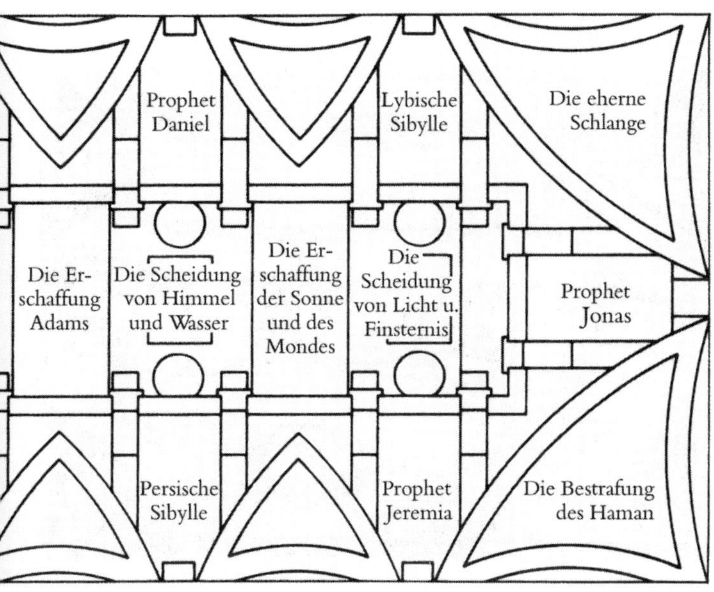

Schematische Übersicht der Deckenfresken

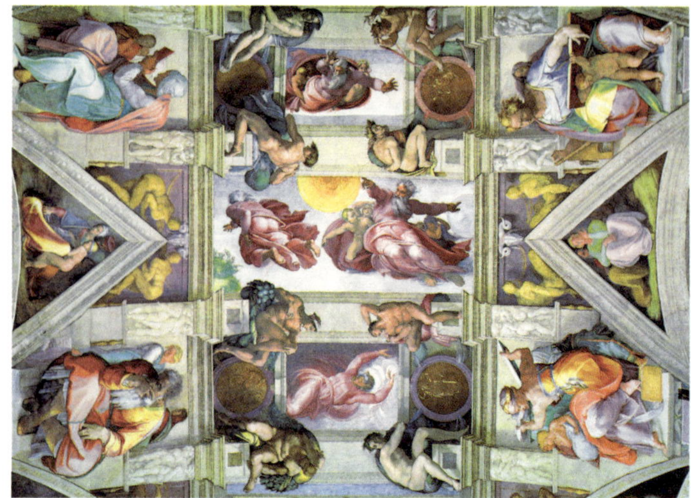

Die Erschaffung von Tag und Nacht, der Gestirne und der Pflanzen und von Himmel und Wasser. Flankiert von den Propheten Jeremias und Daniel, der persischen und der libyschen Sibylle

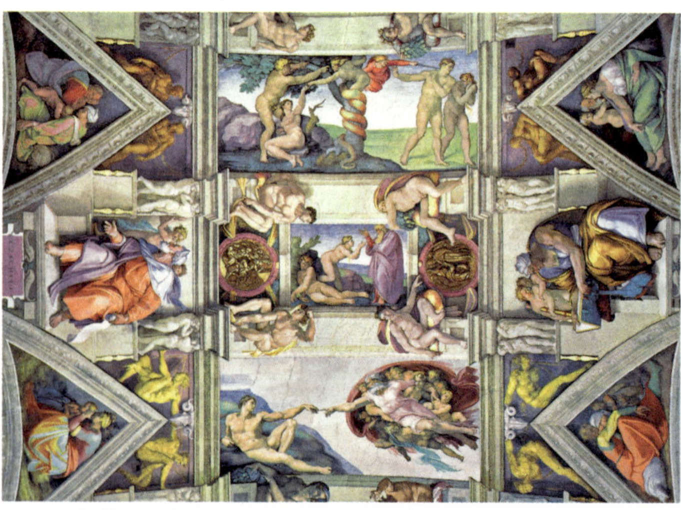

Die Erschaffung Adams und Evas, der Sündenfall und die Vertreibung aus dem Paradies. Flankiert von dem Propheten Ezechiel und der cumäischen Sibylle

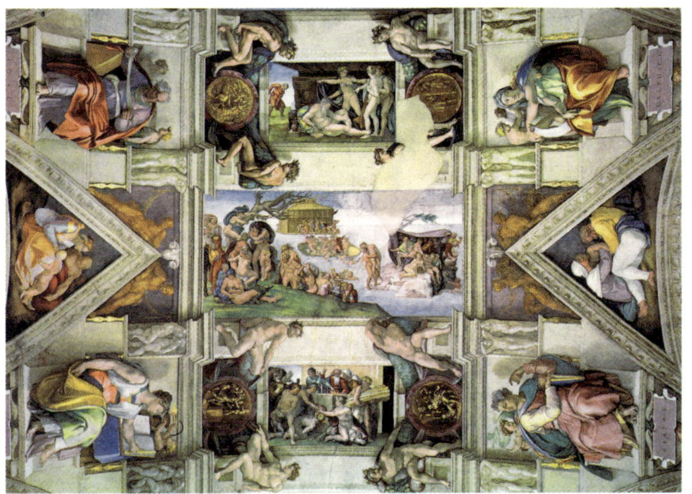

Das Opfer Noahs, die Sintflut und die Trunkenheit Noahs.
Flankiert von der erithreischen Sibylle, dem Propheten Joel, der delphischen Sibylle und dem Propheten Jesaja
Links und oben: Rom, Vatikan, Sixtinische Kapelle, Deckenfresken

zog Cosimo fünf überwölbte Räume gestaltet habe,[183] was mir nie gelungen wäre, wenn ich mir nicht einen Stuhl mit einer Kopfstütze gebaut hätte, auf dem man im Liegen arbeiten konnte. Trotzdem habe ich mir die Augen ruiniert und den Schädel in einer Weise zermürbt, daß ich es heute noch spüre und darüber staune, wie lange Michelangelo dieses Ungemach ertragen hat. Der aber brannte jeden Tag mehr vor Schaffensdrang und spürte dank des Gewinns und des Fortschritts, die er machte, keine Müdigkeit und scherte sich nicht um die Unbequemlichkeit.

Die Einteilung dieses Werks gliedert sich in sechs Zwickel pro Seite und jeweils einem in der Mitte der beiden Stirnwände. [siehe Seite 76/77 sowie links]. Darin stellte er in einer Größe von sechs Ellen die Sibyllen und Propheten dar und dazwischen die Erschaffung der Welt bis zur Sintflut und Trunkenheit Noahs und in den Lünetten das gesamte Geschlecht Jesu Christi. In der Unterteilung hat er keine perspektivisch verkürzten Anordnungen gewählt und auch keinen festen Blickpunkt, sondern die Unterteilung vielmehr den Figuren angepaßt und nicht die Figuren der Unterteilung, weil es ausreichte, die nackten und bekleideten Gestalten in jenem vollkommenen *disegno* auszuführen, wie er weder heutzutage noch in einem anderen Werk je zuvor vorgeführt worden ist, so wie man das Geschaffene auch mit Mühe kaum nachzuahmen vermag.

Dieses Werk war und ist tatsächlich das Glanzstück unserer Kunst und hat so viel Nutzen und Licht in die Kunst der Malerei gebracht, daß es genügte, die Welt zu erhellen, die viele hundert Jahre lang in Dunkelheit lag. In der Tat braucht sich kein Maler mehr um Neuheiten und Erfindungen für Haltungen und Gewänder von Figuren, neuartige Ausdrucksvarianten oder ungeheuerliche und abwechslungsreich gemalte Dinge zu bemühen, denn alles, was jene Kunst an Vollendung hervorzubringen vermag, hat dieser hier verwirklicht. Aber staunen wird ein jeder, der darin die Qualität der Figuren, die Vollkommenheit der Verkürzungen und die herrliche Rundung der Umrisse wahrzunehmen weiß, die Anmut und Gewandtheit in sich vereinen und mit jener schönen Proportion geschwungen sind, die wohlgestaltete nackte Körper auszeichnen. Er schuf welche in jeder Altersstufe, um die höchste Stufe und Vollendung der Kunst aufzuzeigen, wobei er ihnen unterschiedliches Aussehen in den Gesichtern gab und die Konturen der Körperform variierte, so daß sie mal mit schlankeren, mal mit kräftigeren Gliedmaßen gebildet sind. Gut zu sehen ist das auch an den wunderschönen und abwechslungsreichen Haltungen, die sie im Sitzen zeigen und, indem sie sich umwenden und Girlanden aus Eichenblättern und Eicheln halten, die für das Wappen und Sinnbild von Papst Julius stehen, andeuten, daß zu jener Zeit und unter seiner Regierung ein goldenes Zeitalter herrschte und Italien noch nicht unter der Pein und dem Elend kommender Tage zu leiden hatte.[184] Ebenso halten sie zwischen sich einige Medaillons mit skizzenhaften Reliefszenen, die vergoldete Bronze vortäuschen und Episoden aus dem Buch der Könige wiedergeben.[185] Um die Vollendung der Kunst und Gottes Größe zu veranschaulichen, schuf er in den Szenen jenen Augenblick, wo dieser das Licht von der Dunkelheit scheidet. Hier sieht man, wie Seine Majestät sich mit ausgebreiteten Armen selbst trägt und gleichzeitig Liebe und künstlerische Schaffenskraft offenbart. In der zweiten Szene [siehe Seite 82] schuf er mit schönstem Gespür und Geist, wie Gott Sonne und Mond erschafft und dabei von einer Vielzahl von Putten getragen wird, was durch die Verkürzung von Armen und Beinen einen ungeheuer eindrucksvollen Anblick bietet. In derselben Szene sieht man im Anschluß an die Segnung der Erde und die Erschaffung der Tiere denselben in jenem Gewölbe als schwebende Gestalt, die so verkürzt ist, daß sie sich, wenn man die Kapelle durchschreitet, in einem fort dreht und in jede Richtung wendet.[186] Und so ist es auch in der nächsten Szene, in der er das Wasser von der Erde scheidet, wo es wunderschöne Figuren und scharfsinnige Einfälle zu sehen gibt, die allein würdig sind, von Michelangelos göttlichen Händen geschaffen worden zu sein.[187] Dahinter folgte dann die Erschaffung Adams [siehe Seite 83], wo er Gott von einer Gruppe nackter Engel zarten Alters herbeibringen läßt, die nicht nur diese Figur, sondern das Gewicht der ganzen Welt zu tragen scheinen, was durch die hochehrwürdige Majestät desselben und die Art der Bewegung zum Ausdruck gebracht ist: Mit einem Arm umfaßt er einige der Putten, so als würde er sich abstützen, während er mit dem anderen seine rechte Hand Adam reicht, der in einer Schönheit, Haltung und Qualität der Konturen gestaltet ist, daß er erneut von diesem höchsten und seinem ersten Schöpfer gebildet zu sein scheint, und nicht mit dem Pinsel nach dem Entwurf eines Menschen wie er selbst.[188] Nur etwas weiter unterhalb davon stellte er in einer anderen Szene dar, wie unsere Stammutter Eva aus seiner Rippe geholt wird und wo sie beide als nackte Gestalten zu sehen sind – er fast wie tot im Schlaf gefangen, sie durch Gottes Segen lebendig geworden und hellwach. Der Pinsel dieses begnadeten Künstlers läßt uns auf Anhieb den Unterschied zwischen Schlaf und Wachzustand erkennen und wie in sich ruhend und unbewegt – menschlich gesprochen – die göttliche Majestät zu erscheinen vermag.[189]

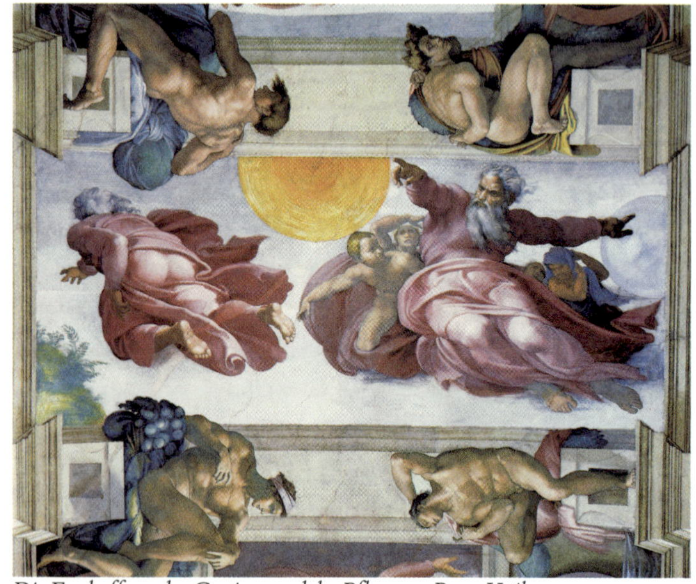

Die Erschaffung der Gestirne und der Pflanzen. Rom, Vatikan, Sixtinische Kapelle, Deckenfresken

Dahinter folgt, wie Adam sich von einer Figur, die halb Frau, halb Schlange ist, dazu verleiten läßt, den Apfel zu nehmen, und dabei seinen und unseren Tod auf sich nimmt, und man sieht dort auch, wie er und Eva aus dem Paradies vertrieben werden. Dort offenbart sich in der Figur des Engels, wie der Befehl des erzürnten Herrn in Größe und Würde vollstreckt wird, während die Haltung Adams die Reue über seine Sünde und die Furcht vor dem Tod zum Ausdruck bringt. Ebenso lassen sich in der Frau Scham, Erniedrigung und das Verlangen erkennen, um Gnade zu flehen, wobei ihre an die Brust gedrückten Arme, die aneinandergeführten Handflächen, der geduckte und in Richtung des Engels gedrehte Kopf zu verstehen geben, daß ihre Angst vor der Strafe größer ist als die Hoffnung auf göttliches Erbarmen.[190] Von nicht geringerer Schönheit ist die Szene mit dem Opfer von Kain und Abel [siehe Seite 79]: Die einen bringen das

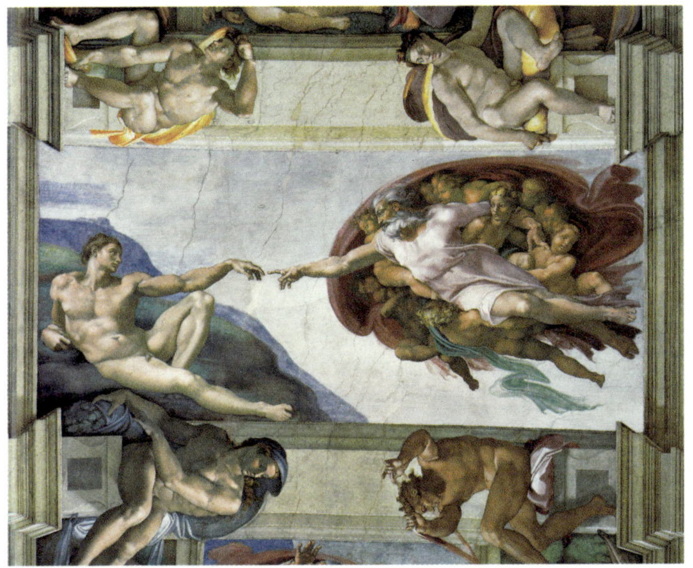

Die Erschaffung Adams. Rom, Vatikan, Sixtinische Kapelle, Deckenfresken

Holz herbei, ein anderer bläst auf Knien ins Feuer und wieder andere schlachten das Opfertier, eine Szene, die sicher mit nicht weniger Überlegung und Präzision ausgeführt ist als die anderen.[191] Dieselbe Kunstfertigkeit und Urteilskraft gebrauchte er bei der Szene mit der Sintflut [siehe Seite 79], wo Menschen auf unterschiedliche Weise zu Tode kommen und voller Furcht im Angesicht des Grauens jener Tage ihr Leben auf verschiedenen Wegen mit aller Kraft zu retten suchen. In den Gesichtern jener Figuren erkennt man, daß ihr Leben dem Tod geweiht ist, und nicht weniger die Angst, das Grauen und die Verachtung aller Dinge. Man sieht dort die Barmherzigkeit vieler, die sich gegenseitig helfen und sich auf der Suche nach Rettung auf die Spitze eines Felsens ziehen. Unter ihnen ist einer, der einen Halbtoten umklammert und alles tut, um ihn zu retten, was auch die Natur nicht besser zeigt.[192] Kaum in Worte kann man fassen, wie gut die Geschichte des Noah zum Ausdruck gebracht ist, als er im Beisein seiner Söhne trunken vom Wein unverhüllt eingeschlafen ist und der eine von ihnen über ihn spottet [siehe Seite 79], während die anderen beiden ihn wieder zudecken: eine Szene von unvergleichlicher künstlerischer Meisterschaft, die nicht übertroffen werden kann, es sei denn durch sich selbst.[193] Und so als hätte sie dank der bis dahin geschaffenen Dinge Mut gefaßt und Kräfte geschöpft, zeigte sie sich noch viel stärker in den fünf Sibyllen und sieben Propheten, die hier in einer Größe von fünf Ellen und mehr geschaffen wurden und alle in verschiedenen Haltungen, mit schönen Stoffen und abwechslungsreichen Gewändern gegeben sind. Kurz, alles ist mit wundervollem Erfindungsgeist und ebensolcher Urteilskraft geschaffen, und wer ihre Empfindungen zu deuten vermag, dem erscheinen sie göttlich.

Man schaue sich jenen Jeremias an [siehe Seite 78 oben], der mit überkreuzten Beinen eine Hand zum Bart führt, dabei den Ellenbogen auf das Knie stützt und die andere in den Schoß legt. Den Kopf neigt er in einer Weise, die sehr gut die Melancholie, die Gedanken, das Nachsinnen und die Verbitterung über sein Volk zum Ausdruck bringt, was auch für die beiden Putten hinter ihm gilt und ebenfalls für die erste Sibylle [siehe Seite 78 unten], die in Richtung Tür gesehen auf ihn folgt. An ihr gedachte er das Alter zu veranschaulichen, indem er sie nicht nur in Stoffe einhüllte, um ihr durch die Zeit eisig gewordenes Blut anzudeuten, sondern sie außerdem ein Buch beim Lesen ganz nah vor die Augen halten läßt, so als sei sie kurzsichtig.[194] Auf diese Figur folgt in wunderschöner Anmut und Bewegung der alte Prophet Ezechiel [siehe Seite 78], der mit reichlich Stoff umhüllt ist und eine Schriftrolle mit Prophezeiungen in der einen Hand hält und mit der erhobenen anderen und einer Kopfwendung andeutet, von hohen und großartigen Dingen sprechen zu wollen, während hinter ihm zwei Putten die Bücher für ihn halten. Nach ihnen folgt eine Sibylle [siehe Seite 79], die im Gegensatz zu der obenerwähnten eritreischen Sibylle das Buch beim Umblättern einer Seite weit von sich hält, während sie mit überkreuzten Knien in sich gekehrt verharrt und voll Ernst darüber nachsinnt, was sie schreiben soll, bis der Engel hinter ihr, der im Begriff ist, einen brennenden Holzscheit anzublasen, ihre Lampe entzündet. Diese Figur ist von außerordentlicher Schönheit, dank ihrer Gesichtszüge, der Frisur und einer Gewandung, die ihre nackten, in derselben Qualität beschaffenen Arme freiläßt.[195] Nach dieser Sibylle schuf er den Propheten Joel [siehe Seite 79], der in sich gekehrt ein Blatt ergriffen hat und es mit aller Aufmerksamkeit und Hingabe liest. Sein Aussehen läßt erkennen, wie sehr er sich an dem Gelesenen erfreut, was ihn wie eine lebendige Person erscheinen läßt, die ihre Gedanken ganz fest auf eine Sache richtet. Über der Tür der Kapelle plazierte er außerdem den alten Zacharias [siehe Seite 86], der in einem Buch nach einer Stelle im Text sucht, die er nicht findet. Dabei hebt er ein Bein und senkt das andere, nimmt aber durch die Erregung der vergeblichen Suche, die ihn so dasitzen läßt, die Unbequemlichkeit dieser Position gar nicht wahr. Diese Figur, die von recht kräftiger Gestalt ist, zeigt in wunderschönen Zügen das Alter und ist in ein herrliches, mit wenigen Falten drapiertes Tuch gehüllt. Neben ihm befindet sich auf der anderen Seite in Richtung Altar noch eine weitere Sibylle [siehe Seite 79], die einige Schriften vorzeigt und mit ihren Putten nicht weniger lobenswert ist als die anderen.[196] Wer aber den Propheten Jesaja [siehe Seite 79] nach ihr betrachtet – der ganz in Gedanken versunken mit übereinandergeschlagenen Beinen eine Hand an die Stelle im Buch legt, an der er gerade gelesen hat, dabei den anderen Arm mit dem Ellenbogen auf das Buch stützt und die Wange in die Hand legt, während einer der Putten ihn von hinten anruft und er nur den Kopf wendet, ohne sich ansonsten umzudrehen –, der wird Züge sehen, die tatsächlich der Natur selbst, der wahren Mutter der Kunst, entnommen sind, und eine Figur, die in allen Teilen so wohldurchdacht ist, daß sie sämtliche Regeln des guten Malers auf einmal zu lehren vermag. Auf diesen Propheten folgt eine wunderschöne alte Sibylle [siehe Seite 78 unten], die mit unendlicher Anmut im Sitzen ein Buch studiert, während in nicht minder schönen Posen zwei Putten um sie stehen.[197] Auch soll man nicht denken, daß man der vortreff-

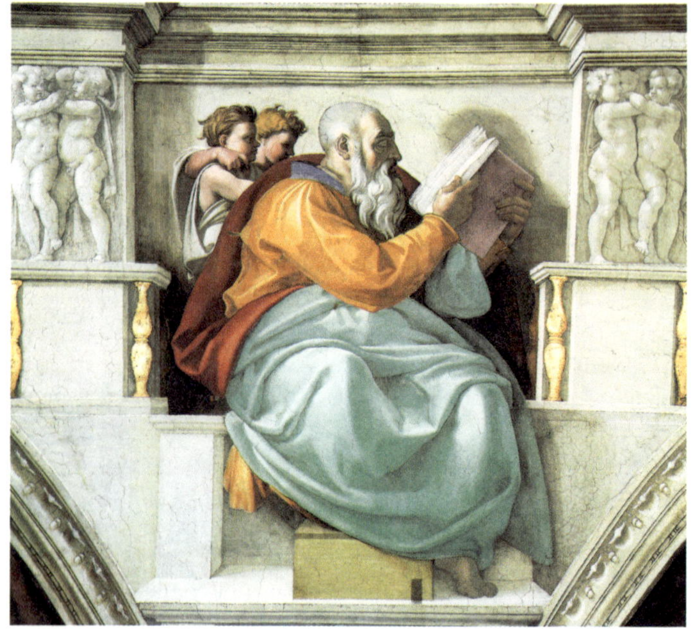

Der Prophet Zacharias. Rom, Vatikan, Sixtinische Kapelle, Deckenfresken

lichen Figur eines jungen Mannes, der Daniel darstellen soll [siehe Seite 78 oben], etwas hinzufügen kann, der Stellen aus einigen Schriften heraussucht und sie mit unglaublichem Eifer in ein großes Buch kopiert. Um das Gewicht desselben abzustützen, schuf er zwischen seinen Beinen einen Putto, der das Buch hält, während er schreibt, und kein Pinsel, von welcher Hand auch immer geführt, wird dem jemals gleichkommen. Gleiches gilt für die wunderschöne Figur der libyschen Sibylle [siehe Seite 78 oben], die in einem großen, von ihr geschriebenen Band viele Bücher zusammengefaßt hat und nun dabei ist, sich mit einer damenhaften Bewegung zu erheben, wobei sie sich gleichzeitig anschickt, aufzustehen und das Buch zu schließen, was für jeden anderen als ihren Urheber unglaublich schwierig, um nicht zu sagen unmöglich darzustellen ist.

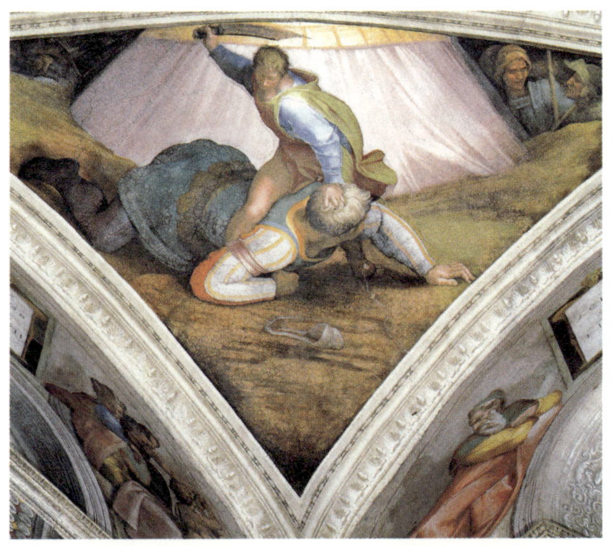

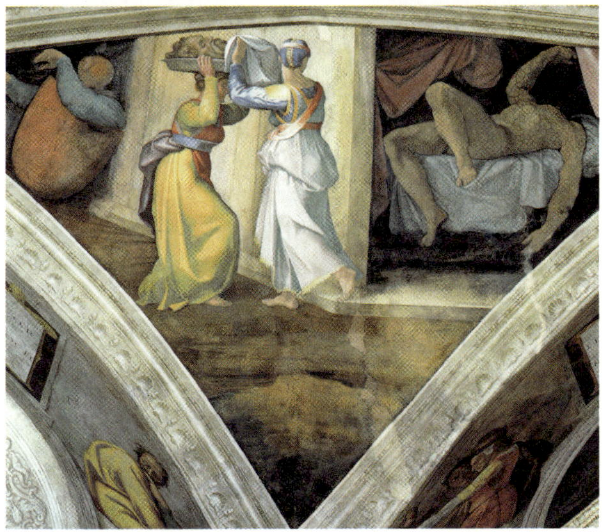

Oben: David besiegt Goliath. Unten: Judith und Holofernes.
Rom, Vatikan, Sixtinische Kapelle, Eckzwickel der Deckenfresken

Und was soll man zu den vier Szenen in den Eckzwickeln jenes Gewölbes sagen? In einem ist David mit seiner ganzen jugendlichen Kraft beim Sieg über den Riesen gezeigt, dem er den Kopf abschlägt und damit einige Soldaten auf dem Feld, von denen man nur die Köpfe sieht, in Staunen versetzt [siehe Seite 87 oben]. Genauso rufen die wunderschönen Haltungen Bewunderung hervor, die er in der anderen Ecke in der Szene mit Judith zeigte [siehe Seite 87 unten], wo der noch zuckende Rumpf des Holofernes ohne Kopf erscheint, während sie das tote Haupt in einen Korb legt. Diesen trägt ihre alte Magd auf dem Kopf, die sich, da sie von hohem Wuchs ist, hinunterbeugt, damit Judith ihn besser herrichten kann. Mit den Händen hält sie die Last, und während sie ihn gleichzeitig zuzudecken versucht, wendet sie ihren Kopf dem Rumpf zu – der, obschon tot, ein Bein und einen Arm hebt und im Zelt Geräusche macht – und offenbart in ihrem Blick die Furcht vor dem Lager und die Angst vor dem Toten – ein wirklich äußerst wohldurchdachtes Gemälde. Aber noch viel schöner und göttlicher als diese und alle übrigen ist die Szene mit den Schlangen des Moses [siehe Seite 90 oben], die sich oberhalb der linken Ecke des Altars befindet, weil man in ihr die Verheerung sieht, welche die herabregnenden Schlangen und ihr Zustoßen und Beißen unter den Toten anrichtet, und hier erscheint auch jene eherne Schlange, die Moses auf dem Holzstab befestigte. Eindrucksvoll zeigt diese Szene eine Vielfalt von Todesarten unter denen, für die es wegen eines Schlangenbisses keine Hoffnung mehr gibt. Man sieht, wie zahllose durch das fürchterliche Gift mit Krämpfen und voller Angst zu Tode kommen, nicht zu vergessen jene, deren Beine und Arme von ihnen gefesselt und umschlungen sind, weshalb sie reglos in der Stellung verharren, in der sie waren, und auch nicht zu vergessen die herrlich gelungenen Köpfe, die schreiend und sich verrenkend ihrer Verzweiflung Ausdruck geben. Nicht weniger schön gelungen als all diese sind jene, die beim Anblick der Schlange eine Linderung ihrer Schmerzen spüren und das Leben in sich zurückkehren fühlen, weshalb sie aufs äußerste ergriffen zu ihr schauen. Unter ihnen sieht man eine Frau, die gestützt wird, und wo man nicht nur den Beistand erkennt, den sie von demjenigen erfährt, der sie stützt, sondern auch ihre Hilflosigkeit, die durch die Angst und den erlittenen Biß ausgelöst worden ist. Auch in der nächsten Szene, die Ahasveros im Bett beim Lesen seiner Annalen zeigt [siehe Seite 90 unten], gibt es viele sehr schöne Figuren. Unter anderen sieht man dort drei zu Tisch sitzende Figuren beim Essen, mit denen die Beratung über die Befreiung des hebräischen Volks und die Hängung Hamans dargestellt wird. Dessen Figur führte er in einer außerordentlichen Verkürzung aus, in welcher der Stamm, der seinen Körper aufrecht hält, und sein nach vorne gestreckter Arm nicht gemalt, sondern lebendig und plastisch hervortretend erscheinen; gleiches gilt auch für das nach vorne gestreckte Bein und die Partien, die in die Tiefe gehen, was diese Figur unter den schwierigen und schönen sicher zu einer der schönsten und schwierigsten macht. Zu lange würde es dauern, die vielen schönen Einfälle für die verschiedenen Handlungen zu beschreiben, in denen die Genealogie der Väter vollständig ausgebreitet ist und die das Geschlecht Jesu Christi beginnend mit den Söhnen Noahs zeigen.[198] Unmöglich, die Detailfülle dieser Figuren zu benennen, wie die Gewänder, die Gesichtszüge und die unendliche Zahl außerordentlicher und neuartiger Einfälle, die aufs schönste erdacht sind. Es gibt dort nichts, was nicht mit Geist umgesetzt wäre, sämtliche Figuren sind mit wunderschönen kunstvollen Verkürzungen wiedergegeben, und alles, was man dort bewundernd erblickt, ist aufs höchste lobenswert und göttlich. Und wen wird nicht Bewunderung erfüllen angesichts der verstörenden, ungeheuren Gewaltigkeit des Jonas, der letzten Figur der Kapelle [siehe Seite 91]? Die von Natur aus gekrümmte Mauer des Gewölbes erscheint hier dank der Macht der Kunst durch jene nach hinten gebogene Figur gerade, und die Kunst des *disegno* und die Anwendung von Schatten und Licht lassen sie [die Figur] in der Tat so wirken, als würde sie sich nach hinten biegen.[199]

Oh glückliches Zeitalter, oh gesegnete Künstler! Wohl dürft ihr euch so nennen, habt ihr doch in eurer Zeit dank einer Quelle von solcher Klarheit euer verdunkeltes Augenlicht wie-

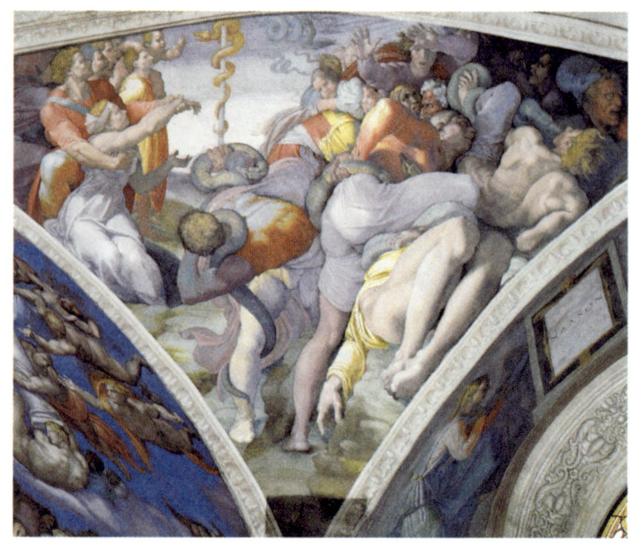

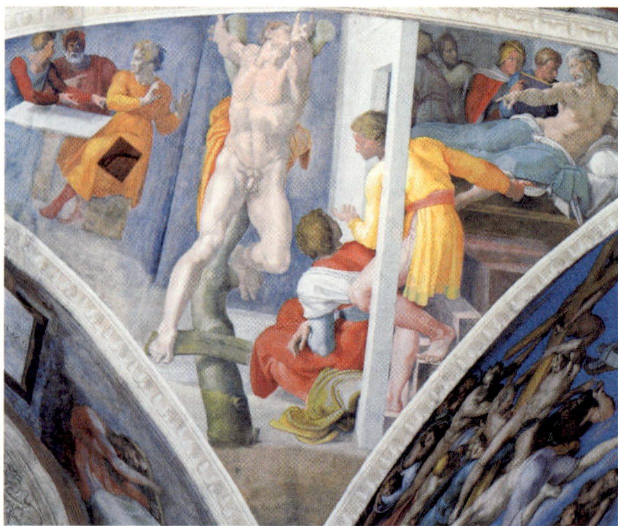

Die eherne Schlange (oben), Ahasveros und die Bestrafung Hamans (unten).
Rom, Vatikan, Sixtinische Kapelle, Eckzwickel der Deckenfresken

der erhellen dürfen und ist euch nun, da dieser herrliche und einzigartige Künstler euch den Weg geebnet hat, Einsicht in alles Schwierige gestattet. Sicher werden seine ruhmreichen Mühen auch euch bekannt machen und Ansehen verschaffen, da er die Binde von eurem geistigen Auge genommen und den Schleier des Falschen gelüftet hat, der euren Intellekt verschattete. Dankt also dem Himmel dafür und bemüht euch nach Kräften, Michelangelo in allen Dingen nachzuahmen.[200]

Bei der Enthüllung[201] sah man alle Welt von überall her zusammenlaufen, und es genügte, die Leute vor Verblüffung verstummen zu lassen. Dem Papst verlieh dieses Werk Glanz und ermutigte ihn zu größeren Unternehmungen, Michelangelo aber belohnte er reich mit Geld und wertvollen Geschenken. Jener sagte zuweilen, daß die großen Gunstbezeugungen, die der Papst ihm erwies, zeigten, wie sehr er sein Können schätzte, und wenn er ihm hin und wieder in dieser seiner Zuneigung eine Bösartigkeit widerfahren ließ, so machte er sie mit Geschenken

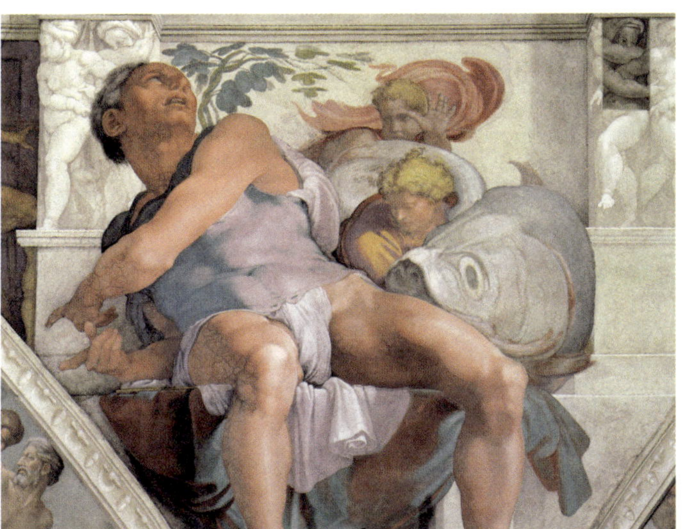

Der Prophet Jonas. Rom, Vatikan, Sixtinische Kapelle, Stirnwand der Deckenfresken

und besonderen Vergünstigungen wieder gut. So geschah es, als Michelangelo ihn um Erlaubnis bat, den Johannistag in Florenz feiern zu dürfen, und ihn dafür um Geld ersuchte. Darauf sagte dieser: »Gut, und diese Kapelle, wann wird sie fertig?« »Sobald ich dazu komme, Heiliger Vater.« Der Papst, der einen Stock in der Hand hatte, schlug nach Michelangelo mit den Worten: »Sobald ich dazu komme, sobald ich dazu komme! Ich werde Dich schon dazu bringen, sie fertigzustellen!« Als Michelangelo dann nach Hause gegangen war, um die Vorbereitungen für seine Reise nach Florenz zu treffen, schickte der Papst in der Befürchtung, daß er widerspenstig werden könnte und um ihn zu versöhnen, sogleich seinen Kämmerer Cursio[202] mit fünfhundert Scudi[203] zu ihm, der den Papst damit entschuldigte, daß dies doch alles nur Gunstbeweise und Liebenswürdigkeiten seien. Und da ihm das Wesen des Papstes vertraut war und er ihn eigentlich liebte, lachte er darüber, weil sich ja zu guter Letzt stets alles zu seinen Gunsten und seinem Vorteil fügte, und er erkannte, daß der Papst alles tat, um sich ihn als Freund zu erhalten.[204]

Als die Kapelle vollendet war und noch vor dem Tod jenes Papstes, beauftragte Seine Heiligkeit Kardinal Santiquattro[205] und seinen Neffen Kardinal Agen,[206] im Falle seines Todes sein Grabmal mit einem bescheideneren Entwurf als dem ersten fertigstellen zu lassen. Erneut machte sich Michelangelo also an die Arbeit und nahm dieses Grabmal nunmehr bereitwillig in Angriff, um es ein für alle mal und ohne große Verzögerungen zu Ende zu bringen. Mehr als jedes andere Werk, das er zu Lebzeiten ausführte, hat ihm dieses späterhin fortwährend Kummer, Ungemach und Sorgen bereitet, was ihm lange Zeit in gewisser Weise den Ruf des Undanks gegen diesen Papst eintrug, der ihn so sehr liebte und begünstigte.

Wieder am Grabmal zurück, arbeitete er nun ununterbrochen daran und bereitete zum Teil auch schon die Zeichnungen für die Ausführung der Kapellenwände vor, als das neidische Schicksal es wollte, daß dieses Denkmal nicht zu jener großartigen Vollendung gelangte, mit der es begonnen worden war, denn in dieser Zeit verstarb Papst Julius. Aufgrund der Wahl von

Papst Leo X.,[207] dessen Willensstärke und Geltungsdrang nicht weniger glanzvoll als bei Julius' waren, wurde das Werk dann aufgegeben, da jener den Wunsch hatte, in seiner Heimat, aus der er als erster Papst hevorgegangen war, in Erinnerung an sich und den göttlichen Künstler, der sein Landsmann war, solche Herrlichkeiten zu hinterlassen, die ein großer Fürst wie er hervorzubringen vermochte. Er erließ den Auftrag, die Fassade der von den Medici erbauten Kirche San Lorenzo in Florenz[208] in seinem Namen ausführen zu lassen, woraufhin die Arbeit am Juliusgrabmal unvollendet blieb, da er Michelangelos Rat und Entwurf einforderte und darauf bestand, ihn zum Leiter dieses Projekts zu machen. Michelangelo widersetzte sich dem, so gut er konnte, indem er seine Verpflichtung bezüglich des Grabmals gegenüber Santiquattro und Agen vorbrachte. Zur Antwort erhielt er, er solle sich darum keine Gedanken machen, er habe schon alles geregelt und dafür gesorgt, daß sie es Michelangelo gewähren würden, mit dem Versprechen, daß er die Figuren für besagtes Grabmal in Florenz arbeiten würde, womit er ja bereits begonnen hatte. All dies geschah zum Mißfallen der Kardinäle und Michelangelos, der unter Tränen aufbrach.

Wechselvoll und endlos waren die Debatten, die in dieser Angelegenheit jetzt einsetzten, da man das Fassaden-Projekt gerne auf mehrere Personen verteilt hätte und viele Künstler sich beim Papst in Rom um den architektonischen Entwurf bewarben.[209] Pläne wurden angefertigt von Baccio d'Agnolo,[210] Antonio da Sangallo,[211] Andrea[212] und Jacopo Sansovino sowie dem anmutigen Raffael von Urbino, den man anläßlich der Ankunft des Papstes in dieser Angelegenheit dann nach Florenz kommen ließ. Daraufhin entschloß sich auch Michelangelo zur Anfertigung eines Modells [siehe Seite 94], er wollte in dieser Sache aber keinen anderen über sich oder als Leiter des Bauvorhabens dulden.[213] Dieses Verweigern von Unterstützung war allerdings der Grund dafür, daß weder er noch andere etwas ausführten und jene Meister resigniert ihre üblichen Beschäftigungen wieder aufnahmen. Auf dem Weg nach Carrara kam Michelangelo in Florenz vorbei, eine Anweisung über tausend

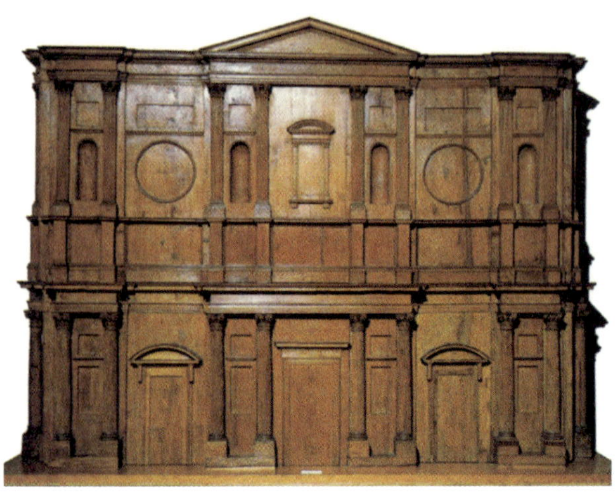

Modell der Fassade von San Lorenzo. Florenz, Casa Buonarroti

Scudi mitführend, die Jacopo Salviati an ihn bezahlen sollte. Da Jacopo sich bei seiner Ankunft aber in geschäftlichen Angelegenheiten mit einigen Bürgern im Ratszimmer eingeschlossen hatte und Michelangelo seine Anhörung nicht abwarten wollte, brach er ohne ein Wort nach Carrara auf. Als Jacopo von Michelangelos Eintreffen hörte und ihn nicht mehr in Florenz vorfand, sandte er ihm die tausend Scudi nach Carrara. Da der Bote auf eine Quittung bestand, sagte jener zu ihm, daß das Geld für die Ausgaben des Papstes bestimmt sei und nicht für ihn selbst, weshalb er sie also wieder mitnehmen solle, da er für andere weder Quittungen noch Empfangsbelege ausstellen würde. So kehrte jener eingeschüchtert ohne sie zu Jacopo zurück.

Während er in Carrara war und den Marmor sowohl für das Juliusgrabmal, das er noch immer fertigzustellen gedachte, als auch für die Fassade brach, erhielt er die schriftliche Mitteilung, Papst Leo habe gehört, daß in den auf florentinischem Gebiet liegenden Bergen von Pietrasanta in Seravezza[214] an der Spitze des höchsten, ›Altissimo‹ genannten Berges Marmorvorkommen von derselben Qualität und Schönheit wie jene in Carrara zu finden seien. Michelangelo wußte dies bereits, schien dem aber nicht nachgehen zu wollen, da er ein Freund des Markgrafen Alberico,[215] des Herrn von Carrara, war und entweder diesem einen Gefallen erweisen wollte, indem er vorzugsweise carraresischen Marmor und nicht den aus Seravezza abbauen ließ, oder weil er es für eine langwierige Angelegenheit und einen großen Zeitverlust hielt, was es dann auch war. Man zwang ihn trotzdem, nach Seravezza zu gehen, obwohl er in seinem Protest die größere Mühsal und die erhöhten Kosten anführte, die dann vor allem zu Beginn anfielen, und vielleicht noch mehr als eigentlich nötig gewesen wäre. Man wollte aber in der Tat nicht auf ihn hören, weshalb eine Straße über etliche Meilen durch die Berge geführt und dafür die Felsen mit Fäusteln und Spitzhacken eingeebnet und sumpfige Stellen mit Pfählen überbrückt werden mußten. Viele Jahre verbrachte Michelangelo damit, den Willen des Papstes zu erfüllen, und schließlich hatte man dort fünf Säulen von angemessener Größe herausgeschlagen, von denen eine auf dem Platz von San Lorenzo in Florenz steht,[216] während die anderen an der Küste blieben. Dies war der Grund dafür, daß Markgraf Alberico, der sich um seinen Handel gebracht sah, zu einem großen Feind Michelangelos wurde, obwohl dieser ohne Schuld war. Neben diesen Säulen brach er viele weitere Marmorblöcke, die immer noch und damit seit über dreißig Jahren in diesen Steinbrüchen lagern. Dieser Tage hat Herzog Cosimo Anweisung gegeben, die Straße, von der noch zwei sehr beschwerliche Meilen gebaut werden müssen, fertigzustellen, um die Marmorblöcke von dort und vor allem von einem anderen hervorragenden Marmorsteinbruch abtransportieren zu können, den Michelangelo damals entdeckt hatte und der zur Realisierung vieler schöner Projekte dienen soll. Ebenfalls im Gebiet von Seravezza hat er unterhalb der in diesen Bergen gelegenen Villa von Stazema ein Massiv mit sehr hartem und schönem Buntmarmor entdeckt, wohin derselbe Herzog Cosimo eine über vier Meilen lange gepflasterte Straße hat verlegen lassen, damit man ihn zur Küste transportieren kann.

Kommen wir aber wieder zu Michelangelo, der zurück in Florenz viel Zeit mit diesem und jenem verlor und damals unter anderem für den Medici-Palast ein Modell jener *finestre inginocchiate* [siehe rechts] für die Räume ausführte, die an der Ecke liegen,[217] wo Giovanni da Udine[218] jenen hochgelobten Raum mit Stuck auskleidete und bemalte.[219] Dazu ließ er nach seinen Anweisungen den Goldschmied Piloto[220] jene durchbrochenen kupfernen Fensterläden anfertigen,[221] die wirklich bewundernswert sind.

Michelangelo verbrachte viele Jahre mit dem Brechen von Marmor, es trifft allerdings zu, daß er während des Abbaus Wachsmodelle und andere Dinge für das Bauprojekt herstellte.[222] Dieses Unternehmen zog sich dann aber so lange hin, daß die vom Papst für die Arbeit vorgesehenen Gelder im lombardischen Krieg verbraucht wurden und das Werk nach Leos Tod unvollendet blieb. Nichts anderes war realisiert worden als das Fundament an der Vorderseite, das sie [die Fassade] tragen sollte, und der Transport einer großen Marmorsäule von Carrara auf den Platz vor San Lorenzo.

Leos Tod verunsicherte die Künstler und Handwerker in Rom und Florenz in einer Form, daß Michelangelo sich zu Lebzeiten von Hadrian VI.[223] in Florenz ganz dem Juliusgrabmal widmen konnte.[224] Als Hadrian aber gestorben und Clemens VII.[225] eingesetzt worden war, dessen Verlangen, sich durch die Künste von Architektur, Bildhauerei und Malerei Ruhm zu verschaffen, nicht geringer war als das Leos und seiner Vorgänger, wurde Giorgio Vasari im Jahr 1525 in jugendlichem Alter vom Kardinal von Cortona[226] nach Florenz gebracht und zu Michelangelo in die Lehre gegeben, um von ihm in der Kunst ausgebildet zu werden. Als dieser aber von Papst Clemens VII. nach Rom gerufen wurde, da er für ihn die Bibliothek von San Lorenzo und die neue Sakristei begonnen hatte, in der die von ihm ausgeführten Marmorgrabmäler seiner Vorfahren Aufstellung finden sollten, beschloß er, Vasari zu Andrea del Sarto zu schicken, bis er sich wieder freimachen konnte, und begab sich selbst in Andreas Werkstatt, um seine Empfehlung für ihn auszusprechen.[227]

In aller Hast brach Michelangelo nach Rom auf, wurde nun aber aufs neue von Graf Francesco Maria von Urbino,[228] dem

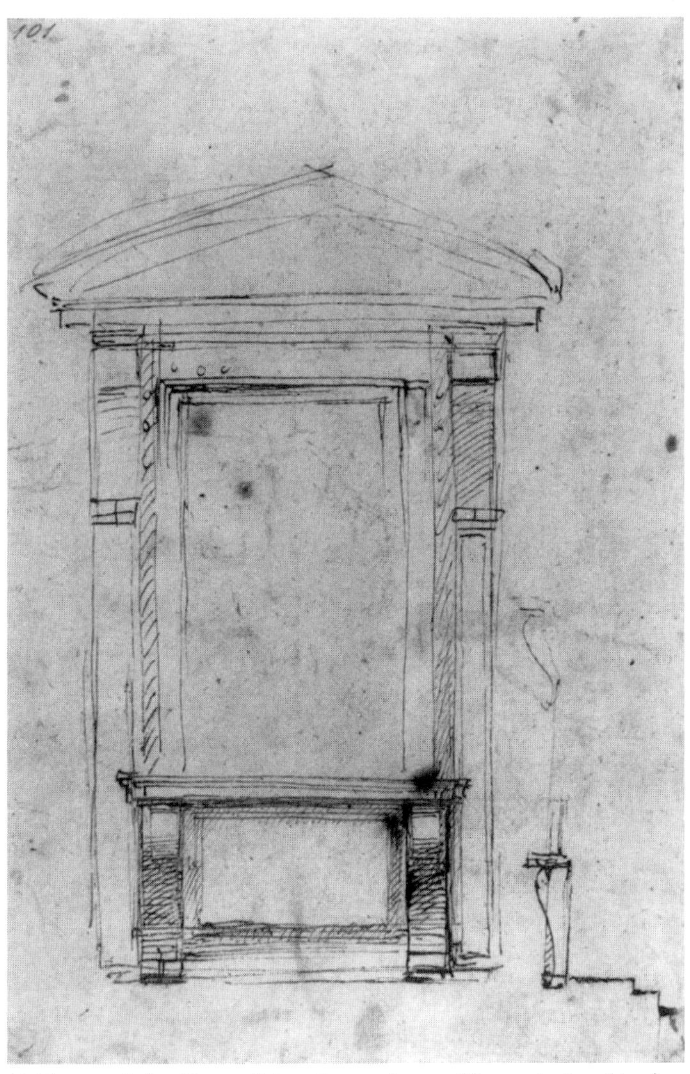

Zeichnung mit dem Entwurf einer Fensterrahmung (finestra inginocchiata). Florenz, Casa Buonarroti

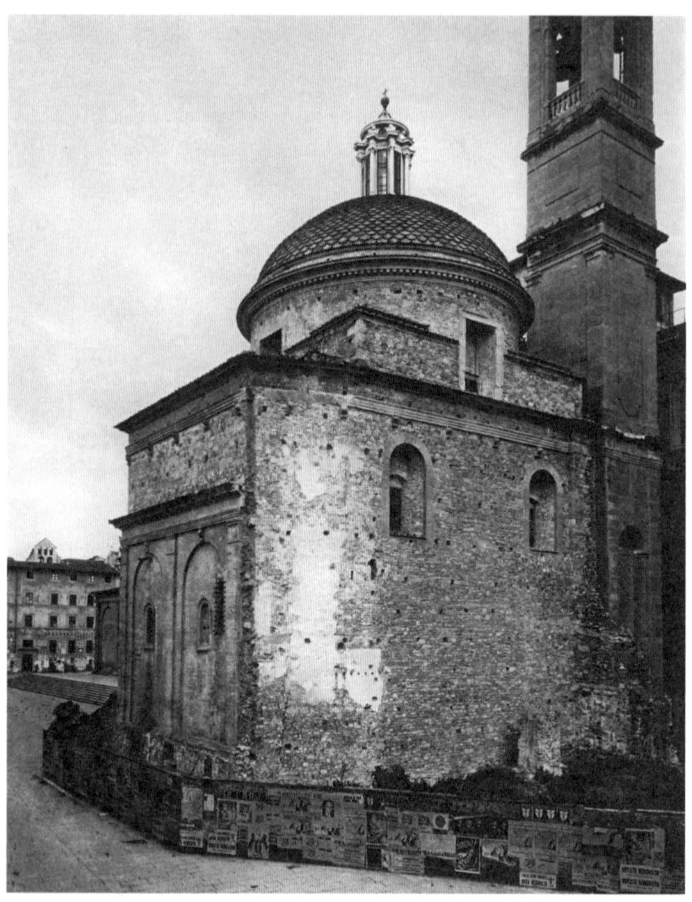

Die Neue Sakristei, Außenansicht. Florenz, San Lorenzo

Neffen von Papst Julius, bedrängt, der sich über Michelangelo mit den Worten beschwerte, jener habe für besagtes Grabmal sechzehntausend Scudi erhalten, würde in Florenz aber nur seinen eigenen Vergnügungen nachgehen, und ihm androhte, daß es ihm schlecht ergehen würde, sollte er sich nicht darum kümmern. In Rom eingetroffen, riet ihm Papst Clemens, der seine

Dienste in Anspruch nehmen wollte, mit den Agenten des Herzogs Bilanz zu ziehen, denn seiner Meinung nach sei er mit dem, was er schon geschaffen hatte, eher Gläubiger als Schuldner. Dabei blieb es dann. Im Laufe ihrer Gespräche über vielerlei Dinge beschlossen sie, die Sakristei[229] und die neue Bibliothek von San Lorenzo[230] in Florenz endgültig fertigzustellen. Er brach also von Rom auf und wölbte die dort gegenwärtig zu sehende Kuppel ein [siehe links], deren Einteilung er variantenreich gestalten ließ und beim Goldschmied Piloto eine zweiundsiebzigseitige Kugel für sie in Auftrag gab, die wunderschön ist.[231] Während er sie einwölbte, geschah es, daß einige seiner Freunde ihn fragten: »Michelangelo, solltet Ihr Eure Laterne nicht ganz anders als die von Filippo Brunelleschi[232] gestalten?« Woraufhin dieser ihnen zur Antwort gab: »Man kann sie wohl anders machen, verbessern kann man sie nicht.«[233]

Im Inneren [siehe unten] schuf er als Schmuck an den Wänden vier Grabmäler[234] für die Leichname der Väter der beiden Päpste – Lorenzo den Älteren und dessen Bruder Giuliano – und für Leos Bruder Giuliano und seinen Neffen Herzog Lorenzo. Da er sie nach dem Vorbild der alten Sakristei von Filippo

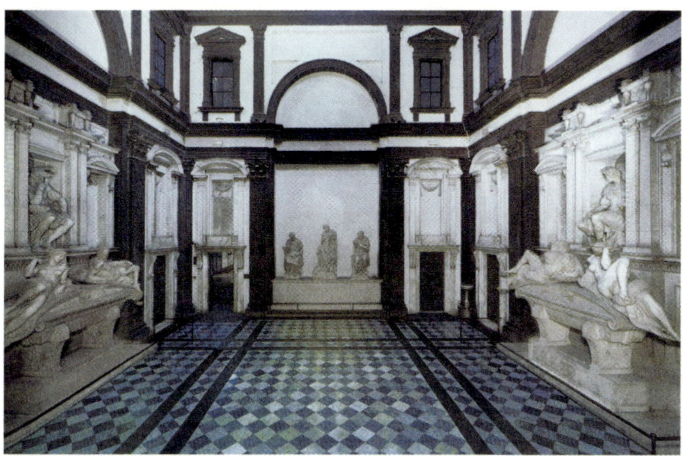

Die Neue Sakristei, Innenansicht. Florenz, San Lorenzo

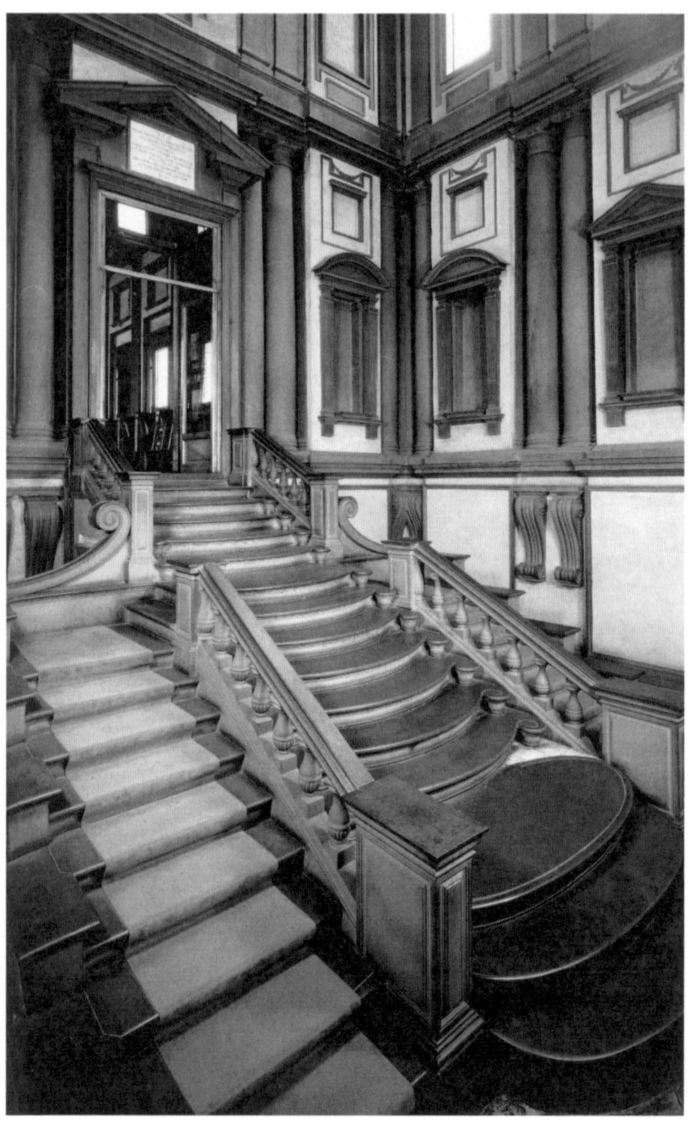

Vestibül (›ricetto‹) der Biblioteca Medicea Laurenziana. Florenz

Brunelleschi gestalten wollte, aber mit einer abgewandelten Gattung der Ornamente, schuf er im Inneren eine Kompositordnung von so abwechslungsreicher und neuartiger Form, wie sie kein antiker oder moderner Meister jemals hat schaffen können. So ist er mit der neuartigen Gestaltung derart schöner Gesimse, Kapitelle und Basen, Türen, Tabernakel und Grabmäler weit von dem abgewichen, was die Menschen in bezug auf Maß, Ordnung und Regel für gewöhnlich ausführten und wie es von Vitruv und der Antike vorgegeben war, da er dem nicht noch mehr hinzufügen wollte. Diese Freiheit hat jene, die seine Vorgehensweise gesehen haben, darin bestärkt, ihm nachzufolgen, weshalb man in ihren Ornamenten dann neue Einfälle bemerkt hat, die nun eher von der Groteske bestimmt sind als von der Vernunft oder der Norm. Dafür sind ihm die Künstler auf ewig zu unendlich viel Dank verpflichtet, weil er die Bande und Ketten gelöst hat, die sie ihre Werke stets auf dem üblichen Weg ausführen ließen.[235] Noch besser zeigte er dies am selben Ort mit der Bibliothek von San Lorenzo,[236] wo er diesen Aspekt in der schönen Unterteilung der Fenster, der Anordnung der Decke und dem herrlichen Eingangsbereich anschaulich machen wollte [siehe links]. Nie sah man eine entschiedenere Anmut im Ganzen und in den einzelnen Teilen, wie den Konsolen, den Tabernakeln und Gesimsen, noch einen bequemeren Treppenaufgang. Dessen Stufen versah er mit sehr ungewöhnlichen Unterbrechungen, die vom allgemeinen Usus stark abwichen und jeden zum Staunen brachten.

In jener Zeit sandte er seinen aus Pistoia stammenden Schüler Pietro Urbano[237] nach Rom, um einen nackten, das Kreuz haltenden Christus [siehe Seite 102][238] aufstellen zu lassen, eine höchst bewundernswerte Figur, die im Auftrag von Messer Antonio Metello in der Minerva seitlich im Chor Aufstellung fand. In diesen Tagen kam es zur Plünderung Roms[239] und zur Vertreibung der Medici aus Florenz.[240] Die veränderte Situation veranlaßte die damaligen Statthalter, die Stadt neu zu befestigen, und sie ernannten Michelangelo zum Oberaufseher aller Festungsanlagen. An mehreren Stellen entwarf und realisierte er

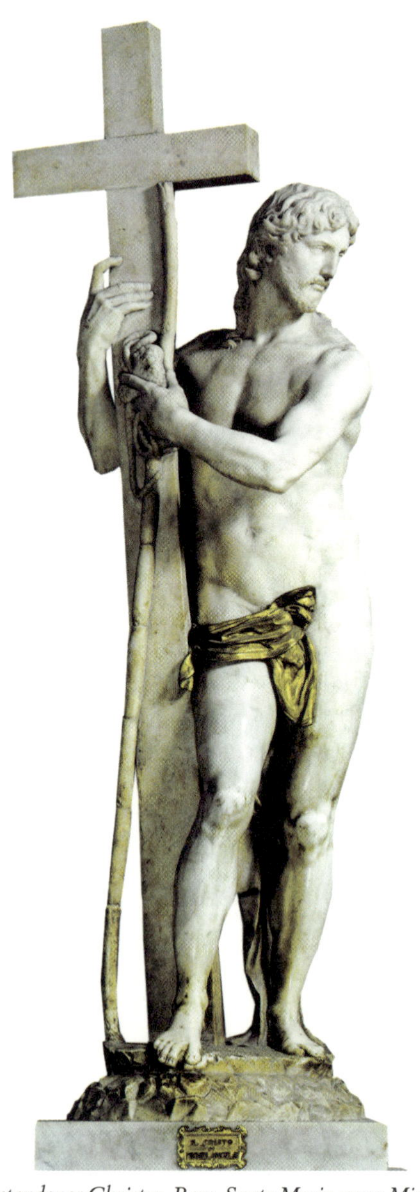

Auferstandener Christus. Rom, Santa Maria sopra Minerva

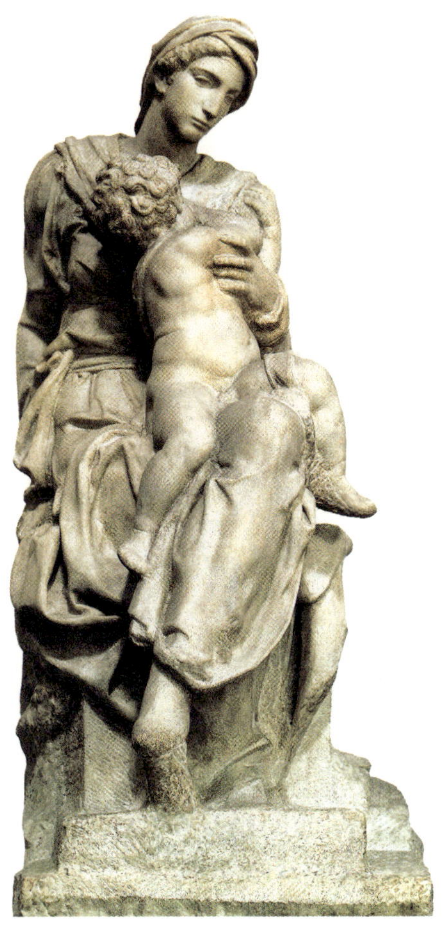

Madonna mit dem Kind. Florenz, Neue Sakristei von San Lorenzo

Befestigungen für die Stadt und umgab schließlich die Anhöhe von San Miniato mit einem Schutzwall. Diesen errichtete er nicht in der üblichen Weise mit grob aufgeschichteten Erdschollen, Holz und Reisigbündeln, sondern mit Bewehrungen, die im unteren Teil aus einem Geflecht aus Kastanien- und Eichenholz und anderen qualitätvollen Materialien bestanden. Statt der Erdschollen verwendete er ungebrannte Backsteine, die aus Werg und Dung geformt und mit größter Sorgfalt geglättet waren.[241] Bei dieser Gelegenheit schickte ihn die Signoria von Florenz nach Ferrara, damit er die Festungsanlagen von Herzog Alfonso I. und auch seine Artillerie und Munition in Augenschein nehmen würde.[242] Vor Ort hofierte ihn jener Herr mit solcher Liebenswürdigkeit, daß Michelangelo auf seine Bitte, nach eigenem Gutdünken ein Werk für ihn zu schaffen, ihm dies vorbehaltlos versprach. So schuf er, nach seiner Rückkehr weiterhin ununterbrochen mit der Befestigung der Stadt beschäftigt, trotz dieser erschwerenden Umstände für jenen Herzog ein göttliches Bild der Leda,[243] das er, wie an entsprechender Stelle zu berichten sein wird, eigenhändig mit Temperafarben malte, während er heimlich auch an den Statuen für die Grabmäler von San Lorenzo arbeitete. Ebenfalls in diesem Zeitraum verbrachte Michelangelo etwa sechs Monate auf dem Hügel von San Miniato, um die Befestigung dieser Anhöhe voranzutreiben, weil die Stadt im Fall ihrer Einnahme durch den Feind verloren gewesen wäre. Er verfolgte diese Unternehmungen deshalb mit der allergrößten Sorgfalt.

Zu dieser Zeit trieb er auch das Werk in besagter Sakristei voran, von dem sieben teils fertige, teils unvollendete Statuen geblieben sind. Mit ihnen und mit den Einfällen für die architektonischen Elemente der Grabmäler hat er, wie man sich eingestehen muß, jeden anderen Vertreter dieser drei Gattungen übertroffen, wovon jene vor Ort zu sehenden, sowohl grob behauenen als auch vollendeten Statuen in Marmor noch immer Zeugnis geben. Eine davon ist die Madonna, die in sitzender Haltung, ein Knie über dem anderen, das rechte Bein über das linke schlägt [siehe Seite 103]. Das Kind sitzt mit den Schenkeln rittlings auf dem höheren Bein und dreht sich in einer wunderschönen Bewegung nach Milch suchend zur Mutter hin, die es mit der einen Hand hält und sich mit der anderen abstützend vorbeugt, um sie ihm zu geben. Und obschon sie in einigen Teilen noch nicht zu Ende gebracht ist, erkennt man in der Unvollkommenheit dieser grob behauenen und mit dem Zahneisen bearbeiteten Figur die Vollkommenheit des Werks.[244] Aber noch viel mehr allseitiges Staunen rief die Beobachtung hervor, daß ihm bei der Ausführung der Grabmäler von Herzog Giuliano und Herzog Lorenzo de' Medici die Erde allein für ein würdiges Grabmal nicht zu genügen schien und er alle Teile der Welt darauf vertreten sehen wollte, außerdem vier Statuen auf ihrer Grabstätte lagern und sie einrahmen sollten: die Nacht, der Tag,[245] die Morgen- und die Abenddämmerung [siehe Seite 106 und 107].[246] Mit ihren wunderschönen Formen in den Haltungen und ihrer kunstvoll ausgeführten Muskulatur würden diese Statuen allein genügen, der Kunst, sollte sie verlorengehen, ihren einstigen Glanz zurückzugeben. Neben den anderen Statuen befinden sich dort jene beiden Heerführer in Rüstung, von denen der eine der in Gedanken versunkene Herzog Lorenzo ist, der das Aussehen eines Weisen hat und Beine, die so wunderschön sind, daß das Auge nichts Besseres zu sehen vermag. Die andere zeigt Herzog Giuliano, so stolz gebildet an Kopf und Hals, den Augenhöhlen, dem Profil der Nase und der Öffnung des Mundes und so göttlich das Haar, die Hände, Arme, Knie und Füße, daß kurz gesagt alles, was er dort schuf, von einer Art ist, daß die Augen weder ermüden noch sich jemals daran sattsehen werden können. Und tatsächlich hält jeder, der die Schönheit des Schuhwerks und der Rüstung betrachtet, ihn für ein himmlisches und kein sterbliches Wesen.[247] Was aber soll ich von der Aurora sagen, einer nackten Frauengestalt, welche die Schwermut aus dem Gemüt vertreibt und den Stil der Bildhauerei auf den Kopf stellt? An ihrer Haltung erkennt man, daß sie sich eilig und noch schlaftrunken aus den Federn erhebt, weil sie, wie es scheint, beim Erwachen die geschlossenen Augen jenes großen Herzogs entdeckt, und sich nun in Bitterkeit krümmt und ihrem Kummer mit ungebrochener Schönheit Ausdruck verleiht. Und was soll ich von der Nacht sagen, dieser nicht außerordentlichen, sondern einzigartigen Statue? Wer hat schon in welchem Jahrhundert auch immer in dieser Kunst je antike oder moderne Statuen von solcher Machart gesehen? Hier offenbart sich nicht nur die Ruhe des Schlafenden, sondern auch

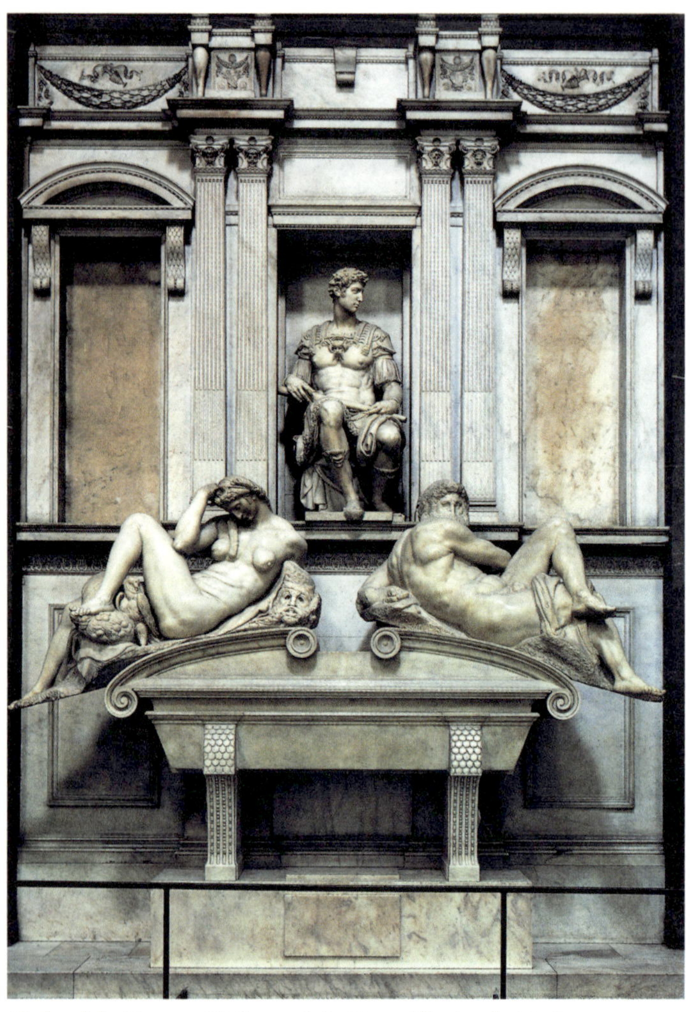

Grabmal des Herzogs Giuliano mit der Personifikation der Nacht und der Personifikation des Tages.
Florenz, Neue Sakristei von San Lorenzo

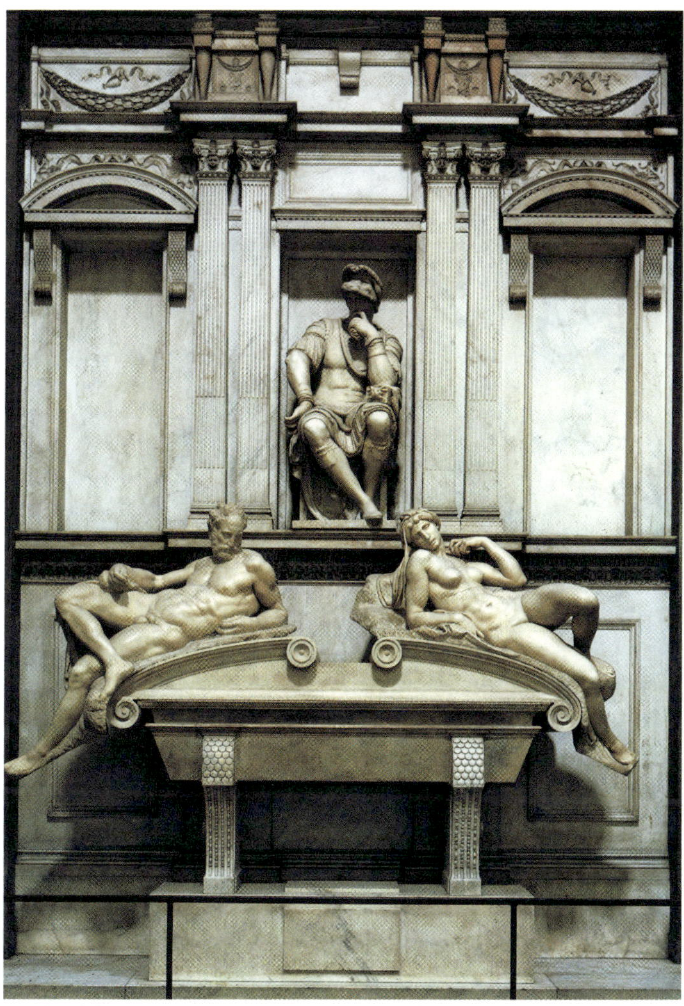

Grabmal des Herzogs Lorenzo mit der Personifikation der Abenddämmerung (›Crepuscolo‹) und der Personifikation der Morgendämmerung (›Aurora‹). Florenz, Neue Sakristei von San Lorenzo

der Schmerz und die Schwermut über den Verlust von etwas Ehrwürdigem und Großem. Man darf wohl glauben, daß es jene Nacht war, welche die Hoffnung all jener verfinsterte, die jemals geglaubt haben, ihn in der Bildhauerei und dem *disegno* ich sage nicht übertreffen zu können, sondern ihm wenigstens gleichzukommen. In dieser Figur gewahrt man jene Schläfrigkeit, durch die sie zu einem Abbild des Schlafenden wird, weshalb hochgelehrte Personen eine Vielzahl lateinischer Verse und volkssprachlicher Reime zu ihrem Lob verfaßten, wie diese eines unbekannten Verfassers:

»Die Nacht, die Du in gar lieblicher Pose hier schlafen siehst,
hat ein Engel in diesen Stein gehauen:
Sie schläft, also ist Leben in ihr –
wecke sie auf, wenn Du's nicht glaubst,
und sie wird zu Dir sprechen.«[248]

Darauf antwortete Michelangelo im Namen der Nacht folgendermaßen:

»Willkommen ist mir der Schlaf
und noch mehr mein steinernes Kleid,
solange Übel und Schande währen.
Nicht sehen, nicht hören, ist mir ein großes Glück.
Doch weck' mich nicht auf – sprich leise.«[249]

Eines ist sicher: Wäre es trotz der Feindschaft zwischen Schicksal und Verdienst, zwischen Güte auf der einen und Neid auf der anderen Seite möglich gewesen, dieses Werk zu Ende zu führen, würde die Kunst der Natur bewiesen haben, wie sehr sie sie in jeder Hinsicht um Längen übertraf.[250]

Er arbeitete voller Eifer und mit immenser Liebe an diesen Werken, als 1529 die Belagerung von Florenz einsetzte, was ihre Fertigstellung leider verhinderte und auch der Grund dafür war, daß er nur noch wenig beziehungsweise gar nicht mehr daran arbeitete, da ihm die Bürger neben der erwähnten Befestigung der Anhöhe von San Miniato auch jene des Umlands anvertraut hatten. Weil er darüber hinaus der Republik tausend Scudi geliehen und man ihn in den Neunerrat, das Amt der Kriegsbeauftragten, berufen hatte, verwandte er seinen ganzen Sinn und Verstand auf die Vervollkommnung jener Befestigungsanlagen. Als das Heer sie schließlich einkreiste und nach und nach die Hoffnung auf Hilfe schwand und das Versorgungsproblem wuchs, glaubte er sich in unsicherer Lage und beschloß, Florenz zu seiner eigenen Sicherheit zu verlassen und nach Venedig zu gehen, ohne sich auf dem Weg jemandem zu erkennen zu geben. Heimlich brach er auf und schlug, ohne daß irgendwer davon wußte, die Straße über den Hügel von San Miniato ein, bei ihm sein Schüler Antonio Mini[251] und sein treuer Freund, der Goldschmied Piloto, allesamt im Rückenfutter ihrer Jacken eine große Anzahl Scudi mitführend. Sie erreichten Ferrara, wo sie sich ausruhten und folgendes geschah: Das allgemeine Mißtrauen in Kriegszeiten und das Bündnis zwischen den kaiserlichen und päpstlichen Truppen, die vor Florenz lagerten, hatten Herzog Alfonso d'Este, der in Ferrara die Befehlsgewalt hatte, dazu veranlaßt, sich von den Gastwirten, die Unterkünfte anboten, insgeheim die Namen all derer geben zu lassen, die dort Tag für Tag unterkamen. Täglich forderte er von ihnen außerdem eine Liste mit den Fremden, welcher Nation auch immer sie abstammten.

So kam es, daß Michelangelo, der unerkannt bleiben wollte, mit seinen Begleitern dort absattelte, der Herzog auf diesem Weg aber davon erfuhr und froh darüber war, da er ihn zu seinen Freunden zählte. Jener Fürst war sehr großherzig und hatte sein ganzes Leben lang Freude an der Kunst, weshalb er sogleich einige der bedeutendsten Männer seines Hofes ausschickte, die ihn im Namen Seiner Exzellenz in den Palast zum Herzog führen, die Pferde und sein ganzes Gepäck wegbringen und ihm eine ausgezeichnete Unterkunft im Palast geben sollten. Michelangelo, der sich fremder Gewalt ausgeliefert fand, sah sich gezwungen zu gehorchen. Entschlossen, das Beste aus der Situation zu machen, ging er mit ihnen zum Herzog, ohne allerdings seine Sachen aus dem Gasthaus zu entfernen. Nachdem der Herzog ihm einen großartigen Empfang bereitet und sich für seine Roheit entschuldigt hatte, machte er ihm reiche und ehrenvolle

Geschenke und bemühte sich, ihn mit einem großzügigen Lohn in Ferrara zu halten. Danach stand diesem aber nicht der Sinn, zumal er keine Absicht hatte zu bleiben. Daher bat ihn der Herzog, zumindest für die Dauer des Krieges zu verweilen, und machte ihm erneut alle Offerten, die in seiner Macht standen. Michelangelo wollte diese Freundlichkeit nicht unerwidert lassen, dankte ihm deshalb sehr und sagte, sich zu seinen beiden Begleitern wendend, er habe zwölftausend Scudi mit nach Ferrara gebracht, die ihm, sofern er Bedarf hätte, zusammen mit seiner Person zur Verfügung stehen würden. Der Herzog führte ihn, wie er es schon das andere Mal getan hatte, im Palast herum und zeigte ihm, was er dort an Schönem besaß, darunter sein Porträt[252] von der Hand Tizians,[253] das Michelangelo sehr lobte. Allerdings gelang es ihm nicht, ihn im Palast zu halten, da er in das Gasthaus zurückkehren wollte. Der Wirt, bei dem er untergekommen war, erhielt deshalb vom Herzog unter der Hand unzählige Dinge, um ihm Ehre zu erweisen, und bekam den Auftrag, bei seiner Abreise nichts für die Unterkunft zu berechnen. Von dort begab er sich nach Venedig, wo eine große Zahl Edelleute ihn kennenzulernen wünschte, da er aber seit jeher wenig Lust auf solch laienhaftes Geplauder hatte, verließ er den Ort, an dem er in Venedig untergebracht war, und zog sich in eine Wohnung auf der Giudecca zurück. Dort zeichnete er, wie es heißt, auf Wunsch jener Stadt und auf Bitten des Dogen Gritti[254] die Rialto-Brücke, eine hinsichtlich Einfall und Dekor ganz außerordentliche Zeichnung.[255]

Energische Bitten riefen Michelangelo dann in die Heimat zurück. Eindringlich bat man ihn, das begonnene Projekt nicht aufzugeben, und nachdem ihm ein Geleitbrief zugestellt worden war, siegte schließlich die [Heimat-]Liebe und er kehrte nicht ohne Gefahr für das eigene Leben dorthin zurück. In dieser Zeit vollendete er auch die Leda, die er wie gesagt auf Wunsch von Herzog Alfonso schuf und die sein Schüler Antonio Mini später nach Frankreich brachte.[256] Zwischenzeitlich kümmerte er sich um den Glockenturm von San Miniato, von dem aus das feindliche Lager mit zwei Kanonen in empfindlicher Weise getroffen werden konnte, weshalb die Bombardiere des Heeres ihn mit schwerem Geschütz beschossen und ihn beinahe getroffen und zerstört hätten. Michelangelo befestigte ihn deshalb mit Wollballen und stabilen Matratzen, die er mit Seilen fixierte und auf diese Weise dafür sorgte, daß er immer noch steht. Es heißt auch, daß sich ihm zur Zeit der Belagerung die Gelegenheit bot, an einen neun Ellen hohen Marmorblock aus Carrara zu kommen, auf den er schon früher ein Auge geworfen hatte. Er war allerdings von Papst Clemens bereits Baccio Bandinelli überlassen worden, um den Wettstreit und die Konkurrenz zwischen ihnen beiden zu schüren. Da es sich jedoch um eine öffentliche Angelegenheit handelte, fragte Michelangelo beim *gonfaloniere* an, der ihm das Werk nun ebenfalls zur Ausführung übertrug, während Baccio bereits ein Modell angefertigt und beim Bossieren schon viel von dem Stein abgetragen hatte. Michelangelo machte nun seinerseits ein Modell, das man für wunderbar und sehr anmutig hielt, trotzdem wurde der Auftrag nach der Rückkehr der Medici wieder an Baccio zurückgegeben.[257]

Nach der [politischen] Einigung bekam Baccio Valori,[258] der Kommissar des Papstes, den Auftrag, einige der Bürger, die am stärksten Partei ergriffen hatten, festnehmen und ins Gefängnis werfen zu lassen. Dieselbe Abordnung kam in das Haus Michelangelos, nach dem man suchte, was der aber schon geahnt hatte und heimlich in das Haus eines guten Freundes geflohen war, wo er sich viele Tage lang versteckt hielt. Als die Aufregung sich gelegt hatte, besann Papst Clemens sich auf Michelangelos Qualitäten. Bei der Suche nach ihm ließ er deshalb Sorgfalt walten und gab Anweisung, nichts gegen ihn vorzubringen, sondern ihm mitzuteilen, er solle doch bei gleichem Lohn zurückkehren und das Projekt von San Lorenzo weiterführen, das der Aufsicht von Messer Giovambattista Figiovanni[259] unterstellt war, der dem Hause Medici lange Zeit gedient hatte und Prior von San Lorenzo war. Dadurch beruhigt, begann Michelangelo für Baccio Valori, mit dem er sich gut stellen wollte, die drei Ellen hohe Marmorfigur eines Apoll,[260] der einen Pfeil aus dem Köcher zieht, und führte

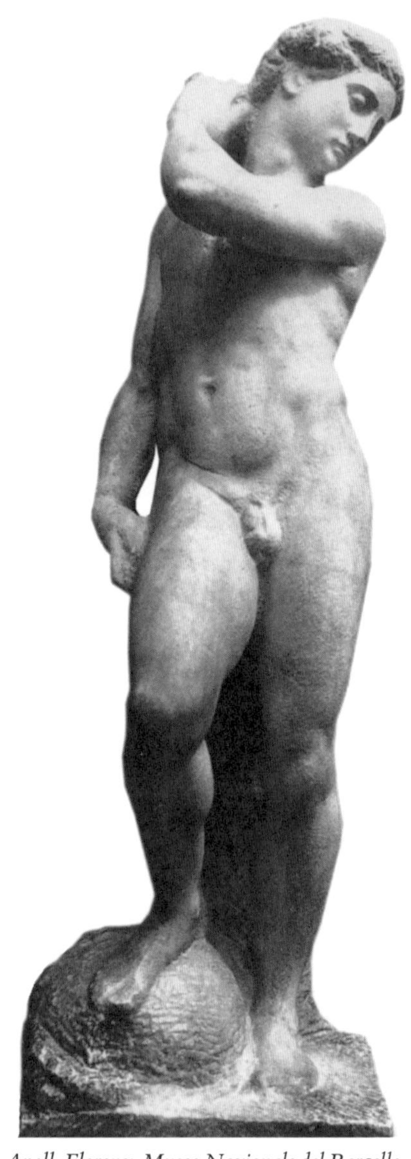

Apoll. Florenz, Museo Nazionale del Bargello

ihn fast ganz zu Ende [siehe links]. Heute befindet er sich im Gemach des Fürsten von Florenz, und obwohl er nicht ganz vollendet wurde, handelt sich um ein außerordentliches Werk.

In diesen Tagen sandte Alfonso von Ferrara einen seiner Edelmänner zu Michelangelo, da ihm zu Ohren gekommen war, daß dieser etwas Außerordentliches für ihn geschaffen hatte und er sich ein solches Juwel nicht entgehen lassen wollte. Nachdem jener in Florenz eingetroffen war und ihn gefunden hatte, übergab er ihm die Beglaubigungsschreiben jenes Herrn. Michelangelo empfing ihn und zeigte ihm sein Gemälde der Leda, auf dem sie einen Schwan umarmt, und dazu Castor und Pollux, wie sie aus dem Ei schlüpfen: ein großes, mit Temperafarben gemaltes Bild voller Leben. Der Gesandte des Herzogs aber, der von Michelangelos Ruf gehört und ein größeres Werk erwartet hatte, dabei aber weder die Kunstfertigkeit noch Vortrefflichkeit jener Figur erkannte, sagte zu Michelangelo: »Oh, das ist aber keine große Sache.« Da fragte ihn Michelangelo nach seinem Beruf, wohl wissend, daß niemand ein besseres Urteil über eine Sache abgeben kann als derjenige, der darin ausreichend Übung besitzt. Mit einem Grinsen gab der zur Antwort: »Ich bin Kaufmann«, weil er glaubte, Michelangelo habe ihn nicht als Edelmann erkannt, und er sich damit über diese Frage lustig machen und zugleich seine Verachtung über das Gewerbe der Florentiner zum Ausdruck bringen wollte. Michelangelo hatte seine Worte aber sehr wohl verstanden und antwortete ihm ohne Umschweife: »Dieses Mal habt Ihr für Euren Herrn einen schlechten Handel gemacht. Schert Euch von hier fort.«[261]

Da bat ihn dann in jenen Tagen sein Schüler Antonio Mini, der zwei Schwestern zu verheiraten hatte, um dieses Bild, und jener gab es ihm gerne und überließ ihm auch einen Großteil seiner göttlichen Zeichnungen und Kartons. Dazu kamen noch zwei Kisten mit Modellen, eine große Zahl fertiger Kartons für die Ausführung von Gemälden und zum Teil auch solche von bereits vollendeten Werken. Als es diesem einfiel, nach Frankreich zu gehen, nahm er sie mit und verkaufte durch die Vermittlung von Händlern die Leda an König Franz, weshalb sie sich heute in Fontainebleau befindet. Den Kartons und Zeichnungen hingegen erging es schlecht, da er dort nach kurzer Zeit starb und sie gestohlen wurden. Dadurch wurde dieses Land vieler nützlicher Werke beraubt, was einen unschätzbaren Verlust bedeutete. Später kam der Karton der Leda nach Florenz zurück, wo er heute im Besitz von Bernardo Vecchietti[262] ist, wie auch vier Teile der Kartons für die Kapelle mit nackten Figuren und Propheten,[263] die der Bildhauer Benvenuto Cellini[264] mitgebracht hat und die sich heute bei den Erben von Girolamo degli Albizzi[265] befinden.

Für Michelangelo erwies es sich nun als ratsam, Papst Clemens in Rom aufzusuchen, der zwar über ihn erzürnt war, ihm jedoch als ein Freund von Talent alles verzieh und ihm Anweisung gab, nach Florenz zurückzukehren und die Bibliothek und die Sakristei von San Lorenzo ganz zu vollenden. Um die Sache abzukürzen, teilten sie die endlose Fülle der dafür vorgesehenen Statuen auf andere Meister auf: Zwei übertrug er Tribolo, eine Raffaello da Montelupo[266] und eine dem Servitenbruder Fra Giovann'Agnolo,[267] allesamt Bildhauer, denen er Hilfestellung leistete, indem er für sie die Modelle in Form von *bozzetti* aus Ton[268] anfertigte. Mit Feuereifer machten sie sich an die Arbeit, während er sich gleichzeitig auch noch um die Bibliothek kümmerte, von der die geschnitzte Holzdecke nach seinen Entwürfen durch die Florentiner Carota[269] und Tasso[270] vollendet wurde, die hervorragende Holzschnitz- und Rahmenmeister waren. Vollendet wurden auch die Regalbretter für die Bücher, die damals von Battista del Cinque[271] und seinem Freund Ciapino,[272] guten Meistern dieses Metiers, gearbeitet worden sind. Um alledem den letzten Schliff zu geben, ließ man den göttlichen Giovanni da Udine nach Florenz kommen, der zusammen mit einigen seiner Arbeiter und weiteren florentinischen Meistern den Stuck im Chorraum ausführte;[273] auf diese Weise versuchte man, dieses große Unternehmen mit vollem Einsatz zu einem Ende zu bringen.

Als Michelangelo die Statuen aufstellen lassen wollte, überkam es den Papst, ihn in seiner Nähe haben zu wollen, weil er den Wunsch verspürte, die Fassadenwand der Sixtinischen Kapelle, deren Gewölbe jener bereits für seinen Neffen Julius II. bemalt hatte, in Arbeit zu nehmen. Von den Wänden dort wollte Clemens die Hauptwand hinter dem Altar mit dem Jüngsten Gericht[274] bemalen lassen, damit er in dieser Darstellung die ganze Dimension der Kunst des *disegno* demonstrieren würde. Auf der rückwärtigen Wand über dem Hauptportal befahl er ihm darzustellen, wie Luzifer wegen seines Hochmuts aus dem Himmel vertrieben wurde und wie er zusammen mit allen Engeln, die mit ihm gesündigt haben, ins Innere der Hölle stürzt. Es fügte sich, daß Michelangelo zu diesen Bildfindungen bereits viele Jahre zuvor Skizzen und verschiedene Zeichnungen[275] angefertigt hatte, von denen eine in der römischen Trinitätskirche von einem sizilianischen Maler ins Werk gesetzt worden ist, der Michelangelo viele Monate lang beim Reiben der Farben gedient hatte. Dieses Werk befindet sich im Querschiff dieser Kirche in der Kapelle des Heiligen Gregor, wo es in Fresko gemalt ist und trotz seiner schlechten Ausführung eine ungeheure Kraft und Mannigfaltigkeit in den Haltungen und der in Gruppen vom Himmel regnenden nackten Figuren zeigt, was auch für jene gilt, die ins Erdinnere stürzen und sich dabei in allerhand furchterregend und bizarr aussehende Teufelsgestalten verwandelt haben – mit Sicherheit ein außergewöhnlicher Einfall.[276]

Während Michelangelo Anweisung gab, die Zeichnungen und Kartons für die erste Wand mit dem Gericht zu erstellen, blieben ihm tägliche Auseinandersetzungen mit den Agenten des Herzogs von Urbino[277] nicht erspart, die ihn beschuldigten, von Julius II. sechzehntausend Scudi für das Grabmal erhalten zu haben, eine Anschuldigung, die ihm unerträglich war und ihn ungeachtet seines Alters in dem Wunsch bestärkte, es eines Tages fertigzustellen. Gerne wäre er in Rom geblieben, da sich ihm auf diese Weise ungefragt die Gelegenheit bot, nicht mehr nach Florenz zurückzugehen, weil er sich vor Herzog Alessandro de' Medici fürchtete,[278] der ihm, wie er glaubte, nicht sehr wohlgesinnt war.[279] Als Alessandro Vitelli[280] ihm mitteilen ließ, er solle feststellen, wo der geeignetste Platz für die Errichtung des Kastells und der Zitadelle von Florenz wäre, erwiderte er, nur dann gehen zu wollen, wenn Papst Clemens ihm den Befehl dazu erteilen würde.

Schließlich erzielte man bezüglich dieses Grabmals eine Einigung, wonach es in folgender Weise fertigzustellen war: Es sollte kein freistehendes, quadratisches Grabmal mehr geschaffen werden, sondern nur eine dieser Seiten, und zwar nach Michelangelos Gutdünken, wobei er gehalten war, dafür sechs eigenhändige Statuen zu liefern. In diesem Vertrag,[281] der mit dem Herzog von Urbino geschlossen wurde, willigte Seine Exzellenz ein, daß Michelangelo vier Monate im Jahr Papst Clemens zur Verfügung stehen würde, und zwar in Florenz oder wo immer er ihn einzusetzen beliebte. Michelangelo glaubte nun, Ruhe zu haben, doch die Geschichte endete nicht hier: Da Clemens die endgültige Probe von der Kraft seines Talents zu sehen wünschte, ließ er ihn an dem Karton für das Weltengericht arbeiten, woraufhin dieser dem Papst zwar zeigte, damit beschäftigt zu sein, sich in dieser Sache aber nicht ganz verausgabte, sondern heimlich an den Statuen arbeitete, die für besagtes Grabmal vorgesehen waren.

Im Jahr 1533 starb Papst Clemens, und in Florenz kam das Projekt von Sakristei und Bibliothek zum Erliegen, das ungeachtet des großen Eifers, mit dem man es zu Ende zu bringen versuchte, unvollendet blieb. Michelangelo glaubte sich nun endlich frei und in der Lage, die Fertigstellung des Grabmals von Julius II. voranzutreiben. Nach der Wahl von Paul III.[282] verging jedoch nicht viel Zeit, bis dieser ihn zu sich rufen ließ, ihn mit Komplimenten und Angeboten überhäufte und ersuchte, in seine Dienste zu treten, da er ihn in seiner Nähe zu haben wünschte. Michelangelo lehnte dies mit den Worten ab, er sei dem Herzog von Urbino vertraglich bis zur Fertigstellung des Juliusgrabmals verpflichtet. Wutentbrannt entgegnete ihm der Papst daraufhin: »All die Jahre habe ich diesen Wunsch gehegt, und jetzt, wo ich Papst bin, soll ich ihn mir nicht erfüllen? Ich werde diesen Vertrag zerreißen und bin bereit, mit allen Mitteln dafür zu sorgen, daß Du in meine Dienste trittst.« Angesichts dieser Entschlossenheit war Michelangelo versucht, Rom zu verlassen und irgendwie einen Weg zu finden, das Grabmal fertigzustellen. Weil er aber ein vorsichtiger Mann war und trotz allem die Macht des Papstes fürchtete, gedachte er, ihn angesichts seines hohen Alters so lange mit Worten hinzuhalten, bis es sich von selbst ergeben würde. Eines Tages begab sich der Papst, der Michelangelo ein bedeutendes Werk ausführen lassen wollte, zusammen mit zehn Kardinälen zu seinem Haus, wo er alle Statuen für das Juliusgrabmal zu sehen wünschte. Sie erschienen ihm wie ein Wunder, vor allem der Moses, von dem der Kardinal von Mantua[283] meinte, diese Figur allein würde genügen, um Papst Julius Ehre zu erweisen. Und angesichts der für die Wand der [Sixtinischen] Kapelle bestimmten Kartons und Zeichnungen, die ihm überaus herrlich erschienen, verlangte der Papst von neuem mit Nachdruck, daß er in seine Dienste treten solle, und versprach ihm, dafür zu sorgen, daß der Herzog von Urbino »sich mit drei Statuen begnügen würde und die anderen nach seinen Entwürfen von anderen vortrefflichen Meistern auszuführen wären.« Nachdem Seine Heiligkeit dies mit den Agenten des Herzogs verhandelt hatte, wurde mit dem Einverständnis des Herzogs ein neuer Vertrag[284] aufgesetzt, und Michelangelo erbot sich nun aus freien Stücken, die drei [noch fehlenden] Statuen und das Aufmauern zu bezahlen. Zu diesem Zweck hinterlegte er bei der Bank der Strozzi tausendfünfhundertundachzig Scudi, wozu er nicht verpflichtet war, womit er aber endlich genug getan zu haben glaubte, um sich von dieser langwierigen und unliebsamen Angelegenheit zu entbinden. Dann ließ er dieses Werk in San Pietro in Vincoli in folgender Weise errichten [siehe Seite 119]:

Er baute den untersten, mit Reliefs verzierten Sockel auf, der vier Postamente besaß, die so weit vorsprangen, wie ursprünglich für die Aufstellung je eines Gefangenen notwendig gewesen wäre, an deren Stelle nun jeweils die Figur einer Herme Platz fand. Da dies von unten gesehen kümmerlich wirkte, hatte er unter jeder Herme eine nach oben eingedrehte Konsole angebracht. Diese vier Hermen flankierten drei Nischen, von denen zwei oben gerundet waren. Darin sollten Viktorien Aufstellung finden, doch anstelle dieser plazierte er in der einen Lea, die Tochter Labans, die für die *vita activa* steht und zum Zeichen der Überlegung, die unsere Taten bestimmen sollte, einen Spiegel in der Hand hat; in der anderen hält sie eine Girlande mit Blumen als Symbol der Verdienste, die zu Lebzeiten unseren Lebensweg zieren und ihm nach dem Tod Ruhm verleihen. Bei der anderen Figur handelte es sich um ihre Schwester Rahel, die als Sinnbild der *vita contemplativa* mit gefalteten Händen das Knie beugt und mit ihrem Antlitz geistige Erhöhung auszudrücken scheint.[285] Diese Statuen führte Michelangelo eigenhändig in weniger als einem Jahr aus. Die mittlere Nische ist eckig und sollte dem ersten Entwurf zufolge eine der Türen bilden, die in das ovale Tempelhäuschen im vierseitigen Grabmal führten. Zur Nische geworden, ist dort auf einem marmornen Würfel die großartige und wunderschöne Statue des Moses plaziert, von der bereits ausführlich gesprochen wurde. Oberhalb der Köpfe der Hermen, welche die Kapitelle bilden, verläuft der Architrav mit Fries und Gesims, der über die Hermen hinauskragt und mit Zierbändern aus Blattwerk, Eierstab, Zahnschnitt und anderen prachtvollen Elementen am gesamten Werk in aufwendiger Reliefarbeit verziert ist. Über diesem Gesims verläuft noch eine Ordnung, glatt und ohne Reliefierung, mit weiteren, jedoch anders gestalteten Hermen. In Form von Pilastern korrespondieren sie genau mit den darunterliegenden und schließen mit unterschiedlich gekehlten Gesimsen ab, wobei diese Ordnung in allen Details denen darunter entspricht und sie ergänzt. Darüber folgt ein Hohlraum ähnlich dem der Nische, in der jetzt der Moses steht. Auf den Vorsprüngen des Gesimses steht ein Marmorsarg mit der liegenden Statue von Papst Julius,[286] die der Bildhauer Maso di Boscoli[287] geschaffen hat. In der Nische selbst befindet sich eine Madonna mit dem Kind auf dem Arm,[288] die der Bildhauer Scherano da Settignano[289] nach Michelangelos Entwurf ausführte – beide sehr angemessene Statuen. In den anderen beiden rechteckigen Nischen über der *vita activa* und der *vita contemplativa* befinden sich zwei größere Statuen – ein Prophet und eine

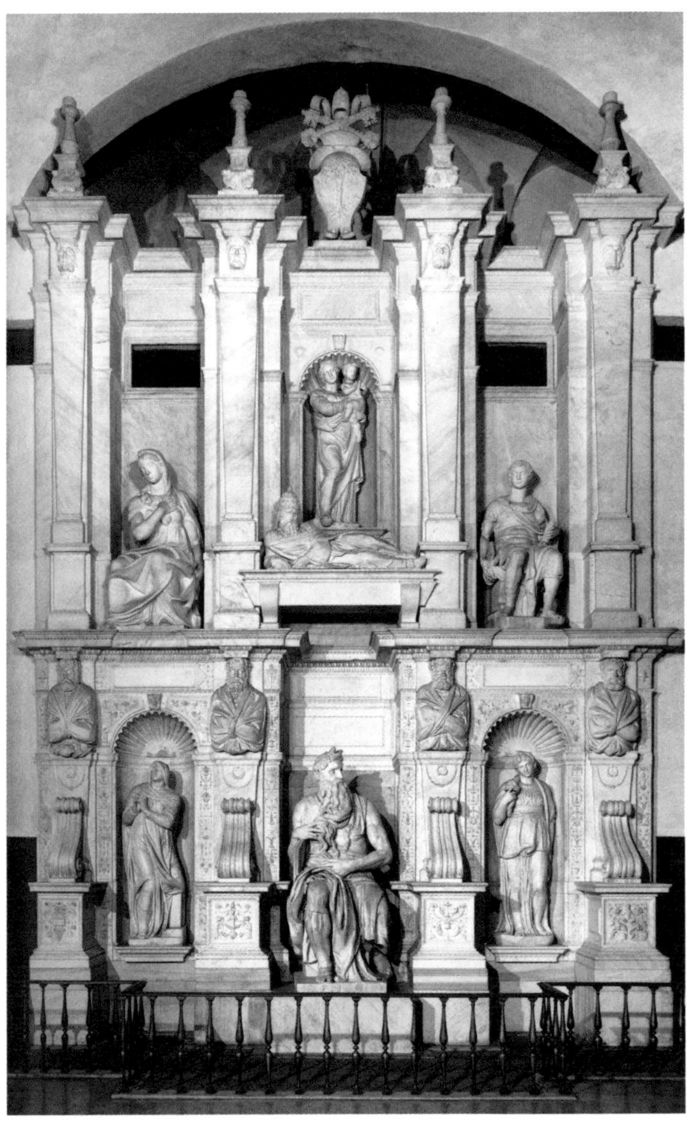

Juliusgrabmal. Rom, San Pietro in Vincoli

Sibylle[290] in sitzender Haltung –, die, wie in der Vita seines Vaters Baccio berichtet, von Raffaello da Montelupo geschaffen wurden, deren Ausführung Michelangelo allerdings nicht sehr zufriedenstellte. Den oberen Abschluß dieses Werks bildet wie unten ein auf ganzer Länge umlaufendes, vorkragendes Gesims, das variantenreich gestaltet ist. Über den Hermen wurden als Abschluß marmorne Kandelaber angebracht und in der Mitte das Wappen von Papst Julius. Über dem Propheten und der Sibylle öffnete er in jeder Nische jeweils ein Fenster, die als Komfort für die Ordensbrüder gedacht waren, die in jener Kirche die Messe zelebrierten.[291] Da sich dahinter der Chor befand, dienten sie während der Lesung der heiligen Messe dazu, die Stimmen in den Kirchenraum zu tragen und der Feier des Hochamts zuschauen zu können. So ist dieses Werk in der Tat ganz ausgezeichnet gelungen, erscheint allerdings viel weniger großartig, als dies im ersten Entwurf geplant gewesen war.

Da ihm nichts anderes übrigblieb, beschloß Michelangelo, in die Dienste von Papst Paul zu treten, der eine Weiterführung des von Clemens in Auftrag gegebenen Kartons wünschte. Er änderte dabei nichts an der Erfindung und dem Konzept, das ihm dafür vorgelegt wurde, aus Respekt vor dem Verdienst jenes Mannes, dem er so große Zuneigung und Ehrfurcht entgegenbrachte, daß er ihm in jeder Hinsicht entgegenkommen wollte. Dies wurde beispielsweise deutlich, als Seine Heiligkeit in der Kapelle unterhalb vom Jonas, wo sich bereits das Wappen von Papst Julius II. befand, sein eigenes anzubringen wünschte. Als man Michelangelo darum bat, lehnte er mit dem Hinweis ab, Julius und Clemens kein Unrecht tun zu wollen, außerdem würde es sich, wie er sagte, nicht gut ausnehmen, woraufhin Seine Heiligkeit sich damit zufriedengab, um ihn nicht zu verärgern. Dabei erkannte er sehr wohl die Güte jenes Mannes und wie sehr er ohne Rücksicht und Schmeichelei dem Ehrenhaften und Gerechten verhaftet war, etwas, was jene Herren für gewöhnlich nur selten zu sehen bekommen.

Michelangelo ließ also vor die Wand besagter Kapelle – und dies war noch nie dagewesen – mit ausgewählten und gut gebrannten Ziegeln eine abfallende Mauer sorgfältig hochziehen, so daß sie am oberen Ende eine halbe Elle überhing und sich auf diese Weise weder Staub noch anderer Schmutz darauf absetzten konnten. Ich werde nun nicht auf die Einzelheiten der Erfindung und Komposition dieser Darstellung eingehen, da man sie so oft in großen und kleinen Versionen kopiert und gestochen hat, daß es nicht notwendig scheint, hier mit ihrer Beschreibung Zeit zu verlieren[292] [siehe Seite 122]. Es genügt zu sagen, daß dort die Absicht dieses einzigartigen Mannes offensichtlich wird, nichts anderes als die vollkommene und wohlproportionierteste Bildung des menschlichen Körpers in den unterschiedlichsten Haltungen malen zu wollen, und damit nicht genug auch die Ausdrucksformen der Leidenschaften und Freuden der Seele. Und er beschränkte sich darauf, in diesem einen Bereich zufriedenzustellen – in dem er allen anderen Künstlern überlegen war – und den Weg des großen Stils und der Darstellung des nackten Körpers aufzuzeigen und sein Können in den schwierigen Aspekten des *disegno* zu demonstrieren. Zu guter Letzt hat er mit seinem vorrangigen Interesse, das dem menschlichen Körper gilt, der Kunst den Weg hin zur Mühelosigkeit geebnet, und weil er sich ausschließlich auf dieses Ziel konzentrierte, kümmerte er sich nicht um die Lieblichkeit der Farben, um Einfälle und neuartige Phantasien für gewisse Details und Feinheiten, die vielleicht nicht ganz ohne Grund von vielen anderen Malern nicht gänzlich vernachlässigt worden sind.[293]

Andere, die nicht so unfehlbar im *disegno* sind, haben sich mit der Vielfalt der Töne, den Farbschattierungen und variantenreichen, neuartigen Erfindungen, kurz auf dem anderen Weg unter den ersten Meistern einzureihen versucht. Michelangelo aber, der stets unerschütterlich in der Kunst verwurzelt war, hat jenen, die über ausreichendes Können verfügen, gezeigt, wie sie Vollendung erreichen können.[294]

Um nun zum Dargestellten zurückzukehren: Michelangelo hatte dort bereits mehr als drei Viertel des Werks ausgeführt, als Papst Paul es besichtigen kam. Mit dem Papst kam der Zeremonienmeister Messer Biagio da Cesena[295] in die Kapelle, der eine

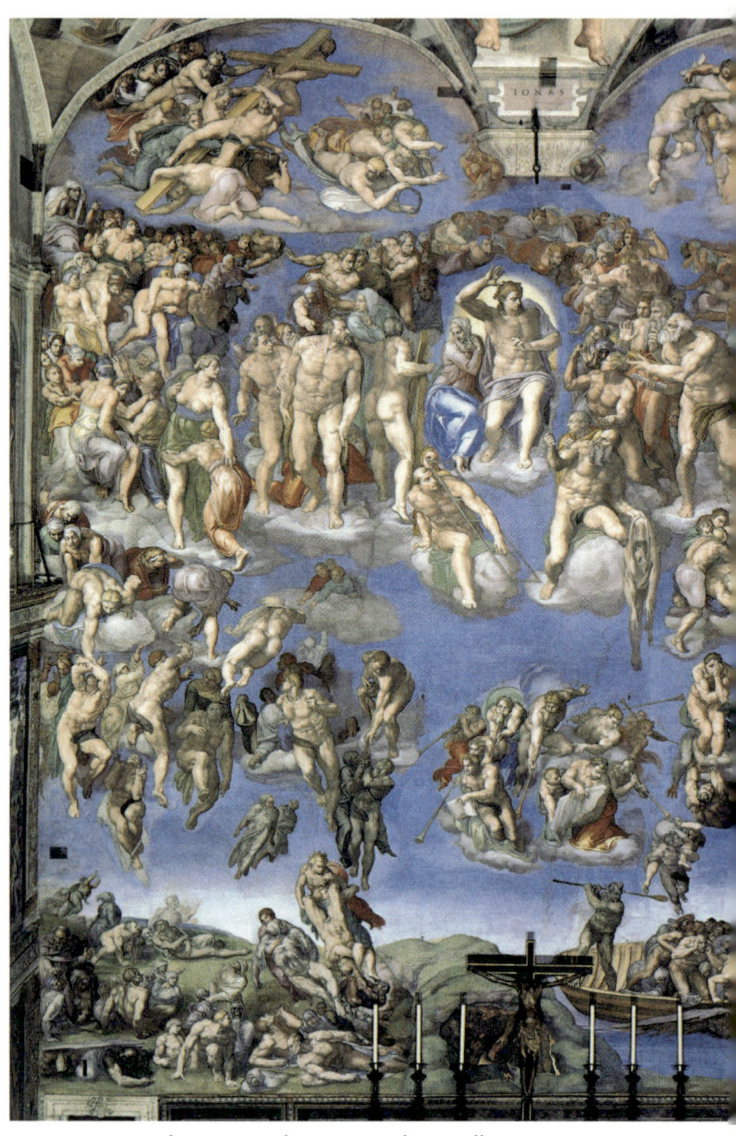

Das Jüngste Gericht. Rom, Vatikan, Sixtinische Kapelle

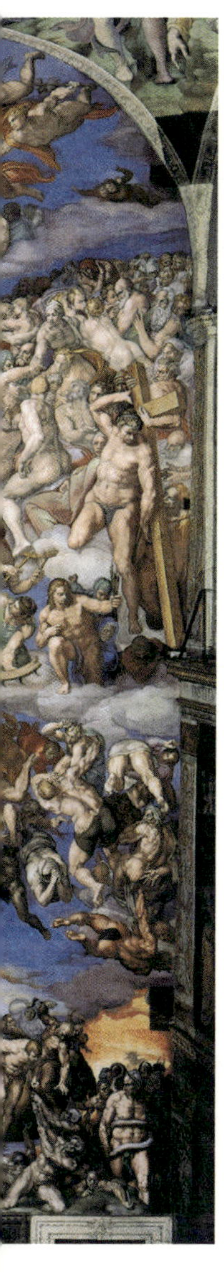

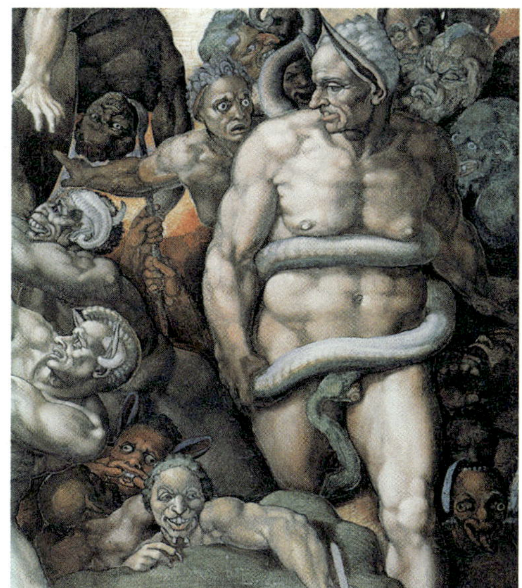

Minos. Rom, Vatikan, Sixtinische Kapelle, Jüngstes Gericht

recht kleinliche Person war und auf die Frage nach seiner Meinung erklärte, daß es eine ganz und gar unehrenhafte Sache sei, an einem so ehrwürdigen Ort dermaßen viele nackte Gestalten angebracht zu haben, die so ungebührlich ihre Scham zeigen, weshalb dieses Werk nicht einer Papstkapelle, sondern Bade- und Gasthäusern angemessen sei. Verärgert wollte Michelangelo sich dafür rächen, und nachdem jener fortgegangen war, machte er sich, ohne ihn noch vor sich zu haben, sogleich daran, ihn in der Figur des Minos in der Hölle zu porträtieren, inmitten einer Schar von Teufeln und mit einer großen Schlange, die seine Beine umschlingt [siehe oben].

Da half es nichts, daß Messer Biagio den Papst und Michelangelo anflehte, ihn zu entfernen, er blieb als Erinnerung an diese Begebenheit stehen und ist dort noch immer zu sehen.[296]

Es geschah zu dieser Zeit, daß er aus nicht geringer Höhe vom Gerüst dieses Werks fiel und sich an einem Bein verletzte, aus Schmerz und Wut aber jede ärztliche Hilfe ablehnte. Damals lebte noch sein Freund Meister Baccio Rontini[297] aus Florenz, ein findiger Arzt, der seinem Talent sehr zugetan war. Aus Mitleid zu ihm klopfte er eines Tages an seine Tür, und als weder die Nachbarn noch er Antwort gaben, verschaffte er sich über verborgene Wege Zutritt und stieß, nachdem er Zimmer für Zimmer durchwandert hatte, auf einen verzweifelten Michelangelo. Meister Baccio weigerte sich nun, ihn zu verlassen, bis er geheilt war, und wich bis dahin nicht mehr von seiner Seite. Genesen von dieser Verletzung, kehrte jener zu seinem Werk zurück und führte es, unablässig daran arbeitend, in wenigen Monaten zur Vollendung und verlieh den Malereien dieses Werks soviel Ausdruckskraft, daß er Dantes Wendung: »Tot schienen Tote, Lebende zu leben«[298] wahr werden ließ und damit das Elend der Verdammten und das Frohlocken der Seligen vor Augen führte.

Mit der Enthüllung dieses [Jüngsten] Gerichts lieferte er nicht nur den Beweis dafür, den Sieg über die ersten Künstler, die dort gearbeitet hatten, davongetragen zu haben, sondern sich im Hinblick auf sein so gefeiertes Gewölbe selbst bezwingen zu wollen. Er überflügelte sich mit diesem Werk um Längen und übertraf sich selbst, indem er sich in seiner Vorstellung ein Bild vom Schrecken jener Tage machte und neben der Pein all derer, die zu Lebzeiten schlecht gewesen waren, die ganze Passion [Christi] darstellte, indem er das Kreuz, die Säule, die Lanze, den Schwamm, die Nägel und die Krone von einer Reihe nackter Figuren in verschiedenen, variantenreichen Posen durch die Luft herbeitragen läßt, deren schwierige Ausführung mit Leichtigkeit umgesetzt ist.

Da ist Christus in sitzender Haltung, der sich mit furchteinflößendem und stolzem Gesicht den Verfluchten zuwendet und sie verdammt, nicht ohne das tiefe Erschrecken der Madonna, die eng in ihren Mantel gehüllt dem großen Verderben lauscht und zusieht [siehe Seite 126]. Unendlich viele Figuren sind dort in einem Kreis um sie versammelt: Propheten, Apostel und besonders Adam[299] und der Heilige Petrus, von denen der eine wohl den eigentlichen Ursprung der zum Weltengericht geführten Menschen repräsentiert und der andere das Hauptfundament der christlichen Religion bildet. Zu Füßen des letzteren befindet sich ein wunderschöner Heiliger Bartholomäus, der seine abgezogene Haut vorzeigt, und desgleichen die nackte Gestalt des Heiligen Laurentius. Dazu eine unendliche Fülle heiliger Männer und Frauen und noch mehr männliche und weibliche Figuren, die nah und fern ringsherum versammelt sind und sich dabei freudig in die Arme fallen, da sie dank Gottes Gnade und als Belohnung ihrer Taten ewige Glückseligkeit erlangt haben. Zu Füßen der Christusfigur befinden sich die von Johannes dem Evangelisten beschriebenen sieben Engel mit den sieben Posaunen, die zur Urteilssprechung rufen und mit dem furchterregenden Ausdruck ihrer Gesichter jedem, der sie betrachtet, die Haare zu Berge stehen lassen [siehe Seite 127 oben]. Unter ihnen sind auch zwei Engel, ein jeder das Buch des Lebens in Händen haltend. Daneben sieht man auf der einen Seite – und auch hier fehlt es nicht an wunderschöner Überlegung – die sieben Todsünden, welche die zum Himmel auffahrenden Seelen in der Gestalt von Teufeln gewaltsam in die Hölle hinabreißen und dabei wunderschöne Haltungen und ganz bewundernswerte Verkürzungen zeigen [siehe Seite 127 unten]. Auch versäumte er nicht, der Welt in der Auferstehung der Toten zu zeigen, wie diese aus derselben Erde wieder Fleisch und Knochen empfangen und mit Hilfe anderer Lebender zum Himmel auffahren, wo einige der bereits seliggesprochenen Seelen ihnen Beistand leisten. Ganz zu schweigen von all den Facetten an Betrachtungsweisen, die man dort sieht und die für ein solches Werk angemessen scheinen, für die er Studien und Mühen jeder Art auf sich genommen hat, was am gesamten Werk gleichermaßen sichtbar wird, und zwar beson-

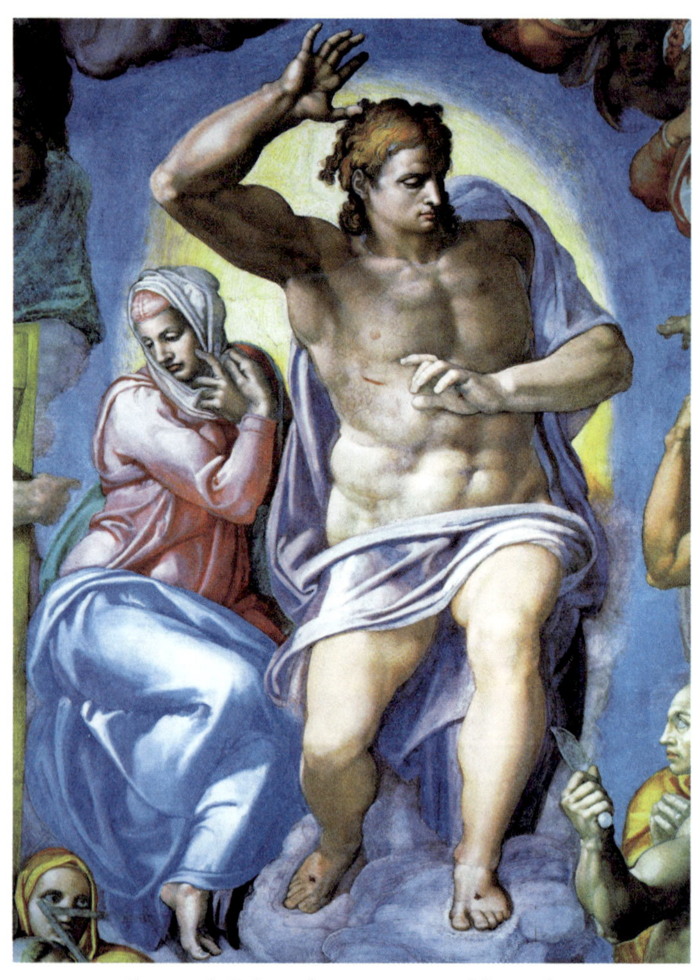

Christus als Weltenrichter mit Maria und den Heiligen.
Rom, Vatikan, Sixtinische Kapelle, Jüngstes Gericht

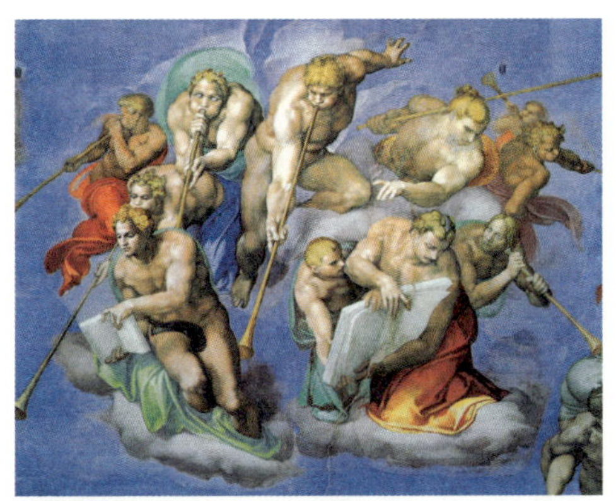

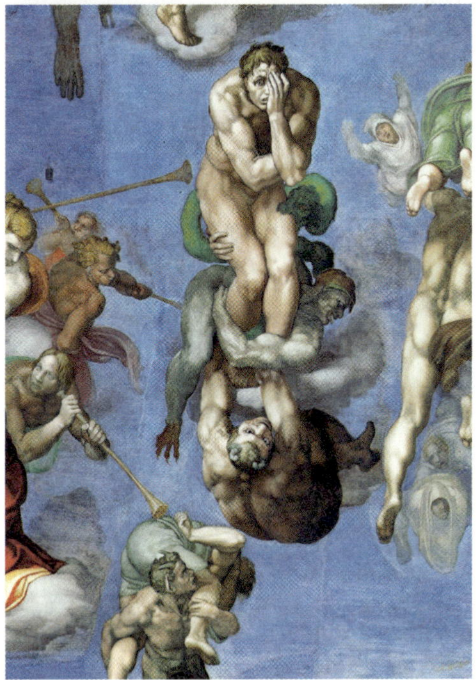

Posaunenengel (oben), Sturz der Verdammten (unten). Rom, Vatikan, Sixtinische Kapelle, Jüngstes Gericht

ders deutlich an der Barke des Charon [siehe Seite 130]. Wie besessen schlägt jener mit dem Ruder auf die von Teufeln ins Boot gezerrten Seelen ein, womit er den Worten seines geliebten Dante folgte, als jener sagte:

> »Charon, der Dämon, mit der Augen Brand, versammelt sie,
> ein Zeichen gebend allen;
> schlägt mit dem Ruder, wer nicht kommt gerannt«.[300]

Man kann sich kaum vorstellen, wie verschiedenartig er die Köpfe jener Teufel gestaltete, die wahre Höllenmonster sind. Den Sündern wiederum sieht man ihr sündhaftes Wesen ins Gesicht geschrieben und zugleich die Furcht vor der ewigen Verdammnis. Und von unvorstellbarer Schönheit ist die ungemein einheitliche Wirkung der malerischen Ausführung eines derart großen Werks, das wie an einem Tag geschaffen scheint und eine Vollendung offenbart, die nicht einmal in einer Miniatur je erreicht worden ist. Tatsächlich trotzt es aufgrund der Fülle an Figuren und der ungeheuren Größe des Werks jeder Beschreibung, zumal es mit allen erdenklichen menschlichen Regungen angefüllt ist, die er ausnahmslos aufs Wunderbarste zum Ausdruck gebracht hat. Jeder gebildete Mensch vermag auf diese Weise die Hochmütigen und Neider, die Geizhälse und Wollüstigen und noch andere von diesem Schlag mühelos zu erkennen, da er bei ihrer Darstellung hinsichtlich Aussehen, Haltung und sämtlichen Aspekten ihrer Natur alles berücksichtigte, was bei einer angemessenen Umsetzung zu beachten ist. So wunderbar und großartig dies auch sein mag, war dieser Mann zu solchem fähig, weil er immer scharfsinnig und weise gewesen ist, viele Menschen kennengelernt und sich durch Lebenserfahrung jenes Wissen angeeignet hat, das die Philosophen durch Erkenntnisgewinn und Schriften erwerben. Wer also Urteilskraft besitzt und ein Kenner der Malerei ist, sieht die ungeheure Energie seiner Kunst und gewahrt in jenen Figuren Gedanken und Gefühle, die von keinem anderen als ihm je gemalt worden sind. Auch sieht er hier, wie die vielen Haltungen und eigentümlichen, voneinander verschiedenen Gesten von jung und alt, von Männern und Frauen zu variieren sind. Und wem offenbart sich in ihnen nicht die Ungeheuerlichkeit der Kunst, vereint mit jener Anmut, die ihm von der Natur mitgegeben worden war? So läßt er die Herzen all der Laien höher schlagen und die von denen dazu, die dieses Berufs mächtig sind.[301] Man sieht dort Verkürzungen, die hervorzutreten scheinen, und eine durch harmonische Abstimmung der Farben erreichte Weichheit und Feinheit in den zart gemalten Partien, die wirklich zeigen, wie die Gemälde wahrhaft guter Maler zu sein haben. Und in den Umrissen, die er den Dingen auf eine Weise gab, die nur von ihm und keinem anderen stammen konnte, erkennt man das wahre Gericht, die wahre Verdammnis und Auferstehung. Dieses großartige Gemälde ist für unsere Kunst jenes Beispiel, das Gott den Menschen zur Erde gesandt hat, damit sie das Wirken des Schicksals erkennen, wenn Geister höchsten Ranges zur Erde hinabsteigen und Anmut und göttliches Wissen in sich tragen. Gefangene in Fesseln sind vor diesem Werk all jene, die von ihrem künstlerischen Können überzeugt sind, und es bebt und fürchtet sich beim Anblick der von ihm in den Umrissen gezogenen Linien, welcher Sache auch immer, jeder noch so ungeheure Geist, wie fähig im *disegno* er auch sein mag. Und während man die Mühen seines Werks betrachtet, verwirrt allein der Gedanke die Sinne, wie die anderen Gemälde – geschaffene und noch auszuführende – im Vergleich dazu abschneiden werden.[302] Fürwahr glücklich darf dieses Zeitalter sich nennen, und glückselig ist die Erinnerung all derer, die dieses herrliche Wunderwerk unseres Jahrhunderts gesehen haben! Ehrwürdigster, glücklichster Paul III., daß Gott unter deinem Schutz den Ruhm sich verbreiten ließ, den die Federn der Schriftsteller zu deinem und seinem Gedenken verkünden werden! Wie sehr gewinnen deine Verdienste dank seiner Begabungen! Ganz sicher hat seine Geburt den Künstlern dieses Jahrhunderts ein treffliches Los beschert, denn sie haben dank seiner Malereien, Skulpturen und Bauwerke den Schleier der Schwierigkeiten zerreißen sehen, die ihre Ausführung und Konzeption begleiten.

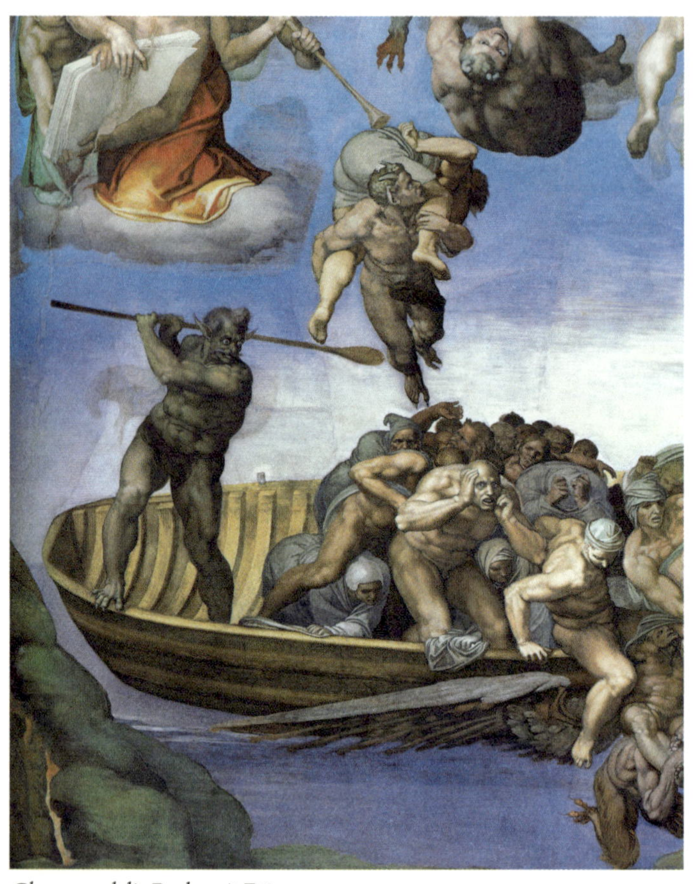

Charon und die Barke mit Dämonen.
Rom, Vatikan, Sixtinische Kapelle, Jüngstes Gericht

Acht Jahre mühte er sich mit der Ausführung dieses Werks und enthüllte es (glaube ich) am Weihnachtstag des Jahres 1541[303] zur staunenden Bewunderung von ganz Rom, ja der ganzen Welt, und als ich, der ich damals in Venedig war, in diesem Jahr nach Rom kam, um es mir anzuschauen, hat es auch mich in Erstaunen versetzt.

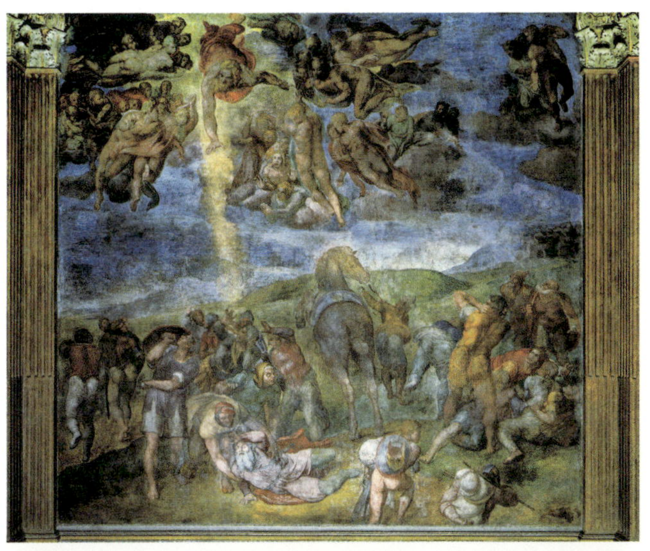

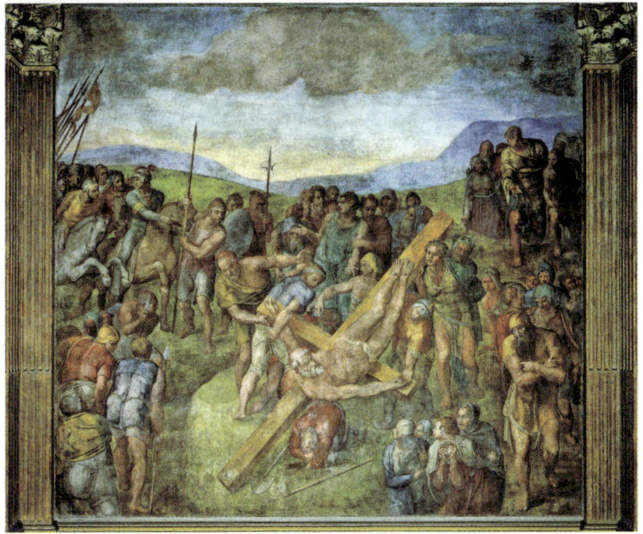

Bekehrung des Paulus (oben), Kreuzigung des Petrus (unten).
Rom, Vatikan, Cappella Paolina

Papst Paul hatte, wie in der Vita von Antonio da Sangallo berichtet, auf derselben Etage eine Kapelle nach dem Vorbild derjenigen von Nikolaus V. erbauen lassen, welche die Paolina genannt wird,[304] und entschieden, daß Michelangelo dort zwei große Szenen auf zwei Leinwände malen sollte [siehe Seite 131]. Er stellte in der einen die Bekehrung des Heiligen Paulus mit Jesus Christus in Lüften und einer Vielzahl nackter Engel in wunderschönen Posen dar. Unten auf der Erde ist der vom Pferd gestürzte Paulus ganz benommen und verängstigt inmitten seiner Soldaten zu sehen, von denen einige ihn aufzurichten versuchen und andere, betäubt von der Stimme und dem Glanz Christi, in abwechslungsreichen, schönen Haltungen und Bewegungen staunend und verschreckt die Flucht ergreifen und ein durchgehendes Pferd in der Schnelligkeit seines Laufs denjenigen mitzureißen scheint, der es aufzuhalten versucht. Die ganze Szene ist mit einer Kunstfertigkeit und einem *disegno* ausgeführt, die außerordentlich sind.[305] Die andere zeigt die Kreuzigung des nackt ans Kreuz geschlagenen Heiligen Petrus – eine ganz außerordentliche Figur. Die Scharfrichter haben ein Loch in die Erde gegraben und sind nun dabei, das Kreuz so aufzurichten, daß er mit den Füßen nach oben gekreuzigt wird – so gibt es dort viele beachtenswerte und schöne Überlegungen zu sehen. Wie andernorts schon bemerkt, strebte Michelangelo ausschließlich nach künstlerischer Perfektion, weshalb es dort keine Landschaften, Bäume, Gebäude und keine Vielfalt und Lieblichkeit, wie sie der Kunst sonst zu eigen ist, zu sehen gibt, da er sich nie für solches interessiert hat und vielleicht sein großes Talent nicht für solche Dinge vergeuden wollte.[306] Es waren seine letzten Gemälde, die er im Alter von fünfundsiebzig Jahren ausführte, und zwar, wie er mir sagte, unter großen Mühen, da die Malerei und insbesondere die Freskoarbeit keine Kunst für alte Leute sei, sobald sie ein gewisses Alter überschritten hätten. Michelangelo gab Anweisung, daß Perino del Vaga, ein höchst vortrefflicher Maler, nach seinen Entwürfen das Gewölbe mit Stuck und vielerlei Malereien verzieren sollte. Dies entsprach auch dem Wunsch Papst Pauls III., doch verzögerte er die Sache, und so kam dort nichts weiter zustande. Auf diese Weise bleiben viele Werke unvollendet, sei es durch die Schuld unentschlossener Künstler, sei es durch Fürsten, die sich zu wenig darum kümmern, sie voranzutreiben.

Papst Paul hatte mit der Befestigung des Borgo begonnen und eine große Zahl Herren mit Antonio da Sangallo zu einer Versammlung einberufen, bei der er auch Michelangelos Anwesenheit wünschte, da ihm bekannt war, daß die Befestigungen der Anhöhe von San Miniato in Florenz unter seiner Leitung entstanden waren. Nach vielen Diskussionen fragte man ihn nach seiner Meinung und er, der gegensätzlicher Ansicht zu Sangallo und vielen anderen war, sagte sie frei heraus, woraufhin Sangallo ihm entgegenhielt, sein Metier seien Bildhauerei und Malerei und nicht das Errichten von Festungsanlagen. Michelangelo aber gab zurück, von diesen beiden nur wenig zu verstehen, sich mit dem Errichten von Befestigungen jedoch lange Zeit beschäftigt zu haben, weshalb es ihm dank der Erfahrung, die er darin habe sammeln können, so schiene, als ob er mehr Ahnung davon hätte als er und seine Sippschaft, und ihm dann in Gegenwart aller seine Fehler aufzeigte. Da hob ein Wortwechsel zwischen den beiden Seiten an, dem der Papst schließlich Einhalt gebot. Nicht lange danach übergab er [Michelangelo] einen vollständigen Entwurf für die Befestigungen des Borgo,[307] der allem, was dort im Anschluß geplant und ausgeführt wurde, den Weg gewiesen hat. Dies war auch der Grund dafür, daß jenes unter Sangallos Leitung begonnene Portal von Santo Spirito, dessen Fertigstellung fast abgeschlossen war, unvollendet blieb.[308]

Michelangelos Geist und Begabung waren nicht dafür geschaffen, untätig zu sein, und da er nicht malen konnte, nahm er ein Stück Marmor in Angriff, aus dem er vier vollplastische und überlebensgroße Figuren herausarbeiten wollte [siehe Seite 134]. Er schuf darin einen toten Christus zu seinem Vergnügen und Zeitvertreib und weil ihm, wie er sagte, die Arbeit mit dem Fäustel den Körper bei Gesundheit hielt. Dieser vom Kreuz abgenommene Christus wird von der Madonna gestützt, während

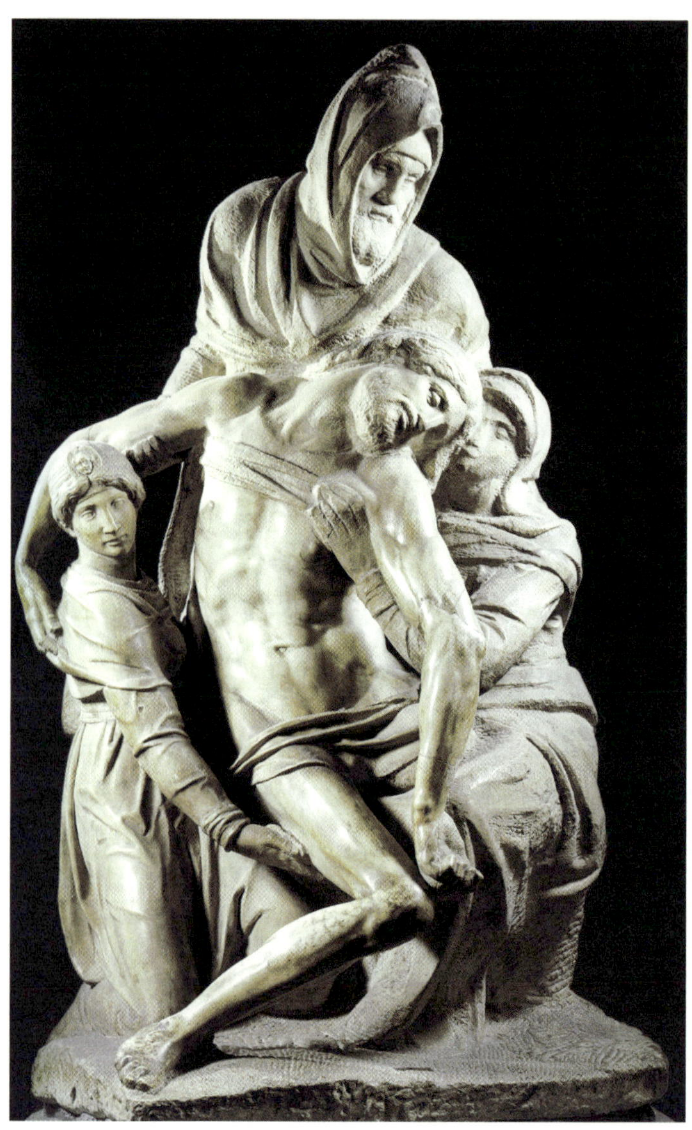

Pietà (›Pietà Bandini‹). Florenz, Museo dell'Opera del Duomo

der aufrecht stehende Nikodemus zugleich mit kraftvoller Geste von unten mitanfaßt; dabei kommt ihm eine der Marien zur Hilfe, da sie die Kräfte der Mutter schwinden sieht, die ihn vom Schmerz übermannt nicht mehr zu halten vermag. Kein toter Körper kommt jenem dieses Christus gleich, dessen Glieder leblos herabfallen und der eine Körperhaltung zeigt, die sich nicht nur von denen unterscheidet, die er sonst gezeigt hat, sondern von allen jemals geschaffenen überhaupt. Es ist ein mühevolles Werk, das in einzigartiger Weise aus einem Stein geschlagen wurde und wirklich göttlich ist. Es blieb, wie weiter unten noch zu berichten sein wird, unvollendet und wurde Opfer vieler Mißgeschicke, obwohl er sich gewünscht hätte, daß es einmal sein Grabmal unter jenem Altar zieren würde, an dem er es anzubringen gedachte.[309]

Im Jahr 1546 starb Antonio da Sangallo. Dadurch war die Leitung des Baus von Sankt Peter unbesetzt, und unter den Zuständigen und dem Papst herrschten verschiedene Meinungen darüber, wem sie zu übertragen sei. Es war, glaube ich, Seine Heiligkeit, die sich dank einer göttlichen Eingebung schließlich dazu entschloß, nach Michelangelo zu schicken. Als man ihn ersuchte, diesen Posten zu übernehmen, lehnte er ab und erklärte, um dieser Last zu entgehen, daß die Architektur nicht sein Metier sei. Als alles Bitten nichts half, befahl ihm der Papst schließlich, die Aufgabe anzunehmen, und so war er zu seinem größten Mißfallen und gegen seinen Willen gezwungen, sich diesem Unternehmen zu stellen.[310] Als er sich nun eines Tages zu Sankt Peter begab, um Sangallos Holzmodell[311] in Augenschein zu nehmen und die Baustelle zu besichtigen, fand er dort die gesamte Sangallo-Sekte vor. Sie traten vor ihn und taten ihr Bestes, Michelangelo ihre Freude darüber kundzutun, daß ihm die Bauleitung übertragen worden war, und sagten ihm, daß jenes Modell doch eine Wiese sei, auf der man grasen könne, solange man wolle. »Da sagt Ihr wohl Wahres«, gab Michelangelo ihnen zur Antwort, der (wie er einem Freund erklärte) damit andeuten wollte, daß sie Schafe und Ochsen waren, die von der Kunst keine Ahnung hatten. Und öffentlich pflegte er zu verkünden, daß Sangallo es lichtlos geschaffen habe, außen zu viele Säulenordnungen übereinandergesetzt waren und es mit den vielen Vorsprüngen, Spitzelementen und unnützen Baugliedern viel mehr von der deutschen Bauweise[312] als der guten antiken habe oder dem anmutig schönen Stil der Moderne. Er fügte hinzu, daß man fünfzig Jahre und über dreihunderttausend Scudi bei der Fertigstellung einsparen und den Bau dank eines hinsichtlich der Anordnung, Schönheit und Bequemlichkeit verbesserten Entwurfs zugleich majestätischer, größer und müheloser vollenden könne.[313] Er demonstrierte dies an einem Modell, das er schuf, um dem Bau jene Form zu geben, in der man ihn heute ausgeführt sieht, und machte damit deutlich, daß seine Worte in allem der Wahrheit entsprachen.[314] Dieses Modell kostete ihn fünfundzwanzig Scudi und wurde in fünfzehn Tagen ausgeführt, während das von Sangallo, wie bereits erwähnt, mit über viertausend Scudi zu Buche schlug und sich seine Fertigstellung über viele Jahre hinzog. Diese und andere Methoden machten deutlich, wie sehr jene Baustelle ein Geschäft war und einen Handel mit Verdienstmöglichkeiten darstellte, weshalb sie von denen, die sie als Goldgrube betrachteten, in die Länge gezogen wurde, mit der Absicht, nie zu einem Ende zu kommen. Solche Methoden waren diesem aufrechten Mann zuwider, da ihn der Papst aber gezwungen hatte, das Amt des Architekten für jenen Bau zu übernehmen, wollte er sich diese Leute vom Hals schaffen. Ganz offen sagte er ihnen deshalb eines Tages, ihm sei bekannt, daß sie Absprachen mit Freunden träfen und alles daransetzten, damit er die Bauleitung nicht bekäme. Sobald er demnach diese Aufgabe übernommen haben würde, wünsche er auf der Baustelle keinen einzigen mehr von ihnen zu sehen. Diese Worte, in der Öffentlichkeit ausgesprochen, brachten ihm, wie man sich denken kann, viel Ungemach ein und waren der Grund dafür, daß man großen Haß auf ihn bekam, der durch den Anblick der Veränderungen am Innen- und Außenbau Tag für Tag weiter wuchs. Sie ließen ihn nicht in Ruhe und fanden täglich neue Wege, ihn zu gängeln, wie an entsprechender Stelle noch zu berichten sein wird.[315]

Schließlich gab Papst Paul ein *motu proprio*[316] heraus, in dem er ihn zum Leiter jenes Bauvorhabens ernannte und ihm volle Autorität verlieh, damit er das Vorhandene weiter aufbauen beziehungsweise abreißen und in allen Bereichen nach Belieben hinzufügen, wegnehmen und abändern konnte. Außerdem wünschte er, daß die gesamte Bauverwaltung seinem Willen unterstehen sollte. Als Michelangelo soviel Absicherung und Vertrauen seitens des Papstes sah, wollte er zum Zeichen seiner Aufrichtigkeit in das *motu proprio* die Erklärung aufnehmen lassen, wonach er diesem Bau aus Liebe zu Gott und ohne irgendeinen Lohn dienen würde.[317] Der Papst hatte ihm allerdings schon früher den Brückenzoll beim Fluß bei Parma übertragen,[318] der ihm sechshundert Scudi einbrachte. Mit dem Tod von Herzog Pier Luigi Farnese[319] ging ihm diese verloren und er bekam statt dessen eine wenig einträgliche Kanzlei in Rimini, für die er kein weiteres Interesse zeigte. Und obgleich ihm der Papst mehrere Male Gelder als Provision zusenden ließ, wollte er sie nie annehmen, wie Messer Alessandro Ruffini,[320] der damalige Kämmerer des Papstes, und Messer Pier Giovanni Aliotti,[321] der Bischof von Forlì, bezeugen.

Schließlich stimmte der Papst dem von Michelangelo geschaffenen Modell zu,[322] das Sankt Peter wieder in eine kleinere Form brachte, es aber zugleich großartiger wirken ließ, was bei allen urteilsfähigen Personen auf Genugtuung stieß, obschon einige vorgebliche Kenner, die dies faktisch nicht sind, nicht gut darauf zu sprechen sind. Er erkannte, daß die vier von Bramante errichteten Hauptpfeiler, die das Gewicht der Kuppel tragen sollten und die Antonio da Sangallo stehengelassen hatte, zu schwach waren, weshalb er sie mit zwei seitlichen Wendel- oder Schneckentreppen verstärkte. Diese versah er mit flachen Stufen, über die Esel alle benötigten Baumaterialien bis ganz nach oben transportieren und gleichermaßen Menschen zu Pferd bis zur obersten Ebene der Bögen gelangen können. Das erste, rings umlaufende Gesims über den Bögen führte er in Travertin aus und gestaltete es wunderbar anmutig und sehr verschieden von den anderen, wodurch es in seiner Art nicht zu übertreffen ist.[323] Er

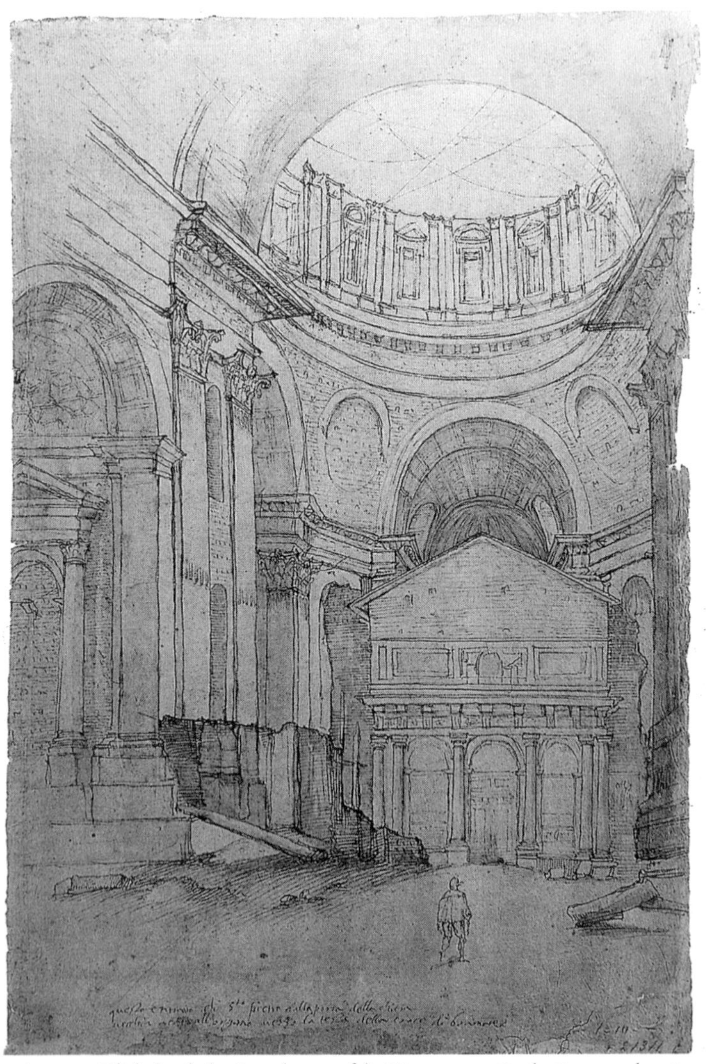

Anonym: Blick durch das Langhaus auf die Vierung von Sankt Peter, nach 1564. Hamburg, Kunsthalle, Kupferstichkabinett, Inv.-Nr. 21311

begann mit den beiden großen Nischen in der Vierung, und wo, wie gesagt, auf Anordnung von Bramante, Baldassarre [Peruzzi] und Raffael in Richtung Friedhof acht Tabernakel errichtet worden waren, was so später auch von Sangallo weitergeführt wurde, verringerte Michelangelo sie auf insgesamt drei mit drei Kapellen im Inneren. Darüber spannt sich das Gewölbe aus Travertin mit einer Anordnung lichtdurchfluteter Fenster in abwechslungsreicher Form und ungeheurer Größe [siehe links].[324] Da sie aber vor Ort zu sehen sind und als Druck veröffentlicht werden,[325] und zwar nicht nur jene Michelangelos, sondern auch diejenigen Sangallos, werde ich sie nicht weiter beschreiben, weil es überflüssig wäre. Es genügt zu sagen, daß er mit aller Sorgfalt den Fortgang der Arbeiten an all den Punkten überwachte, an denen die Struktur des Baus verändert werden sollte, damit dieser höchste Stabilität bekommen würde und von niemandem mehr in seiner Form abgewandelt werden konnte. Es war die Maßnahme eines weisen und umsichtigen Mannes, weil es nicht genügt, etwas gut zu machen, wenn man es nicht auch absichert, bedenkt man die Anmaßung und Dreistigkeit

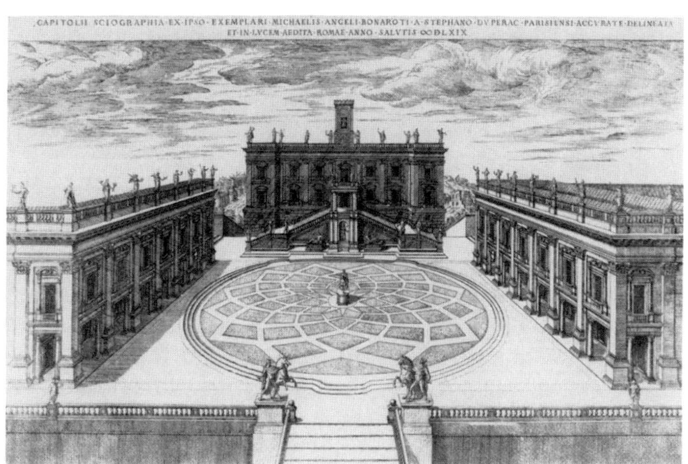

Étienne Dupérac: Idealansicht des römischen Kapitolsplatzes, 1569. München, Graphische Sammlung, Inv.-Nr. 214346 D

vermeintlich Wissender, die eine Menge Scherereien hervorrufen können, wenn mehr auf Worte denn auf Fakten gegeben wird.[326]

Der *popolo romano*[327] wünschte mit der Einwilligung des Papstes, das Kapitol in schöner, nützlicher und angenehmer Form herrichten zu lassen, es mit Säulenordnungen, Aufgängen, Rampen und gestuften Treppen zu versehen und mit den dort vorhandenen antiken Statuen zu schmücken, damit jener Ort schöner werden würde [siehe Seite 139 und 142]. Man ersuchte Michelangelo um Rat, der für sie einen wunderschönen und ungemein prachtvollen Entwurf machte. Er sah dort auf der Seite des gen Osten gerichteten Senatorenpalasts eine Fassade aus Travertin und eine Treppe mit zwei seitlichen Aufgängen vor, die zu einer Ebene hochführen, über die man durch einen zentralen Eingang in den Saal dieses Palasts gelangt; prächtig geschwungene und unterschiedlich geformte Balustraden dienen dort als Geländer und Brüstung. Um alles noch prachtvoller zu gestalten, ließ er davor die beiden antiken Marmorstatuen lagernder Flußgötter auf Sockeln aufstellen – der eine Tiber, der andere Nil –, die je neun Ellen messen und ganz außerordentliche Werke sind, und dazwischen soll in einer großen Nische ein Jupiter Platz finden. Auf der Südseite, wo sich der Konservatorenpalast befindet, plante er, ihm eine rechteckige Gestalt in Form einer prächtigen und abwechslungsreich gestalteten Fassade zu geben, mit einer säulen- und nischengeschmückten Loggia im unteren Teil, wo eine Reihe antiker Statuen vorgesehen ist, und rundherum verschiedene Rahmenornamente für Türen und Fenster, wovon ein Teil bereits errichtet wurde. Gegenüber soll auf der nördlichen Seite unterhalb von Aracoeli eine ähnliche Fassade entstehen und davor eine nach Westen gerichtete, flach ansteigende Rampentreppe mit einer Balustrade als Einfassung und Brüstung. Dort wird sich der Haupteingang befinden, der mit einer Reihe von Sockeln geschmückt sein wird, auf denen die gesamte Herrlichkeit der Statuen Aufstellung finden soll, an denen das Kapitol heute so reich ist.[328]

Im Zentrum des Platzes steht auf einem ovalen Sockel das vielgerühmte Bronzepferd mit der Statue des Marc Aurel,[329] die nämlicher Papst Paul vom Lateransplatz holen ließ, wo einst Sixtus IV. sie aufgestellt hatte. Diese Anlage ist heute so schön geworden, daß sie es verdient, unter Michelangelos würdige Werke aufgenommen zu werden. Die Vollendung der Arbeiten wird dieser Tage von Tommaso de' Cavalieri[330] überwacht, einem römischen Edelmann, der einer der engsten Freunde Michelangelos war und ist, wovon weiter unten die Rede sein wird.

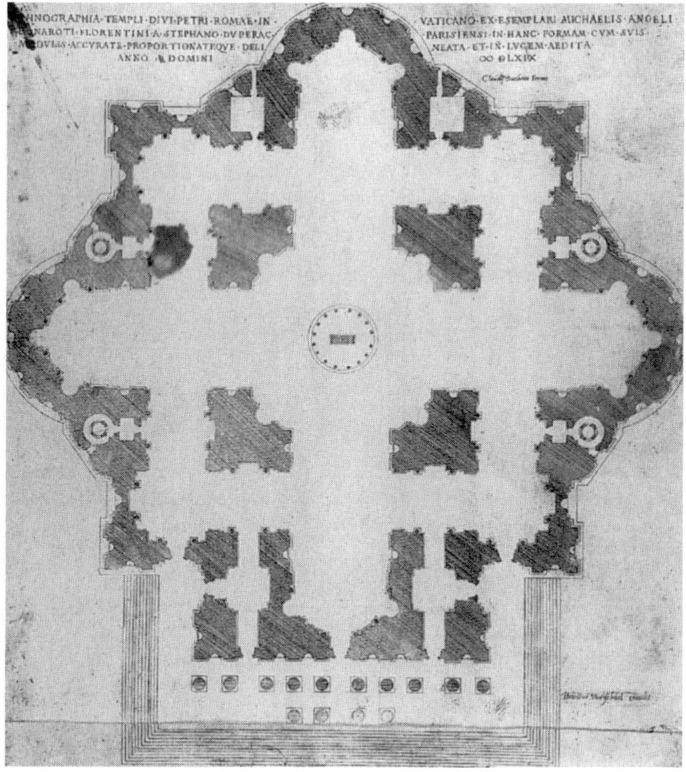

Étienne Dupérac: Grundriß von Sankt Peter nach dem Entwurf Michelangelos, 1569. Berlin, SMB, Kupferstichkabinett, Inv.-Nr. 646–113

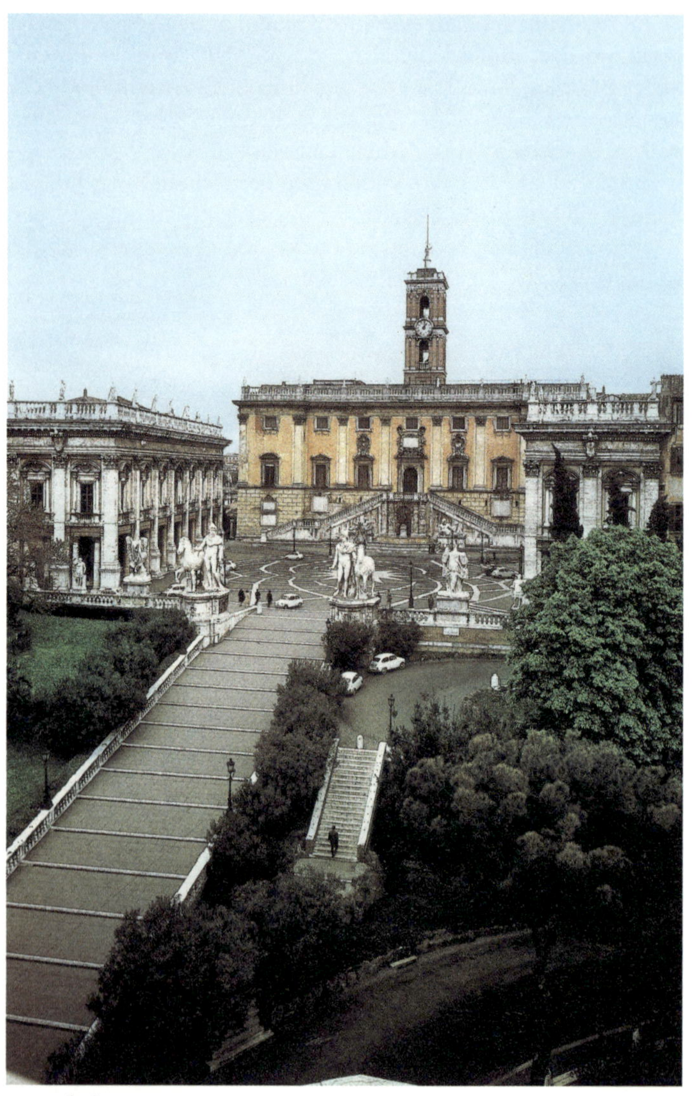

Kapitolsplatz. Rom

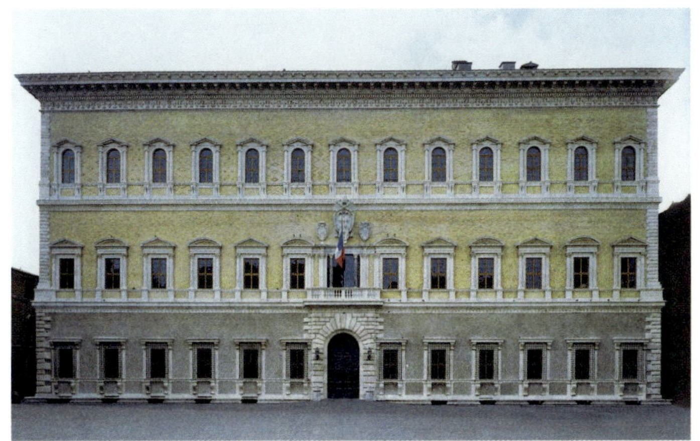

Palazzo Farnese. Rom

Noch zu Lebzeiten Sangallos hatte Paul III. von ihm den Palast der Familie Farnese errichten lassen [siehe oben]. Da am Außenbau das obere Kranzgesims als Dachabschluß fehlte, wünschte er, daß es nach einem Entwurf und Projekt von Michelangelo geschaffen würde. Weil dieser jenem Papst, der ihn so sehr schätzte und hofierte, nichts verweigern wollte, ließ er ein sechs Ellen hohes, maßgetreues Holzmodell anfertigen und an einer Ecke des Palasts anbringen, damit seine Wirkung am Gebäude nachvollziehbar sein würde. Da es Seiner Heiligkeit und ganz Rom gefiel, wurde dann jener Teil ausgeführt, den man heute sieht, und es gelang als das schönste und abwechslungsreichste, das unter allen antiken und modernen je zu sehen gewesen ist.[331] Aus diesem Grund wünschte der Papst nach Sangallos Tod, daß Michelangelo auch über diesen Bau die Aufsicht übernehmen würde, wo er dann das große Marmorfenster mit wunderschönen Säulen aus Buntmarmor gestalten ließ, das sich über dem Haupteingang des Palastes befindet, und ein großes, sehr schönes und prachtvolles Wappen aus Marmor von Paul III. anbrachte, welcher der Erbauer jenes Palasts war. Im Innenhof führte er von der unteren Säulenreihe aufwärts die bei-

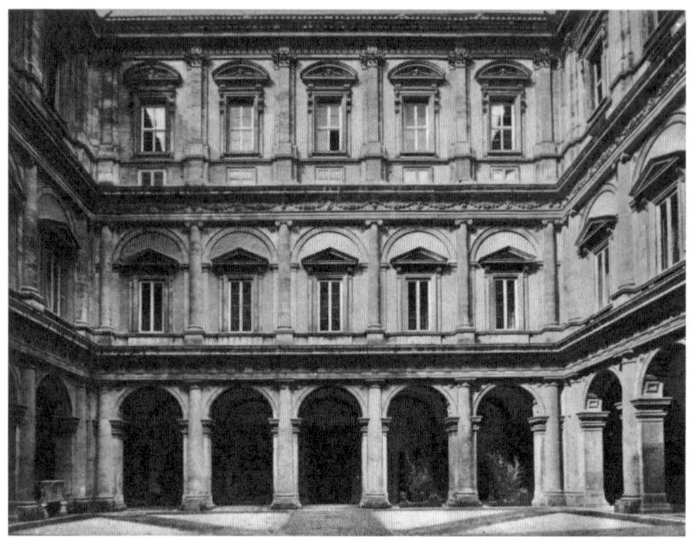

Innenhof des Palazzo Farnese. Rom

den nächsten Etagen fort, die er mit den schönsten, prachtvollsten und anmutigsten Fenstern, Ornamenten und einem abschließenden Gesims verzierte, wie man es noch nie gesehen hat [siehe oben]. So gilt dieser dank der Mühen und der Begabung jenes Mannes heute als Europas schönster Innenhof.[332] Er erweiterte und vergrößerte den großen Saal und gab Anweisung zum Bau des davorliegenden Empfangssaals, dessen Decke er in prachtvoller und neuartiger Weise mit halbkreisförmigen Gewölbebögen überspannen ließ.[333] In jenem Jahr wurde in den Antonius-Thermen ein Marmorblock von je sieben Ellen Seitenlänge entdeckt, aus dem antike Künstler herausgemeißelt hatten, wie Herkules auf einem Berg den Stier bei den Hörnern packt und eine andere Figur ihm dabei zu Hilfe kommt, während rund um den Berg verschiedene Figuren von Schäfern, Nymphen und Tieren versammelt sind – ein Werk, das mit seinen vollendeten, in einem massiven Steinblock ohne Anstückungen ausgeführten Figuren von außerordentlicher Schönheit ist und, wie man glaubt, als Brunnen gedient hat. Michelangelo schlug vor, die Gruppe in den zweiten Hof bringen und dort so restaurieren zu lassen, daß sie wieder als Springbrunnen dienen könne, was allseits Gefallen fand. Dieses Werk befindet sich bis zum heutigen Tag im Besitz jener Herren Farnese, die es zu diesem Zweck sorgfältig restaurieren ließen.[334] Damals traf Michelangelo außerdem Vorkehrungen, um auf der gegenüberliegenden Seite eine Brücke über den Tiber bauen zu lassen, damit man von jenem Palast nach Trastevere zu einem weiteren Palast und Garten dieser Familie gelangen könne und man durch das in Richtung des Campo dei Fiori gehende Hauptportal mit einem Blick den Hof, den Brunnen, die Via Giulia, die Brücke und die Schönheit des Gartens auf der anderen Seite bis hin zu jenem Portal sehen würde, das auf die Straße von Trastevere führte – ein außerordentliches Werk, das sowohl jenem Papst als auch dem Können, Urteil und *disegno* Michelangelos zur Ehre gereicht.[335]

Als 1547 *frate del piombo* Sebastiano Veneziano[336] starb und Papst Paul jene antiken Statuen für seinen Palast restaurieren lassen wollte, setzte Michelangelo sich bereitwillig für Guglielmo della Porta,[337] einen Bildhauer aus Mailand, ein, der ihm von genanntem Fra Sebastiano als vielversprechender junger Mann empfohlen worden war. Da Michelangelo seine Arbeitsweise gefiel, empfahl er ihn Papst Paul für die Wiederherstellung besagter Statuen und ging soweit, ihm sogar das Amt des Siegelbewahrers zu verschaffen. Auf seine Anweisung hin wurden sie dann in jener Weise restauriert, wie man sie noch heute in besagtem Palast sieht, Fra Guglielmo aber vergaß die empfangenen Wohltaten und wurde später zu einem Gegner Michelangelos.[338]

Im Jahr 1549 starb Papst Paul III., und nach der Wahl von Papst Julius III.[339] ordnete Kardinal Farnese die Ausführung eines großen Grabmals für [seinen Onkel] Papst Paul durch Fra Guglielmo an.[340] Jener bestimmte dann, es in Sankt Peter unter dem ersten Bogen der Kuppel in der neuen Kirche aufstellen zu lassen, was im Kirchenraum störend wirkte und nicht wirklich der passende Ort dafür war. Als Michelangelo deshalb vernünftigerweise einwarf, daß es unmöglich an dieser Stelle stehen könne noch stehen sollte, begann der Ordensmann ihn zu hassen, da er dachte, er täte dies aus Neid. Später erkannte er dann sehr wohl, daß jener recht gehabt hatte und der Fehler auf seiner Seite lag, der er alle Gelegenheit hatte und es doch nicht vollendete, wie wir an anderer Stelle berichten werden. Ich kann dies bezeugen, da ich 1550 auf Anweisung von Papst Julius III. in seinen Diensten nach Rom gekommen war, was ich gerne tat, um in Michelangelos Gesellschaft zu sein, und dann zu der diesbezüglichen Beratung hinzugezogen wurde.[341] Michelangelo wollte jenes Grabmal in eine der Nischen stellen, wo heute die Säule der Besessenen steht, was der passende Ort dafür war. Ich meinerseits hatte mich dafür eingesetzt, Julius III. in seinem Entschluß zu bestärken, sein eigenes Grabmal in der anderen Nische mit derselben Anordnung wie jenes von Papst Paul als Pendant dazu errichten zu lassen. Da sich der Ordensbruder aber dagegen verwahrte, wurde weder das seine noch das des anderen Pontifex jemals vollendet, genau so, wie es Michelangelo vorhergesehen hatte.

Im selben Jahr wollte Papst Julius in der Kirche San Pietro in Montorio eine Marmorkapelle mit zwei Grabmälern errichten: das eine für seinen Onkel Antonio, den Kardinal del Monte, das andere für Messer Fabbiano, seinen Großvater, der den Ruhm dieses illustren Hauses begründete.[342] Nachdem Vasari dafür die Entwürfe und Modelle gemacht hatte, wünschte Papst Julius, der Michelangelos Können immer geschätzt hatte und voller Zuneigung für Vasari war, daß Michelangelo den Preis für sie beide bestimmen würde. Vasari hingegen bat den Papst inständig, dafür zu sorgen, daß Michelangelo die Leitung dafür übernahm. Als Vasari für die Reliefarbeiten jenes Werks Simone Mosca[343] und für die Statuen Raffaello da Montelupo vorschlug, riet Michelangelo, dort kein reliefiertes Blattwerk anzubringen, nicht einmal auf den Rahmenelementen, mit dem Argument, daß dort, wo man Figuren aus Marmor anbringen würde, alles andere überflüssig sei.

Anfangs hatte Vasari seine Zweifel, diesem Rat zu folgen, da er fürchtete, das Werk würde ärmlich wirken. Doch als er es vollendet sah, gestand er ein, daß seine Einschätzung in der Tat richtig und großartig gewesen war. Michelangelo wollte die Statuen nicht von Montelupo ausführen lassen, nachdem er gesehen hatte, wie schlecht er sich bei denen für das Grabmal von Julius II. geschlagen hatte. Lieber war es ihm, sie Bartolomeo Ammannati[344] zu übertragen, den Vasari vorgeschlagen hatte, obwohl Buonarroti sich mit ihm und Nanni di Baccio Bigio[345] eigentlich überworfen hatte, was aber, wenn man es recht bedenkt, eine wirklich nebensächliche Ursache hatte. Noch als Jugendliche waren sie nämlich mehr aus Liebe zur Kunst als um ihm zu schaden in das Haus von Michelangelos Schüler Antonio Mini eingedrungen und hatten ihm geschickt eine große Zahl von Zeichenblättern entwendet, die ihm später durch die Vermittlung des Magistrats der Acht allesamt wieder zurückgegeben worden waren. Auf Fürsprache seines Freundes Messer Giovanni Norchiati, des Kanonikus von San Lorenzo,[346] wollte er sie dafür auch nicht weiter bestrafen lassen. Und Vasari bemerkte in einem Gespräch über diese Begebenheit lachend zu Michelangelo, daß sie seiner Meinung nach keinerlei Tadel verdient hätten und er selbst ihm, wenn er gekonnt hätte, nicht nur eine große Zahl von Zeichnungen entwendet haben würde, sondern so viel wie möglich von seiner Hand an sich gebracht hätte, nur um sich in der Kunst weiterzubilden. Man solle deshalb jenen, die nach Verdienst streben, wohlgesinnt sein und sie obendrein belohnen und nicht wie solche behandeln, die Geld, Gegenstände und andere Wertsachen stehlen. Auf diese Weise löste sich die Angelegenheit in Wohlgefallen auf.

Nun wurde dieses Werk in Montorio in Angriff genommen, und im selben Jahr begaben sich Vasari und Ammannati nach Carrara, um die Marmorblöcke, die für diese Arbeit benötigt wurden, nach Rom transportieren zu lassen. In dieser Zeit befand Vasari sich täglich in Michelangelos Gesellschaft. Eines Morgens entband der Papst sie liebenswürdigerweise ihrer Verpflichtungen, damit sie anläßlich des Heiligen Jahres zu Pferd die sieben Kirchen besuchen konnten, um den Jubiläumsablaß zu erlangen. Und während sie dies taten, führten sie eine Reihe sehr fruchtbarer, schöner und sinnreicher Gespräche über die Kunst, die Vasari in einem Dialog zusammenfaßte,[347] den er bei passender Gelegenheit mit anderen Themen zur Kunst herausgeben wird.

In jenem Jahr bestätigte Papst Julius III. das von Papst Paul III. herausgegebene, den Bau von Sankt Peter betreffende *motu proprio*.[348] Den üblen Reden zum Trotz, welche die Anhänger der Sangallo-Sekte bezüglich des Baus der Peterskirche gegen ihn führten, wollte der Papst damals nichts davon hören, hatte ihm doch Vasari aufgezeigt (wie es der Wahrheit entsprach), daß jener diesem Bauwerk Leben eingeflößt hatte. Außerdem erwirkte er bei Seiner Heiligkeit, daß nichts an seinem Entwurf ohne sein Urteil verändert werden dürfe, woran jener sich stets gehalten hat. Auf diese Weise wurde ohne seinen Rat weder an der *Vigna Giulia* etwas getan noch im Belvedere, wo er die einst von Bramante in der großen mittleren Nische des Belvedere geschaffene halbrunde Treppe erneuerte, die ursprünglich über acht nach außen gewölbte Treppenstufen anstieg und sich über weitere acht nach innen gewölbte fortsetzte. Michelangelo entwarf an ihrer Stelle den aktuellen, sehr schönen eckigen Treppenaufgang, den er mit einer Balustrade aus Peperin ausführen ließ.[349]

In jenem Jahr hatte Vasari die Drucklegung seines Werks mit den Lebensbeschreibungen der Maler, Bildhauer und Architekten in Florenz zum Abschluß gebracht, worin er keine Vita eines lebenden Künstlers, auch nicht der betagten, aufgenommen hatte, mit Ausnahme der Michelangelos. Als er ihm das Werk überreichte, nahm dieser es mit großer Freude an, weil sich darin viele Erinnerungen fanden, die Vasari aus dem Mund des älteren und sachkundigen Künstlers erfahren hatte. Es dauerte nicht lange, bis Michelangelo ihm nach der Lektüre das vorliegende, von ihm verfaßte Sonett sandte, das ich zum Andenken an seine Liebenswürdigkeit an dieser Stelle gerne zitieren möchte:

»Habt mit den Farben und mit Eurem Stift
Ihr in der Kunst schon die Natur erreicht,
Ja, fast so sehr, daß diese weicht,
Weil Euer Schönes ihres übertrifft;

Füllt Ihr Papier nun mit gelehrter Schrift
Zu höherem Werk, daß ihr der Ruhm erbleicht,
Leben zu schenken, Ruhm, den Ihr vielleicht
Bisher entbehrtet, doch nun ganz ergrifft.

Denn ein Jahrhundert, das sich unterwindet,
Wer Schöneres schaffe, mit Natur zu streiten,
Muß doch sich am gesetzten Ziel ergeben.

Ihr aber macht, daß wieder sich entzündet
Erinnerung, die erlosch, um zu bereiten
Ihr und Euch selbst, trotz allem, ewiges Leben.«[350]

Vasari ging nach Florenz und überließ Michelangelo die Aufgabe, in San Pietro in Montorio die Fundamente zu legen. Damals war Messer Bindo Altoviti[351] Konsul der Florentiner Gemeinde, und weil er auch ein guter Freund von ihm war, erklärte Vasari ihm, wie vorteilhaft es in dieser Sache wäre, wenn man das Werk in der Kirche San Giovanni dei Fiorentini ausführen lassen würde, worüber er schon mit Michelangelo gesprochen hätte, der diesen Vorschlag unterstützen würde, da dies eine Möglichkeit böte, jene Kirche zur Vollendung zu bringen. Dies gefiel Messer Bindo, und da er das Vertrauen des Papstes genoß, legte er es ihm wärmstens nahe, indem er aufzeigte, wie gut es wäre, wenn Seine Heiligkeit die Grabmäler und die Kapelle, die er für San Pietro in Montorio vorgesehen hatte, in der Kirche San Giovanni dei Fiorentini errichten ließe. Außerdem fügte er hinzu, daß dieser Anlaß die Gemeinde anspornen würde, die Gelder für die Vollendung der Kirche aufzubringen, und, sofern Seine Heiligkeit die Hauptkapelle ausgestalten ließe, die anderen sechs Kapellen und das übrige nach und nach von den Kaufleuten übernommen würden. Der Papst änderte daraufhin sein Vorhaben und ging, obgleich das Modell schon fertiggestellt und der Preis bereits festgelegt war, zur Montoriokirche und schickte nach Michelangelo, an den Vasari täglich schrieb und je nach Stand der Dinge eine Antwort von ihm erhielt. Am 1. August 1550 schrieb Michelangelo Vasari folglich von der Änderung, die der Papst beschlossen hatte, und dies sind die Worte, die er mit eigener Hand niederschrieb:

> »Mein lieber Messer Giorgio, in der Angelegenheit der Neufundamentierung in San Pietro in Montorio habe ich Euch, da der Papst nichts davon hören wollte, nicht weiter geschrieben, weil ich weiß, daß Ihr von einem Eurer hiesigen Männer darüber in Kenntnis gesetzt worden seid. Nun muß ich Euch aber von dem unterrichten, was folgte, und zwar, daß der Papst, als er gestern morgen zu besagter Montoriokirche ging, nach mir schicken ließ. Ich begegnete ihm bei seiner Rückkehr auf der Brücke und unterhielt mich lange mit ihm über die Euch in Auftrag gegebenen Grabmäler. Schließlich sagte er mir, er habe beschlossen, besagte Grabmäler nicht länger auf jenem Hügel, sondern in der Kirche der Florentiner errichten lassen zu wollen. Er fragte mich nach meiner Meinung und bat um einen Entwurf. Ich bestärkte ihn ausdrücklich darin und erklärte ihm, daß sich meiner Einschätzung nach besagte Kirche dank dieser Maßnahme fertigstellen lassen müßte. Was die drei Briefe von Euch betrifft, so ist meine Feder nicht in der Lage, in so erhabenem Stil zu antworten. Wenn ich aber in manchem gerne so wäre, wie Ihr mich schildert, dann nur deshalb, damit Ihr einen Diener hättet, der zu etwas nutze wäre. Da Ihr jedoch jemand seid, der Tote wieder zum Leben erweckt, wundert mich nicht, daß Ihr den Lebenden das Leben verlängert beziehungsweise die Nichtsnutze auf unbestimmte Zeit dem Tod entreißt. Um es kurz zu machen: So wie ich bin, bin ich ganz der Eure, Michelangelo Buonarroti in Rom.«[352]

Während man sich mit diesen Dingen plagte und die Gemeinde das Geld aufzutreiben versuchte, traten eine Reihe von Schwierigkeiten auf, die dazu führten, daß die Angelegenheit, da man zu keinem Beschluß kam, auf Eis gelegt wurde. Unterdessen hatten Vasari und Ammannati in Carrara schon alle Marmorblöcke brechen lassen, von denen ein großer Teil mit Ammannati nach Rom kam. Vasari schrieb für ihn an Buonarroti, er solle doch beim Papst in Erfahrung bringen, wo er dieses Grabmal aufzustellen wünschte, und nach erhaltener Weisung sogleich mit der Errichtung beginnen. Sofort nachdem er den Brief bekommen hatte, sprach Michelangelo mit unserem Herrn und teilte Vasari folgenden Beschluß eigenhändig mit:

»Mein lieber Messer Giorgio, kaum daß Bartolomeo hier angekommen war, ging ich zum Papst, um mit ihm zu reden. Angesichts des Umstands, daß er für die Grabmäler nun doch in San Pietro in Montorio neu zu fundamentieren wünschte, besorgte ich einen Maurer von der Peterskirche. Als dies dem Herrn Tantecose bekannt wurde, wollte er einen schicken, der ihm paßte, und weil ich nicht mit einem streiten wollte, der glaubt, die Winde antreiben zu müssen, habe ich mich zurückgezogen, um nicht wegen der Wankelmütigkeit dieses Mannes in irgendeinen Wirrwarr zu geraten. Doch genug davon, an die Kirche der Florentiner, so scheint mir, ist nicht mehr zu denken. Kommt bald zurück und bleibt gesund. Weiteres habe ich nicht zu berichten. Am 13. Oktober 1550.«[353]

»Tantecose« nannte Michelangelo den Monsignore von Forlì,[354] weil der überall seine Hände im Spiel haben wollte. Als oberster Kämmerer des Papstes verwaltete er die Medaillen, Edelsteine, Kameen, kleinen Bronzefiguren, Gemälde und Zeichnungen und trachtete danach, alles seiner Verantwortung zu unterstellen. Diesem Menschen ging Michelangelo gern aus dem Weg, weil er seine Aufgaben stets gegen die Interessen Michelangelos ausgeübt hatte, so daß er nicht daran zweifelte, durch den Ehrgeiz dieses Mannes in irgendwelche Unannehmlichkeiten hineingezogen zu werden. Es genügt, daß die Florentiner Gemeinde sich hinsichtlich jener Kirche eine wunderbare Gelegenheit entgehen ließ,[355] die sich ihr Gott weiß wann wieder bieten wird, und ich bedauerte dies grenzenlos. Jedenfalls habe ich dies hier kurz anmerken wollen, damit man sieht, wie dieser Mann stets darum bemüht war, seiner Heimat, seinen Freunden und der Kunst von Nutzen zu sein.

Kaum war Vasari nach Rom zurückgekehrt, hatte die Sangallo-Sekte noch vor Beginn des Jahres 1551 eine Verschwörung gegen Michelangelo angezettelt, in deren Verlauf sie den Papst dazu drängte, in Sankt Peter eine Versammlung einzuberufen und die Bauleute und alle Zuständigen zusammenzuholen, um Seiner Heiligkeit mit hinterlistigen Verleumdungen aufzuzeigen, daß Michelangelo jenem Bauwerk Schaden zugefügt hätte. Da er schon die Apsis des Königs mit den drei Kapellen errichtet und diese oben mit drei Fenstern versehen hatte, redeten sie dem alten Kardinal Salviati[356] und dem späteren Papst Marcello Cervino[357] in Unkenntnis seiner weiteren Pläne für das Gewölbe und aus mangelndem Urteilsvermögen ein, daß Sankt Peter schlecht beleuchtet wäre [siehe Seite 154].[358]

Nachdem alle versammelt waren, informierte der Papst Michelangelo über die Behauptung der Abgeordneten, jene Apsis würde kaum Licht erhalten, woraufhin jener erwiderte: »Ich möchte diese Abgeordneten sprechen hören.« Kardinal Marcello antwortete: »Das sind wir.« Da sagte Michelangelo zu ihm: »Monsignore, über diesen Fenstern wird es in dem noch auszuführenden Travertingewölbe drei weitere geben.« »Davon habt Ihr nie gesprochen«, entgegnete der Kardinal, und Michelangelo fügte hinzu: »Weder bin ich noch möchte ich dazu verpflichtet sein, Euer Hochwohlgeboren oder irgendwen sonst davon zu unterrichten, was ich zu tun habe oder zu tun gedenke. Eure Aufgabe ist es, die Gelder bereitzustellen und sie vor Dieben zu schützen; was die Baupläne angeht, so überlaßt diese Aufgabe mir.« Und zum Papst gewandt sprach er: »Heiliger Vater, seht, was ich davon habe. Wenn die Mühen, die ich hier auf mich nehme, meiner Seele nicht zuträglich sind, so vergeude ich nur Zeit und Arbeit.« Der Papst, der ihn sehr mochte, legte ihm die Hände auf die Schultern und sprach zu ihm: »Ihr werdet Nutzen für Seele und Leib daraus ziehen, seid dessen unbesorgt.« Und weil er es verstanden hatte, sie sich auf diese Weise vom Hals zu schaffen, stieg die Zuneigung des Papstes zu ihm ins Unermeßliche, und er forderte ihn und Vasari auf, am nächsten Tag in der *Vigna Giulia* zu erscheinen. Dort führte er eine lange Unterredung mit ihm, in deren Folge sie dem Bau nahezu seine gesamte gegenwärtige Schönheit verliehen, außerdem wurde hinsichtlich des Entwurfs nichts unternommen oder entschieden, ohne Michelangelos Meinung und Urteil einzuholen. Als Seine Heiligkeit sich dann einmal mit zwölf Kardinälen am Brunnen der Acqua Vergine aufhielt, wo Michelangelo häufig mit Vasari hinkam, verlangte der Papst bei Michelangelos Eintreffen und trotz dessen bescheidenster Ablehnung ausdrücklich von ihm, er solle sich an seine Seite setzen; in dieser Weise hat er sein Talent stets so sehr wie möglich gewürdigt.

Er ließ ihn das Modell für die Fassade eines Palasts ausführen, den Seine Heiligkeit neben San Rocco[359] zu errichten wünschte, wofür er sich der Überreste des augusteischen Mausoleums bedienen wollte. Was den Entwurf für die Fassade betrifft, kann man an Stil und Ordnung nichts sehen, was von größerer Vielfalt, reicher an Schmuck oder neuartiger gewesen wäre, weil er sich – wie man es bei allen seinen Werken gesehen hat – niemals den Regeln der Architektur unterwerfen wollte, seien sie nun antik oder modern, und sein Talent stets in der Lage war, neue, abwechslungsreiche und nicht im mindesten weniger schöne Dinge zu erfinden. Heute ist dieses Modell im Besitz von Herzog Cosimo de' Medici, der es zu seinen liebsten Werken zählt, nachdem Papst Pius IV.[360] es ihm geschenkt hatte, als er nach Rom ging.

Dieser Papst brachte Michelangelo so viel Respekt entgegen, daß er ihn unaufhörlich vor Kardinälen und anderen, die ihn zu verleumden suchten, in Schutz nahm und von den Künstlern, so tüchtig und angesehen sie auch sein mochten, stets verlangte, daß sie ihn in seinem Haus aufsuchten. Seine Achtung und Ehrerbietung für ihn ging so weit, daß Seine Heiligkeit aus Furcht, ihn zu belästigen, vieles nicht von ihm zu verlangen wagte, was Michelangelo trotz seines vorgerückten Alters durchaus hätte ausführen können.

Michelangelo hatte unter Paul III. in seinem Auftrag damit begonnen, die Brücke von Santa Maria in Rom wieder aufzubauen, die wegen der ständigen Strömung des Wassers und aufgrund ihres Alters geschwächt und beschädigt war. Michelangelo gab Anweisung, sie mit Hilfe von Verschalungen neu zu fundamentieren und die Pfeiler sorgfältig zu reparieren, was er schon zu einem großen Teil vollbracht und dabei zum Wohl des

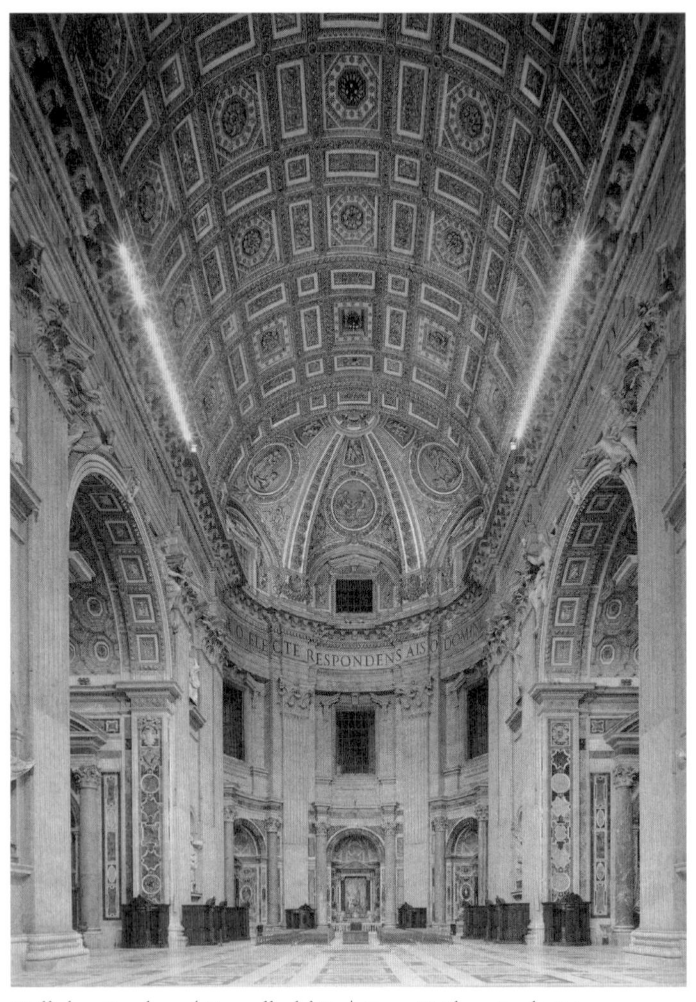

Südliches Querhaus (›Cappella del Re‹). Rom, Vatikan, Sankt Peter

Werks große Ausgaben für Holz und Travertin getätigt hatte. Als man zu Papst Julius' III. Zeiten ihre Fertigstellung bei einer Zusammenkunft mit den Klerikern der apostolischen Kammer verhandelte, erklärte der anwesende Architekt Nanni di Baccio Bigio, daß er sie binnen kurzer Zeit und mit wenig Geld vollenden würde, sollte man ihm den Auftrag erteilen. Dabei gaben sie scheinbar wohlmeinend vor, Michelangelo entlasten zu wollen, weil er doch alt sei und sich nicht mehr darum kümmern könne, weshalb man bei diesem Stand der Dinge die Brücke niemals vollendet sehen würde. Weil er Streitereien vermeiden wollte, erteilte der Papst ohne Rücksicht auf die Folgen den Kammerklerikern die Befugnis, sich dieser Sache in eigener Regie anzunehmen, welche die Brücke dann, ohne Michelangelo davon in Kenntnis zu setzen, mitsamt dem ganzen Material Nanni zur freien Verfügung überließen. Der hielt sich nicht an die geplanten Maßnahmen, die zu ihrer Befestigung notwendig waren, sondern verringerte ihr Gewicht, um eine große Zahl der Travertinblöcke zu verkaufen,[361] welche die Brücke seit alters her abstützten und befestigten und die ihr Gewicht gegeben und damit größeren Halt, mehr Sicherheit und ausreichend Standfestigkeit verliehen hatten. Statt dessen brachte er dort Kies und Gußbeton zum Einsatz, so daß von innen kein Schaden mehr zu sehen war. Außen brachte er Geländer und weitere Elemente an, die sie dem Anschein nach wie rundum erneuert wirken ließen, während sie insgesamt geschwächt und auf ganzer Länge schmaler gemacht worden war. Fünf Jahre später wurde die Brücke dann durch das auf die Überschwemmung von 1555 folgende Hochwasser derart beschädigt, daß das geringe Urteilsvermögen der Kammerkleriker offensichtlich wurde und auch der Schaden, den Rom durch die Mißachtung von Michelangelos Rat erlitten hatte. Seinen Freunden und mir hat er ihren Einsturz oftmals vorhergesagt, und ich entsinne mich, wie er zu mir bemerkte, als wir zu Pferd darüber ritten: »Giorgio, diese Brücke bebt unter uns. Beeilen wir uns mit dem Hinüberreiten, damit sie nicht unter uns einstürzt.«[362]

Kehren wir aber zum vorherigen Thema zurück: Als das Werk in San Pietro in Montorio zu meiner großen Zufriedenheit vollendet war, kehrte ich im Jahr 1554 nach Florenz zurück, um in Herzog Cosimos Dienste zu treten. Vasaris Weggang betrübte Michelangelo und Giorgio gleichermaßen, da Michelangelos Widersacher ihn täglich auf die eine oder andere Weise schikanierten, weshalb sie es nicht versäumten, sich gegenseitig jeden Tag zu schreiben. Im April desselben Jahres teilte Vasari ihm dann die Neuigkeit mit, daß Leonardo, Michelangelos Neffe, einen Sohn bekommen hatte, der mit einem ehrenvollen Geleit der angesehensten Damen zur Taufe getragen worden war, und der Name Buonarroti somit fortleben würde.[363] In einem Brief an Vasari antwortete Michelangelo mit folgenden Worten:

> »Giorgio, mein lieber Freund, Euer Brief hat mir größte Freude bereitet, wenn man bedenkt, daß Ihr Euch noch eines armen alten Mannes erinnert und mehr noch, weil Ihr, wie Ihr mir schreibt, dem Triumph beiwohnen durftet, die Wiedergeburt eines weiteren Buonarroti mitzuerleben. Für diese Mitteilung danke ich Euch nach besten Kräften, doch finde ich wenig Gefallen an solchem Pomp, denn der Mensch soll nicht lachen, wenn die ganze Welt in Tränen liegt. Leonardo sollte meiner Meinung nach um die Geburt eines Kindes nicht solch ein Aufhebens machen und die Freude darüber lieber für den Tod am Ende eines schönen Lebens aufsparen. Wundert Euch nicht, wenn ich nicht umgehend geantwortet habe, ich will nur vermeiden, wie ein Kaufmann zu erscheinen. Was die vielen anerkennenden Worte angeht, die Ihr mir durch besagten Brief habt zukommen lassen, so sage ich Euch nun folgendes: Sollte mir auch nur ein einziges davon zustehen, könnte ich wohl glauben, Euch irgend etwas gegeben zu haben, als ich mich Euch mit Leib und Seele anvertraute, und damit zu einem kleinen Teil etwas von dem getilgt zu haben, was ich Euch schuldig bin. Ihr seid, ich erkenne es an, noch immer mein Gläubiger, dem ich mehr schulde, als ich je zurückzahlen kann. Und weil ich alt bin, hoffe ich nicht darauf, meine Rechnung noch in diesem Leben, sondern erst im nächsten begleichen zu können. Habt also bitte Geduld mit mir, ich bin der Eure. So ist der Stand der Dinge hier.«[364]

Zur Zeit von Paul III. hatte Herzog Cosimo Tribolo nach Rom geschickt, um zu sehen, ob dieser in der Lage wäre, Michelangelo zur Rückkehr nach Florenz zu bewegen, damit die Sakristei von San Lorenzo vollendet würde. Michelangelo ließ sich jedoch mit der Begründung entschuldigen, er sei alt geworden und könne die Last solcher Anstrengungen nicht mehr auf sich nehmen, und er führte noch viele weitere Argumente an, warum er Rom nicht verlassen könne. Daher erkundigte Tribolo sich am Ende nach der Treppe in der Bibliothek von San Lorenzo, für die Michelangelo eine große Menge Steine hatte behauen lassen, zu der es aber weder ein Modell gab noch eine konkrete Vorstellung hinsichtlich ihrer Gestalt. Wohl gab es ein paar Markierungen auf einem Ziegelstein und weitere Skizzen aus Ton, doch fehlte der eigentliche und maßgebliche Plan. Auf alle Bitten Tribolos, in die jener auch den Namen des Herzogs einfließen ließ, erwiderte Michelangelo nichts anderes, als daß er sich nicht erinnern würde.[365] Daraufhin erhielt Vasari von Herzog Cosimo den Auftrag, Michelangelo zu schreiben und ihm eine Erklärung abzuringen, wie diese Treppe zu vollenden sei, denn vielleicht würde er sich ja aus Freundschaft und Zuneigung zu ihm zu einer Äußerung bewegen lassen, so daß man sie anhand einer solchen Anleitung zum Abschluß bringen könne.

Vasari teilte Michelangelo das Ansinnen des Herzogs mit und versicherte ihm, daß er für die Ausführung des Verbliebenen verantwortlich sein und diese Aufgabe mit größtmöglicher Zuverlässigkeit erledigen würde, so wie er es schon bei anderen seiner Werke gezeigt hatte. Daraufhin schickte Michelangelo eine Anleitung für die Ausführung der Treppe in einem von eigener Hand geschriebenen Brief, der vom 28. September 1555 datiert:

> »Messer Giorgio, lieber Freund, was die Bibliothekstreppe betrifft, von der man mir gegenüber so oft gesprochen hat, so dürft Ihr glauben, daß ich mich nicht so sehr bitten lassen würde, könnte ich mich daran erinnern, wie ich sie geplant habe. Zwar kommt mir wohl wie im Traum eine gewisse Treppe in den Sinn, doch glaube ich nicht, daß es genau jene ist, die ich mir seinerzeit ausgedacht habe, denn sie scheint mir doch allzu plump. Dennoch werde ich sie Euch hier beschreiben: Und zwar würde ich eine Anzahl ovaler Schachtelelemente mit einer Höhe von einer Spanne, doch von unterschiedlicher Länge und Breite nehmen. Als erstes würde ich das größte auf den Fußboden und so weit von der Eingangswand entfernt legen, daß

> die Treppe ganz wie ihr wollt flach oder steil verläuft. Darüber würde ich ein weiteres legen, dessen Umfang um so viel geringer wäre, daß von dem ersten darunter eine ausreichende Fläche überstünde, wie sie der Fuß beim Hinaufsteigen benötigt. Für den weiteren Anstieg würde ich sie bis zur Tür hin allmählich immer kleiner werden und zurückweichen lassen, bis die Breite der obersten Stufe dem Durchlaß der Tür entspricht. Besagter Teil dieser ovalen Treppe sollte von zwei nach links und rechts weisenden Flügeln mit derselben Anzahl an Stufen flankiert werden, die aber kein Oval bilden, wobei die mittlere dem Fürsten vorbehalten ist. Von der Mitte besagter Treppe bis oben sollen die Kurvaturen der erwähnten Flügel an die Mauer stoßen und von der Mitte bis unten zum Fußboden mit der ganzen Treppe etwa drei Spannen von der Wand entfernt sein, so daß der Sockel des Vestibüls nirgends verstellt wird und alle Wände frei bleiben. Ich schreibe Lächerliches, doch weiß ich wohl, daß Ihr etwas Geeignetes finden werdet.«[366]

Auch schrieb Michelangelo Vasari in diesen Tagen, daß nach dem Tod von Julius III. und der Einsetzung Marcellus' [II.] die ihm feindlich gesinnte Sekte infolge des neuen Pontifikats abermals begonnen hätte, ihn zu schikanieren. Mit Mißfallen hörte der Herzog von diesen Methoden und ließ ihm durch Giorgio schreiben, er möge doch Rom verlassen und nach Florenz kommen, wo jener Herzog nichts weiter von ihm verlangen würde, als daß er ihn ab und zu auf der Grundlage seiner Zeichnungen bei Bauprojekten beraten würde, und ihn wissen ließ, daß jener Herr alle seine Wünsche erfüllen würde, ohne daß er bei irgendeiner Sache selbst Hand anlegen müsse. Abermals wurden ihm durch Messer Leonardo Marinozzi,[367] den Geheimsekretär von Herzog Cosimo, Briefe Seiner Exzellenz und ebenso von Vasari überbracht.[368] Unterdessen war Marcellus gestorben und Paul IV.[369] zum Papst gewählt worden, der ihm angesichts seines Wunsches, den Bau von Sankt Peter vollendet zu sehen, gleich zu Beginn, als Michelangelo kam, um ihm seine Aufwartung zu machen, erneut viele Angebote unterbreitete, woraufhin jener wegen der Verpflichtung, die er hierfür zu haben glaubte, in Rom blieb. Diverse Entschuldigungen vorbringend, schrieb er dem Herzog, daß er ihm zu diesem Zeitpunkt nicht dienen könne, und wandte sich in einem Brief an Vasari mit folgenden Worten an ihn:

> »Messer Giorgio, lieber Freund, ich rufe Gott als meinem Zeugen an, daß ich vor zehn Jahren wider meinen Willen und unter größtem Zwang von Papst Paul III. zum Bau von Sankt Peter in Rom abgestellt wurde. Und wenn man bis heute an jenem Bau so weitergearbeitet hätte, wie man es damals tat, wäre ich jetzt an einem Punkt, an dem ich wünschen könnte, von dort wegzugehen. Der Bau ist aber aus Geldmangel sehr in Verzug geraten, und da er sich in einem Stadium verzögert, das die größten Mühen und Schwierigkeiten birgt, würde es, falls ich den Bau jetzt aufgeben würde, nichts anderes bedeuten, als mit größter Schmach und Sündhaftigkeit den Lohn für meine Mühen einzubüßen, die ich aus Liebe zu Gott zehn Jahre lang auf mich genommen habe. Ich habe Euch dies als Antwort auf Euren Brief erörtert, und weil ich ein Schreiben vom Herzog erhielt, das mich wegen der großen Freundlichkeit, mit der Seine Herrschaft zu schreiben geruhte, sehr in Erstaunen versetzte. Dafür danke ich Gott und Seiner Exzellenz, soweit es in meinen Kräften steht. Ich schweife vom Thema ab, weil ich Gedächtnis und Verstand verloren habe und das Schreiben mir große Mühe bereitet, da es nicht mein Handwerk ist. Kurz und gut, so steht es, und ich wollte Euch wissen lassen, was die Folgen einer Aufgabe des genannten Baus und ein Weggang von dort sein würden. Erstens würde ich damit eine Reihe von Gaunern zufriedenstellen, außerdem wäre ich die Ursache für seinen Untergang und vielleicht auch für die Einstellung der Bautätigkeit auf alle Zeit …«

Des weiteren schrieb Michelangelo in seiner an Giorgio gerichteten Entschuldigung an den Herzog, daß er in Rom ein Haus und viele Dinge zu seiner Bequemlichkeit im Wert von mehreren tausend Scudi besäße, außerdem wegen Nierengrieß, Koliken und Steinleiden unpäßlich sei wie alle alten Menschen, was sein Arzt Meister Eraldo[370] bezeugen könne, dem er nach Gott sein Leben zu verdanken habe. Aus diesen Gründen könne er nicht weggehen, zumal sein Mut nur noch zum Sterben reiche.[371] Neben dem Brief, den er (wie ich sagte) zu seiner Entschuldigung an den Herzog schrieb, bat er in diesem wie auch in vielen anderen Briefen, die Vasari von ihm aufbewahrt, er möge ihn dem Herzog anempfehlen, damit dieser ihm vergebe. Und sofern Michelangelo imstande gewesen wäre zu reiten, wäre er umgehend nach Florenz gekommen, wobei ich denke, daß seine innige Zuneigung zum Herzog ihn dann nicht mehr nach Rom hätte zurückkehren lassen. Einstweilen widmete er sich an mehreren Stellen der Arbeit an besagtem Bau, um ihm eine dauerhafte Gestalt zu geben, die nicht mehr verändert werden konnte.

Unterdessen war ihm zugetragen worden, Papst Paul IV. habe die Absicht, die Wand der [Sixtinischen] Kapelle mit dem Jüngsten Gericht von ihm überarbeiten zu lassen, weil jene Figuren, wie er sagte, ihre Scham allzu unehrenhaft zur Schau stellen würden. Als Michelangelo von der Absicht des Papstes hörte, entgegnete er: »Sagt dem Papst, daß dies eine Kleinigkeit ist, die ganz leicht behoben werden kann. Soll er nur die Welt in Ordnung bringen, die Malereien sind ganz schnell ausgebessert.«[372]

Man hatte Michelangelo das Amt der Kanzlei von Rimini entzogen, worauf er allerdings den Papst, der von der Angelegenheit nichts wußte, nie ansprechen wollte. Dessen Mundschenk hatte es ihm mit der Absicht entzogen, ihm monatlich hundert Scudi auf Rechnung des Baus von Sankt Peter auszuzahlen, als man Michelangelo jedoch eine Monatsrate nach Hause bringen ließ, nahm er sie nicht an. Noch im selben Jahr starb Urbino,[373] sein Diener oder besser Gefährte, wie man ihn wohl nennen darf und wie er selbst es getan hat. Jener kam 1530 nach Florenz zu Michelangelo, als die Belagerung vorüber und dessen Schüler Antonio Mini nach Frankreich gegangen war. Er war Michelangelo zutiefst ergeben, so sehr, daß Michelangelo ihn für die sechsundzwanzig Jahre lang erwiesene Ergebenheit und Vertrautheit zu einem reichen Mann machte. Er hing so sehr an ihm, daß er ihm, selbst ein Greis, beistand, als er krank war, und nachts in Kleidern schlief, um nach ihm zu sehen. Nach seinem Tod schrieb Vasari ihm, um ihn zu trösten, und dieser antwortete mit diesen Worten:

»Mein lieber Messer Giorgio, das Schreiben fällt mir schwer; doch werde ich als Antwort auf Euren Brief etwas zu Papier bringen. Ihr wißt, wie Urbino gestorben ist; ich erfuhr dabei die allerhöchste Gnade Gottes, doch zugleich bedeutet es für mich einen schweren Verlust und unendlichen Schmerz. Eine Gnade ist gewesen, daß er mich zu Lebzeiten am Leben erhielt und mich im Sterben gelehrt hat, nicht mit Bedauern, sondern mit Verlangen in den Tod zu gehen. Er war sechsundzwanzig Jahre bei mir, und ich habe ihn als außerordentlichen und treuen Freund geschätzt, und nun, da ich ihn zum reichen Mann gemacht und mir erhofft hatte, daß er die Stütze und Rast meines Alters sein würde, ist er von mir gegangen, weshalb mir keine andere Hoffnung bleibt, als ihn im Paradies wiederzusehen. Und mit dem überaus glücklichen Tod, der ihm beschieden war, hat Gott mir ein Zeichen gegeben, denn viel mehr als das Sterben dauerte ihn, mich in dieser verräterischen Welt mit so vielen Sorgen alleinzulassen. Da der weitaus größere Teil von mir mit ihm fortgegangen ist, bleibt mir nichts als eine unermeßliche Trostlosigkeit. Ich empfehle mich Euch.«[374]

Unter Paul IV. wurde Michelangelo an mehreren Stellen der römischen Befestigungsanlagen eingesetzt, und auch Sallustio Peruzzi beschäftigte ihn,[375] der, wie andernorts schon gesagt, von jenem Papst den Auftrag erhalten hatte, das Tor der heute halb zerstörten Engelsburg zu erbauen.[376] Er kümmerte sich vor allem darum, die Statuen für jenes Werk zu verteilen und die Modelle der Bildhauer zu begutachten und zu korrigieren. Um diese Zeit kam das französische Heer nah an Rom heran, und Michelangelo, der glaubte, es sei schlecht um die Stadt bestellt, beschloß, mit Antonio Francese da Casteldurante,[377] den Urbino ihm bei seinem Tod als Diener hinterlassen hatte, aus Rom zu flüchten. Heimlich begab sich Michelangelo in die Berge von Spoleto, wo er einige Einsiedeleien besuchte. Zu jener Zeit schrieb Vasari an ihn[378] und sandte ihm eine kleine Schrift, die der Florentiner Bürger Carlo Lenzoni[379] bei seinem Tod Messer Cosimo Bartoli[380] mit dem Auftrag hinterlassen hatte, sie drucken und Michelangelo zukommen zu lassen. Als sie fertig war, schickte Vasari sie Michelangelo in jenen Tagen zu, der nach ihrem Erhalt folgendermaßen antwortete:

»Messer Giorgio, mein lieber Freund, ich habe das von Euch an mich gesandte Büchlein des Messer Cosimo erhalten und möchte dafür meinen Dank aussprechen. Ich bitte Euch, ihm diesen zu übermitteln und mich bei ihm zu empfehlen. Ich hatte dieser Tage unter großen Beschwerlichkeiten und vielen Kosten so große Freude bei dem Besuch jener Einsiedeleien in den Bergen von Spoleto, daß ich mehr als halbherzig nach Rom zurückgekehrt bin, denn Frieden findet man in der Tat nirgendwo anders als in den Wäldern. Mehr weiß ich Euch nicht zu berichten. Es freut mich, daß Ihr bei Gesundheit und guter Laune seid, und empfehle mich Euch. Am 18. September 1556.«[381]

Fast jeden Tag arbeitete Michelangelo zu seinem Zeitvertreib an der schon erwähnten vierfigurigen Pietà, die er seinerzeit dann aus folgenden Gründen in Stücke schlug: erstens weil jener Stein viel Schmirgel hatte, hart war und beim Meißeln häufig Funken schlug und weil, zweitens, das Urteilsvermögen jenes Mannes so groß war, daß er nie mit dem Geschaffenen zufrieden war. Wie sehr dies der Wahrheit entspricht, zeigt der Umstand, daß nur wenige seiner Statuen, die er im Mannesalter geschaffen hat, vollendet sind. Die ganz vollendeten stammen aus seiner Jugendzeit wie der Bacchus, die Pietà der Fieberkranken, die Kolossalstatue von Florenz und der Christus in der Minerva[-Kirche], bei denen man kein Hirsekorn hinzufügen oder wegnehmen kann, ohne ihnen zu schaden. Andere, wie die der Herzöge Giuliano und Lorenzo, die Nacht und die Morgendämmerung oder der Moses mit den beiden dazugehörigen Figuren – insgesamt nicht mehr als elf Statuen –, sind, wie ich sage, unvollendet geblieben. Und wie er zu sagen pflegte, gibt es davon noch weitaus mehr, denn wenn er sich mit dem, was er schuf, selbst hätte zufriedenstellen müssen, so würde er nur wenige Werke oder eher gar keins öffentlich gemacht haben. Er war mit seiner Kunst und seinem Urteilsvermögen offensichtlich so weit gekommen, daß er eine freigelegte Figur stehen ließ, wenn er nur den geringsten Fehler an ihr entdeckte, und sich im Glauben, daß es nicht wieder so kommen würde, einen anderen Marmorblock vornahm. Oft hat er dies als Grund für seine Behauptung angegeben, so wenige Statuen und Malereien ausgeführt zu haben.[382] Die in Stücke geschlagene Pietà schenkte er Francesco Bandini. In jenen Tagen war der Florentiner Bildhauer Tiberio Calcagni[383] dank der Vermittlung von Francesco Bandini und Messer Donato Giannotti zu einem guten Freund Michelangelos geworden, und als er eines Tages in sein Haus kam, wo die beschädigte Pietà stand, wollte er nach einem langen Gespräch von Michelangelo wissen, warum er sie in Stücke geschlagen und so viele wunderbare Anstrengungen zunichte gemacht habe. Michelangelo antwortete, der Grund dafür sei sein Diener Urbino gewesen, der Tag für Tag in höchst lästiger Weise auf ihre Vollendung gedrungen habe, außerdem sei ihm unter anderem ein Stück vom Ellbogen der Madonna abgesprungen, doch schon vorher habe er einen Haß auf sie entwickelt, weil ihm ein dort aufgetretener Haarriß viel Ärger bereitet hatte. Darüber sei ihm der Geduldsfaden gerissen und er habe auf sie eingeschlagen, fest entschlossen, sie vollständig zu zerstören, wenn sein Diener Antonio ihn nicht angefleht hätte, sie ihm so, wie sie war, zu überlassen.[384] Als Tiberio dies hörte, redete er mit Bandino, der etwas von Michelangelos Hand zu besitzen wünschte, und Bandino sorgte nun dafür, daß Tiberio Antonio zweihundert Goldscudi versprach, während er Michelangelo um sein Einverständnis bat, die Pietà mit Hilfe seiner Modelle durch Tiberio vollenden zu lassen, damit jene Mühen nicht umsonst gewesen wären. Michelangelo, der froh darüber war, machte sie ihnen zum Geschenk, und sogleich brachte man sie fort. Tiberio fügte sie dann zusammen und schuf einige Stücke neu, allerdings weiß ich nicht, welche. Durch den Tod von Bandino, Michelangelo und Tiberio blieb sie jedoch unvollendet. Gegenwärtig befindet sie sich bei Pierantonio Bandini,[385] Francescos Sohn, in seiner *vigna* auf dem Monte Cavallo. Daraufhin mußte Michelangelo – um auf ihn zurückzukommen – irgendeinen Marmor finden, damit er jeden Tag einige Zeit mit Meißeln verbringen konnte. Er nahm einen anderen Marmorblock in Angriff, in dem er schon in groben Zügen eine weitere Pietà[386] herausgeschlagen hatte, die sehr viel kleiner und auch sonst verschieden von jener anderen war [siehe rechts].

Der Architekt Pirro Ligorio[387] war in die Dienste von Paul IV. getreten und hatte die Leitung über den Bau von Sankt Peter erhalten, wo er Michelangelo aufs neue zu schikanieren begann, indem er ihm nachsagen ließ, daß er vertrottelt geworden sei. In seinem Ärger über diese Dinge wäre er gerne nach Florenz zurückgekehrt, und als er mit der Rückkehr zögerte, wurde er von Giorgio erneut mit Briefen dazu ermutigt.[388] Allerdings war ihm sein hohes Alter wohlbewußt – er stand bereits im einundachtzigsten Jahr –, und so schrieb er damals entsprechend seiner Gewohnheit an Vasari, dem er verschiedene spirituelle Sonette mitschickte, und sagte ihm, daß er am Ende seines Lebens stünde und schauen müsse, worauf er seine Gedanken richte.[389] Beim Lesen würde er erkennen, daß es kurz vor zwölf sei, und er könne keinen Gedanken fassen, in den nicht der Tod eingemeißelt sei. Auch sagte er in einem seiner Briefe:

> »So Gott will, Vasari, werde ich dem Tod noch einige Jahre lästig fallen. Ich weiß, daß Ihr mir wohl sagen werdet, ich sei alt und verrückt, Sonette dichten zu wollen, da aber viele behaupten, ich sei vertrottelt geworden, wollte ich meinen Beitrag dazu leisten. Aus Eurem Brief ersehe ich die Liebe, die Ihr mir entgegenbringt, und seid versichert, daß ich mich freuen würde, wenn meine entkräfteten Gebeine neben die meines Vaters gebettet würden, so wie Ihr mich gebeten habt. Ginge ich jedoch von hier fort, wäre ich für einen beträchtlichen Schaden am Bau von Sankt Peter verantwortlich, was eine große Schande und noch größere Sünde wäre. Wenn er jedoch so weit steht, daß man dort nichts mehr verändern kann, so hoffe ich zu tun, was Ihr mir schreibt, vorausgesetzt, es ist nicht bereits eine Sünde, einigen Aasgeiern Ungemach zu bereiten, die nur darauf warten, daß ich bald verschwinde.«[390]

Diesem Brief war folgendes Sonett beigefügt, das ebenfalls von seiner Hand geschrieben ist:

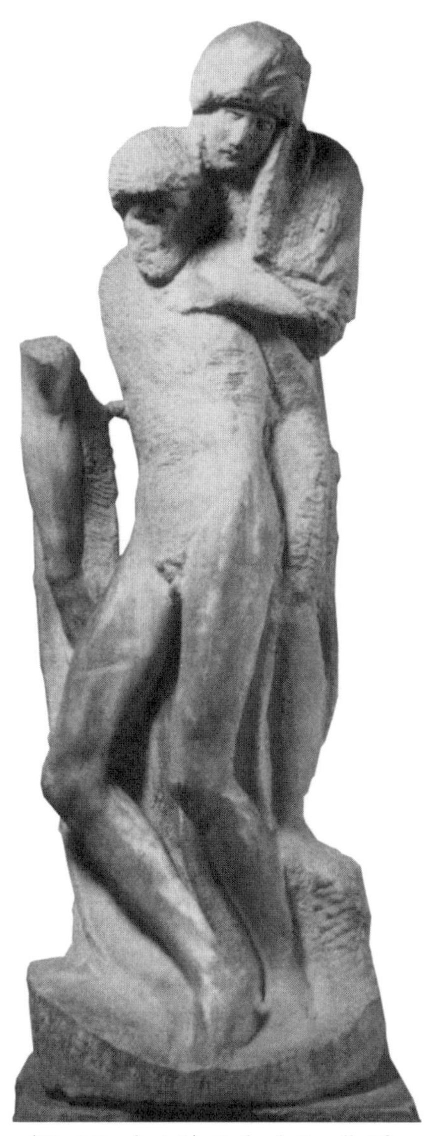

Pietà (›Pietà Rondanini‹). Mailand, Castello Sforzesco

»Beendet ist nun meines Lebens Bahn
Nach Meeresstürmen und auf schwankem Boot
In jenem Port, wo wir im Abendrot
Für alles einstehn, was wir je getan.

Und ich erkenne, wie mit Schmeichelwahn
Die Kunst mir Götze war, der mir gebot,
Wie dieser Wahn so wild in mir geloht
Und wie zerbrechlich Menschenwunsch und -plan.

Die Liebesträume, heiter, hohl und leer,
Da zwiefach Tod mir naht, was sind sie nun?
Denn *ein* Tod ist ganz sicher mir bereitet.

Nicht Malen und nicht Meißeln hilft hier mehr,
Die Seele will in Gottes Liebe ruhn,
Die weit für uns am Kreuz die Arme breitet.«[391]

Hieran sah man, wie er sich allmählich Gott zuwandte und wie er aufgrund der Nachstellungen seiner bösartigen Künstlerkollegen und der Bezichtigungen einiger Bauverwalter, die, wie er sagte, gern freie Hand gehabt hätten, alle Bemühung um die Kunst aufgab. Im Auftrag von Herzog Cosimo antwortete Vasari ihm mit einem kurzen Brief, in dem er ihn zur Rückkehr in die Heimat bestärkte und dem er ebenfalls ein Sonett beifügte, das in derselben Verszahl verfaßt war.[392]

Michelangelo hätte Rom gern verlassen; müde und alt geworden, hatte er, wie weiter unten berichtet werden wird, seine Rückkehr bereits beschlossen, doch so bereit sein Wille auch war, sein kranker Leib hielt ihn in Rom zurück. Da geschah es im Juni des Jahres 1557, nachdem Michelangelo das Modell zur Überwölbung der Nische angefertigt hatte, die man in der Cappella del Re aus Travertin erbaute, daß ein Fehler passierte, weil er sich nicht mehr wie gewöhnlich vor Ort begeben konnte. Der leitende Meister nahm nämlich das Maß vom Korpus des ganzen Gewölbes mit einem einzigen Rüstbogen, wo es unendlich vieler bedurft hätte.[393] Als Freund und Vertrauter Vasaris übersandte Michelangelo ihm ein paar Zeichnungen von seiner Hand [siehe rechts], unter denen bei zweien folgende Worte geschrieben standen:

Zwei Zeichnungen zur Apsiswölbung der Cappella del Re in Neu-Sankt Peter. Arezzo, Casa Vasari

»Den rot markierten Rüstbogen nahm der leitende Meister vom ganzen Gewölbe. Als man sich dann dem Halbkreis zu nähern begann, der sich im Scheitel der erwähnten Wölbung befindet, bemerkte man den durch besagten Rüstbogen zustande gekommenen Fehler, wie man es hier in der Zeichnung sieht (man sich also auf nur einen Rüstbogen stützte, obwohl es unendlich vieler bedurft hätte, wie hier im Plan zu sehen), wo ich sie mit Schwarz eingezeichnet habe. Mit diesem Fehler schritt der Bau des Gewölbes so weit voran, daß jetzt eine große Zahl der Steine abgetragen werden muß, da bei besagter Wölbung nichts aus Mauerwerk, sondern alles aus Travertin gestaltet ist, bei einem Durchmesser der konzentrischen Bögen, der ohne das sie umschließende Gesims zweiundzwanzig Spannen beträgt. Dieser Fehler konnte, nachdem ich das Modell wie bei allen Werken korrekt erstellt hatte, nur deshalb begangen werden, weil ich wegen meines Alters nicht mehr ständig dorthin gehen kann. Und wo ich dieses Gewölbe bereits fertiggestellt glaubte, wird es nun den ganzen Winter über nicht zur Vollendung gelangen. Könnte man vor Scham und Schmerz sterben, so wäre ich nicht mehr am Leben. Ich bitte Euch, den Herzog davon zu unterrichten, weshalb ich nicht schon in Florenz bin.«[394]

Auf der anderen Zeichnung [siehe Seite 170], auf der er den Grundriß skizziert hatte, bemerkte er folgendes:

»Messer Giorgio, damit Ihr die Problematik des Gewölbes besser versteht, das ich Euch als Zeichnung sandte und Euch jetzt als Grundriß zukommen lasse, da ich ihn damals nicht mitgeschickt habe. Also, besagtes Gewölbe mußte – um es von seinem Entstehungspunkt am Boden aus zu betrachten – in drei Segmente unterteilt werden, und zwar entsprechend der unteren Fenster, die durch Pilaster getrennt sind und die sich ihrerseits, wie Ihr seht, zur Mitte im Gewölbescheitel hin ebenso verjüngen wie die Grundfläche und die Seitenwände der Gewölbe. Dabei ist es notwendig, diese Segmente mit unzähligen Rüstbögen zu regulieren, da diese sich in jede Richtung und von Punkt zu Punkt so sehr verändern, daß man keine feste Regel daraus ableiten kann. Und die kreisförmigen und quadratischen Ornamente, die in ihre Oberfläche eingelassen werden, müssen nach so vielen Seiten ab- und zunehmen und sich nach so vielen Punkten richten, daß es schwierig ist, das richtige Maß herauszufinden.

Dennoch hätte es aufgrund des wie bei allen meinen Werken vorliegenden Modells niemals zu dem derart schwerwiegenden Irrtum kommen dürfen, alle drei Schalen mit einem einzigen Rüstbogen regulieren zu wollen. Dadurch war es notwendig geworden, unter Schande und Schaden eine große Zahl der Steine abzutragen, womit man noch immer beschäftigt ist. Das Gewölbe, die Werksteine und Öffnungen sind wie das andere darunter vollkommen aus Travertin gestaltet, was für Rom ungewöhnlich ist.«[395]

Angesichts dieser Scherereien entband Herzog Cosimo Michelangelo von seinem Kommen nach Florenz und ließ ihn wissen, daß ihm mehr als alles andere auf der Welt seine Zufriedenheit am Herzen läge, er deshalb Sankt Peter weiterführen und zur Ruhe kommen solle.[396] Michelangelo schrieb Vasari daraufhin auf demselben Blatt, daß er dem Herzog nach besten Kräften für so viel Güte danke, indem er sagte: »Gott möge mir die Gnade erweisen, ihm als dieser elende Jemand dienen zu können«,[397] sein Gedächtnis und Verstand seien nämlich schon vorausgegangen, um ihn andernorts zu erwarten. (Dieser Brief trug das Datum vom August des Jahres 1557.) Auf diese Weise erfuhr Michelangelo, daß der Herzog, den er verehrte, sein Leben und seine Ehre mehr achtete, als er selbst es tat. All das und vieles andere, was hier nicht erwähnt werden muß, verwahren wir als eigenhändig geschriebene Zeilen von ihm auf.

In Anbetracht des Umstands, daß man in Sankt Peter kaum vorankam[398] und ein großer Teil vom inneren Fensterfries und der äußeren Doppelsäulen über dem großen ringförmigen Gesims bereits hochgezogen war,[399] wo dann, wie noch zu sagen sein wird, die Kuppel aufgesetzt werden sollte, befand sich Michelangelo in einer Situation, in der ihn seine besten Freunde, wie der Kardinal von Carpi,[400] Messer Donato Gianotti,[401] Francesco Bandini, Tommaso de' Cavalieri und Lottino,[402] bestärkten und drängten, wenigstens ein Modell von der Kuppel anzufertigen, da der Verzug bei ihrer Einwölbung offenkundig war. Es verstrichen viele Monate, ohne daß Michelangelo eine Entscheidung traf. Schließlich machte er sich an die Arbeit und fertigte nach und nach ein kleines Modell aus Ton, um anhand die-

Zeichnung des Apsisgewölbes der Cappella del Re in Neu-Sankt Peter. Arezzo, Casa Vasari ser Vorlage und mit Hilfe der von ihm gezeichneten Grund- und Aufrisse ein größeres aus Holz anfertigen zu lassen [siehe unten]. Dieses ließ er von dem Franzosen Meister Giovanni[403] ausführen, der es begann und mit viel Eifer und Mühe in etwas mehr als einem Jahr vollendet hat. Ausgehend von der alten römischen Spanne schuf er es in solcher Größe, daß zwischen den Maßen und Proportionen im kleinen und denen im großen Werk vollkommene Übereinstimmung herrschte.[404] Er hat darin alle Säulenglieder, Basen, Kapitelle, Türen, Fenster, Gesimse und Vorsprünge und jedes noch so kleine Detail sorgfältig

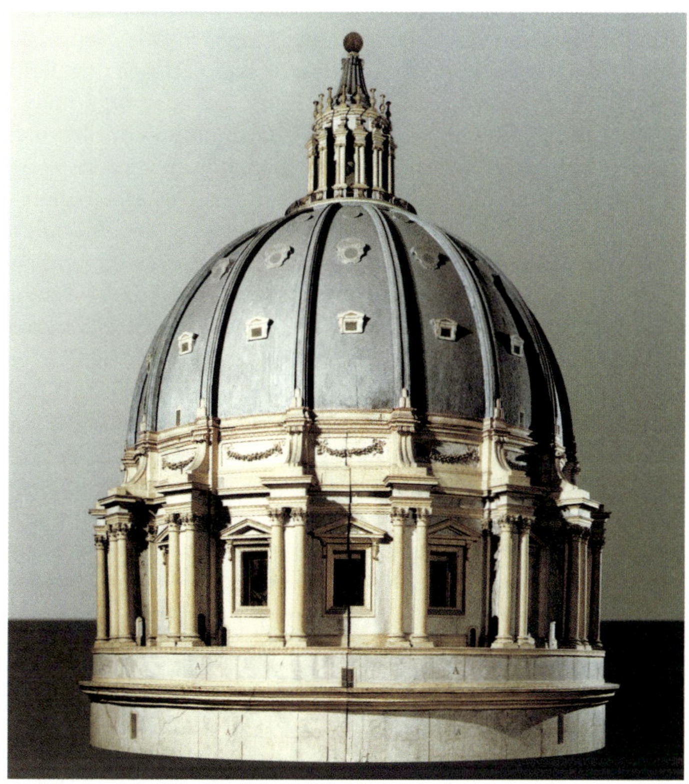

Kuppelmodell von Sankt Peter. Rom, Vatikan, Fabbrica di San Pietro

ausgeführt, wohl wissend, daß man in einem solchen Werk nicht darauf verzichten konnte. Und da es in der christlichen Welt oder sonstwo auf der Erde kein reicher verziertes oder größeres Bauwerk zu finden oder sehen gibt und wir uns durchaus auch mit der Schilderung von Nebensächlichkeiten aufgehalten haben, scheint es mir nun notwendig und angesichts des unbestreitbaren Nutzens sogar als unsere Pflicht, die Art des Entwurfs, nach dem dieses Gebäude und die Kuppel ausgeführt werden sollen, in der von Michelangelo ihnen zugedachten Gestalt, Anordnung und Bauweise zu beschreiben. Darum werde ich so kurz wie möglich eine einfache Beschreibung davon geben, und falls es (was Gott verhüten möge) jemals dazu kommen sollte, daß diesem Werk nach seinem Tod durch den Neid und die Bösartigkeit anmaßender Leute genauso übel mitgespielt wird, wie es sich bisher zu Michelangelos Lebzeiten darstellte, sollen diese meine Zeilen, wie auch immer sie sein mögen, den Treugesinnten dabei helfen, die Gedanken dieses außergewöhnlichen Mannes in die Tat umzusetzen und noch dazu dem Streben jener böswilligen Menschen, die diesen Bau verändern wollen, Einhalt zu gebieten. Gleichzeitig wird man Schöngeistern und Freunden des Metiers Nutzen und Vergnügen bereiten und ihnen ein Verständnis davon vermitteln.

Um einen Anfang zu machen, sage ich, daß ich dieses unter Michelangelos Anleitung gefertigte Modell[405] dahingehend deute, daß der Durchmesser der inneren Kuppelschale in Originalgröße 186 Spannen[406] betragen wird. Damit meine ich ihre Ausdehnung von einer Mauer zur anderen oberhalb des großen, innen umlaufenden Travertingesimses, das auf den vier großen, vom Boden aufragenden Doppelpfeilern ruht, die mit ihren Kapitellen in korinthischer Ordnung, nebst Architrav, Fries und Gesims, ebenfalls ganz aus Travertin bestehen. Dieses rings um die großen Apsiden geführte Gesims ruht und erhebt sich auf den großen Bögen der drei Apsiden und des Eingangs, die zusammen die Vierung jenes Baus bilden. Hier beginnt die Kuppel emporzuwachsen, deren Ansatz auf einem Unterbau aus Travertin fußt, in dem sich ein sechs Spannen breiter begehbarer

Umgang befindet. Der wie ein Brunnen ringförmig angelegte Unterbau ist 33 Spannen und 11 Zoll stark und mißt in der Höhe bis zu seinem Gesims 11 Spannen und 10 Zoll. Die Höhe des darüberliegenden Gesimses beträgt ungefähr 8 Spannen, während er in der Stärke 6½ Spannen mißt. Von diesem ringförmigen Unterbau aus gelangt man durch vier Eingänge, die über den Bögen der Apsiden liegen, zum Aufstieg in die Kuppel. Der Unterbau ist in seiner Tiefe in drei Abschnitte unterteilt: Der innere mißt 15 Spannen, der äußere 11 und der mittlere 7 Spannen und 11 Zoll, was eine Tiefe von 33 Spannen und 11 Zoll ergibt. Der mittlere bildet einen Hohlraum und dient als Gang, der zweimal so hoch wie breit ist und mit einem Tonnengewölbe wie ein Ring rundherum läuft. Jeweils gegenüber den vier Eingängen liegen acht Türen, zu denen je vier große Stufen hinaufführen: Durch eine von ihnen gelangt man auf die Höhe des Gesimses vom ersten, 6½ Spannen messenden Unterbau, die anderen führen zum inneren, um die Kuppel laufenden Gesims von 8½ Spannen Breite, so daß man an jenem Bauwerk bequem innen und außen entlanglaufen kann. Von einem Eingang zum anderen mißt die umlaufende Strecke 201 Spannen, und da es vier Segmente sind, ergibt sich ein Gesamtumfang von 806 Spannen. Man kann anschließend weiter zu der Ebene des Unterbaus hinaufsteigen, wo die Säulen und Pilaster aufsetzen. Diese mittlere Zone des Unterbaus bildet für die Fenster einen rings umlaufenden Fries, der 14 Spannen und 1 Zoll hoch ist und an der Außenseite oben und unten von einem schmalen Gesims eingefaßt ist, das eine Stärke von nicht mehr als 10 Zoll aufweist und ganz aus Travertin gearbeitet ist. In die Breite des dritten Abschnitts, der über dem mittleren Teil liegt und von dem wir gesagt haben, daß er 15 Spannen tief ist, ist in jedes der vier Segmente [des Tambours] eine 4½ Spannen breite Treppe eingelassen, deren einer Flügel zur einen und anderer Flügel zur anderen Seite emporsteigt und bis zur Ebene der Säulen führt. Auf dieser Höhe beginnen ab der geraden Kante des Unterbaus achtzehn riesige [Strebe-]Pfeiler emporzuwachsen, die allesamt aus Travertin und außen jeweils mit zwei Säulen, innen mit Pilastern verziert sind, wie weiter unten gesagt werden wird, so daß die ganze Breite dazwischen für die Fenster bleibt, durch welche die Kuppel Licht erhält. Diese Pfeiler verjüngen sich konzentrisch zur Mitte des Tambours und sind an der Außenseite 36 Spannen und an der Innenseite 19½ Spannen breit. Jeder einzelne von ihnen besitzt auf der Außenseite zwei Säulen, deren Plinthen eine Kantenlänge von 8½ Spannen und eine Höhe von 1½ Spannen aufweisen. Die Basis mißt in der Länge 5 Spannen und 8 Zoll, in der Höhe [...] Spannen und 11 Zoll. Der Säulenschaft ist 43½ Spannen hoch und mißt unten 5 Spannen und 6 Zoll, oben 4 Spannen und 9 Zoll im Durchmesser. Das korinthische Kapitell hat eine Höhe von 6½ Spannen; die des Kymations beträgt 9 Spannen. Diese Säulen sind nur zu Dreivierteln zu sehen, weil das andere Viertel in die Ecken der Strebepfeiler eingebettet ist. Ein Halbpilaster flankiert sie und bildet nach innen gerichtet einen scharfen Winkel dazu. An der Innenseite [der Strebepfeiler] öffnet sich in der Mitte ein bogenförmiger Durchgang von 5 Spannen Breite und 13 Spannen und 5 Zoll Höhe. Die Fläche darüber wird dann bis zur Höhe der Kapitelle von Pilastern und Säulen mit Mauerwerk gefüllt, wobei sie sich mit zwei weiteren Pilastern verbindet, die jenen ähnlich sind, die im Winkel seitlich von den Säulen stehen. Diese rückwärtigen Pilaster flankieren die sechzehn Fenster, die rund um besagten Kuppel[-Tambour] laufen und deren Lichtöffnung jeweils 12½ Spannen breit und ungefähr 22 Spannen hoch ist. Außen schmücken sie unterschiedliche Architrave von 2½ Spannen Breite, innen ebensolche in einer anderen Anordnung, dazu kommen ihre Dreiecks- und Segmentgiebel. Um den Lichteinfall zu vergrößern, wird die Fensterlaibung nach außen hin breiter und innen enger. Ebenso liegt die Sohlbank an der Innenseite tiefer, so daß der Fries und das Gesims Licht erhalten. Jedes Fenster ist zwischen zwei flache Pilaster gesetzt, deren Höhe mit jener der Säulen an der Außenseite übereinstimmt. Es wird also 36 Säulen außen und 36 Pilaster innen geben. Über jenen Pilastern an der Innenseite befinden sich der 4¾ Spannen hohe Architrav, der Fries von 4½ Spannen Höhe und das 4⅔ Spannen hohe und 5 Spannen vorspringende Gesims, auf dem eine Reihe von Balustraden vorgesehen ist, damit man sicher ringsherum laufen kann. Um von der Ebene, welche die untere Säulenbasis bildet, mühelos auf die darüberliegende emporsteigen zu können, führt in der 15 Spannen weiten Aussparung [in der Mauer] eine weitere Treppe derselben Art und Größe über zwei Arme beziehungsweise Aufgänge bis zum oberen Ende der Säulen, inklusive Kapitell, Architrav, Fries und Gesims hinauf. Und damit diese Treppe den Lichteinfall der Fenster nicht behindert, verläuft sie im oberen Teil in Form einer Wendeltreppe derselben Breite über ihnen hinweg, bis sie das Niveau erreicht, wo die Kuppelwölbung einsetzen soll. Anordnung, Einteilung und Verzierung [des Tambours] sind dermaßen abwechslungsreich und komfortabel, von so dauerhafter Stabilität und Pracht, noch dazu gibt er den beiden Schalen der sich darüber wölbenden Kuppel dank der ausgezeichneten Maurerarbeit auf so sinnreiche und wohldurchdachte Weise in einer Form Rückhalt, daß die Augen von Kennern und Liebhabern kein Werk zu Gesicht bekommen werden, das anmutiger, schöner oder kunstfertiger wäre. Dies gilt auch für den Mauerverband und das Verfugen der Steine, die jedem Teil unvergängliche Stabilität verleihen, es gilt für den großen Sachverstand, mit dem das Regenwasser durch viele verborgene Abflüsse geleitet wird, und schließlich für die Perfektion, mit der dieses Werk ausgeführt ist, so daß alles, was man sonst an Bauwerken bis heute errichtet und gesehen hat, gegenüber seiner Großartigkeit nicht bestehen kann. Einen immensen Schaden haben deshalb die Verantwortlichen des Baus verursacht, die nicht ihre ganze Kraft darangesetzt haben, damit wir die Einwölbung eines so schönen und ungeheuer großen Gebäudes hätten erleben dürfen, noch ehe der Tod uns diesen außerordentlichen Menschen hinweggerafft hat.

Michelangelo hat das Werk bis zu dieser Höhe [des Tambours] hochgezogen, und jetzt bleibt nur noch, mit der Einwölbung der Kuppel zu beginnen, von der das Modell geblieben ist und deren Anordnung, die er zu ihrer Ausführung hinterlassen hat, wir im weiteren schildern wollen. Er hat die Krümmung dieser Kuppel mit Hilfe von drei Punkten gezogen, die auf folgende Weise ein Dreieck bilden:

A B
C

Von Punkt C aus, welcher der unterste und wichtigste ist, hat er die Linie des ersten Halbkreises der Kuppel gezogen und somit die Form, Höhe und Weite dieses Gewölbes bestimmt. Laut seiner Anweisung soll sie ganz aus gut geglätteten und wohlgebrannten Ziegeln *a spina pesce*[407] gemauert werden und unten wie oben einen Durchmesser von 4½ Spannen haben. Daneben läßt er einen Zwischenraum frei, der unten 4½ Spannen breit ist und für die Treppen vorgesehen ist, die den Aufstieg von der Ebene des mit Balustraden gesäumten Absatzes hinauf zur Laterne ermöglichen. Das Profil der Bogenwölbung an der Innenseite der anderen Gewölbeschale, die unten weit und oben enger sein soll, ist von dem mit B bezeichneten Punkt aus gezogen; ihre Stärke beträgt unten 4½ Spannen. Um das letzte Bogenprofil zu ziehen, das die Außenseite bilden soll und sich unten weitet und oben enger wird, muß man von dem mit A bezeichneten Punkt ausgehen: Dank dieser Bogenlinie vergrößert sich nach oben hin der gesamte Hohlraum im Innern, wo die Treppen geplant sind, auf 8 Spannen, so daß man dort aufrecht gehen kann. Dabei nimmt die Stärke der Gewölbeschale allmählich ab und verringert sich von 4½ Spannen im unteren Teil auf wie gesagt 3½ Spannen im oberen, wobei die äußere mit der inneren Gewölbeschale durch Ankersteine[408] und Treppen so miteinander verbunden sind, daß die eine der anderen Halt gibt. Von den acht Segmenten, welche die Kuppel im Grundriß unterteilen, sind demnach vier oberhalb der Bögen hohl und verringern ihr Gewicht, während die anderen vier über den Pilastern mit Ankersteinen verbunden und gesichert sind, um der Kuppel ewiges Leben zu verleihen.

Die Treppen zwischen den beiden Kuppelschalen sind folgendermaßen gestaltet: Jene, die an der Basis der Kuppelwölbung beginnen, führen jeweils in einem der vier Segmente nach oben, wobei jede Treppe über zwei Eingänge verfügt. Diese beiden Aufgänge kreuzen sich x-förmig und gelangen auf diese Weise bis zur Mitte des mit C bezeichneten Gewölbebogens. Ist man die erste Hälfte des Bogens in einer Geraden nach oben gestiegen, so nimmt man den Rest zunächst bequem auf einer großen, ringförmig umlaufenden Treppe und gelangt dann über einen geraden Aufgang weiter bis zum Rand des Okulus, von wo die Laterne nach oben zu wachsen beginnt. Rings um diese läßt er ähnlich wie im Inneren eine kleinere Reihe von Doppelpilastern und Fenstern laufen, die auf jene aus den Strebepfeilern erwachsende, nach oben enger werdende Einteilung abgestimmt ist, wovon weiter unten noch die Rede sein wird. Über dem ersten großen Gesims nimmt auf der Innenseite der Kuppel von unten die Einteilung in Kassetten ihren Anfang, die das Innere der Gewölbekuppel gestalten soll. Sie werden von sechzehn vorspringenden Rippen gegliedert, die an der Unterkante genauso breit sind wie zwei der Pilaster, die im darunterliegenden Bereich unterhalb der Kuppelwölbung die Fenster separieren. Sie laufen sich verjüngend auf den Okulus der Laterne zu und ruhen unten auf einem Postament von gleicher Breite und einer Höhe von 12 Spannen. Dieses Postament liegt auf der Ebene des Gesimses auf, das rings um den Tambour läuft; über ihm sind in die vertiefte Fläche der zwischen den Rippen liegenden Segmente acht große ovale Felder von jeweils 29 Spannen Höhe eingelassen. Darüber befindet sich eine Anordnung von Kassetten, die unten breiter und oben schmaler [also trapezförmig] sind und insgesamt 24 Spannen in der Höhe messen. Mit den sich verjüngenden Rippen folgt nun über den Vierecken ein rundes, 14 Spannen hohes Feld, so daß es acht ovale, acht viereckige und acht runde Felder sein werden, die in allmählich abnehmender Höhe eingetieft sind und eine Oberfläche von allergrößter Pracht erzeugen, zumal Michelangelo die Rippen und besagte ovale, viereckige und runde Felder allesamt mit Travertin einzufassen plante.

Bleibt uns noch, die Außenwandungen und die Verkleidung des Kuppelbogens mit der Dachbedeckung zu schildern, deren

Wölbung über einem 25½ Spannen hohen Unterbau mit Sockel einsetzt, der am unteren Ende wie das Kymation um zwei Spannen vorspringt (wobei er zur Dachdeckung dasselbe Blei zu verwenden gedachte, mit dem gegenwärtig das Dach von Alt-SanktPeter gedeckt ist). Von einem festen Punkt aus gesehen ergeben sich sechzehn Segmente, die dort anfangen, wo die Doppelsäulen enden, die sie einrahmen. In jedes Segment setzte er zwei Fenster, durch die der Zwischenraum, in dem die Treppen zwischen den beiden Gewölbeschalen nach oben führen, Licht erhält, so daß es insgesamt zweiunddreißig Fenster gibt. Er überdachte sie mit einem vorkragenden, auf einer Konsole ruhenden Segmentbogen, der den erhöhten, neuartigen Ausblick vor Regenwasser schützte. Genau in der Mittelachse jedes Säulenpaars setzte am oberen Ende des Gesimses die dazugehörige, sich nach oben hin verjüngende Rippe an – insgesamt sechzehn Rippen in einer Breite von 5 Spannen. In der Mitte jeder Rippe befand sich eine 1½ Spannen breite rechteckige Rinne, in die er eine Treppe mit Stufen von circa einer Spanne Höhe eingelassen hat, mittels der man von der Ebene, wo man [...] bis nach oben zum Ansatz der Laterne hinauf- und hinabsteigen kann.[409] Diese Rinnen werden im Hohlmauerverfahren aus Travertin gebaut, damit die Fugen vor Regen und damit vor Wasser und Eis geschützt sind. Der Entwurf für die Laterne weist denselben Verkleinerungsmaßstab wie das ganze Werk auf, so daß die Vermessung des Umfangs eine proportionale Verkleinerung aller Teile ergibt und sich oben im selben Maßverhältnis ein echter Tempel mit runden Doppelsäulen erhebt, die denen im festen Mauerverband [des Tambours] darunter gleichen. Ihre Pilaster hingegen springen zurück, damit man ringsherum laufen und durch die Fenster, die zwischen den Pilastern angebracht sind, ins Innere der Kuppel und der Kirche sehen kann. Ringförmig verlaufen darüber ein Architrav, Fries und Gesims, die über die Doppelsäulen vorkragen. In gerader Linie darüber drehen sich Voluten ein, die abwechselnd mit Nischen bis an das untere Ende der Bekrönung reichen, die sich nach einem Drittel ihrer Höhe nach innen zu wölben beginnt und in der Art einer runden Pyramide bis zur Kugel verjüngt, auf der als krönender Abschluß ein Kreuz angebracht werden soll.

Ich könnte noch viele Besonderheiten und Details aufzählen, wie die Luftlöcher zum Schutz vor Erdbeben, Wasserleitungen, diverse Lichtschächte und andere nützliche Dinge, worüber ich hinweggehe, weil das Werk noch nicht vollendet ist und es genügt, die wesentlichen Teile, so gut ich es vermochte, angesprochen zu haben. Da aber alles noch im Entstehen ist und betrachtet werden kann, genügt dieser kurze Abriß, um denjenigen, die keinerlei Kenntnis davon haben, eine einleuchtende Idee davon zu vermitteln.

Die Vollendung dieses Modells geschah nicht nur zur größten Zufriedenheit aller seiner Freunde, sondern ganz Roms und bedeutete die endgültige Festlegung der Baukonstruktion. Es folgte der Tod von Paul IV. und die Einsetzung seines Nachfolgers Pius IV., der den kleinen Palast im Wald von Belvedere[410] durch Pirro Ligorio, der Palastarchitekt geblieben war, weiterbauen ließ, während er Michelangelo zahlreiche Angebote machte und ausgiebig hofierte. Er bestätigte ihm das vormals durch Paul III., Julius III. und Paul IV. erteilte *motu proprio* über den Bau von Sankt Peter[411] und gab ihm einen Teil der von Paul IV. entzogenen Einkünfte und Gehälter zurück, indem er ihn bei seinen Bauvorhaben für vieles einsetzte und während seines Pontifikats zügig an Sankt Peter weiterarbeiten ließ. Insbesondere beanspruchte er seine Dienste bei der Anfertigung eines Entwurfs[412] für das Grabmal seines Bruders, des Markgrafen von Marignano,[413] das Seine Heiligkeit bei dem vortrefflichen und mit Michelangelo eng befreundeten Aretiner Bildhauer Cavaliere Leone Leoni[414] in Auftrag gab, um es im Dom von Mailand aufstellen zu lassen; an entsprechender Stelle wird von seiner Gestalt noch die Rede sein.

Zu jener Zeit schuf Cavalier Leone ein sehr lebendiges Porträt Michelangelos auf einer Medaille und setzte mit seiner Billigung auf die Rückseite einen Blinden, der von einem Hund geführt wird, mit folgender rings umlaufender Inschrift: ICH

WERDE DIE UNGERECHTEN DEINE WEGE LEHREN, UND DIE GOTTLOSEN WERDEN SICH ZU DIR BEKEHREN.[415] Und weil sie Michelangelo sehr gefiel, schenkte er ihm ein von seiner Hand gefertigtes Wachsmodell mit einer Darstellung des Herkules, der Antäus zu Tode quetscht, und dazu einige seiner Zeichnungen.[416]

Von Michelangelo gibt es keine weiteren Porträts als zwei Gemälde[417] – das eine von der Hand Bugiardinis [siehe Seite 183], das andere von Jacopo del Conte[418] [siehe Seite 182] –, eine von Daniele Ricciarelli[419] geschaffene Bronzeplastik [Abb. Frontispiz][420] und besagtes von Cavalier Leone, von dem eine ganze Reihe Kopien angefertigt wurde, die ich an vielen Orten Italiens und anderswo in großer Zahl gesehen habe.

Im selben Jahr ging Giovanni de' Medici,[421] der Sohn Herzog Cosimos, nach Rom, um von Pius IV. den Kardinalshut zu empfangen, und Vasari fiel es zu, ihn als sein Diener und Vertrauter zu begleiten. Er unternahm die Reise dorthin gerne und blieb ungefähr einen Monat dort, um sich an Michelangelos Gesellschaft zu erfreuen, der ihn sehr gern hatte und ständig mit ihm zusammen war.[422] Auf Anordnung Seiner Exzellenz hatte Vasari das Holzmodell[423] vom gesamten herzoglichen Palast in Florenz mitgebracht, samt der Entwürfe für die neuen Gemächer, die von ihm erbaut und mit Malereien ausgestattet worden waren. Michelangelo wünschte diese am Modell und in der Zeichnung zu sehen, weil er wegen seines Alters nicht mehr imstande war, die Werke in Augenschein zu nehmen, die so mannigfaltig, variantenreich und voll unterschiedlicher Erfindungen und Einfälle waren, angefangen bei der Kastration des Himmels, Saturn, Ops, Ceres, Jupiter, Juno und Herkules, nach denen die Zimmer jeweils benannt und mit den entsprechenden Szenen in unterschiedlichen Feldern ausgestattet waren. Dies gilt auch für die anderen Räume und Säle, die unter diesen liegen und beginnend mit Cosimo dem Älteren, Leo X., Clemens VII., Fürst Giovanni und den Herzögen Alessandro und Cosimo die Namen der bedeutendsten Persönlichkeiten aus dem Hause Medici tragen. In ihnen waren nicht nur Szenen ihrer jeweiligen Taten dargestellt, sondern auch ihre eigenen, naturgetreuen Porträts und die ihrer Söhne und sämtlicher früherer Vertreter des Regierungswesens, der Kriegskunst und der Wissenschaften. Vasari hat darüber einen Dialog verfaßt,[424] in dem alle Szenen und der Sinn sämtlicher Erfindungen erklärt werden und der Zusammenhang der Mythologien im oberen Teil und der [historischen] Szenen darunter. Anibale Caro[425] las ihn Michelangelo vor, woran dieser das allergrößte Vergnügen hatte, und sobald Vasari mehr Zeit hat, wird er diese Schrift herausgeben.[426]

Die Dinge ergaben sich dann wie folgt: Als Vasari den Umbau des großen Saals in Angriff nehmen wollte und die Decke anzuheben plante, die, wie andernorts gesagt, so niedrig war, daß der Saal zwergenhaft und lichtlos erschien, konnte Herzog Cosimo sich nicht entschließen, ihm die Erlaubnis dafür zu erteilen, und zwar nicht etwa aus Angst vor den Kosten, wie sich später herausstellte, sondern weil er eine Gefahr darin sah, die Dachbalken um dreizehn Ellen anzuheben. Weil Seine Exzellenz Urteilskraft besaß, willigte er ein, Michelangelos Meinung hierzu einzuholen. Man führte ihm an besagtem Modell den Saal in seinem ursprünglichen Zustand vor, entfernte dann alle Holzbalken und brachte die anderen mitsamt den neuen Einfällen für die Decke und die Wände an, wie sie später ausgeführt wurden; außerdem waren dort alle Einfälle für die Bildszenen eingezeichnet. Weil es ihm gefiel, wurde er sogleich vom Richter zum Mitstreiter, da er sah, wie mühelos die Methode des Anhebens von Gebälk und Dach war und wie das ganze Werk innerhalb kurzer Zeit ausgeführt werden konnte. Er schrieb deshalb bei Vasaris Abreise an den Herzog, er möge jenes Vorhaben weiterverfolgen, da es seiner Größe würdig sei.[427] Im selben Jahr kam Herzog Cosimo mit seiner Gemahlin, der Herzogin Eleonora,[428] nach Rom, und kaum war er dort angekommen, ging Michelangelo ihn besuchen. Der Herzog machte ihm viele Komplimente, ließ ihn aus Achtung vor seinem großen Talent neben sich Platz nehmen und sprach ganz zwanglos mit ihm über alles, was Seine Exzellenz an Malereien und Skulpturen in Florenz hatte ausführen lassen und was er insbesondere hin-

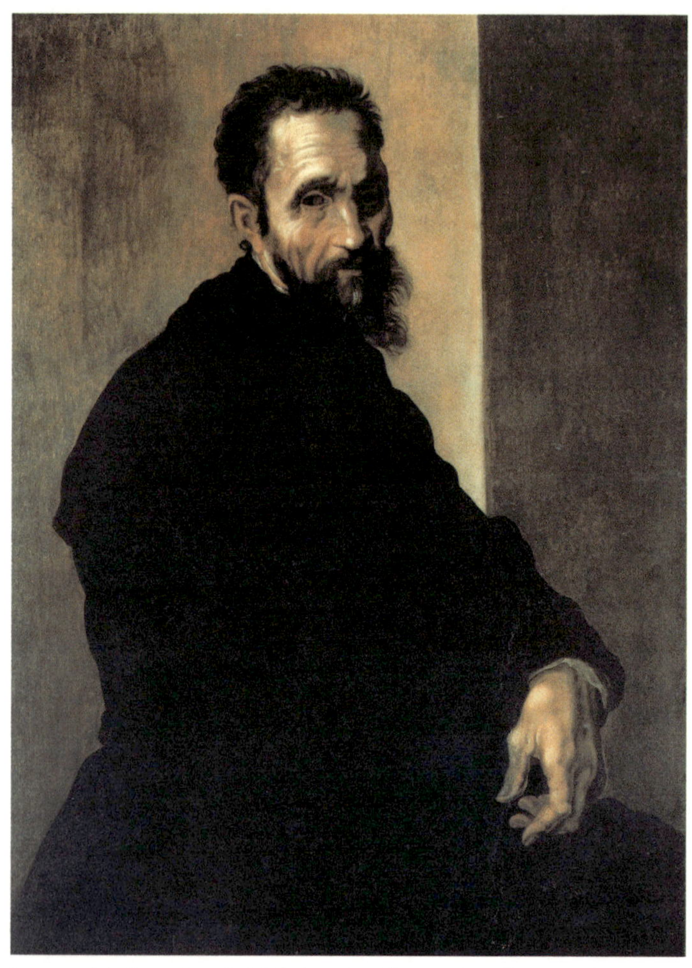

Jacopino del Conte: Porträt Michelangelos. Florenz, Casa Buonarroti

sichtlich des Saals zu gestalten dachte. Michelangelo ermutigte und bestärkte ihn aufs neue darin, und weil er jenen Fürsten sehr mochte, tat es ihm leid, nicht mehr jung genug zu sein, um

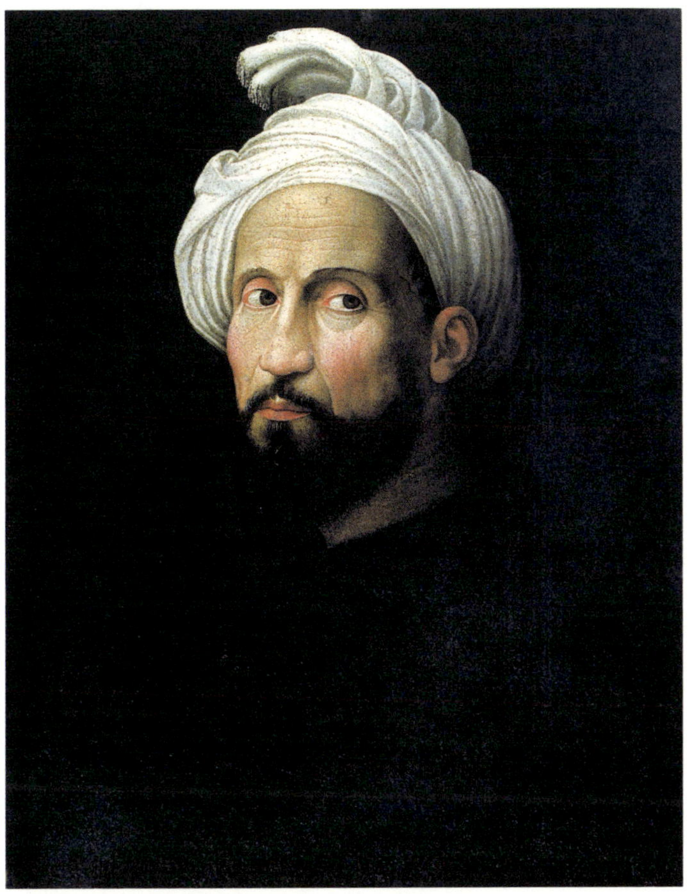

Giuliano Bugiardini: Porträt Michelangelos. Florenz, Casa Buonarroti

ihm dienen zu können. Seine Exzellenz sprach auch über seine Entdeckung einer Methode zur Bearbeitung von Porphyr, was Michelangelo ihm nicht glauben wollte, bis der Herzog ihm, wie im ersten Kapitel der theoretischen Einführungen erwähnt,[429] den Christuskopf[430] zukommen ließ, den der Bildhauer Francesco del Tadda[431] gearbeitet hatte, woraufhin er ganz erstaunt

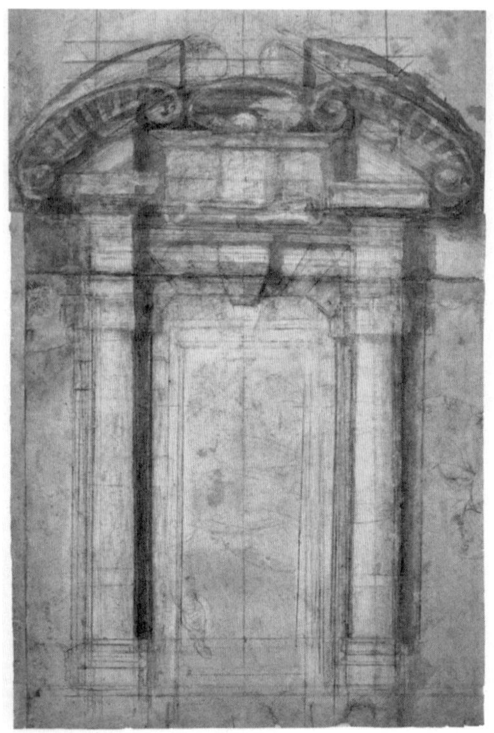

Entwurf zur Porta Pia. Florenz, Casa Buonarroti

war. Während seines Aufenthalts in Rom kehrte Michelangelo mehrmals zum Herzog zurück und empfand dabei größte Genugtuung. Ebenso erging es ihm mit dessen Sohn, dem erlauchten Don Francesco de' Medici,[432] der sich wenig später ebenfalls dort einfand. Michelangelo freute sich über den herzlichen Empfang und die Liebenswürdigkeiten Seiner erlauchten Exzellenz, der wegen seiner grenzenlosen Ehrfurcht vor diesem außerordentlichen Mann stets mit dem Barett in der Hand zu ihm sprach. Und an Vasari schrieb er von seinem Bedauern darüber, unpäßlich und alt zu sein, da er für jenen Herrn gerne irgendein Werk gestaltet hätte und nun statt dessen versuchen

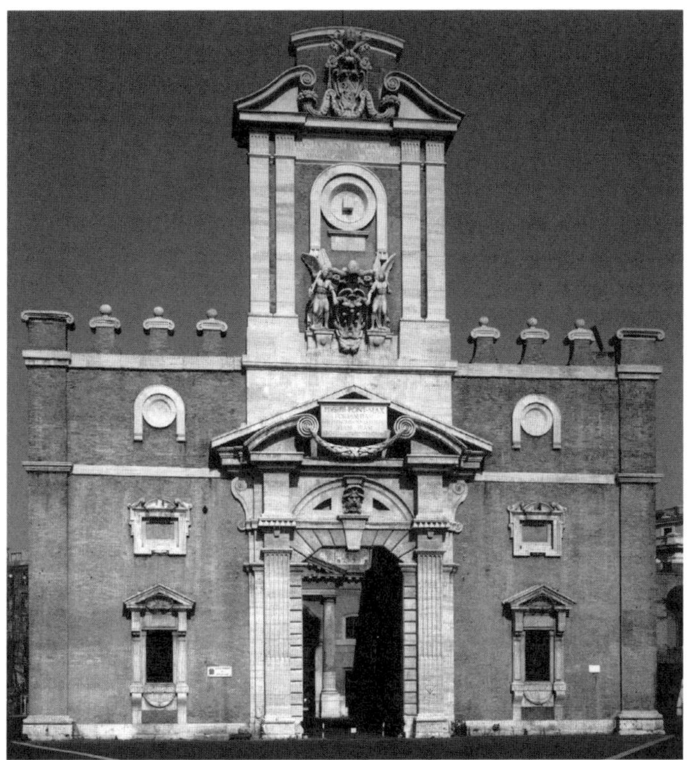

Porta Pia. Rom

wolle, irgendein schönes antikes Werk zu erwerben, um es ihm nach Florenz zu schicken.[433]

Zu dieser Zeit wurde Michelangelo vom Papst um einen Entwurf für die Porta Pia gebeten und führte drei entsprechende Pläne aus, die allesamt ausgefallen und wunderschön waren [siehe links]. Der Papst wählte unter ihnen jenen zur Ausführung aus, der mit den geringsten Kosten verbunden war und den man heute zu seinem großen Ruhm verwirklicht sieht [siehe oben].[434] Da auch die anderen Stadttore erneuert werden mußten, machte er ihm angesichts der Stimmungslage des Papstes

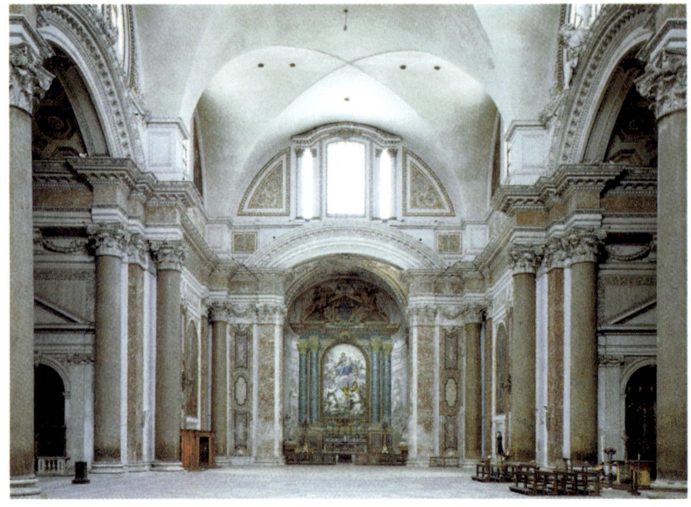

Santa Maria degli Angeli e dei Martiri. Rom

noch viele weitere Entwürfe und schuf auf Verlangen desselben Pontifex noch einen anderen für die neue Kirche von Santa Maria degli Angeli in den Thermen des Diokletian, die in eine christliche Kirche umgewandelt werden sollten [siehe oben].[435] Einer seiner Entwürfe mit vielen schönen Überlegungen zum Nutzen der Kartäuser, die den Bau heute fast vollendet haben, stach viele andere aus, die von hervorragenden Architekten stammten, und ließ Seine Heiligkeit und alle Prälaten und Herren des Hofs in Staunen geraten über Michelangelos wunderschöne Erwägungen, die er mit Urteilskraft und unter Berücksichtigung der Grundstruktur jener Thermen angestellt hatte. Man sieht, wie hier ein wunderschöner Kirchenbau gewonnen wurde und ein Eingangsbereich entstanden ist, der außerhalb der Vorstellung aller Architekten liegt, was ihm Lob und unermeßliche Ehre einbrachte. Auch entwarf er für diesen Ort im Auftrag Seiner Heiligkeit ein bronzenes Sakramentstabernakel,[436] das in weiten Teilen von Jacopo Siciliano,[437] einem vortrefflichen Meister im Bronzeguß, gegossen wurde, der diesen so beherrscht, daß die Werke äußerst filigran und nahtlos gelingen und sich ohne große Mühe säubern lassen. In dieser Gattung ist er ein einzigartiger Meister, und Michelangelo gefiel er sehr.

Die Florentiner Gemeinde hatte viele Male darüber diskutiert, den Bau der Kirche San Giovanni in der Via Giulia[438] endlich in Angriff zu nehmen, und nachdem sich alle Oberhäupter der reichsten Familien versammelt hatten, verpflichteten sie sich, besagtes Bauprojekt dem jeweiligen Vermögen entsprechend mit Zahlungen zu unterstützen. Am Ende hatten sie eine ordentliche Summe Geld zusammenbekommen und diskutierten nun darüber, ob es besser wäre, die alte Struktur beizubehalten oder etwas Neues zu errichten. Man kam zu dem Entschluß, über den alten Fundamenten einen neuen Bau in Auftrag zu geben, und ernannte drei Verantwortliche für dieses Bauvorhaben: Francesco Bandini, Uberto Ubaldini[439] und Tommaso de' Bardi.[440] Diese baten Michelangelo um einen Entwurf und betonten ihm gegenüber, wie unehrenhaft es von der Gemeinde gewesen sei, so viel Geld verschwendet zu haben, ohne je Gewinn daraus zu ziehen, und daß sie sich keinen Rat mehr wüßten, wenn ihnen sein Talent nicht dazu verhelfen würde, die Kirche zu vollenden. Mit großer Liebenswürdigkeit versprach er ihnen, sich dieser Sache wie keiner anderen jemals anzunehmen, da er in seinem hohen Alter gern religiöse Werke übernahm, die Gott zur Ehre gereichten. Außerdem tat er es aus Liebe zu seiner Heimat, der er stets innig verbunden war.

Michelangelo wurde bei dieser Verhandlung von dem jungen Florentiner Bildhauer Tiberio Calcagni begleitet, der ganz begierig darauf war, die Kunst zu erlernen, und der sich seit seiner Ankunft in Rom der Architektur zugewandt hatte. Da Michelangelo ihn liebte, überließ er ihm, wie schon gesagt, die in Stücke geschlagene Marmor-Pietà zur Fertigstellung und außerdem eine überlebensgroße Marmorbüste des Brutus, bei dem nur der Kopf mit ganz feinen Zahneisen bearbeitet worden war. Er hatte ihn nach einem Porträt des Brutus geschaffen, das in einen antiken Karneol geschnitten war[441] und sich im Besitz

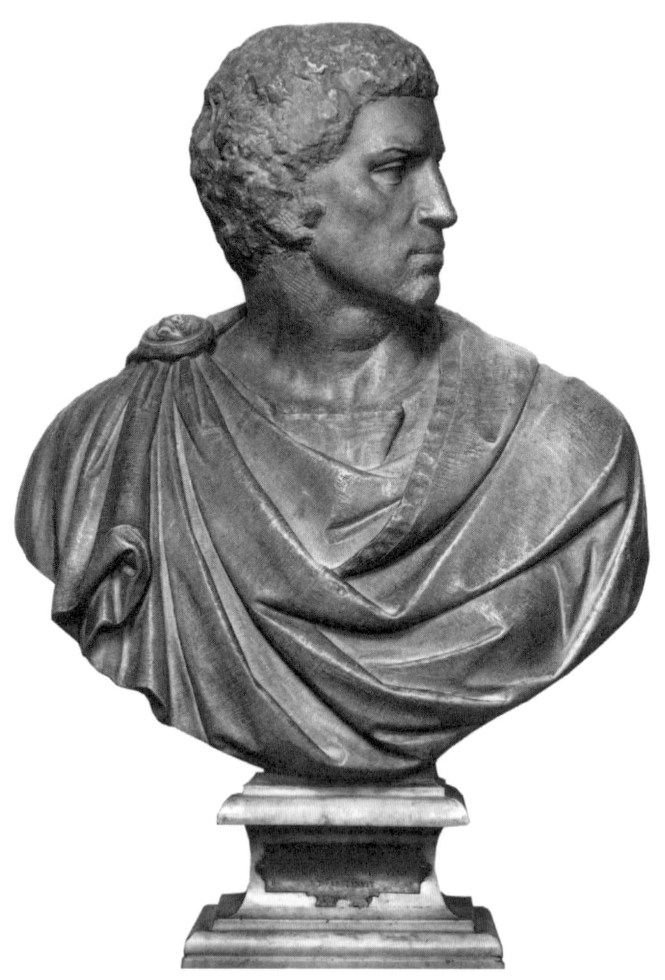

Brutus. Florenz, Museo Nazionale del Bargello

von Herrn Giuliano Cesarini[442] befand [siehe oben]. Dieses außerordentliche Werk schuf Michelangelo für Kardinal Ridolfi,[443] auf Bitten seines sehr guten Freundes Messer Donato Giannotti.

Da Michelangelo aufgrund seines hohen Alters nicht mehr zeichnen und auch keine sauberen Linien mehr ziehen konnte, nahm er in architektonischen Belangen die Dienste Tiberios in Anspruch, der von sehr freundlicher und zurückhaltender Wesensart war. Und da er ihn auch für jenes Projekt heranziehen wollte, trug er ihm auf, einen Plan von der Stelle anzufertigen, an dem besagte Kirche errichtet werden sollte. Nachdem dies geschehen und der Plan unverzüglich zu Michelangelo gebracht worden war, ließ er zu einem Zeitpunkt, als man noch davon ausging, daß von seiner Seite nichts kommen würde, durch Tiberio mitteilen, er sei für sie tätig geworden. Schließlich legte er ihnen die Pläne von fünf wunderschönen Kirchen vor, die sie staunend betrachteten, und hielt sie an, sich einen davon nach ihrem Geschmack auszuwählen. Dagegen verwahrten sie sich und wollten dies seinem Urteil überlassen,. Als er aber darauf bestand, daß sie sich nach ihrem Geschmack entscheiden sollten, wählten sie einstimmig einen der prächtigsten unter ihnen aus, woraufhin Michelangelo folgendes zu ihnen sagte: Sollten sie diesen Entwurf tatsächlich ganz zur Ausführung bringen, dann hätten weder die Römer noch die Griechen in ihrer Zeit jemals ein solches Bauwerk geschaffen – Worte, die dem zutiefst bescheidenen Michelangelo weder früher noch später je wieder über die Lippen kamen.[444] Zu guter Letzt beschloß man, Michelangelo die Gesamtleitung zu übergeben, während Tiberio die Last der Ausführung des Werks tragen sollte, womit beide zufrieden waren, und Michelangelo versprach, daß er ihnen aufs beste dienen würde. Nun übergab er Tiberio den Plan, damit er ihn mit den richtigen Maßen ins Reine zeichnete, und machte ihm dann die Angaben zu den Außen- und Innenansichten. Anschließend ließ er ihn ein Tonmodell[445] anfertigen und zeigte ihm, wie er es ausführen mußte, damit es aufrecht stehen blieb.

Tiberio realisierte das acht Spannen große Modell innerhalb von zehn Tagen, und nachdem es in der ganzen Gemeinde großen Anklang gefunden hatte, ließen sie ein Holzmodell[446] davon fertigen, das heute im Konsulat besagter Gemeinde steht.

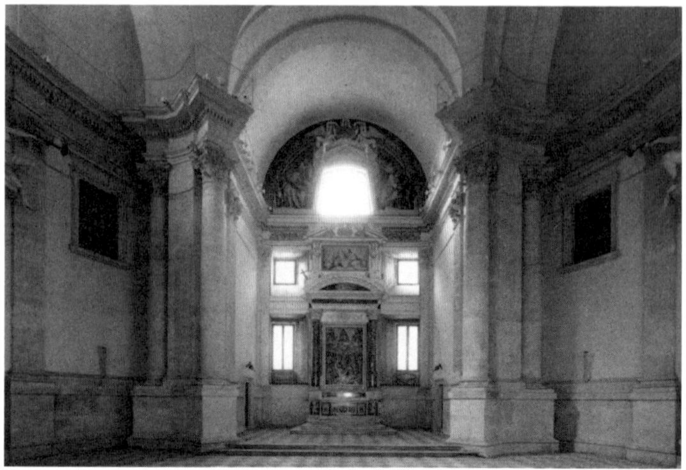

Cappella Sforza. Rom, Santa Maria Maggiore

In seiner Schönheit, Pracht und großen Vielfalt ist es der außerordentlichste Kirchenbau, den man je zuvor gesehen hat, doch schon bald nach Baubeginn und angefallenen Unkosten von mehr als 5000 Scudi blieben die Geldzuwendungen aus und verharrte der Bau in diesem Zustand, was Michelangelo zutiefst bekümmerte.

Er sorgte dafür, daß man Tiberio unter seiner Leitung eine Kapelle[447] in Auftrag gab, die für den Kardinal von Santa Fiore[448] begonnen worden war [siehe oben]. Da jener Kardinal wie auch Michelangelo und Tiberio starben, blieb sie unvollendet, was für den jungen Mann ein schwerer Verlust war.

Siebzehn Jahre hatte Michelangelo dem Bau von Sankt Peter vorgestanden, und mehr als einmal wollten ihm die Vertreter der Baukommission jene Leitung entziehen. Da ihnen dies nicht gelungen war, gedachten sie, sich ihm durch diese und jene Marotte in allem zu widersetzen, damit es ihm schließlich aufgrund seines hohen Alters an Kräften fehlen und er davon zurücktreten würde. In jenen Tagen starb dann der dort als Vorsteher fungierende Cesare da Casteldurante,[449] und Michelangelo besetzte diese Position, um den Bau nicht darunter leiden zu lassen, einstweilen mit dem dafür allzu jungen, aber sehr fähigen Luigi Gaeta,[450] bis er jemanden gefunden haben würde, der seinen Vorstellungen entsprach. Aber die Beauftragten der Kommission, von denen ein Teil mehrfach versucht hatte, Nanni di Baccio Bigio in dieses Amt zu heben, der sie anstachelte und ihnen Großes versprach, schickten Luigi Gaeta fort, um den Bau in ihrem Sinn voranzutreiben. Als Michelangelo davon erfuhr, wollte er einigermaßen empört den Bau nicht länger leiten, woraufhin sie das Gerücht zu verbreiten begannen, er sei nicht länger in der Lage dazu und man müsse einen Ersatz für ihn finden, da er schließlich selber habe vernehmen lassen, mit Sankt Peter nichts mehr zu tun haben zu wollen. Dies alles kam Michelangelo zu Ohren, der nun Daniele Ricciarelli aus Volterra zu Bischof Ferratino[451] schickte, einem der Vorsteher, der dem Kardinal von Carpi erzählt hatte, Michelangelo hätte zu einem seiner Diener gesagt, er wolle beim Bau von Sankt Peter nicht länger im Weg stehen. Daniele erklärte, daß nichts von alledem Michelangelos Absicht entsprach, woraufhin Ferratino aber darüber klagte, daß jener seinen Plan nicht preisgeben würde. Es sei jedoch gut, einen Stellvertreter zu benennen, und er würde Daniele dafür gerne akzeptieren wollen, der anscheinend Michelangelos Zustimmung fand. Ferratino ließ nun in Michelangelos Namen die Kommissionsvertreter davon in Kenntnis setzen, daß ein Stellvertreter gefunden sei, präsentierte aber anstelle von Daniele Nanni Bigio. Als dieser ins Amt eingeführt und von den Vorstehern angenommen worden war, dauerte es nicht lange, bis er die Anweisung gab, auf der Seite der päpstlichen Ställe, wo der Hügel ist, ein hölzernes Gerüst zu errichten, um von dort Zugang zur großen Nische[452] zu haben, die in jene Richtung zeigt. Dafür ließ er einige große Balken aus Tannenholz schlagen und erklärte, daß man beim Hochziehen des Materials zu viele Seile verschleißen würde und es besser sei, es auf diesem Weg hinaufzubringen. Davon unterrichtet, begab sich Michelangelo sogleich zum Papst, und da er einen ziemlichen Wirbel veranstaltete, ließ ihn der Papst in Anbetracht des Umstands, daß er sich auf dem Kapitolsplatz befand, sofort eintreten und vorsprechen. Michelangelo sagte dort: »Heiliger Vater, die Kommissionsleute haben einen als Stellvertreter für mich eingesetzt, von dem ich nicht einmal weiß, wer er ist. Wenn sie und Eure Heiligkeit der Meinung sind, daß ich nicht länger tragbar bin, so werde ich nach Florenz zurückkehren, um mich dort zur Ruhe zu setzen und die Gunst jenes mächtigen Herzogs zu genießen, der so oft nach mir verlangte, und wo ich mein Leben in meinem eigenen Haus beschließen werde; ich bitte Euch deshalb um gnädige Entlassung.« Der Papst bedauerte dies, und während er ihn mit gut gewählten Worten beschwichtigte, bestellte er ihn für den folgenden Tag zu einer Unterredung nach Aracoeli. Als er die Vertreter der Baukommission dort hatte zusammenkommen lassen, wollte er von ihnen die Gründe für diese Vorkommnisse hören. Darauf antworteten sie, daß der Bau schadhaft sei und dort Fehler gemacht würden. Da der Papst aber gehört hatte, daß dies nicht der Wahrheit entsprach, befahl er Herrn Gabrio Serbelloni,[453] den Bau in Augenschein zu nehmen und daß Nanni, der diese Dinge behauptet hatte, sie ihm zeigen solle; und so geschah es. Als Herr Gabrio feststellte, daß alles nur Böswilligkeit und Lüge war, wurde Nanni in Anwesenheit vieler Herren mit wenig ehrenhaften Worten von der Baustelle verjagt und mußte sich auch den Vorwurf anhören, daß der Ponte Santa Maria durch seine Schuld eingestürzt sei, und in Ancona, wo er mit wenig Geld großartige Dinge zu schaffen versprach, »da hast du, um den Hafen zu reinigen, ihn innerhalb eines Tages mehr verschlammt als das Meer in zehn Jahren.« So endete Nannis Einsatz am Bau von Sankt Peter.[454] Was diesen anbelangt, so kümmerte sich Michelangelo siebzehn Jahre lang unablässig um nichts anderes als die vollständige Protokollierung des Baus durch Zeichnungen, da er aufgrund dieser mißgünstigen Nachstellungen befürchtete, der Bau würde nach seinem Tod Änderungen erfahren. Aus diesem Grund ist er heute so unglaublich solide, daß man ihn gefahrlos überwölben kann. Hier zeigt sich, daß Gott als Beschützer der Guten sein ganzes Leben lang über ihn gewacht hat und wie sein Wirken stets dem Wohl dieses Baus galt und dem Schutz dieses Mannes bis zu seinem Tod. So kam es, daß der nach seinem Tod amtierende Papst Pius IV. den Bauvorstehern befahl, nichts von dem, was Michelangelo verfügt hatte, abzuändern. Und mit noch größerem Nachdruck ließ sein Nachfolger Pius V. dies befolgen, der zur Vermeidung von Durcheinander die getreue Ausführung der von Michelangelo erstellten Pläne verlangte. Mit der Durchführung selbst waren die Architekten Pirro Ligorio und Jacopo Vignola[455] beauftragt, und als Pirro jene Anordnung vermessenerweise umgehen und abändern wollte, wurde er wenig ruhmvoll von jenem Bau abgezogen, der nun gänzlich Vignola überlassen wurde. Jener Papst verfolgte das Ansehen von Sankt Peter mit keinem geringeren Eifer als das der christlichen Religion. Zu der Zeit, als Vasari 1565 [nach Rom] kam und vor Seiner Heiligkeit niederkniete und im Jahr 1566, als man ihn noch einmal kommen ließ, sprach er deshalb am Ende von nichts anderem mehr als von seiner Sorge, daß die von Michelangelo hinterlassenen Pläne nicht befolgt werden würden. Um allen Mißverständnissen vorzubeugen, befahl Seine Heiligkeit Vasari, mit Messer Guglielmo Sangaletti,[456] dem Privatschatzmeister Seiner Heiligkeit, zu Bischof Ferratino, dem Oberhaupt der Kirchenbauverwalter von Sankt Peter, zu gehen, damit dieser allen Hinweisen und wichtigen Notizen Folge leisten würde, die er von Vasari mitgeteilt bekäme, damit man zu keinem Zeitpunkt aufgrund von arglistigem und überheblichem Gerede von der Vorschrift und Anweisung abweichen würde, die Michelangelo als Erbe seines vortrefflichen Talents hinterlassen hat. Hierbei war Messer Giovambattista Altoviti[457] zugegen, der ein guter Freund von Vasari und der Künste war. Nachdem Ferratino sich Vasaris Ausführungen angehört hatte, erkannte er alle Aufzeichnungen bereitwillig an und verpflichtete sich unverbrüchlich, bei jenem Bau jede Anweisung und Zeichnung zu beachten und beachten zu lassen, die Michelangelo diesbezüglich hinterlassen hatte, und darüber hinaus die Mühen dieses bedeutenden Mannes zu schützen, zu verteidigen und zu bewahren.

Um zu Michelangelo zurückzukehren, sage ich, daß Vasari sich ungefähr ein Jahr vor seinem Tod insgeheim dafür eingesetzt hatte, daß Herzog Cosimo de' Medici mittels seines Gesandten Messer Averardo Serristori[458] auf den Papst einwirkte, angesichts von Michelangelos starker Hinfälligkeit sorgfältig darauf zu achten, wen er zu seiner Betreuung um sich habe und wer in seinem Haus ein- und ausgehe. Sollte es, wie es bei alten Leuten vorzukommen pflegt, zu einem plötzlichen Unfall kommen, wäre nach seinem Tod vorsorglich ein Verzeichnis seiner Sachen, Zeichnungen, Kartons, Modelle, Gelder und sämtlicher Besitztümer anzulegen und Dinge, die den Bau von Sankt Peter, die Sakristei, die Bibliothek und die Fassade von San Lorenzo betrafen, zu verwahren und dafür zu sorgen, daß nichts weggebracht würde, wie dies so häufig der Fall ist. Letztlich erwies sich diese Umsicht als sinnvoll und alles konnte zu Ende geführt werden.[459]

Michelangelos Neffe Leonardo wollte in der folgenden Fastenzeit nach Rom kommen, so als ob er Michelangelos nahen Tod geahnt hätte. Froh darüber, ließ Michelangelo ihm, als er an einem schleichenden Fieber erkrankte, sofort durch Daniele schreiben, er solle kommen. Aber obwohl sein Arzt Messer Federigo Donati[460] anwesend war und seine Angehörigen sich um ihn versammelt hatten, ging es ihm immer schlechter, so daß er bei vollstem Bewußtsein mit drei Worten sein Testament machte: Er lege seine Seele in Gottes Hände, übergebe seinen Körper der Erde und hinterlasse sein Hab und Gut den nächsten Verwandten, unter der Bedingung, daß sie ihn beim Scheiden aus diesem Leben an Jesu Christi Tod gemahnten. Und so verstarb er am 17. Februar des Jahres 1563 um 23 Uhr nach Florentiner Zeitrechnung, was nach römischer Rechnung 1564 war, um in ein besseres Leben überzugehen.

Michelangelo liebte die Mühen der Kunst, und wie sich zeigte, gelang ihm jede noch so schwierige Sache, weil er von der Natur ein begnadetes Talent mitbekommen hatte, das hingebungsvoll auf diese höchst vortrefflichen Künste des *disegno* ausgerichtet war. Um die endgültige Perfektion zu erlangen, praktizierte er unzählige Male das anatomische Sezieren von

Leichen, weil er das Prinzip der Anbindungen von Knochen, Muskeln, Nerven und Gefäßen und die verschiedenen Bewegungsmöglichkeiten und sämtliche Positionen des menschlichen Körpers durchschauen wollte, und zwar nicht nur der Menschen, sondern auch jene von Tieren, insbesondere Pferden, deren Haltung ihm großes Vergnügen bereitete. Von allen wollte er ihre grundlegende Beschaffenheit und ihren Aufbau in Beziehung zur Kunst verstehen und setzte dies in den Dingen, die ihm unter die Hände kamen, in einer Weise um, daß auch einer, der sich ausschließlich mit dieser einen Sache befaßt, nichts Besseres zustande bringt, weshalb seine Werke, ob nun mit dem Pinsel oder dem Meißel geschaffen, nahezu unnachahmlich sind. Zudem hat er seinen Werken, wie wir schon sagten, so viel Kunstfertigkeit, Anmut und jenen Hauch Lebendigkeit verliehen, daß er – und dies sei gesagt, ohne jemanden zu kränken – die antiken Künstler übertroffen und bezwungen hat, weil er in der Lage war, auch schwierige Dinge mit solcher Leichtigkeit hervorzubringen, daß sie ohne Mühe gemacht zu sein scheinen, wenn auch derjenige, der seine Werke abzeichnet, ihr dann beim Kopieren begegnet.[461]

Anders als bei vielen anderen war Michelangelos Talent schon zu seinen Lebzeiten und nicht erst nach dem Tod erkannt worden. Wie man gesehen hat, wollten die ehrwürdigen Päpste Julius II., Leo X., Clemens VII., Paul III. und Julius III. sowie Paul IV. und Pius IV. ihn stets in ihrer Nähe wissen, was bekanntermaßen auch für den türkischen Sultan Soliman, den französischen König Franz von Valois, Kaiser Karl V., die Signoria von Venedig und schließlich, wie wir schon sagten, für Herzog Cosimo de' Medici galt; sie alle boten ihm ansehnliche Gehälter, aus keinem anderen Grund als um sich sein großes Talent zunutze zu machen. Und solches widerfährt nur bedeutenden Menschen wie ihm, in dem man alle drei Künste zu einer Vollkommenheit hat gelangen sehen, die Gott in den vielen Jahren, welche die Sonne ihre Bahnen zieht, keinem anderen antiken oder modernen Künstler außer ihm je verliehen hat. Seine Vorstellungskraft war derart vollkommen, daß die Dinge, die sich vor seinem geistigen Auge ausformten, von einer Beschaffenheit waren, daß er mit seinen Händen so gewaltige und ungeheure Konzepte nicht auszudrücken vermochte und er seine Arbeiten häufig aufgab, ja viele davon sogar zerstörte. Soviel ich weiß, hat er noch kurz vor seinem Tod eine große Zahl seiner Zeichnungen, Skizzen und Kartons verbrannt, damit niemand seine Mühen sehen würde und die Kraftproben, denen er sein Talent unterzog, weil er ausschließlich in seiner Vollkommenheit in Erscheinung treten wollte.[462] Einige davon, die von seiner Hand stammen, habe ich in Florenz entdeckt und in mein *libro de' disegni* aufgenommen.[463] In ihnen offenbart sich die Größe seines Talents, gleichwohl erkennt man, daß er, um Minerva aus dem Haupt Jupiters zu holen, den Hammer Vulkans benötigte. Für seine Figuren pflegte er neun, zehn, zwölf Köpfe zu entwickeln und hatte dabei nichts anderes im Sinn, als durch ihre Verschmelzung jenen harmonischen Zusammenklang des Ganzen zu erreichen, wie die Natur ihn in dieser Anmut nicht hervorbringt. Aus diesem Grund müsse man, wie er sagte, die Zirkel im Auge und nicht in der Hand haben, da die Hände das ausführende und das Auge das urteilende Organ seien. Und so hielt er es auch in der Architektur.[464]

Niemanden mag es verwundern, daß Michelangelo an der Einsamkeit Gefallen fand, als einer, der ganz in seiner Kunst aufgeht, die den Menschen für sich allein haben will und Einkehr von ihm verlangt, weshalb derjenige, der sich ihrem Studium verschreibt, Gesellschaft meiden muß. Allerdings ist, wer sich in die Kunst versenkt, niemals einsam oder frei von Gedanken. Jene, die ihm das als Eigenbrötlertum und Wunderlichkeit auslegten, irren sich, weil jemand, der Gutes vollbringen will, sich von allen Sorgen und Ärgernissen freimachen muß, da die Kunst Geistesstärke, Einsamkeit und Muße verlangt, nicht aber geistige Zerstreuung.[465] Bei alledem pflegte Michelangelo zu gegebener Zeit Freundschaften mit vielen bedeutenden Persönlichkeiten, Gelehrten und Männern von Geist und verstand es, sie zu bewahren, wie jene zum großen Kardinal Ippolito de' Medici,[466] der ihn innig liebte. Als dieser hörte, daß Michelangelo an einem türkischen Pferd aus seinem Besitz aufgrund seiner Schönheit Gefallen gefunden hatte, besaß jener Herr die Großzügigkeit, es ihm nebst zehn mit Hafer beladenen Maultieren und einem Knecht, der es versorgen sollte, zukommen zu lassen, ein Geschenk, das Michelangelo gerne annahm. Eine enge Freundschaft verband ihn auch mit dem hochverehrten Kardinal Pole,[467] für dessen Tugenden und Güte Michelangelo schwärmte, mit Kardinal Farnese[468] und Kardinal Santa Croce, dem späteren Papst Marcellus, dazu mit den Kardinälen Ridolfi und Maffei[469] sowie dem Monsignore Bembo,[470] mit Carpi und vielen weiteren Kardinälen, Bischöfen und Prälaten, die nicht genannt werden müssen. Zu seinen weiteren Freunden zählten Monsignore Claudio Tolomei,[471] der erlauchte Messer Ottaviano de' Medici,[472] sein Gevatter, für den er einen seiner Söhne zur Taufe trug, und Messer Bindo Altoviti, dem er den Karton von der [Sixtinischen] Kapelle mit dem trunkenen Noah schenkte, der von einem seiner Söhne verhöhnt wird, während die anderen beiden seine Scham bedecken. Zu ihnen zählten außerdem Messer Lorenzo Ridolfi[473] und Messer Anibale Caro sowie Messer Giovan Francesco Lottini aus Volterra.

Mehr als alle anderen liebte er jedoch den römischen Edelmann Messer Tommaso de' Cavalieri, einen jungen Mann, der den Künsten sehr zugetan war. Damit er das Zeichnen erlernen würde, schuf er für ihn eine Reihe herrlicher Blätter, in denen er mit schwarzem und rotem Stift einige göttliche Köpfe gezeichnet hat. Dann zeichnete er ihm einen Ganymed [siehe Seite 198], den der Vogel des Jupiter in den Himmel entführt, einen Tityos, dessen Herz ein Geier frißt, Phaeton, wie er mit dem Sonnenwagen in den Po stürzt [siehe Seite 199], und ein Kinderbacchanal. Jede dieser Zeichnungen ist für sich genommen ein ganz außerordentliches Werk, wie man sie nie wieder zu Gesicht bekommen hat.[474] Auf einem großen Karton schuf Michelangelo ein naturgetreues Porträt von Messer Tommaso, obwohl er niemals zuvor noch danach irgendjemanden porträtiert hat, weil er das Nachahmen von Lebendem verabscheute, wenn es nicht von unermeßlicher Schönheit war.[475] Diese Blätter waren der

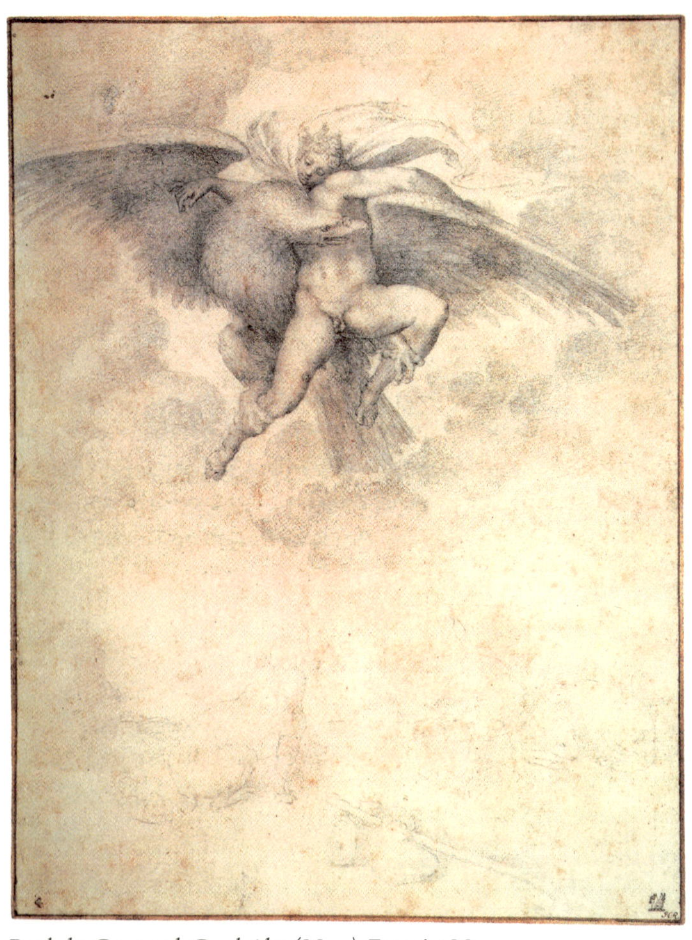

Raub des Ganymed. Cambridge (Mass.), Fogg Art Museum

Grund dafür, daß Messer Tommaso, der sich aus Vergnügen damit beschäftigte, später einen guten Teil von denen dazubekam, die Michelangelo einst für Fra Sebastiano Veneziano geschaffen hat, damit dieser sie ausführen würde. Es sind wunderbare Werke, die er wahrlich zu Recht wie Reliquien aufbewahrt und

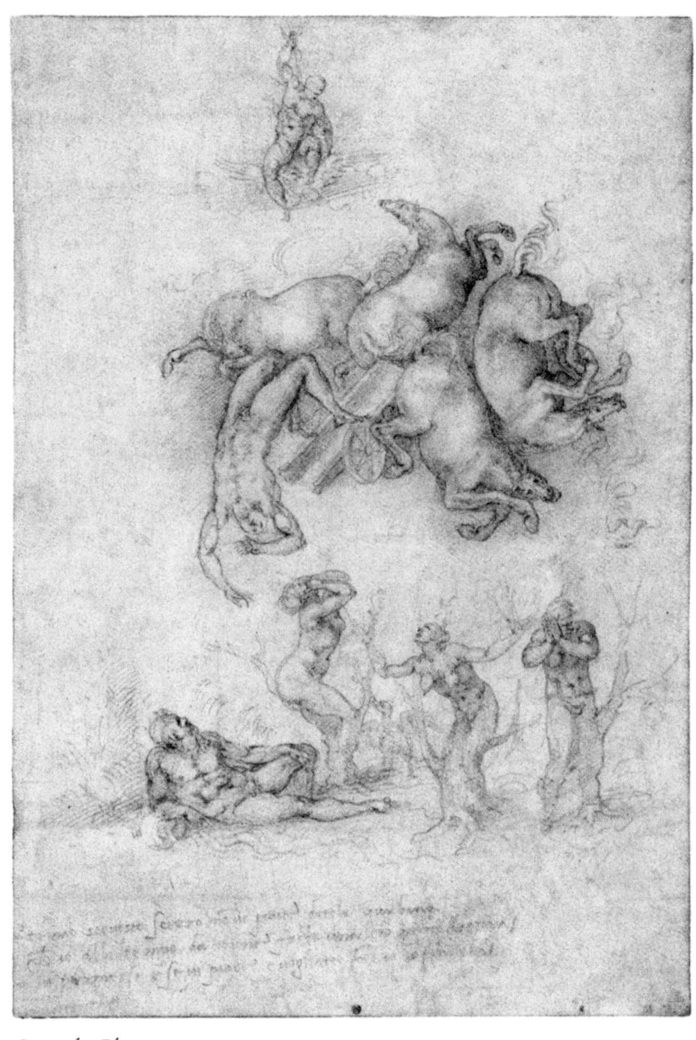

Sturz des Phaeton.
London, British Museum, Department of Prints and Drawings

sie freundlicherweise den Künstlern zur Verfügung stellt. Tatsächlich behielt Michelangelo seine Zuneigung stets edlen, verdienstvollen und würdigen Personen vor, da er wirklich in allen Dingen Urteilskraft und Geschmack bewies. Messer Tommaso ließ ihn dann eine ganze Reihe von Zeichnungen für Freunde von ihm anfertigen wie den Kardinal Cesi,[476] für dessen Altartafel er in einer neuartigen Komposition eine Verkündigung des Engels an die Madonna schuf,[477] die später von Marcello Mantovano[478] in Farbe ausgeführt und in der Kapelle angebracht wurde, die jener Kardinal in der Kirche Santa Maria della Pace in Rom aus Marmor hatte bauen lassen.[479] Eine weitere Verkündigungstafel, ebenfalls von Marcello in Farbe ausgeführt, befindet sich in der Kirche San Giovanni in Laterano, zu der Herzog Cosimo de' Medici die Zeichnung besitzt.[480] Leonardo Buonarroti, Michelangelos Neffe, hat sie nach dem Tod des Onkels Seiner Exzellenz zum Geschenk gemacht, der sie zusammen mit einem im Garten betenden Christus und vielen weiteren eigenhändigen Zeichnungen, Skizzen und Kartons Michelangelos[481] nebst der fünf Ellen großen Siegesstatue, unter der ein Gefangener liegt, wie Juwelen verwahrt. In seinem Besitz befinden sich außerdem vier in groben Zügen ausgearbeitete Gefangene, von denen man lernen kann, wie Figuren mit sicherer Methode aus dem Marmor herauszumeißeln sind, ohne dabei die Blöcke zu verstümmeln. Diese sieht folgendermaßen aus: Nimmt man eine Figur aus Wachs oder einem anderen festen Material und legt sie in ein mit Wasser gefülltes Becken, so werden – weil das Wasser an der Oberfläche flach und eben ist – beim allmählichen Emporheben besagter Figur als erstes die am meisten hervortretenden Partien sichtbar, während die rückwärtigen, das heißt die am tiefsten liegenden Teile der Figur verborgen bleiben, solange bis die Figur schließlich ganz zum Vorschein kommt. In derselben Weise muß man die Figuren mit dem Meißel aus dem Marmor hauen, indem man zuallererst die erhabensten Stellen freilegt und dann nach und nach die tieferliegenden. Dies ist die Methode, die man Michelangelo bei den obengenannten Gefangenen anwenden sieht, von denen Seine Exzellenz wünscht, daß sie den Mitgliedern seiner Accademia als Vorbild dienen mögen.[482]

Michelangelo mochte die Künstler seines Metiers und pflegte unter anderem Umgang mit Jacopo Sansovino, Rosso, Pontormo, Daniele da Volterra und Giorgio Vasari aus Arezzo, dem er unzählige Liebenswürdigkeiten erwies. Er war es auch, der jenen zur Beschäftigung mit der Architektur anhielt, in der Absicht, eines Tages von seinen Diensten Gebrauch zu machen, zudem unterhielt er sich gerne mit ihm, um über Themen der Kunst zu diskutieren. Und wer behauptet, er hätte nicht unterrichten wollen, irrt sich, weil er es bei Menschen, die ihm vertraut waren, und solchen, die ihn um Rat fragten, stets zu tun pflegte. In vielen Fällen war ich selbst zugegen, werde aber aus Zurückhaltung darüber schweigen, weil ich die Schwächen anderer nicht preisgeben möchte. Man kann dies gut daran ermessen, wieviel Pech er mit denen hatte, die bei ihm im Haus lebten, wo ihm Zöglinge unterkamen, die kaum geeignet waren, ihn nachzuahmen. Sein Schüler Pietro Urbano aus Pistoia hatte zwar Talent, wollte sich jedoch niemals abmühen. Antonio Mini hätte wohl gewollt, besaß aber keinen regen Verstand, und wenn das Wachs hart ist, läßt es sich nicht gut prägen. Ascanio dalla Ripa Transone plagte sich weidlich, was man jedoch weder bei seinen Werken noch bei seinen Zeichnungen jemals fruchten sah. Er pinselte einige Jahre lang an einer Tafel herum, zu der Michelangelo ihm den Karton gegeben hatte, und am Ende löste sich die in ihn gesetzte schöne Hoffnung in Rauch auf. Ich entsinne mich, daß Michelangelo wegen seiner Plackerei solches Mitleid mit ihm bekam, daß er ihm eigenhändig half, was aber nur wenig nützte. Und hätte er, wie er mir einige Male sagte, einen [wahren] Zögling gehabt, so würde er trotz seines hohen Alters regelmäßig die Anatomie [das Sezieren] praktiziert und dazu Schriften zum Nutzen seiner Künstlerkollegen verfaßt haben, die häufig irrige Vorstellungen von ihr hatten. Allerdings zweifelte er an seiner Fähigkeit, schriftlich zum Ausdruck zu bringen, was er im Sinn hatte, da ihm die Übung im Reden fehlte, obwohl er in der ungebundenen Sprache seiner Briefe seine Idee mit wenigen Worten sehr wohl zu erklären vermochte, zumal er sich mit großem Vergnügen die Lektüre der im *volgare* schreibenden Dichter und insbesondere von Dante widmete, den er ungemein verehrte und dessen Ideen und Einfälle er sich zum Vorbild nahm, was gleichermaßen für Petrarca galt. Er dichtete zum Zeitvertreib sehr ernste Madrigale und Sonette, die Gegenstand von Kommentaren wurden, während Messer Benedetto Varchi in der Florentiner Accademia eine glänzende Vorlesung über jenes Sonett hielt, das folgendermaßen beginnt:

> »Was sich des größten Meisters Schau erschafft,/ birgt alles schon der ungestalte Stein.«[483]

Unzählige seiner Sonette sandte er der erlauchten Markgräfin von Pescara,[484] die ihm in Versen und Prosa antwortete und von deren Tugenden er ebenso angetan war wie sie von den seinen. Viele Male kam sie von Viterbo nach Rom, um ihn zu besuchen, und Michelangelo zeichnete für sie eine ganz wunderbare Pietà mit dem Leichnam Christi im Schoß der Madonna und zwei kleinen Engelchen, außerdem eine göttliche Zeichnung des an das Kreuz genagelten Christus [siehe rechts], der den Kopf hebt, um seinen Geist dem Vater anzuempfehlen, sowie einen Christus mit der Samariterin am Brunnen.[485]

Als vorbildlicher Christ, der er war, fand Michelangelo großen Gefallen an der Heiligen Schrift und brachte den von Girolamo Savonarola verfaßten Werken tiefe Verehrung entgegen, da er die Stimme jenes Ordensmannes von der Kanzel herab gehört hatte.[486] Über alles liebte er menschliche Schönheit, um sie, Schönes unter Schönem auswählend, in der Kunst nachzuahmen, da man ohne ihre Imitation kein vollkommenes Werk zu gestalten vermag;[487] all das ohne lüsterne und unehrenhafte Gedanken, was er mit seiner Lebensweise vorgeführt hat. Er war unglaublich genügsam und gab sich in seiner Jugend mit ein wenig Brot und Wein zufrieden, um konzentriert bei der Arbeit zu bleiben. Diese Angewohnheit behielt er bis ins Alter bei, als er sich, während er das Jüngste Gericht in der [Sixtinischen] Kapelle schuf, nach getaner Arbeit abends an einem äußerst kargen

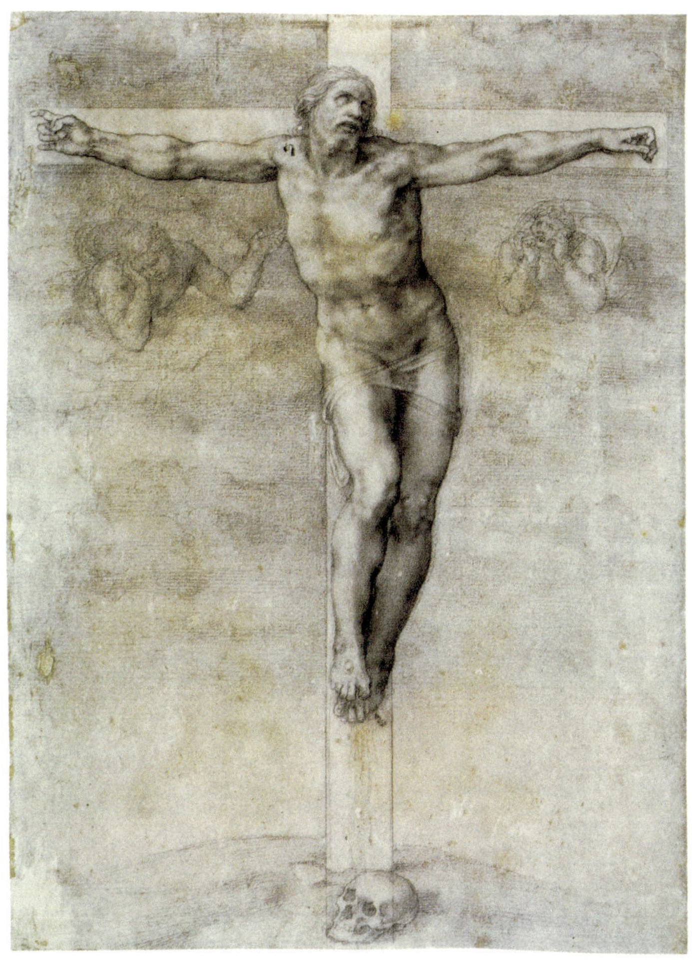

Christus am Kreuz. London, British Museum

Mahl labte. Er lebte also trotz seines Reichtums wie ein armer Mann: Niemals oder nur selten speiste er mit einem Freund, auch wollte er von keinem Geschenke annehmen, da er meinte, für immer demjenigen verpflichtet zu sein, von dem er etwas bekommen hatte.[488] Diese Nüchternheit ließ ihn hellwach sein und mit sehr wenig Schlaf auskommen, und da er nachts oft nicht schlafen konnte, stand er auf, um mit dem Meißel zu arbeiten.[489] Zu diesem Zweck hatte er sich eine Kopfbedeckung aus festem Papier gemacht, auf der er in der Mitte eine brennende Kerze befestigte und sich auf diese Weise dort, wo er arbeitete, Licht verschaffte, ohne die Hände dabei zu behindern. Vasari, der diese Haube einige Male zu Gesicht bekam, fiel auf, daß er kein Wachs dafür verwendete, sondern Kerzen aus reinem Ziegentalg, die vortrefflich sind, weshalb er ihm vier Pakete davon mit einem Gewicht von vierzig Pfund zukommen ließ. Sein aufmerksamer Diener brachte sie ihm um zwei Uhr nachts, und als er sie ihm aushändigen, Michelangelo sie aber nicht annehmen wollte, sagte er: »Messere, sie haben mir auf dem Weg von der Brücke bis hierher die Arme lahm werden lassen und ich will sie nicht wieder nach Hause tragen. Vor Eurer Tür ist doch so schöner dicker Matsch, da würden sie hübsch aufrecht stehen, ich will sie also alle anzünden.« Michelangelo entgegnete ihm: »Leg sie hierher, ich will nicht, daß Du vor meiner Tür Unsinn treibst.« Er erzählte mir, wie er in seiner Jugend oft in Kleidern geschlafen habe, weil er, erschöpft von der Arbeit, keinen Wert darauf legte, sich auszuziehen, nur um sich wenig später wieder ankleiden zu müssen. Einige haben ihn des Geizes bezichtigt, doch da irren sie sich, da er sowohl mit Kunstwerken als auch mit seinem Vermögen das Gegenteil bewiesen hat.

Von den Kunstwerken hat man ihn einige verschenken sehen: Messer Tommaso de' Cavalieri, Messer Bindo und Fra Sebastiano schenkte er, wie schon erwähnt, Zeichnungen von hohem Wert. Seinem Schüler Antonio Mini hingegen überließ er alle seine Zeichnungen, Kartons und das Bild der Leda sowie alle Wachs- und Tonmodelle, die er jemals geschaffen hat und die, wie gesagt, alle in Frankreich blieben. Dem Florentiner Edelmann Gherardo Perini,[490] mit dem er gut befreundet war, schenkte er drei Blätter mit einigen in schwarzer Kreide ausgeführten göttlichen Köpfen,[491] die nach seinem Tod in die Hände des erlauchten Fürsten Don Francesco von Florenz gelangten, der sie wie Kleinode schätzt, die sie tatsächlich sind [siehe Seite 206]. Für Bartolomeo Bettini[492] schuf er einen Karton der Venus und einen sie küssenden Cupido,[493] ein göttliches Werk, das sich heute bei seinen Erben in Florenz befindet, und für den Markgrafen del Vasto[494] den außerordentlichen Karton eines ›Noli me tangere‹,[495] beides Werke, die Pontormo, wie wir schon sagten, vortrefflich in Farbe ausführte.[496] Die zwei Gefangenen schenkte er Herrn Roberto Strozzi, die zerschlagene Marmorpietà hingegen überließ er seinem Diener Antonio und Francesco Bandini. Ich weiß deshalb nicht, wie man diesen Mann des Geizes bezichtigen kann, wo er doch so viele Dinge verschenkt hat, mit denen man mehrere tausend Scudi hätte verdienen können. Und was kann man mehr über ihn sagen, als daß ich durch meine Anwesenheit vor Ort weiß, welche Menge an Entwürfen er erstellte und wie viele Gemälde und Gebäude er besichtigen ging, ohne je etwas dafür zu verlangen?

Doch kommen wir zum Geld, das er sich im Schweiße seines Angesichts und nicht durch irgendwelche Einkünfte oder Tauschgeschäfte, sondern mit Fleiß und Mühe verdiente: Kann man einen Mann geizig nennen, der so wie er viele arme Leute unterstützte und für zahlreiche junge Mädchen insgeheim Ehen stiftete, der noch dazu alle reich gemacht hat, die ihm bei seinen Arbeiten zur Hand gingen oder ihm dienten, wie seinen Diener Urbino, der durch ihn ein sehr vermögender Mann wurde? Jener war ihm als sein Schüler lange Zeit ergeben gewesen, und als Michelangelo ihn fragte »Was machst Du, wenn ich sterbe?« und er antwortete »Ich werde einem anderen dienen«, da rief Michelangelo: »Oh Du Armer, Deinem Elend will ich vorbeugen.« Und auf einen Schlag schenkte er ihm zweitausend Scudi, wie es sonst nur Kaiser und mächtige Päpste zu tun pflegen.[497] Ganz zu schweigen davon, daß er seinem Neffen einmal drei- und einmal viertausend Scudi gab und ihm schließlich neben den Besitztümern in Rom zehntausend Scudi hinterließ.[498]

Michelangelo besaß ein ausgezeichnetes und umfassendes Gedächtnis, und es genügte ihm, die Werke anderer nur einmal

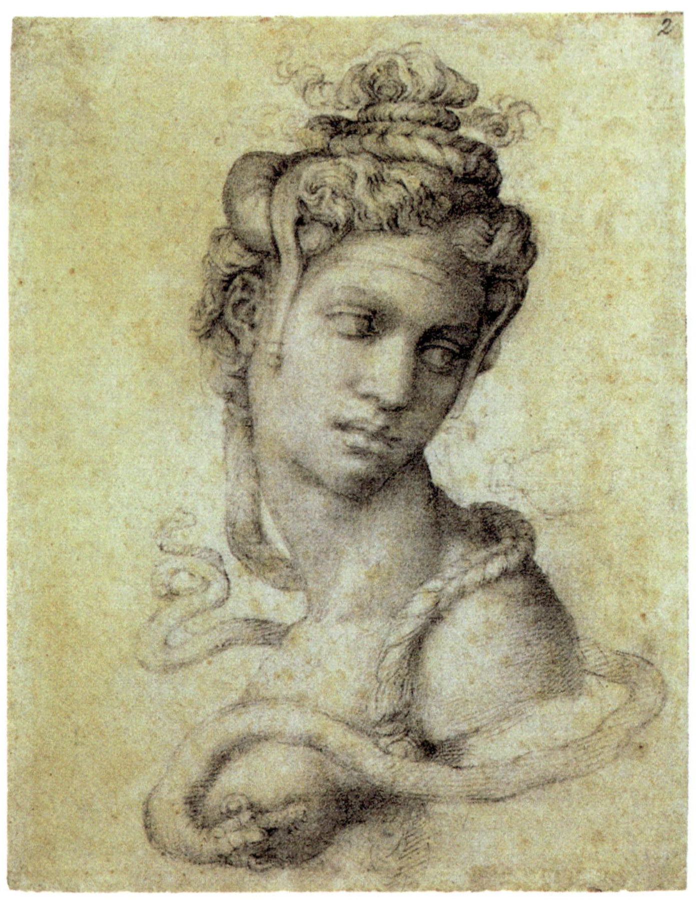

Kleopatra. Florenz, Casa Buonarroti

anzusehen, um sie perfekt im Gedächtnis zu behalten und sie sich bei Gelegenheit in einer Weise zunutze zu machen, daß es kaum jemandem auffiel. Dabei hat er sich niemals in seinen Werken wiederholt, weil er sich an alles erinnerte, was er je geschaffen hat. Einmal wetteten sie in seiner Jugend bei einem Abendessen im Kreis seiner Malerfreunde, wer eine Figur darstellen könne, die keinen *disegno* hätte und so plump wäre wie die Hampelmänner jener Dilettanten, welche die Mauern beschmieren. Er verließ sich dafür auf sein Gedächtnis, weil er sich erinnerte, eine dieser plumpen Darstellungen auf einer Mauer gesehen zu haben, und schuf sie so, als stünde sie ihm noch genau vor Augen. Damit übertraf er all jene anderen Maler, was keine leichte Aufgabe für einen Mann war, der so vom *disegno* durchdrungen und an ausgewählte Dinge gewöhnt war wie er, der sie in ihrer Reinheit hervorzubringen trachtete.[499]

Er war jähzornig, und dies mit Recht gegen jene, die ihn beleidigt hatten, doch niemals hat man ihn Rache üben sehen, vielmehr erlebte man ihn äußerst geduldig und bescheiden in seinem ganzen Benehmen. Er redete ungemein klug und gebildet und gab Antworten voller Ernst, konterte zuweilen aber auch mit sinnreichen Sprüchen voller Witz und Scharfsinn. Vieles von dem, was er gesagt hat, haben wir aufgeschrieben, wir geben hier aber nur eine Auswahl davon wieder, weil es zu lange dauern würde, alles anzuführen.[500]

Einmal sprach ihn einer seiner Freunde auf den Tod an und sagte zu ihm, er müsse sich wohl sehr über ihn grämen, da er sich in der Kunst in einem fort aufgerieben habe, ohne je zur Ruhe zu kommen. All das zähle nicht, gab er zurück; wenn man das Leben schön fände, dürfe einem auch der Tod, der aus der Hand desselben Meisters stamme, nicht unwillkommen sein. Ein Bürger, der ihn vor Orsanmichele in Florenz stehen und die Statue des Heiligen Markus von Donatello betrachten sah, wollte von ihm wissen, was er von jener Figur hielt. Michelangelo antwortete, daß er nie eine Gestalt gesehen habe, die mehr das Aussehen eines rechtschaffenen Mannes gehabt hätte als jene, und wenn der Heilige Markus so ausgesehen habe, dürfe man seinen Schriften ruhig Glauben schenken.[501] Als man ihm eine Zeichnung vorlegte, um ihm einen Jungen anzuempfehlen, der seinerzeit das Zeichnen erlernte, und jemand entschuldigend hinzufügte, daß jener sich erst seit kurzem mit der Kunst befasse, entgegnete Michelangelo: »Das sieht man.« Eine ähnliche Bemerkung machte er zu einem Maler, der eine Pietà gemalt hatte, die ihm nicht gut gelungen war: Ihr Anblick sei, wie er sagte, wirklich zum Erbarmen.[502]

Als er erfuhr, daß Sebastiano Veneziano in der Kapelle von San Pietro in Montorio einen Ordensbruder darstellen sollte, erklärte er, der würde ihm das Werk verderben. Und nach dem Grund befragt, erwiderte Michelangelo, daß sie die Welt verdorben hätten, die doch so groß sei, es also eine Kinderspiel für sie wäre, eine so kleine Kapelle zu ruinieren. Ein Maler hatte mit größter Mühe über einen langen Zeitraum hinweg ein Werk geschaffen, das ihm, als er es enthüllte, einen ordentlichen Gewinn einbrachte. Als man Michelangelo nach seiner Meinung über den Urheber jenes Bildes fragte, antwortete er: »Solange er nach Reichtum strebt, wird er stets arm bleiben.« Ein Freund von ihm, der ein Geistlicher war, der bereits die Messe lesen durfte, kam eines Tages im Büßergewand und vollgespickt mit Stacheln nach Rom, und als er Michelangelo grüßte, tat dieser so, als hätte er ihn nicht gesehen, wodurch der Freund gezwungen war, ihm seinen Namen zu nennen. Michelangelo zeigte sich erstaunt, ihn in jenem Aufzug zu sehen, und fügte dann fast erfreut hinzu: »Oh, wie seid Ihr schön! Wenn Ihr innen so ausschaut, wie ich Euch von außen sehe, wie gut für Eure Seele.« Ein anderer hatte ihm einen Freund empfohlen, den Michelangelo eine Statue ausführen ließ, und als jener ihn bat, ihm etwas mehr zu geben, tat Michelangelo dies gerne. Derselbe Freund, der ihn darum gebeten hatte, grämte sich dann aber vor Neid, als er Michelangelo entgegen seiner Erwartung diese Bitte erfüllen sah. Michelangelo wurde davon in Kenntnis gesetzt und gab zurück, daß er solche ›Kanaltypen‹[503] nicht leiden könne. Mit dieser Metapher aus der Architektur wollte er zum Ausdruck bringen, daß man mit doppelzüngigen Leuten nicht gut verkehren könne.

Einer seiner Freunde fragte ihn nach seiner Meinung über einen Bildhauer, der die berühmtesten Skulpturen der Antike in Marmor nachgebildet hatte und sich damit brüstete, die antiken Meister um Längen übertroffen zu haben, worauf seine Antwort lautete: »Wer anderen folgt, wird diese niemals hinter sich lassen, und wer nicht von sich aus Gutes hervorzubringen weiß, kann von den Werken anderer nicht gut Gebrauch machen.«[504] Irgendein Maler (ich weiß nicht welcher) hatte ein Werk ausgeführt, in dem ein Ochse viel besser als die anderen Dinge gemalt war, und als man Michelangelo fragte, warum der Maler jenes Tier viel lebendiger als das übrige dargestellt habe, sagte er: »Jeder Maler porträtiert sich selbst am besten.«[505] Und als er einmal am Baptisterium von Florenz vorbeiging, wollte man von ihm wissen, was er von jenen Türen halte. Darauf antwortete er: »Sie sind so schön, daß sie gut und gern die Pforten zum Paradies sein könnten.«[506]

Er stand in Diensten eines Fürsten, der jeden Tag seine Pläne änderte und an nichts festhielt: »Dieser Herr«, sagte Michelangelo zu einem Freund, »hat einen Geist wie eine Wetterfahne. Jeder Wind, der hineinbläst, bringt sie dazu, daß sie sich dreht.« Einmal ging Michelangelo sich eine Skulptur anschauen, die nach ihrer Fertigstellung im Freien aufgestellt werden sollte. Der Bildhauer gab sich große Mühe, den Lichteinfall der Fenster so auszurichten, daß sie sich gut darbieten würde, woraufhin er zu ihm sagte: »Mach' Dir nicht die Mühe, das Licht auf dem Platz ist es, das zählt«, womit er andeuten wollte, daß bei öffentlich ausgestellten Werken das Volk entscheidet, ob sie gut oder schlecht sind.

In Rom gab es einen bedeutenden Fürsten, der aus Vergnügen den Architekten vorgab und für die Aufstellung von Statuen eine Reihe von Nischen bauen ließ, die jeweils dreimal so hoch wie breit und oben mit einem Ring versehen waren. Als er jedoch versuchte, diverse Statuen in ihnen zu plazieren, nahmen sie sich nicht gut aus, weshalb er Michelangelo fragte, was man dort anbringen könne. Der antwortete: »Hängt ein paar Bündel Aale an den Ring da.« In die Baukommission von Sankt Peter wurde ein Herr berufen, der als Vitruv-Kenner und Bauprüfer auftrat. »Ihr habt da einen am Bau«, sagte man zu Michelangelo, »der großen Verstand besitzt.« »Das stimmt«, entgegnete Michelangelo, »doch seine Urteilskraft ist miserabel.«

Ein Maler hatte eine Szene geschaffen, bei der vieles von anderswo her, aus Blättern und Gemälden, stammte, so daß sich in jenem Werk nichts fand, was nicht übernommen worden wäre. Man zeigte es Michelangelo, der es sich ansah, und als ihn ein guter Freund fragte, was er denn dazu meinte, gab er zur Antwort: »Gut hat er's gemacht, aber ich frage mich, was mit dieser Szene am Tag des Jüngsten Gerichts passiert, wenn alle Körper ihre Glieder nehmen und dort nichts übrigbleiben wird« – eine Mahnung an alle Kunstschaffenden, eigenständig zu arbeiten.[507]

Als er einmal den Weg über Modena nahm, sah er von der Hand des Meisters Antonio Bigarino,[508] eines Bildhauers aus Modena, viele schöne Statuen aus Terrakotta,[509] die wie Marmor angemalt waren und ihm als vortreffliche Werke erschienen. Weil jener Bildhauer sich nicht auf die Arbeit in Marmor verstand, sagte Michelangelo: »Wehe den antiken Statuen, wenn dieser Ton zu Marmor würde.« Als man Michelangelo sagte, er solle etwas gegen Nanni di Baccio Bigi unternehmen, der ihm tagtäglich Konkurrenz zu machen versuchte, erwiderte er: »Wer mit einem Taugenichts ringt, gewinnt rein gar nichts.« Und ein mit ihm befreundeter Priester sagte: »Wie schade für Euch, daß Ihr nicht geheiratet habt, denn dann hättet Ihr viele Kinder und würdet ihnen angesehene Werke hinterlassen.« »Nur zu sehr bin ich verheiratet, und zwar mit der Kunst, die mir stets Qualen bereitet hat. Meine Kinder sollen die Werke sein, die ich hinterlasse, und wenn sie auch nicht der Rede wert sind, so werden sie doch eine Weile überdauern. Und welch ein Jammer wäre es für Lorenzo di Bartoluccio Ghiberti,[510] hätte er die Türen von San Giovanni[511] nicht geschaffen, denn seine Söhne und Neffen haben alles, was er hinterlassen hat, verkauft und zugrunde gerichtet; die Türen aber stehen noch.«

Eines Nachts, als Vasari von Julius III. wegen einer Zeichnung zu Michelangelos Haus geschickt wurde, traf er ihn bei der Arbeit an der später von ihm zerschlagenen Marmor-Pietà an. Michelangelo erkannte ihn an der Art, wie er an die Tür klopfte, erhob sich von der Arbeit und griff sich eine Lampe am Henkel. Als Vasari ihm sein Anliegen vorgebracht hatte, schickte er Urbino wegen der Zeichnung nach oben. Sie begannen nun von anderen Dingen zu reden und dabei fiel Vasaris Blick auf das Bein der Christusgestalt, an dem Michelangelo gerade arbeitete und das er abzuändern versuchte. Um zu verhindern, daß Vasari dies sah, ließ er die Lampe aus der Hand fallen und rief, im Dunkeln stehend, nach Urbino, damit er ein Licht brächte. Und während er aus dem Verschlag heraustrat, in dem die Pietà stand, sprach er: »Ich bin so alt, daß mich der Tod oft am Mantel zupft, weil ich mit ihm gehen soll. Eines Tages werde ich wie diese Lampe zu Boden fallen und das Licht des Lebens wird verlöschen.« Bei alledem fand er Gefallen an einem gewissen Menschenschlag nach seinem Geschmack, wie dem Dutzendmaler Menighella aus Valdarno,[512] einem einfachen, aber überaus freundlichen Mann, der Michelangelo zuweilen aufsuchte, damit er ihm eine Zeichnung machte für einen Heiligen Rochus oder einen Heiligen Antonius, die er für irgendwelche Bauern malen sollte. Michelangelo, den man nur schwer dazu brachte, für Könige zu arbeiten, ließ alle Arbeit stehen und liegen und fertigte nach Art und Wunsch Menighellas simple Zeichnungen an. Unter anderem ließ er ihn ein Modell von einem wunderschönen Kruzifix machen, von dem er eine Form herstellte und mit Pappmaché und anderen Mixturen Abdrücke davon nahm, die er auf dem Land verkaufen ging. Darüber starb Michelangelo fast vor Lachen, insbesondere wenn so hübsche Dinge passierten wie jene Begebenheit mit einem Bauern, der von Menighella einen Heiligen Franziskus malen ließ und keinen Gefallen daran fand, daß Menighella sein Gewand aschgrau gemalt hatte, und es lieber in einer schöneren Farbe gehabt hätte. Daraufhin malte Menighella ihm einen Chormantel aus Brokat auf den Leib und stellte den Bauern damit zufrieden.

Genauso sehr liebte Michelangelo den Steinmetzen Topolino,[513] der sich einbildete, ein tüchtiger Bildhauer zu sein, aber völlig unfähig war. Viele Jahre lang hielt er sich in den Steinbrüchen von Carrara auf, um Michelangelo mit Marmorblöcken zu versorgen. Niemals hätte er ein beladenes Boot abfahren lassen, ohne ihm die Entwürfe von drei oder vier Figürchen mitzuschicken, über die Michelangelo sich kaputtlachte. Als er schließlich zurückgekehrt war, machte Topolino sich an die Fertigstellung eines Merkurs, den er bereits grob in Marmor gehauen hatte. Als nur noch wenig daran fehlte, bat er Michelangelo eines Tages, ihn sich anzusehen, und drängte inständig darauf, seine Meinung zu hören: »Du bist ein Narr, Topolino, Statuen schaffen zu wollen«, sagte Michelangelo zu ihm. »Siehst du denn nicht, daß diesem Merkur von den Knien bis zu den Füßen mehr als eine Drittel Elle fehlt, daß du ihn zum Zwerg gemacht und verunstaltet hast?« »Oh, wenn das alles ist und die Figur sonst keinen Fehler hat, werde ich dem Abhilfe schaffen. Laßt mich nur machen.« Michelangelo lachte einmal mehr über seine Einfalt, und nachdem er gegangen war, nahm Topolino ein Stück Marmor, trennte dem Merkur unterhalb der Knie eine Viertel Elle ab, paßte das Stück in den Marmor ein und fügte alles feinsäuberlich zusammen, indem er dem Merkur ein Paar Stiefel machte, deren Rand die Verbindungsstelle überlappte, und ihn auf diese Weise um das fehlende Stück verlängerte. Dann ließ er Michelangelo erneut kommen und zeigte ihm seine Arbeit. Da mußte er wieder lachen und war überrascht, wie solche Einfaltspinsel unter dem Druck der Notwendigkeit auf Lösungen kommen, die tüchtigen Männern nicht einfallen würden.[514]

Während Michelangelo mit der Fertigstellung des Grabmals von Julius II. beschäftigt war, ließ er von einem auf Marmor spezialisierten Steinmetzen eine Herme ausführen, die am Grabmal in San Pietro in Vincoli aufgestellt werden sollte, indem er ihn folgendermaßen anwies: »Heute nimmst Du dies hier weg, dann glätte das hier und poliere dort.« Auf diese Weise ließ er ihn eine Figur gestalten, ohne daß jener es merkte. Als sie vollendet war und jener sie staunend betrachtete, sagte Michelangelo: »Was hältst Du davon?« »Sie scheint mir gut«, antwortete jener, »und ich bin Euch zu großem Dank verpflichtet.« »Weshalb?« fragte Michelangelo weiter. »Weil ich durch Euch ein Talent entdeckt habe, von dem ich nicht einmal wußte, das ich es habe.«[515]

Um dies abzukürzen, sage ich nur noch, daß dieser Mann sich einer ausgezeichneten körperlichen Verfassung erfreute, dabei mager war und einen strammen, sehnigen Körper besaß. Obwohl er ein schwächliches Kind gewesen war und als Mann zwei ernsthafte Erkrankungen durchgemacht hatte, ertrug er stets jede Anstrengung und litt an keinem Gebrechen, außer daß er im Alter Beschwerden beim Wasserlassen und Nierengrieß hatte, der schließlich Steine bildete. Viele Jahre lang ist er deshalb von Meister Realdo Colombo, der ein sehr guter Freund von ihm war, katheterisiert und mit Sorgfalt kuriert worden. Er war von mittlerer Statur, breit in den Schultern, doch wohlproportioniert im Verhältnis zum restlichen Körper. Als er älter wurde, trug er über Monate hinweg ununterbrochen Stiefel aus Hundefell an den nackten Beinen, so daß ihm, wenn er sie ausziehen wollte, häufig die Haut mit abging. Über die Strümpfe zog er Stiefel aus Korduanleder,[516] die er zum Schutz vor Feuchtigkeit innen verschnürte. Er hatte ein rundes Gesicht und eine viereckige, breite Stirn mit sieben geraden Furchen; seine Schläfen sprangen viel weiter vor als die Ohren, die eher groß waren und von den Wangen abstanden. Dabei stand sein recht großer Körper in stimmigem Verhältnis zum Gesicht. Seine Nase war ziemlich plattgedrückt, als Folge des Faustschlags, mit dem Torrigiani sie ihm, wie in seiner Vita berichtet, gebrochen hatte. Die Augen waren eher klein, von horngelber Farbe mit gelblichen und bläulichen Einsprengseln und mit Wimpern von spärlichem Wuchs. Er hatte schmale Lippen, die untere dabei kräftiger und etwas vorstehend. Das Kinn fügte sich gut in die übrigen Maßverhältnisse. Sein Haar war ebenso schwarz und mit vielen grauen Strähnen durchzogen wie sein Bart, der eher kurz, in der Mitte geteilt und nicht besonders dicht war.[517]

Zweifellos stellte sein Erscheinen in der Welt, wie ich anfangs sagte, ein von Gott gesandtes Beispiel für die Meister unserer Künste dar, um sie durch sein Leben Umgangsformen zu lehren und ihnen durch seine Werke die Beschaffenheit wahrer und ausgezeichneter Künstler deutlich zu machen.[518] Und ich, der ich Gott für zahllose glückliche Begebenheiten zu danken habe, wie sie den Menschen unserer Profession nur selten widerfahren, nenne unter den wichtigsten diejenige, zu Michelangelos Lebzeiten geboren und darüber hinaus als würdig erachtet worden zu sein, ihn zum Meister zu haben, und daß er mir außerdem, wie jeder weiß, ein enger Vertrauter und Freund war, wovon die Briefe zeugen, die er an mich schrieb. Der Wahrheit zuliebe und aus Verpflichtung gegenüber seinem Wohlwollen habe ich eine Menge Dinge über ihn zu Papier bringen können, die alle wahr sind und von vielen anderen so nicht wiedergegeben werden können. Der andere glückliche Umstand ist der, den er selbst mir erläuterte: »Giorgio, danke Gott, daß er Dich Herzog Cosimo dienen ließ, der keine Kosten scheute, allein um der Genugtuung willen, Dich bauend und malend seine Gedanken und Entwürfe zur Ausführung bringen zu sehen. Wenn Du an die anderen Künstler denkst, deren Leben Du aufgeschrieben hast, so hatten nicht viele dasselbe Glück.«

Ganz Rom war zugegen, als Michelangelo unter Mitwirkung der gesamten Zunft, aller seiner Freunde und der Florentiner Gemeinde mit glanzvollen Leichenfeierlichkeiten in einer Gruft in Santi Apostoli[519] beigesetzt wurde, da Seine Heiligkeit beschlossen hatte, ihm mit einem Grabmal in Sankt Peter in Rom ein besonderes Andenken zu setzen.

Sein Neffe Leonardo traf ein, als alles vorüber war, obwohl er mit der Postkutsche reiste. Und Herzog Cosimo, der Michelangelo nicht lebend in seinen Dienst hatte stellen und ehren können, beschloß nach Erhalt der Nachricht, ihn nach Florenz überführen zu lassen und nicht eher zu ruhen, bis er ihn nach seinem Tod mit aller erdenklichen Pracht geehrt haben würde. So wurde er nach Art von Handelsware heimlich in einem Ballen verschickt. Man wählte diesen Weg, um in Rom kein Aufsehen zu erregen und vielleicht daran gehindert zu werden, den Leichnam Michelangelos nach Florenz zu bringen.[520] Bei der Nachricht von Michelangelos Tod und noch vor seinem Eintreffen folgten die bedeutendsten Maler, Bildhauer und Architekten dem Ruf des Statthalters ihrer Accademia und versammelten sich. Damals bekleidete der ehrwürdige Don Vincenzo Borghini[521] das Amt des Statthalters, der sie daran erinnerte, daß sie kraft ihrer Statuten dazu verpflichtet seien, jeden ihrer Brüder im Tod zu ehren. Und da sie dies anläßlich der Bestattung von Fra Giovan Angelo Montorsoli, der nach der Gründung der Accademia als erster gestorben war, so liebevoll und zur großen allgemeinen Zufriedenheit erfüllt hätten, würden sie wohl einsehen, was zur Ehrung Buonarrotis angemessenerweise zu tun sei, der von allen Mitgliedern der Bruderschaft einstimmig zum obersten Mitglied der Accademia und ihrer aller Haupt gewählt worden war. Und da sie dem Verdienst jenes Mannes alle mit größter Zuneigung zutiefst ergeben waren, war ihre Antwort auf diesen Vorschlag, daß man auf jeden Fall etwas arrangieren wolle, um ihm mit allen ihnen zur Verfügung stehenden Mitteln Ehre zu erweisen. Weil man die Angelegenheit in Ruhe abwickeln und nicht jeden Tag so viele Menschen unter großen Umständen zusammentreten lassen wollte, wurden vier Männer für die Ausrichtung der Begräbnis- und Totenfeiern gewählt: Die Maler Agnolo Bronzino[522] und Giorgio Vasari sowie die Bildhauer Benvenuto Cellini und Bartolomeo Ammannati, allesamt von namhaftem Ruf und glänzendem Prestige in ihren Künsten. Sie sollten, wie ich sage, untereinander und gemeinsam mit dem Statthalter die Art und Weise aller Aktionen besprechen und festlegen, wobei sie ermächtigt waren, über alle Mitglieder der Bruderschaft und Accademia zu verfügen. Diese Aufgabe übernahmen sie um so lieber, als junge wie alte Künstler sich ausnahmslos voller Enthusiasmus bereit erklärten, die für jene Zeremonie benötigten Malereien und Skulpturen gemäß ihrer jeweiligen Profession auszuführen. Anschließend gaben sie Weisung, daß der Statthalter kraft seines Amtes zusammen mit den Konsuln im Namen der Bruderschaft und Accademia den Herzog von allem in Kenntnis setzen und diesen um die erforderlichen Mittel und Ermächtigungen bitten sollten, insbesondere darum, die besagten Begräbnisfeierlichkeiten in San Lorenzo abhalten zu dürfen, der Kirche des ehrwürdigen Hauses der Medici, wo sich der überwiegende Teil der Werke befindet, die von Michelangelos Hand in Florenz zu sehen sind.

Darüber hinaus möge Seine Exzellenz so gnädig sein, die Leichenrede von Messer Benedetto Varchi[523] verfassen und halten zu lassen, damit das vortreffliche Talent Michelangelos durch die vortreffliche Redekunst dieses Mannes gewürdigt werden würde. Varchi stand nämlich hauptsächlich im Dienst Seiner Exzellenz und hätte eine solche Aufgabe nicht ohne dessen Einvernehmen übernommen, obwohl sie sicher waren, daß er als Mensch von herzensgutem Charakter und als jemand, der Michelangelos Andenken aufs treueste ergeben war, von sich aus niemals abgelehnt hätte.

Dies getan, wurden die Akademiker verabschiedet und von besagtem Statthalter ein Brief folgenden Inhalts an den Herzog aufgesetzt:

»Die Accademia und Bruderschaft der Maler und Bildhauer hat, das Wohlgefallen Ihrer hochverehrten Exzellenz voraussetzend, den gemeinsamen Beschluß gefaßt, das Andenken Michelangelo Buonarrotis zumindest in Teilen zu ehren, was aus allgemeiner Schuldigkeit gegenüber dem großen Verdienst des besten Künstlers, den es in ihrem Beruf vielleicht je gegeben hat, und insbesondere im Interesse ihrer gemeinsamen Heimat geschieht, als auch wegen des großen Nutzens, den diese Künste durch die Vollkommenheit seiner Werke und seine Einfälle erfahren haben. Sie empfinden es daher als ihre Pflicht, seinem Talent nach besten Kräften ihre Gewogenheit zu beweisen, weshalb sie ihren Wunsch in einem Brief an Eure hochverehrte Exzellenz dargelegt und Euch als ihren Schirmherrn um Unterstützung ersucht haben. Sie haben mich gebeten und meines Erachtens bin ich dazu verpflichtet, da es Eurer hochverehrten Exzellenz gefiel, mir auch dieses Jahr den Titel Eures Statthalters in ihrer Vereinigung zu verleihen. Darüber hinaus scheint es mir ein denkbar schmeichelhafter Antrag, von virtuosen und dankbaren Menschen vorgebracht. Vor allem aber ist mir bekannt, wie sehr Eure hochverehrte Exzellenz ein Bewunderer von Talent ist und in dieser Zeit als einziger Schutzherr einen Zufluchtsort für begabte Menschen darstellt, worin Ihr den Weg Eurer Vorfahren weitergeht, die den herausragenden Vertretern dieser Künste außerordentliche Gunst erwiesen haben. So erhielt auf Anordnung von Lorenzo il Magnifico der längst verstorbene Giotto im Dom eine Statue,[524] während er für Fra Filippo auf eigene Kosten ein wunderschönes Marmorgrabmal[525] errichten ließ; und noch vielen anderen wurden bei verschiedenen Anlässen bedeutende Vorteile und Ehren gewährt. All diese Gründe haben mich darin bestärkt, Eurer hochverehrten Exzellenz das Bittgesuch dieser Accademia anzuempfehlen, die das Talent Michelangelos zu ehren wünscht, welcher ein Schüler und besonderer Schützling der Schule Lorenzo il Magnificos war. Dies wird zu ihrer außerordentlichen Freude, zum allergrößten Wohlgefallen der Allgemeinheit, zum nicht geringen Ansporn für die Ausübenden dieser Künste geschehen und für ganz Italien ein Beweis Eures schönen Geistes und der umfassenden Güte Eurer hochverehrten Exzellenz sein. Möge Gott Euch zum Wohl Eures Volkes und zur Förderung künstlerischer Begabung noch lange glücklich gesinnt bleiben.«[526]

Auf jenen Brief antwortete besagter Herzog wie folgt:

»Ehrwürdiger und teuerster Freund, der Tatendrang, den Ihr und jene Accademia zur Ehrung von Michelangelo Buonarrotis Andenken gezeigt habt und zeigt, der dieses Leben für ein besseres verlassen hat, konnte uns nach dem Verlust dieses einzigartigen Mannes viel Trost spenden, und wir wollen nicht nur Eurer Bittschrift nachkommen, sondern auch dafür Sorge tragen, daß seine Gebeine, wie er es unserer Kenntnis nach selber wünschte, nach Florenz gebracht werden. Dies alles schreiben wir der vorgenannten Accademia, um sie noch weiter darin anzufachen, das Talent dieses Mannes auf alle erdenkliche Arten zu feiern. Möge Gott Euch gnädig sein.«[527]

Der Wortlaut des Briefs oder besser gesagt der Bittschrift, die hier erwähnt wird und welche die Accademia an den Herzog richtete, war folgender:

»Hochverehrter etc., die Accademia und die Mitglieder der durch Gnade und Gunst Eurer hochverehrten Exzellenz gegründeten Compagnia del Disegno haben sich versammelt, als sie erfuhren, mit wieviel Eifer und Leidenschaft Ihr den Leichnam Michelangelo Buonarrotis durch Euren Abgesandten in Rom nach Florenz habt bringen lassen, und es wurde einstimmig beschlossen, die Feierlichkeiten zu seinem Begräbnis nach bestem Wissen und Vermögen auszurichten. Da ihr bekannt ist, daß Ihre hochverehrte Exzellenz von Michelangelo ebensosehr geschätzt wurde, wie Ihr ihm zugetan wart, bitten sie Euch, daß Ihr ihnen in Eurer unendlichen Güte und Großmut folgendes gestattet: Erstens besagte Leichenfeierlichkeiten in der Kirche San Lorenzo abhalten zu dürfen, die von den Vorfahren Ihrer Exzellenz erbaut worden ist und in der so viele schöne Werke der Architektur und Bildhauerkunst Michelangelos versammelt sind, und in deren Nähe Ihr den Sitz zu erbauen gedenkt, der für besagte Accademia e Compagnia del Disegno gleichsam Domizil und ständige Schule der Architektur, Bildhauerei und Malerei sein soll. Zweitens erbittet sie von Euch, Messer Benedetto Varchi zu beauftragen, die Leichenrede nicht nur verfassen, sondern auch selbst vortragen zu wollen, was er auf unsere Bitten hin äußerst freimütig zu tun versprach, sofern Eure hochverehrte Exzellenz sich damit einverstanden erklärt. Drittens bittet und ersucht sie Eure Exzellenz darum, es möge Ihr aus derselben Güte und Großmütigkeit gefallen, sie in all jenem zu unterstützen, was sie über ihre äußerst geringen Mittel hinaus beim Abhalten besagter Begräbnisfeierlichkeiten dringend benötigen wird. Jeder einzelne dieser Punkte wurde in Gegenwart und mit Zustimmung des erlauchten, hochehrwürdigen Monsignore Messer Vincenzo Borghini, Prior des Findelhauses und Statthalter Seiner hochverehrten Exzellenz bei besagter Accademia e Compagnia del Disegno, verhandelt und beschlossen. Diese … etc.«[528]

Auf jenen Brief der Accademia sandte der Herzog folgende Antwort:

»Liebste Freunde, wir sind sehr gewillt, all Euren Bitten in vollem Umfang nachzukommen, da wir dem einzigartigen Talent Michelangelo Buonarrotis und Eurem ganzen Beruf seit jeher große Zuneigung entgegenbringen. Laßt darum nicht davon ab, Eure Planungen für seine Begräbnisfeier umzusetzen, da wir nicht säumen werden, Euch in allem Notwendigen zu unterstützen. Man hat Messer Benedetto Varchi wegen der Rede geschrieben und den Leiter des Findelhauses angehalten, Euch in diesem Vorhaben weiterhin zur Seite zu stehen. Gehabt euch wohl. Aus Pisa.«[529]

Der Brief an Varchi lautete:

»Liebster Messer Benedetto, die Zuneigung, die wir dem einzigartigen Talent Michelangelo Buonarrotis entgegenbringen, läßt uns wünschen, sein Andenken auf jede erdenkliche Weise zu ehren und

> zu feiern. Wir würden es daher begrüßen, wenn Ihr uns zuliebe für die Abfassung der Rede Sorge trüget, die anläßlich der von den Abgeordneten der Accademia arrangierten Begräbnisfeierlichkeiten gehalten werden soll. Und noch lieber wäre es uns, wenn Ihr sie mit eigener Stimme halten würdet. Gehabt euch wohl.«[530]

Auch Messer Bernardino Grazzini[531] schrieb den Abgeordneten, daß man sich beim Herzog kein brennenderes Verlangen in dieser Angelegenheit wünschen könne und sie sich von Seiner hochverehrten Exzellenz jede Hilfe und Gunst erwarten dürften.

Während diese Dinge in Florenz verhandelt wurden, hörte Leonardo Buonarroti, Michelangelos Neffe, der auf die Nachricht von der Krankheit seines Onkels hin mit der Postkutsche nach Rom gereist war, Michelangelo aber nicht mehr lebend angetroffen hatte, von Daniele da Volterra, einem Intimus Michelangelos, und auch von anderen, die jenem gesegneten alten Mann nahegestanden hatten, daß er verlangt und darum gebeten habe, seinen Leichnam nach Florenz zu bringen, seiner so noblen und zärtlichst geliebten Vaterstadt. Mit großer Entschlossenheit ließ jener den Leichnam daraufhin rasch in aller Vorsicht aus Rom herausschaffen und wie ein gewöhnliches Handelsgut in einen Ballen verpackt nach Florenz schicken.[532]

Ich will hier nicht verschweigen, daß dieser letzte Wille Michelangelos die reine Wahrheit verkündet, nämlich daß seine langjährige Abwesenheit von Florenz, was auch immer einige sagen mögen, allein durch die Qualität des Klimas bedingt war. Die Erfahrung hatte ihn gelehrt, daß die rauhe und strenge Florentiner Luft seiner körperlichen Verfassung äußerst abträglich war, während ihn das wesentlich lieblichere und gemäßigtere Klima von Rom bis ins neunzigste Jahr bei bester Gesundheit erhalten hatte, mit Sinnen so scharf und intakt wie eh und je und solchen Kräften für sein Alter, daß er bis zum letzten Tag nicht aufhörte, an irgend etwas zu arbeiten.[533]

Die plötzliche, fast überraschende Ankunft von Michelangelos Leichnam in Florenz machte es unmöglich, damals sofort zu tun, was sie dann später in die Tat umsetzten.[534] Deshalb wurde der Sarg auf Geheiß der Abgeordneten am selben Tag seines Eintreffens, sprich am elften März, der auf einen Samstag fiel, ohne weiteres Aufhebens in die Bruderschaft der Himmelfahrt gebracht, die unter dem Hauptaltar und den Treppen im hinteren Teil von San Pier Maggiore[535] angesiedelt war. Am darauffolgenden Tag, also dem Sonntag der zweiten Fastenwoche, versammelten sich sämtliche Maler, Bildhauer und Architekten in aller Heimlichkeit unweit von San Pier [Maggiore], wohin sie nichts anderes als eine ganz aus Gold gewirkte, bestickte Samtdecke brachten, die den mit einem Kruzifix geschmückten Sarg und die ganze Bahre bedeckte. Ungefähr um halb ein Uhr nachts, während alle sich um den Leichnam drängten, ergriffen plötzlich die ältesten und hervorragendsten Künstler zahlreiche der dort hinterlegten Fackeln, und die jüngeren faßten mit einer solchen Schnelligkeit an die Bahre, daß Glück hatte, wer herankam und mit der Schulter daruntergleiten konnte; sie waren wohl der Meinung, daß sie sich eines Tages damit würden rühmen können, die Gebeine des bedeutendsten Mannes getragen zu haben, den ihre Künste je gesehen haben.

Die Zusammenkunft bei San Pier [Maggiore] blieb nicht unbemerkt und zog, wie in solchen Fällen üblich, viele Leute dorthin, um so mehr, als man munkelte, es sei der Leichnam Michelangelos, der da angekommen war und nun nach Santa Croce gebracht werden sollte. Wie ich bereits sagte, tat man alles, um die Angelegenheit nicht bekannt werden zu lassen, da man eine Ausbreitung des Gerüchts und einen Massenauflauf in der Stadt verhindern wollte, die sicher zu Tumult und Unruhe geführt hätten. Außerdem wünschten sie, den schlichten Akt, der damals geplant war, eher in Stille als mit Pomp zu begehen und alles weitere mit mehr Ruhe auf einen günstigeren Zeitpunkt zu verschieben. Doch in beiden Fällen schlug ihr Vorhaben ins Gegenteil um: Wie gesagt, lief die Neuigkeit in der Menge von Mund zu Mund, und augenblicklich füllte sich die Kirche, so daß man den Leichnam schließlich nur unter allergrößten Schwierigkeiten aus der Kirche in die Sakristei bringen konnte, wo man ihn aus dem Ballen wickelte und in die provisorische Grabnische legte. Was die Art der Ehrung angeht, so ist wohl nicht zu leugnen, daß der Anblick einer großen Ansammlung Geistlicher, einer Menge Wachskerzen und einer schwarzgekleideten, dichtgedrängten Menschenmasse Leichenfeierlichkeiten den Anschein von Pracht und Größe verleiht. Nicht weniger bewegend aber war es, jene vortrefflichen Männer, die heute in so hohem Ansehen stehen und es künftig noch viel mehr sein werden, so unvorbereitet mit einer Vielzahl liebevoller Verrichtungen und in tiefer Zuneigung um jenen Leichnam geschart zu sehen. In der Tat ist die Zahl der Künstler in Florenz (die dort vollzählig versammelt waren) zu allen Zeiten sehr groß gewesen, weil die Künste dort stets in solcher Blüte standen, daß ich glaube, daß man, ohne den anderen Städten Unrecht zu tun, Florenz als ihre eigentliche und ursprüngliche Wiege und Wohnstätte bezeichnen darf, so wie es früher Athen für die Wissenschaften war. Jener Künstlerschar folgte eine große Zahl Bürger, und viele weitere standen entlang der Straßenränder, an denen man vorbeizog, so daß es dort bald keinen Platz mehr gab. Vor allem aber, und das war das Beste daran, hörte man von allen Seiten nichts als Lob auf Michelangelos Verdienste: die wahre Kunst, so hörte man sagen, besäße solche Kraft, daß Zuneigung und Ehre ihre natürlichen Begleiter blieben, auch wenn jegliche Hoffnung auf Gewinn oder Ehre, die sich ein Künstler machen darf, schwinden würde. Dadurch erschien diese Ehrenbezeigung viel lebendiger und kostbarer, als ihr jedes Gold- und Stoffgepränge hätte verleihen können.

Mit diesem schönen Gefolge wurde der Leichnam nach Santa Croce gebracht und, nachdem die Ordensbrüder die bei Verstorbenen üblichen Zeremonien abgehalten hatten, wie gesagt unter größten Schwierigkeiten, durch die zusammenströmende Volksmenge in die Sakristei getragen. Dort entschied der Statthalter kraft seines Amtes, den Sarg öffnen zu lassen, womit er vielen einen Gefallen zu tun glaubte und auch (wie er später bekannte) aus dem Wunsch heraus, denjenigen im Tod zu sehen, den er zu Lebzeiten nie oder nur in einem Alter gesehen hatte, an das er keine Erinnerung mehr bewahrte. Und so geschah es. Er selbst und alle, die wir dort anwesend waren, erwarteten, den Leichnam in einem Zustand fortgeschrittener Verwesung vorzufinden, weil doch bereits fündundzwanzig[536] Tage seit seinem Tod vergangen waren und er zweiundzwanzig Tage lang im Sarg gelegen hatte. Statt dessen sahen wir ihn in allen Teilen so wohl erhalten und frei von jeglichem Gestank, daß wir ihn eher in einem sanften, tiefen Schlaf wähnten. Nicht nur waren seine Gesichtszüge noch genauso wie zu Lebzeiten (außer einem Hauch von Leichenblässe), auch sonst war kein einziges Körperglied verstümmelt oder in irgendeiner Weise abstoßend. Und Kopf und Wangen fühlten sich bei Berührung so an, als sei er erst wenige Stunden zuvor gestorben.[537]

Nachdem der Ansturm der Leute vorüber war, gab man Order, ihn bei der Tür zum Kreuzgang des Kapitelsaals in eine provisorische Grabnische der Kirche neben dem Altar der Cavalcanti zu bringen. Unterdessen war das Gerücht in der Stadt umgelaufen und eine derart große Schar junger Leute herbeigeeilt, um ihn zu sehen, daß man große Mühe hatte, die Grabnische zu schließen. Wäre es Tag und nicht Nacht gewesen, hätte man sie viele Stunden lang offen lassen müssen, um der Allgemeinheit Genüge zu tun. Am folgenden Morgen begannen die Maler und Bildhauer mit der Vorbereitung des Ehrengeleits, während sich viele der schöngeistigen Menschen, die es in Florenz immer im Überfluß gab, in der Zwischenzeit anschickten, über dieser Grabnische lateinische und volkssprachliche [italienische] Verse anzuheften. Eine Weile ging dies so weiter, und schließlich hat man einige dieser Kompositionen in einem Druck veröffentlicht, die allerdings nur einen geringfügigen Teil der damals verfaßten Werke ausmachten.[538]

Kommen wir nun auf die Begräbnisfeierlichkeiten zu sprechen, die man nicht, wie ursprünglich geplant, am Tag nach Sankt Johannis veranstaltete, sondern auf den 14. Juli verschob: Nachdem die drei Delegierten den Bildhauer Zanobi Lastricati[539] zu ihrem Oberhaupt gewählt hatten (Benvenuto Cellini hatte sich anfänglich etwas unpäßlich gefühlt und war bei ihren

Zusammenkünften niemals erschienen[540]), beschlossen sie, zugunsten eines sinnreichen und ihren Künsten angemessenen Apparats auf eine pompöse und kostspielige Inszenierung zu verzichten. »Hat man«, so sagten jene Delegierten und ihr Oberhaupt, »einen Mann wie Michelangelo zu ehren, noch dazu durch Menschen desselben Berufs, die weitaus mehr Talent als bedeutende Vermögen besitzen, so muß man dies in der Tat nicht mit königlichem Pomp und unmäßiger Selbstgefälligkeit tun, sondern durch Erfindungen und Werke voll Geist und Liebreiz, die der Fähigkeit und dem Geschick unserer Hände und Künstler zu verdanken sind und somit Kunst durch Kunst geehrt wird. Obgleich wir uns von Seiner Exzellenz, dem Herzog, jede notwendige Geldsumme erhoffen dürfen und wir den erbetenen Betrag bereits erhalten haben, ist es dennoch unsere feste Überzeugung, daß man sich von uns vor allem etwas erwartet, das dank einer kunstvollen Erfindung geistreich und anmutig wirkt, und keine Pracht, die von hohen Ausgaben oder einer großartigen, überbordenden Festdekoration herrührt.« Dem ungeachtet zeigte sich am Ende, daß die Pracht der Werke, die aus den Händen besagter Mitglieder der Accademia hervorgingen, ihr in nichts nachstand und jene Ehrung nicht weniger glanzvoll verlief, als sie reich war an Geist und ungewöhnlichen und lobenswerten Einfällen.

Letztendlich wählte man folgenden Aufbau: Im Mittelschiff von San Lorenzo sollte, wie es dann geschah, gegenüber den beiden Seitentüren, von denen eine ins Freie und die andere in den Kreuzgang führt, der Katafalk errichtet werden, von rechteckiger Form, achtundzwanzig Ellen hoch, elf Ellen lang und neun Ellen breit, gekrönt mit einer Fama. Auf dem unteren Sockel dieses Katafalks, der vom Boden zwei Ellen in der Höhe maß, brachte man auf der zum Kirchenportal gewandten Seite zwei wunderschöne lagernde Flußgötter an, von denen einer den Arno, der andere den Tiber darstellte. Der Arno hielt ein Füllhorn mit Blumen und Früchten zum Zeichen dafür, daß die aus der Stadt Florenz in diesen Künsten hervorgegangenen Früchte so zahlreich und in einer Weise beschaffen sind, daß sie die Welt und insbesondere Rom mit außerordentlicher Schönheit erfüllt haben. Sehr gut zeigte dies der andere Flußgott, der, wie gesagt, den Tiber darstellte: Einen Arm ausgestreckt, hat er sich die Hände mit Blumen und Früchten aus dem Füllhorn des Arno gefüllt, der neben ihm auf der anderen Seite lag. Und wie er sich da an den Früchten des Arno labte, veranschaulichte er zudem, daß Michelangelo einen Großteil seines Lebens in Rom verbracht und dort jene Wunderwerke geschaffen hat, welche die Welt in Staunen versetzte. Arno war als Wahrzeichen der Löwe beigegeben und Tiber die Wölfin mit den kleinen Romulus und Remus, und beide waren sie Kolossalstatuen von außerordentlicher Größe und Schönheit, die wie aus Marmor schienen. Eine von ihnen, und zwar der Tiber, stammte von der Hand Giovanni di Benedettos aus Castello,[541] einem Schüler Bandinellis, die andere von Battista di Benedetto,[542] einem Schüler von Ammannati, beides vortreffliche junge Männer, in die man größte Hoffnungen setzte.

Von dieser Ebene erhob sich [auf allen vier Seiten] eine Wandfläche, die mit den Gesimsen unten, oben und an den Seiten fünfeinhalb Ellen maß und dabei jeweils in der Mitte Platz für vier Bilder ließ. Das erste dieser Bilder auf der Seite der beiden Flußgötter war in *chiaroscuro* gemalt, wie alle übrigen Malereien dieser Festdekoration auch. Es zeigte den erlauchten Lorenzo de' Medici den Älteren, wie er in seinem Garten, von dem an anderer Stelle berichtet wurde,[543] den Knaben Michelangelo empfängt, nachdem er einige Probestücke von ihm gesehen hatte, die darauf hindeuteten, daß aus jenen ersten Blüten bald die reichen Früchte eines regen und großartigen Geistes hervorgehen würden.

Die Szene in besagtem Bildfeld wurde von Mirabello[544] und Girolamo del Crucifissaio[545] gemalt, die man so nannte und die als enge Freunde und Gefährten den Auftrag zu diesem Werk gemeinsam übernahmen. Darin sah man erwähnten Lorenzo il Magnifico mit lebendigen und lebhaften Gesten naturgetreu porträtiert, wie er den von Ehrfurcht ganz erfüllten Knaben Michelangelo anmutig in seinem Garten aufnimmt und ihn nach der Prüfung einigen Lehrern übergibt, die ihn unterrichten sollen.

Der Reihe nach folgte in der zweiten Szene, gegenüber der ins Freie führenden Seitentür, die Darstellung von Papst Clemens, wie er entgegen der im Volk herrschenden Meinung, Seine Heiligkeit sei wegen der Vorfälle bei der Belagerung von Florenz über Michelangelo verärgert, ihn nicht nur beruhigt und liebenswürdig empfängt, sondern ihn auch an der Neuen Sakristei und der Bibliothek von San Lorenzo beschäftigt, Orte, an denen er, wie schon gesagt, göttliche Arbeit geleistet hat. In diesem Bild hatte der Flame Friedrich, genannt del Padovano,[546] mit viel Geschick und überaus zartem Stil Michelangelo dargestellt, wie er dem Papst den Grundriß besagter Sakristei zeigt, während hinter ihm einige Engelchen und andere Gestalten die Modelle der Bibliothek, der Sakristei und der Statuen herbeitragen, die man heute dort vollendet sieht. All das war sehr gut konzipiert und mit Sorgfalt ausgeführt.

Im dritten Bildfeld, das wie die übrigen auf der ersten Ebene plaziert war und zum Hauptaltar blickte, stand eine große lateinische Inschrift, die der hochgelehrte Messer Pier Vettori[547] verfaßt hatte und deren Sinn in florentinischer [italienischer] Sprache folgendermaßen lautete:

»Die Accademia der Maler, Bildhauer und Architekten hat mit der Gunst und Unterstützung von Herzog Cosimo de' Medici, ihrem Oberhaupt und höchstem Schirmherr dieser Künste, in Bewunderung für das vortreffliche Talent Michelangelo Buonarrotis und als kleine Anerkennung für den durch seine göttlichen Werke empfangenen Nutzen dieses Denkmal, das aus ihren eigenen Händen und ihrer ganzen, von Herzen kommenden Zuneigung hervorgegangen ist, der Vortrefflichkeit und dem Talent des größten Malers, Bildhauers und Architekten gewidmet, den es je gegeben hat.«

Der lateinische Wortlaut war folgender:

COLLEGIUM PICTORUM, STATUARIORUM, ARCHITECTORUM, AUSPICIO OPEQUE SIBI PROMPTA COSMI DUCIS AUCTORIS SU-

ORUM COMMODORUM, SUSPICIENS SINGULAREM VIRTUTEM MICHAELIS ANGELI BONARROTAE INTELLIGENSQUE QUANTO SIBI AUXILIO SEMPER FUERINT PRAECLARA IPSIUS OPERA, STUDUIT SE GRATUM ERGA ILLUM OSTENDERE, SUMMUM OMNIUM QUI UNQUAM FUERINT P. S. A., IDEOQUE MONUMENTUM HOC SUIS MANIBUS EXTRUCTUM MAGNO ANIMI ARDORE IPSIUS MEMORIAE DEDICAVIT.

Dieses Epitaph wurde von zwei kleinen Engeln gehalten, die mit weinenden Gesichtern eine Fackel löschen, so als betrauerten sie das Verlöschen dieses großen und einzigartigen Talents. In dem darauffolgenden, zur Tür des Kreuzgangs gerichteten Bild sah man, wie Michelangelo anläßlich der Belagerung von Florenz die Stadtmauer auf der Anhöhe von Poggio a San Miniato baut, die als uneinnehmbares Wunderwerk galt. Dieses Bild stammte von der Hand Lorenzo dello Sciorinas,[548] einem Schüler Bronzinos und sehr vielversprechenden jungen Mann. Dieser unterste Teil, der sozusagen die Basis des gesamten Aufbaus bildete, hatte an jeder Ecke ein vorspringendes Piedestal, auf dem jeweils eine überlebensgroße Statue stand, zu deren Füßen sich eine weitere derselben Größe, aber in der ungewöhnlichen Pose eines Untergebenen und Besiegten kauerte. Die erste Statue rechts auf der zum Hauptaltar gewandten Seite war ein schlanker Jüngling, der, ganz Geist und wunderschöne Lebendigkeit, den Verstand darstellte, mit zwei kleinen Flügelchen an den Schläfen, so wie man zuweilen Merkur malt. Unter diesem Jüngling befand sich eine mit unglaublicher Sorgfalt ausgeführte wunderschöne Figur mit Eselsohren, die den Todfeind des Verstandes, die Ignoranz, verkörperte. Beide Statuen stammten von der Hand Vincenzio Dantis[549] aus Perugia, von dem an anderer Stelle ausführlicher zu sprechen sein wird, wie auch von seinen Werken, die unter denen der jungen Bildhauer einzigartig sind.

Auf dem anderen Piedestal zur Rechten, in Richtung Hauptaltar und Neuer Sakristei, stand eine Frauengestalt als Personifikation der christlichen Liebe: Erfüllt von aller Güte und Frömmigkeit, ist sie nichts anderes als eine Verschmelzung all jener Tugenden, die von uns die theologischen, von den Heiden die moralischen genannt werden. Und zu Recht ist die Tugend eines Christen mit frömmsten Sitten unter Christen damit geehrt worden, daß sie der Hüterin der Gesetze Gottes und des Seelenheils, ohne die alle anderen Zierden des Körpers und des Geistes wenig oder gar nichts zählen, einen angemessenen und ehrenvollen Platz zugewiesen haben. Diese Figur, die unter sich das Laster beziehungsweise die Unbarmherzigkeit niedertrat, stammte aus der Hand Valerio Ciolis,[550] eines tüchtigen jungen Mannes, der hochintelligent ist und es verdient, als sehr urteilsfähiger und sorgfältig arbeitender Bildhauer gelobt zu werden.

Ihr gegenüber, auf der Seite der Alten Sakristei, hatte man stimmigerweise eine ähnliche Figur als Göttin Minerva beziehungsweise die Kunst dargestellt. Wahrheitsgemäß darf man nämlich sagen, daß es nach den guten Eigenschaften in den Umgangsformen und der Lebensführung, die bei den Besten stets an erster Stelle zu stehen haben, die Kunst gewesen ist, die diesem Mann nicht nur Ehre und Vermögen, sondern auch großen Ruhm einbrachte. Früchte, man kann es wohl sagen, die er schon zu Lebzeiten genossen hat und die hervorragende und tüchtige Männer kraft ihrer vorzüglichen Werke allenfalls nach dem Tod durch Ruhm zu ernten pflegen. Mehr noch, daß er mit alledem den Neid in einer Weise besiegte, daß man ihm einhellig und ohne jeden Widerspruch den Rang und Namen des bedeutendsten und größten Künstlers zuerkannt hat. Aus diesem Grund lag zu Füßen dieser Figur der Neid als dürre, zerrüttete Alte mit Vipernaugen und einem Gesicht, das mit jedem Zug Gift und Galle verströmte, um deren Leib sich außerdem Schlangen wanden und deren Hand eine Viper hielt. Diese beiden Statuen stammten von einem sehr jungen Mann namens Lazzaro Calamech aus Carrara,[551] der von Kindheit an bis heute mit einigen Werken in Malerei und Bildhauerei großartige Kostproben eines schönen und ausgesprochen lebhaften Talents gegeben hat.

Von der Hand Andrea Calamechs,[552] dem Onkel des zuvor genannten und Schüler Ammannatis, waren die beiden Statuen auf dem vierten Piedestal gegenüber der Orgel, das zum Haupteingang der Kirche gerichtet war. Die erste stellte den Eifer dar, da jene, die sich nur wenig und zögerlich einsetzen, niemals solche Hochachtung wie Michelangelo erlangen können, der, wie oben zu sehen war, seit dem frühen Knabenalter von fünfzehn Jahren bis zu seinem neunzigsten Lebensjahr niemals aufhörte zu arbeiten. Diese Statue des Eifers, die für diesen Mann mehr als angemessen war, wurde von einem stolzen und kräftigen Jüngling verkörpert, der am Unterarm, kurz oberhalb des Handgelenks, zwei kleine Flügel als Symbol von Schnelligkeit und Quantität in der Arbeit hatte. Unter ihm lag als Gefangene die gefesselte Faulheit oder besser der Müßiggang, dargestellt durch eine schlaffe, müde Frau, die in ihren Gesten insgesamt schwerfällig und schläfrig wirkte. Diese in der beschriebenen Weise aufgestellten vier Figuren bildeten eine sehr ansprechende und prachtvolle Komposition, und alle wirkten sie wie aus Marmor, da man dem Ton einen weißen Anstrich verliehen hatte, der sich sehr schön ausnahm.

Über dieser Ebene mit den genannten Figuren erhob sich ein weiterer Sockel, der ebenfalls viereckig und ungefähr vier Ellen hoch, doch in Länge und Breite viel kleiner war als der darunter, und zwar um so viel, wie Vorsprung und Einfassung maßen, auf denen besagte Figuren standen. Auf jede Seite war ein Bild von sechseinhalb Ellen Breite und drei Ellen Höhe gemalt. Darüber erhob sich in derselben Art wie darunter eine weitere Ebene, aber von geringeren Ausmaßen. An jeder Ecke saß auf dem Vorsprung einer Säulenbasis eine lebensgroße oder auch überlebensgroße Figur: Diese vier Frauengestalten waren anhand der mitgeführten Werkzeuge leicht als Malerei, Bildhauerei, Architektur und Dichtkunst zu erkennen, die man hier aus den Gründen sah, die wir in der vorangegangenen Beschreibung seines Lebens geliefert haben.

Bewegte man sich vom Hauptportal der Kirche in Richtung Hauptaltar, so war im ersten Bild der zweiten Etage des Katafalks, sprich über der Szene, in der, wie gesagt, Lorenzo de' Medici Michelangelo in seinem Garten empfängt, als Allegorie der Architektur in wunderschönem Stil Michelangelo vor Papst Pius IV. gemalt, wie er das Modell des herrlichen Kuppelaufbaus von

Sankt Peter in Rom in Händen hält. Diese hochgelobte Szene hat der Florentiner Maler Piero Francia[553] mit schönem Stil und Einfall gemalt. Die Statue oder besser das Standbild der Architektur links von dieser Szene stammte von der Hand des Giovanni di Benedetto aus Castello, der, wie gesagt, auch den Tiber, einen der beiden Flußgötter am vorderen Teil des Katafalks, zu seinem großen Lob gestaltete.

Ging man rechter Hand weiter zu der ins Freie führenden Seitentür, so sah man als Allegorie der Malerei im zweiten Bild Michelangelo, wie er jenes Jüngste Gericht malt, das zwar reichlich, aber niemals zur Genüge gelobt wurde und das, wie ich sage, ein Modell für Verkürzungen und alle anderen Schwierigkeiten der Kunst ist. Diesem von den Schülern Michele di Ridolfos[554] mit viel Anmut und Sorgfalt ausgeführten Bild saß die dazugehörige Statue der Personifikation der Malerei gleichfalls zur Linken, das heißt auf der zur Neuen Sakristei gerichteten Ecke. Battista del Cavaliere[555] hat sie geschaffen, ein junger Mann, der sich nicht weniger durch seine Bildhauerkunst als durch Güte, Bescheidenheit und beispiellose Umgangsformen auszeichnete.

In dem dritten, zum Hauptaltar gewandten Bild, das sich über dem erwähnten Epitaph befand, sah man als Allegorie der Bildhauerei Michelangelo im Gespräch mit einer Frau, die sich offenbar mit ihm beriet und anhand vieler Merkmale als die Bildhauerei zu erkennen war. Umringt war Michelangelo von einigen seiner trefflichsten Werke in der Bildhauerkunst, während die Frau eine Tafel mit den Worten des Boethius[556] hielt: DU SCHUFEST GANZ NACH DEINEM BILDE.[557] Links von diesem Bild, das ein mit schönem Stil und Einfall ausgeführtes Werk des Andrea del Minga[558] war, befand sich die Statue der Bildhauerei, die der Bildhauer Antonio di Gino Lorenzi[559] sehr gut gestaltet hatte.

In der vierten der vier Szenen, die zur Orgel zeigte, sah man als Allegorie der Dichtkunst Michelangelo ganz vertieft in das Schreiben eines Gedichts, um ihn herum in wunderschöner Anmut die neun Musen in ihren geteilten Gewändern, so wie sie von den Dichtern beschrieben werden. Vor ihnen stand der lorbeerbekränzte Apoll mit der Lyra, der sich mit einem Kranz in den Händen anzuschicken schien, diesen Michelangelo aufs Haupt zu setzen. Links neben dieser anmutigen, schön komponierten Szene, die Giovan Maria Butteri[560] in wunderschönem Stil mit überaus lebhaften Haltungen und großer Lebendigkeit gemalt hat, saß die Statue der Dichtkunst, ein Werk von Domenico Poggini,[561] der nicht nur in der Bildhauerkunst und im Prägen herrlicher Münzen und Medaillen, sondern auch in der Bronzearbeit und in der Dichtkunst ein sehr erfahrener Mann war.

In dieser Form präsentierte sich der Schmuck des Katafalks, der mit seinen treppenförmigen Ebenen, auf denen man ringsherum laufen konnte, in gewisser Weise dem Augustus-Mausoleum in Rom[562] glich. Vielleicht noch mehr ähnelte er aber aufgrund seines quadratischen Grundrisses dem Septizodium des Septimius Severus,[563] nicht das beim Kapitol wohlgemerkt, das von den meisten irrtümlich so genannt wird, sondern dem richtigen, das man in den Drucken von den neuen Plänen Roms in der Nähe der Antonianischen Thermen abgebildet sieht.

Bis zu diesem Punkt hatte der Katafalk folglich drei Absätze: Dort, wo die Flußgötter lagerten, war der erste, auf dem zweiten standen die Doppel- und auf dem dritten die Einzelfiguren. Auf diesem letzten Absatz erhob sich eine Basis oder vielmehr ein Sockel, dessen Höhe eine Elle betrug, der aber in Länge und Breite viel kleiner war als besagter letzter Absatz. Auf den Vorsprüngen dieser Basis saßen die erwähnten Einzelfiguren, und ringsherum las man folgende Worte: SO WIRD KUNST DURCH KUNST GEPRIESEN.

Auf dieser Basis stand dann eine neun Ellen hohe Pyramide. Auf zwei ihrer Seiten, und zwar die Richtung Hauptportal und Altar, befand sich unten in zwei Ovalen das von Santi Buglioni[564] sehr gut ausgeführte naturgetreue Porträt Michelangelos als Relief. An der Spitze der Pyramide war eine ihren Proportionen entsprechende Kugel angebracht, die durchaus die Asche der hier geehrten Person hätte enthalten können, und oben auf

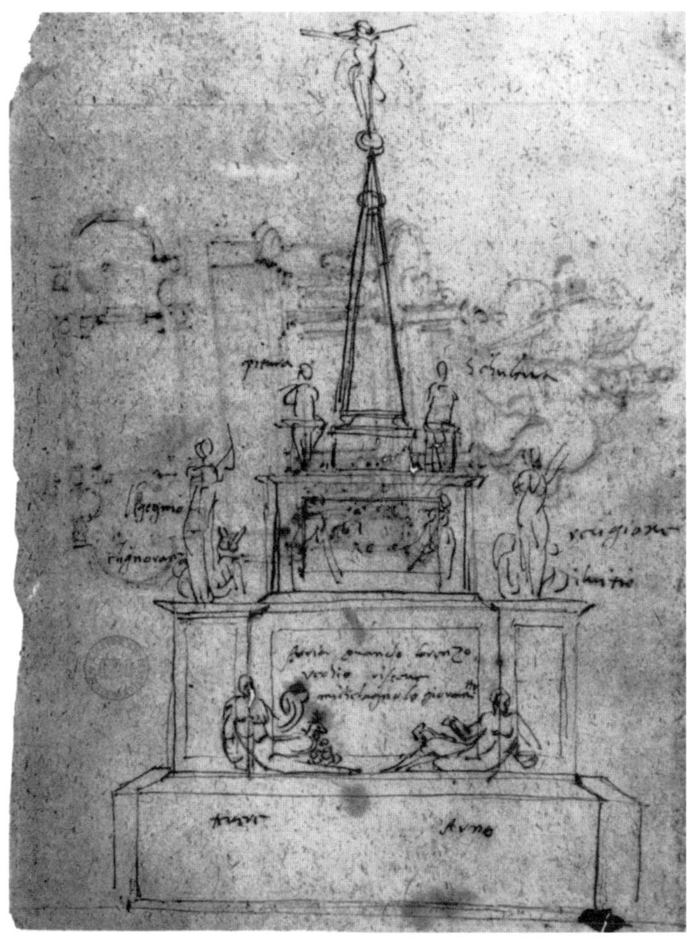

Anonym: Studie für den Katafalk Michelangelos. München, Graphische Sammlung

der Kugel befand sich überlebensgroß und scheinbar aus Marmor gebildet eine Fama, die zu fliegen schien und mit ihrer dreimündigen Trompete offenbar die ganze Welt vom Ruhm und der Ehre dieses großen Künstlers widerhallen lassen wollte.

Diese Fama[565] stammte von der Hand Zanobi Lastricatis, der es trotz der Mühen, die ihm als Verantwortlichen für das Gesamtwerk aufgebürdet waren, zu seiner großen Ehre nicht versäumen wollte, sein manuelles und schöpferisches Talent unter Beweis zu stellen. Vom Boden bis zum Haupt der Fama betrug die Höhe [des Katafalks] also, wie gesagt, achtundzwanzig Ellen [siehe Seite 231].[566]

Abgesehen von diesem Katafalk war die ganze Kirche mit schwerem Tuch und schwarzen Trauerfloren verhängt, die nicht wie üblich an den Mittelsäulen, sondern in den rings umlaufenden Kapellen aufgehängt waren, während es zwischen den Pfeilern, die in Analogie mit den Säulen die Kapellen rahmen, keine freie Fläche gab, die nicht mit irgendeiner Malerei geschmückt gewesen wäre; das alles bot in seiner Schönheit und Originalität einen reizvollen Anblick, der zugleich Bewunderung und größtes Vergnügen hervorrief.

Beginnen wir unsere Beschreibung an dem einen Ende mit dem Raum der ersten Kapelle, die sich, wenn man in Richtung Alte Sakristei geht, neben dem Hauptaltar befindet. Darin befand sich ein sechs Ellen hohes und acht Ellen breites Gemälde mit einer neuen, fast poetischen Bildfindung, die Michelangelo bei der Ankunft in den Elysäischen Feldern zeigt, und rechts von ihm, überlebensgroß, die berühmtesten und vielgepriesenen Maler und Bildhauer der Antike, von denen jeder einzelne an einem markanten Detail zu erkennen war: Praxiteles an dem Satyr aus der *vigna* von Papst Julius III., Apelles am Porträt von Alexander dem Großen, Zeuxis an der kleinen Tafel, auf der die gemalten Trauben die Vögel täuschten, und Parrhasius an dem Gemälde mit dem fingierten Vorhang. Und wie diese anhand solcher Merkmale zu erkennen waren, so ließen sich auch die übrigen durch andere bestimmen. Auf der linken Seite standen jene Künstler, die in unseren Jahrhunderten seit Cimabue berühmt gewesen sind: Giotto erkannte man an einer kleinen Tafel mit dem Jugendbildnis Dantes, das man von demselben Giotto in Santa Croce gemalt sieht; Masaccio an seinem naturgetreuen [Selbst-]Porträt; desgleichen Donatello an seinem Porträt mit seinem Zuccone vom Campanile an der Seite; und Filippo Brunelleschi an einer Abbildung seiner Kuppel von Santa Maria del Fiore. Außerdem waren dort ohne weitere Attribute folgende Künstler nach dem Leben porträtiert: Fra Filippo, Taddeo Gaddi, Paolo Uccello, Fra Giovan Angelo, Jacopo Pontormo, Francesco Salviati und andere mehr. Sie alle umringten Michelangelo und empfingen ihn wie die Künstler der Antike, voller Liebe und Bewunderung und in derselben Art, wie Vergil bei seiner Rückkehr von den anderen Dichtern in Empfang genommen wurde und wie es in der Dichtung des göttlichen Poeten Dante geschildert wird. Da die Bildfindung von dort entlehnt war, hatte man auch den Vers auf einem Schriftband übernommen, das der Flußgott Arno in wunderschöner Pose und Gestalt zu Michelangelos Füßen in einer Hand hielt:

> Alle bewundern ihn, alle erweisen ihm Ehre.[567]

Jenes Bild stammte von Alessandro Allori,[568] einem Schüler Bronzinos, der ein vortrefflicher Maler und durchaus nicht unwürdiger Schüler und Zögling dieses bedeutenden Meisters war, und alle, die es gesehen haben, lobten es in den höchsten Tönen.

An der Stirnseite der Vierung war in dem Kapellenraum des Allerheiligsten Sakraments in einem fünf mal vier Ellen großen Bild Michelangelo im Kreis der Schule der Künste dargestellt: Knaben, Jünglinge und junge Männer jeden Alters bis zum vierundzwanzigsten Lebensjahr, die ihm wie einem heiligen, göttlichen Wesen die ersten Früchte ihrer Mühen in Malereien, Skulpturen und Modellen darboten. Während er sie freundlich empfing und über künstlerische Dinge belehrte, hörten sie ihm mit größter Aufmerksamkeit zu und blickten ihn mit wirklich schönen und äußerst anmutigen Posen und Gesichtern an. In Wahrheit hätte die Komposition dieses Bildes auf seine Art nicht besser sein können, noch ließ eine der Figuren an Schönheit zu wünschen übrig, weshalb Battista,[569] Pontormos Schüler, der es ausführte, dafür unendlich gelobt wurde. Die Verse, die man unter der genannten Szene las, lauteten wie folgt:

Du Vater, Du Schöpfer der Dinge, Du erteilst uns Deinen väterlichen Rat, Ruhmreicher, aus Deinen Schriften.[570]

Ging man dann von der Stelle mit diesem Bild in Richtung Hauptportal der Kirche, so befand sich fast an der Ecke und noch bevor man die Orgel erreichte ein sechs Ellen breites und vier Ellen hohes Bild in einer Kapellennische. Thema des Gemäldes war die immense Gunstbezeugung, die Papst Julius III. Michelangelos einzigartigem Talent in außerordentlicher Weise erwiesen hat: Um das Urteil dieses großen Mannes zu einigen Bauvorhaben einzuholen, empfing er ihn in seiner *vigna*, wo er ihn neben sich sitzen ließ und sie sich eine gute Weile unterhielten, während Kardinäle, Bischöfe und andere Persönlichkeiten des Hofes um sie versammelt waren und die ganze Zeit standen. Diese Begebenheit, sage ich, war in einer derart gelungenen Komposition, mit solcher Plastizität und so lebensvollen, lebendigen Figuren gemalt, daß auch ein vortrefflicher alter Meister sie trotz großer Erfahrung womöglich nicht besser umgesetzt hätte. Somit bewies Jacopo Zucchi,[571] ein junger Mann, der dieses Bild in schönem Stil schuf und überdies ein Schüler Giorgio Vasaris war, daß man sich von ihm löblichsten Erfolg erhoffen durfte.

Unweit dieses Bildes hatte der Flame und tüchtige Maler Giovanni Strada[572] auf derselben Seite und nur etwas hinter der Orgel in einem sechs Ellen breiten und vier Ellen hohen Bild Michelangelos Flucht nach Venedig während der Belagerung von Florenz gemalt. Als er dort in dem abgelegenen Teil jener vornehmen Stadt wohnte, der Giudecca genannt wird, entsandten der Doge Andrea Gritti und die Signoria ein paar Edelleute und andere, ihn zu besuchen und ihm großzügigste Angebote zu unterbreiten. In dieser Darstellung zeigte der Maler zu seiner großen Ehre sowohl in der Gesamtkomposition als auch in jedem einzelnen Detail ein großes und kenntnisreiches Urteilsvermögen, so daß man in Ausdruck und Lebendigkeit der Gesichtszüge wie auch den Bewegungen jeder einzelnen Figur Einfallsreichtum, *disegno* und schönste Anmut gewahrte.

Kehrte man nun zum Hauptaltar zurück und wandte sich der Neuen Sakristei zu, stammte das erste Bild, sprich das im ersten Kapellenraum, von der Hand Santi di Titos,[573] einem jungen Mann mit wunderschöner Urteilskraft, der als Maler sowohl in Florenz als auch in Rom tätig war. Er hatte einen weiteren bedeutenden Gunstbeweis dargestellt, den der Fürst von Florenz, Don Francesco de' Medici, Michelangelos Talent erwies und von dem ich, wie ich meine, schon weiter oben berichtet habe. Als jener sich ungefähr drei Jahre vor Michelangelos Tod in Rom aufhielt und Michelangelo ihm seine Aufwartung machte, erhob sich der Fürst bei Buonarrotis Eintreten sofort und bestand darauf, daß er auf dem Stuhl Platz nehmen sollte, von dem er sich soeben erhoben hatte, während er selbst stehenblieb und ihm mit jener Aufmerksamkeit und Ehrfurcht zuhörte, die üblicherweise Söhne einem trefflichen Vater entgegenbringen. Auf diese Weise ehrte er diesen Mann und sein in der Tat ehrwürdiges Alter mit der größten Zuvorkommenheit, die ein junger Fürst je erwiesen hat, den Protesten des zutiefst bescheidenen Michelangelo zum Trotz. Zu Füßen des Fürsten war mit aller Sorgfalt ein kleiner Junge ausgeführt, der einen *mazzocchio*[574] oder eher noch ein herzogliches Barett in der Hand hielt, während um sie herum einige nach antiker Manier gekleidete Soldaten standen, die sehr lebhaft in einem schönen Stil ausgeführt waren. Vor allem aber hatte er den Fürsten und Michelangelo hervorragend und von so lebendiger Kraft gestaltet, daß es tatsächlich schien, als ob der Ältere sprechen und der Jüngere ihm aufmerksamst zuhören würde.

In einem weiteren neun Ellen hohen und zwölf Ellen breiten Bild gegenüber der Sakramentskapelle hatte Bernardo Timante Buontalenti,[575] ein Maler, für den der hochverehrte Fürst große Zuneigung empfand und den er sehr favorisierte, in einem wunderschönen Einfall die Flüsse der drei Erdteile[576] dargestellt, wie sie alle traurig und betrübt herbeikommen, um mit Arno den gemeinsamen Verlust zu beklagen und ihm Trost zu spenden; besagte Flüsse waren der Nil, der Ganges und der Po. Der Nil wies sich durch ein Krokodil und zum Zeichen der Fruchtbarkeit des Bodens durch einen Ährenkranz aus, der Ganges durch einen Gänsegeier und einen Kranz aus Edelsteinen und der Po durch einen Schwan und eine Krone aus schwarzem Bernstein. Von Fama, die man in der Höhe gleichsam schweben sah, in die Toskana geführt, umstanden diese Flußgötter den mit Zypressenzweigen bekränzten Arno, der mit einer Hand das leere Gefäß in die Höhe hob, in der anderen einen Zypressenzweig hielt und unter sich einen Löwen hatte. Und um zu zeigen, daß Michelangelos Seele zur höchsten Glückseligkeit in den Himmel aufgestiegen sei, hatte der scharfsinnige Maler in der Luft ein Leuchten als Zeichen des himmlischen Lichts angedeutet, dem sich die geweihte Seele in Gestalt eines kleinen Engels mit folgendem lyrischen Vers zuwandte:

> Auf der Erde lebend, strebe ich nach himmlischem Ruhm.

Seitlich standen auf zwei Sockeln zwei Figuren und hielten einen Vorhang auf, so daß es schien, als ob sich besagte Flußgötter, die Seele Michelangelos und die Fama dahinter befänden. Unter jeder der beiden Figuren lag eine weitere Gestalt: Jene rechts von den Flußgöttern stellte Vulkan mit einer Fackel in der Hand dar, während die Figur, auf deren Nacken er seine Füße setzte und die sich in unbequemer, mühevoller Haltung darunter hervorzuwinden suchte, den Haß verkörperte, dem als Erkennungsmerkmal ein Geier und folgender Vers beigegeben waren:

> Was beeilst Du Dich aufzustehen, grausamer Haß? Bleib liegen.

Bedeuten sollte dies, daß übermenschliche, fast göttliche Dinge unter keinen Umständen Haß oder Neid erregen dürfen. Die andere Figur stellte Aglaia dar, eine der drei Grazien und die Gemahlin Vulkans, die das Ebenmaß verkörpern sollte und eine Lilie in Händen hielt, einerseits weil die Blumen den Grazien geweiht sind und andererseits weil es heißt, daß die Lilie bei Begräbnissen nicht unangemessen ist. Unter ihr lag eine Figur, die das Mißverhältnis darstellte und einen Affen beziehungsweise Berberaffen als Erkennungszeichen bei sich hatte. Darüber war folgender Vers zu lesen:

> Im Leben wie im Tod lehrte er, auf diese Weise das Häßliche niederzuwerfen.

Und unter den Flußgöttern standen diese beiden Zeilen:

> Wir Flußgötter sind gekommen, Arno, betrübt über Deinen Kummer, um die der Welt geraubte Ehre zu beklagen.

Dank des Einfalls, der Schönheit der Verse, der Zusammenstellung der ganzen Szene und aufgrund des Liebreizes der Figuren galt dieses Bild als sehr schön. Und weil der Maler mit dieser Arbeit Michelangelo aus eigenem Antrieb und nicht im Auftrag ehrte wie die anderen, wobei ihm hilfsbereite und angesehene Freunde aus Respekt vor seiner Kunst zur Seite standen, verdiente er dafür noch viel größeres Lob.

In einem weiteren sechs Ellen breiten und vier Ellen hohen Bild nahe dem ins Freie führenden Seitenportal hatte Tommaso da San Frediano,[577] ein junger und sehr tüchtiger Maler, Michelangelo als Gesandten seiner Heimat vor Papst Julius II. dargestellt, zu dem er aus zuvor genannten Gründen von Soderini geschickt worden war.

Unweit des obengenannten Bildes, sprich fast auf einer Höhe mit dem nach draußen führenden Seitenportal, hatte Stefano Pieri,[578] ein Schüler Bronzinos und sehr fleißiger und eifriger junger Mann (der tatsächlich kurz zuvor ein paarmal in Rom gewesen war), in einem weiteren Bild gleichen Formats Michelangelo gemalt, wie er in einem Gemach neben dem hochverehrten Herzog Cosimo saß und sich mit ihm unterhielt, wie dies weiter oben alles zur Genüge berichtet worden ist.

Auf die erwähnten schwarzen Tücher, mit denen, wie gesagt, die ganze Kirche ringsum verhängt war, waren in jedem Kapellenraum anstelle von gemalten Bildwerken Darstellungen des Todes, Impresen und andere Dinge ähnlicher Art gemalt, die sich vom Üblichen unterschieden und schön und ungewöhnlich waren. Als ob sie beklagen wollten, daß die Welt notgedrungen eines solchen Menschen beraubt werden mußte, las man bei einigen [Figuren] folgende Worte auf einem Schriftband: DAS UNAUSWEICHLICHE SCHICKSAL HAT ES ERZWUNGEN. Daneben sah man aus einer Weltkugel einen in der Mitte gebrochenen Lilienstengel mit drei Blütenköpfen[579] hervorsprießen, ein höchst phantasievoller Einfall des obengenannten Alessandro Allori. Es gab weitere Todesdarstellungen mit anderen Einfällen, doch insbesondere eine darunter bekam viel Lob: Dem auf dem Boden niedergestreckten Tod setzte die Ewigkeit mit einem Palmzweig in der Hand den Fuß in den Nacken und schaute ihn so verächtlich an, als ob sie ihm sagen wollte, daß er seiner Unausweichlichkeit und seinem Gebot zum Trotz nichts bewirkt hätte, »da Michelangelo deiner ungeachtet auf jeden Fall fortleben wird«. Die Devise lautete: DIE RUHMREICHE TUGEND HAT GESIEGT. Und dies war eine Erfindung von Vasari. Ich will nicht unerwähnt lassen, daß zwischen jeder dieser Todesgenien Michelangelos Imprese angebracht war, die aus drei Kränzen oder vielmehr drei ineinander verschlungenen Ringen bestand, und zwar so, daß die Kreislinie des einen jeweils durch den Mittelpunkt der beiden anderen hindurchging. Michelangelo bediente sich jenes Emblems, wohl um zu verstehen zu geben, daß die drei Künste Bildhauerei, Malerei und Architektur miteinander verwoben und in einer Weise verbunden sein müßten, daß jede von allen zugleich Vorteil und Zierde empfangen und selbst austeilen würde, sie also weder voneinander getrennt werden können noch dürfen; vielleicht sah er aber als Mensch von erhabenem Geist eine noch viel feinsinnigere Bedeutung darin. Die Akademiker jedenfalls, die ihn in allen drei Gattungen für vollkommen erachteten, haben ihm die drei Ringe in drei ineinander verschlungene Kronen verwandelt, mit der Devise: ERHÖHT DURCH DREIFACHE EHRE.[580] Damit wollten sie zum Ausdruck bringen, daß man ihm in den drei genannten Künsten zu Recht die Krone der höchsten Vollkommenheit schuldet.

Die Kanzel, von der Varchi die später im Druck erschienene Leichenrede hielt, wies keinerlei Verzierung auf, da sie ein Bronzewerk des vortrefflichen Donatello mit Szenen im Halb- und Flachrelief war und deshalb jeglicher Schmuck, den man darauf angebracht hätte, weitaus weniger schön gewesen wäre.

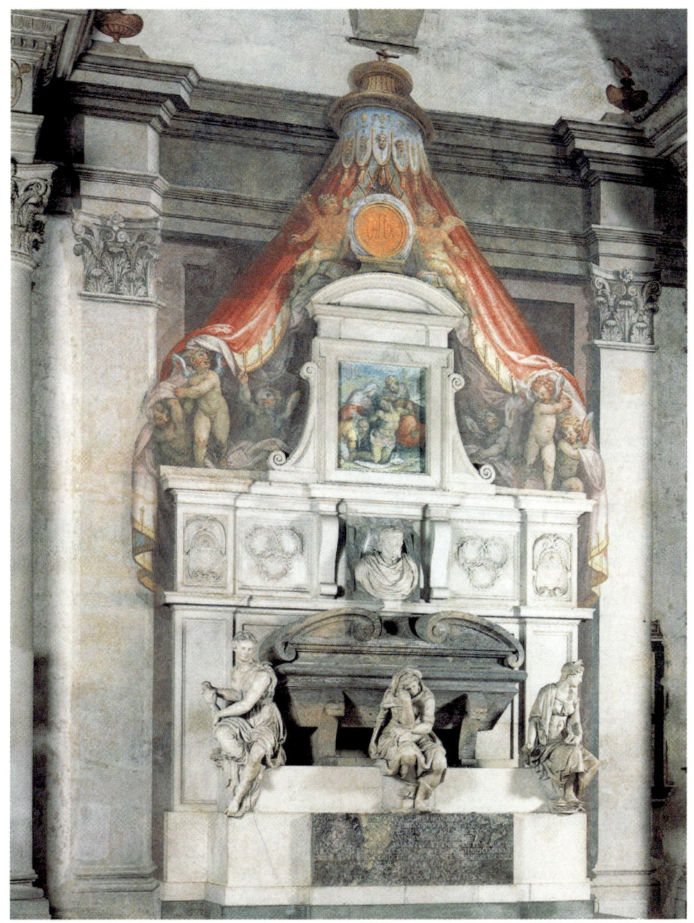

Giorgio Vasari und Mitarbeiter: Grabmal Michelangelos. Florenz, Santa Croce

Wohl aber befand sich auf der gegenüberliegenden Kanzel, die noch nicht auf Säulen gestellt worden war, ein vier Ellen hohes und etwas mehr als zwei Ellen breites Bild, auf dem mit schöner Erfindung und bestem *disegno* als Personifikation des Ruhms oder der Ehre ein Jüngling dargestellt war, der in wunderschöner Pose mit einer Trompete in der rechten Hand und mit den Füßen auf Zeit und Tod stehend verdeutlichen sollte, daß ungeachtet von Tod und Zeit diejenigen dank Ruhm und Ehre ewig leben werden, die in diesem Leben meisterhaft gearbeitet haben. Jenes Bild stammte von der Hand des Bildhauers Vincenzio Danti aus Perugia, über den bereits gesprochen wurde und ein weiteres Mal zu sprechen sein wird.

Als die Kirche in dieser Weise ausgeschmückt, mit Kerzen dekoriert und einer zahllosen Menschenmenge angefüllt war, da ein jeder alle anderen Verpflichtungen liegen ließ, um zu diesem ehrenvollen Schauspiel zu eilen, betrat der Zug die Kirche: Hinter besagtem Statthalter der Accademia kamen, vom Hauptmann und den Hellebardieren der herzoglichen Garde begleitet, die Konsuln und Mitglieder der Accademia herein, kurz alle Maler, Bildhauer und Architekten von Florenz. Nachdem sie zwischen Katafalk und Hauptaltar Platz genommen hatten, wo zahllose hohe Herren und Edelleute, die entsprechend ihrem Rang bequem Platz genommen hatten, sie bereits seit einer guten Weile erwarteten, setzte eine sehr feierliche Totenmesse mit Musik und allem möglichen Zeremoniell ein.[581] Als sie beendet war, bestieg der schon erwähnte Varchi die Kanzel, um ein Amt auszuüben, das er vormals nur für die hochverehrte Herzogin von Ferrara, die Tochter Herzog Cosimos,[582] vollzogen hatte. Von dort oben erzählte er mit der Eleganz, den Wendungen und jener Stimme, die der Redekunst dieses großen Mannes eigentümlich sind, von den ruhmvollen Taten, Verdiensten und dem Leben und den Werken des göttlichen Michelangelo Buonarroti. Tatsächlich war es ein sehr großes Glück für Michelangelo, nicht vor der Gründung unserer Accademia gestorben zu sein, die sein Begräbnis mit solchem Glanz und einem so prächtigen und ehrenvollen Aufzug feierte.[583] Ebenso darf man es als ein großes Glück für ihn werten, daß er früher als Varchi aus diesem ins ewig glückselige Leben hinüberging, denn er hätte von keinem Mann mit größerer Beredsamkeit und Gelehrsamkeit geehrt werden können. Jene Leichenrede Messer Benedetto Varchis wurde wenig später ebenso gedruckt[584] wie kurz darauf eine andere, ähnlich schöne Rede, die gleichfalls von Michelangelos ruhmreichen Taten und der Malerei handelte und von dem unvergleichlich edlen und hochgelehrten Messer Leonardo Salviati[585] verfaßt worden war, einem jungen Mann von damals ungefähr zweiundzwanzig Jahren, der ein außerordentlich glückliches Talent im Verfassen lateinischer und toskanischer Schriften jeder Art besaß, was schon jetzt aller Welt bekannt ist und in Zukunft noch viel bekannter sein wird.

Was aber werde, was kann ich sagen über Verdienst, Güte und Weisheit des obenerwähnten hochwürdigen Statthalters Herrn Don Vincenzo Borghini, das nicht zu wenig wäre? Er war das Haupt, der Leiter und Ratgeber, den die verdienstvollen Männer der Accademia e Compagnia del Disegno für die Feier dieser Bestattungszeremonie eingesetzt hatten, und obgleich jeder von ihnen imstande war, in seinen Künsten viel Größeres zu leisten als hier, so führt man doch kein Unternehmen tadellos und löblich zu Ende, wenn nicht ein einzelner nach Art des erfahrenen Steuermanns und Anführers alle anderen lenkt und Einfluß auf sie nimmt. Da die ganze Stadt unmöglich an einem einzigen Tag diese Festdekoration hätte sehen können, ließ man sie auf Wunsch des Herzogs viele Wochen lang an Ort und Stelle, zur Zufriedenheit von Einwohnern und Auswärtigen, die aus der näheren Umgebung kamen, um sie sich anzuschauen.

Wir wollen an dieser Stelle nicht die große Zahl der Grabinschriften und die von vielen tüchtigen Männern zu Michelangelos Ehren verfaßten lateinischen und toskanischen Verse zitieren; sie würden nicht nur ein eigenes Werk füllen, sie sind in der Tat von anderen Schriftstellern separat festgehalten und herausgegeben worden. Allerdings will ich in diesem letzten Abschnitt nicht unerwähnt lassen, daß der Herzog, von allen obengenannten Ehren einmal abgesehen, bestimmte, Michelangelo für sein Grabmal einen ehrenvollen Platz in Santa Croce zu geben, da er zu Lebzeiten verfügt hatte, in dieser Kirche, in der sich die Grabstätte seiner Vorfahren befindet, bestattet zu werden.[586] Und Leonardo, dem Neffen Michelangelos, schenkte Seine Exzellenz alle Marmorblöcke und Buntmarmorsteine für besagtes Grabmal, das man nach einem Entwurf von Giorgio Vasari zusammen mit der Büste Michelangelos bei dem fähigen Bildhauer Battista Lorenzo in Auftrag gab. Weil dort drei Statuen – die Malerei, die Bildhauerei und die Architektur – zur Aufstellung kommen sollen, wurde eine davon genanntem Battista, eine weitere Giovanni dell'Opera[587] und die letzte Valerio Cioli übertragen, allesamt Bildhauer aus Florenz. Wie das Grabmal sind auch sie noch in Arbeit, werden aber bald vollendet sein und an ihren Aufstellungsort gelangen [siehe Seite 239]. Die Kosten bestreitet mit Ausnahme der vom Herzog gestifteten Marmorblöcke Leonardo Buonarroti. Um es aber nirgends an Ehrenbezeigungen für diesen großen Mann fehlen zu lassen, wird Seine Exzellenz einem bereits gefaßten Plan zufolge einen Gedenkstein mit seinem Namen und seiner Büste im Dom anbringen lassen,[588] wo man die Namen und Bildnisse noch anderer vortrefflicher Florentiner sieht.

Ende der Lebensbeschreibung von Michelangelo Buonarroti, Maler, Bildhauer und Architekt aus Florenz.

Appendix:
Widmung des Sonderdrucks der Michelangelo-Vita Giorgio Vasaris an Alessandro de' Medici

Dem glänzenden und sehr erhabenen Herrn
Alessandro de' Medici,
Ritter vom Orden des Heiligen Stephanus,
Eurer hochwohlgeborenen Herrschaft zugedacht

Viele von unseren Künstlern und auch andere Freunde der Zeichenkunst hätten sich gewünscht, daß ich nach Michelangelos Tod hinzugefügt hätte, was er nach 1550, dem Jahr, in dem ich seine Vita veröffentlicht habe, bis zu seinem letzten Lebenstag geschaffen hat, und ich dies schon längst publiziert hätte.

Ich habe sie darin aber erst jetzt zufriedenstellen können, weil ich überaus beschäftigt gewesen bin. Nun habe ich besagte Vita endlich ganz neu geschrieben und bei unserem Giunti zusammen mit den Lebensbeschreibungen vieler anderer, die in der ersten Veröffentlichung fehlten, in Druck gegeben.

Weil aber viele diese Vita des Buonarroti allein und separat von den anderen werden haben wollen, schien es uns angebracht, eine gewisse Anzahl davon getrennt von denen, die im Gesamtwerk enthalten sind, drucken zu lassen und damit jedermann zufriedenzustellen und auch demjenigen entgegenzukommen, der nicht das ganze Buch auf einmal erwerben möchte oder kann.

Dies getan, überlegte ich, daß ich sie unmöglich einem anderen meiner Gebieter und Herren zueignen kann und darf als Euch, der Ihr nicht nur der Sohn des Prächtigen Ottaviano de' Medici seid (von dem ich nicht anders als ein Sohn großgezogen, geliebt und dem künstlerischen Schaffen zugeleitet wurde), sondern ein lebendiges Bild, das nicht nur die Güte, Größe und Seelenstärke des Vaters deutlich sichtbar widerspiegelt, sondern zugleich auch die Eurer ältesten Vorfahren und Urahnen, was uns umso mehr Bewunderung und Verehrung abverlangt, da nur zu wahr ist, was einst unser Dante sagte: »Denn nur selten soll Menschenredlichkeit / Nach Gottes Schluß, neu aus der Wurzel schlagen.«

Empfangt deshalb diese Vita, die ich Euch mit Vergnügen und frohen Herzens zum Geschenk mache, ein nicht ganz unerhebliches, wie viele vielleicht denken könnten, obwohl es als ein Werk aus meiner Feder natürlich mehr als mittelmäßig ist. Allerdings ist die Zuneigung, mit der ich es Euch überreiche, immens, was auch für seinen Inhalt gilt, nämlich die ausgezeichneten Werke des größten, vornehmsten und vortrefflichsten Künstlers, den es vielleicht jemals gegeben hat. Dieses Geschenk möge zusammen mit den vielen Malereien von meiner Hand, die ich in frühen Jugendjahren in Eurem Palast geschaffen habe, der Welt (nicht Euch, die Ihr mein Ansinnen kennt) als Zeugnis dafür dienen, daß ich die empfangenen Wohltaten zu schätzen weiß und dankbar für sie bin. Aus Florenz, am 6. Februar 1567.

Eurer glänzenden und hochwohlgeborenen Herrschaft ergebenster Diener.

Anhang

Anmerkungen

Zur Einleitung (S. 7–29)

1 Burioni 2008, S. 114–121.

2 Dieser stellt eine Kompilation verschiedener Quellen dar und hängt wahrscheinlich eng mit der Entstehung der *Vite* zusammen. Vgl. Burioni 2008, S. 120–121.

3 Burioni 2008, S. 120.

4 »Habt mit den Farben und mit Eurem Stift / Ihr in der Kunst schon die Natur erreicht, / Ja, fast so sehr, daß diese jener weicht, / Weil Euer Schönes ihre übertrifft // Füllt Ihr Papier nun mit gelehrter Schrift / Zu höherem Werk, daß ihr der Ruhm erbleicht, / Leben zu schenken, Ruhm, den Ihr vielleicht / Bisher entbehrtet, doch nun ganz ergrifft. // Denn ein Jahrhundert, das sich unterwindet, / Wer Schöneres schaffe, mit Natur zu streiten, / Muß doch sich am gesetzten Ziel ergeben. // Ihr aber macht, daß wieder sich entzündet / Erinnerung, die erlosch, um zu bereiten / Ihr und Euch selbst, trotz allem, ewiges Leben.« (Vgl. Michelangelo, *Rime*, S. 132 und S. 445; zitiert nach Engelhard 1992, S. 70 und S. 130–132.)

5 Vgl. Frey 1961, S. 163–164, Brief vom 1. August 1550: »[…] wenn ich auch gern zu einem [kleinen] Teile der sein möchte, zu dem Ihr mich macht, so würde das mir schon aus dem Grunde lieb sein, weil Ihr alsdann einen Diener besäßet, der einigen Wert hätte. Doch ich wundere mich nicht, da Ihr ja der Wiedererwecker verstorbener Leute seid, daß Ihr auch den Lebenden das Leben verlängert oder vielmehr die Halbtoten für ewige Zeiten dem Tode streitig macht. Kurz, ich bin ganz der Eurige, wie ich es bin […]«, und Carteggio 1979, Bd. IV, S. 346–347.

6 Vgl. Condivi, Ed. Valdek, S. 5–6; Condivi, Ed. Nencioni, S. 5.

7 Risaliti/Vossilla 2008, S. 16.

8 Barocchi 1962, Bd. I, S. XVIII; Wilde 1978, S. 1, 9–12; Hirst 1998, S. VI–X; Hirst 2004a, S. 35–37 und S. 41–46.

9 Wilde 1978, S. 3–8 und S. 12; Barocchi 1984 (1968), S. 41.

10 Vgl. Carteggio 1983, Bd. V, S. 21–22, 30, 35–36, 102–103, 105–106.

[11] Ebd., S. 47, 105–106, 113 und S. 117–118.
[12] Hirst 2004a, S. 47.
[13] Barocchi 1984 (1968), S. 42; Lupton 1996, S. 143–174.
[14] Barocchi 1984 (1968), S. 44; Wallace 2005, S. 237 und S. 240.
[15] Hirst 2004a, S. 35–39.
[16] Tolnay 1948, S. 8; Frey 1961, S. 243; Hirst 2004a, S. 54–57.
[17] Vgl. Carteggio indiretto, Bd. II, S. 179–183.
[18] Carteggio indiretto, Bd. II, S. 41.
[19] Barocchi 1962, Bd. IV, S. 1832 und S. 1846–1853; Romani 2003.
[20] Burioni 2008, S. 166–168.
[21] Vasari, *Mein Leben*, S. 7.
[22] Barocchi 1962, Bd. I, S. 110; Carteggio 1983, Bd. V, S. 221–222.
[23] Sonnabend 2009, S. 43–60.
[24] Vasari, *Raffael*, S. 77–81 und S. 173–174; Vasari, *Raffael-Werkstatt*, S. 9–11; Burioni 2008, S. 131–137.
[25] Vasari, *Kunsttheorie*, S. 193–196, 267–272 und S. 275–278.
[26] Goffen 2002, S. 70–72.
[27] Wittkower/Wittkower 1964, S. 29–30.
[28] Burioni 2008, S. 69. Der Titel des Exequien-Traktats lautete *Esequie del Divino Michelagnolo Buonarroti; Celebrate in Firenze dall'Accademia de Pittori, Scultori et Architettori* und entsprach damit der Formulierung in der Gründungsurkunde der Accademia vom 31. Januar 1563.
[29] Burioni 2008, S. 69. Im Unterschied zum Titel der ersten Edition der *Vite, Le Vite de' più eccellenti architetti, pittori e scultori* lautete der Titel der zweiten Edition von 1568 Lebensbeschreibungen der *pittori, scultori e architettori*.
[30] Simonetti 2005, S. 101.
[31] Wittkower/Wittkower 1964, S. 11–14, 22, 26–27, 31–32, 42, 61 und S. 154–157.
[32] Steinmann/Wittkower 1967, S. 374; Wilde 1978, S. 2; Pon 1996a, S. 1028–1036.
[33] Barocchi, *Scritti*, Bd. I, S. 267–268.
[34] Ebd., Bd. I, S. 493–499, 522–523; Hirst 2004a, S. 33.
[35] Burioni 2008, S. 143–155.
[36] Diese wurden von Vasari nicht mit der Überschrift *Vita*, sondern entweder als *Descrizione* oder einfach mit einem schlichten *Di* betitelt. So bei den Lebensbeschreibungen Primaticcios, Tizians, Jacopo Sansovinos, Vasaris, letzteres bei Clovio oder der Beschreibung der Werke der Künstler der Accademia del Disegno oder der nordalpinen Künstler; vgl. Bettarini/Barocchi, *Vite*, Bd. VI.
[37] Burioni 2008, S. 131.

38 Brizio 1952, S. 89; Alpers 1995 (1960), S. 239–245.
39 Burioni 2008, S. 66–75 und S. 155–171.
40 Barocchi, *Scritti*, Bd. I, S. 267–269.
41 Vgl. Vasari, *Kunsttheorie*, S. 266.
42 Rosenberg 2000b, S. 92–120; Gilbert 2003, S. 59; Schmidt 2003; Bredekamp 2009.
43 De Ruvo 1952, S. 54–55; Summers 1981, S. 234–241.
44 Burioni 2008, S. 163–166.
45 Belting 1983, S. 82–85; Tauber 2003, S. 272–274; Imorde 2008.
46 Belting 1983; Hellwig 2005.
47 Burckhardt 1904, Bd. II, S. 25.
48 Vgl. Grimm 1904, Bd. I, S. 57.
49 Ebd., Bd. I, S. 58.
50 Ebd., Bd. I, S. 70.
51 Hellwig 2005, S. 10.

Zu Vasaris Text (S. 30–244)

1 Giotto (di Bondone) (*um 1270 Florenz ? –†1337 ebenda) wird im ersten Teil der *Vite* als herausragender Künstler der ersten Epoche der florentinischen Kunstgeschichte charakterisiert. Gemäß Vasari erlernte Giotto die Mal- und Zeichenkunst autonom und erneuerte diese grundlegend. Auf diese Weise stellt Vasari gezielt eine Parallele zu Michelangelos künstlerischer Entwicklung her (vgl. Bettarini/Barocchi, *Vite*, Bd. II, S. 95–123 und Bd. VI, S. 410). Im Kontext der *Vite* gesehen, findet eine literarische Angleichung der Vita Giottos an die Vita Michelangelos statt, die sich an einer Wiederholung biographischer Topoi ablesen läßt. Die Lebensbeschreibung Michelangelos wird wie die Vita Giottos zu einer Darstellung der Wiedergeburt der Kunst durch den göttlich inspirierten Künstler. Bei beiden Künstlern beweist sich der Ausnahmecharakter ihrer Kunst in der natürlichen, von selbst voranschreitenden und unabhängigen Entwicklung ihrer künstlerischen Anfänge, in der Ebenbürtigkeit der beiden Künstler mit Päpsten und adeligen Auftraggebern sowie durch die Assoziation ihrer Kunst mit der Dichtung Dantes und durch den Ruhm, den sie dank dieser erwerben. Diese Übereinstimmung der Biographien Giottos und Michelangelos bedeutet bei Vasari jedoch keine absolute Gleichrangigkeit der Künstler. In seinem Nachwort zu den *Vite* hält er fest, daß deren herausragende Position relativ zu der jeweiligen historischen Epoche zu sehen ist (vgl. Bettarini/Barocchi, *Vite*, Bd. VI, S. 410). Indem Vasari durch sein Epochen-

modell der älteren Kunst eine bleibende Geltung zuweist, bietet er zugleich der Kritik der *maniera moderna* eine neue historische Vergleichsgrundlage, die sich als Alternative zur antiken Kunst versteht.

Bibl.: Vasari, *Kunsttheorie*, S. 82–85; Barolsky 1994, S. 57; Rubin 1995, S. 86 und S. 287–320; Nagel 2000, S. 10–12; Koch 2006.

2 Die Vorrede zur Vita Michelangelos ist mit der Einleitung in der ersten Ausgabe der *Vite* von 1550 bis auf ein Detail identisch. Während Vasari in der ersten Ausgabe noch Michelangelos Erfindungsgabe betont (vgl. Bettarini/Barocchi, *Vite*, Bd. VI, S. 3–4), beschreibt er nun dessen diverse und universale Talente als Maler, Bildhauer, Architekt und Dichter, was auf den Methoden- und *paragone*-Diskurs innerhalb der Accademia del Disegno zurückzuführen ist. Auf diese Weise hebt er Michelangelo über seine Vorgänger hinaus, wobei sich in seiner Autonomie und seiner Tugend (*virtù*) sowie in der Perfektion seiner Zeichnungen, in der Naturnachahmung, seinem künstlerischen Urteilsvermögen (*giudizio*) und der Schwierigkeit (*difficoltà*) seiner Kunstwerke die Vorstellung des idealen Zustands der Künste widerspiegelt, die Vasari unter anderem in den Proömien darstellt. Indem Vasari unmittelbar zu Beginn der Lebensbeschreibung Giotto erwähnt, reiht er Michelangelo von dem Moment seiner Geburt an in die Genealogie der florentinischen Künstler ein. Durch den Verweis auf die Anfänge der florentinischen Kunst präsentiert Vasari die Vita Michelangelos darüber hinaus als Höhepunkt seiner dreigegliederten Kunsthistoriographie. Obwohl Vasari diese Entwicklung der göttlichen Vorsehung zuschreibt, läßt sich in dem genealogischen Prinzip auch das Element des *paragone*, des Künstlerwettstreits, als konstituierendes Element der *Vite* entdecken. Vasari bedient sich bei dieser Form der Darstellung einer seit der Antike in der Biographik überlieferten literarischen Form: der Stilisierung des Künstlers zum Kulturheros, bei gleichzeitiger Betonung einer genealogischen Abfolge. Dabei soll das Lob des Biographen Bewunderung hervorrufen und zur Nachahmung anregen. Vasaris Verweis auf das göttliche Ingenium Michelangelos läßt die Stilisierung des Künstlers als *divino* anklingen, die durch Ludovico Ariosts Epos *Orlando furioso* (vgl. Ariost, *Orlando furioso*, S. 984, und Ariost, *Rasender Roland*, Bd. II, S. 208) verbreitet war. Florenz als Zentrum der bildenden Kunst und der Literatur bildet dabei den Schauplatz, an dem sich Künstlerbiographie und Kunsthistoriographie überschneiden. Indem Vasari das Lob der göttlichen Vorsehung auf Florenz überträgt, folgt er Vorbildern aus der antiken Literatur und der regionalen Historiographie. Dies kann als eine kunstpolitische Strategie interpretiert werden, die dazu dienen soll, Großherzog Cosimo I. de' Medici als Adressaten der *Vite*

die Bedeutung der Künstler für Florenz und damit für dessen Herrschaft nahezubringen.

Bibl.: Vasari, *Kunsttheorie*, S. 55 und S. 79; Schlosser 1924, S. 277–279; Gosebruch 1964, S. 60–61; Kris/Kurz 1995, S. 44–46 und S. 77–78; Rubin 1995, S. 74–88, 148–186, 200 und S. 214–215; Barolsky 1996, S. 11 und S. 22–26; Goffen 2002, S. 70; Emison 2004, S. 266–270; Wang 2004; Burioni 2008, S. 66–92 und S. 158.

3 Ludovico di Leonardo Buonarroti Simoni (*1444 Florenz – †1534 ebenda)

4 Die Abstammung aus dem Grafengeschlecht der Canossa geht auf eine wahrscheinlich von Michelangelo selbst kreierte Legende zurück. Ein Brief Graf Alessandros von Canossa vom 8. Oktober 1520 an Michelangelo bestätigte diese (vgl. Carteggio 1967, Bd. II, S. 245). Tatsächlich sind die Vorfahren Michelangelos, die Familie Buonarroti Simoni, seit dem 12. Jahrhundert in der Toskana nachgewiesen. Ihre Mitglieder waren überwiegend Kaufleute, die im 14. Jahrhundert verschiedene öffentliche Ämter in Florenz ausübten. Die Familie Buonarroti stammt von Bernardo Simoni ab (erwähnt 1228), dem ersten sicher nachgewiesenen Familienmitglied in Florenz, sowie von seinem Enkel Buonarrota (erwähnt 1228) und seinem Urenkel Simone (†1314). Daß die Legende von Michelangelos Abstammung aus einer altehrwürdigen und adeligen Familie verbreitet und akzeptiert war, zeigt sich beispielsweise in dem entsprechenden Hinweis im *Codex Magliabechiano*. Zugleich betonte Michelangelo aber auch seine ländliche Herkunft. So erzählte er Ascanio Condivi von seiner Amme, die Frau eines Steinmetzes aus Settignano war, dem kleinen Dorf, in dem er aufwuchs (vgl. Condivi, Ed. Valdek, S. 9; Condivi, Ed. Nencioni, S. 9). Dadurch stilisierte er sich selbst zum »Sprößling« einer ländlichen Familie. Wie Paul Barolsky nachweisen konnte, ist der Verweis auf die »nutrice«, die Amme, reich an literarischen Implikationen. In den *Oden* (III, 4) erinnert sich Horaz an seine Kindheit in Vulturia und gedenkt seiner Amme Apulia. Ähnlich wie Horaz assoziiert auch Michelangelo seine Amme mit seinem ländlichen Herkunftsort. In diesem Zusammenhang ist es wichtig, daß gemäß den Konventionen der *Mythopoiesis* die bildenden Künste und die Dichtung ihre Ursprünge in der Natur finden, die sie wiederum imitieren. Der gute Künstler ist demzufolge einer, der im Einklang mit der Natur schöpferisch tätig ist. Michelangelo konstruiert seine Identität also gezielt, indem er adelige Abstammung und bukolische Elemente miteinander verbindet.

Bibl.: Frey 1907, S. 2, 12 und Stammtafel; Symonds 1911 (2002), S. 1–5; Tolnay 1947, S. 3–5; Codex Magliabechiano, Ed. Frey, S. 113; Barolsky

1994, S. 5–9, 17–19 und S. 57; Zöllner/Thoenes/Pöpper 2007, S. 13 (Zöllner).

5 Francesca di Neri di Miniato del Sera (*1455/56 Florenz – †1481 ebenda)

6 Michelangelos Vater bekleidete das Amt eines Podestà vom 30. September 1474 bis zum 31. März 1475. Er war der 169. Podestà in den Florenz zugehörigen Kommunen Chiusi und Caprese.

Bibl.: Frey 1907, S. 2, 12 und Stammtafel.

7 Michelangelo Buonarroti (*6. März 1475 Caprese – †18. Februar 1564 Rom)

8 Die Namensgebung Michelangelos und die Konstellation der Gestirne zum Zeitpunkt seiner Geburt stellt Vasari als eine Offenbarung göttlicher Vorsehung und einen Hinweis auf dessen künstlerische Begabung dar. Indirekt verweist Vasari auf den Erzengel Michael, den Anführer der himmlischen Heerscharen, der zum Namenspatron Michelangelos wird. In der christlichen Ikonographie fungiert dieser Engel als Vermittler zwischen Gott und den Menschen und tritt unter anderem als Seelengeleiter der Sterbenden, als Vorsteher des Paradieses und als Seelenwäger auf. Die Übersetzung des hebräischen Namens »Michael« lautet »Wer (ist) wie Gott?« und unterstreicht damit die Gottesnähe seines Trägers. Mit der Betonung des Namens wird dieser zum äußeren Zeichen der Sonderrolle des Künstlers und damit zu einem Teil von Vasaris Künstlermythos, der sich an die bereits in der Antike bestehende Vorstellung vom göttlich inspirierten Künstler anschließt.

Vasari war nicht der erste Autor, der Michelangelo mit dem Attribut *divino* charakterisierte. Obwohl diese Auszeichnung erst im 16. Jahrhundert für herausragende Persönlichkeiten üblich wurde, ging ihm in diesem Lob Michelangelos Ludovico Ariost (vgl. Ariost, *Orlando furioso*, S. 984) voraus. Ariost charakterisiert Michelangelo dort als »… e quel ch'a par sculpe e colora, / Michel, più che mortale, Angel divino …« und stellt mit diesem Sprachspiel den Vornamen des Künstlers in Bezug zu seiner Geltung als Künstler in der Bildhauerei und Malerei.

In der Vita Vasaris begründet diese Auszeichnung Michelangelos künstlerische und intellektuelle Autonomie, die ihn in allen Bereichen der Kunst und gegenüber allen anderen Künstlern als herausragend charakterisiert und ihn zum Vollender der *maniera moderna* werden läßt (vgl. Vasari, *Kunsttheorie*, S. 102 und S. 217–218, 224–225). Im Gegensatz zu Ascanio Condivi in seiner Michelangelo-Vita (vgl. Condivi, Ed. Valdek, S. 9, 27; Condivi, Ed. Nencioni, S. 8) verwendet Vasari das Attribut der Göttlichkeit in seinem Künstlerlob Michelangelos fast inflationär. Dieser markante Unterschied untermauert die These, daß der Text der

Condivi-Vita dokumentarische und autobiographische Authentizität beansprucht und sich als Korrektiv zur ersten *Vite*-Edition Vasaris versteht.

Bibl.: LCI, Bd. III, S. 255–265; Kris/Kurz 1995, S. 67–78 und S. 84–85; Zöllner/Thoenes/Pöpper 2007, S. 12 (Zöllner).

9 Das Geburtshoroskop Michelangelos und dessen Interpretation übernahm Vasari aus der Michelangelo-Vita Condivis. Nach Lippincott ist Condivis Beschreibung so zu deuten, daß der Planet Merkur sich in seinem zweiten Haus mit Venus vereint und im Zeichen Jupiters steht. Diese Konstellation bestand am frühen Morgen des 6. März 1474. Condivi verrechnete sich also um ein Jahr, was auf eine Zeitrechnung zurückzuführen ist, die von jener durch Michelangelos Vater abwich. Dieser führte in seinen – heute nur als Abschrift aus dem 18. Jahrhundert überlieferten – *Ricordanze* das Geburtsdatum seines Sohnes nach dem in Florenz üblichen ›Annunziationsstil‹ an, nach dem ein Jahr am 25. März beginnt, dem Fest der Verkündigung an Maria. Condivi dagegen, der wahrscheinlich Aufzeichnungen von Michelangelos Vater zur Hand hatte, verstand die Jahresangabe gemäß der in Rom üblichen Annahme, daß das Jahr nach dem 25. Dezember beginnt, dem Tag der Geburt Christi (›Inkarnationsstil‹). Deshalb datierte er Michelangelos Geburtstag in das Jahr 1474 und erstellte das Horoskop entsprechend. Dieses sagt aus, daß Michelangelo, im Sternzeichen Fische geboren, durch den Tag und die Stunde seiner Geburt ein »Kind des Jupiter« sei, dem ein edler Geist und Erfolg in allen Unternehmungen, vor allem in den Künsten, zugesprochen wird. Allerdings war diese Vorstellung von Michelangelo als einem durch die Sterne begnadeten Künstler bereits vor Vasari und Condivi seit den 1530er Jahren geläufig, wie Astrologie-Traktate belegen.

Bibl.: Lippincott 1989; De Maio 1990, Tafel I und II; Horst Enzensberger: ›Calculus Florentinus‹, in: LexMa, 2003, Bd. II, Sp. 1393–1394; Peter-Johannes Schuler: ›Jahr, [2.] Jahresanfänge‹, in: LexMa, 2003, Bd. V, Sp. 276–277; Ragionieri 2008, S. 94 und S. 104.

10 Die Familie Buonarroti Simoni besaß seit 1345 ein Landgut in Settignano sowie einen zweiten Hof in der Nähe von San Lorenzo alle Ruote. In Florenz lebte Ludovico di Leonardo Buonarroti Simoni mit seiner Familie in verschiedenen Häusern. Um 1481 ist er in der Via de' Bentaccordi nachgewiesen.

Bibl.: Tolnay 1947, S. 4; Zöllner/Thoenes/Pöpper 2007, S. 12 (Zöllner).

11 Grauer Sandstein, der als Baumaterial und in der Bildhauerei verwandt wurde

[12] Vasari überliefert diese Anekdote in der zweiten Edition der *Vite* erstmalig, wobei er eine Textpassage von Condivis Michelangelo-Vita abwandelt (vgl. Condivi, Ed. Valdek, S. 9; Condivi, Ed. Nencioni, S. 9). In der Fassung Condivis wird die Handwerklichkeit der Bildhauerei gegenüber dem *disegno* Michelangelos hervorgehoben. Sowohl bei Condivi als auch bei Vasari verschleiert diese Anekdote die Frage nach Michelangelos Ausbildung als Bildhauer. Indem Vasari die Amme mit dem Ort Settignano gleichsetzt und sie zu einer Art *genius loci* stilisiert, stellt er sie im Gegensatz zu Condivi positiv dar. Die Künstleranekdote, die Ernst Kris und Otto Kurz als die ›Geheimbiographie des Helden‹ bezeichnen, steht in Vasaris und Condivis Erzählung im Kontext der Darstellung Michelangelos als göttlich begabtem Künstler. Die Anekdote kann auch als eine Allegorie des kindlichen, naturhaften Anfangsstadiums der Entwicklung Michelangelos zum Künstler gesehen werden, was sich mit einer Parallelstelle im Proömium zum zweiten Teil der *Vite* untermauern läßt (vgl. Vasari, *Kunsttheorie*, S. 85).

Bibl.: Bettarini/Barocchi, *Vite*, Bd. VI, S. 6; Weil-Garris Brandt 1992a; Barolsky 1994, S. 16–18 und S. 58; Kris/Kurz 1995, S. 32, 78; Rubin 1995, S. 62–65 und S. 355; Goffen 2002, S. 82; Koch 2006; Zöllner/Thoenes/Pöpper 2007, S. 13 (Zöllner).

[13] Mit seiner Frau Francesca (*1455/56 – †1481), einer Tochter von Neri di Miniato del Sera und Bonda Rucellai, hatte Ludovico di Leonardo Buonarroti Simoni außer Michelangelo fünf weitere Kinder. Aus seiner zweiten Ehe mit Lucrezia di Antonio di Sandro Ubaldini (*1440 – †1497) ging ein weiterer Sohn hervor, Matteo (erwähnt 1520). Michelangelos älterer Bruder Leonardo (*1473 – †1510) trat 1491 in den Dominikanerorden ein. Sein jüngerer Bruder Buonarroto (*1477 – †1528) wurde Miteigentümer einer kleinen Bank und unterhielt ein Gewerbe als Wollhändler. Über die beiden anderen jüngeren Brüder Michelangelos, Giovansimone (1478/79–1547/48) und Sigismondo (1480/81–1555), ist wenig bekannt.

Bibl.: Frey 1907, S. 12 und Stammtafel; Tolnay 1947, S. 5–7; Wallace 1992b, S. 70–71.

[14] Nicht nachgewiesen

[15] Francesco Granacci (*1469 Villamagna – †1543 Florenz)

[16] Domenico Ghirlandaio (*1449 Florenz – †1494 ebenda)

[17] Ascanio Condivi (*1525 Ripatransone – †1574 ebenda) erlernte wahrscheinlich in seiner Heimatstadt die Grundlagen der Malerei. Details über seine Lehrlingszeit und die Werkstätten, in denen er arbeitete, sind nicht bekannt. Seinen ersten Auftrag, das Wappenschild eines Stadtviertels, erhielt er 1541. 1545 ist Condivi in Rom nachweisbar, wo er

möglicherweise durch Vermittlung Kardinal Niccolò Ridolfis und des Philosophen Donato Giannotti Schüler und Mitarbeiter Michelangelos wird. Daß Vasari Condivi hier nicht direkt nennt, sondern ihn nur unpersönlich als ›der Verfasser‹ tituliert, ist als Replik auf Condivis Bemerkung in seiner *Vita di Michelagnolo Buonarroti* von 1553 zu werten. Darin wirft er Vasari indirekt vor, in der ersten Edition der *Vite* 1550 ungenau und falsch zu berichten (vgl. Condivi, Ed. Valdek, S. 5–6; Condivi, Ed. Nencioni, S. 5–6). Die Michelangelo-Vita ist Condivis einziges literarisches Werk und gleichzeitig sein bekanntestes. Sie entstand wahrscheinlich unter dem direkten Einfluß Michelangelos und dem literarischen Zutun des römischen Humanisten Annibale Caro, weshalb Ascanio Condivi auch als der ›Ghostwriter‹ Michelangelos gilt. Im Vergleich zu den Lebensbeschreibungen Vasaris bietet Condivis Vita eine zeitlich eingeschränktere, aber weniger konstruierte Biographie Michelangelos, weshalb er laut David Summers der glaubhafteste Biograph Michelangelos ist. Zahlreiche Autoren haben jedoch darauf verwiesen, daß der Text der Vita auf eine gewisse Gutgläubigkeit und Naivität Condivis schließen läßt. Michelangelo nutzte dies aus, um seine persönliche Perspektive darzustellen. 1554 kehrte Ascanio Condivi in seine Heimatstadt zurück und heiratete im darauffolgenden Jahr Porzia Caro, eine Nichte Annibale Caros. Bis zu seinem tödlichen Unfall 1574, als er in einem Flußbett während eines Gewitters von einer Sturzflut überrascht wurde und ertrank, arbeitete Condivi in Ripatransone als Maler und nahm dort verschiedene öffentliche Ämter wahr.

Bibl.: Wilde 1978, S. 9–12, 14; Summers 1981, S. 21–22; Giorgio Patrizi: ›Condivi, Ascanio‹, in: DBI, 1982, Bd. XXVII, S. 753–756; Barolsky 1990; Roland Kanz: ›Condivi‹, in: AKL, Bd. XX, S. 500–501; Pon 1996a, S. 1019–1020 und S. 1034–1035; Forcellino 2002, S. 61–70; Hirst 2004a, S. 39–43.

18 Ascanio Condivi gibt in seiner 1553 publizierten Michelangelo-Vita an, daß Michelangelo nicht direkt Lehrling in der Ghirlandaio-Werkstatt war, sondern von Granacci nur hin und wieder dorthin mitgenommen wurde. Darüber hinaus behauptet Condivi, daß der erfahrenere Domenico Ghirlandaio in seiner Werkstatt Michelangelo keine Unterstützung geboten hätte, »weil mir gesagt wurde, daß der Sohn des Dominico die Vortrefflichkeit und Göttlichkeit des Michel Angelo zum grossen Theil der Unterweisung des Vaters zuzuschreiben pflegt, da dieser ihm doch keinerlei Hilfe geleistet, obgleich Michel Angelo sich darüber nicht beklagt, im Gegentheil, den Dominico lobt, sowohl der Kunst als den Sitten nach.« (Condivi, Ed. Valdek, S. 12; vgl. Condivi, Ed. Nencioni, S. 10). Diese Darstellung Condivis ist eine Reaktion auf

die Angaben in der ersten Edition der *Vite*. Dort habe Vasari angeführt, daß Domenico Ghirlandaio Michelangelos Talent erkannt und ihn in seine Werkstatt als Lehrling aufgenommen hätte. Michelangelo dagegen war daran gelegen, sein künstlerisches Talent als unabhängig von einem Meister oder der Ausbildung in einer Werkstatt darzustellen, weshalb er mit Condivis Hilfe eine Gegendarstellung publizierte.

Bibl.: Cadogan 1993, S. 31.

[19] Der Vertrag, den Vasari zitiert, ist heute nicht mehr auffindbar, wurde jedoch nie angezweifelt. Ein weiteres Dokument – eine Notiz über Zahlungen für das Altarbild in der Kapelle des Ospedale degli Innocenti im Tagebuch Domenico Ghirlandaios vom 28. Juni 1487 – erwähnt Michelangelo als Überbringer eines Honorars. Vermutlich war er bereits vor dem genannten Zeitpunkt – dem 1. April 1488 – Lehrling Ghirlandaios, so daß eine Datumsverschiebung vorliegt, die auf eine fehlerhafte Transkription Vasaris zurückgehen könnte. Der Vertrag würde demnach vom 1. April 1487 datieren, womit Michelangelo kurz nach seinem zwölften Geburtstag die Lehre begonnen hätte. Möglicherweise konnte Michelangelo bereits vor dem Abschluß des Lehrvertrags Kenntnisse im Zeichnen vorweisen. Dies könnte den als spät angesehenen Abschluß seines Lehrlingvertrags – normalerweise begannen Jungen zwischen zehn und zwölf Jahren eine Ausbildung – erklären.

Bibl.: Tolnay 1947, S. 14; Barocchi 1962, Bd. II, S. 70; Cadogan 1993, S.31; Güse/Perrig 1997, S. 40 und S. 124; Büscher 2002, S. 23–25.

[20] Giorgio Vasari gehörte zu dem Personenkreis, mit welchem Michelangelo häufiger korrespondierte. Die erhaltenen Briefe betreffen die Jahre ab 1550, in denen Vasari erstmals in den Umkreis Michelangelos trat, indem er ihm ein Exemplar der ersten Ausgabe der *Vite* zukommen ließ. Ab 1554 stand Giorgio Vasari in den Diensten der Medici. Cosimo I. hatte ihn zum leitenden Architekten und Gestalter des Raumprogramms des Palazzo Vecchio und der Uffizien bestellt. Vasari war mit dem Umbau der Gebäude zur fürstlichen Residenz und zur zentralen Verwaltung beauftragt, während Michelangelo in Rom als Leiter der Bauhütte von Neu-Sankt Peter beschäftigt war. In den Briefen Michelangelos kommen private Freuden und Sorgen zum Ausdruck. So berichtet er Vasari von der Geburt seines Großneffen Buonarroto am 14. April 1554 und vom Tod seines Freundes und Dieners Urbino 1556, an den Vasari wenige Wochen zuvor Grüße hatte ausrichten lassen. Darüber hinaus war Vasari Empfänger verschiedener Sonette Michelangelos. In seinen Briefen an Michelangelo lobt Vasari die Architektur von Neu-Sankt Peter und Michelangelos *virtù* im Umgang mit Farben.

Zudem vermittelte er zwischen diesem und Cosimo I. sowie anderen Personen, wie Benvenuto Cellini oder Bartolomeo Ammannati. Trotz aller strategischer Absichten der Selbstdarstellung beziehungsweise der Forderung nach Anerkennung, die sowohl Vasari als auch Michelangelo in den Briefwechseln unterstellt werden können, läßt sich aus diesen ein gewisses gegenseitiges Vertrauens- oder Freundschaftsverhältnis herauslesen. Indem Vasari sich in der Lebensbeschreibung an dieser Stelle erstmals auf sein persönliches Verhältnis zu Michelangelo bezieht, unterstreicht er die Authentizität seiner biographischen Überlieferung.

Bibl.: Carteggio 1983, Bd. V, S. 16–17 und S. 21, 30–31, 35, 43, 47–49, 55–56, 62, 76, 105–106, 113–114, 117–118; Julian Kliemann: ›Giorgio Vasari‹, in: Turner 1996, Bd. XXXII, S. 10–25; Vasari, *Mein Leben*, S. 7–12.

21 Anhand dieser Anekdote, die erst in die zweite Edition der *Vite* aufgenommen wurde, verdeutlicht Vasari sein Verfahren zur differenzierenden Beurteilung des Stils (*maniera*) zweier Künstler. Durch ihre Vollendung (*perfezzione*) und das an den Zeichnungen ablesbare künstlerische Urteilsvermögen (*giudizio*) besitzen diejenigen Michelangelos eine höhere Qualität als die seines Lehrers. Beide Eigenschaften sind nicht allein handwerklich zu verstehen, sondern bezeichnen auch die intellektuelle Art der Produktion und Wahrnehmung von Kunst.

Darüber hinaus wird Michelangelo von Vasari in der zweiten Edition mit dem seit der Antike verbreiteten Topos der Frühbegabung assoziiert. In der ersten Edition hatte sich Vasari noch auf die Aussage beschränkt, der junge Michelangelo habe bereits meisterhaft gearbeitet. Zu den Elementen dieses Topos gehören unter anderem die schon im Jugendalter erkennbare große künstlerische Begabung, das Staunen des Betrachters über die Fähigkeiten des jungen Künstlers sowie das Übertreffen des Meisters durch seinen Schüler, die dessen Autonomie und Virtuosität in der Nachahmung verdeutlicht.

Bibl.: Vasari, *Kunsttheorie*, S. 267–271; Kris/Kurz 1995, S. 37–63 und S. 123–130; Pfisterer 2003.

22 Giorgio Vasaris *libro de'disegni* beinhaltete eine umfangreiche Sammlung von Zeichnungen verschiedenster Künstler vom späten 14. bis Mitte des 16. Jahrhunderts. Die ersten Zeichnungen erhielt Vasari wohl 1529 von Vittorio Ghiberti. Während seiner Sammlertätigkeit wurden die Blätter zu Heften gebunden. Vasari beabsichtigte offensichtlich, die in den *Vite* beschriebene Stilentwicklung zu dokumentieren, wobei seine Sammlung auch Zeichnungen von Künstlern enthielt, auf die er in den *Vite* nicht eingeht. Nach dem Tod Vasaris 1574 gingen die Sam-

melbände, deren genaue Anzahl heute nicht mehr bekannt ist, durch mehrere Hände. Die Zeichnungen wurden teilweise aus den Büchern herausgenommen und befinden sich heute in verschiedenen italienischen, französischen und englischen Sammlungen. Die Zeichnung einer weiblichen (Gewand-)Figur, die Vasari hier beschreibt, kann heute nicht mehr identifiziert werden. Allgemein sind reine Anfängerzeichnungen von Malerlehrlingen kaum erhalten, da das Zeichnen üblicherweise auf wiederverwendbaren Wachstäfelchen geübt wurde. Aufbewahrt wurden lediglich Muster- oder Modellzeichnungen, die in einer Werkstatt zur weiteren Verwendung nützlich waren. Die frühesten Zeichnungen, die Michelangelo ohne Zweifel zugeschrieben werden können, datieren zwischen 1488 und 1492. Da Michelangelo im Alter einen Großteil seiner Zeichnungen vernichtete, wird angenommen, daß die erhaltenen Zeichnungen eine bewußte Auswahl darstellen. Sie geben Hinweise auf Michelangelos Position zum Natur- und Kunststudium als Grundlage der künstlerischen Ausbildung.

Bibl.: Tolnay 1947, S. 176–177; Collobi Ragghianti 1974, Textband S. 11–23, 151; Dalli Regoli 1976, S. 39–43; Perrig 1991, S. 70–71; Rubin 1995, S. 117; Perrig 1997a, S. 41–42; Perrig 1997b, S. 12–13; Bjurström 2001; Zöllner/Thoenes/Pöpper 2007, S. 17 (Zöllner).

23 Im Auftrag der Familie Tornabuoni entstand zwischen 1485 und 1490 in der Cappella Maggiore in Santa Maria Novella in Florenz ein Freskenzyklus, der das Leben Mariä und Johannes des Täufers zeigt.

24 Diese Zeichnung ist verloren.

25 Martin Schongauer (*um 1435/1450 Colmar – †1491 Breisach); er signierte mit dem Monogramm ›MS‹.

26 *Heiliger Antonius von Dämonen geplagt*, 312 x 23 mm, um 1470/75, Monogramm M+S unten in der Mitte. In der ersten Edition der Vita schreibt Vasari diesen Kupferstich noch Albrecht Dürer zu (vgl. Bettarini/Barocchi, *Vite*, Bd. VI, S. 9).

Bibl.: Kat. Colmar 1991, S. 268–269.

27 Die Anekdote wird erstmals in der 1550er-Edition der *Vite* überliefert und auch von Condivi wiedergegeben (vgl. Bettarini/Barocchi, *Vite*, Bd. VI, S. 9, und Condivi, Ed. Nencioni, S. 9; Condivi, Ed. Valdek, S. 11). Benedetto Varchi präzisierte in seiner Grabrede diese Aussage dahingehend, daß es sich dabei um das erste eigenständige Werk Michelangelos gehandelt habe (vgl. Varchi, *Leichenrede*, S. 106). Bislang konnte kein Gemälde mit dem erwähnten Bild überzeugend identifiziert werden.

Paul Barolsky hat vorgeschlagen, die Anekdote als eine Darstellung der Phantasie und Gestaltungsfreiheit (*fantasia* und *licenza*) Michelangelos zu lesen. Sie würde damit ein Pendant zur Anekdote des Faunskopfes bilden, die ebenfalls von der phantasiereichen Neuschöpfung eines chimärenhaften Motivs ausgehend vom Naturvorbild handelt (s. Anm. 36).

Bibl.: Barolsky 1994, S. 77–85; Acidini Luchinat/Draper/Penny/Weil-Garris Brandt 1999, S. 326–330.

28 Lorenzo de' Medici (*1449 Florenz – †1492 ebenda)

29 Vasari stellt diesen Garten, der sich in der Nähe des Konvents von San Marco befand, als einen Ort dar, in dem Lorenzo de' Medici Künstler versammelte, die er besonders fördern wollte. Unter der Anleitung des Bronzemodelleurs und Donatello-Schülers Bertoldo di Giovanni, der von Vasari als Kustode der im Garten ausgestellten herausragenden antiken und modernen Kunstwerke bezeichnet wird, studierten dort neben Michelangelo Francesco Granacci, Pietro Torrigiani, Giovan Francesco Rustici, Niccolò Soggi, Lorenzo di Credi, Giuliano Buggiardini, Baccio da Montelupo und Andrea Sansovino. Ob Lorenzo de' Medici in diesem Garten die erste florentinische Kunstakademie eingerichtet hat, die einen Gegenpol zur herkömmlichen Werkstattausbildung darstellte, wie es bei Vasari anklingt, wird unterschiedlich bewertet. Entgegen der Argumentation André Chastels und Ernst Gombrichs, es handele sich lediglich um einen Mythos Vasaris, geschaffen, um das Ansehen Lorenzo de' Medicis zu steigern, leiteten Caroline Elam sowie Ludovico Borgo und Ann H. Sievers aus den *Vite* Vasaris, der Michelangelo-Vita Ascanio Condivis sowie dem *Anonimo Magliabechiano* ab, daß dort tatsächlich eine an den humanistischen Idealen ausgerichtete Künstlerausbildung stattfand (vgl. Codex Magliabechiano, Ed. Frey, S. 113; Condivi, Ed. Valdek, S. 12–14; Condivi, Ed. Nencioni, S. 10–13). Möglicherweise informierte Ottaviano de' Medici, der als Berater Cosimos I. tätig war und zwischen 1520 und 1540 den durch die Vertreibung der Medici zerstreuten Immobilienbesitz in Florenz wieder aufkaufte, Vasari über den Garten.

Bibl.: Chastel 1952; Gombrich 1985; Borgo/Sievers 1989; Elam 1990; Draper 1992, S. 64–74; Elam 1992a; Elam 1992b; Baldini 1999; Jacobs 2002.

30 Bertoldo di Giovanni (*zwischen 1430 und 1440 Florenz ? – †1491 Poggio a Caiano bei Florenz)

31 Donatello, eigentlich Donato di Niccolo di Betto Bardi (*1386 oder 1387 Florenz – †1466 ebenda)

32 Die Kanzeln von San Lorenzo (Auferstehungskanzel, Bronze, 123 x 292 cm, und Passionskanzel, Bronze, 137 x 280 cm, beide um 1466, Florenz, San Lorenzo) wurden nach dem Tod Donatellos fertiggestellt. In welchem Maß Bertoldo di Giovanni und Bartolommeo Bellano, beide

Schüler und Gehilfen Donatellos, daran beteiligt waren, ist Gegenstand stilkritischer Diskussionen.

Bibl.: Krahn 1988, S. 19; Poeschke 1990, S. 119–121; Draper 1992, S. 19–22; Pope-Hennessy 1996a, S. 72–75 und S. 360–361; Krahn 2001.

33 Damit ist die Kaltarbeit am Bronzeguß gemeint: das Abarbeiten von Graten nach dem Guß bis hin zum Ziselieren und dem Polieren der Oberfläche.

34 Pietro Torrigiani (*1472 Florenz – †1528 Sevilla)

35 Der *Kopf eines Fauns* gilt als verschollen. Es werden verschiedene Skulpturen als Original oder als Replik dieses Kopfes diskutiert.

Bibl.: Acidini Luchinat/Draper/Penny/Weil-Garris Brandt 1999, S. 226; Lisner 2001.

36 Unter Berücksichtigung der Selbstdarstellung Michelangelos, wie sie in Condivis biographischer Überlieferung stärker zum Tragen kommt, wird dieser aus Condivis Michelangelo-Vita übernommene Abschnitt als ironischer autobiographischer Kommentar des Künstlers in der Rückschau auf seine Jugendzeit interpretiert (vgl. Condivi, Ed. Valdek, S. 14; Condivi, Ed. Nencioni, S. 11). Vasari, der seine Quelle literarisch umformt, bietet mit seiner Darstellung eine Parallele zu der Anekdote, in der Michelangelo einen Stich Martin Schongauers kopiert und dessen Motive naturgetreu koloriert (s. Anm. 27). Dabei verbindet er mehrere literarische Topoi miteinander. Ausgehend von der Darstellung eines Künstlerwettstreits, schildert er Michelangelo als ›junges Genie‹, das von Lorenzo de' Medici, dem Prototyp des idealen Mäzens, gefördert wird. Dessen Staunen über das Talent des Wunderkindes, das dem Ideal der Naturnachahmung folgt und darin das antike Vorbild übertrifft, führt Vasari als topischen Beweis der Virtuosität und damit des Genies des jungen Bildhauers an.

Metaphorisch gelesen, repräsentiert das Motiv des überarbeiteten Faunskopfes zudem ein Element der schöpferischen (Ver-)Wandlung: Indem der jugendliche Michelangelo dank seiner Phantasie eine neue künstlerische Realität erschafft, wandelt er sich vom Bildhauer, der Antike und Natur nachahmt, zum göttlich inspirierten Künstler. Daß diese Interpretation im Zusammenhang mit der Gartenakademie Lorenzo de' Medicis zu lesen ist, hat Frederika Jacobs ausgeführt. So weist Vasari in den *Vite* auf die Restaurierung zweier antiker Marsyasstatuen am Eingang des Gartens durch Donatello und Verrocchio hin, den beiden herausragenden Bildhauern der zweiten Florentiner Künstlergeneration (vgl. Vasari, *Kunsttheorie*, S. 251–255). Mit dieser Schilderung der beiden Statuenfragmente verdeutlicht Vasari nicht nur die Stilunterschiede der Epochen. Das ikonographische Motiv der Schindung des

Marsyas, das Vasari zwar nicht nennt, das aber bei den Lesern seiner Zeit als bekannt vorauszusetzen ist, verweist auch auf das künstlerische Kompositionsprinzip der De- und Rekonstruktion von Körperdarstellungen in Verbindung mit der Schöpfungskraft des Künstlers.

Bibl.: Leonardo da Vinci, *Schriften*, S. 308–311; Weil-Garris Brandt 1992a; Barolsky 1994, S. XV, S. 82–85 und S. 99–105; Kris/Kurz 1995, S. 37–63 und S. 123–130; Rubin 1995, S. 354; Eisler 1996; Barolsky 1999; Alberti, Ed. Bätschmann, S. 271; Goffen 2002, S. 75; Jacobs 2002; Pfisterer 2003; Koch 2006.

37 Über den Zeitpunkt von Michelangelos Austritt aus der Werkstatt Ghirlandaios und dem Beginn seiner Studien im Garten Lorenzo de' Medicis gehen die Meinungen auseinander. Abhängig von der Vordatierung des Lehrvertrages in das Jahr 1487 (S. Anm. 19) müßte Michelangelo – korrespondierend mit Vasaris Angabe – bereits 1488 die Werkstatt Domenico Ghirlandaios verlassen haben. Doch verfügte er über fundierte Kenntnisse in verschiedenen Maltechniken, was eine systematische und längere Ausbildung nahelegt. Eventuell wurde Michelangelo erst 1490/91 in die Akademie Lorenzo il Magnificos aufgenommen und könnte den Ausbildungsvertrag mit Ghirlandaio zumindest teilweise erfüllt haben. Möglicherweise arbeitete er im Medici-Garten kürzer als von Vasari dargestellt oder über den Tod von Lorenzo de' Medici hinaus.

Bibl.: Elam 1992a, S. 50–51; Cadogan 1993, S. 31; Baldini 1999, S. 53.

38 Lorenzo de' Medici vermittelte Michelangelos Vater 1491 ein Amt in der Zollbehörde. Von 1512 ist ein Briefentwurf Ludovico Buonarrotis erhalten, in dem er Giuliano de' Medici bittet, ihn wieder in seine alte Stelle einzusetzen. Offensichtlich versuchte Michelangelo, seinen Vater dabei zu unterstützen, da er in einem Brief ein Empfehlungsschreiben an Giuliano de' Medici erwähnt (vgl. Carteggio 1965, Bd. I, S. 140–141).

Bibl.: Frey 1907, S. 52.

39 Angelo Poliziano, eigentlich Angiolo Ambrogini (*1454 Montepulciano – †1494 Florenz), galt als einer der bedeutendsten Philologen und Literaturkritiker seiner Zeit. Er war Professor für griechische und lateinische Literatur, übersetzte zahlreiche klassische Autoren und schrieb Dramen und Gedichte. Zeitweise war er Kanzler von Lorenzo de' Medici, der ihn außerdem mit der Erziehung seiner beiden Söhne Piero und Giovanni, dem späteren Papst Leo X., betraute. Die Beschäftigung mit der neuplatonischen Philosophie am Hof der Medici wird unter anderem auf Polizianos Wirken zurückgeführt.

Bibl.: Summers 1981, S. 242–249.

40 *Kentaurenschlacht*, Marmor, 90,5 x 80 cm, um 1490–1492, Florenz, Casa Buonarroti. Das Relief wurde erstmals in einem Brief vom 27.

März 1527 beschrieben, den Giovanni Borromeo, ein Kunstagent am Hof von Mantua, an Federico Gonzaga sandte. Vasari führt das Relief erst in der zweiten Edition der *Vite* auf und bezeichnet es im Gegensatz zu Condivi, der es *Raub der Deianira* nennt, als die *Schlacht des Herakles gegen die Kentauren* (vgl. Condivi, Ed. Valdek, S. 16–17; Condivi, Ed. Nencioni, S. 13–14). Risaliti und Vossilla, die eine facettenreiche, auf der Interpretation antiker und frühneuzeitlicher Quellen beruhende Ikonographie vorschlagen und zudem eine Datierung nach der Jahrhundertwende annehmen, begründen die abweichenden Motivangaben mit der Annahme einer anti-mediceischen Interpretation des Reliefs in der Vita Condivis.

Vasari dient das Relief, das zu einem späteren Zeitpunkt eine Überarbeitung erfuhr, aufgrund des dargestellten Motivs, der Komposition sowie der Technik als Beleg für die frühe Vervollkommnung Michelangelos als Bildhauer. Diese Bewertung kann mit der seit Leon Battista Alberti und Filarete gängigen Auffassung in Verbindung gebracht werden, daß sich Schlachtendarstellungen nach der Antike als Gegenstand einer künstlerischen Talentprobe besonders gut eignen. Als Beispiele für eine *istoria* verlangte dieses Motiv vom Künstler ein Höchstmaß an *copia* (Reichtum, Fülle), *varietà* (Mannigfaltigkeit) und *difficoltà* (Schwierigkeit) und damit an Phantasie und Erfindungsgabe. Auf diese verschiedenen ästhetischen Eigenschaften geht Vasari jedoch nicht weiter ein, weist aber wie Condivi auf den Einfluß Angelo Polizianos bei der Entstehung des Reliefs hin. Für einzelne Motive des Reliefs lassen sich zwar Vorbilder nachweisen, darunter ein antiker Schlachtensarkophag sowie ein Schlachtenrelief Bertoldo di Giovannis, bezüglich der literarischen Vorlage herrschen jedoch unterschiedliche Meinungen. Die *Kentaurenschlacht* könnte daher auch als freie Variation des Themas der Kampfszenen verstanden werden.

Bibl.: Tolnay 1947, S. 133–137; Weinberger 1967, Bd. I, S. 38–47; Lisner 1980; Pope-Hennessy 1996b, S. 13–15 und S. 416–417; Weil-Garris Brandt 1999a; Acidini Luchinat/Draper/Penny/Weil-Garris Brandt 1999, S. 75–84 und S. 188–198; Thielemann 2000; Zöllner/Thoenes/Pöpper 2007, S. 17–18 (Zöllner), 403; Risaliti/Vossilla 2008.

41 Leonardo Buonarroti (*1519 Florenz – †1599 ebenda) war das dritte Kind von Michelangelos Bruder Buonarroto (*1477 Florenz – †1528 ebenda). In den 1540er Jahren, als Michelangelo in Rom lebte, war er die wichtigste Kontaktperson und der Verwalter der geschäftlichen Angelegenheiten seines Onkels in Florenz und trat damit in die Fußstapfen seines Großvaters, seines Vaters und seiner anderen Onkel, wie die umfangreiche Korrespondenz belegt. Nach dem Tod Michelangelos küm-

merte er sich als Erbe des künstlerischen Nachlasses und des Vermögens um das Begräbnis des Künstlers, ließ Michelangelo nach Florenz überführen und kontrollierte über mehrere Jahre hinweg die Errichtung von Michelangelos Grabmal in Santa Croce.

Bibl.: Frey 1907, Stammtafel; Carteggio 1979, Bd. IV; Carteggio indiretto 1995, Bd. I, S. 179–183 und S. 193, 199, 220–223, 229–234, 237–238, 243, 256, 259, 262–263, 265–276, 279–281, 288–289.

42 *Madonna mit dem Kind* (›Madonna della scala‹), Marmor, Höhe 57,1 cm, Breite 40,5 cm, um 1490, Florenz, Casa Buonarroti. Bei der Beschreibung des Reliefs, die nur in der zweiten Edition der *Vite* enthalten ist, betont Vasari den *paragone* und die *imitazione* Michelangelos mit und nach Donatello. Möglicherweise läßt sich diese Einfügung damit erklären, daß Vasari, angeregt durch Vincenzo Borghini, erst in der zweiten Edition der *Vite* einen Vergleich zwischen Donatello und Michelangelo herstellt. Donatello wird auf diese Weise zu einer Mittlerfigur zwischen Giotto und Michelangelo. Es gelingt Michelangelo, Donatellos Stil perfekt nachzuahmen und dabei dessen *disegno* und *grazia* sogar noch zu vervollkommnen. Im Zusammenhang mit Vasaris Äußerung im Vorwort zum zweiten Teil der *Vite*, nach der sich die Künste in ihrem historischen Verlauf fortschreitend perfektionieren (vgl. Vasari, *Kunsttheorie*, S. 88), belegt diese Darstellung die Vollendung der Kunst durch das Talent Michelangelos. Das Übertreffen oder Verbessern der Werke eines Vorbilds oder Lehrers bei dessen Nachahmung thematisiert Vasari auch in anderen Passagen der Vita Michelangelos. Der *paragone*, das Prinzip des Konkurrierens und Vergleichens zwischen Medien, Konzepten und Gattungen, wird auf diese Weise zu einem erzählerischen und historischen Motiv der Vita.

Die Lesart des Reliefs als eine Präsentation von *difficoltà*, dem Stilmodus, der in den *Vite* mit dem Ideal der Naturnachahmung und einer technisch wie gestalterisch anspruchsvollen Werkausführung verknüpft ist, läßt sich in einem erweiterten Bedeutungszusammenhang mit Vasaris Betonung der Grazie der Muttergottes verbinden. Die *grazia* des Reliefs weist das Werk der *maniera moderna* zu, was sich in dessen weichen Formen und in der Verschmelzung von Malerei und Bildhauerei widerspiegelt, für die Michelangelo von Vasari in der Vorrede zu den *Vite* ausgezeichnet wird (vgl. Vasari, *Kunsttheorie*, S. 39–40, 186–188 und S. 263–265). Neben den formalen Eigenschaften signalisiert *grazia* die Leichtigkeit (*sprezzatura*) und die vollkommene Beherrschung des künstlerischen Vokabulars, so daß in der Anmut eines Kunstwerks die Mühen der Ausführung einer komplexen Komposition (*difficoltà*) aufgehoben werden.

Nicht zuletzt hat das Lob der Anmut des Reliefs auch eine spirituelle Dimension, da der Begriff im Kontext der neuplatonischen Philosophie, der Vasaris Kunsttheorie nahesteht, als körperlicher Ausdruck von Seelenschönheit gilt. Aufgrund verschiedener Unstimmigkeiten in der Materialbearbeitung, aber auch in Stil und Provenienz wird die Eigenhändigkeit des Reliefs von manchen Autoren in Frage gestellt. Die Zuschreibung an Michelangelo konnte jedoch bisher nicht überzeugend widerlegt werden. In jüngster Zeit wird eine Datierung des Werks um 1490 vorgeschlagen.

Bibl.: Benkard 1933; Tolnay 1947, S. 125–132; Bettarini/Barocchi, *Vite*, Bd. III, S. 202–203; Calì 1967; Eisler 1967; Weinberger 1967, Bd. I, S. 30–37; Poeschke 1992, S. 68–70; Weil-Garris Brandt 1992a; Rubin 1995, S. 165–166, 324, 327–332 und S. 341; Goffen 1999; Weil-Garris Brandt 1999a, S. 69–75; Berti/Ragionieri 2001; Goffen 2002, S. 70–139; Preimesberger 2003; Zöllner/Thoenes/Pöpper 2007, S. 402 (Zöllner).

43 Cosimo I. de' Medici (*1519 Florenz – †1574 ebenda) entstammte einer Seitenlinie der Medici, die auf Lorenzo de' Medici (*1395 Florenz – †1440 ebenda), den jüngeren Bruder Cosimo de' Medicis, genannt ›il Vecchio‹ (*1389 Florenz – †1464 ebenda), zurückging. Nachdem der als Tyrann geächtete Alessandro de' Medici (*1511 Florenz – †1537 ebenda), der Protegé Papst Clemens' VII. (*1478 Florenz – †1534 Rom), 1537 ermordet worden war, übernahm Cosimo die Herrschaft über Florenz. Es gelang ihm, die letzten republikanischen Bewegungen aufzulösen und Florenz in eine frühabsolutistische Residenz zu verwandeln, die 1569 zum Großherzogtum erhoben wurde. Diese politischen Veränderungen waren unter anderem an der Umgestaltung und Neuerrichtung von repräsentativen Gebäuden ablesbar, die als Verwaltungszentralen eine neue oder veränderte Funktion erhielten, wie der Palazzo Vecchio, die Uffizien und der Palazzo Pitti. Für diese Projekte wurde Giorgio Vasari als Hofkünstler verpflichtet, dessen Organisationstalent und Schnelligkeit als Architekt und Entwerfer großangelegter Raumdekorationen geschätzt wurden. Cosimo I. de' Medici nutzte auch die bildenden Künste zur Repräsentation seiner großherzoglichen Macht, was nicht zuletzt die Gründung der Accademia del Disegno 1563 zeigt. Er versuchte deshalb, Michelangelo zur Rückkehr nach Florenz zu bewegen, was dieser jedoch ablehnte.

Bibl.: Carteggio 1983, Bd. V, S. 105–106; Acidini Luchinat/Scalini 1998, Bd. I, S. 80; Barzman 2001.

44 Masaccio, eigentlich Tommaso di Ser Giovanni di Mone Cassai (*1401 San Giovanni Val d'Arno – †1428 Rom). Die Fresken in der Bran-

cacci-Kapelle in Santa Maria del Carmine in Florenz entstanden ab 1424 in Zusammenarbeit mit Masolino.

45 *Gruppe von drei stehenden Männern im Profil nach links* (Vorderseite) und *Bildeinwärts kniender Mann in langärmeligem Mantel* (Rückseite), Feder und braune Tinte, 294 x 197 mm, Wien, Graphische Sammlung der Albertina, Inv.-Nr. 116, R129. Die Rückseite des Blattes gibt eine Variation des knienden Petrus-Verehrers aus Masaccios *Theophilus*-Fresko in der Brancacci-Kapelle in Santa Maria del Carmine in Florenz wieder. Aufgrund der Kostümvariation und weiterer Unstimmigkeiten wird vermutet, daß Michelangelo das Motiv des Knienden von einer Vorlage kopierte, die möglicherweise aus der Werkstatt Domenico Ghirlandaios stammte. Masaccios Bilder galten neben der Malerei Giottos in Florenz als der Ausgangspunkt einer neuen Kunst, wie ein Hinweis bei Leonardo da Vinci belegt (vgl. Leonardo da Vinci, *Schriften*, S. 214). Daher waren die Fresken in Santa Maria del Carmine allgemein als Motive für die Ausbildung der Malerlehrlinge geschätzt, wie dies beispielsweise in Benvenuto Cellinis Autobiographie zum Ausdruck kommt (vgl. Cellini, *Mein Leben*, S. 35). Vasaris Beschreibung hebt deren lebendige Darstellung, wahrhaftige Naturnachahmung sowie deren perspektivische Verkürzungen hervor und gipfelt in dem Urteil, daß die Fresken bereits der *maniera moderna* nahestehen (vgl. Vasari, *Kunsttheorie*, S. 87–88). Die Urteilskraft, die Vasari an den Zeichnungen Michelangelos lobt, kann als Hinweis auf die treffende Erfassung des *disegno* Masaccios interpretiert werden. Gleichzeitig wird deutlich, daß die Grundlage eines guten *disegno* in der Übung (*pratica*) liegt, mit der die Schulung des künstlerischen Urteilsvermögens einhergeht.

Bibl.: Tolnay 1947, S. 178–179; Dussler 1959, S. 142–143; Bettarini/Barocchi, *Vite*, Bd. III, S. 124–127; Summers 1981, S. 352–363; Hirst 1988, S. 9–11; Rubin 1995, S. 289 und S. 319; Güse/Perrig 1997, S. 126–128; Vasari, *Einführung in die Künste*, S. 98–100.

46 Vasari überliefert diese Begebenheit, die er erst der zweiten Edition der Michelangelo-Vita hinzufügte, auch in der Lebensbeschreibung Torrigianis (vgl. Vasari, *Bildhauer*, S. 16–17); ferner wird sie von Benvenuto Cellini in seiner Autobiographie geschildert (vgl. Cellini, *Mein Leben*, S. 34–35).

Bibl.: Wittkower/Wittkower 1989 (1963), S. 260.

47 *Statue eines Herkules*, verloren. Die Figur befand sich bis zur Belagerung von Florenz 1529 im Palast der Familie in Florenz. Die Gründe für die Anfertigung der Statue liegen im Dunkeln. Möglicherweise beabsichtigte Michelangelo, ein Denkmal für seinen verstorbenen Mäzen Lorenzo de' Medici zu schaffen. Bekannt sind nur der überlebensgroße

Maßstab der Skulptur und die Tatsache, daß für sie ein älterer Marmorblock verwendet wurde. Die Skulptur wurde durch Giovan Battista della Palla nach Frankreich vermittelt und dort von Franz I. erworben. Sie ist bis zur Mitte des 17. Jahrhunderts als Brunnenfigur in Fontainebleau nachweisbar.

Bibl.: Tolnay 1947, S. 205–209; Weinberger 1967, Bd. I, S. 43–44; Joannides 1977; Joannides 1981; Baldini 1982, S. 31; Warnke 1993; Zöllner/Thoenes/Pöpper 2007, S. 22 (Zöllner).

48 Giovan Battista della Palla (*1489 Florenz – †1532 Pisa) stammte aus einer Florentiner Familie von *speziali* (Apotheker oder Gewürzhändler), die es im Laufe der Zeit zu Wohlstand gebracht hatte, so daß Battistas Großvater, Mariotto della Palla, 1481 eine Familienkapelle in Santo Spirito erwerben konnte. Während der Florentiner Republik bekleideten Mitglieder der Familie Palla in der kommunalen Stadtverwaltung mehrmals das Amt des Priors. Als leidenschaftlicher Republikaner hatte Battista selbst dieses Amt 1521 inne. Anfangs ein Anhänger der Medici, wandte er sich aus bisher unbekannten Gründen nach dem Tod von Papst Leo X. von ihnen ab. 1522 plante er mit weiteren Medici-Gegnern eine Verschwörung, die jedoch aufgedeckt wurde. Battista della Palla befand sich zu diesem Zeitpunkt schon in Frankreich, wo Franz I. die zu Feinden der Republik erklärten Rebellen offiziell unter den Schutz der französischen Krone stellte. 1527 spielte della Palla eine zentrale Rolle beim Sturz der Medici in Florenz und bei der Gründung der neuen Republik. Im Auftrag von Franz I. sollte er für die königliche Sammlung Bilder und Skulpturen erwerben, für deren Beschaffung er nicht nur die Florentiner Signoria um Kooperation ersuchte, sondern sich auch eines Netzwerks von Freunden bediente, darunter Filippo Strozzi der Jüngere. Nach der Kapitulation der republikanischen Regierung im Jahr 1530 und der Rückkehr der Medici wurde Battista della Palla in der Festung von Pisa eingekerkert und dort 1532 ermordet.

Bibl.: Elam 1993; Cox-Rearick 1995, S. 83–88.

49 Franz I. (*1494 Cognac – †1547 Rambouillet) herrschte ab 1515 als König von Frankreich und galt als Renaissancefürst *par excellence*. Seine Regierungszeit war vom Glanz eines großzügigen Mäzenatentums begleitet, das Kunst und Wissenschaft gleichermaßen umfaßte. Von seinem Vorgänger Ludwig XII. hatte er eine Reihe von italienischen Gemälden des späten Quattro- und frühen Cinquecento geerbt (hauptsächlich Porträts, die 1499 beim Einzug in Mailand konfisziert wurden). Durch gezielten Ankauf, vorzugsweise florentinischer Werke, aber auch durch Schenkungen schuf er eine bis dahin in Frankreich beispiellose Sammlung. Auf seinen diversen Feldzügen in Italien (1515 er-

oberte er in der Schlacht von Marignano das Herzogtum Mailand) konnte Franz I. italienische Kunst *in situ* rezipieren. Dies wird häufig als Grund für seinen Entschluß genannt, bekannte italienische Meister an seinen Hof zu holen. So trat unter anderen Leonardo, der bereits für Ludwig XII. tätig gewesen war, in den Dienst des französischen Herrschers, auch Andrea del Sarto, Rosso Fiorentino und Primaticcio reisten nach Frankreich. Andere hingegen – Tizian etwa – folgten diesem königlichen Wunsch nicht oder boten – wie Benvenuto Cellini und um 1530 auch Michelangelo – ihre Dienste eigenständig an.

Bibl.: Cox-Rearick 1995.

50 Piero oder Pietro de' Medici (*1472 Florenz – †1503 ebenda), ältester Sohn und Nachfolger Lorenzo il Magnificos, wurde 1494 aus Florenz vertrieben. Es gelang ihm nicht, die Vormachtstellung der Medici in Florenz auf Dauer zu festigen.

Bibl.: Acidini Luchinat/Scalini 1998, Bd. I, S. 212–213, und Bd. II, S. 24.

51 Aus einem Vergleich der Überlieferungen zur Schneeskulptur in der Michelangelo-Vita Condivis und Vasaris schließt Warnke auf eine metaphorische Bedeutung dieser Anekdote (vgl. Condivi, Ed. Valdek, S. 17–18; Condivi, Ed. Nencioni, S. 14). Das Schneedenkmal weckt Assoziationen an die anderen Skulpturen, die Michelangelo in seiner Anfangszeit als Bildhauer für verschiedene Auftraggeber schuf. Unter diesen stellt die Schneeskulptur das fragilste und flüchtigste Werk dar, das sich in der Fassung Condivis als eine Allegorie auf das Mäzenatentum Piero de' Medicis interpretieren läßt. Es kann aber auch eine Art politischer Bescheidenheitsgestus darin gesehen werden, mit dem Piero de' Medici auf die anti-mediceischen Predigten Girolamo Savonarolas reagierte, indem er auf diese Weise die Vergänglichkeit seiner weltlichen Herrschaft anerkannte.

Bibl.: Warnke 1993; Goffen 2002, S. 88.

52 Die Florentiner Augustinerkirche Santo Spirito und der daran angeschlossene Konvent wurden Mitte des 13. Jahrhunderts gegründet. Von Beginn an zeichnete sich der Konvent durch rege intellektuelle Interessen und Netzwerke aus. Für seine Ordensleute sind beispielsweise Kontakte zu Petrarca oder zur florentinischen Accademia Platonica nachgewiesen, auch Giovanni Boccaccio war Mitglied des Konvents. Mitte des 15. Jahrhunderts wurde die Kirche aus dem 13. Jahrhundert durch Filippo Brunelleschi erweitert. Zu Beginn des 17. Jahrhunderts wurde der Altarbereich neu gestaltet. Die zahlreichen Grabkapellen florentinischer Familien in Santo Spirito zeugen von der Bedeutung der Kirche in der Stadt.

Bibl.: Acidini Luchinat 1996.

53 *Kruzifix*, Holz, polychrom gefaßt, 139 x 135 cm, 1493–1494, Florenz, Santo Spirito. Vom Kruzifix sind nur der Corpus und der Titulus original erhalten. Ursprünglich hing es wahrscheinlich in einer Höhe von 4 bis 5 m über dem Hochaltar von Santo Spirito, der sich in der Vierung befand. Vasaris Formulierung vom ›Halbrund‹ über dem Hauptaltar wurde mit Hilfe einer Zeichnung Dosios, die den Altar wiedergibt, so gedeutet, daß das Kruzifix im Scheitel des westlichen Gurtbogens der Vierung und damit genau über dem Altar angebracht war. Als der Hochaltar zu Beginn des 17. Jahrhunderts umgestaltet wurde, gelangte das Kruzifix wahrscheinlich zunächst in die Sakristei, danach in den Konvent und geriet dann in Vergessenheit. Margrit Lisner entdeckte das Werk dort 1962 und schrieb es Michelangelo zu. Nach einer ersten Restaurierung 1964 wurde es in der Casa Buonarroti ausgestellt, nach einer weiteren restauratorischen Untersuchung, Reinigung, Freilegung und Festigung der originalen, gut erhaltenen Fassung, die im Jahr 2000 abgeschlossen war, wurde das Werk wieder nach Santo Spirito gebracht. Nach wie vor wird die Autorschaft Michelangelos angezweifelt.

Bibl.: Lisner 1963; Procacci/Baldini 1966; Lisner 1970, S. 111–124; Middeldorf 1978; Poeschke 1992, S. 71–73; Beck 1994a; Beck 1998, S. 33; Weil-Garris Brandt 1999a, S. 89; Acidini Luchinat/Draper/Penny/Weil-Garris Brandt 1999, S. 288; Kat. Florenz 2000; Baldini 2001; Lisner 2001; Zöllner/Thoenes/Pöpper 2007, S. 404 (Zöllner).

54 Möglicherweise handelt es sich um Niccolò di Giovanni di Lapo Bichiellini, der durch die Vermittlung Piero de' Medicis Michelangelo das Kruzifix anfertigen ließ. Die Leichname für die anatomischen Studien kamen aller Wahrscheinlichkeit nach aus dem Hospital des Konvents von Santo Spirito. Mit dem Hinweis auf Michelangelos anatomische Studien unterstreicht Vasari dessen Kenntnis der Natur und macht dadurch seine Ebenbürtigkeit mit Leonardo da Vinci geltend.

Bibl.: Acidini Luchinat/Draper/Penny/Weil-Garris Brandt 1999, S. 288; Baldini 2001, S. 29; Goffen 2002, S. 93.

55 Giovanni Bentivoglio (*1443 Bologna – †1508 bei Mailand) wurde 1463 in Nachfolge seines Verwandten Ludovico Bentivoglio, genannt ›Sante‹, zum *gonfaloniere* di Giustizia von Bologna gewählt. Wie seine Vorgänger versuchte er während seiner Signorie, zwischen den mächtigeren Parteien in Italien – wie Mailand und Florenz, Ferrara, dem König von Neapel und dem Heiligen Stuhl – das politische Gleichgewicht zu wahren. Hierbei kamen ihm sein strategisches Geschick und die geographische Lage Bolognas zugute, das als Teil des Kirchenstaates eine Station auf der Hauptroute zwischen der Romagna und Neapel war.

Seine Beziehungen zu den Medici resultierten aus seinen militärischen Diensten für die Familie. 1479 unterstellte er Bologna der Herrschaft von Florenz, wofür er die Befehlsgewalt über eine kleine Reiterarmee und Armbrustschützen sowie eine Provision erhielt. Ab 1488 bestimmte er nach der Niederschlagung einer Verschwörung als Alleinherrscher über die Besetzung der kommunalen Ämter und damit über die Politik Bolognas. Während des Feldzugs Karls VIII. in Italien, in dessen Folge die Medici aus Florenz vertrieben wurden, konnte Bentivoglio zu allen Parteien Distanz halten. Daher war es möglich, daß Piero de' Medici sowie dessen Brüder Giovanni und Giuliano 1495 in der Stadt Zuflucht nahmen. In den folgenden Jahren verlor Bologna jedoch seine politische Autonomie. Zunächst konnte ein Bündnis mit Mailand, bedingt durch die französische Vorherrschaft in der Lombardei, nicht gehalten werden. Schließlich nahm Julius II. die Stadt für den Kirchenstaat ein und erließ im Oktober 1506 eine Bulle gegen Giovanni Bentivoglio, der daraufhin flüchten mußte.

Bibl.: Gaspare de Caro: ›Bentivoglio, Giovanni‹, in: DBI, 1966, Bd. VIII, S. 622–632.

56 Giovan Francesco Aldrovandi (*um 1450– †1512, Geburts- und Sterbeort nicht nachgewiesen) war 1488 Podestà von Florenz. Er kannte Michelangelo wahrscheinlich als Schützling Lorenzo de' Medicis. Die Familie Aldrovandis stammte ursprünglich aus Florenz, bewohnte aber seit alters her das Castel dei Britti bei Bologna. Dadurch war der Familie eine Beteiligung an der Stadtregierung in Bologna möglich. Giovan Francesco Aldrovandi war ein Parteigänger Giovanni Bentivoglios und mehrmals Abgesandter der Stadt Bologna. In diplomatischer Mission war er 1502 zu Verhandlungen unterwegs zu Cesare Borgia, 1505 und 1507 zu Ludwig XII. von Frankreich. Nach der Vertreibung der Bentivoglio begleitete er 1507 Papst Julius II. nach Rom.

Bibl.: Tugnoli Pattaro 1974; Ciammitti 1999.

57 Nicht Giovanni, sondern Nicola Pisano wurde von den Dominikanern 1264 mit der Herstellung eines Schreins für die Gebeine des Heiligen Dominikus beauftragt, der 1234 kanonisiert worden war. 1267 wurde die Arca wahrscheinlich durch Fra Guglielmo, einen Schüler Nicola Pisanos, fertiggestellt. Im letzten Viertel des 15. Jahrhunderts wurde die Arca von Niccolò dell'Arca mit einer mit Skulpturen versehenen architektonischen Bekrönung ergänzt. Michelangelo führte nach dessen Tod die noch fehlenden Figuren am Heiligengrabmal aus.

Bibl.: Klebanoff 1999; Pope-Hennessy 2000, S. 239.

58 Niccolò dell'Arca, auch Niccolò da Ragusa, Nichollò de Bari oder Nicolaus de Apulia (*unbekannt – †1494 Bologna)

59 Der kniende Engel sowie die Figuren des *Heiligen Petronius* und des *Heiligen Prokulus* an der Arca des Heiligen Dominikus, Marmor, um 1494/95, Bologna, San Domenico Maggiore, komplettieren deren ikonographisches Programm. Der kniende Engel (Höhe 51,5 cm mit Basis) vor der predellenartig ausgestalteten Basis des Schreins, der in seinen Händen einen Leuchter hält, bildet das Gegenstück zu Nicolo dell'Arcas Leuchterengel. Die Figur des *Heiligen Petronius* (Höhe 64 cm mit Basis) trägt ein Stadtmodell in den Händen und befindet sich auf dem Dach des Schreins an der Schauseite. Die auf der Rückseite der Überdachung angebrachte Figur eines *Heiligen Prokulus* (Höhe 58,5 cm mit Basis) nennt Vasari nicht, obwohl alle Figuren bereits in Leandro Albertis Traktat *De divi Dominici obitu et sepultura* (1535) als Werke Michelangelos überliefert worden waren. In der ersten Edition der *Vite* wird die *Arca des Heiligen Dominikus* und Michelangelos Anteil daran nicht erwähnt. Diese Auslassung Vasaris kann damit erklärt werden, daß er bei seinem Aufenthalt in Bologna Mitte des Jahres 1539 zwar die bolognesischen Maler intensiv studiert, der Skulptur jedoch keine Aufmerksamkeit geschenkt hatte. Vasari entnahm die Textstelle für die zweite Fassung der Vita von Condivi, der sich wiederum auf Michelangelos Angaben stützte (vgl. Condivi, Ed. Valdek, S. 21–22; Condivi, Ed. Nencioni, S. 17).

Bibl.: Tolnay 1947, S. 22–23 und S. 137–141; Weinberger 1967, Bd. I, S. 48–51; Robertson 1983; Dodsworth 1992; Poeschke 1992, S. 73; Dodsworth 1995, S. 104–107; Pope-Hennessy 1996b, S. 23, 416; Hirst 1994b, S. 18; Emiliani 1999; Longsworth 2002; Hirst 2004a, S. 37; Zöllner/Thoenes/Pöpper 2007, S. 22, 406 (Zöllner).

60 Dante Alighieri (*1265 bei Florenz – †1313 Ravenna)

61 Francesco Petrarca (*1304 Arezzo – †1374 Arquà bei Padua)

62 Giovanni Boccaccio (*1313 Certaldo oder Florenz – †1375 Certaldo)

63 Lorenzo di Pierfrancesco de' Medici (*1463 Florenz – †1503 ebenda), auch ›Lorenzo Popolano‹ genannt, Sohn von Pierfrancesco (Vecchio) de' Medici (*1430 Florenz – †1475 ebenda), Nachkömmling der jüngeren Linie der Medici und Onkel Cosimos I.; Lorenzo Popolano war der Auftraggeber von Sandro Botticellis *Allegorie des Frühlings* und *Geburt der Venus.*

Bibl.: Acidini Luchinat/Scalini 1998, Bd. I, S. 212–213.

64 *Johannesknabe*, verschollen

Bibl.: Shearman 1975, S. 12–27.

65 *Schlafender Cupido*, Marmor, 1495–1496, verloren. Die Gestalt der Skulptur konnte aufgrund der mangelhaften Quellenlage bis heute nicht mit Sicherheit rekonstruiert werden. Parronchi beispielsweise

schlug für die Pose des *Cupido* das Vorbild eines schlafenden Hermaphroditen vor, während andere Autoren den in der hellenistischen Kunst häufiger wiedergegebenen Typus eines kindlichen Eros favorisieren.

Belegt ist, daß die anschließende Reise Michelangelos nach Rom auf Kosten des Käufers, des Kardinals Riario, erfolgte. Offenbar schätzte dieser Michelangelos Kennerschaft und künstlerisches Talent und lud ihn zur gemeinsamen Betrachtung seiner Kunstsammlung ein, wie Michelangelo nach Florenz berichtet. Zugleich versuchte Michelangelo, in Rom den *Cupido* zurückzukaufen (vgl. Carteggio 1965, Bd. I, S. 1–2). Es wird vermutet, daß Michelangelo die Figur zurückzuerhalten versuchte, um sie selbst zu einem besseren Preis zu verkaufen. Dieses Vorhaben schlug jedoch fehl: Die Skulptur, die unter Kunstsammlern in Rom offenbar einen gewissen Bekanntheitsgrad erlangt hatte, wurde an Cesare Borgia verkauft, aus dessen Besitz Isabella d'Este sie 1502 erwarb.

Bibl.: Tolnay 1947, S. 201–203; Parronchi 1964; Parronchi 1967; Weinberger 1967, Bd. I, S. 56–58; Tempestini 1991; Frommel 1992; Hirst 1994b, S. 22–23; Weil-Garris Brandt 1999b; Forcellino 2005, S. 58; Zöllner/Thoenes/Pöpper 2007, S. 25 (Zöllner).

66 Baldassare del Milanese (Lebensdaten unbekannt), Mitglied einer Kaufmanns- und Bankiersfamilie aus Prato, die in Florenz und Rom bereits in der ersten Hälfte des 15. Jahrhunderts tätig war. Er hielt sich seit 1480 in Rom auf, 1495 ist er als Mitglied der Bruderschaft San Giovanni dei Fiorentini belegt, in der sich florentinische Kaufleute, Künstler und andere versammelten. Seine Beziehungen zu Lorenzo di Pierfrancesco de' Medici, genannt ›Il Popolano‹, und dem Bankier Baldassarre Balducci, einem Geschäftsfreund Jacopo Gallis, machten ihn zu einem idealen Vermittler für den Verkauf des *schlafenden Cupido*.

Bibl.: Baldini/Lodico/Piras 1999.

67 Raffaele Riario (*1461 Savona – †1521 Neapel) wurde 1477 von seinem Onkel, Papst Sixtus IV. (*1414 Celle bei Savona – †1484 Rom), zum Kardinal ernannt und erhielt San Lorenzo in Damaso als Titularkirche. Um 1490 ließ Kardinal Riario die aus dem 4. Jahrhundert stammende Kirche vollständig abreißen, wieder aufbauen und erweitern. Ebenso verfuhr er mit dem bestehenden Kardinalspalast, dem Palazzo di San Giorgio, der nach Riarios erstem Titel, Kardinaldiakon von San Giorgio in Velabro, benannt worden war und aus dem 15. Jahrhundert stammte. Riario kaufte 1491 zwei angrenzende Häuser dazu, um den neuen Palast nach dem Vorbild des Palazzo Venezia in größeren Dimensionen errichten zu lassen. In die Ostfassade des zwischen 1489 und

1514 errichteten Palastes ist die Titularkirche integriert. 1516 mußte Kardinal Riario wegen der Beteiligung an einem Mordkomplott gegen Leo X. seinen Palast an den Vatikan abtreten. Seitdem ist dieses Gebäude Sitz der päpstlichen Magistratur und wird als Kanzlei genutzt, weshalb es auch als ›Palazzo della Cancelleria‹ bezeichnet wird. Das negative Urteil, das Vasari in Anlehnung an Condivi über die Kennerschaft des Kardinals fällt, könnte darauf zurückzuführen sein, daß der Kardinal die Figur des *Bacchus* zurückgewiesen hatte.

Bibl.: Schiavo 1960; Frommel 1989; Frommel 1992.

[68] Cesare Borgia (*1475 Rom – †1507 Viana, Navarra), der Sohn des Rodrigo de Borja y de Borja (von 1492 bis 1503 Papst Alexander VI.), und der Vannozza Catanei, wurde von Ludwig XII. von Frankreich zum Herzog von Valentinois ernannt, was seinen italianisierten Beinamen ›Duca Valentino‹ erklärt. Cesare Borgia war der zweite Sohn Rodrigo Borgias, weshalb ihm eine Karriere als Kleriker vorbestimmt war. Bereits 1482 wurde er von Sixtus IV. zum apostolischen Protonotar ernannt. Mit seiner Erhebung zum Kardinal 1493 und als informeller Vertreter Papst Alexanders VI. erreichte seine kirchliche Karriere ihren Höhepunkt. Aus verschiedenen Gründen, die möglicherweise auch seinen weltlichen Lebensstil betrafen, wurde Cesare Borgia 1498 die Kardinalswürde entzogen. Trotzdem konnte sein Vater weiterhin seinen Einfluß für seinen Sohn Cesare geltend machen. So gingen sowohl seine Ernennung zum Herzog von Valentinois als auch seine Heirat mit Charlotte d'Albret, der Schwester des Königs von Navarra, auf diplomatische Allianzen zwischen dem französischen Königshaus und dem Heiligen Stuhl zurück. Mit dem Ziel, seinen Herrschaftsbereich zu vergrößern und zu festigen, eroberte Cesare Borgia ab 1499 als Verbündeter des französischen Königs Ludwig XII. während dessen Italienfeldzugs mehrere Städte in der Romagna. Seinen Titel als Herzog der Romagna und das Amt des *gonfaloniere della chiesa*, des Heerführers des Kirchenstaats, verlor er jedoch mit der Ernennung Giuliano della Roveres zum Papst. Bei dem Versuch, seine Territorien zurückzuerobern, geriet Cesare Borgia in Gefangenschaft und wurde nach Spanien ausgeliefert. 1506 gelang ihm die Flucht nach Navarra, wo sein Schwager Jean III. d'Albret regierte. Während einer Belagerung der Festung Viana wurde Cesare Borgia getötet.

In seiner militärischen Stärke, die sich mit ausgeprägtem politischem Bewußtsein und entschiedenem Machtstreben vereinigte, wurde er von seinen Zeitgenossen ambivalent betrachtet. Einerseits wurde er in Niccolò Machiavellis *Il principe* zum Vorbild des ›neuen Fürsten‹, andererseits diffamierten ihn seine Gegner wegen seines skrupellosen, machtbesessenen und unberechenbaren Charakters, der auch vor politischen Morden nicht zurückschreckte.

Bibl.: Felix Gilbert: ›Borgia, Cesare‹, in: DBI, 1970, Bd. XII, S. 696–708.

69 Isabella d'Este (*1474 Ferrara – †1539 Mantua) war die Tochter Herzog Ercoles I. von Ferrara. Sie verlobte sich 1480 mit Francesco II. Gonzaga, Markgraf von Mantua, 1490 folgte die Heirat. Isabella d'Este sammelte für ihr *studiolo* und ihre *grotta*, eine Kunstkammer, erst im Castello di San Giorgio und dann in der Corte Vecchia des Mantuaner Palastes Kunstwerke der berühmtesten Künstler ihrer Zeit, deren Werke sie miteinander zu vergleichen suchte. Genauso verfuhr sie offenbar mit dem *Cupido* Michelangelos, den sie einer 1505 erworbenen antiken Skulptur eines Cupido in ihren Sammlungsräumen gegenüberstellte, die als ein Werk des Bildhauers Praxiteles angesehen wurde. Auf diese Weise inszenierte sie einen *paragone* zwischen antiker und moderner Kunst, worüber das Inventar ihrer Sammlung von 1542 Aufschluß gibt.

Bibl.: Ferino-Pagden 1994, S. 263–288; Brown 2008.

70 Das heute verlorene Temperagemälde wird einem Gehilfen Michelangelos in Rom, Pietro d'Argenta, zugeschrieben und ist nur noch durch eine Abzeichnung (London, British Museum, MS Landsdowne 802, Libro L, fol. 214) bekannt. Ob Pietro d'Argenta zum Gefolge Kardinal Riarios gehörte und vielleicht sogar als dessen Barbier tätig war, muß dahingestellt bleiben. Das Gemälde in San Pietro in Montorio wurde Ende des 16. Jahrhunderts durch ein Fresko Giovanni de' Vecchis ersetzt.

Bibl.: Agosti/Hirst 1996.

71 Jacopo Galli (†1505 Rom) stammte aus einer römischen Bankiersfamilie, deren Mitglieder verschiedene öffentliche Ämter innehatten. 1488, unmittelbar nach dem Tod seines Vaters Giuliano, fusionierte Jacopo Galli das eigene Bankinstitut mit jenem Baldassarre Balduccis, des Bankiers von Kardinal Raffaele Riario. Da er humanistische Interessen pflegte, begründete er später im Garten seines heute zerstörten Hauses, das dem Palazzo della Cancelleria benachbart war, eine Antikensammlung. Als Michelangelo 1496 auf Kosten des Kardinals nach Rom reiste, wurde er von Galli beherbergt. Jacopo Galli beauftragte Michelangelo wahrscheinlich mit der Anfertigung einer Cupido- oder Apoll-Figur und bezeugte den Abschluß des Vertrags über die Schaffung der *Pietà* und des Grabmals von Papst Pius III. in Siena.

Bibl.: Frommel 1992; Janet Southorn: ›Galli, Jacopo‹, in: Turner 2000, Bd. I, S. 601–602.

72 *Bogenschießender Knabe*, Marmor, Höhe 100 cm ohne Basis, um 1496 (?), New York, Kulturabteilung der französischen Botschaft. Ob es sich

bei dem ›Manhattan-Jüngling‹ um die Figur handelt, die Vasari hier als *Cupido* bezeichnet und die von Jacopo Galli in Auftrag gegeben worden sein könnte und zudem mit der Beschreibung eines *Apoll* in Ulisse Adrovandis *Delle statue antiche che per tutta Roma in diversi luoghi et case si veggono* aus L. Mauros *Le antichità de la città di Roma* (1556) identisch ist, wird kontrovers diskutiert. Möglicherweise befand sich die Skulptur wie der *Bacchus mit Satyr* Michelangelos Mitte des 16. Jahrhunderts im Haus des humanistisch interessierten Adeligen Jacopo Galli. Problematisch erscheint die Zuschreibung der Figur an Michelangelo vor allem deswegen, weil sich ihre Provenienz nur bis in das späte 19. Jahrhundert zurückverfolgen läßt. Die Figur stammt aus der Sammlung des italienischen Kunsthändlers Stefano Bardini, der sie aus der Sammlung Borghese gekauft hatte. 1902 ersteigerte der Architekt Stanford White die Skulptur bei einer von Christie's veranstalteten Auktion. Er ließ sie als Ausstattungsstück für die Villa Payne Whitney auf einen Brunnen montieren. Obwohl die Skulptur schon einmal in den 60er Jahren publiziert worden war, wurde sie 1996 von Kathleen Weil-Garris Brandt erneut Michelangelo zugeschrieben. James David Draper hat vorgeschlagen, in einer Zeichnung von Jean Robert Ango (Lebensdaten sind unbekannt, aktiv 1756–1773) im Musée du Louvre eine Wiedergabe der ursprünglichen Haltung der fragmentierten Knabenfigur zu sehen.

Bibl.: Frommel 1992; Eisler 1996; Weil-Garris Brandt 1996; Weil-Garris Brandt 1997; Draper 1997; Beck 1998; Acidini Luchinat/Draper/Penny/Weil-Garris Brandt 1999, S. 84–103 und S. 300–307, 349–351, 360, 380–429; Gaborit 2000; Heikamp 2000a; Heikamp 2000b; Poeschke 2000; Zöllner/Thoenes/Pöpper 2007, S. 405 (Zöllner).

73 *Bacchus*, Marmor, Höhe 184 cm, 1496–1497, Florenz, Museo Nazionale del Bargello. Vasaris Angaben zum Auftraggeber widersprechen den heute bekannten Quellen. Drei Belege vom August 1496, April und Juli 1497 vermerken Zahlungen von je 50 Scudi für den *Bacchus*, die durch den Bankier Raffaele Riarios, Baldassarre Balducci, entgegengenommen wurden. In einem Brief an seinen Vater vom 1. Juli 1497 formuliert Michelangelo die Erwartung, daß seine Mühen entschädigt würden, womit er wahrscheinlich die letzte Rate für den *Bacchus* meinte (vgl. Carteggio 1965, Bd. I, S. 3). Ursprünglich für die Ausstattung von Riarios neuem Palazzo gedacht, befand sich der *Bacchus* einer Quelle von 1506 sowie zwei Zeichnungen Marten van Heemskercks von 1532 und 1535 zufolge jedoch in der Antikensammlung Jacopo Gallis. 1556 beschrieb Ulisse Aldrovandi die Figur an gleicher Stelle. Daraus wurde geschlossen, daß der Auftraggeber die Figur nie in seinem Pa-

lazzo präsentierte und diese anscheinend zurückgewiesen hatte. Christoph Luitpold Frommel vermutet, daß Jacopo Galli dem Kardinal ein antikes Werk aus seiner Sammlung im Tausch dafür angeboten haben könnte. Der Grund für die Zurückweisung des *Bacchus* wird in der ambivalenten, androgynen Körperlichkeit der Figur gesehen, die auch bei Vasari zur Sprache kommt und als Hinweis auf einen fehlgeschlagenen *paragone* mit den antiken Vorbildern interpretiert wird. Obwohl der *Bacchus* als eine Statue *all'antica* konzipiert ist, fehlt ihm die Klassizität antiker Skulpturen. James Hall sieht in der Androgynie des *Bacchus* eine mediale Strategie zur Vermittlung der Rundansichtigkeit der Figur, die an der Wende vom 15. zum 16. Jahrhundert noch eine Neuheit darstellte.

Bibl.: Tolnay 1947, S. 24–28 und S. 142–145; Weinberger 1967, Bd. I, S. 58–67; Condivi, Ed. Valdek, S. 24–25; Bacci 1985; Wind 1987 (1958); Frommel 1992; Poeschke 1992, S. 74–75; Dunkerton/Hirst 1994, S. 29–35 (Hirst); Emmerling-Skala 1994, S. 247–288; Pope-Hennessy 1996b, S. 420–421; Condivi, Ed. Nencioni, S. 19; Schwedes 1998, S. 148–163; Frommel 1999; Acidini Luchinat/Draper/Penny/Weil-Garris Brandt 1999, S. 362–364; Lieberman 2001; Goffen 2002, S. 97–102; Freedman 2003; Rosenberg 2003; Barolsky/Lieberman 2005; Hall 2006; Koch 2006; Zöllner/Thoenes/Pöpper 2007, S. 25– 26 und S. 407–408 (Zöllner).

74 Es handelt sich nicht um den Kardinal von Rouen, sondern um Jean Bilhères de Lagraulas (* um 1430 Gascogne – † 1499 Rom), Kardinal von Santa Sabina und nach dem Tod von Papst Innozenz VIII. 1492 Gouverneur von Rom. Als Vertreter der französischen Krone in Rom wirkte er als Vermittler zwischen dem französischen König und dem Papst und war auch der Gründer der französischen Einrichtungen in Rom.

Bibl.: Samaran 1921; Voci 2001, S. 33.

75 Die etwas umständliche Angabe zum Standort der *Pietà* erklärt sich folgendermaßen: Zunächst fand sie Aufstellung in der Kapelle der französischen Könige, Santa Petronilla, an der Südseite von Alt-Sankt Peter. Um 1505 wurde sie in die neue Sakristei versetzt, die auch als Marienkapelle der Fieberkranken bezeichnet wird. Nach weiteren Umplazierungen gelangte sie 1749 schließlich an ihren heutigen Aufstellungsort im rechten Seitenschiff.

Bibl.: Voci 2001; Zöllner/Thoenes/Pöpper 2007, S. 33 (Zöllner).

76 *Pietà*, Marmor, Höhe 174 cm, Breite an der Basis 195 cm, 1497–1499, Rom, Sankt Peter. In dem am 27. August 1498 geschlossenen Vertrag über die Anfertigung der *Pietà* wurde mit Michelangelo ein Honorar von 450 Golddukaten vereinbart. Als Zeuge trat bei Vertragsabschluß

Jacopo Galli ein. Er verbürgte sich dafür, daß der Bildhauer das Werk innerhalb eines Jahres vollenden und die schönste Marmorskulptur Roms herstellen werde. Allerdings begann Michelangelo schon ein knappes Jahr vor dem Abschluß des Vertrags mit der Arbeit, wie Briefe des Kardinals vom November 1497 und April 1498 belegen. Die Fertigstellung erfolgte vermutlich wie vereinbart 1499. Angenommen wird, daß der Auftraggeber, der französische Kardinal Lagraulas, die *Pietà* für die Kapelle Santa Petronilla stiftete, um das diplomatische Verhältnis zwischen der französischen Krone und dem Papst zu fördern. Ob die Figurengruppe, die kurz nach dem überraschenden Tod des Kardinals fertiggestellt wurde, dann als Grabmalfigur des Auftraggebers diente oder ob sie als Andachtsbild gedacht war, ist Gegenstand der Forschungsdiskussion. Wahrscheinlich erfüllte die Skulptur beide Funktionen.

Ungewöhnlich an Michelangelos Pietà-Darstellung ist die Umsetzung des aus der italienischen Tafelmalerei und der deutschen oder französischen Skulptur stammenden kleinformatigen Motivs des Vesperbildes in eine überlebensgroße Skulptur. Großplastische Vesperbilder in Frankreich und eine Beweinungsgruppe aus Terrakotta von Niccolò dell'Arca in Bologna werden als mögliche Vorbilder angeführt. Zudem wird auf die Neuinterpretation des herkömmlichen Pietà-Motivs hingewiesen. Obwohl die Ikonographie der *Pietà*, bei dem die Jugendlichkeit der Muttergottes mit deren Rolle als Braut Christi verbunden ist, im Einklang mit den aus der mittelalterlichen Malerei und Skulptur überlieferten Motiven steht, werden in der *Pietà* Michelangelos nicht die körperlichen Leidensmerkmale Christi in den Vordergrund gerückt, sondern die Schönheit der Körperdarstellung und der Ausdruck in sich gekehrter Trauer betont. Da die *Pietà* für die Nahsicht konzipiert wurde, nimmt die Diskussion der Bildwirkung in der Literatur breiten Raum ein. Wie beim *Bacchus* oder beim *Auferstandenen Christus* wurde festgestellt, daß bei der Betrachtung der Skulptur der Blick des Betrachters dynamisch gelenkt wird.

Vasari beschreibt in seiner Ekphrasis der *Pietà* den *disegno*, die Anmut (*grazia*) und die technische Ausführung der Skulptur – ihre Oberflächenbearbeitung und Unterschneidungen. Indem Vasari überdies besonders auf die realistische Darstellung des toten Körpers und die Schönheit Christi eingeht, verdeutlicht er Michelangelos Begabung zur perfekten *imitatio*, ja *superatio* der Natur und stellt die *Pietà* als Beispiel des kunsttheoretischen Topos des ›lebendigen Steins‹ dar. Nach der neuplatonisch geprägten Kunsttheorie Vasaris ist der gute Künstler befähigt, nicht nur die äußere Form der Natur wiederzugeben, sondern diese zu überbieten. Michelangelo, der dank seines göttlichen *ingegno* und seines perfekten Augenmaßes »verlebendigte« Figuren aus dem Marmor formt, wird von Vasari als *artifex divinus* charakterisiert, der im schöpferischen Akt die Materie formt und die der Wirklichkeit zugrundeliegende Ideen enthüllt. Wahrscheinlich schließt er sich dabei an die bereits vor den *Vite* verfaßten Ausführungen Benedetto Varchis in den *Due lezzioni* (1549) an. Dort wurde die Skulptur erstmals in den Zusammenhang von poetischer und künstlerischer Imitation gestellt, die sich dem gedanklichen Entwurf (*concetto*) und der Erfindungsgabe (*invenzione*) als gestaltgebender Kraft bedient. Pietro Aretino dagegen kritisierte, der *Pietà* würde es im Vergleich zu der antiken Skulptur des *Laokoon* an *giudizio* und *ingegno* mangeln. In bezug auf Leon Battista Albertis Darstellung von Affektvariationen in der Malerei wurde die *Pietà* auch als skulpturale Umsetzung dieses Konzepts interpretiert. Damit würden sich in der *Pietà* als plastischem Pendant zur gemalten *istoria* literarische und visuelle Ausdrucksformen miteinander verbinden.

Bibl.: Tolnay 1947, S. 145–150; Condivi, Ed. Valdek, S. 25–27; Weinberger 1967, Bd. I, S. 67–74; Mendelsohn-Martone 1998 (1978), S. 299–322; Weil-Garris Brandt 1987; Poeschke 1992, S. 75–77; Wallace 1992a; Kris/Kurz 1995, S. 68, 74–86; Pope-Hennessy 1996b, S. 418–419; Condivi, Ed. Nencioni, S. 19–20; Voci 2001; Zöllner/Thoenes/Pöpper 2007, S. 33–36 und S. 408–409 (Zöllner).

77 Cristofano Solari, genannt ›il Gobbo‹ (*nach 1468 in Mailand – †1524 ebenda)

78 Die Signatur der *Pietà* zeigt auf dem Brustband die unvollständige lateinische Verbform »FACIEBA(T)«. Diese wird hier zum ersten Mal in einer neuzeitlichen Signatur verwendet. Plinius d. Ä. betont in der Widmung seiner *Historiae naturalis*, daß Künstler wie Apelles oder Polyklet ihren Kunstwerken aus Bescheidenheit die Aufschrift ›faciebat‹ gaben, als ob das Kunstwerk noch im Zustand der Bearbeitung sei und der Vollendung ermangle, wohingegen andere Künstler ›fecit‹ verwendeten, womit sie nach Plinius zeigten, sich ihrer vollendeten künstlerischen Leistung sicher zu sein. Michelangelo gibt mit seiner Signatur also vor, die *Pietà* sei nicht fertiggestellt. Dem jungen Künstler dürfte die Differenz zwischen der Verwendung von ›fecit‹ und ›faciebat‹ dank Poliziano bekannt gewesen sein. In seinem *Liber miscellaneorum* (1489) geht der Florentiner Humanist ausführlich auf den entsprechenden Abschnitt bei Plinius ein und schreibt, er habe bei einem Romaufenthalt mehrere antike Künstlersignaturen gesehen. Durch die Verwendung dieser Signatur zeigt Michelangelo, daß er sich auch intellektuell auf hohem Niveau bewegt und die entsprechenden humanistischen Diskurse zur Kenntnis genommen hat. Die Anekdote zur nachträglichen

Anbringung der Signatur fügte Vasari erst in die zweite Edition der *Vite* ein. Während Condivi die Signatur der *Pietà* nicht erwähnt, behauptete Vasari in der ersten Ausgabe der *Vite* (1550), Michelangelo habe die Signatur aus Stolz über seine Leistung angebracht (vgl. Bettarini/Barocchi, *Vite*, Bd. VI, S. 17).

Zudem pflegt Vasari hier das toskozentrische Klischee, nach dem es Künstlern und Kunstinteressierten in allen anderen Regionen Italiens außerhalb der Toskana an Kunstverstand mangele, und betont Michelangelos Vorrangstellung gegenüber allen anderen Künstlern seiner Zeit.

Bibl.: Bettarini/Barocchi, *Vite*, Bd. VI, S. 18; Juřen 1974; Weil-Garris Brandt 1987; Barolsky 1994, S. 144; Pon 1996b; Pestilli 2000; Goffen 2001; Goffen 2002, S. 113–120; Zöllner/Thoenes/Pöpper 2007, S. 409 (Zöllner); Burg 2008, S. 186–188.

79 Übersetzung des Madrigals von Giovan Battista Strozzi dem Älteren (*1505 Florenz – †1571 ebenda) nach Vasari, Ed. Kanz. Strozzi verfaßte es für die für Santo Spirito bestimmte Kopie der *Pietà*, die Michelangelos Freund Luigi del Riccio zugedacht war und die 1549 Nanni di Baccio Bigio anfertigte. Dieser Bildhauer hatte bereits zwischen 1530 und 1532 eine erste Kopie der *Pietà* für einen böhmischen Auftraggeber gemeißelt, die in Santa Maria dell'Anima aufgestellt worden war. Der Autor war wie Benedetto Varchi, der in seinen *Due lezzioni* die *Pietà* als ein Beispiel für die poetische Imitation im Medium der Skulptur angeführt hatte, Mitglied der Accademia Fiorentina. Strozzis Madrigal bildet quasi die poetische Zusammenfassung der Qualitäten der Skulptur und versucht die Bildwirkungen der *Pietà* nachzugestalten. Darüber hinaus verweisen die letzten beiden Zeilen des Madrigals auf die in der mystischen Frömmigkeit verbreitete allegorische Auffassung der Muttergottes als Braut Christi.

Bibl.: Barocchi 1962, Bd. II, S. 188; Smick-McIntire 1996a; Vasari, Ed. Kanz, S. 121; Wang 2004.

80 Piero Soderini (*1452 Florenz – †1522 Rom) entstammte einer wohlhabenden Florentiner Familie, die bereits seit dem 13. Jahrhundert eine wichtige Rolle im öffentlichen Leben der Stadt spielte. Als ein Handelspartner der Medici und zudem Mitglied in der einflußreichen Zunft der Wollweber, der sogenannten ›Arte della lana‹, der mächtigsten Zunft in Florenz, schlug Piero die politische Laufbahn ein. In diplomatischer Mission reiste er 1493 und 1498 nach Frankreich. Nachdem die Medici 1494 aus Florenz vertrieben worden waren, wurde Piero Soderini 1502 zum *gonfaloniere* von Florenz berufen und war der erste *gonfaloniere* auf Lebenszeit. Im Rahmen dieses Amtes, als erster

Vertreter der Florentiner Republik, betraute er 1503–1504 Michelangelo und Leonardo mit der Ausführung von Fresken im großen Ratssaal des Palazzo Vecchio, nachdem er bereits 1501 die Beauftragung Michelangelos für den *David* in die Wege geleitet hatte. Als 1512 die Medici nach Florenz zurückkehrten, mußte Soderini die Stadt verlassen.

Bibl.: Hartt 1986; Lowe 1993.

[81] Leonardo da Vinci (*1452 Vinci – †1519 Amboise bei Tours in Frankreich)

[82] Andrea Sansovino (*um 1467 Monte San Savino – †1529 ebenda)

[83] Ob das originale Wachsmodell zum David verloren ist, wird in der Literatur eingehend diskutiert. Im Zentrum der Untersuchungen steht eine Kleinplastik aus Wachs in der Casa Buonarroti (Höhe 56 cm), die manche als eigenhändigen Bozzetto zum *David* ansehen. Als Entwurf für den *David* weithin anerkannt ist eine um 1501 datierte Zeichnung (Bleistift und Tusche, 26,5 x 18,8 cm, beschnitten, Paris, Musée du Louvre, Cabinet des Dessins, Inv.-Nr. 714r).

Bibl.: Procacci 1967, S. 189; Perrig 1991, S. 149, Anm. 24; Poeschke 1992, S. 85–87; Myssok 1999, S. 197–198; Zöllner/Thoenes/Pöpper 2007, S. 49 (Zöllner).

[84] *David*, Marmor, Höhe ca. 516 cm (mit Felsenbasis), 1501–1504, Florenz, Galleria dell'Accademia. Der Auftrag vom 16. August 1501 für den *David* an Michelangelo stellte den dritten Versuch der Florentiner Domopera dar, eine überlebensgroße Davidfigur herstellen zu lassen. Bereits zwischen 1464 und 1466 war Agostino di Duccio mit dieser Aufgabe betraut worden, der dieses Projekt ebensowenig erfolgreich zu Ende führen konnte wie der ihm 1476 nachfolgende Antonio Rossellino. In Abstimmung mit der Wollweberzunft, die durch ihren finanziellen Rückhalt das Projekt tragen sollte und darüber hinaus politisch einflußreich war, erhielt Michelangelo von den Mitgliedern der Domopera die Gelegenheit, aus dem mittlerweile verhauenen Stein eine Kolossalfigur zu schaffen und damit sein Talent zu beweisen. Vereinbart war, daß Michelangelo während der Ausführung des *David* ein monatliches Honorar von 6 *fiorini* erhalten sollte sowie eine Provision nach Fertigstellung. Diese erfolgte am 25. Januar 1504, woraufhin ein Ausschuß gebildet wurde, in dem die besten Künstler, Architekten und Goldschmiede der Stadt über einen Aufstellungsort entscheiden sollten. Man wählte schließlich den Platz neben dem südwestlichen Portal des Palazzo Vecchio, auf der der Fassade vorgelagerten *ringhiera*. Nachdem die Figur unter Komplikationen dorthin transportiert worden war, erfolgte eine erste provisorische Aufstellung im Mai 1504. Schließlich wurde die dort befindliche *Judith-Holofernes*-Gruppe Donatellos entfernt

und ein neuer Sockel in antikisierender Form durch den Leiter der Domopera, Simone di Pollaiuolo, genannt ›Cronaca‹, und durch Antonio da Sangallo errichtet. Am 8. September 1504 erfolgte die endgültige Aufstellung der Skulptur des *David*, der zudem mit einem vergoldeten Lorbeerkranz ausgestattet wurde. Neben der Interpretation als Allegorie der wehrhaften Republik Florenz wird die Figur ausgehend von einer Beischrift Michelangelos auf einer Entwurfszeichnung (Paris, Musée du Louvre, Cabinet des Dessins, Inv.-Nr. 714r) als allegorisches Selbstporträt beziehungsweise Rollenporträt Michelangelos verstanden, der mit der Realisierung der Kolossalfigur die Überwindung künstlerischer Schwierigkeiten demonstriert. Nach einer weiteren Lesart werden mit der Skulptur die Trauer und das Gedenken Michelangelos an seinen verstorbenen Mäzen Lorenzo de' Medici assoziiert.

Als Vorlagen für die erste freistehende und überlebensgroße Aktskulptur seit der Antike wurden Studien nach den in Rom überlieferten antiken Großplastiken angenommen. Der *David* setzte für die Bildhauerei von Kolossalstatuen Maßstäbe in bezug auf die Technik (Blockgerechtigkeit) und Komposition, die im 16. Jahrhundert für die nachfolgenden Bildhauer verbindlich wurden und aus denen sich viele Konkurrenzen entwickelten. Als Gegenstück zum *David* plante Piero Soderini 1506 eine *Herkules-und-Kakus*-Gruppe, die jedoch nicht zur Ausführung kam. Sie wurde erst nach der Kapitulation der Republik durch Baccio Bandinelli 1534 errichtet, diesmal als Symbol der herrschenden Medici (s. Anm. 257). Vasari verschweigt in seinem Bericht zum *David* die Tatsache, daß Michelangelo während der Arbeit an der Skulptur bereits am 19. Juni 1501 einen Vertrag zur Ausführung von Nischenfiguren für das Grabmal Papst Pius' III., Francesco Todeschini-Piccolominis, im Sieneser Dom abgeschlossen hatte. Auch in der Michelangelo-Vita Condivis findet sich kein Hinweis auf dieses Projekt, dessen Ausführung Michelangelo zum Teil dem Bildhauer Baccio da Montelupo überließ. Die dazu erhaltenen Quellen zeigen, daß Michelangelo wohl das Interesse daran verloren hatte und später versuchte, sich von der vertraglichen Verpflichtung zu lösen. Möglicherweise fällt auch die Ausführung des *Tondo Pitti* in den Zeitraum der Ausführung des *David*.

Bibl.: Tolnay 1947, S. 29–30, 150–156 und S. 227–231; Bush Mockler 1967, S. 19, 23–52 und S. 99–118; Seymour 1967; Weinberger 1967, Bd. I, S. 80; Condivi, Ed. Valdek, S. 27–29; Levine 1974; Parks 1975; Paoletti 1978; Summers 1978; Weil-Garris 1983; Poeschke 1992, S. 85–87; Lavin 1993; Pope-Hennessy 1996b, S. 36–41 und S. 421–423; Francini 1997; Condivi, Ed. Nencioni, S. 21; Echinger-Maurach 1998a; Schwedes 1998, S. 109–129; Hirst 2000; Verspohl 2001; Shearman

2003; Barolsky 2004; Hirst 2004b; Zöllner 2005; Goffen 2007; Verspohl 2007, S. 18–22 und S. 93–96; Zöllner/Thoenes/Pöpper 2007, S. 43–51 und S. 411–413 (Zöllner).

85 Giuliano da Sangallo (*um 1445 Florenz – †1516 ebenda)

86 Antonio da Sangallo (*um 1460 Florenz – †1534 ebenda)

87 Vasaris *libro* enthielt zwei Federzeichnungen Antonio da Sangallos des Älteren, die mechanische Apparate zum Heben oder Halten schwerer Lasten zeigen, zum Beispiel an Bauwerken (Florenz, Uffizien, Gabinetto Disegni e Stampe, Inv.-Nr. 1474a und Inv.-Nr. 1475a). Ob diese auch zur Aufstellung des *David* eingesetzt wurden, muß offenbleiben. Neben den Sangallo-Brüdern waren wahrscheinlich zahlreiche weitere Helfer mit der Aufstellung der Statue beschäftigt.

Bibl.: Barocchi 1962, Bd. II, S. 208–209; Collobi Ragghianti 1974, Bd. I, S. 102.

88 Diese Anekdote, in der Michelangelo die Urteilskraft (*giudizio*) seines Auftraggebers scheinbar über die eigene stellt, wird von Vasari erst in die zweite Edition der *Vite* eingeflochten. Eine vergleichbare Anekdote findet sich in der Vita Donatellos, in der es um die Beurteilung des *Heiligen Markus* an der Kirche Orsanmichele durch dessen Auftraggeber geht, die Konsuln der Wollweberzunft (vgl. Bettarini/Barocchi, *Vite*, Bd. III, S. 207–208). Im Zusammenhang mit Michelangelos Urteil über die Markusfigur Donatellos (vgl. Anm. 501) ist diese Anekdote als ein Hinweis auf die Unterschiede zwischen Kennerschaft und Urteilsvermögen bei Künstlern und Laien zu verstehen.

Bibl.: Barocchi 1962, Bd. II, S. 210; Barolsky 1994, S. 152–153; Pestilli 2000; Vasari, *Kunsttheorie*, S. 275–278.

89 *Marforio*, Höhe ohne Plinthe 2,42 m, Marmor, 1. Jahrhundert nach Christus, Rom, Kapitolinische Museen. Die Figur eines liegenden (Fluß-) Gottes war schon im 14. Jahrhundert als ein Wahrzeichen Roms bekannt. Die Bezeichnung *Marforio* geht darauf zurück, daß im 16. Jahrhundert angenommen wurde, die Figur sei auf dem Mars-Forum aufgestellt worden, das heute als Augustus-Forum bekannt ist. 1592 wurde die Statue auf das Kapitol gebracht, wo sie 1594 von Giacomo della Porta zur Brunnenfigur für den neu erbauten Konservatorenpalast umfunktioniert wurde. Der *Marforio* war als eine *statua parlante* bekannt. Indem an der Figur anonyme Zettel mit kritischen Bemerkungen oder Beschimpfungen angebracht wurden, diente die Figur als Medium der öffentlichen politischen Kritik.

Bibl.: Haskell/Penny 1998, S. 258–259; Kat. Rom 2000, S. 39.

90 *Tiber*, Marmor, Höhe 163 cm, Länge 317 cm, Mitte 2. Jahrhundert, Paris, Musée du Louvre. Die Statue des *Tiber* wurde im Januar 1512 in

Rom gefunden und von Papst Julius II. für den Belvederehof erworben. Sie gehörte zu den bekanntesten antiken Statuen in Rom zu Beginn des 16. Jahrhunderts. 1523 war die Figur Teil eines Brunnens. 1803 wurde die Statue nach der Eroberung Italiens durch Napoleon nach Paris gebracht.

Bibl.: Haskell/Penny 1998, S. 310–311.

91 *Nil vom Belvedere*, Marmor, Höhe 165 cm, Länge 310 cm, 2. Jahrhundert, Rom, Vatikanische Museen. 1523 wurde die Statue des Flußgottes *Nil* als Pendant zum bereits vorhandenen *Tiber* im Statuenhof des Belvedere als Brunnenfigur installiert. Obwohl der Fundort nicht zuverlässig überliefert ist, wird angenommen, daß der *Nil* wie der *Tiber* zwischen Santa Maria sopra Minerva und Santo Stefano del Cacco, am ehemaligen Standort des Isis-Serapis-Tempels gefunden wurde.

Bibl.: Haskell/Penny 1998, S. 272–273.

92 Die *Rossebändiger vom Monte Cavallo*, Marmor, Höhe der Figuren 5,60 m, 2. oder 4. Jahrhundert, Rom, Piazza del Quirinale, gehören neben dem Reiterstandbild des Marc Aurel zu den wenigen antiken Denkmälern, die während des gesamten Mittelalters in Pilgerführern als ›Mirabilia‹ der Stadt Rom erwähnt wurden. Wurden die *Rossebändiger* in dieser Zeit zunächst als Prophetenfiguren interpretiert, kam man im Verlauf der Renaissance zu der Auffassung, daß die beiden Kolossalstatuen bei den konstantinischen Thermen auf dem Quirinal aufgestellt worden waren. Darüber hinaus waren beide Figuren mit Sockelinschriften versehen, die sie als »Opus Fidias« und »Opus Praxiteles« auszeichneten. Deshalb wurde angenommen, daß die beiden bedeutendsten Bildhauer der Antike, Phidias und Praxiteles, bei der Darstellung der *Rossebändiger* einen Künstlerwettstreit austrugen. Obwohl die Bildhauer unterschiedlichen Epochen der griechischen Kunst angehörten, wurden die beiden als Meisterwerke der antiken Bildhauerkunst geltenden Statuen als Exempel für den Wettstreit unter Künstlern angesehen. In der Frühen Neuzeit wurden die Statuen auch als Alexander und Bucephalos, als die Dioskuren Castor und Pollux oder als die Rosse des Diomedes interpretiert.

Bibl.: Haskell/Penny 1998, S. 136–140; Kristine Patz: ›Dioskuren vom Monte Cavallo‹, in: *Der Neue Pauly Online*, 27. September 2008, http://www.brillonline.nl.proxy.ub.uni-frankfurt.de/subscriber/entry?entry=dnp_e1309140.

93 Indem Vasari sein Lob des *David* mit der Bemerkung eröffnet, daß die Figur drei antike Skulpturen mit einer umfangreichen Überlieferungstradition übertrifft, etabliert er ein konkretes Beispiel für die *maniera moderna* als neues Richtmaß im Rangstreit der antiken und der mo-

dernen Kunst. Im Vergleich mit den ›Mirabilia‹ der Stadt Rom verfügt der *David* als Kolossalfigur, die zum Symbol der Wiedergeburt der Kunst wird, über eine verlebendigte Grazie, Schönheit und Würde. Die Tatsache, daß der *David* in seinen Proportionen von den kanonischen Vorgaben Vitruvs und Leon Battista Albertis abweicht, kompensiert Vasari mit Hilfe seiner kunsttheoretischen Terminologie. Seine Hervorhebung der anmutigen Pose des *David* verweist darüber hinaus auf ein wirkungsästhetisches Prinzip der *maniera moderna*: nicht die technisch-künstlerische *difficoltà* wird gelobt, sondern der verlebendigte Ausdruck, der die Mühen der künstlerischen Arbeit maskiert.

Bibl.: Bush Mockler 1967, S. 7–13; Seymour 1967; Summers 1978; Lavin 1993; Weddigen 1996; Francini 1997; Vasari, *Kunsttheorie*, S. 53; Fehrenbach 2005.

94 Die Bronzeskulptur ist verloren. Michelangelo hatte sich bereits während der Arbeit am *David* am 12. August 1502 vertraglich zur Ausführung verpflichtet, die Fertigstellung war ein halbes Jahr später anvisiert. Sie wurde aber aufgrund der zahlreichen Verpflichtungen Michelangelos erst 1508 realisiert, die Kaltarbeit übernahm Benedetto da Rovezzano. Empfänger des Bronze-*David* war Pierre de Rohan, Maréchal de Gié, der mit der Armee des französischen Königs Karl VIII. 1494 die Medici aus Florenz vertrieben hatte. Die Statue kann also als ein diplomatisches Geschenk angesehen werden, als Gegenleistung der florentinischen Stadtregierung in Person von Piero Soderini für die Hilfestellung der französischen Verbündeten. Nachdem Pierre de Rohan am französischen Hof in Ungnade gefallen war, forderte der Schatzkanzler des französischen Königs, Florimond Robertet, die Figur ein. Der *David* wurde im Frühjahr 1509 nach Frankreich verschifft und ist dort bis in das erste Viertel des 17. Jahrhunderts in den Quellen nachweisbar. Mit Hilfe von Zeichnungen und Bronzestatuetten des 16. Jahrhunderts versuchte man, die Gestalt des *David* zu rekonstruieren. Als Vorbild diente Michelangelo der Bronze-*David* Donatellos (Florenz, Museo Nazionale del Bargello), dessen Haltung zusammen mit jener des Marmor-*David* Michelangelos als Ausgangspunkte für die Konzeption der komplexen Figuren gelten.

Bibl.: Gatti 1994; Cox-Rearick 1995, S. 76; Caglioti 1996; Echinger-Maurach 1998a; Lavin 2003; Hirst 2004b, S. 68.

95 Taddeo Taddei (*1470 Florenz – †1528 Prato) entstammte einer eng mit den Medici verbundenen Familie, die der bedeutenden Florentiner Wollweberzunft, der ›Arte della lana‹, angehörte. Taddeos Großvater, Antonio Taddei, wurde 1480 Vertrauensmann von Lorenzo il Magnifico und bekleidete zudem wiederholt öffentliche Ämter in Florenz. Auch

nach der Vertreibung der Medici gelang es der Familie, ihren sozialen Status in Florenz beizubehalten. So gehörte Taddeo Taddei in den 1520er Jahren den *operai* von San Lorenzo an und war auf diese Weise auch mit den Projekten Michelangelos in dieser Kirche vertraut. Taddeo, der schon im Alter von zwei Jahren in die Wollweberzunft eingeschrieben wurde (17. November 1472), heiratete 1499 Costanza di Andrea Capponi. Der Palazzo Taddei in der Via de' Ginori, der in den 1520er Jahren erbaut wurde, beherbergte neben Michelangelos Tondo unter anderem zwei Gemälde Raffaels, die der Maler Taddei aus Dankbarkeit für dessen Gastfreundschaft schenkte.

Bibl.: Cecchi 1984; Wallace 1992b.

96 *Madonna mit dem Kind und dem Johannesknaben (Tondo Taddei)*, Marmor, ⌀ 107 cm, 1501–1504, London, Royal Academy of Arts. Das in der Vita lakonisch erwähnte Relief hat der Forschung zahlreiche Fragen aufgegeben. Da der Tondo unvollendet ist, wird angenommen, daß Taddeo Taddei das Werk nicht in Auftrag gab, sondern von Michelangelo erwarb. Zudem läßt sich kein expliziter Anlaß nachweisen, der Taddei zu einem Auftrag motiviert haben könnte. Die Ikonographie des Tondos, die sich an Madonnendarstellungen der florentinischen Malerei orientiert, wird in der Forschung als Resultat der Auseinandersetzung Michelangelos mit der Malerei Leonardo da Vincis diskutiert. (Vgl. Anm. 97.)

Bibl.: Tolnay 1947, S. 30–31 und S. 162–163; Lightbown 1969; Larson 1991; Poeschke 1992, S. 81–83; Pope-Hennessy 1996b, S. 35–36 und S. 417; Echinger-Maurach 1998b; Echinger-Maurach 2000; Goffen 2002, S. 156–170; Hirst 2005; Verspohl 2007, S. 13–15 und S. 24–35; Zöllner/Thoenes/Pöpper 2007, S. 414 (Zöllner).

97 *Madonna mit dem Kind und dem Johannesknaben (Tondo Pitti)*, Marmor, Höhe 85,5 cm, Breite 82 cm, um 1504–1506, Florenz, Museo Nazionale del Bargello. Auch der *Tondo Pitti* entstand wahrscheinlich in dem Bestreben Michelangelos, sich mit den Werken Leonardo da Vincis zu messen, vor allem mit dessen Madonnenbildern. 1501 wurde Leonardos Karton der *Heiligen Anna Selbdritt* in Florenz ausgestellt, Michelangelo kann das Lob dieser Darstellung nicht entgangen sein. Zudem ist eine kurze Abhandlung Leonardos zum Vorrang der Malerei als intellektuelle Tätigkeit gegenüber der als handwerklich herabgestuften Bildhauerei bekannt, die in den Zeitraum des *Anna Selbdritt*-Kartons datiert (vgl. Leonardo da Vinci, *Schriften*, S. 147–153). Durch die Wahl des für diesen Zweck und das Motiv ungewöhnlichen Materials Marmor thematisiert Michelangelo den *paragone* zwischen Bildhauerei und Malerei. Es existieren mehrere Zeichnungen des Künstlers, die in den Zeitraum der Entstehung der Tondi datiert werden. In diesen werden unterschied-

liche Haltungen der Madonna mit dem Kind variiert. Auch in den Madonnentondi werden verschiedene Bewegungen und Affekte der Figuren zusammengeführt, wodurch die Darstellung narrative Qualitäten erhält. Dies wird als ein Versuch Michelangelos gedeutet, eine *istoria* – im albertianischen Sinne des Zusammenbringens von Figuren und Geschichte – im Andachtsbild zu realisieren. Die Vielfalt der seelischen Regungen, wie zum Beispiel Trauer und Zuneigung, soll durch die Variation der körperlichen Bewegungen ausgedrückt werden, wodurch das statisch-ikonische Moment, das dem Motiv der Madonna mit dem Kind eigen ist, aufgebrochen wird.

Bibl.: Tolnay 1947, S. 30–31 und S. 160–161; Lightbown 1969; Poeschke 1992, S. 83–85; Pope-Hennessy 1996b, S. 35–36 und S. 417–418; Echinger-Maurach 1998b; Goffen 1999; Echinger-Maurach 2000; Goffen 2002, S. 156–170; Verspohl 2007, S. 13–15 und S. 24–40; Zöllner/Thoenes/Pöpper 2007, S. 415 (Zöllner).

98 Bartolomeo Pitti (Lebensdaten unbekannt)

99 Fra Miniato Pitti vom Monte Oliveto, Abt eines Olivetanerkonvents (†1566), der auch in der Vita Vasaris erwähnt wird (Vasari, *Mein Leben*, S. 94, Anm. 22). Genauere Lebensdaten und eine Biographie konnte die Forschung bislang nicht zufriedenstellend rekonstruieren. Der Abt war ein Neffe Bartolomeo Pittis, von dem er den *Tondo Pitti* Michelangelos erbte, und ein enger Freund Giorgio Vasaris, wie die umfangreiche Korrespondenz mit Vasari zeigt. Ein Quadrant im Museum of the History of Science in Oxford mit seiner Signatur (Inv.-Nr. 44865) stützt Vasaris Aussage, daß Miniato Pitti ein führender Kosmograph und Kenner der Wissenschaften war.

Bibl.: Wallace 1992b, S. 69.

100 Luigi Guicciardini (*1478 Florenz – †1551 ebenda), Bruder des berühmteren Francesco Guicciardini, der durch seine *Storia d'Italia* bekannt wurde. Luigi war ein guter Freund Vasaris, der ihn auch porträtierte.

Bibl.: Vasari, *Mein Leben*, S. 94, Anm. 23.

101 *Heiliger Matthäus*, Marmor, Höhe 216 cm, 1506, Florenz, Galleria dell'Accademia. Am 24. April 1503 wurde der Vertrag über die Anfertigung von zwölf Apostelstatuen für den Florentiner Dom aufgesetzt. Als Lohn sollte Michelangelo während der festgelegten Ausführungszeit von zwölf Jahren zwei *fiorini* monatlich sowie ein nach seinen Plänen erbautes Haus erhalten. Das Projekt wurde von ihm jedoch nie vollendet, wahrscheinlich aufgrund der zahlreichen anderen Aufträge, obwohl die dafür notwendigen Marmorblöcke in Carrara schon zugerichtet und nach Florenz gebracht worden waren. Nachdem der Auf-

trag 1505 bereits wieder annulliert wurde, arbeitete Michelangelo während seines Aufenthalts in Florenz 1506 und 1508 offenbar trotzdem an der einzigen Figur der Reihe. Dies erklärt sich möglicherweise aus dem Prestige des Projekts, das für Michelangelo wahrscheinlich die Gelegenheit bot, sich als ›neuen Donatello‹ darzustellen. 1511 vergab die Domopera neue Aufträge für die Ausführung der Apostelfiguren. Obwohl die Figur des Heiligen nur roh ausgearbeitet ist und die Formen noch weitgehend von unbehauenem Stein umschlossen werden, betont Vasari, daß die figürliche Konzeption bereits in ihrer Perfektion sichtbar sei. Er lobt somit Michelangelos *non-finito*, in dem trotz der materiellen Unvollendetheit der Skulptur der *disegno*, die Urteilskraft und das Augenmaß (*giudizio dell'occhio*) des Künstlers zu erkennen sind.

Bibl.: Tolnay 1947, S. 168–171; Schulz 1975; Bockemühl 1986; Poeschke 1992, S. 87–89; Pope-Hennessy 1996b, S. 423–424; Rosenberg 2000b, S. 92–120; Cinelli/Myssok/Vossilla 2002, S. 1–17 und S. 47–49; Gilbert 2003; Amy 2006; Zöllner/Thoenes/Pöpper 2007, S. 66 und S. 416 (Zöllner).

[102] *Madonna mit dem Kind*, Marmor, Höhe 128 cm (mit Sockel), 1501–1504, Brügge, Onze Lieve Vrouwkerk (Nôtre Dame). Als Auftraggeber der Brügger Madonna, die Vasari fälschlich als Tondo bezeichnet, leistete die flämische Familie Mouscron 1503 und 1504 zwei Zahlungen von je 50 Dukaten an Michelangelo, die über das Bankhaus Balducci transferiert wurden. Die Muttergottes sollte allem Anschein nach im Altartabernakel der Tuchhändlerfamilie Mouscron in der Brügger Onze Lieve Vrouwkerk aufgestellt werden.

Bibl.: Tolnay 1947, S. 156–157; Mancusi-Ungaro 1971; Poeschke 1992, S. 80–81; Pope-Hennessy 1996b, S. 31 und S. 419–420; Schwedes 1998, S. 95–108; Acidini Luchinat/Draper/Penny/Weil-Garris Brandt 1999, S. 351; Goffen 1999, S. 49; Echinger-Maurach 2000, S. 114; Verspohl 2007, S. 93–99 und Anm. 115; Zöllner/Thoenes/Pöpper 2007, S. 414 (Zöllner).

[103] Der vermögende florentinische Händler Agnolo Doni (*1474 Florenz – †1539 ebenda) entstammte einer Familie von Färbern, die ihr Haus am Corso de' Tintori im Stadtviertel Santa Croce hatte. Sein bereits durch Reichtum erworbenes Sozialprestige steigerte sich noch, als er 1504 Maddalena di Giovanni Strozzi (*1489 – †1540) aus der jüngeren Linie der bekannten Florentiner Patrizierfamilie heiratete. Als Gefolgsmann der Florentiner Republik bekleidete er zahlreiche öffentliche Ämter, trat aber ebenso als Sammler von Gemmen und antiken Objekten sowie als Auftraggeber bekannter Künstler in Erscheinung.

Bibl.: Cecchi 1987.

[104] Vasari übernimmt die Passage mit der Beschreibung des *Tondo Doni* (Öl und Tempera auf Holz, [120 cm ohne Rahmen, um 1504–1507, Florenz, Uffizien), der eine Heilige Familie mit Kind und Johannesknaben sowie im Hintergrund mehrere männliche Aktfiguren zeigt, unverändert aus der ersten Fassung der *Vite*. Er lobt dabei besonders die sorgfältige Ausführung sowie die sauberen, klaren Umrisse. Neben der *Manchester Madonna* (Tempera auf Holz, 104,5 x 77 cm, London, National Gallery) und der *Grablegung* (Öl auf Holz, 161,7 x 149,9 cm, London, National Gallery) ist der Tondo eines der wenigen überlieferten Gemälde Michelangelos. Als einziges Bild, das vollendet wurde, war es – abgesehen von der Diskussion über die ikonographischen und stilistischen Besonderheiten der Tafel – Gegenstand von Analysen, die sich auf Michelangelos Ausbildung als Maler und seine Kenntnisse malerischer Techniken richten. Aufgrund der Untersuchung von Michelangelos Maltechnik gilt es als sicher, daß ihm die Ghirlandaio-Werkstatt das fundamentale malerische Wissen vermittelte. Stilistisch präsentierte Michelangelo mit dem *Tondo Doni* einen Gegenentwurf zu den Madonnenbildern Leonardos, indem er statt deren fließender Anmut kühnere, männlich konnotierte Bewegungen formte. Es wird angenommen, daß der Tondo von Agnolo Doni anläßlich seiner Hochzeit mit Maddalena Strozzi im Jahr 1504 oder der Geburt seiner ersten Tochter Maria im September 1507 in Auftrag gegeben wurde, da der außergewöhnlich reich dekorierte Holzrahmen die Wappentiere der Familien Doni und Strozzi zeigt.

Bibl.: Tolnay 1947, S. 163–168; Hartt 1965, S. 21–22; De Vecchi 1985, S. 34; Kat. Florenz 1985, S. 21; Bonsanti 1992; Dunkerton 1994; Acidini Luchinat 1999; Goffen 1999; Goffen 2002, S. 156–170; Acidini Luchinat 2007, S. 90–107; Verspohl 2007, S. 41–48; Zöllner/Thoenes/Pöpper 2007, S. 55 und S. 442 (Zöllner); Stefaniak 2008.

[105] Das Hospital der Bruderschaft der Färber, welche sich unter den Schutz von Sant'Onofrio gestellt hatte, befand sich am Corso de' Tintori in der Nähe von Santa Croce.

Bibl.: Barocchi 1962, Bd. II, S. 253.

[106] Michelangelo erhielt den Auftrag für die *Schlacht von Cascina*, in der der Sieg der Florentiner über Pisa am 20. Juli 1364 dargestellt werden sollte, im Jahr 1504. Gemeinsam mit Leonardos *Schlacht von Anghiari* war das in Auftrag gegebene Fresko Teil der politischen Selbstinszenierung der Stadtrepublik Florenz. Die Fresken, die für den zwischen 1495 bis 1497 erbauten Ratssaal des Palazzo Vecchio vorgesehen waren, sollten das vorausschauende Handeln sowie die Tugend und die Wehrhaftigkeit der Kommune ehren. Ihre Ikonographie stand wahrscheinlich auch

mit den militärischen Strategien in Zusammenhang, die Niccolò Machiavelli als Sekretär des Rats der Zehn entwickelt hatte. Michelangelos Entwurf gelangte jedoch nicht zur Ausführung. Der Karton zur *Schlacht von Cascina* wurde laut Vasari zunächst in Santa Maria Novella aufbewahrt und nach der Absetzung Piero Soderinis 1512 in den Palast der Medici gebracht. Dort fiel er Vasari zufolge der Zerstörung durch Baccio Bandinelli zum Opfer. Aus der Beauftragung Michelangelos durch Piero Soderini inszeniert Vasari einen *paragone* mit Leonardo, der bereits 1503 den Auftrag zur *Schlacht von Anghiari* erhalten hatte. Die Passage über Michelangelos Darstellung der Schlacht ist in beiden Editionen der *Vite* identisch. In ihr stehen die Figurendarstellung und das Handeln der nackten Soldaten im Mittelpunkt. So zeichnet Vasari die gezeigten Bewegungen erzählerisch und detailfreudig nach und verdeutlicht damit, wie variantenreich Michelangelo eine *istoria* im Bild realisieren konnte, so wie dies seit Leon Battista Alberti in der Kunsttheorie gefordert wurde. Dabei ist festzustellen, daß sich Michelangelo im Gegensatz zu Leonardo die Freiheit herausnahm, nicht den Höhepunkt des historischen Ereignisses in den Mittelpunkt zu rücken, sondern eine unbedeutende Begebenheit, um die fieberhafte Aufregung der Soldaten vor dem Beginn der Schlacht ins Bild setzen zu können. Vasaris Dramaturgie der Beschreibung wird durch die Bewertung der figürlichen Komposition als ›göttlich‹ noch gesteigert, womit er in der Michelangelo-Vita das Lob der Göttlichkeit des Künstlers erstmals an einem praktischen Beispiel festmacht.

Das Motiv der zu Pferde kämpfenden Menge, das Vasari hier nennt, ist jedoch in der bekanntesten Kopie der *Schlacht von Cascina*, einer Aristotile da Sangallo zugeschriebenen Grisaille (s. Anm. 121), nicht enthalten. Dies führte zu der Annahme, daß der eigentliche Entwurf wesentlich umfangreicher gewesen sein müßte. Da die badenden Soldaten auf jeden Fall die zentrale Szene darstellten, waren an den Rändern wohl Fuß- und Reitersoldaten zu sehen. Trotz des *paragone* mit Leonardo zeigt ein Vergleich der Beschreibungen der beiden Schlachtenentwürfe in den *Vite*, daß Vasari bei beiden Künstlern die *varietà* in den Darstellungen betont und somit ausgleichend die unterschiedlichen Qualitäten der Komposition hervorhebt (vgl. Vasari, *Leonardo*, S. 41–42). Als vorbereitende Zeichnungen gelten mehrere Studien, deren Autorschaft aufgrund ihres schlechten Erhaltungszustandes fraglich ist.

Bibl.: Wilde 1944; Tolnay 1947, S. 29–30 und S. 209–219; Wilde 1953; Barocchi 1962, Bd. I, S. 100–101; Perrig 1977, S. 24; Hirst 1989, S. 42–45, 125; Hirst 1991; Rubinstein 1991; Dalli Regoli 1994/1995; Cecchi 1996; Perrig 1997b, S. 14–16 und S. 26, Anm. 41; Alberti,

Ed. Bätschmann, S. 126–137; Nova/Feser/Lorini 2001, S. 84 und S. 106–107, Anm. 78 und 79, S. 163–165; Verspohl 2001, S. 100–126; Goffen 2002, S. 143–155; Hessler 2002; Viatte 2003; Vasari, *Kunsttheorie*, S. 27–42 und S. 193–196; Verspohl 2007, S. 100–111; Zöllner/Thoenes/Pöpper 2007, S. 56–57 und S. 443 (Zöllner).

107 Aristotile oder Bastiano da Sangallo (*1481 Florenz – †1551 ebenda)

108 Ridolfo Ghirlandaio (*1483 Florenz – †1561 ebenda)

109 Raffaello Santi (*1483 Urbino – †1520 Rom)

110 Baccio Bandinelli, eigentlich Bartolomeo Brandini (*1493 Gaiuole, Chianti – †1560 Florenz)

111 Alonso Berruguete (*1485 Predes de Nava – †1561 Toledo)

112 Andrea del Sarto (*1486 Florenz – †1530 ebenda)

113 Eigentlich Francesco di Cristofano Giudici, genannt ›Franciabigio‹ (*1484 Florenz – †1525 ebenda)

114 Jacopo Tatti, genannt Jacopo (d'Antonio) Sansovino (*1486 Florenz – †1570 Venedig)

115 Giovanni Battista di Jacopo di Guasparre, genannt ›Rosso Fiorentino‹ (*1494 Florenz – †1540 Paris oder Fontainebleau)

116 Maturino (*1490 Florenz oder Rom – †1527/28 bei Rom)

117 Lorenzo Lotti, genannt ›Lorenzetto‹ (*1490 Florenz – †1541 Rom)

118 Niccolò di Raffaello de' Pericoli, genannt ›Tribolo‹ (*1497 Florenz – †1550 ebenda)

119 Jacopo Carrucci da Pontormo (*1494 Pontorme bei Empoli – †1556/57 Florenz)

120 Pietro Buonacorsi, genannt ›Perino del Vaga‹ (*1500/01 Florenz – †1547 Rom)

121 Aristotile da Sangallos nach der *Schlacht von Cascina* entstandene Tafel mit den *badenden Soldaten* (Tempera auf Holz, 76,4 x 130,2 cm, um 1519, Holkham Hall, Earl of Leicester Collection) gilt als die detaillierteste erhaltene Kopie. Einzelne Motive wurden von Marcantonio Raimondi und Agostino Veneziano in Stichen wiedergegeben. Das große Interesse an dem Karton, das auf der herausragenden Komposition Michelangelos beruhte, veranlaßte Benvenuto Cellini dazu, diesen als die ›Schule der Welt‹ zu bezeichnen (vgl. Cellini, *Mein Leben*, S. 34). Patricia Rubin verweist darauf, daß die von Vasari überlieferte Rezeption des Cascina-Kartons durch die verschiedenen Künstler eine ›neue Kunst‹ beziehungsweise ›neue Künstler‹ hervorbrachte, die Michelangelo nacheiferten.

Bibl.: Carteggio 1965, Bd. I, S. 83; Bartsch, Bd. XXVII/I, Nr. 423, 487, 488; Rubin 1995, S. 77; Perrig 1997b, S. 15; Goffen 2002, S. 59.

122 Vasari unterstellt Baccio Bandinelli in dessen Vita, sich während des Sturzes der Republik 1512 des Kartons bemächtigt und ihn aus Neid zer-

stört zu haben. Bandinelli wird somit gezielt zum Antagonisten Michelangelos stilisiert, der keine Möglichkeit ausläßt, um seinem Rivalen zu schaden. (Vasari, *Baccio Bandinelli*, S. 18f.).

Bibl.: Weil-Garris 1981.

123 Giuliano de' Medici (*1479 Florenz – †1516 ebenda) war der dritte Sohn von Lorenzo de' Medici dem Prächtigen. Ihm wurde das Herzogtum von Nemours verliehen.

124 Uberto di Tommaso Strozzi (*1505 Mantua – †1553 Rom) gehörte dem Zweig der bekannten Strozzi-Familie an, der im 14. Jahrhundert nach Mantua übergesiedelt war. Seine Mutter Francesca war die Schwester Baldassare Castigliones. Uberto wuchs im Umfeld des Hofes von Mantua auf. Uberto Strozzi war der Zweitgeborene, sein älterer Bruder Ludovico stand in diplomatischen Diensten der Gonzaga in Spanien. Während letzterer eine Karriere am Hof der Gonzaga verfolgte, war Uberto für die geistliche Laufbahn vorgesehen, weshalb er die meiste Zeit seines Lebens in Rom verbrachte. Bereits 1522 gehörte Uberto zur *familia* des Kardinals Pompeo Colonna, einem Cousin Vittoria Colonnas. Er beteiligte sich am kulturellen Leben Roms, indem er eine kleine literarische Akademie, die ›dei Vignaiuoli‹ initiierte. Zwischen 1540 und 1555 war Uberto Teil der Entourage Kardinal Ercole Gonzagas in Rom und Tutor des jungen Prinzen Guglielmo Gonzaga. 1575 boten die Strozzi Michelangelos Karton der *Schlacht von Cascina*, beziehungsweise dessen Fragmente, Cosimo I. de' Medici vergeblich zum Kauf an. Im Inventar von Pompeo Strozzi, Ludovicos Sohn, wurde die Zeichnung 1582 aufgeführt. Ende des 16. Jahrhunderts ging sie in die Sammlung von Carlo Emanuele I. di Savoia über, 1631 und 1635 ist sie in Turin nachgewiesen. Danach verliert sich ihre Spur erneut.

Bibl.: Lazzarini 1996, S. 295–302; Rebecchini 2002, S. 135–149; Ragionieri 2007, S. 131.

125 Alexander VI., mit weltlichem Namen Rodrigo de Borgia (*um 1431 in Játiva bei Valencia – †1503 Rom)

126 Giuliano della Rovere (*1443 Albissola bei Savona – †1513 Rom) wurde am 1. November 1503 zum Papst gewählt und nannte sich Julius II. Sein Pontifikat ist durch umfangreiche mäzenatische Projekte, die der Repräsentation des Papsttums und der eigenen Person dienen sollten, sowie durch militärische Auseinandersetzungen charakterisiert, die Julius II. den Ruf eines ›Kriegspapstes‹ einbrachten. Abgesehen von der Vereinigung und Absicherung der Territorien des Kirchenstaats arbeitete Julius II. darauf hin, das Papsttum gegen französische und habsburgische Angriffe zu schützen und es als politische Kraft zu festigen.

Bibl.: Kempers 1999.

[127] Dies behauptet auch Condivi. Vasari stimmt diesem Hinweis auf die Verzögerungen, die bei der anschließend geschilderten Entstehung des Grabmals Julius' II. immer wieder auftraten, zu und signalisiert, daß dieses Projekt von Beginn an unter keinem guten Stern stand (vgl. Condivi, Ed. Nencioni, S. 22). Michelangelo kam im März 1505 nach Rom, ab April hielt er sich in den Marmorbrüchen von Carrara auf, um Material für das Juliusgrabmal auszuwählen.

Bibl.: Tolnay 1954, S. 5; Verspohl 2004, S. 96 und Anm. 181.

[128] Dieser erste Entwurf für die Gestaltung des Grabmals Julius' II. ist nicht erhalten.

[129] Der Begriff, der hier mit ›Pracht‹ übersetzt wurde, lautet im Original ›superbia‹. Für Vasari ist die Verwendung dieses Begriffs laut Paola Barocchi eher untypisch. Zudem hat ›superbia‹ auch eine negative Konnotation, im Sinne von Überheblichkeit, Anmaßung oder Stolz. Denkbar ist, daß er hier auf einen veralteten Begriff zurückgreift, da im altitalienischen Sprachgebrauch das Wort ›superbo‹ auch mit ›prächtig‹ zu übersetzen wäre. Offensichtlich setzt Vasari dieses Wort hier ein, um die Außerordentlichkeit des geistigen Entwurfs zu beschreiben und auf dessen Kühnheit und ungewöhnlichen Dekor hinzuweisen. Er könnte damit auch sein Staunen über Michelangelos Akt der *licenza* zum Ausdruck bringen, die bewußte Überschreitung künstlerischer oder architektonischer Regeln.

Bibl.: Barocchi 1962, Bd. II, S. 276–277; Martin J. Tracey: ›Tugenden und Laster, Tugend- und Lasterkataloge‹, in: LexMa, 2003, Bd. VIII, Sp. 1085–1087.

[130] Darauf geht Vasari in der Vita Bramantes ein (vgl. Vasari, *Bramante*, S. 25).

[131] Alamanno Salviati (*1459 Florenz – †1510 ebenda) war der Bruder des Kardinals Giovanni Salviati, der zu den bedeutendsten Mäzenen seiner Zeit gehörte. Zu den Künstlern, die für die Florentiner Familie der Salviati tätig gewesen waren, gehörten unter anderem Francesco Salviati, Benvenuto Cellini, Santi di Tito sowie der Architekt Battista da Sangallo. Für die Erweiterung des Familienpalastes der Salviati (1572–1580) in der Via del Corso in Florenz engagierte Alamanno Salviati auch den jungen Alessandro Allori. Francesco Bocchis *Bellezze della citta di Firenze* (1592) zufolge befanden sich im Palast in der Via del Corso Werke von Baccio Bandinelli, Andrea del Sarto, Correggio, Santi di Tito und Bronzino sowie Skulpturen von Giambologna, Donatello und Ammannati ebenso wie antike Statuen.

Bibl.: Berton 1969 (1857), S. 1500–1501; Hurtubise 1985; Caglioti

1996; Cecchi 1998, besonders Anm. 4; Michele Luzzati: ›Salviati‹, in: LexMa, 2003, Bd. VII, Sp. 1322–1323.

132 Vasari übernimmt diese Passage von Condivi. Sie kann als Anspielung auf die seit der Antike verbreitete Ansicht verstanden werden, daß die Natur die Mutter der Kunst sei, Michelangelo sich also gleichsam von den natürlichen Formen des Steins leiten läßt und dabei seine Phantasie (*fantasia*) und Erfindungsgabe (*invenzione*) einsetzt (vgl. Condivi, Ed. Valdek, S. 32–33; Condivi, Ed. Nencioni, S. 23). Michelangelo wird in dieser Episode einmal mehr als Erfinder und Schöpfer charakterisiert. Von der Inspiration des Künstlers durch zufällig entstandene (Natur-)Formen schrieben vor Vasari auch Leon Battista Alberti in *De statua* und *De pictura* sowie Leonardo da Vinci in seinem *Trattato della pittura*, womit sie auf die bereits in den *Historiae naturalis* von Plinius geschilderten, zufällig entdeckten Naturbilder eingehen. Während sich bei Alberti der Ursprung der Bildhauerei und der Malerei aus dem Auffinden und Nachahmen von Naturformen herleitet und damit rechtfertigt, beschreibt Leonardo die Hervorbringung neuer Bildmuster und -strukturen aus Flecken oder unregelmäßigen Strukturen einer Mauer als Phantasieleistung des Künstlers (vgl. Alberti, Ed. Bätschmann, S. 143–147, 151, 186, 245, und Leonardo da Vinci, *Schriften*, S. 386). Dieser Abschnitt läßt sich also mit der Frage nach dem Verhältnis von Kunst und Natur sowie den Konventionen der angemessenen und schicklichen Darstellung eines Motivs (*decorum*), der (Proportions-)Regel oder Ordnung (*ordine*) und ihres Gegenpols, der Freiheit (*licenza*) verbinden. Nach Vasari wird die *maniera moderna* dadurch ausgezeichnet, daß sich die Künstler aufgrund der souveränen Beherrschung der Regeln spielerisch Freiheiten herausnehmen können, »ohne die Ordnung durcheinanderzubringen oder zu beschädigen« (vgl. Vasari, *Kunsttheorie*, S. 94). Gleichzeitig weist Vasari in seiner Einleitung zu den *Vite* auf die natürlich-göttlichen Ursprünge der Kunst und auf die Vorstellung von Gott als erstem Künstler hin und erklärt damit die Teilhabe der Künstler am göttlichen *disegno*. Auf diese Weise legitimiert sich die *licenza* der Künstler, die in der Nachfolge des Schöpfergottes stehen (vgl. Vasari, *Kunsttheorie*, S. 29).

Da die hier geschilderte Anekdote von Michelangelos Sprachrohr Condivi überliefert wurde, ist es denkbar, daß Michelangelo, angeregt durch seine Arbeit in den Steinbrüchen, mit der Idee spielte, solche riesigen Skulpturen zu verwirklichen, zumal durch antike Quellen die Errichtung einer Kolossalstatue schon für sich genommen als Meisterleistung angesehen wurde. Darüber hinaus wurde Michelangelo in Gedichten, die nach seinem Tod auf ihn verfaßt wurden, mit dem antiken

Architekten und Bildhauer Deinokrates verglichen, der den Berg Athos zu einer menschlichen Figur umarbeiten wollte. Die Schaffung von Statuen aus rohen Steinabbrüchen ist auch eine Form der Kultivierung und Zähmung der Natur, worauf Paul Barolsky hingewiesen hat.

Bibl.: Wittkower/Wittkower 1964, S. 78 und S. 82; Bush Mockler 1967, S. 20; Dundas 1990; Barolsky 1994, S. 58–62; Oskar Bätschmann: ›Einleitung‹, in: Alberti, Ed. Bätschmann, S. 31–32, 36–46; Stephen Bogen: ›Gott/Künstler‹, in: Pfisterer, *Kunstwissenschaft*, S. 129–132; Diethard Herles: ›Kreativität‹, in: Pfisterer, *Kunstwissenschaft*, S. 183–185; Wolf-Dietrich Löhr: ›Genie‹, in: Pfisterer, *Kunstwissenschaft*, S. 117–119; Vasari, *Kunsttheorie*, S. 121–122, Anm. 70, S. 193–196, 207–210, 212–215, 217–218, 242–245, 248–249 und S. 251–255; Chapman 2005, S. 162; Heiner Knell (Darmstadt): ›Deinokrates‹, in: *Der Neue Pauly Online*, 13. Mai 2009, http://www.brillonline.nl.proxy.ub.uni-frankfurt.de/subscriber/uid=1718/entry?result_number=1&entry=dnp_e312810&search_text=Deinokrates&refine_editions=dnp_dnp#hit.

133 Vasaris Angaben dazu, welche und wie viele Statuen des Juliusgrabmals zu Lebzeiten des Papstes von Michelangelo vollendet wurden, weichen in der ersten und zweiten Ausgabe der Vita voneinander ab. Während es 1550 noch heißt, es habe sich um vier *prigioni* gehandelt, geht aus der zweiten Fassung der Vita hervor, daß nur zwei *prigioni* – und zwar die, welche sich heute im Louvre befinden – sowie der *Sieger* und der *Moses* vollendet gewesen seien .

Bibl.: Barocchi 1962, Bd. I, S. 286.

134 Die Schilderung des *Juliusgrabmals* fällt in der ersten Ausgabe der *Vite* deutlich kürzer aus als in der Michelangelo-Vita Condivis und der zweiten Edition der *Vite* Vasaris von 1568. Vasari stellt 1550 nur die Rahmenbedingungen der Entstehung und wichtige Figuren vor – den *Moses* sowie die beiden *Sklaven* im Louvre und den *Sieger* –, die ursprünglich in die Konzeption miteinbezogen waren, am ausgeführten Grabmal in San Pietro in Vincoli jedoch keine Verwendung fanden (vgl. Bettarini/Barocchi, *Vite*, Bd. VI, S. 26–28). In seiner Beschreibung von 1568 erweitert er die Darstellung aus der ersten Edition um die Angaben Condivis, fügt eine umfangreiche Interpretation der Gesamtanlage sowie einzelner Figuren hinzu und bewertet die künstlerische Qualität.

Auf die verschiedenen Phasen der Modifizierung des ehrgeizigen Grabmalsprojektes, die heute aufgrund von Entwürfen, den erhaltenen Briefwechseln Michelangelos und den Verträgen mit den Erben Julius' II. in die Jahre 1505, 1513, 1516, 1525/26, 1532/34 und 1542 datiert werden, gehen sowohl Vasari als auch Condivi im weiteren Verlauf der Michelangelo-Vita ein. In der Darstellung der Auftragshistorie, die Condivi als »tragedia della sepoltura« bezeichnet, zeigen beide Autoren den Kontrast zwischen der Darstellung eines reichen Entwurfs und der Realisierung des in Größe und Dekor deutlich reduzierten Grabmals in San Pietro in Vincoli auf (vgl. Condivi, Ed. Nencioni, S. 22–25 und S. 36). Diese Schilderung sollte zur Rehabilitation Michelangelos beitragen, dem die Erben Julius' II. die Verzögerungen in der Ausführung des Grabmals anlasteten. Wahrscheinlich nahm Michelangelo selbst Einfluß auf Condivis und Vasaris Darstellungen. Die Auseinandersetzung um das Grabmal scheint 1553, zur Zeit der Publikation von Condivis Michelangelo-Vita, noch so aktuell gewesen zu sein, daß Condivi im Gegensatz zu Vasari die bossierten Sklaven in Michelangelos Werkstatt nicht erwähnt, um möglichen Ansprüchen seitens der Erben Julius' II. keine Nahrung zu geben.

Vasaris und Condivis Behauptung, daß der Papst die Ausführung des Grabmals blockiert habe, deckt sich mit den erhaltenen Quellen. Wie Michelangelo in einem Brief an Giuliano da Sangallo im Frühjahr 1506 berichtet, erfuhr er davon indirekt, nachdem er bereits von April bis Dezember 1505 in Carrara Marmor ausgesucht, die Blöcke zugerichtet und deren Transport in die Wege geleitet hatte (vgl. Carteggio 1965, Bd. I, S. 13). Als Ursache für den Aufschub des Grabmals wird Bramantes Entwurf für Neu-Sankt Peter angenommen, dem Julius II. den Vorzug gab, was Vasari auch in der Vita Giuliano da Sangallos berichtet (vgl. Bettarini/Barocchi, *Vite*, Bd. IV, S. 143–144). Diese Entscheidung des Papstes gab Anlaß für die Flucht Michelangelos aus Rom, die Vasari in der ersten Edition noch einem Konflikt zwischen dem Papst und Michelangelo um die Fresken der Sixtinischen Kapelle zuschrieb.

Der nie ausgeführte Entwurf des Grabmals wird sowohl von Condivi als auch von Vasari als eigenes Kunstwerk bewertet, dessen Schönheit der Proportionen, Erfindungsreichtum und Fülle des Dekors sogar die antiken Kaisermausoleen übertreffe und Michelangelos künstlerisches Genie zeige.

Vasaris Beschreibung des Entwurfs in der zweiten Edition von 1568 entspricht bis auf wenige Abweichungen den Angaben Condivis. Das Grabmal, das von Vasari als freistehend über einem rechteckigen Grundriß mit Seitenlängen von ungefähr 10,80 m beziehungsweise 7,20 m beschrieben wird, war an seinen vier Seiten in der Sockelzone, die durch Nischen untergliedert wurde, begehbar. In seinem Inneren befand sich das eigentliche Grab des Papstes. In die Nischen waren Viktorien eingestellt, die Rahmungen bestanden aus Hermenpilastern, davor sollten die Figuren nackter Gefangener gesetzt werden. Diese Figuren, für die sich heute die Bezeichnung *Sklaven* eingebürgert hat, bezeichnet Condivi als die Personifikationen der *artes liberales.* Sie seien durch den Tod Julius' II. zu Gefangenen geworden. Vasari dagegen nennt sie die Personifikationen der durch Julius II. unterworfenen Provinzen. Die Beschreibungen der vier monumentalen sitzenden Statuen an den Ecken des Sockelgeschosses, zu denen neben dem *Moses* laut Vasari eine Statue des *Heiligen Paulus* und die Personifikationen der *vita activa* und der *vita contemplativa* zählen, sind bei Vasari und Condivi gleichlautend. Den zusätzlichen Aufbau über diesem Sockelgeschoß stellt Vasari als eine Art pyramidenförmigen, getreppten Überbau dar. Condivi spricht dagegen von einem begehbaren Tempel mit dem Sarkophag und einer Liegefigur des Papstes. Häufig wird diese Passage bei Condivi auf die zweite Ebene des Grabmals bezogen. Die beiden Autoren nennen weitere figürliche Dekorationen, die aus Bronzereliefs und Marmorstatuen bestehen. Die das Grabmal bekrönende Figurengruppe zeigte zwei Figuren, die Condivi als einen lachenden und einen weinenden Engel, Vasari als Personifikation des Himmels und der Erde in Gestalt der antiken Fruchtbarkeitsgöttin Kybele bezeichnet. Die Effigie des Papstes, von der Condivi berichtet, deutet Vasari nur als Bahre an, die von der Personifikation des Himmels getragen wird. Die in diesem Punkt voneinander abweichenden Beschreibungen verweisen auf die bisher ungeklärte Frage, ob zunächst eine thronende Papstfigur als Bekrönung des Sarkophags vorgesehen war und in einem späteren Entwurf eine Liegefigur. So sollte den Quellen zufolge 1508 ein bossierter Quader für eine Liegefigur von Carrara nach Rom verschickt werden, und bei der Inventarisierung der Werkstatt Michelangelos 1564 wurde eine bossierte thronende Papstfigur gefunden, die ebenfalls mit dem Juliusgrabmal in Verbindung gebracht wird.

Bei der Bewertung der unterschiedlichen Grabmalsbeschreibungen Condivis und Vasaris wird auf den historischen Kontext der Viten verwiesen. Dieser beeinflußte wahrscheinlich die Darstellungen, die somit nicht die ursprünglich intendierte Bedeutung des Grabmals wiedergeben. In ihren Interpretationen scheinen beide die Rolle Julius' II. als ›Kriegspapst‹ und dessen Charakterzug der *terribilità* zu unterschlagen. Weil Condivi eine thronende Statue des Papstes nicht erwähnt, weicht die von ihm genannte Zahl der Figuren von jener bei Vasari ab. Als Ursache dieses Verschweigens wird ein Streit zwischen Michelangelo und Guglielmo della Porta um das Grabmal Papst Pauls III. angenommen. Dieser Streit eskalierte während der Entstehungszeit von Condivis Vita. Verspohl zufolge hätte die Erwähnung der Statue Julius' II. Sangallos Vorwürfe bestätigt, daß Michelangelo die Ausführung des Grabmals Pauls III. aus Neid behinderte, da sein Grabmal ebenfalls eine thronende Papststatue zeigen sollte. Vasari dagegen – so die Annahme – konnte die genaue Anzahl der Figuren ohne weiteres nennen.

Die Mehrzahl der erhaltenen Zeichnungen, von denen nur zwei unstrittig als eigenhändig angesehen werden, überliefert Details des Grabmals und bietet kein vollständiges Modell. Daher werden die Beschreibungen Vasaris und Condivis in die Rekonstruktion des ersten Grabmalsentwurfs einbezogen. Da die Zeichnungen nach Michelangelo ein Wandgrabmal zeigen und zudem eine spätere Entwurfsphase wiedergeben, wurde angenommen, daß Condivi und Vasari einen nicht ausgeführten Entwurf beschreiben. Als Vorbilder wurden antike Mausoleen hellenistischer und römischer Herrscher sowie – auch in bezug auf die Ikonographie – das freistehende, tumbaähnliche Grabmal Papst Sixtus' IV., des Onkels Papst Julius' II., in Sankt Peter angeführt. Über den ursprünglich geplanten Standort des Juliusgrabmals sind keine Aufzeichnungen vorhanden. Es wird vermutet, daß das freistehende Grabmal im Westchor von Neu-Sankt Peter errichtet worden wäre.

Nach Ansicht von Bram Kempers rekonstruierten Condivi und ihm nachfolgend Vasari das Freigrab ausgehend von den erhaltenen Zeichnungen und der mündlichen Überlieferung Michelangelos und erschufen auf diese Weise erst den Mythos der »Tragödie« des Juliusgrabmals und dessen späterer, mittelmäßiger Ausführung. In der jüngsten Untersuchung zum Juliusgrabmal hat Claudia Echinger-Maurach die Planung eines Freigrabs ebenfalls in Frage gestellt. Abgesehen von den überlieferten Zeichnungen, die vor allem Wandgräber zeigen, wäre die Ausführung dieses Vorhabens auch daran gescheitert, daß der Papst für das riesige Freigrab mit vierzig Figuren eine viel zu niedrige Geldsumme vorgesehen hatte.

Bibl.: Tolnay 1954; Barocchi 1962, Bd. II, S. 276; Frommel 1977; Garrard 1984; Echinger-Maurach 1991, Bd. I, S. 7–15, 145–179 und S. 230–238; Poeschke 1992, S. 90; Pope-Hennessy 1996b, S. 81–109 und S. 425–432; Bredekamp 1999; Echinger-Maurach 2002; Forcellino 2002, S. 61–70; Bredekamp 2009; Kempers 2004, S. 43–47 und S. 57; Verspohl 2004, S. 108 und S. 133; Zöllner/Thoenes/Pöpper 2007, S. 60–63, 230 und S. 417–419 (Zöllner); Echinger-Maurach 2009, S. 13–22.

135 Nach Vasaris Schilderung entsprach der Grundriß des Juliusgrabmals in seinen Proportionen annähernd den Idealmaßen des sogenannten ›Goldenen Rechtecks‹. Seit Luca Paciolis Ausführungen über das Verhältnis des menschlichen Körpers zur Architektur bei Vitruv im zweiten Buch seiner *Divina proportione* 1509 galten diese Maße als besonders harmonisch.

136 Der *sterbende* und der *rebellische Sklave*, Marmor, Höhe 229 cm beziehungsweise 215 cm, 1513–1516, Paris, Musée du Louvre, entstanden – anders als es nach Vasari Schilderung den Anschein hat – wohl erst in der Zeit des zweiten Grabmalentwurfs 1513. Ein Brief Michelangelos vom Mai 1518 belegt zudem, daß er auch nach dem Tod Julius' II. an weiteren sogenannten *prigioni* arbeitete, von denen vier in seinem Haus in Florenz entstanden, die sich heute in Florenz in der Galleria dell'Accademia befinden (vgl. Carteggio 1967, Bd. II, S. 7).

Zum Dank für die von Roberto di Filippo Strozzi empfangene Fürsorge während zweier schwerer Krankheiten und möglicherweise auch, weil er die politischen und militärischen Pläne der in Rom lebenden Gegner der Medici, zu denen Strozzi zählte, unterstützen wollte, überließ Michelangelo diesem 1546 die beiden *prigioni*, nachdem sie nicht mehr für die reduzierte Version des Grabmals in San Pietro in Vincoli benötigt wurden. Aus der Hand Strozzis gelangten die Skulpturen in Frankreich als diplomatische Geschenke an den französischen Hof. 1550 sind sie im Besitz des Heerführers des französischen Königs. Dessen Frau, Anne de Montmorency, ließ die Skulpturen Michelangelos an der Fassade ihres Schlosses in Écouen anbringen. 1632 kamen die Sklaven in die Sammlung Kardinal Richelieus in das Château von Poitou. 1794 wurden sie vom französischen Staat gekauft und im Musée du Louvre ausgestellt. Die Bezeichnung der Skulpturen als ›Sklaven‹ kam erst im 19. Jahrhundert auf, Condivi und Vasari benennen sie übereinstimmend als ›prigioni‹, als Gefangene.

Bibl.: Tolnay 1954, S. 31–43 und S. 97–102; Erlande-Brandenburg 1988, S. 12–15; Poeschke 1992, S. 95–98; Cox-Rearick 1995, S. 294–297; Pope-Hennessy 1996b, S. 433; Costamagna 2003; Simoncelli 2003; Kempers 2004, S. 53; Verspohl 2004; Zöllner/Thoenes/Pöpper 2007, S. 230–234 und S. 420 (Zöllner); Echinger-Maurach 2009, S. 32–43.

137 Roberto di Filippo Strozzi (†1566), Angehöriger einer der bedeutendsten Bankiersfamilien im 15. und 16. Jahrhundert. Der Sohn Filippo Strozzis des Jüngeren (*1489 Florenz – †1538 ebenda) und seiner Gemahlin Clarice (*1493 Florenz – †1528 ebenda), die eine Tante Caterina de' Medicis war, lebte später im Exil in Frankreich. Notwendig wurde ein Weggang aus Italien, nachdem sein Vater Filippo, der ein Gegner von Cosimo de' Medici war, 1537 zusammen mit den anderen exilierten Republikanern bei der Schlacht von Montemurlo geschlagen worden war und sich wenig später während seiner Haft in der Fortezza da Basso das Leben genommen hatte. Am Hof Heinrichs II. dienten Roberto und seine Brüder ihrer Cousine Caterina de' Medici und verhandelten

über eine militärische Unterstützung ihres Widerstands gegen Cosimo I. Während einer schweren Krankheit Michelangelos im Juli 1544 und im Januar 1546 hatte Roberto Strozzi den Künstler in Begleitung des Florentiner Kaufmanns Luigi del Riccio (†1546) in seinem römischen Palazzo beherbergt. Del Riccio war ein Freund und Berater Michelangelos in Finanz- und Vertragsangelegenheiten sowie zeitweise Prokurator der Strozzi-Bank, arbeitete aber auch für das Bankhaus Altoviti. Der römische Palazzo Strozzi befand sich in der Via de' Banchi und war nur wenige Schritte von der Engelsburg entfernt. Luigi del Riccio war wahrscheinlich auch Verwalter der Besitzungen Roberto Strozzis während dessen Aufenthalts in Lyon. Nach Michelangelos Genesung 1544 schickte del Riccio ihm von der Landvilla der Strozzi in der römischen Campagna Melonen und Wein.

Bibl.: Steinmann 1932, S. 6, 10, 23; Barocchi 1962, Bd. II, S. 314–315; Goldthwaite 1968, S. 99–104; Carteggio 1979, Bd. IV, S. 187; Bullard 1980; Paolo Procaccioli: ›Luigi Del Riccio‹, in: DBI, 1990, Bd. XXXVIII, S. 263–265; Poeschke 1992, S. 95; Cox-Rearick 1995, S. 75 und S. 294–297; Costamagna 2003; Simoncelli 2003.

138 Möglicherweise bezieht sich diese Angabe Vasaris auf den Zeitraum zwischen dem dritten Vertrag zum Grabmal vom 29. April 1532 und der Fertigstellung in San Pietro in Vincoli 1544/45. Es bleibt unklar, welche Figuren gemeint sind, da Vasari an einer anderen Stelle von den sieben Skulpturen des Grabmals in San Pietro in Vincoli nur insgesamt drei – den *Moses* sowie die Figuren der *vita activa* und der *vita contemplativa* – als eigenhändig bezeichnet. Diese Unstimmigkeit erklärt sich aller Wahrscheinlichkeit nach durch die Textredaktion der zweiten Edition, für die Vasari auf verschiedene Quellen zurückgriff. Während die Zuschreibung der Figuren im Obergeschoß des Grabmals dem florentinischen *Codex Magliabechiano* entnommen wurde (vgl. Codex Magliabechiano, Ed. Frey, S. 136), stammt die Angabe zu den acht Skulpturen aus einer unbekannten Quelle.

Bibl.: Tolnay 1954, S. 53–63 und S. 113–117; Barocchi 1962, Bd. II, S. 286; Echinger-Maurach 1991, Bd. I, S. 157–158 und S. 361–372; Echinger-Maurach 2009, S. 100.

139 Der sogenannte *Sieger* (Marmor, Höhe 261 cm, um 1520–1525 oder 1532–1534) ist noch heute im Salone dei Cinquecento des Palazzo Vecchio in Florenz zu sehen, doch ist nicht gewiß, wo die Skulpturengruppe – die sich beim Tod Michelangelos in dessen Werkstatt in Florenz befand – ursprünglich aufgestellt werden sollte oder wofür sie gedacht war. Am wahrscheinlichsten ist die These, daß sie zum Juliusgrabmal gehörte, wo sie als eine der Siegesallegorien fungiert haben

könnte. Ein Bozzetto in der Casa Buonarroti, der auch als Entwurf für die nicht ausgeführte *Samson-Philister*-Gruppe angesehen wird, wurde als Pendant vorgeschlagen. Möglicherweise gehört der *Sieger* zu jenen Werken, die Michelangelo infolge der Entwurfsänderung nach 1513 schuf. Neben dieser Marmorgruppe sind weitere vier Sklaven- beziehungsweise Gefangenenskulpturen aus der Werkstatt in Florenz überliefert, die sich heute in Florenz in der Galleria dell'Accademia befinden. Diese stammen ebenfalls aus Michelangelos Florentiner Atelier, das der Künstler inklusive seiner dort lagernden Werke 1532 verkaufen wollte, um die Kosten für die Fertigstellung des Grabmals – laut Vertrag mußte er 2000 Dukaten dazu beisteuern – zu decken. Die Figuren gingen nach dem Tod Michelangelos in den Besitz seines Neffen und Erben Leonardo Buonarroti über. Zunächst war geplant, die Skulptur des *Siegers* auf Michelangelos Grabmal aufzustellen, doch lehnte Vasari, der den Entwurf des Grabmals ausarbeitete, diesen Vorschlag ab. Vielmehr drängte er Leonardo Buonarroti dazu, die Figur Cosimo I. zu schenken, was im März 1564 denn auch geschah. Giorgio Vasari sorgte dabei als führender Hofkünstler und -architekt des Florentiner Herzogs für die Aufstellung des *Siegers* im Salone dei Cinquecento, wo er die Figur in die Ikonographie seiner Fresken einbezog. Das Bildprogramm des Saales, mit dessen Umgestaltung 1560 begonnen wurde, war dem Ruhm und der Vorherrschaft von Florenz über die benachbarten Städte Pisa und Siena gewidmet. Obwohl der *Sieger* anscheinend die Ausgestaltung des Salone beeinflußte, verliert Vasari in der Vita Michelangelos erstaunlich wenig Worte über das Werk.

Bibl.: Tolnay 1954, S. 53–63 und S. 110–113; Weinberger 1967, Bd. I, S. 253–269; Carteggio 1983, Bd. V, S. 217; Balas 1989; Echinger-Maurach 1991, Bd. I, S. 339–360; Poeschke 1992, S. 102–104; Julian Kliemann: ›Giorgio Vasari‹, in: Turner 1996, Bd. XXXII, S. 10–25; Pope-Hennessy 1996b, S. 433–434; Strunck 2000; Zöllner/Thoenes/Pöpper 2007, S. 423 (Zöllner); Echinger-Maurach 2009, S. 45–57.

140 Die Figur des *Moses,* Marmor, Höhe 235 cm, um 1513–1516, Rom, San Pietro in Vincoli, kam erst nach dem zweiten Grabmalsentwurf 1513 zur Ausführung. Wahrscheinlich war sie 1515 fertiggestellt, worauf ein Brief Michelangelos vom 16. Juni 1515 hinweisen könnte. Als Standort der Skulptur war offenbar von Anfang an eine Figurennische vorgesehen, was zur Folge hatte, daß der *Moses* nicht von allen Seiten sichtbar aufgestellt wurde. Im Projekt von 1513 bis 1516 erscheint die Figur im Obergeschoß des Grabmals, in San Pietro in Vincoli erhielt sie ihren Platz an zentraler Stelle im Untergeschoß.

Vasaris legendäre Beschreibung der Figur beginnt mit einem Lob auf die Schönheit des Werkes, wobei die meisterhafte Gestaltung der wallenden Barthaare, ihre flaumig-weiche Wirkung, besonders hervorgehoben wird. Die naturgetreue und detaillierte Darstellung von Haaren gilt Vasari als eine der wichtigsten künstlerischen Errungenschaften der *maniera moderna*, vor allem in der Malerei, in der Correggio als erster Künstler genannt wird, der diese technische Schwierigkeit mit Bravour meisterte (vgl. Vasari, *Kunsttheorie*, S. 101–102). Wenn Vasari an dieser Stelle den Meißel Michelangelos mit dem Pinsel eines Malers vergleicht, so rekurriert er damit auf die *paragone*-Debatte, die seit Benedetto Varchis Vorlesungen an der Accademia Fiorentina und nach Veröffentlichung seiner *Due lezzioni* (1549) in Künstlerkreisen und akademischen Zirkeln die zentrale Frage erörterte, welcher Kunst – der Bildhauerei oder der Malerei – der Vorrang gebühre (vgl. Barocchi, *Scritti*, Bd. I, S. 101–104 und S. 133–151). Vasari tritt für eine Gleichrangigkeit der Künste ein, deren gemeinsames und verbindendes Element der *disegno* sei – ein Begriff, der sowohl die intellektuellen Fähigkeiten des Künstlers wie dessen technische Virtuosität umschreibt. Ähnlich wie eine Schreibfeder in der Hand des Dichters dessen göttlich inspirierte Ideen zum Ausdruck bringt, so werden Meißel und Pinsel als das Handwerkszeug der bildenden Künstler angesehen, mittels derer die Bildhauer und Maler ihre geistigen Konzepte verwirklichen können, die nach neuplatonischer Vorstellung nicht minder als Abbild der göttlichen Ideen gelten. In Vasaris Beschreibung des *Moses* fließt diese Vorstellung unmittelbar ein, wenn er behauptet, daß Michelangelo der Statue eine unvergleichliche Schönheit und göttliche Ausstrahlung verliehen hätte. Diese kann nach seinem Verständnis nur daher rühren, daß der Künstler das Bild, das ihm vor seinem inneren Auge stand und das ihm von Gott eingegeben wurde, in sein Werk übertrug und damit der Skulptur eine Vollkommenheit verlieh, wie sie in der Natur nicht anzutreffen ist. Zweifellos greift Vasari an dieser Stelle den Topos vom *artifex divinus* auf, der in seiner Gottesebenbildlichkeit mittels seiner geistigen Fähigkeiten in der Lage ist, Neues zu erschaffen. Vasaris Bemerkung, das Antlitz des Moses sei so strahlend, daß man ihn beim Anblick fast um einen Schleier bitten möchte, der sein Gesicht verhüllt, bezieht sich auf eine Erwähnung des sogenannten *velum* in der Bibel. Im Buch Exodus (Kapitel 34) heißt es, daß Moses, als er vom Berg Sinai kam und sein Gesicht aufgrund des innigen Gesprächs mit dem Herrn erleuchtet war, einen Schleier über sein Antlitz legte und diesen späterhin nur abnahm, wenn er mit Gott sprach, wohingegen er sein Gesicht immer verhüllt ließ, wenn er zu den Menschen sprach. Vasaris Bitte um den Schleier kann demnach als Zeugnis für das gottgleiche Wirken Michelangelos gelesen werden. So wie Gott das Antlitz Mose erstrahlen ließ und ihm damit eine Heiligkeit verlieh, läßt Michelangelo als zweiter Schöpfergott die Gesichtszüge seiner Figur vor Schönheit erstrahlen. In seiner Beschreibung der Skulptur geht Vasari sogar so weit, die historische Gestalt des Moses mit der von Michelangelo geschaffenen Figur zu identifizieren. Ja, er impliziert sogar, daß Michelangelo das historische Vorbild übertroffen habe, indem er behauptet, daß Gott den Körper Mose durch Michelangelos Hände zu neuer vollkommener Leiblichkeit habe zusammenfügen lassen. Gemäß der katholischen Lehre stehen die Toten beim Jüngsten Gericht in einem neuen Leib wieder auf. Demnach hätte der Künstler in einer Umkehrung der Hierarchie von Schöpfer und Geschöpf mit seiner Figur des *Moses* für Gott das Vorbild geschaffen, das so vollkommen ist, daß er es dereinst am Tag des Jüngsten Gerichts imitieren wird, um Moses wiederauferstehen zu lassen.

Vasaris Beschreibung der Figur gipfelt in der tiefgründigen Bemerkung, die Juden Roms seien angesichts der Schönheit und Vollkommenheit der Skulptur entgegen dem von Moses selbst verkündeten Bilderverbot zu bildgläubigen Betrachtern geworden und hätten die Statue als etwas Göttliches verehrt. Wie Julia Reinhard Lupton nachweisen konnte, greift Vasari in seiner Wortwahl auf eine Stelle aus dem fünften Gesang von Dantes *Inferno* zurück, in der von unbelehrbaren Sündern die Rede ist, die Staren gleich in Scharen von einem Ort zum anderen ziehen, stets in der Hoffnung auf Linderung ihrer Leiden, doch ohne jemals Erfüllung zu finden (vgl. Dante, *Göttliche Komödie*, S. 24). Vasaris intertextueller Verweis auf Dante könnte Lupton zufolge dahingehend interpretiert werden, daß die Juden als unverständige und unbelehrbare Betrachter vorgeführt werden, denen das Erkennen der wahren künstlerischen Leistung, die in der Darstellung der göttlichen Inspiration besteht, versagt wird und die dem hergebrachten negativen Bildverständnis verhaftet bleiben.

Nicht zuletzt verweist Vasari mit dieser Textpassage auf die historische Realität der Judenbekehrung und der Besuche von Juden in Kirchen im 16. Jahrhundert. Wie Annette Weber gezeigt hat, dürfte der *Moses* von den römischen Juden nicht als Kult- oder Heiligenbild, sondern als ein Bild des Moses als einzigem Menschen verstanden worden sein, dem eine Gottesschau gewährt worden war.

Die Monumentalität und die durch innere Affekte angespannte Physiognomie und Körperhaltung des *Moses* hat zu umfangreichen Interpretationen in der kunstgeschichtlichen Forschung geführt. Die bekannteste Deutung stellt wahrscheinlich Sigmund Freuds Aufsatz *Der*

Moses des Michelangelo (1914) dar. Besonders die Haltung des *Moses* regte immer wieder zu der Frage an, ob die Skulptur einen bestimmten historischen Moment darstellt oder Bestandteil einer zeitlosen Allegorie ist. In der jüngeren Forschung wird überwiegend die letzte Position vertreten. Die Diskussion zur historischen Interpretation des *Moses* konzentriert sich vor allem auf die Frage, ob die Mosesfigur als allegorische Darstellung Julius' II. zu verstehen ist. Diese Auffassung wird von mehreren Autoren vertreten, darunter Franz-Joachim Verspohl oder Cristina Acidini Luchinat. Eine andere Interpretationsrichtung verfolgen Antonio Forcellino, Adriano Prosperi und Sabine Poeschel. Sie nehmen an, daß sich die ikonographische Bedeutung des *Moses* vom ersten Entwurf bis zur endgültigen Fertigstellung des Grabmals 1542 gewandelt hat.

Bibl.: Tolnay 1954, S. 32–48 und S. 102–105; Bettarini/Barocchi, *Vite*, Bd. V, S. 140, Bd. VI, S. 215–217; Carteggio 1967, Bd. II, S. 166; Mendelsohn-Martone 1998 (1978), S. 254–298; Carteggio 1979, Bd. IV, S. 160–163; Quiviger 1987; Barolsky 1990, S. 43; Poeschke 1992, S. 99–100; Kris/Kurz 1995, S. 64–84; Armour 1993; Lupton 1996, S. 144 und S. 156–160; Pope-Hennessy 1996b, S. 432–433; Samsonow 1998, S. 86–87; Bonsanti 2001; Forcellino 2001; Poeschel 2001; Forcellino 2002; Pfisterer 2002, S. 278–285 und S. 288–308; Prosperi 2002; Emison 2004, S. 70 und S. 121–123, S. 264; Verspohl 2004, S. 44 und S. 52–54, 66–86, 133; Acidini Luchinat 2005, S. 126–131; Fehrenbach 2005; Zöllner/Thoenes/Pöpper 2007, S. 421 (Zöllner); Blum 2008; Möseneder 2008; Klein/Weber 2009; Echinger-Maurach 2009, S. 103–113.

141 Bereits im zweiten Entwurf und Vertrag zum Grabmal nach dem Tod Julius' II. 1513 legten die Nachlaßverwalter des Papstes einen anderen Standort als Sankt Peter fest. Die Entscheidung zur Aufstellung des Grabmals in San Pietro in Vincoli wurde jedoch erst 1532 getroffen. Eine Zeichnung in Berlin (Jacomo Rocchetti, eigentlich Giacomo Rocca, Entwurf des Juliusgrabes 1513, Kupferstichkabinett Berlin, Inv.-Nr. KdZ 15306) wird mit dem zweiten Entwurf in Beziehung gesetzt, der ein Wandgrabmal zeigt (s. Anm. 134). Weitere Modifikationen an der Gestaltung und den Ausmaßen des Grabmals erfolgten zwischen 1516, 1525/26 und 1532. Wahrscheinlich wurde bereits 1533/34 mit dem Aufmauern der Rückwand in San Pietro in Vincoli begonnen. Die endgültige Fertigstellung des Grabmals erfolgte unter Mitwirkung Raffaello da Montelupos und seiner Werkstatt zwischen 1542 und 1545 und umfaßte weitere entscheidende ikonographische Veränderungen wie die Einfügung der beiden Statuen der *Lea* und der *Rahel* sowie des *Propheten*, der *Sibylle* und der *Thronenden Madonna* im oberen Geschoß des Grabmals. Vasari greift hier der chronologischen Abfolge der Entste-

hung des Grabmals vor, um anschließend die näheren Umstände der verhinderten Ausführung zu schildern.

Bibl.: Tolnay 1947, S. 38; Tolnay 1954, S. 37–58 und S. 64–75; Echinger-Maurach 1991, Bd. I, S. 297–301 und S. 361–367; Forcellino 2002, S. 71–79; Echinger-Maurach 2003; Zöllner/Thoenes/Pöpper 2007, S. 380–383 (Zöllner); Echinger-Maurach 2009, S. 22–32, 64–74 und S. 79–88.

142 Gemeint ist der Porto di Ripa Grande, der ehemalige römische Stadthafen für Transportschiffe am Tiberufer.

143 Michelangelo schildert seine Flucht aus Rom brieflich Giuliano da Sangallo, der sich offenbar für Michelangelo beim Papst einsetzte, wie beschwichtigende Briefe Giovanni Balduccis und Pietro Rossellis an Michelangelo zeigen. Die Nachricht Papst Julius' II. an Michelangelo ist nicht erhalten, jedoch berichtet Condivi in seiner Michelangelo-Vita davon. Auch in einem Brief an einen unbekannten Adressaten 1542 erzählt Michelangelo von den Kurieren des Papstes und dessen Drohung, er würde in Ungnade fallen (vgl. Carteggio 1979, Bd. IV, S. 154).

Bibl.: Barocchi 1962, Bd. II, S. 378; Carteggio 1965, Bd. I, S. 15–17; Condivi, Ed. Valdek, S. 38–39; Condivi, Ed. Nencioni, S. 26–27; Zöllner/Thoenes/Pöpper 2007, S. 62–66 (Zöllner).

144 Von diesen drei Breven ist nur eines bekannt. Paul Barolsky hat anhand einer Analyse der verschiedenen Quellen die Überlieferung der Flucht Michelangelos aus Rom untersucht. Dabei hat er festgestellt, daß in späteren Jahren eine literarische Inszenierung dieses Ereignisses stattfindet, die Vasari hier anscheinend von Michelangelo übernimmt.

Bibl.: Barocchi 1962, Bd. II, S. 380; Barolsky 1994, S. 120–128.

145 Nach der Eroberung Konstantinopels durch die Osmanen 1453 blieben die Franziskaner – wie auch andere Konvente, die sich in Städten unter muslimischer Herrschaft befanden, beispielsweise Jerusalem – in der Hauptstadt der Osmanen. Darüber hinaus war Konstantinopel Handelszentrum für Kaufleute aus Venedig, Pisa und Genua, es wurden von dort Gewürze, Alaun und kostbare Textilien importiert.

Bibl.: Giorgio Fedalto: ›Franziskaner: Südosteuropa‹, in: LexMa, 2003, Bd. IV, Sp. 819–820.

146 Zum Zeitpunkt der Flucht Michelangelos aus Rom regierte Sultan Bayezid II. (*um 1448 Demotika – †1512 ebenda). In den Jahren seiner Herrschaft eroberte der Sultan mehrere Handelsstützpunkte Venedigs, darunter als wichtigsten Lepanto (1499). Er galt darüber hinaus als Förderer der Dichtung. Über Planungen zum Bau einer Brücke ist nichts Genaueres bekannt. Das Interesse für die westliche Kunst und Architektur, vor allem für den Festungsbau, war bereits bei Bayezids Vater

und Vorgänger Mehmed II. vorhanden. Dieser hatte Gentile Bellini und den paduanischen Bronzemodelleur Bartolommeo Bellano als Abgesandte Venedigs 1479 nach Konstantinopel bestellt, um sich porträtieren zu lassen. Daß es sich bei der von Vasari erzählten Anekdote nicht nur um eine poetische Selbststilisierung Michelangelos handelt, wie Paul Barolsky meint, sondern Michelangelo um 1504 tatsächlich eine Einladung von Bayezid II. erhielt, geht nach Ansicht Caroline Elams aus einem Brief Tommaso da Tolfos von 1519 hervor. Darin bezieht sich Tommaso da Tolfo auf ein Gespräch mit Michelangelo über die einstige Einladung und berichtet dem Künstler von dem westlichen Geschmack Selims II., des gegenwärtig regierenden Sultans. Auch stellt er ihm seitens des Sultans einen angemessenen Lohn in Aussicht und unterbreitet ihm das Angebot, für eine Begleitung zu sorgen, falls sich Michelangelo zu einer Reise entschließen sollte. Vasari, der an dieser Stelle die Informationen Condivis übernimmt, verbindet in seiner Darstellung die beiden Ereignisse miteinander.

Bibl.: Carteggio 1967, Bd. II, S. 176–177; Krahn 1988, S. 80–82; Barolsky 1994, S. 132; Schnitzer 1995, S. 49–51 (Restle); Condivi, Ed. Nencioni, S. 27–28; Elam 1998, S. XLIII–XLIV; Andreas Tietze: ›Bayezid II.‹, in: LexMa, 2003, Bd. I, Sp. 1715.

[147] Für den Status Michelangelos als Gesandter gibt es keinen Beleg, seine Furcht vor dem Zorn des Papstes äußert er jedoch in einem Brief aus dem Jahr 1542 (vgl. Carteggio 1979, Bd. IV, S. 154).

Bibl.: Barocchi 1962, Bd. II, S. 385.

[148] Kardinal Francesco Soderini (*1453 Florenz – †1524 Rom) wurde von Pius III. zum Bischof von Volterra ernannt. Seine Titularkirche war Santa Susanna, er fungierte als Dekan des Kardinalskollegiums.

[149] Diese Anekdote ist in der ersten Edition mit der Erzählung über die Entstehung der Fresken der Sixtinischen Kapelle verbunden. Dort beruht Michelangelos Flucht auf seiner Weigerung, die Fresken seinem Auftraggeber Julius II. zu zeigen.

Bibl.: Bettarini/Barocchi, *Vite*, Bd. VI, S. 36.

[150] Der zwischen dem 13. und dem 15. Jahrhundert erbaute Palazzo Comunale war der Versammlungsort der bolognesischen Kommunalregierung, des Rats der Sechzehn, dem zusammen mit dem päpstlichen Legaten die Regierungsgeschäfte in Bologna oblag.

[151] Die aufgeschobene Ausführung des Grabmals verursachte den Konflikt zwischen Julius II. und Michelangelo. Vasari stellt die Klärung dieser Unstimmigkeit zwischen Auftraggeber und Künstler detailliert dar, um ihre persönlichen Eigenschaften und ihr Verhältnis zueinander zu porträtieren. Trotz Michelangelos untertänigem Gestus werden beide

als einander ebenbürtig vorgeführt, in ihrer Starrsinnigkeit, ihrem Machtbewußtsein, ihrer Leidenschaft für die Kunst und ihrem Willen zur Selbstdarstellung. Das Zusammentreffen Michelangelos mit Julius II. in Bologna erfolgte am 29. November 1506. In der 1550er Edition erwähnt Vasari noch den Grund für den Aufenthalt des Papstes in der Stadt, in der zweiten Edition entfällt der Hinweis auf die Vertreibung der Bentivoglio und die Eingliederung Bolognas in den Kirchenstaat (vgl. Bettarini/Barocchi, *Vite*, Bd. VI, S. 31).

Bibl.: Tolnay 1954, S. 37–58, 64–75.

152 Die Bronzestatue Julius' II. wurde am 18. März 1508 an der Fassade von San Petronio enthüllt und etwas mehr als drei Jahre später, am 30. Dezember 1511, zerstört. Eine Zeichnung im Cabinet des Dessins des Musée du Louvre (Coll. Rothschild, Inv.-Nr. 1466) zeigt die Anbringung der Statue, die den Papst in thronender Haltung wiedergibt, an der Fassade von San Petronio. Die Skulptur war das Gegenstück eines von Alfonso Lombardo in Stuck ausgeführten Papstporträts, das sehr bald nach der Eroberung Bolognas 1506 am Palazzo degli Anziani angebracht worden war. In der zweiten Fassung der Vita erweitert Vasari die Darstellung der Episode des Zusammentreffens Michelangelos mit Papst Julius II. und formuliert darüber hinaus das bereits vorhandene Gerüst der Erzählung teilweise neu. Er schmückt die Episode um die Gestaltung der Statue und die Reaktionen verschiedener Betrachter aus und folgt darin Condivi. Während Condivi Michelangelo als einen dem Auftraggeber gegenüber offenen Künstler darstellt und fragt, ob der Segensgestus Segen oder Fluch bedeutet, wird Michelangelo bei Vasari zum Kommentator der damaligen politischen Situation in Bologna, die er in der Statue zum Ausdruck bringt. Die Reaktionen der Bologneser Bürger, die Vasari von Condivi übernimmt, zeugen von der laienhaften Betrachtung des Kunstwerks, denn sie offenbaren in ihrer ausschließlich der quantitativen Größe verpflichteten Bewertung einen Mangel an Fähigkeit zur Wahrnehmung von Schönheit (vgl. Bettarini/Barocchi, *Vite*, Bd. VI, S. 31–33, und Condivi, Ed. Valdek, S. 41–42; Condivi, Ed. Nencioni, S. 28–29).

Bibl.: Tolnay 1954, S. 8; Huse 1965/66; Beck 1990; Rohlmann 1996; Zöllner/Thoenes/Pöpper 2007, S. 66 (Zöllner).

153 Francesco Francia, eigentlich Francesco Raibolini (* um 1448 Bologna – † 1517 ebenda), war als Maler und Bildhauer tätig, prägte aber auch in seiner Eigenschaft als Münzmeister der Bologneser Geldprägestätte zahlreiche Medaillen und Münzen, darunter einige mit dem Bildnis von Papst Julius II. Wie Vasari in der Vita Francias berichtet, tat er sich in jungen Jahren auch als Goldschmied hervor, weshalb er ihn hier

möglicherweise als Künstler darstellt, der sich in der als schwierig geltenden Bronzegußtechnik auszukennen scheint. Darüber hinaus behauptet Vasari, daß man Francia seiner Werke wegen in Bologna fast für einen Gott gehalten habe (vgl. Bettarini/Barocchi, *Vite*, Bd. III, S. 582–592). Vor diesem Hintergrund muß die nun folgende Episode und der angebliche Wunsch des seinerzeit besten Bologneser Künstlers interpretiert werden, das Werk des ›göttlichen‹ Michelangelo persönlich in Augenschein zu nehmen.

Bibl.: Rubin 1995, S. 124–128; Fehrenbach 2005.

[154] Die Anekdote der Begegnung Francesco Francias mit Michelangelo veränderte Vasari in der 1568er Edition im Tonfall sowie inhaltlich grundlegend. In der ersten Ausgabe läßt Vasari ihn auf Francias Bemerkung barsch entgegnen: »Geh' doch ins Bordell, Du und Cossa«. Damit bringt er seine Verachtung für die Kunst Francias und eines anderen ferraresisch-bolognesischen Malers, Francesco del Cossa, zum Ausdruck. In der zweiten Edition übernimmt er Michelangelos Antwort auf Francias Bemerkung aus Condivis Michelangelo-Vita (vgl. Condivi, Ed. Valdek, S. 92; Condivi, Ed. Nencioni, S. 64–65). Marongiu interpretiert die Anekdote sowohl in ihrer Fassung von 1550 als auch in der Version Condivis als Kritik an der bolognesischen Malerei, Bildhauerei und Goldschmiedekunst. Die Abwandlung der Anekdote geht möglicherweise auf Michelangelos Studium der ferraresischen Malerei während seines Aufenthalts in Bologna zurück. Vasari läßt den Bologneser Meister hier als einen Künstler erscheinen, der die technischen und gestalterischen Schwierigkeiten (*difficoltà*) des Bronzegusses durchaus zu würdigen weiß, doch über die rein technischen Aspekte hinaus die ästhetische Schönheit des Werks, seine *aria* und *bellezza*, nicht beurteilen kann. Wenn man bedenkt, daß Francia in den *Vite* unter den Künstlern der zweiten Epoche rangiert, seine Werke also nicht den Qualitätsmerkmalen der *maniera moderna* entsprechen, so scheint es nur allzu verständlich, daß Vasari ihm in der Bewertung von Michelangelos Kunst mangelnde Urteilskraft bescheinigt. Zudem tritt Francia stellvertretend für die gesamte Bologneser Bürgerschaft auf, denn diese – so Michelangelo in einem Brief an seinen Bruder vom November 1507 – sei einhellig der Meinung gewesen, er würde das Werk niemals ausführen (vgl. Carteggio 1965, Bd. I, S. 55–56), vielleicht weil sie an seinen Fähigkeiten als Bronzemodelleur zweifelten.

Die Bemerkung Michelangelos, die er an den Sohn Francesco Francias richtet, spielt auf die neuplatonische Auffassung der himmlischen und der irdischen Liebe an. Die Werke eines Künstlers gelten mithin als Produkte – in Platos *Symposion* bezeichnet Sokrates die Werke eines Dichters als dessen Kinder – seiner göttlichen Seele, die in himmlischer

Liebe Gott zugetan ist. Kinder aus Fleisch und Blut sind dagegen das Ergebnis der irdischen, erotischen Liebe. Francesco Francia wird hier auf scherzhafte Weise als Maler dargestellt, der aus Mangel an intellektuellen Fähigkeiten sich besser darauf versteht, mit dem ›Pinsel‹ seines Leibes schöpferisch tätig zu sein als mit dem Pinsel in seiner Hand.

Bibl.: Schlosser 1924, S. 289; Bettarini/Barocchi, *Vite*, Bd. III, S. 582–592; Rubin 1995, S. 124–126; Marongiu 2000; Emison 2004, S. 43–50; Vasari, *Kunsttheorie*, S. 211–212 und S. 231–232, 260–261, 263–265; Barolsky 2005; Zöllner/Thoenes/Pöpper 2007, S. 66 (Zöllner).

155 Das Modell der Statue Julius' II. ist verloren.

156 Antonmaria da Lignano oder Legniame (Lebensdaten nicht nachgewiesen) war ein Bankier in Bologna, wie Condivi und zwei Briefe Michelangelos an Giovan Francesco Fattucci überliefern.

Bibl.: Milanesi, *Lettere*, S. 426–430.

157 Die Bronzestatue Julius' II. wurde nicht von Giovanni II. Bentivoglio zerstört, sondern von den Bürgern Bolognas, nachdem der Papst 1511 die Stadt verlassen hatte und die Franzosen dort einmarschiert waren.

158 Alfonso I. d'Este (*1476 Ferrara – †1534 ebenda), ab 1505 Herzog von Ferrara, Modena und Reggio, heiratete 1502 Lucrezia Borgia. Alfonso d'Este ist sowohl als Condottiere wie auch als Förderer der Dichtung, der bildenden Kunst und der Technik überliefert. In dem Bestreben, sein Territorium zu sichern, interessierte er sich für die Technik und Herstellung moderner Geschütze. An seinem Hof in Ferrara lebte der Dichter Ludovico Ariosto, den er auch mit diplomatischen Missionen betraute. Alfonso d'Este sammelte und beauftragte Gemälde der bedeutendsten Künstler seiner Zeit, darunter Giovanni Bellini, Raffael, Tizian und Michelangelo. Daß die zerstörte Juliusstatue ausgerechnet an Alfonso I. d'Este verkauft wurde, der – wie Vasari berichtet – aus der Bronze eine Kanone gießen ließ, kann als Ausdruck des glorreichen Triumphs über den politischen Widersacher interpretiert werden. Ursprünglich ein Verbündeter des Papstes in der sogenannten Liga von Cambrai und von diesem zum *gonfaloniere della chiesa* ernannt, kämpfte der Herzog ab 1510, nachdem Julius II. Frieden mit Venedig geschlossen hatte und eine Allianz mit der Seerepublik eingegangen war, an der Seite der Franzosen gegen den Kirchenstaat. Julius II. exkommunizierte Alfonso d'Este und verfolgte nun das Ziel, dessen Herzogtum zu annektieren. Der Einmarsch der Franzosen in Bologna 1511 beendete dort die pästliche Vorherrschaft und führte in Folge zur Zerstörung von Michelangelos Bronzeskulptur.

Bibl.: Charles Hope: ›Alfonso I. d'Este‹, in: Turner 1996, Bd. X, S. 522–523.

[159] Alfonso I. d'Este hatte verschiedene Sammlungsräume in seinem Palast in Ferrara eingerichtet. Zu den bekanntesten zählten die sogenannten ›Camerini d'Alabastro‹, in denen Tizians *Bacchanalien* und seine *Verehrung der Venus* sowie das *Fest der Götter* Giovanni Bellinis ausgestellt waren, in dem Tizian die Landschaft gemalt hat. Zudem gab es ein ›Studio di Marmo‹, das wie der Camerino mit Marmorarbeiten Antonio Lombardos ausgestattet war. Ob Vasari mit der *guardaroba* dieses Studio meint, ist unsicher. Die Spur des Kopffragments der Bronzestatue Julius' II. verliert sich nach der Zerstörung der Statue. Daß die Fragmente nach Ferrara transportiert und aus diesen eine Kanone gegossen wurde, ist jedoch durch Quellen belegt.

Bibl.: Barocchi 1962, Bd. II, S. 401; Hope 1971; Goodgal 1978; Shearman 1987.

[160] Donato Bramante, eigentlich Donato d'Angelo Lazzari (*1444 Monte Asdrualdo, heute Fermignano in den Marken – †1514 Rom)

[161] Die Sixtinische Kapelle war zwischen 1475 und 1481 durch Giovannino de' Dolci und Baccio Ponteli im Auftrag Sixtus' IV. erbaut worden. Risse im Mauerwerk machten es notwendig, daß auch das Gewölbe, das Ende des 15. Jahrhunderts von Pier Matteo d'Amelia mit einem Sternenhimmel ausgemalt worden war, schon 1504 ausgebessert werden mußte. Dies war wahrscheinlich der Anlaß, der den Papst dazu bewog, das Gewölbe neu ausmalen zu lassen. Dabei sollte der alte Sternenhimmel durch szenische und figürliche Fresken ersetzt werden.

Bibl.: Nesselrath 1999; Zöllner 2002; Acidini Luchinat 2007, S. 111.

[162] Die Information, daß die Freskierung der Sixtinischen Kapelle auf eine Intrige Raffaels und Bramantes zurückging, übernimmt Vasari in der zweiten Edition von Condivi. Vasari gibt damit der Erzählung um die Ausmalung der Sixtinischen Kapelle eine dramatische Note, die sich von der entsprechenden Passage in der ersten Edition der *Vite* wesentlich unterscheidet. Dort spricht er lediglich von der engen Freundschaft zwischen Bramante und Raffael und deutet damit an, daß die Vergabe des Auftrags zur Ausmalung der Kapelle an Michelangelo angesichts der Stellung Bramantes eine Überraschung war. Andererseits stellt Vasari dort die Beziehung zwischen Bramante und Michelangelo als freundschaftlich und vertrauensvoll dar. Vasari behauptet, daß Michelangelo die Schlüssel zur Sixtinischen Kapelle an Bramante übergab, als er – aufgrund seiner Weigerung, dem Papst die noch unfertigen Fresken zu zeigen – in Ungnade fiel und aus Rom fliehen mußte. Bramante und andere Freunde sorgten schließlich dafür, daß Michelangelo die Gunst des Papstes wiedererlangte und nach Rom zurückkehren konnte, eine Anekdote, die Vasari nicht in die zweite Ausgabe der Vita

übernimmt. Berichtet Vasari in der ersten Edition lapidar von dem Auftrag des Papstes und der Anordnung Giuliano da Sangallos, der Michelangelo Folge leisten muß – eine Information, die nach Michael Hirst auf einen heute verlorenen Brief zurückgehen könnte –, so ändert er dies in der zweiten Ausgabe und schildert statt dessen die Intrige. Diese stilisiert Vasari zu einem *paragone*, dem sich Michelangelo nicht entziehen kann. Die Unterschiede zwischen beiden Fassungen Vasaris sind sicherlich der neuen Faktenlage geschuldet, die mit Condivis Michelangelo-Vita gegeben war. Durch die Einbeziehung der Auftragshistorie des Juliusgrabmals in die zweite Ausgabe verändert Vasari seine Erzählstrategie und greift auf einen *paragone* als Motiv für das unvorstellbar umfangreiche Projekt der Deckenausmalung zurück (vgl. Bettarini/Barocchi, *Vite*, Bd. VI, S. 33–39; Condivi, Ed. Valdek, S. 43; Condivi, Ed. Nencioni, S. 29–30).

Wie Frank Zöllner festgestellt hat, geben Briefe und andere persönliche Äußerungen Michelangelos aus den ersten beiden Jahrzehnten des 16. Jahrhunderts keinerlei Hinweis auf eine Auseinandersetzung mit Bramante. Den einzigen Anhaltspunkt für eine Ablehnung Michelangelos durch Bramante liefert ein Brief Pietro Rosellis vom 10. Mai 1506 an Michelangelo, der Bramantes Skepsis gegenüber dessen Vermögen überliefert, die Figuren der Decke perspektivisch korrekt auszuführen. Dagegen steht Benvenuto Cellinis Äußerung in seinem *Trattato dell'oreficeria* (1565), daß Bramante dem Papst Michelangelo für die Ausmalung der Decke empfohlen habe. Charles Robertson hält diese Äußerung für authentisch (vgl. Carteggio 1965, Bd. I, S. 16, und Cellini, *Goldschmiedekunst*, S. 90).

Wie James Clifton anhand anderer Beispiele in den *Vite* ausführt, kann die hier von Vasari geschilderte Intrige als Topos verstanden werden, den Vasari einsetzt, um die verschiedenen historischen Ereignisse und kunsttheoretischen Diskussionen über die Vorherrschaft der *maniera* Raffaels oder Michelangelos seit den 1540er Jahren wiederzugeben. Vasari stellt den Stil Raffaels in dessen Vita als ein Beispiel von *grazia* der *terribilità* Michelangelos gegenüber und bezeichnet Raffael als *pittore universale*. Die Darstellung der Konkurrenz zwischen Michelangelo und Raffael in der zweiten Edition der *Vite* verweist auf die vorangegangene Kritik an Michelangelo als Maler und als Mensch. Kunsttheoretiker wie Paolo Giovio oder Ludovico Dolce betonten in ihren Schriften die künstlerische Vorherrschaft Raffaels und werteten Michelangelos Malstil ab. Sie lobten Raffaels Bilder insbesondere für ihr Kolorit (*colore*), ihre Anmut (*grazia*), ihre Eleganz (*leggiadria*) und ihre Leichtigkeit (*facilità*), allesamt Eigenschaften, welche die Bilder Michelangelos angeblich vermissen ließen. Dessen Stil wurde vor allem wegen seines *disegno*, der sich in komplexer Perspektive und in Verkürzungen äußerte, sowie wegen seines *rilievo* geschätzt. Kritik fand Michelangelos Malerei, weil ihr Eigenschaften fehlten, die Raffaels Werke und vor allem dessen Aktdarstellungen als bessere Naturnachahmung erscheinen ließen. Daß Vasari an dieser Stelle nicht Raffael als einzigen Konkurrenten Michelangelos auftreten läßt, ist mit den drängenden Problemen bei der Fertigstellung des Juliusgrabmals erklärbar, als deren Ursache Bramantes Pläne für Neu-Sankt Peter angesehen wurden. Michelangelo selbst bezichtigte im Postscriptum eines Briefes vom 24. Oktober 1542 an einen heute unbekannten Empfänger im Zusammenhang mit den Verhandlungen über die Ausführung des Grabmals Julius' II. seine beiden Künstlerkollegen Raffael und Bramante des Neides. Es sei dieser Neid gewesen, der seine Schwierigkeiten und die Kritik an ihm wegen der schleppenden Fertigstellung des Grabmals verursacht hätten. Darüber hinaus habe Raffael alles, was er in der Kunst erreicht habe, von ihm entlehnt. Da beide Konkurrenten zu diesem Zeitpunkt nicht mehr lebten und Bramante wegen des Abrisses von Alt-Sankt Peter in Rom ohnehin in dem Ruf stand, ein ›ruinante‹ zu sein, konnte Michelangelo diese Vorwürfe erheben, ohne weitere Folgen fürchten zu müssen. Für ihn hatte letztlich Bramante, der wahrscheinlich hinter der Änderung des Plans zum Neubau von Sankt Peter stand, die Initialzündung zum Scheitern des Grabmalprojekts gegeben (vgl. Carteggio 1979, Bd. IV, S. 150–155).

Ob Vasari diesen Brief kannte, ist unsicher. Deutlich wird aber, daß er mit der Schilderung des *paragone* eine Erklärung für die Verzögerung bei der Fertigstellung des Grabmals liefern wollte, die Michelangelo von einer Mitschuld lossprach. Durch diese inhaltliche Veränderung macht Vasari die Konkurrenz zwischen Raffael, Bramante und Michelangelo letztlich zu einer Frage der Moral. In seiner Erzählung zeigt sich, daß dieser *paragone* nicht jenem tugendhaften Ehrgeiz entspringt, den Vasari in den Proömien der *Vite* als idealen Grundantrieb der künstlerischen Tätigkeit und als Motor für die Fortentwicklung der Künste darstellt. Er findet einzig aus Mißgunst statt, die das Interesse des Papstes an den Skulpturen Michelangelos auslöst. Die negative Seite von Konkurrenz und Wetteifer unter Künstlern kommt zum Tragen, wenn der Neid (*invidia*) zur Quelle von Niederträchtigkeiten wird. Michelangelo, das deutet Vasari hier bereits an, geht von vornherein als künstlerischer und moralischer Sieger aus diesem Wettstreit hervor, worauf Vasari am Ende der Vita nochmals verweist. Dort beschreibt er eine für die Trauerfeier in San Lorenzo gemalte Allegorie, die Michelangelo erhaben über jegliche Form des Neides zeigt (vgl. Bettarini/Barocchi, *Vite*, Bd. VI, S. 132). Die Gegner Michelangelos verfehlen ihr Ziel, ihn zur Verzweiflung zu treiben: Vasaris Darstellung verleiht dem Künstler märtyrerhafte Züge. Dank seiner Leidensfähigkeit kann er die gegen ihn gerichteten Angriffe überwinden. Laut Frank Zöllner drückte Michelangelo selbst diese Haltung in seinen Sonetten und Briefen aus, beispielsweise an seinen Vater im Januar 1509 (vgl. Carteggio 1965, Bd. I, S. 88–89).

Bibl.: Tolnay 1949, S. 3; Barocchi 1962, Bd. I, S. 33–41, Bd. II, S. 386 und S. 408–409; Dolce, Ed. Roskill, S. 85–95 und S. 161–195; Roskill 1968, S. 20; Robertson 1986; Rubin 1995, S. 372; Clifton 1996; Warnke 1996, S. 117–121; Goffen 2002, S. 171–264; Zöllner 2002, S. 96–102 und S. 116–123; Hirst 2004a, S. 54–57; Vasari, *Kunsttheorie*, S. 28–42 und S. 246–247; Vasari, *Raffael*, S. 7–17 und S. 172–174; Vasari, *Bramante*, S. 17 und S. 27; Zöllner/Thoenes/Pöpper 2007, S. 76–77 und S. 444 (Zöllner).

163 Michelangelo vermerkte in seinen *Ricordanze* am 10. Mai 1508 den Auftrag zur Ausmalung des Deckengewölbes. Das Vertragsdokument ist nicht erhalten.

Bibl.: Tolnay 1949, S. 4; Michelangelo, *Ricordi*, S. 1–2; Zöllner/Thoenes/Pöpper 2007, S. 72 und S. 444–445 (Zöllner).

164 Diese Episode, die von Vasari aus Condivis Michelangelo-Vita übernommen wurde, verdeutlicht noch einmal die Sorg- und Rücksichtslosigkeit Bramantes, die ihm den durch Paris de' Grassis, dem Zeremonienmeister Julius' II., geprägten Spitznamen ›ruinante‹ eintrug. Darüber hinaus unterstreicht Vasari die technische Herausforderung, handelte es sich bei der Sixtinischen Kapelle doch um ein riesiges polyzentrisches Tonnengewölbe mit Stichkappen, das von geringer Tragkraft war, eine unregelmäßige Oberfläche hatte und sich noch dazu in einer Höhe von über zwanzig Metern befand. Eine hängende Konstruktion, die einen Gewölbeabschnitt von einer Wand zur anderen vollkommen überspannt hätte, wäre angesichts der enormen Dimensionen des Gewölbes wahrscheinlich viel zu instabil gewesen. Eine Michelangelo zugeschriebene Skizze (Florenz, Uffizien, Gabinetto Disegni e Stampe, Inv.-Nr. 18722 F r) zeigt eine Arbeitsbühne, auf der ein Maler flexibel stehen, sitzen oder liegen sowie Arbeitsmaterialien lagern kann. Man nimmt an, daß diese Bühne entweder unter dem Gewölbe wie eine Verschalung oder als kleinere, zur Längswand ausgerichtete bewegliche Plattform angebracht wurde. Jedoch ist die Forschung sich darüber sowie über die Datierung der Zeichnung nicht einig. Das von dem Künstler entworfene Gerüst erfaßte zunächst die eine und dann die andere

Gewölbehälfte. Die Freskierung der Decke erfolgte sukzessive: Michelangelo begann im Spätsommer oder Herbst des Jahres 1508 auf der Seite des Kapelleneingangs und führte die Arbeit zur Stirnseite hin fort. Während einer fast einjährigen Pause der Arbeiten 1510/11, bedingt durch fehlende finanzielle Mittel, wurde das Gerüst teilweise abgetragen, nach Wiederaufnahme der Arbeiten 1511 aber von neuem aufgebaut. Eine Quelle belegt, daß der Maurer Piero di Jacopo Rosselli (*1474 – †1531) für die Errichtung der Arbeitsbühne und das Verputzen der Decke dreißig Dukaten erhielt.

Bibl.: Forcellino 1994; Gilbert 1994; Hartt 1994; Mancinelli 1994a; Silvan 1994; Nesselrath 1999; Mancinelli 2001, S. 16, 22 und S. 24; Acidini Luchinat 2007, S. 119–129.

[165] Auf der südlichen Wand der Kapelle unterhalb der Fenster hatte Sixtus IV. 1481–1482 durch Pinturicchio (*um 1454 Perugia – †1513 Siena), Sandro Botticelli (*1445 Florenz – †1510 ebenda), Domenico Ghirlandaio (*1449 Florenz – †1494 ebenda), Pietro Perugino (eigentlich Pietro Vannucci, *um 1445–1448 Città della Pieve [Perugia] – †1523 Fontignano bei Città della Pieve), Luca Signorelli (*um die Mitte des 15. Jahrhunderts in Cortona – †1523 ebenda) und Cosimo Rosselli (*1439 Florenz – †1507 ebenda) einen Zyklus mit der Mosesgeschichte und auf der nördlichen Kapellenwand einen Zyklus mit Szenen aus dem Leben Christi ausführen lassen.

Bibl.: Tolnay 1949, S. 11–13; Acidini Luchinat 2007, S. 111.

[166] Daß Vasari die Kartons für die Fresken der Sixtinischen Kapelle erwähnt, hat mit seiner Theorie des *disegno* zu tun. So legt er im Vorwort der *Vite*, aber auch in der technischen Einleitung dar, daß ein Karton bereits den *disegno* zeigen müsse (vgl. Vasari, *Kunsttheorie*, S. 32–38, und Vasari, *Einführung in die Künste*, S. 101, 106–107). Allgemein wird angenommen, daß für das Deckenfresko der Sixtinischen Kapelle, analog zu dem Entwurf des Freskos der *Schlacht von Cascina*, eine heute verlorene Reinzeichnung existierte. Die einzelnen Figuren und Motive der Gewölbedekoration wurden nicht alle auf Kartons im Originalmaßstab übertragen. Wie die Untersuchung des Freskos während der letzten Restaurierung ergab, wurden zahlreiche Motive, wie zum Beispiel die *Ahnen Christi* der Fensterlünetten, freihändig ausgeführt. Manche Figuren deuten darauf hin, daß ein Karton spiegelverkehrt zweitverwertet wurde, um Zeit und Material zu sparen. Die Kartons, die bei der Freskierung zum Einsatz kamen, sind verloren, ein Großteil wurde wahrscheinlich bereits 1518 auf Michelangelos Wunsch von einem Gehilfen zerstört. Mitte des 16. Jahrhunderts war noch die Reinzeichnung zur *Trunkenheit Noahs* bekannt und erhalten, die Michelangelo seinem

Freund Bindo Altoviti geschenkt hatte. Vier Kartons mit *Ignudi* und *Propheten* überließ er seinem Gehilfen Antonio Mini, als dieser Anfang der 1530er Jahre nach Frankreich ging. Die zahlreichen vorbereitenden Zeichnungen zu den Fresken, zu denen schnell hingeworfene Federskizzen sowie Kopf- und Körperstudien in Rötel und – seltener – in schwarzer Kreide gehören, werden heute in verschiedenen Sammlungen aufbewahrt.

Michael Hirst schließt aus einem erhaltenen Kartonfragment zur Cappella Paolina, daß Michelangelo seine Kartons handlich zuschnitt und modular verwendete. Ausgehend von anderen, besser erhaltenen großformatigen Zeichnungen Michelangelos wurde auch die These vertreten, daß die Kartons für die Sixtinische Kapelle *cartoni sostitutivi* gewesen sein könnten. Der Maler übertrug dabei die Konturen seiner Reinzeichnungen durch das Nachfahren mit einem Griffel direkt auf den Freskoputz und konnte auf diese Weise mehr Details markieren. Jedoch ist bei der Konturierung der Figuren auf dem Freskoputz je nach Motiv unterschiedlich verfahren worden. So markierte Michelangelo bei den Sibyllen deren Kopf mit Kohlenstaub, Hände und Gewand ritzte er in den Putz ein, bei anderen Motiven setzte er wiederum die bereits beschriebene indirekte Methode ein. Wahrscheinlich wurde die Wahl des Übertragungsverfahrens von der Arbeitssituation in der Sixtinischen Kapelle bestimmt. Von dem Zeitpunkt an, als die Unterstützung durch Gehilfen wegfiel, läßt sich beobachten, daß die *giornate* größer und die Motive durch Kohlenstaub übertragen wurden.

Bibl.: Tolnay 1949, S. 196; Bambach Cappel 1994; Borsook 1994; Colalucci 1994; Hirst 1994a; Mancinelli 2001, S. 17; Brothers 2008, S. 26–43.

[167] Giuliano di Piero di Simone Bugiardini (*1475 bei Florenz – †1554 ebenda)

[168] Dieser von Vasari Jacopo di Sandro genannte Künstler wird mit Jacopo Foschi (*1436 Florenz – †1530 ebenda) identifiziert, Vater des bekannteren Malers Pierfrancesco Foschi (*1502 Florenz – †1567 ebenda). Er soll ein Schüler Sandro Botticellis gewesen sein, in dessen Werkstatt er wohl seit 1480 tätig war. Von den wenigen Dokumenten, die sich zu seiner Person erhalten haben, gibt eines davon Zeugnis, daß er sich 1517 in die *arte dei medici e degli speziali* einschrieb, einer Zunft, der damals auch die Maler angehörten. Vasari berichtet außerdem, daß er 1515 beim Einzug Leos X. in Florenz zusammen mit Baccio da Montelupo an der Gestaltung eines ephemeren Triumphbogens beteiligt war.

Bibl.: Roberto Nuccetelli: ›Jacopo Foschi‹, in: DBI, 1997, Bd. XLIX, S. 439.

[169] Jacopo dell'Indaco (il Vecchio), ein Schüler oder Mitarbeiter Domenico Ghirlandaios, eigentlich Jacopo di Lazzaro di Pietro Torni (*1476 Florenz – †1526 ebenda)
[170] Agnolo di Domenico di Donnino Mazzieri, auch Agnolo di Donnino oder ›il Mazziere‹ (*1466 Florenz – †nach 1513 ebenda)
[171] Ein Brief Francesco Granaccis an Michelangelo vom Frühjahr 1508 erwähnt in Übereinstimmung mit Vasari vier der sechs Maler, die als Gehilfen Michelangelos in der Sixtinischen Kapelle arbeiteten. Nur Jacopo dell'Indaco kommt ausschließlich in Vasaris Bericht vor. Daß an der direkten Ausführung der Fresken keine anderen Maler beteiligt waren, schildert Vasari auf ähnliche Weise in der ersten Edition der Vita. Auch Condivi schließt in seinem Bericht die Notwendigkeit von Mitarbeitern völlig aus. Doch weiß man von weiteren fünf Gehilfen, die Vasari nicht erwähnt. So wurde der Malgrund durch den Maurer Piero di Jacopo Rosselli (1474–1531) vorbereitet, eine Arbeit, die am 27. Juli 1508 abgeschlossen war. Im Anschluß daran erfolgten wahrscheinlich die ersten Vorzeichnungen. Jacopo Foschi – so belegt es ein Brief Michelangelos – verließ Rom bereits im Januar 1509 wieder. Seine Stelle nahm wahrscheinlich Jacopo dell'Indaco ein. Für das Jahr 1510 sind darüber hinaus Giovanni Michi sowie Giovanni Trignoli und Bernardino Zacchetti, zwei bolognesische Maler, als Mitarbeiter belegt. Es ist jedoch unklar, von welchem Zeitpunkt an sie für Michelangelo arbeiteten. Außerdem war ein gewisser Piero Basso vor seinem Weggang aus Rom 1508 an den Vorbereitungen der Freskierung beteiligt. Wie Giovanni Michi und die beiden anderen bolognesischen Maler war er vermutlich mit der Herstellung der Kartons beschäftigt. Mit Granacci und Bugiardini an der Spitze bildeten die bei Vasari genannten Künstler eine Gruppe von Malern, die auf die Freskotechnik spezialisiert waren. Abgesehen von Francesco Granacci, der sich auch um die Bezahlung der anderen Gehilfen und die Beschaffung von Materialien kümmerte und dessen Aufenthalte in Florenz und Rom durch Briefe rekonstruierbar sind, lassen sich die Aufgaben und die Dauer der Beschäftigung der übrigen Maler in der Sixtinischen Kapelle nicht exakt belegen. Es wird vermutet, daß sie – anders als Vasari dies schildert – nicht alle gleichzeitig in der Kapelle beschäftigt waren. Den erhaltenen Quellen und den Restaurierungsbefunden zufolge kamen die Gehilfen Michelangelos wohl vor allem bei der Vorbereitung der Freskierung und der Ausführung der Scheinarchitektur und anderer dekorativer Elemente zum Einsatz.

Man geht davon aus, daß Michelangelo aus finanziellen Gründen nicht über die gesamte Dauer der Arbeiten Gehilfen beschäftigen konnte. Der Zeitpunkt, ab welchem er ohne seine Equipe auskommen mußte, läßt sich jedoch nicht exakt bestimmen. Die Art der Arbeitsteilung wird in der Forschung mit der Freskierung der Cappella Tornabuoni in Santa Maria Novella in Florenz verglichen, deren Ausführung Michelangelo als Lehrling Domenico Ghirlandaios erlebt hatte. Dort wurden die figürlichen Partien wahrscheinlich von Ghirlandaio selbst ausgeführt, die weiter oben befindlichen Szenen und Hintergründe werden den Werkstattmitgliedern zugeschrieben. Vasari erzählt die Episode mit den verschlossenen Türen, die in der Vita Raffaels und Jacopo dell'Indacos ebenfalls geschildert wird, um darauf hinzuweisen, daß Michelangelo in der Einsamkeit seine geistigen und körperlichen Energien sammelte und steigerte (vgl. Bettarini/Barocchi, *Vite*, Bd. III, S. 630, und Vasari, *Raffael*, S. 41–43). Die Einsamkeit wird zum Wesensmerkmal des Genies.

Bibl.: Tolnay 1949, S. 113–115; Carteggio 1965, Bd. I, S. 64–65 und S. 88–89; Mancinelli 1994b; Nesselrath 1999; Goffen 2002, S. 171–264; Mancinelli 2001, S. 27; Acidini Luchinat 2007, S. 144–145; Zöllner/Thoenes/Pöpper 2007, S. 72 (Zöllner).

172 Die Vertreibung der Gehilfen schildert Vasari bereits in der ersten Edition der *Vite*. In der späteren Fassung von 1568 schmückt er sie weniger aus und verzichtet beispielsweise auf die Behauptung, daß Michelangelo seine Mitarbeiter ausgeschlossen habe, weil diese nach außen getragen hätten, was in der Kapelle vor sich ging. Außerdem löst Vasari in der zweiten Edition den Bericht darüber, daß Michelangelo angeblich Bretter nach dem Papst geworfen habe, aus der Erzählung zur Sixtinischen Kapelle heraus und verschiebt ihn an eine andere Stelle des Textes. Die Anekdote wird bei Vasari schließlich als alternative Erklärung für seine Flucht aus Rom angeboten, die er an das Ende der Episode über den ersten großen Entwurf des Juliusgrabmals setzt (vgl. Bettarini/Barocchi, *Vite*, Bd. VI, S. 34–39). Im Gegensatz zu Vasaris Darstellung behauptete Condivi in seiner Fassung der Vita Michelangelos von 1553, daß dieser die Fresken ohne Unterstützung durch Gehilfen gemalt hätte. Die stilisierende Schilderung Condivis, zu der Michelangelo wahrscheinlich selbst beitrug, stellt den Aspekt des Außenseitertums stärker heraus, als Vasari es an dieser Stelle tut.

Bibl.: Condivi, Ed. Valdek, S. 49–50; Summers 1981, S. 10–11 und S. 16–17, 34–35; Klibansky/Panofsky/Saxl 1992, S. 39–54 und S. 319–394; Brown 1993, S. 439–441; Mancinelli 1994b, S. 107; Condivi, Ed. Nencioni, S. 34–35; Vasari, *Kunsttheorie*, S. 240–244 und S. 251–255.

173 Vasari schiebt diese Passage ein, da er Condivis Darstellung von Michelangelos Flucht nach Florenz, die mit der Aufgabe des Grabmal-

projekts begründet wird, als gleichberechtigt neben die Schilderung in seiner ersten Fassung stellt (vgl. Condivi, Ed. Valdek, S. 38; Condivi, Ed. Nencioni, S. 26). Möglicherweise schien Vasari die Faktenlage in bezug auf diese Episode nicht eindeutig.

174 Bei der jüngsten Reinigung und Restaurierung der Fresken (1980–1994) wurde festgestellt, daß der Feinputz (*intonaco*) in verschiedenen Schattierungen jeweils abgestimmt auf die hellen und dunklen Farbpartien aufgetragen wurde. Darüber hinaus wurde der Putz unterschiedlich strukturiert, was die Farbwirkung beeinflußte. Die technischen Untersuchungen ergaben, daß Michelangelo die Technik des Freskierens lehrbuchmäßig beherrschte und im Unterschied zu Raffael, der auch fresko-untypische Farben und Bindemittel verwendete, keine Experimente machte.

Bibl.: Tolnay 1949, S. 102–104; Colalucci 1994; Nesselrath 1999; Mancinelli 2001; Acidini Luchinat 2007, S. 141–144.

175 Ausblühungen oder übermäßige Versinterungen sind bei der Restaurierung nicht gefunden worden. Allerdings hat man festgestellt, daß die Malereien im ersten Drittel des Gewölbes – besonders die *Flut* und die *Trunkenheit Noahs* – durch Feuchtigkeit, die offensichtlich während des Farbauftrags oder kurze Zeit später auftrat, Schäden davontrugen und daraufhin durch Übermalungen kaschiert wurden. Aufgrund dieser Beschädigungen stellte Michelangelo seine Freskotechnik wohl von einer stärker *secco*-betonten Malerei mit Temperafarben auf eine reine Freskotechnik um und vermied dabei den Einsatz bestimmter Pigmente.

Bibl.: Tolnay 1949, S. 105–112; Mancinelli 2001.

176 Die Decke war ab dem 15. August 1511 zu sehen. Bis zu diesem Zeitpunkt war das gesamte Gewölbe einschließlich der Eckzwickel ausgemalt, nur die Darstellungen der Fensterlünetten fehlten. Das Datum, Tag der Himmelfahrt Mariens, war sicherlich nicht zufällig gewählt, denn die Kapelle war einst am 15. August 1483 geweiht worden. Bis Ende August 1510 war das Gewölbe einschließlich der *Erschaffung Evas* ausgemalt. Zwischen August 1510 und Ende Mai 1511 kamen die Arbeiten zwangsweise zum Erliegen, weil Julius II. wegen seines Feldzuges gegen Alfonso I. d'Este nach Bologna zurückgekehrt war und Michelangelo ohne ausreichende finanzielle Mittel in Rom zurückgelassen hatte. Um die Arbeit weiterführen zu können, reiste Michelangelo im Herbst und im Winter des Jahres 1510 sogar zwei Mal nach Bologna mit dem Ziel, vom Papst die notwendigen Gelder einzufordern. Das Bildfeld mit der *Erschaffung Adams* markiert den Beginn des zweiten Arbeitsabschnitts und zeigt gegenüber den zuvor entstandenen Darstellungen eine veränderte Proportionierung der Figuren. Wahrscheinlich

wurde dieser letzte Gewölbeabschnitt zwischen Januar und August 1511 ausgemalt. Der offenkundige Zeitdruck, dem Michelangelo im zweiten Arbeitsabschnitt ausgesetzt war, spiegelt sich in den summarisch ausgeführten Vorzeichnungen, den häufigeren Einritzungen in den Feinputz sowie Korrekturen und den größeren Tagwerken. In den Stichkappen wurden die Figuren gänzlich ohne Vorzeichnungen ausgeführt, ihre stilistische Einheitlichkeit läßt die Ausführung durch Michelangelo vermuten.

Bibl.: Pastor 1886–1933, Bd. III (2), 5.–7. Aufl. 1924, S. 797–798; Tolnay 1949, S. 105–112; Nesselrath 1999; Mancinelli 2001.

177 Vasari schildert Raffael in dessen Vita als Bewunderer von Michelangelos Werken und Stil. Dank seines Urteilsvermögens (*giudizio*) und seiner künstlerischen Erfindungsgabe (*invenzione*), in denen er sich besonders auszeichnet und die ihn zu einem *pittore universale* machen, kann Raffael laut Vasari den Werken und Figuren Michelangelos, die er nachahmt, eine eigene Note hinzufügen (vgl. Vasari, *Raffael*, S. 22–23 und S. 52 sowie Anm. 236, 238, 241).

178 In der Chigi-Kapelle in Santa Maria della Pace schuf Raffael 1510–1511 nach den Fresken der Sixtinischen Kapelle Sibyllen- und Prophetendarstellungen. Ob Raffael tatsächlich durch Bramante, der nach Vasaris Überlieferung in der ersten Edition der *Vite* einen Schlüssel zur Kapelle hatte – eine Information, die Vasari nicht in die zweite Ausgabe aufnimmt –, Zutritt zur Sixtinischen Kapelle erhalten hatte und so als einer der ersten Künstler Michelangelos Figurenstil studieren konnte, kann nicht bestätigt werden.

Bibl.: Barocchi 1962, Bd. I, S. 39; Henry/Plazzotta 2004, S. 55; Vasari, *Raffael*, S. 22–23.

179 Diese Passage übernimmt Vasari von Condivi. Sie kann als Hinweis auf ein Verständnis des *paragone* verstanden werden, nach dem die höchste Kunst stets mit ehrenhaften Umgangsformen und lauterem Lebenswandel einhergeht (vgl. Condivi, Ed. Valdek, S. 49; Condivi, Ed. Nencioni, S. 34).

Bibl.: Pfisterer, *Kunstwissenschaft*, S. 263–264; Vasari, *Kunsttheorie*, S. 42.

180 Dieser Dialog, der bei Condivi in indirekter Rede wiedergegeben wird, veranschaulicht das antagonistische Verhältnis zwischen Auftraggeber und Künstler und zieht die Autonomie des Künstlers in Zweifel. An anderen Stellen der *Vite* verdeutlicht Vasari die Problematik der künstlerischen Autonomie, beispielsweise wenn der Wunsch nach übermäßiger Perfektion und eine übertriebene Sorgfalt die Vollendung des gesamten Werks in Frage stellen (vgl. Condivi, Ed. Valdek, S. 49–50;

Condivi, Ed. Nencioni, S. 35–36, und Vasari, *Kunsttheorie*, S. 265–266).

[181] Diesen und die vorausgehenden Absätze übernahm Vasari von Condivi. Damit eignete Vasari sich auch den gegenreformatorischen Unterton Condivis an, der gegenüber der ersten Fassung der Vita neu ist. Wie Horst Bredekamp in bezug auf Condivis Beschreibung des Juliusgrabmals vorschlug, könnte dies als Referenz an die veränderte religionspolitische Stimmung zum Zeitpunkt der Erscheinung der zweiten Edition verstanden werden (vgl. Condivi, Ed. Valdek, S. 50; Condivi, Ed. Nencioni, S. 35).

Bibl.: Bredekamp 2009.

[182] Eine Zeichnung Michelangelos, die ihn selbst darstellt, wie er an den Fresken arbeitet, befindet sich im Archivio Buonarroti in Florenz (Sonett mit kleiner Federskizze in Tinte, 283 x 200 mm, Inv.-Nr. XIII, Fol. 111r). Allerdings ist strittig, ob es in die Zeit der Ausführung der Fresken datiert. Daneben steht das bekannte Sonett an Giovanni da Pistoia *I'ho già fatto un gozzo in questo stento*, in dem Michelangelo die körperlichen und intellektuellen Anstrengungen schildert, die mit der Erstellung des Werkes verbunden sind (vgl. Engelhard 1992, S. 8).

Bibl.: Engelhard 1992, S. 85–86; Forcellino 1994; Hartt 1994; Gilbert 1994; Mancinelli 1994a; Silvan 1994; Kliemann/Rohlmann 2004, S. 96.

[183] Vasari meint wahrscheinlich das Appartamento Leos X. im Palazzo Vecchio, eine Reihe von Gemächern, deren malerische Ausgestaltung er ab 1556 im Auftrag Cosimos I. de' Medici unternahm (vgl. Vasari, *Mein Leben*, S. 73).

[184] Vasari spricht hier eine Auffälligkeit der Gewölbefresken an, daß nämlich das architektonische System zwar die Szenen und Figuren untergliedert, es jedoch gegen die perspektivischen Sehgewohnheiten gestaltet ist. Die Darstellungen der Propheten, Sibyllen und der Aktfiguren, der sogenannten *Ignudi*, deren *disegno* die fehlende Perspektive kompensiert, überlagern die gemalte Architektur. In der Beschreibung der Aktfiguren wird hervorgehoben, daß deren ins Bild gesetztes Bewegungsvokabular und ihre perspektivischen Verkürzungen höchste *difficoltà* und höchste *invenzione* bedeuten. Zugleich wird die Autonomie der Figuren gegenüber dem Dekorationssystem als etwas grundlegend Neuartiges verstanden. Vasaris Formulierung »terribilità di cose variamente dipinte« beschreibt treffend die Eigenschaften der Figuren, die Michelangelo äußerst bewegt, abwechslungsreich und kolossal gestaltete. Schon Pietro Aretino hatte gegen Ende der 1530er Jahre mit dem Begriff der *terribilità* die Ehrfurcht gebietende Größe antiker Kunst umschrieben und auf diese Weise die Großartigkeit bestimmter künstlerischer Ausdrucksformen in Worte gekleidet.

Der Terminus ist laut Patricia Emison eng mit dem Begriff *furia* verknüpft, der in der Liebesdichtung des 16. Jahrhunderts die Hingabe des Dichters und des Liebhabers beschreibt und kreative Freiheit sowie Regelverstöße impliziert. In den *Vite* umreißt Vasari verschiedene Vorläufer der *terribilità* und des poetischen Furors – so in den Viten Andrea del Castagnos, Luca della Robbias und Palma Il Vecchios – und rekurriert damit offenbar auf eine Diskussion innerhalb der Accademia del Disegno (vgl. Bettarini/Barocchi, *Vite*, Bd. III, S. 51–52 und S. 354, Bd. IV, S. 549–552, und Bd. VI, S. 39–40).

Da die Figuren, welche die in den quadratischen Feldern gezeigte *istoria* einrahmen, einen inhaltlichen Bezug zu den alt- und neutestamentlichen Darstellungen schaffen, wurde vorgeschlagen, die *Ignudi* als Mittlergestalten zwischen dem Menschlichen und dem Göttlichen zu interpretieren. Vasari bezieht die *Ignudi* und ihre Attribute explizit auf die Herrschaft Julius' II., dessen Charakter ebenfalls mit dem Attribut der *terribilità* beschrieben wurde. Der Figurenstil der *Ignudi* bringt somit die Besonderheit des Pontifikats von Julius II. visuell zum Ausdruck.

Bibl.: Tolnay 1949, S. 14–19 und S. 63–71; Summers 1981, S. 234–241 und S. 369; Möseneder 1985; Steiner 1991, S. 304; Rubin 1995, S. 177 und S. 214; Emison 1998; Fastenrath 2000, Emison 2004, S. 168–171; Zöllner/Thoenes/Pöpper 2007, S. 452 (Zöllner); Brothers 2008, S. 26–29 und S. 99–102.

185 In den gemalten Reliefs sind alttestamentliche und antike Episoden gezeigt. Dabei sind nur neun der zehn Medaillons ausgeführt worden, so die *Opferung Isaaks* (vgl. Genesis 22, 1–10), *die Himmelfahrt des Elias* (vgl. 2 Kön 1–12), der *Tod des Absalom* (vgl. 2 Sam 18), *Alexander der Große vor dem Hohepriester*, der *Tod des Nikanor*, die *Bestrafung des Heliodor*, *Mattathias zerstört ein heidnisches Idol*, der *Selbstmordversuch des Razis* und der *Sturz des Antiochus Epiphanes*.

Bibl.: Kliemann/Rohlmann 2004, S. 100; Zöllner/Thoenes/Pöpper 2007, S. 452–454 (Zöllner).

186 Vasari beschreibt die einzelnen Bildfelder des Gewölbes ausgehend von der Stirnwand der Sixtinischen Kapelle in der chronologischen Reihenfolge der dargestellten Szenen. Dagegen nimmt der Betrachter beim Abschreiten des Raums in Richtung Altar die Bildfelder in umgekehrter Reihenfolge wahr, von der *Trunkenheit Noahs* bis hin zur *Scheidung von Licht und Dunkel*.

187 Vgl. Genesis 1, 9–10

188 Vasari setzt den Schöpfungsakt des Künstlers wörtlich mit den Versen 26 und 27 aus Kapitel 1 der Genesis in Beziehung: »Und Gott

sprach: ›Lasset uns Menschen machen, ein Bild, das uns gleich sei [...]‹. Und Gott schuf den Menschen zum Bild, zum Bilde Gottes schuf er ihn [...]«. Der Pinsel Michelangelos, das Werkzeug, mit dem er die Schöpfungsgeschichte ins Bild setzt, wird bei Vasari zum Synonym für die Gestaltungskraft des Künstlers. Pinsel und göttliches Wort scheinen gleichgesetzt, die Schöpfung des Künstlers vom göttlichen Schöpfungswillen selbst inspiriert. Das Freskieren verlangt eine Schnelligkeit bei der Ausführung, die ein wichtiges Kriterium der *maniera moderna* darstellt und eine weitere Assoziation zum göttlichen *disegno* Michelangelos bietet.

Bibl.: Kris/Kurz 1995, S. 64–86; Pfisterer 2002, S. 11–20; Burioni 2006, S. 21.

189 Der *Schlaf des Adam* (vgl. Genesis 2, 21–22) wird in der christlichen Ikonographie als Vision der Erschaffung Evas gedeutet. In Michelangelos Fresken wird auf diese Vision schon in der *Belebung Adams* hingewiesen, denn dort sieht dieser Eva, während sie noch im Mantel Gottvaters verborgen ist. Dies entspricht der Deutung Adams als Prophet, der in Eva seine zukünftige Gefährtin erkennt und zugleich den Sinn der Ehe als Heilige Hochzeit zwischen Christus und der Kirche, respektive zwischen Gott und seinem Volk, begreift. Schließlich wird der Schlaf Adams und sein Erwachen mit dem Tod, der Erlösung und der Auferstehung Christi gleichgesetzt.

Bibl.: LCI, Bd. I, S. 51–54.

190 Im sechsten Bildfeld des Gewölbes sind der *Sündenfall* (vgl. Genesis 3, 1–6) und die *Vertreibung der Menschen aus dem Paradies* (vgl. Genesis 3, 23–24) dargestellt. Vasari betont die *varietà* der Figuren, die er in der unterschiedlichen emotionalen Reaktion von Mann und Frau auf das Gottesurteil eindringlich beschreibt.

191 Sowohl Vasari als auch Condivi bezeichnen das siebte Bildfeld als das *Opfer Abels* (vgl. Condivi, Ed. Valdek, S. 46; Condivi, Ed. Nencioni, S. 31–32, und Genesis 4, 4), aufgrund des dargestellten Personals wird es jedoch eher als das *Dankopfer Noahs nach der Sintflut* angesehen (vgl. Genesis 8, 20). Möglicherweise war diese ikonographische Doppeldeutigkeit beabsichtigt, da das sich anschließende größere Bildfeld für die Darstellung der Sintflut besser geeignet war.

Bibl.: Zöllner/Thoenes/Pöpper 2007, S. 449 (Zöllner).

192 Vgl. Genesis 7

193 Bei der Beschreibung der *Trunkenheit Noahs* (vgl. Genesis 9, 20–22) betont Vasari erneut die Erfindungsgabe Michelangelos.

194 Vasari meint die sogenannte *Persische Sibylle*, die, wie in der christlichen Ikonographie üblich, als alte Frau dargestellt ist und mit der Kö-

nigin von Saba identifiziert wird. Daher rührt wahrscheinlich auch der Verweis auf das »eisige« Blut der Prophetin: Die in der griechischen Antike entwickelte Humoralpathologie oder ›Säftelehre‹ schrieb der Konstitution alter Menschen ein Übermaß an Phlegma zu, das im Vergleich zu den anderen Säften – Blut, gelbe und schwarze Galle – als kälter und feuchter galt. In diesem Zusammenhang wurden die Lebensalter typologisch mit den Jahreszeiten assoziiert. Der Winter war Metapher des letzten Lebensabschnitts, der mit schwindender Körperwärme einhergeht. Auch in anderen Kunsttraktaten der Frühen Neuzeit, wie beispielsweise in *De sculptura* (1504) von Pomponius Gauricus, wird die Gestaltung der Physiognomik in Porträts unter Beachtung dieser Vorstellungen behandelt (vgl. Gauricus, Ed. Brockhaus, S. 153–191; Gauricus, Ed. Chastel, S. 115–127). Dabei gilt die Annahme, daß das Äußere auf die Eigenschaften der Seele schließen läßt und daß sich ein Ungleichgewicht der Körpersäfte sowohl auf den Körper als auch auf die Psyche auswirkt.

Ausgehend von der Darstellung der *Persischen Sibylle* setzt Vasaris Beschreibung an dieser Stelle erneut mit der Betrachtung der Fresken an der Altarseite ein. Dabei spart er die karyatidenartige Figur des *Jonas* aus, die sich direkt über dem Altar befindet, sowie die Darstellung des *Propheten Zacharias* auf der gegenüberliegenden Seite.

Bibl.: Klibansky/Panofsky/Saxl 1992, S. 39–54; Nutton 1993; LCI, Bd. IV, Sp. 1–3 und Sp. 150–153; Koos 2004, S. 56.

195 Abweichend von Vasaris Deutung wird diese Sibylle als *Erithreische Sibylle* identifiziert.

Bibl.: Kliemann/Rohlmann 2004, S. 100.

196 Vasari springt in seiner Beschreibung auf die andere Seite und beschreibt die *Delphische Sibylle* neben dem Zwickelfeld mit *Judith und Holofernes.*

Bibl.: Kliemann/Rohlmann 2004, S. 100.

197 Gemeint ist die *Cumäische Sibylle.*

Bibl.: Kliemann/Rohlmann 2004, S. 100.

198 Damit faßt Vasari das Bildprogramm in den Stichkappen und Fensterlünetten zusammen, welche die Darstellungen der Lebensstationen Christi und Mose mit den Bildern der Märtyrerpäpste an den Seitenwänden der Kapelle verknüpfen. Die Geschichte der Päpste wird mit der auf die Söhne Noahs zurückgeführten Genealogie Christi verbunden, der als ›neuer Adam‹ auf die Schöpfungsgeschichte zurückverweist. Zugleich wird Julius II. als Amtsnachfolger der in den Nischen dargestellten frühchristlichen Päpste präsentiert. Die Eicheln, die als Dekorationselemente immer wieder an den Gewölbefresken

auftauchen, stellen einen Bezug zum Wappen der Familie della Rovere her, der die Päpste Julius II. und Sixtus IV., sein Onkel, angehörten.

Bibl.: Tolnay 1949, S. 77–92; Rohlmann 1995; Poeschel 2000; Fastenrath 2000; Zöllner 2002, S. 94–95; Acidini Luchinat 2007, S. 148; Zöllner/Thoenes/Pöpper 2007, S. 75, 448, 452–454 und S. 458 (Zöllner).

199 In einem Brief an Giovan Francesco Fattucci vom Dezember 1523 schildert Michelangelo die Auftragshistorie für die Ausmalung der Sixtinischen Kapelle. Ursprünglich habe er nur zwölf Apostel in den Stichkappen malen sollen. Weil dies jedoch eine ärmliche Sache wäre, wie er dem Papst mitgeteilt hätte, habe er einen neuen Auftrag erhalten (vgl. Carteggio 1973, Bd. III, S. 7–9). Die Veränderung des Bildprogramms ging mit einem zweiten Auftrag vom Juni 1508 einher, verbunden mit einer größeren Zahlung an Michelangelo, so daß die Ausmalung der Decke begonnen werden konnte. Der gesamte ikonographische Entwurf für das 40,5 x 13,2 m große Gewölbe wurde wahrscheinlich gemeinsam mit dem Papst oder einem theologisch geschulten Berater entwickelt, wobei die Details von Michelangelo mehr oder weniger frei ausgestaltet werden konnten. Nur wenige Forscher vertreten die These, daß dem damals erst 33jährigen Künstler bei der Freskierung der Sixtinischen Decke völlige Gestaltungsfreiheit eingeräumt wurde.

Vorbilder des Dekorationssystems scheinen unter anderem Fresken des Quattrocento gewesen zu sein, etwa von Bernardino Pinturicchio. Michelangelo begann mit der *Sintflut* und malte seine Szenen gegen den Verlauf der biblischen Erzählung. Die Abfolge der Szenen wurde durch die ursprüngliche Unterteilung der Kapelle bestimmt, die einen Raum für Laien und einen für die Geistlichkeit vorsah. Die Fresken, die den Fall der Menschheit zeigen, befinden sich über dem früheren Laienraum, die Szenen ab der Schöpfungsgeschichte korrespondieren mit dem Raum der Kardinäle. Nachdem er gesondert auf die *Ignudi* eingegangen ist, beschreibt Vasari schrittweise die neun narrativen Szenen aus dem Buch Genesis, von der *Erschaffung der Erde* bis zur *Sintflut*. Die Beschreibungsrichtung Vasaris verläuft damit vom Altar zum Laienraum. In einem zweiten Rundgang wechselt Vasari bei der Betrachtung der Fresken die Richtung seiner Beschreibung.

Jedes einzelne Bildfeld der Gewölbefresken dient ihm in seiner Deskription zur Demonstration und zum Lob der *maniera* Michelangelos, seiner Erfindungsgabe und Phantasie, die sich in der Bewegung, Haltung und Verkürzung der Figuren ablesen läßt und Bilder von herausragender Schönheit erzeugt. Im Zusammenhang mit dem immer wieder von Vasari angesprochenen Konzept vom Künstler als zweitem Schöpfergott wird schließlich die vollständige Loslösung Michelangelos vom Naturvorbild gerühmt, die sich in der Überwindung der Naturgesetze – wie der optischen Umkehrung einer gewölbten in eine gebogene Fläche – durch die Malerei zeigt. Vasaris abschließende Bemerkung zur Figur des *Jonas* wird als allegorische Anspielung auf die göttliche Berufung und Macht des Papstes interpretiert.

Bibl.: Tolnay 1949, S. 14–98 und S. 116–117; Beck 1990; Weil-Garris Brandt 1992b; Rohlmann 1995, S. 9 und S. 27–29, 33–57; Nesselrath 1999; Zöllner 2002; Acidini Luchinat 2007, S. 112 und S. 145–149; Zöllner/Thoenes/Pöpper 2007, S. 72 und S. 446–447 (Zöllner).

200 Wie schon in den ersten Paragraphen der Vita Michelangelos lobt Vasari diesen durch eine metaphernreiche Sprache, wobei er sich einer messianischen Parusievorstellung bedient, um die Bedeutung der Sixtinafresken für seine Kunsthistoriographie zu betonen. Der Gegensatz zwischen Blindheit beziehungsweise Blickverhüllung und der Entschleierung der Augen und der Erleuchtung lassen an das mittelalterliche Konzept von Ecclesia und Synagoge denken, aber auch an Dantes *Göttliche Komödie* (Paradies, XXXIII. Gesang) und das im 16. Jahrhundert verbreitete Konzept der Schau der göttlichen Schönheit und Liebe. Hierin zeigt sich zugleich ein Erkenntnisprozeß, wie ihn unter anderem Baldassare Castiglione im *Hofmann* wiedergibt (vgl. Dante, *Göttliche Komödie*, S. 417–421, und Castiglione, *Libro del cortegiano*, S. 404–410). Auch wenn Vasari in seinem Urteil über die Fresken von *perfezzione* spricht, die *per se* von keinem anderen Künstler übertroffen werden kann, hat das Konzept des *paragone* nach wie vor Bestand, denn auch das Messen an einem großen Konkurrenten oder Vorbild verhilft – so Vasari – dem einzelnen zu Ruhm. Ein Beispiel für den gelungenen *paragone* mit Michelangelo wird in den *Vite* durch Raffael vor Augen geführt, der in seinem Bemühen um die Nachahmung von Michelangelos *maniera* seinen eigenen, ganz persönlichen Stil ausbildete. Baccio Bandinelli hingegen, dessen Versagen beim Imitieren von Michelangelos Kunst in zerstörerischen Neid umschlägt, kann als negatives Beispiel gelten.

Bibl.: LCI, Bd. I, S. 569–578; Clifton 1996; Lupton 1996, S. 143–174; Vasari, *Raffael*, S. 41–45 und S. 123, Anm. 99.

201 Die zweite Hälfte der Deckenausmalung wurde bis September/Oktober 1512 fertiggestellt, so daß die Enthüllung an der Vigilie zu Allerheiligen, am 31. Oktober, stattfinden konnte.

Bibl.: Nesselrath 1999; Acidini Luchinat 2007, S. 129.

202 Der Kämmerer oder Diener Cursio wird bei Condivi »Accursio«

genannt und als »giovane molto favorito« bezeichnet, was Vasari fälschlich als ›cameriere‹ interpretiert. Dazu kürzte er hier eine wichtige Information Condivis heraus, so daß sich der Sinn der Textpassage verkehrt. Condivi schreibt nämlich, daß Michelangelo seinen jungen Diener nochmals zum Papst geschickt habe und dieser dann mit den fünfhundert Scudi zurückgekommen sei (vgl. Condivi, Ed. Valdek, S. 51; Condivi, Ed. Nencioni, S. 36). Durch die Einfügung dieser Anekdote, die in der ersten Ausgabe fehlt, wird das Verhältnis zwischen Künstler und Mäzen einmal mehr charakterisiert. Obwohl die Abhängigkeit des Künstlers vom Auftraggeber in finanzieller Hinsicht viel größer war, stellt Vasari es hier so dar, als ob sich Julius II. als Mäzen durch Geschenke der Gunst seines Hofkünstlers versichern mußte.

Bibl.: Barocchi 1962, Bd. II, S. 626; Hirst 1991.

203 Vasari fügt diese Information, die er aus Condivis Michelangelo-Vita übernimmt, erst 1568 ein (vgl. Condivi, Ed. Valdek, S. 51; Condivi, Ed. Nencioni, S. 35–36). Michelangelo berichtet seinem Bruder Buonarroto brieflich über die Zahlung von 500 Golddukaten durch die päpstliche Datarie am 26. Oktober 1510 und von 400 Golddukaten am 4. Oktober 1511 (vgl. Carteggio 1965, Bd. I, S. 111, 121). Päpstlicher Schatzmeister der Kurie war bis 1511 Francesco Alidosi, Kardinal von Pavia. Michelangelo stand mit ihm in regelmäßigem Kontakt, weil Alidosi ihm über das Bankhaus Salviati, das in Florenz und Rom Niederlassungen betrieb, die Honorare für das Juliusgrabmal auszahlen ließ. Francesco Alidosi, der einen großen Einfluß auf Julius II. hatte und wahrscheinlich auch zwischen Julius II. und Michelangelo als Vermittler für den Auftrag der Bronzestatue Julius' II. und der Fresken der Sixtinischen Kapelle eintrat, wurde 1511 in Ravenna durch den Herzog von Urbino, Francesco Maria della Rovere, ermordet.

Bibl.: Beck 1990; Hirst 1991, S. 765; Beck 1994b.

204 Der gesamte Absatz wurde erst in die 1568er Edition eingefügt und aus Condivis Michelangelo-Vita übernommen (vgl. Condivi, Ed. Valdek, S. 51; Condivi, Ed. Nencioni, S. 35–36).

205 Lorenzo Pucci (*1458 Florenz – †1531 Rom) entstammte einer angesehenen Florentiner Familie und hatte Rechtswissenschaften studiert. Julius II. verlieh ihm das Amt eines päpstlichen Datars. 1513 wurde er von Leo X. zum Kardinal ernannt, seine Titularkirche war Santi Quattro Coronati. Zu seinen Bistümern gehörten unter anderem Palestrina, Melfi und Pistoia.

206 Leonardo Grosso della Rovere (*1463 Savona – †1520 Rom) wurde 1478 von Julius II. zum Bischof von Agen und Kardinal ernannt und war – wie Julius II. – ein Neffe Sixtus' IV. Als Angehöriger der Familie

della Rovere amtierte er nach dem Tod Julius' II. als dessen Testamentsvollstrecker. Jacopo Sansovino sollte für ihn ein Grabmal gestalten, das jedoch nicht zur Ausführung gelangte. Nach seinem Tod wurde der Kardinal in Santa Maria Maggiore bestattet, deren Erzpriester er war.

Bibl.: Rissa Teodori: ›Leonardo Grosso della Rovere‹, in: DBI, 2003, Bd. LX, S. 14–17.

[207] Leo X., weltlich Giovanni de' Medici (*1475 Florenz – †1521 Rom), wurde 1513 als Nachfolger Julius' II. zum Papst gewählt. In das Pontifikat Leos X. fielen eng miteinander verwobene Ereignisse, die sein kirchenpolitisches Handeln bestimmten: so etwa der Beginn der Reformation oder die Frage der Nachfolge des 1519 verstorbenen habsburgischen Kaisers Maximilian I. Darüber hinaus mußte er sich mit der von Julius II. begonnenen Politik der Abgrenzung und Sicherung des Kirchenstaates gegen französische und habsburgische Ansprüche sowie mit der Ausbreitung des Osmanischen Reichs nach Süd- und Mitteleuropa auseinandersetzen. Zugleich war Leo X. Oberhaupt der Familie Medici, deren ökonomische und dynastische Interessen er durch Nepotismus zu vertreten suchte. Seine Herkunft als Sohn Lorenzo de' Medicis, seine humanistische Bildung und sein Auftreten als Mäzen und Kunstsammler weckten unter Humanisten und Künstlern Erwartungen eines ›Augusteischen‹ oder ›Goldenen‹ Zeitalters. Diese Erwartungen nährten sich von Beginn an aus dem prunkvollen Festzug, mit dem der Papst am 11. April 1513 die Lateransbasilika als Bischof von Rom in Besitz nahm und dessen Ikonographie auf ein friedvolles und kunstsinniges Pontifikat hoffen ließ.

Bibl.: Kemper 1999.

[208] Michelangelo berichtet in einem Brief Ende 1516, daß er von Leo X. den Auftrag zur Gestaltung der Fassaden von San Lorenzo erhalten habe (vgl. Carteggio 1967, Bd. II, S. 218–221). Die Anregung für die Ausgestaltung erhielt der Papst wahrscheinlich durch die ephemere Dekoration während seines Besuchs in Florenz 1515. Sowohl Condivi als auch Vasari stellen diesen Auftrag durch Leo X. als Aufgabe dar, der sich Michelangelo nicht entziehen konnte. Dagegen zeichnen die Quellen ein anderes Bild: Obwohl der Künstler per Vertrag verpflichtet war, keine umfangreichen Aufträge neben dem Juliusgrabmal anzunehmen, bemühte er sich, nachdem bereits ein Wettbewerb stattgefunden hatte, im September 1516 selbst um die Ausführung. Politische Spannungen zwischen Francesco Maria della Rovere, Herzog von Urbino, und Leo X. hatten zur Absetzung des Herzogs durch den Papst 1515 geführt. Der Verlust der Herzogswürde seines Auftraggebers ließen bei Michelan-

gelo offensichtlich Zweifel aufkommen, ob es für ihn weiterhin günstig sei, den Vertrag für das Juliusgrabmal zu erfüllen.

Bibl.: Tolnay 1954, S. 44–46; Zöllner/Thoenes/Pöpper 2007, S. 218 und S. 471–472 (Thoenes).

[209] Vasari schildert den Wettbewerb um die Ausführung der Fassade von San Lorenzo auch in der Vita Jacopo Sansovinos.

Bibl.: Vasari, *Sansovino*, S. 25–26.

[210] Baccio d'Agnolo, eigentlich Bartolomeo d'Agnolo Baglione (*1462 Florenz – †1543 ebenda)

[211] Antonio Cordiani, genannt ›Antonio da Sangallo‹ (*1484 Florenz – †1546 Terni)

[212] Andrea di Niccolò di Menco de' Mucci, nach seinem Geburtsort ›Sansovino‹ genannt (*um 1467 Monte San Savino bei Arezzo – †1529 ebenda)

[213] Michelangelo versuchte mit Hilfe seiner fast familiären Beziehungen zur Familie Leos X. und durch ein Bündnis mit Baccio d'Agnolo, seine Konkurrenten auszuschalten, was ihm schließlich auch gelang, wie zahlreiche Briefe belegen. Zudem mag er dieses Bündnis gesucht haben, da er selbst zu diesem Zeitpunkt noch keine Erfahrungen mit architektonischen Planungen und deren Durchführung hatte und er den Architekten daher als eine Art technischen Assistenten einsetzen wollte. Nach Vertragsschluß im Herbst 1516 legte Michelangelo im Dezember 1516 dem Papst einen ersten Entwurf der Fassadendekoration vor (Florenz, Casa Buonarroti, Inv.-Nr. 45Ar). Im Dezember 1516 wurde das Fundament der Fassade aufgemauert. Ein erstes, nicht mehr erhaltenes Holzmodell der Fassade wurde durch Baccio d'Agnolo zwischen Januar und März 1517 angefertigt. Dieses war offenbar Anlaß für die Beendigung der beiderseitigen Zusammenarbeit. Im Herbst 1517 wurde ein weiteres Holzmodell ausgeführt (Florenz, Casa Buonarroti), das einen modifizierten Entwurf wiedergibt, auf dessen Grundlage der Vertrag am 19. Januar 1518 geschlossen wurde. Obwohl Michelangelo schließlich für das Fassadenprojekt allein verantwortlich zeichnete, kam das Vorhaben – möglicherweise aufgrund seiner komplexen Gestaltung – nicht zum Abschluß und wurde Anfang März 1520 aufgegeben. In der Vita Baccio Bandinellis schreibt Vasari dies einer Intrige des Vertrauten und späteren Schatzmeisters Giulio de' Medicis, Domenico Buoninsegni zu (vgl. Vasari, *Baccio Bandinelli*, S.33).

Bibl.: Nova 1985, S. 15–34; Goffen 2002, S. 238–243; Maurer 2004, S. 27–32; Elam 2006b; Zöllner/Thoenes/Pöpper 2007, S. 218–220 und S. 471–472 (Thoenes).

214 Obwohl die Kosten für den Marmor aus Pietrasanta doppelt so hoch waren wie jene für den carraresischen Marmor, ordneten Leo X. und Kardinal Giulio de' Medici im Februar 1517 an, daß Michelangelo das Material für den Marmor dort brechen lassen sollte. Pietrasanta, das zum Herrschaftsgebiet der Medici gehörte, sollte dadurch einen Vorteil erhalten. Allerdings ignorierte Michelangelo die Anordnung und suchte sein Material weiterhin in Carrara aus, zum einen weil die Arbeitsbedingungen aufgrund der Vertrautheit mit den dortigen Steinmetzen für ihn ideal waren, zum anderen weil die Transportwege für den Marmor aus Pietrasanta noch nicht ausgebaut waren. In dem letzten Vertrag über die Ausführung der Fassade vom 19. Januar 1518 stimmte der Papst schließlich zu, daß die Herkunft des Materials sowohl Carrara als auch Pietrasanta sein konnte, entscheidend seien einzig die Qualität und Reinheit des Marmors. Als um 1520 die Qualität des carraresischen Marmors nicht mehr den Vorstellungen Michelangelos entsprach, entschied er sich schließlich doch für die Steinbrüche von Seravezza in Pietrasanta.

Vasari berichtet in seiner Einführung in die Künste ausführlich über den Ausbau der Transportwege zu diesen Steinbrüchen durch Cosimo I. Eine Skizze im Archivio Buonarroti in Florenz (Inv.-Nr. 64A) aus Michelangelos *libro*, einer Art Notizbuch, in dem Skizzen der Marmorblöcke mit Maßen für die carraresischen Steinmetze überliefert sind, zeigt, wie präzise der Bildhauer seine Angaben übermittelte: Neben einem genauen Entwurf sind die Maße und die Qualität des Marmors vermerkt. Als der Vertrag über die Fassadendekoration am 10. März 1520 aufgelöst wurde, ging die Arbeit im Steinbruch dennoch mehrere Monate lang weiter. Der Marmor wurde an verschiedene Institutionen verkauft, zum Beispiel an die Bruderschaft von Orsanmichele, ein Teil verblieb in Michelangelos Atelier.

Bibl.: Tolnay 1948, S. 5–6; Bush Mockler 1967, S. 28; Wallace 1994, S. 9–74; Rapetti 2001, S. 34–35 und S. 56–57; Goffen 2002, S. 238–243; Vasari, *Einführung in die Künste*, S. 43, 131.

215 Michelangelo war dem Markgrafen von Massa, Alberico Malaspina, empfohlen worden. Dieser besaß das Privileg, Steuern auf die in den Steinbrüchen von Carrara abgebauten Steine zu erheben. Der Kontakt kam zum einen über den Sekretär des Markgrafen, Antonio da Massa, zum anderen 1516 über Argentina zustande, die Schwester Alberico Malaspinas. Letztere war mit dem florentinischen *gonfaloniere* Piero Soderini verheiratet.

Bibl.: Wallace 1992b, S. 63–65; Rapetti 2001, S. 12 und S. 25–26.

216 Die Säule, die sich ursprünglich auf dem Platz von San Lorenzo be-

fand, wurde wahrscheinlich im 17. Jahrhundert von dort entfernt, ihr Verbleib ist unbekannt.

Bibl.: Wallace 1994, S. 73.

217 Im Auftrag von Kardinal Ippolito de' Medici wurde die offene Loggia im Erdgeschoß des Palazzo Medici an der Ecke der heutigen Via Cavour zur Via de' Gori zwischen 1516 und 1520 von Michelangelo in einen geschlossenen Raum umgewandelt. Diese architektonische Veränderung wird im Zusammenspiel mit der neuartigen Fensterrahmung, deren Öffnung durch ein engmaschiges Drahtgeflecht geschützt wurde, als Ausdruck der Wehrhaftigkeit und Abgrenzung der Medici gegenüber den Florentinern interpretiert. Sie geht einher mit der Verlagerung des politischen Zentrums vom Palazzo Vecchio zum Palazzo Medici. Zum Entwurf der Fensterrahmung existiert in der Casa Buonarroti in Florenz eine Zeichnung Michelangelos (Inv.-Nr. A 101r).

Bibl.: Liebenwein 1992.

218 Giovanni Nanni oder Giovanni Ricamatori, genannt ›Giovanni da Udine‹ (*1487 Udine – †1561 Rom)

219 Die vermutlich 1522 von Giovanni da Udine ausgeführte Ausmalung und Stuckierung der früheren Loggia hat sich nicht erhalten.

Bibl.: Furlan 1975; Cecchi 1983.

220 Giovanni di Baldasarre, genannt ›Piloto‹ (†1536 Florenz)

221 Nicht erhalten

222 Nicht erhalten

223 Hadrian VI., weltlich Adriaen van Utrecht oder Adriaen Florens Boeyens (*1459 Utrecht – †1523 Rom). In seinem kurzen Pontifikat (1522–1523) konzentrierte er seine Bemühungen auf die Einung der Christenheit gegen das Osmanische Reich und auf die Bekämpfung der protestantischen Reformation. Darüber hinaus versuchte Hadrian, sich aus dem Kampf zwischen Karl V. und Franz I. um die Vorherrschaft in Italien durch die Proklamation seines Pontifikats als ›Apostolat des Friedens‹ herauszuhalten. Obwohl er humanistisch gebildet war, lehnte Hadrian VI. im Gegensatz zu seinem Vorgänger Leo X. und seinem Nachfolger Clemens VII. die Verquickung christlicher und antiker Inhalte ab.

Bibl.: Altringer 1999.

224 Als Resultat der während des Pontifikats von Hadrian VI. weitergeführten Arbeiten am Juliusgrabmal gelten die heute in der Galleria dell'Accademia in Florenz befindlichen *prigioni*, darunter der sogenannte *Jugendliche Sklave* (Marmor, Höhe 156 cm, um 1520–1530), der *Bärtige Sklave* (Marmor, Höhe 261 cm, um 1520–1530), der *Atlas* (Marmor, Höhe 282 cm, um 1520–1530) und der *Erwachende Sklave* (Marmor, Höhe 277 cm, um 1520–1530). Wahrscheinlich war mit der Entstehung

dieser Skulpturen eine Veränderung am Gesamtentwurf des Grabmals verbunden, die auch die Integration der Moses-Figur betraf.

Bibl.: Tolnay 1954, S. 49–63 und S. 110–117; Poeschke 1992, S. 104–106; Pope-Hennessy 1996b, S. 99–104, 430–431 und S. 434; Verspohl 2004, S. 71; Zöllner/Thoenes/Pöpper 2007, S. 422–423 (Zöllner).

[225] Papst Clemens VII., weltlich Giulio de' Medici (*1478 Florenz – †1534 Rom), war der illegitime Sohn Giuliano de' Medicis und der Neffe Lorenzo il Magnificos. Er wurde gemeinsam mit seinem Cousin Giovanni de' Medici, dem späteren Papst Leo X., erzogen. Diesem folgte er 1523 auf den päpstlichen Thron nach. Clemens VII. wirkte als Mäzen und stilisierte sich selbst zum Erneuerer der römischen Kunst. Michelangelo blieb ihm aufgrund der verschiedenen Bau- und Ausstattungsprojekte in Florenz und in Rom lange Zeit verbunden und sah ihn wohl als seinen wichtigsten Förderer an. Während seines Pontifikats mußte Clemens VII. schwierige kirchenpolitische Situationen bewältigen, was seine Mittel zur Kunstförderung teilweise einschränkte. In seine Regierungszeit fallen die Unruhen der Reformation und die Abspaltung der anglikanischen Kirche sowie der Angriff Karls V. 1527 auf Rom und die anschließende Plünderung der Stadt, die seine Flucht erzwangen. Um die politische Zukunft seiner Familie zu sichern, erreichte er bei Karl V., daß sein Neffe oder mutmaßlich illegitimer Sohn Alessandro de' Medici 1530 zum Herzog der Toskana erhoben wurde und Margarethe von Österreich-Parma, eine uneheliche Tochter Karls V., heiratete. Auch mit der von ihm 1533 vermittelten Hochzeit zwischen seiner Großnichte Katharina de' Medici mit Heinrich II. von Frankreich versuchte er, sowohl sein Pontifikat im Zusammenspiel mit den übrigen großen Monarchien zu stabilisieren als auch die politische Vorherrschaft der Medici in Florenz abzusichern.

Bibl.: Acidini Luchinat/Scalini 1998, Bd. I, S. 66; Hirst 1999; Reiss 1999.

[226] Silvio di Rosado Passerini (*1470 Cortona – †1529 Città di Castello). Seit seiner Jugend mit Giovanni de' Medici, dem späteren Papst Leo X., befreundet, wurde er von diesem im Jahr 1517 zum Kardinal von San Lorenzo in Lucina und 1521 zum Bischof von Cortona ernannt. Von Oktober 1519 bis Januar 1522 war er in Abwesenheit von Kardinal Giulio de' Medici (dem späteren Papst Clemens VII.) dessen Stellvertreter in Florenz. Nach dem Sturz der Florentiner Republik im Jahr 1524 schickte Clemens VII. Passerini mit den beiden minderjährigen Vertretern der Familie Medici, Alessandro und Ippolito, nach Florenz, wo er die Stadt bis zu ihrer Volljährigkeit regieren sollte. Passerini war zudem Auftraggeber des französischen Malers Guillaume de Marcillat, der um 1520

nach Arezzo gekommen war und bei dem Vasari seine ersten künstlerischen Unterweisungen erhielt.

Bibl.: Stephens 1983, S. 169.

227 Daß er ein Schüler Michelangelos gewesen sei, behauptet Vasari auch in seiner Autobiographie sowie in der Vita Francesco Salviatis (vgl. Vasari, *Mein Leben*, S. 14 und S. 91, und Vasari, *Salviati und Gherardi*, S. 14). Dies kann schon deshalb nicht sein, weil Michelangelo zu diesem Zeitpunkt bereits in die Dienste Clemens VII. getreten und nach Rom gegangen war. Durch die Verknüpfung seiner Biographie mit jener Michelangelos erhöht Vasari seinen eigenen künstlerischen Rang. Die Fürsorge, die Michelangelo seinem angeblichen Schüler entgegengebracht haben soll, ist wohl frei erfunden, insbesondere wenn man bedenkt, daß Michelangelo sonst als wenig guter Lehrer geschildert wird, und dient einzig und allein dazu, die Wertschätzung des von Vasari bewunderten Künstlers gegenüber dem jüngeren Kollegen zum Ausdruck zu bringen. Tatsächlich wurde Giorgio Vasari – was er verschweigt – in den 1520er Jahren in der Werkstatt des Michelangelo-Konkurrenten Baccio Bandinelli ausgebildet (vgl. Bettarini/Barocchi, *Vite*, Bd. V, S. 511–512).

Bibl.: Rubin 1995, S. 21–59 und S. 70.

228 Franceso Maria I. della Rovere, Herzog von Urbino (*1490 Senigallia – †1538 Pesaro). Der Neffe Papst Julius' II. wurde 1498 vom kinderlosen Guidobaldo I. da Montefeltro adoptiert, wodurch er nach dessen Tod zum Herzog von Urbino erhoben werden konnte. Als Erbe Julius' II. war er in die Vertragsangelegenheiten einbezogen, die die Ausführung des Juliusgrabmals betrafen . Er wirkte aber auch selbst als Mäzen verschiedener Künstler, darunter Tizian.

Bibl.: Echinger-Maurach 1991, Bd. I, S. 294–301 und S. 361–373; Sabine Eiche: ›Francesco Maria I della Rovere‹, in: Turner 1996, Bd. XXVII, S. 273.

229 Der Bau der Neuen Sakristei von San Lorenzo wurde kurz nach dem Tod Lorenzo de' Medicis, dem Herzog von Urbino, im November 1519 begonnen. Ihr Grundriß orientierte sich an jenem der Alten Sakristei Filippo Brunelleschis. Daher wurde, wie aus Quellen und den Baubefunden hervorgeht, ein Teil eines Häuserkomplexes abgerissen, der im 15. Jahrhundert im Besitz der Familie Nelli war. Die Auftraggeber waren Leo X. und Giulio de' Medici, der spätere Papst Clemens VII. Im November 1520 übernahm Michelangelo die Bauleitung und legte schon am 28. Dezember 1520 einen ersten Entwurf vor, der vermutlich die Innenausstattung mit den Grabmälern festlegte. In den Forschungen zum Bau der Neuen Sakristei wird diskutiert, ob Michelangelo

selbst deren Errichtung um 1519 initiierte oder ob er erst in einem relativ späten Stadium auf die Architektur der Neuen Sakristei Einfluß nehmen konnte, da das Mauerwerk um 1520 bereits zum Teil errichtet war. Möglicherweise modifizierte er die neu errichteten Mauern, als er zum leitenden Architekten ernannt wurde. 1524 war der Bau einschließlich der Kuppel mit Laterne fertiggestellt. Von diesem Zeitpunkt an wurde mit dem Skulptieren der Grabmäler begonnen.

Bibl.: Tolnay 1948, S. 27–28; Ackerman 1961, Bd. I, S. 21–32, und Bd. II, S. 22–30; Elam 1979; Nova 1985, S. 38; Saalman 1985; Poeschke 1992, S. 106; Pope-Hennessy 1996b, S. 437; Ruschi 2007; Zöllner/Thoenes/Pöpper 2007, S. 238–241 (Zöllner).

[230] Die Bibliothek von San Lorenzo wurde von Clemens VII. in Auftrag gegeben. Die Verwirklichung dieses Projekts zog sich vom Jahr 1524 bis 1571 hin. Aufgrund des bei San Lorenzo herrschenden Platzmangels war es ein schwieriges Unterfangen, einen passenden und statisch sicheren Entwurf zu entwickeln. Darüber hinaus erbat sich der Auftraggeber immer wieder Entwurfsmodifikationen. Unterbrochen wurde die Bautätigkeit außerdem durch den ›Sacco di Roma‹ und schließlich den Tod Clemens' VII., der Michelangelos Weggang aus Florenz zur Folge hatte. Anhand der erhaltenen Quellen und Entwurfszeichnungen zu Lesepulten, Fensterrahmungen, Wandgliederung und Türen wurde der ursprüngliche Entwurf von Vestibül, Lesesaal und einem dreieckigen Sammlungsraum rekonstruiert, in dem die kostbarsten Manuskripte aufbewahrt werden sollten.

Bibl.: Wittkower 1934; Ackerman 1961, Bd. I, S. 33–44, und Bd. II, S. 33–42; Nova 1985, S. 99; Sambin De Norcen 2003/2004; Zöllner/Thoenes/Pöpper 2007, S. 224–227 und S. 474–475 (Thoenes).

[231] Im Gegensatz zu Brunelleschis Schirmkuppel in der Alten Sakristei ist das Innere der Kuppel der Neuen Sakristei von San Lorenzo mit einer antikisierenden Kassettierung aus Stuck gestaltet, die von Giovanni da Udine ornamentiert und ausgemalt wurde. Die 1532/33 ausgeführte Dekoration ist heute verloren. Als Bekrönung der Kuppellaterne schuf der Goldschmied Piloto eine Kugel, wie durch einen Brief Michelangelos an Papst Clemens VII. und weitere Quellen belegt ist.

Bibl.: Tolnay 1948, S. 30, 48 und S. 52–53; Barocchi 1962, Bd. III, S. 793; Rosenberg 2000b, S. 144–145.

[232] Filippo Brunelleschi (*1377 Florenz – †1446 ebenda)

[233] Brunelleschi hatte mit der Kuppellaterne der Alten Sakristei von San Lorenzo, entstanden 1420–1429, den Typus der Säulenädikula als Kuppelbekrönung eingeführt. Am Kuppelbau von Santa Maria del Fiore, dessen Laterne ab 1436 ihre endgültige Form erhielt, hatte er

diese schließlich beispielgebend entwickelt, was die vorliegende Passage verdeutlicht. Dieses vorbildhafte Architekturelement besitzt für Vasari den Stellenwert eines vollkommenen Werks, das in seiner Funktionalität und Ästhetik nicht übertroffen werden kann (vgl. Vasari, *Kunsttheorie*, S. 249–250). Vasari schildert Michelangelo als einen Künstler, der dank seines Urteilsvermögens fähig ist, dies zu erkennen und zugleich in seinem Entwurf der *maniera* Brunelleschis zu folgen. Bei der Betrachtung der Kuppellaterne der Neuen Sakristei ist die Orientierung an der Kuppelbekrönung von Santa Maria del Fiore deutlich erkennbar. Ferner verweist Vasari mit dieser Anekdote indirekt auf eine noch größere Aufgabe: den zukünftigen Entwurf der Kuppel und Kuppellaterne für Neu-Sankt Peter, für die Brunelleschis Architektur ebenfalls zum Vorbild wurde.

Bibl.: Tolnay 1948, S. 29–30; Klotz 1990, S. 100–104 und S. 129; Burioni 2008, S. 160.

234 Die Kirche San Lorenzo wurde im frühen 15. Jahrhundert mit der finanziellen Unterstützung Giovanni di Bicci de' Medicis und Cosimo il Vecchios durch Filippo Brunelleschi erbaut. Sie ersetzte einen Vorgängerbau und diente den Medici und anderen führenden Florentiner Familien als Grablege. Der Hauptaltar der neuen Basilika wurde 1461 geweiht. Die Erweiterung der Kirche um die Neue Sakristei im frühen 16. Jahrhundert war von dem Gedanken geleitet, durch ein Pendant der von Brunelleschi gestalteten Alten Sakristei, in dessen Zentrum sich das Grabmal des Dynastiegründers befindet, an die Mitglieder der Familie aus der Generation Lorenzo il Magnificos und seiner Söhne zu erinnern. Da der Fortbestand der Dynastie nicht gesichert erschien, war die repräsentative Wirkung der Grabmäler um so entscheidender. So wurden für Lorenzo il Magnifico und seinen Bruder Giuliano, die sogenannten *Magnifici*, sowie für Giuliano de' Medici, Herzog von Nemours, und seinen Neffen Lorenzo de' Medici, den Herzog von Urbino, die als *Capitani* oder *Duchi* tituliert wurden, Grabmäler entworfen. Auch für die beiden Auftraggeber, Leo X. und Kardinal Giulio de' Medici, den späteren Papst Clemens VII., wurde eine Grablege vorgesehen. Die Historie der Entwürfe zur Ausgestaltung der Kapelle zeigt, wie Michelangelo die Raumgestaltung von einem freistehenden Monument mit Sarkophagen und Figuren im Zentrum des Raumes (London, British Museum, Inv.-Nr. 1859-6-25-545r) bis hin zur endgültigen Form der Wandgrabmäler mit vorgelagerten Sarkophagen (Zeichnung nach Michelangelo, Paris, Musée du Louvre, Cabinet des Dessins, Inv.-Nr. 838r) zwischen 1520 und 1521 modifizierte. Bedingt durch Schwierigkeiten bei der Beschaffung und dem Transport des benötigten rein-

weißen Marmors sowie durch die Regierungswechsel in Florenz, arbeitete Michelangelo mit Unterbrechungen dreizehn Jahre, bis 1534, an den Grabmälern, ohne diese fertigzustellen. Neben den architektonischen Dekorationselementen aus Marmor und Pietra Serena wurden einige Figuren erst nach Michelangelos Weggang aus Florenz von anderen Bildhauern vervollständigt. Bis zum Ende der 1530er Jahre stellte Tribolo die Sarkophage und die allegorischen Figuren der Tageszeiten im Auftrag Cosimos I. fertig. Montorsoli überarbeitete wahrscheinlich die Figuren der Herzöge Giuliano und Lorenzo. Das geplante Doppelgrabmal der *Magnifici* (London, British Museum, Inv.-Nr. 1859-6-25-543r und 1859-6-25-543v), das für die Südwand vorgesehen war, blieb bis auf die Gruppe der *Madonna mit dem Kind* und den beiden Heiligen *Cosmas* und *Damian*, die von Montorsoli und Raffaello da Montelupo ausgeführt wurden, ebenfalls in unfertigem Zustand. Aus diesem Grund versetzte man die Grabmäler der Neuen Sakristei erst später in ihren heutigen Zustand. Die Allegorien wurden 1546 auf die Sarkophage der Herzöge plaziert. Die Figuren der *Thronenden Madonna* mit den beiden Heiligen *Cosmas* und *Damian*, die als Altargruppe zum Grabmal der beiden *Magnifici* gedacht waren, installierte man erst 1559, nachdem in den Jahren zuvor kleinere Arbeiten wie das Verglasen der Fenster und das Verputzen der Wände erledigt worden waren. Noch 1561 wurden Arbeiten ausgeführt.

Zu den Skulpturen in der Neuen Sakristei wird noch die Figur eines *Kauernden Knaben* (Marmor, Höhe 54 cm, Sankt Petersburg, Ermitage) gezählt, die jedoch Michelangelo nicht sicher zugeschrieben werden kann. Der fragmentarische Zustand der Neuen Sakristei hat Anlaß für zahlreiche Vorschläge zur Interpretation des ikonographischen Programms gegeben.

Bibl.: Tolnay 1948, S. 26, 29–47 und S. 52–60; Ackerman 1961, Bd. II, S.22–30; Baldini/Nardini 1984, S. 15–22; Nova 1985, S. 37–97; Poeschke 1992, S. 106–114; Pope-Hennessy 1996b, S. 47–79 und S. 437–441; Rosenberg 2000b, S. 38–42 und S. 127–145; Rapetti 2001, S. 79–81; Poeschke 2005; Catitti 2007; Ruschi 2007; Zöllner/Thoenes/Pöpper 2007, S. 239–253 und S. 426–432 (Zöllner).

235 Obwohl die Ausstattung der Neuen Sakristei von San Lorenzo durch Michelangelo noch nicht fertiggestellt worden war, betont Vasari die Neuheit der Konzeption, die in der Einbeziehung der Grabmäler in das Raumgefüge und der abwechslungsreichen Gliederung der Architekturelemente besteht. Dabei hebt er die Freiheit und Phantasie des Entwurfs hervor, der die Raumgestaltung der Alten Sakristei und anderer Vorbilder variiert. Daß er den unfertigen Zustand der Neuen Sa-

kristei verschweigt, hängt vermutlich mit der Gründung der Accademia del Disegno 1563 zusammen, die ihren Sitz zunächst in der Neuen Sakristei hatte. Eine nach 1564 entstandene Zeichnung Federico Zuccaris (Paris, Musée du Louvre, Département des Arts graphiques, Inv.-Nr. 4554 r) offenbart nicht nur den damaligen Zustand der Sakristei, sondern zeigt auch Künstler, die dort nach den Werken Michelangelos zeichnen.

Vasaris Ausführungen an dieser Stelle müssen vor dem Hintergrund betrachtet werden, daß die antiken Theorien Vitruvs, an denen sich die Architekten des 15. und 16. Jahrhunderts zu orientieren versuchten, seinerzeit als interpretationsbedürftig galten. Die Aufhebung des funktionalen Zusammenhangs der einzelnen Bauglieder und die neue Interpretation einer Kompositordnung mit korinthischen Elementen wird daher nicht negativ bewertet, sondern im Gegenteil als Michelangelos Innovation eigener Architekturformen verstanden. Damit schließt sich Vasari an die Architekturtheorie seiner Zeit an, beispielsweise an Sebastiano Serlios Traktat *Tutte l'opere d'architettura et prospetiva* (1584). Dieser beschreibt die Gestaltung einer Kompositordnung als »piu licentiosa dell'altre«, als regelloseste und zugleich phantasievollste von allen architektonischen Ordnungen (vgl. Serlio 1584, Buch IV, 184r–185v). David Hemsoll hat darauf hingewiesen, daß Vasaris Auffassung von Architektur als Formensprache mit den literaturtheoretischen Forschungen zum Volgare in Florenz um 1550 korrelieren. Cosimo Bartoli, ein Gelehrter aus dem Umkreis der Accademia Fiorentina und zudem einer von Vasaris Beratern (s. Anm. 380), lobte in seiner literaturwissenschaftlichen Abhandlung *Ragionamenti accademici sopra alcuni luoghi difficili di Dante* (1567) die Architektur Michelangelos für ihre Stilvariationen. Michelangelo praktizierte diese auch an anderen Bauten, etwa am Konservatorenpalast in Rom. Obwohl mit Vasaris Beschreibung der Architekturordnung in der Neuen Sakristei und der Bibliothek von San Lorenzo Michelangelo erstmals als autonomer Künstler-Architekt vorgestellt wird, der die normierten Grenzen der vitruvianischen Ordnung neu interpretiert, deutet Vasaris Lob wie auch die Darstellung durch Cosimo Bartoli darauf hin, daß es eine verdeckte Kritik an der *licenza* Michelangelos gab, der hiermit entgegengetreten werden sollte.

Bibl.: Ackerman 1961, Bd. II, S. 26–28; Burroughs 1993; Rubin 1995, S. 262; Hemsoll 2003; Maurer 2004, S. 87 und S. 158–164; Elam 2005; Ruschi 2007; Brothers 2008, S. 45–83, 122–151 und S. 207–209; Burioni 2008, S. 45 und S. 155–163.

[236] Auch im Lesesaal und dem sogenannten ›Ricetto‹, dem Vestibül der Bibliothek von San Lorenzo, bricht Michelangelo mit der hergebrach-

ten Ordnung der Architekturelemente. Wie zuletzt Golo Maurer in seiner Analyse der Entwürfe für die Neue Sakristei in San Lorenzo darlegt, entwickelte der Künstler dort das Konzept der Wand, die als plastische, formbare Masse aus dem Hintergrund hervortritt und ein alternierendes Gliederungselement zu Säulen oder Pilastern und Ädikula-Nischen darstellt. In der Bibliothek und im Vestibül ist diese neuartige Konzeption jedoch auch den statischen Bedingungen geschuldet. In seiner Beschreibung lobt Vasari die Originalität und Anmut von Michelangelos Gestaltung und verweist auf die perfekte Einheit von Nützlichkeit, Stabilität und Schönheit der Räume, womit er den Anforderungen an die Architektur in idealer Weise entspricht. Die Ausstattung des Lesesaals war von der Wandgliederung über die Ornamente des Fußbodens und der Holzdecke bis hin zu den Lesemöbeln aufeinander abgestimmt. Einer These Wolfgang Liebenweins zufolge könnten die Nischen im Vestibül der Bibliothek ursprünglich dafür gedacht gewesen sein, antike Marmorstatuen aufzunehmen, was ganz der humanistischen Tradition entsprochen hätte, in der es seit jeher eine enge Beziehung zwischen Büchern und Skulpturen gab. Aus klassischen Schriften war bekannt, daß die Gänge antiker Bibliotheken oftmals mit Büsten oder ganzfigurigen Porträts berühmter Männer ausgeschmückt waren.

Die an dieser Stelle der Vita suggerierte Einheitlichkeit des Raumkonzepts für den ›Ricetto‹ bestand jedoch insofern nicht, als die Treppenkonstruktion zwischen 1525 und 1559 mehrfach verändert wurde. Hinweise auf die ursprüngliche Form der geplanten Treppe Michelangelos gibt ein Vertrag vom August 1533. Darin geht es um die Anfertigung und Lieferung von 14 Treppenstufen. Um 1549/50 versuchte Niccolò Tribolo im Auftrag Cosimos I., die Treppe Michelangelos zu rekonstruieren oder einen eigenen Entwurf umzusetzen. Wie Vasari in dessen Biographie behauptet, scheiterte er jedoch an dem Vorhaben (vgl. Bettarini/Barocchi, *Vite*, Bd. V, S. 221–222). Der Aufgang zum Lesesaal wurde in Abstimmung mit Cosimo I. de' Medici erst 1559 durch Ammannati realisiert, der sich an einem Tonmodell Michelangelos orientierte. Bereits vier Jahre zuvor hatte dieser den Entwurf in einem Brief an Vasari beschrieben (vgl. Carteggio 1983, Bd. V, S. 47–49). In welcher Weise die Treppenkonstruktion Ammannatis in ihrem Aussehen jener Treppe entspricht, die Michelangelo möglicherweise in Teilen oder sogar vollständig bis zu seinem Weggang aus Florenz im Herbst 1534 ausgeführt hatte, ist Gegenstand einer Forschungsdiskussion. Während die verschiedenen Entwurfs- und Bauphasen schon von Rudolf Wittkower voneinander abgegrenzt werden konnten, ergab eine genauere Untersuchung der Treppe durch Thomas Gronegger, daß vor der Umsetzung des zweiten Treppenentwurfs Michelangelos durch Ammannati eine pyramidale Treppenkonstruktion existierte, die auch in einer Zeichnung (New York, Metropolitan Museum of Art, Inv.-Nr. 49.92.90v) überliefert ist.

Bibl.: Wittkower 1934; Ackerman 1961, Bd. I, S. 33–44, und Bd. II, S. 33–42; Lieberman 1985; Nova 1985, S. 97–103; Argan/Contardi 1993, S. 145; Bardeschi Ciulich 1995, S. 209–210; Liebenwein 1996; Gronegger 1997; Hemsoll 2003; Maurer 2004, S. 93–101; Catitti 2007; Gronegger 2007; Zöllner/Thoenes/Pöpper 2007, S. 224–227 und S. 274–275 (Thoenes); Brothers 2008, S. 193–203.

237 Zwischen 1516 und 1521, bis zur mißratenen Überarbeitung des *Auferstandenen Christus*, wird Pietro Urbano (Lebensdaten unbekannt) mehrfach als »garzone« Michelangelos erwähnt. Er scheint Michelangelo während dessen Werkstattaufenthalten in Florenz brieflich über Angelegenheiten in Rom oder – als dieser in den Marmorsteinbrüchen arbeitete – in Florenz informiert zu haben. Da ihn Michelangelo offensichtlich dazu anhielt, sich im Zeichnen zu üben, berichtet ihm Urbano in seinen Briefen stets pflichtschuldigst darüber. Die Briefe Michelangelos an seinen Schüler und Gehilfen sind meist eher kurz gehalten, bis auf die Ausnahme eines Briefes mit detaillierten Anweisungen von 1519, die Pietro dazu auffordern, in Carrara auf die Einhaltung eines Vertrags mit den Steinmetzen zu achten und das Brechen der Marmorblöcke nach den vorgesehenen Maßen zu kontrollieren.

Bibl.: Carteggio 1965, Bd. I, S. 314 und S. 317, 333, 341; Carteggio 1967, Bd. II, S. 73 und S. 140, 190, 196–197, 199, 202, 282, 305, 308.

238 Der *Auferstandene Christus*, Marmor, Höhe 205 cm, 1519–1521, in Santa Maria sopra Minerva in Rom war von Pietro Paolo Castellani und Metello Vari 1514 bei Michelangelo in Auftrag gegeben worden. Er sollte Teil der Grablege der Familie Porcari werden, der Metello Vari angehörte. Im Vertrag wurden noch Bernardo Cencio und Mario Scappucci genannt; ersterer war der Testamentsvollstrecker Marta Porcaris, einer Tante Metello Varis, letzterer der Vormund Pietro Paolo Castellanis. Vereinbart war eine Fertigstellung der Skulptur bis vier Jahre nach Vertragsabschluß. Aufgrund eines Materialfehlers mußte die Figur erneut begonnen werden. Bis auf wenige Details, die Michelangelo zur Überarbeitung Pietro Urbano überließ, war die Figur nach weiteren Verzögerungen im April 1520 vollendet. Anfang März 1521 erfolgte der Transport nach Rom und die Aufstellung im Chor von Santa Maria sopra Minerva. Ursprünglich wurde die Figur durch eine Ädikula hinterfangen und von einem Baldachin aus rotem Damast überspannt. Aus

einem Brief Sebastiano del Piombos an Michelangelo vom September 1521 geht hervor, daß Urbano die Überarbeitung der Skulptur fehlerhaft ausführte (vgl. Carteggio 1967, Bd. II, S. 313–315). Michelangelo bot daraufhin Metello Vari eine komplette Neufassung der Figur an, und als dieser ablehnte, schenkte er ihm die erste Version der Statue mit dem Materialfehler. Sie befindet sich heute in der Kirche San Vincenzo Martire in Bassano Romano und wurde später von Gianlorenzo Bernini fertig ausgearbeitet.

Ikonographisch bildet der *Auferstandene Christus* eine ungewöhnliche Einheit aus Passions- und Auferstehungssymbolik. Wie Kerstin Schwedes in ihrer detaillierten Untersuchung der Marmorskulptur ausführt, zeichnet sich diese durch eine neuartige formale und inhaltliche Gestaltung aus, die bewirkt, daß der Betrachter in sukzessiv folgenden bildhaft-zweidimensionalen Ansichten um die Figur gelenkt wird und unterschiedliche Standorte einnehmen muß, um das Werk in seiner ganzen Komplexität und Vieldeutigkeit erschließen zu können, wobei der funktionale Kontext der räumlichen Situierung in die Betrachtung miteinbezogen werden muß. Anstatt einer Epitaphfigur, die für das Thema der Auferstehung traditionsgemäß passender gewesen wäre, gibt Michelangelo seinem *Christus* Bambusstab, Seil und Schwamm in die rechte Hand, Symbole, die ebenso wie das mächtige Kreuz auf die Passion verweisen und dem Aufstellungsort geschuldet sind. In Santa Maria sopra Minerva wurde alljährlich der 25. März, das Fest der Verkündigung an Maria, das nach christlichem Verständnis eng mit der Menschwerdung Christi verbunden ist und seit Augustinus auch als das Todesdatum Christi gilt, mit einer Messe in Anwesenheit des Papstes und einer großen Prozession gefeiert.

Bibl.: Panofsky 1991; Poeschke 1992, S. 100–102; Schwedes 1998; Baldriga 2000; Zöllner/Thoenes/Pöpper 2007, S. 234–238 und S. 425–426 (Zöllner); Frommel 2009.

239 Der ›Sacco di Roma‹, die Plünderung Roms durch die Truppen Karls V., begann am 6. Mai 1527. Die Belagerung der Stadt dauerte mehrere Wochen an. Papst Clemens VII., der sich zunächst in der Engelsburg verschanzt hatte und dann nach Orvieto geflüchtet war, wurde am 5. Juni zum Gefangenen Kaiser Karls V.

Bibl.: Reiss 1999.

240 Das Florentiner Patriziat, das durch Steuern das Pontifikat und die Politik Clemens' VII. finanzierte, jedoch angesichts der überragenden Macht des Papstes jeglichen politischen Einfluß verloren hatte, ging ab 1523/24 immer mehr in Opposition zu ihm. Mit einer Verfassungsänderung der Kommune am 16. Mai 1527 wurde der Große Rat wieder einge-

setzt, 120 Bürger wurden als Mitglieder der verschiedenen städtischen Gremien bestimmt. In der Folge mußten der Statthalter des Papstes, Silvio Passerini, sowie Alessandro und Giuliano de' Medici, die trotz ihres jugendlichen Alters als zukünftige Regenten eingesetzt werden sollten, Florenz am Tag darauf verlassen.

Bibl.: Stephens 1983, S. 164–202.

[241] Michelangelo wurde am 10. Januar 1529 zum Mitglied des Florentiner Verteidigungskomitees, der *Nove della milizia*, berufen. Am 6. April ernannte ihn ein anderes städtisches Komitee, die *Signori dieci della guerra*, zum Leiter der Befestigungsarbeiten (*Generale governatore et procuratore constituito sopra alla detta fabbrica et fortificatione delle mura*). Die Befestigung sollte die Stadt gegen eine erwartete Belagerung schützen, die im Oktober 1529 begann. In der Casa Buonarroti in Florenz haben sich zahlreiche Entwürfe zu Befestigungsanlagen erhalten, die um 1528 datiert werden. Mit diesen lassen sich verschiedene Festungsanlagen in Florenz identifizieren, sie können aber nicht direkt auf die Beschreibungen Vasaris bezogen werden.

Bibl.: Tolnay 1948, S. 10–11; Ackerman 1961, Bd. I, S. 45–53, und Bd. II, S. 43–48; Marani 1985; Nova 1985, S. 102–104; Argan/Contardi 1993, S. 202–208; Fara 2000; Bardeschi Ciulich/Ragionieri 2001, S. 76–77 (Ragionieri); Bredekamp 2009; Ragionieri 2007, S. 65–66 (Farinella) und S. 139–143 (Ragionieri); Zöllner/Thoenes/Pöpper 2007, S. 227 (Thoenes).

[242] Michelangelo reiste 1529 zweimal von Florenz in Richtung Ferrara. Das erste Mal ist er im Juli 1529 im Auftrag der Signoria als Mitglied einer diplomatischen Abordnung dorthin unterwegs, um die Befestigungstechniken von Ferrara zu studieren, die neben der berühmten Artillerie Alfonso d'Estes als die modernsten in Europa galten. Seine zweite Reise nach Ferrara im September 1529 erfolgte während der Belagerung von Florenz. Michelangelo, der im Falle einer Eroberung der Stadt offensichtlich die Rache des Papstes und anderer politischer Feinde fürchtete, plante, über Venedig nach Frankreich zu flüchten. Er legte auf der Reise dorthin einen Zwischenhalt in Ferrara ein, da ihm Alfonso d'Este wohlgesinnt war (s. Anm. 243 und 261). Dabei begleiteten ihn sein Gehilfe Antonio Mini und der Goldschmied Piloto. Angesichts seiner Flucht erklärte ihn die Signoria von Florenz zum Rebellen. Als er im November zurückkehrte, möglicherweise auch aufgrund des Zuspruchs seines Freundes Battista della Palla (vgl. Carteggio 1973, Bd. III, S. 282–285), wurde er wieder in sein Amt als Festungsbauingenieur eingesetzt.

Bibl.: Carteggio 1973, Bd. III, S. 280–281; Nova 1985, S. 103; Wallace

2001; Ragionieri 2007, S. 65–66 (Farinella) und S. 141–143 (Ragionieri); Zöllner/Thoenes/Pöpper 2007, S. 227 (Thoenes).

243 Die Beziehungen zwischen Michelangelo und dem Fürstentum Ferrara können bis ins Jahr 1508 zurückverfolgt werden. Wahrscheinlich kam Michelangelo bereits während seines zweiten Aufenthalts in Bologna mit Sigismondo Trotti, einem Höfling Alfonso d'Estes, in Kontakt. Im Juli 1512 hatte er Alfonso I. d'Este persönlich kennengelernt, als dieser ihn während der Arbeit an den Fresken in der Sixtinischen Kapelle besuchte. Dabei signalisierte der Herzog von Ferrara wohl seinen Wunsch, ein Werk Michelangelos zu besitzen. Wahrscheinlich hatte Alfonso d'Este, der auch ein Auftraggeber Tizians war, einen direkten *paragone* beider Künstler im Sinn. Das 1529/30 entstandene Gemälde der *Leda* übergab Michelangelo zu einem späteren Zeitpunkt seinem Gehilfen Antonio Mini, da – wie Vasari an anderer Stelle noch einmal ausführlicher schildert – der Agent des Herzogs sich angeblich abschätzig über die Größe des Bildes geäußert hatte (s. Anm. 251 und 261). Antonio Mini reiste damit nach Frankreich, um es 1532/33 zusammen mit dem Entwurf König Franz I. zu präsentieren und es möglicherweise an diesen zu verkaufen. Während das Gemälde verlorenging, gelangte der Karton 1533 nach dem Tod Antonio Minis wieder nach Florenz. Sowohl Gemälde als auch Karton wurden von Malern und Bildhauern rezipiert, so von Rosso Fiorentino, dessen *Leda und der Schwan* (Öl auf Leinwand, 105,4 x 141 cm, London, National Gallery) als die früheste Kopie nach Michelangelo gilt, und von Bartolomeo Ammannati (*Leda und der Schwan*, Marmor, 49,5 x 68 cm, Florenz, Museo Nazionale del Bargello).

Bibl.: Tolnay 1949, S. 7; Poeschke 1992, S. 196–197; Jacobs 2000, S. 52 und S. 54, 59; Rosenberg 2000a; Dalli Regoli/Nanni/Natali 2001, S. 164–167; Wallace 2001; Ragionieri 2007, S. 37–43.

244 *Madonna mit dem Kind*, Marmor, Höhe 226 cm, 1521–1534, Florenz, San Lorenzo, Neue Sakristei. Nach der Figur des *Heiligen Matthäus* für Santa Maria del Fiore in Florenz fügt Vasari hier eine zweite lobende Beschreibung einer unvollendeten (*non-finito*) Figur hinzu, deren Perfektion in ihrem geistigen Entwurf liegt.

Bibl.: Tolnay 1954, S. 62–63; Rosenberg 2000b, S. 21–22; Zöllner/Thoenes/Pöpper 2007, S. 429 (Zöllner).

245 Die *Nacht* (Marmor, Länge 194 cm, 1525–1531, Florenz, San Lorenzo, Neue Sakristei) und die Personifikation des *Tages* (Marmor, Länge 285 cm, 1526–1531, Florenz, San Lorenzo, Neue Sakristei) befinden sich am Grabmal des Herzogs Giuliano.

Bibl.: Poeschke 1992, S. 106.

[246] Die Personifikation der *Morgendämmerung*, die sogenannte ›Aurora‹ (Marmor, Länge 206 cm, 1524–1527, Florenz, San Lorenzo, Neue Sakristei), und der *Abenddämmerung*, der sogenannte ›Crepusculo‹ (Marmor, Länge 195 cm, 1524–1531, Florenz, San Lorenzo, Neue Sakristei), befinden sich am Grabmal des Herzogs Lorenzo.

Bibl.: Poeschke 1992, S. 106.

[247] Mit der Skulptur des *Herzogs Lorenzo* (Marmor, Höhe 178 cm, um 1525) und des *Herzogs Giuliano* (Marmor, Höhe 173 cm, um 1526–1534, beide Florenz, San Lorenzo, Neue Sakristei) stellte Michelangelo die Medici-Herzöge als Idealfiguren dar. Das Grabmal war ein Ort der *memoria*, der Erinnerung an und der Fürbitte für den Verstorbenen. Ein dort angebrachtes Porträt gab in der Frühen Neuzeit trotz der allgemein üblichen Idealisierung der Gesichtszüge die Physiognomie des Dargestellten wieder. In dem Lob der göttlichen Schönheit der Figuren und ihrer *all'antica* gestalteten Rüstungen hebt Vasari jedoch das Bildnis als autonome Schöpfung des Künstlers hervor. Aus einer zeitgenössischen Quelle, einem Schreiben des Florentiner Niccolò Martelli vom 28. Juli 1544, in dem dieser über die beiden Statuen der Medici-Gräber spricht, kann geschlossen werden, daß Michelangelo der reinen Naturnachahmung ablehnend gegenüberstand und statt dessen das Ziel verfolgte, vollkommene, übernatürliche Schönheit zu kreieren. In besagtem Brief heißt es, daß der Künstler beide Herzöge nicht naturgetreu, so wie sie sind, abgebildet, sondern ihren bildlichen Darstellungen gewisse Eigenschaften verliehen hätte, was ihnen mehr Lob einbringen sollte. Demnach hatte Michelangelo bei der Realisierung der Porträts ein geistiges Bild vor Augen, eine Idee, die gemäß neuplatonischer Vorstellung den göttlichen Ideen gleichzusetzen ist und erst im Akt der künstlerischen Veräußerlichung sichtbare Gestalt erlangt.

Bibl.: Barocchi 1962, Bd. III, S. 993; Preimesberger/Baader/Suthor 1999, S. 247–253 und S. 273–287; Poeschke 2005.

[248] Übertragung der Übersetzerin. Das Gedicht zur *Nacht* wurde von Giovanni di Carlo Strozzi wahrscheinlich um 1545 verfaßt. In Anspielung auf den Pygmalion-Topos läßt Strozzi die Skulptur als belebte, sprechende Figur auftreten, womit er Michelangelo zum *divinus artifex* stilisiert, der tote Materie zum Leben erweckt. Daß er dabei von einem Engel, »angelo«, spricht, der die Figur erschaffen hat, ist einerseits als Hinweis auf die göttliche Schöpfung zu verstehen, andererseits als ein Wortspiel mit dem Namen Michelangelos. Bereits zwei Jahre zuvor hatte Anton Francesco Doni die Schöpfung der *Nacht* hoch gelobt und die Skulptierung besagter Statue durch Michelangelo mit der Erschaffung Adams verglichen.

Bibl.: Barocchi 1962, Bd. III, S. 1032; Carteggio 1979, Bd. IV, S. 160–163; Poeschke 1992, S. 114.

249 Übertragung der Übersetzerin. In seiner ebenfalls 1545 verfaßten und nicht weniger rhetorisch geschliffenen Antwort auf Strozzis Gedicht verleiht Michelangelo seiner Figur der *Nacht* eine fiktive Stimme und haucht ihr gleichsam Leben ein. Paradoxerweise lehnt die Statue mit ihren Worten jedoch den Zustand des Belebtseins ab und fordert statt dessen vom Betrachter, sie lieber im Stein gefangen zu lassen. Der Widerstand der Statue wurde im Zusammenhang mit der Formulierung »solange Übel und Schande währen« verschiedentlich als stiller Protest Michelangelos gegen die Tyrannei und Korruption der Medici-Herrschaft unter Cosimo I. in Florenz gedeutet, ähnlich den anonymen Spottversen, die man den sogenannten sprechenden Statuen anheftete, etwa dem *Marforio* in Rom (vgl. Anm. 89), um die aktuellen Machthaber und deren Politik zu kritisieren.

Doch gehen die Interpretationen des Gedichts und der Statue auch in andere Richtungen. Ergänzend kann eine Beischrift in Versform auf einem Skizzenblatt (Paris, Musée du Louvre, Cabinet des Dessins, Inv.-Nr. 838) herangezogen werden, auf die Estelle Lingo verweist. Hier führen die *Nacht* und der *Tag* ein Zwiegespräch über die Vergänglichkeit und die zeitenüberdauernden Taten des Herzogs Giuliano. André Chastel und Enzo Noè Girardi dagegen sprechen der *Nacht* spirituelle und religiöse Bedeutung zu. Ausgehend von Michelangelos Sonetten stellt Girardi die *Nacht* als Personifikation eines Zustands dar, der durch Gottesschau, Losgelöstheit der Seele und kosmische Erfahrungen charakterisiert ist. Die in Michelangelos Gedicht angesprochene »Schande« läßt sich auch als Metapher für das Streben nach dem Paradies verstehen, das sich zudem auf die noch zu erreichende künstlerische Perfektion beziehen kann.

Bibl.: Barocchi 1962, Bd. III, S. 1031–1044; Carteggio 1979, Bd. IV, S. 160–163; Vasari, Ed. Chastel, Bd. IX, S. 241; Girardi 1988; Gross 1992; Kenneth 1992, S. 93–109; Lingo 1995; Rosenberg 2000b, S. 77–79.

250 In dem gesamten Abschnitt, der dem Lob der Figuren in der Neuen Sakristei gewidmet ist, tauchen als wiederkehrende Motive die Schönheit (*bellezza*), die Phantasie (*fantasia*) und Erfindungsreichtum (*invenzione*) auf. Vasari hebt hervor, daß die aufgestellten Skulpturen keine Vorbilder haben, weder in der Natur noch in der Antike. Um ihren Ausnahmecharakter zu verdeutlichen, äußert der Autor sein Staunen über die Figuren mit Hilfe einer rhetorischen Frage. Dabei stellt er die beiden weiblichen Figuren der *Aurora* und der *Nacht* einander antithetisch

gegenüber. In ihrer Eigenschaft, den Betrachter affektiv zu berühren – wie dies schon von Alberti gefordert wird –, überträfen die Skulpturen die lebendige Schöpfung, das heißt die Natur. Damit folgt Vasari der Darstellung Benedetto Varchis, der in seinen *Due lezzioni* (1549) die Figuren der Grabmäler mit Versen Dantes aus dem ersten Gesang des Paradieses (Vers 43–45; vgl. Dante, *Göttliche Komödie*, S. 286) vergleicht, in denen die Ordnung dieses Ortes als göttliche Schöpfung beschrieben wird (Barocchi, *Scritti*, Bd. I, S. 269). Zugleich besteht eine Parallele zwischen einem Brief Michelangelos, der in der Umfrage Varchis im Frühjahr 1547 an diesen schrieb, daß die Skulptur das Licht der Kunst sei (vgl. Carteggio 1979, Bd. IV, S. 262–266), und Dantes Evozierung von Licht und Dunkelheit. Vor Varchis Ekphrasis, die zahlreiche nachfolgende Autoren beeinflußte, hatte bereits Pietro Aretino in einem Brief an Vasari die Figuren als göttlich gerühmt. Vasari entwickelt aus seiner Anschauung der Kunstwerke einen der wichtigsten Maßstäbe, der in seiner Theorie der *maniera moderna* eine zentrale Rolle spielt, nämlich die Überhöhung (*superatio*) der Natur. Den Urheber der Skulpturen, Michelangelo, spricht er dabei indirekt als einen zweiten Schöpfer an.

Bibl.: Barocchi 1962, Bd. III, S. 993; Mendelsohn-Martone 1998 (1978), S. 312–322; Alberti, Ed. Bätschmann, S. 259–271.

251 Antonio Mini (* Datum unbekannt, Florenz – †1533 Frankreich) war zwischen 1523 und 1531 Michelangelos Hausdiener und Schüler und eignete sich in dieser Zeit Kenntnisse im Zeichnen an, wie einige Quellen belegen. Er begleitete Michelangelo 1529 nach Venedig, 1531 reiste er mit Benedetto da Bene nach Lyon, von dort aus ging er 1532/33 nach Paris. Michelangelo hatte ihm – zu einem unbestimmten Zeitpunkt, der nicht zwingend mit der Frankreichreise in Verbindung steht – den größten Teil seiner Zeichnungen und seiner Modelle in Wachs und Ton überlassen. Nach Vasaris Überlieferung liegt die Vermutung nahe, daß diese Zeichnungen den Grundstock zu einer eigenen künstlerischen Existenz bildeten. Mit seiner Frankreichreise wollte Antonio Mini wahrscheinlich einerseits die eigene künstlerische und ökonomische Selbständigkeit absichern, unterstützt durch das Konvolut von Entwürfen aus der Hand Michelangelos. Zum anderen reiste Mini auch deswegen nach Frankreich, um das Gemälde der *Leda* am französischen Hof zu präsentieren und möglicherweise dort Chancen Michelangelos auf Aufträge oder eine Stellung als Hofkünstler auszuloten. Ein solches Angebot hätte ihm angesichts seiner Sorge vor einem Racheakt der Medici einen Ausweg geboten. In seinen Briefen an Michelangelo berichtet Mini jedenfalls von seinem Zusammentreffen mit Giovanfrancesco Rustici (vgl. Carteggio 1973, Bd. III, und Vasari, *Bildhauer*, S. 50) und Rosso

Fiorentino in Frankreich, über zahlreiche Aufträge, die er offenbar nach Michelangelos Modellen anfertigte, sowie über das Vorhaben, das Gemälde der *Leda* zu verkaufen.

Bibl.: Thieme-Becker, Bd. XXIV, S. 577; Carteggio 1973, Bd. III, S. 14 und S. 350, 358, 361, 365–366, 369–370, 377–379; Schumacher 2007, S. 14 und S. 113–119.

[252] Tizians Porträt Alfonso d'Estes I. von Ferrara ist heute nur noch als Replik erhalten, die Peter Paul Rubens zugeschrieben wird (Öl auf Leinwand, 127 x 98 cm, New York, Metropolitan Museum of Art, Munsey Fund).

Bibl.: Pedrocco 2000, Kat.-Nr. 72, S. 136.

[253] Tiziano Vecellio, genannt ›Tizian‹ (*1488/90 Pieve di Cadore – †1576 Venedig)

[254] Andrea Gritti (*1455 Bardolino bei Verona – †1538 Venedig) folgte 1523 Antonio Grimani im Dogenamt nach. Als großzügiger Mäzen vergab er unter anderem Aufträge an Tizian und setzte sich für die Umgestaltung der Piazza San Marco in den 1530er Jahren durch Jacopo Sansovino ein, der zum Architekten der Republik ernannt wurde.

Bibl.: Argan/Contardi 1993, S. 209; Deborah Howard: ›Gritti, Andrea‹, in: Turner 1996, Bd. XIII, S. 678; Gino Benzoni: ›Gritti, Andrea‹, in: DBI, 2002, Bd. XLIX, S. 726–734.

[255] Nicht erhalten

[256] Vasari stellt hier den Text gegenüber der ersten Edition der *Vite* um und erweitert ihn um die Informationen zum Transport der *Leda* nach Frankreich und die Episode um den Marmorblock, aus dem Baccio Bandinelli die *Herkules-und-Kakus*-Gruppe gestaltete. Darüber hinaus streicht er einen kurzen Paragraphen, in dem er schildert, daß Michelangelo den *Apoll* für Baccio Valori vor allem deswegen gearbeitet habe, damit Valori in der angespannten Situation vermittelte, die zwischen den Medici und ihm herrschte. Der Grund für diese Auslassung mag darin liegen, daß Valori sich nach der Ermordung Alessandro de' Medicis gegen Cosimo I. de' Medici stellte und Vasari es vermeiden wollte, diese Ereignisse anzurühren (vgl. Bettarini/Barocchi, *Vite*, Bd. VI, S. 62–64).

[257] Der kolossale, über 5 m hohe Marmorblock war von Piero Soderini bereits 1508 für eine *Herkules-und-Kakus*-Gruppe für die Piazza della Signoria auserkoren worden. Sie sollte von Michelangelo geschaffen werden. Da er jedoch zu diesem Zeitpunkt anderen Projekten verpflichtet war, wurde das Vorhaben verschoben. Die wechselvolle Auftragshistorie, die 1515 ihren Fortgang nahm, ging mit einer der interessantesten Künstlerkonkurrenzen des 16. Jahrhunderts einher. Baccio Bandinelli, der als Hofkünstler der Medici tätig war, schuf anläßlich des

Einzugs Leos X. in Florenz einen *Herkules* aus Stuck. Dieser wurde neben den *David* Michelangelos plaziert und stellte als Allegorie des Papstes ein Gegenbild zu der Kolossalfigur vor dem Palazzo Vecchio dar. Baccio Bandinelli erhielt 1525 von Clemens VII. den Auftrag für die überlebensgroße *Herkules-und-Kakus*-Gruppe, die auf der Piazza della Signoria aufgestellt werden sollte. Michelangelo dagegen, der sich bei Clemens VII. ebenfalls um die Ausführung des Projekts beworben hatte, bekam einen negativen Bescheid und wurde auf seine zahlreichen Verpflichtungen hingewiesen. Möglicherweise stand hinter dieser Ablehnung auch die Angst des Papstes vor einer mehrdeutigen, anti-mediceischen Ikonographie der Skulptur. Nur kurze Zeit später wurden die Medici vertrieben, die zweite Republik von Florenz wurde ausgerufen. 1527 äußerten die republikanischen Stadtoberen ebenfalls den Wunsch nach einer Kolossalfigur als Pendant zum *David*. Nach dem Vorschlag Michelangelos sollte der Marmorblock, der 1525 unter großen Schwierigkeiten aus den Steinbrüchen nach Florenz transportiert und von Bandinelli bereits bearbeitet worden war, zu einer *Samson-Philister*-Gruppe umgearbeitet werden. Zu diesem Projekt sind verschiedene Zeichnungen erhalten (*Studien zu Herkules und Antäus*, Rötel, 288 x 427 mm, Oxford, Ashmolean Museum, und *Groteske Köpfe, Studie zu Herkules und Antäus*, Rötel, 255 x 350 mm, London, British Museum), auch ein Bozzetto in der Casa Buonarroti wird mit diesem Projekt in Verbindung gebracht (Terrakotta, Höhe 41 cm, Florenz, Casa Buonarroti). Angesichts der Bedrohung der Stadt durch die kaiserlichen Truppen konnte Michelangelo seinen Entwurf jedoch nicht umsetzen, so daß nach der Rückgewinnung der Stadt durch die Medici 1530 Baccio Bandinelli wieder zum Zuge kam. Obwohl Michelangelo einen weiteren Entwurf eines Samson mit zwei Philistern ausarbeitete (nur als Kopie erhalten, Florenz, Museo Nazionale del Bargello), wurde Bandinellis Figurengruppe *Herkules tötet Kakus* schließlich ausgeführt und am 1. Mai 1534 enthüllt (vgl. Vasari, *Baccio Bandinelli*, S. 38).

Bibl.: Tolnay 1948, S. 99–103; Bush Mockler 1967, S. 119–130; Bush 1980; Weil-Garris 1983; Poeschke 1992, S. 115–117; Pope-Hennessy 1996b, S. 130–133, 472; Verspohl 2001, S. 150–152; Goffen 2002, S. 341–366; Zöllner/Thoenes/Pöpper 2007, S. 433 (Zöllner).

[258] Bartolomeo (Baccio) Valori (*1477 Florenz – †1537 ebenda) stammte aus einer florentinischen Patrizierfamilie, die den Medici nahestand. Während der ersten Republik befand er sich in Opposition zu Piero Soderini. Nachdem die Medici nach dem Ende der zweiten Republik 1530 wieder die Herrschaft über Florenz erlangt hatten, wurde er von Clemens VII. als Statthalter Alessandro de' Medicis eingesetzt. Als sol-

cher knüpfte er brieflich Kontakt zu Michelangelo, den er mit der Statue des *Apoll* beauftragte. Cosimo I. de' Medici ließ Valori, der nach der Ermordung Alessandros einen militärischen Aufstand gegen ihn anzettelte, nach dessen Niederschlagung gefangennehmen und verurteilte ihn 1537 zum Tod.

Bibl.: Donatella Pegazzano: ›Valori, Baccio‹, in: Turner 1996, Bd. XXXI, S. 851.

259 Von Kindesbeinen an für eine geistliche Laufbahn vorgesehen, trat Giovanni Battista Figiovanni (*1466 Benevent – †1544 Florenz) bereits mit zwölf Jahren in die Dienste von Piero della Luna ein, einem Florentiner Kanoniker und apostolischen Protonotar. Dadurch wurde er von Lorenzo de' Medici dem Prächtigen zum Familiaren seines Sohnes Giovanni bestimmt, des späteren Papstes Leo X. Ab diesem Zeitpunkt stand Figiovanni in einem engen Verhältnis zur Medici-Familie. Dank deren Einfluß wurde Figiovanni 1507 neben Kardinal Giovanni de' Medici als Kanoniker von San Lorenzo eingesetzt. Nach seiner Wahl zum Papst ernannte Leo X. Figiovanni zum apostolischen Protonotar, zu seinem Kämmerer und Tischgenossen. In Florenz dagegen wurde Giulio de' Medici, von 1513 bis 1523 Erzbischof von Florenz und später Papst Clemens VII., nun zu seiner wichtigsten Bezugsperson. Beim Bau der Neuen Sakristei von San Lorenzo wurde Figiovanni zum obersten Verwalter ernannt. Er soll die Errichtung der Grablege maßgeblich gefördert haben und schützte diese beim republikanischen Aufstand 1527 vor der Zerstörung. Als Verwalter stand er in einem engen, jedoch angespannten Verhältnis zu Michelangelo. Figiovanni, als Vertreter des Auftraggebers, mischte sich in den Arbeitsprozeß ein, wie seine Briefe zeigen (vgl. Carteggio 1973, Bd. III, S. 48, 112, 128), worüber sich Michelangelo bereits 1523 in einem Brief an Giovan Francesco Fattucci in Rom beklagte (vgl. Carteggio 1967, Bd. II, S. 367). Fattucci informierte im Gegenzug den Künstler über Figiovannis Briefe an den Papst (vgl. Carteggio 1973, Bd. III, S. 37). Obwohl Figiovanni 1526 infolge des latenten Konflikts durch Piero Buonaccorsi ersetzt wurde, war er 1530 wieder in die Arbeiten in der Neuen Sakristei involviert. Zu diesem Zeitpunkt wurde er zu einem Fürsprecher Michelangelos und bemühte sich – darin Baccio Valori vergleichbar –, ein eigenhändiges Werk des Künstlers zu bekommen (vgl. Carteggio 1973, Bd. III, S. 301, 328, 425, 436 und S. 440).

Bibl.: Vanna Arrighi: ›Figiovanni, Giovanni‹, in: DBI, 1997, Bd. XLVII, S. 557–558; Sambin De Norcen 2003/2004.

260 Statue eines *Apoll*, Marmor, Höhe 146 cm, 1530–1532, Florenz, Museo Nazionale del Bargello. Die Figur wurde von Baccio Valori in Auftrag gegeben, aber nicht fertiggestellt. Wann sie in den Besitz der Medici

überging, ist unklar. Wahrscheinlich wurde die Statue nach der Hinrichtung Baccio Valoris 1537 den Medici übereignet. Im Medici-Inventar wird die Figur erstmals Mitte des 16. Jahrhunderts als nicht fertig ausgeführter ›David‹ erwähnt.

Bibl.: Poeschke 1992, S. 117–118; Pope-Hennessy 1996b, S. 435; Echinger-Maurach 1999/2000, S. 448–458; Zöllner/Thoenes/Pöpper 2007, S. 433–434 (Zöllner).

[261] Durch Quellen ist überliefert, daß in Florenz zwei Agenten oder Unterhändler für Alfonso d'Este agierten: Alessandro Guarino, der allem Anschein nach dem Fürsten von der mißlungenen Übergabe des Gemäldes berichtet hatte, und ein Kaufmann namens Jacopo Laschi, genannt ›Il Pisanello‹. Letzterer war über mehrere Jahre hinweg als Unterhändler und Bote für Alfonso I. d'Este in verschiedenen Angelegenheiten tätig. Jacopo Laschi sollte offenbar Michelangelo den Preis für das Gemälde der *Leda* auszahlen und es nach Ferrara bringen. Ein Brief des Herzogs an den Künstler, den Pisanello ihm bei dieser Gelegenheit überreichte, hielt jedoch fest, daß beide Parteien noch nicht über das Honorar verhandelt hatten. Alfonso I. d'Este bat ihn daher, den Preis des Gemäldes selbst zu bestimmen, was als versteckte Aufforderung gelesen werden kann, dem Auftraggeber das Bild als höfisches Geschenk zu überlassen. Michelangelo fühlte sich deshalb möglicherweise nicht respektiert (vgl. Carteggio 1973, Bd. III, S. 290).

Vermutlich kann man aber die Tatsache, daß Michelangelo dem Unterhändler und damit Alfonso I. d'Este das Gemälde der *Leda* vorenthielt, mit den politischen Ereignissen dieser Zeit erklären, an denen der Künstler als leitender Festungsbauingenieur von Florenz maßgeblich beteiligt war. Als Gast Alfonso I. d'Estes hatte Michelangelo neben zahlreichen Informationen zum Festungsbau auch Begleitschutz, Gastfreundschaft und das Angebot erhalten, am Hof von Ferrara zu arbeiten. Der Herzog hatte daher allen Grund, für die erwiesenen Gefälligkeiten ein Bild als Gegengabe zu erhoffen. Wallace führt aus, daß die *Leda* möglicherweise als diplomatisches Geschenk gedacht war: als Gegenleistung für eine in Aussicht gestellte militärische Unterstützung der Florentiner gegen die päpstlichen Truppen. Nachdem Ferrara keine Soldaten nach Florenz gesandt hatte und die Republik im Oktober 1530 kapitulieren mußte, sah der Künstler keinen Anlaß, das Bild zu vollenden. Indem er Antonio Mini mit dem Gemälde nach Frankreich sandte, entzog Michelangelo die *Leda* auch dem Zugriff durch Papst Clemens VII.

Bibl.: Ragionieri 2007, S. 27–47, S. 61–73 (Farinella) und S. 139–143 (Ragionieri); Summers 1981, S. 368–379; Rosenberg 2000a; Wallace 2001; Vasari, *Kunsttheorie*, S. 261–263 und S. 275–278.

[262] Bernardo Vecchietti (*1514 Florenz – †1590 ebenda) war ein bedeutender florentinischer Kunstsammler und Mäzen. Als Diplomat in Diensten Cosimo I. de' Medicis erwarb er Juwelen für die Medici-Sammlung. Darüber hinaus war er mit der Vergabe öffentlicher Aufträge an verschiedene Künstler betraut. In seiner Villa *Il Riposo* in der Nähe von Florenz beherbergte er seine eigene Kunstsammlung und ist als der erste Mäzen Giambolognas bekannt.

Bibl.: Zygmunt Waźbiński: ›Vecchietti, Bernardo‹, in: Turner 1996, Bd. XXXII, S. 105–106.

[263] Welche und wie viele Kartons, Zeichnungen und Modelle Antonio Mini mit nach Frankreich nahm, ist – abgesehen vom Karton und Gemälde der *Leda* – ebenso unklar wie deren Verbleib oder zwischenzeitliche Besitzer. In der Vita des Architekten Giovan Francesco Rustici berichtet Vasari, daß Mini von diesem in Paris aufgenommen wurde und Rustici dafür aus dem Konvolut Michelangelos einige Werke als Gegenleistung erhielt (vgl. Vasari, *Bildhauer*, S. 50). Die Zeichnungsmappe, die Cellini laut Vasari wieder nach Florenz zurückbrachte und die wahrscheinlich Zeichnungen zur Sixtinischen Kapelle und weitere Entwürfe enthielt, ist heute ebenfalls verloren. Überliefert wurden lediglich einzelne Zeichnungen, die zu diesem Konvolut gehörten, wie ein Entwurf für den *David* (Bleistift und Tusche, 26,5 x 18,8 cm, beschnitten, Paris, Musée du Louvre, Cabinet des Dessins, Inv.-Nr. 714r).

Bibl.: Barocchi 1962, Bd. III, S. 1122–1124; Perrig 2003, S. 126–127 und S. 157; Schumacher 2007, S. 120–122.

[264] Benvenuto Cellini (*1500 Florenz – †1571 ebenda) mußte Rom 1540 wegen zweier Morde, die er begangen hatte, verlassen. Er ging an den Hof Franz' I. von Frankreich und kehrte 1545 wieder nach Italien zurück.

Bibl.: Cellini, *Mein Leben*, S. 400, 524; Collareta 2003.

[265] Girolamo degli Albizzi (*1485 Florenz – †1556 ebenda) stand als Verwalter verschiedener Gebiete, die zum Herrschaftsterritorium der Toskana gehörten, in den Diensten Cosimo I. de' Medicis.

[266] Raffaello Sinibaldi, genannt ›da Montelupo‹ (*1504 Florenz – †1566 Orvieto)

[267] Giovan Angelo da Montorsoli (*1499 Uccelatoio am Monte Morello bei Montorsoli – †1563 Florenz) trat 1531 in den Servitenorden ein und führte daher auch einen Ordensnamen.

Bibl.: Laschke 1993, S. 12.

[268] Bis auf den Bozzetto eines *Flußgottes* (Ton und andere Materialien, Länge 180 cm, Florenz, Casa Buonarroti) sind die übrigen plastischen Entwürfe für die Skulpturen der Neuen Sakristei nicht erhalten.

Bibl.: Poeschke 1992, S. 106.

[269] Antonio Carota (*1485 – †1568, Geburts- und Sterbeort unbekannt)
[270] Giovan Battista di Marco Tasso (* 1500 Florenz – †1555 ebenda)
[271] Battista del Cinque, Lebensdaten unbekannt, tätig zwischen 1530 und 1569
[272] Ciapino, Lebensdaten unbekannt, nur bei Vasari überliefert
[273] Die Stuckierung wurde nicht vollständig ausgeführt und ist heute verloren.

Bibl.: Tolnay 1948, S. 48–50; Nova 1985, S. 97.

[274] Das *Jüngste Gericht* (Fresko, 17 x 15,5 m, 1533–1541, Rom, Sixtinische Kapelle) wurde wahrscheinlich Mitte bis Ende 1533 von Papst Clemens VII. in Auftrag gegeben. Wie Vasari berichtet, war anfangs daran gedacht, das *Jüngste Gericht* durch eine Darstellung der Vertreibung Luzifers aus dem Himmel auf der gegenüberliegenden Wand zu ergänzen. Nach Clemens' Tod im Jahr 1534 wurde dieses Projekt aufgegeben, und Paul III. ließ Michelangelo nur das *Jüngste Gericht* ausführen. Das Gerüst wurde 1535 errichtet. Nach dem Abschlagen des alten Wandgemäldes begann die Freskierung 1536. Dadurch gingen die Darstellung einer *Himmelfahrt Mariä* von Perugino und die Anfangsszenen der Moses- und Christus-Geschichten aus dem 15. Jahrhundert, zwei Papstporträts sowie die Darstellungen Christi und des Heiligen Petrus verloren, die sich in gemalten Nischen darüber befanden. In der obersten Zone waren Lünetten zu sehen, die bereits bei der Ausmalung der Decke durch Michelangelo hinzugekommen waren.

Bibl.: Tolnay 1960, S. 19–22; Mancinelli 2003; Kliemann/Rohlmann 2004, S. 88–99; Acidini Luchinat 2007, S. 254–321; Zöllner/Thoenes/Pöpper 2007, S. 261 und S. 460–464 (Zöllner).

[275] Die zahlreichen überlieferten Vorstudien, entstanden wohl unmittelbar nach der Auftragsvergabe und nicht, wie Vasari meint, schon zuvor. Auf einer großformatigen Zeichnung (Schwarze Kreide, 420 x 297 mm, Florenz, Casa Buonarroti, Inv.-Nr. 65Fr) ist bereits die Anlage der dynamisch wogenden Figurenkomposition zu sehen, die sich von der ikonographischen Tradition des hierarchisch geordneten *Jüngsten Gerichts* stark absetzt. Zunächst war offenbar geplant, die *Himmelfahrt Mariä* von Perugino in das Fresko zu integrieren, da Michelangelo in seiner Zeichnung die Figuren um den Rahmen der Altartafel herumgruppierte.

Bibl.: Tolnay 1960, S. 24–28; Chapman 2005, S. 231–247; Zöllner/Thoenes/Pöpper 2007, S. 463 (Zöllner).

[276] Dieses Fresko, das sich nach Vasari und einigen späteren Überlieferungen des 17. Jahrhunderts in Santa Trinità dei Monti in Rom befand, ist nicht mehr erhalten. Auch über den Künstler ist nichts bekannt.

Bibl.: Barocchi 1962, Bd. III, S. 1158.

[277] Hier ist vermutlich Girolamo Genga (*1476 Mondolfo bei Urbino – †1551 La Valle bei Urbino) gemeint, der als leitender Architekt am Hof in Urbino tätig war und als Unterhändler Francesco Maria della Roveres, des Herzogs von Urbino, nach Rom entsandt wurde. Auch Sebastiano del Piombo betätigte sich als Vermittler zwischen dem Papst, Michelangelo und dem Herzog. Aus der Korrespondenz Michelangelos läßt sich ablesen, daß er sich der Verpflichtung entledigen wollte, das Grabmal fertigzustellen. Dagegen stand die Forderung der Familie della Rovere, ein eigenhändiges Werk Michelangelos zu erhalten. Im Frühjahr 1532 wurden schließlich die Vereinbarungen von 1516 annulliert. In dem am 29. April 1532 geschlossenen neuen Vertrag wurde festgehalten, daß Michelangelo bereits 8000 Dukaten erhalten habe, daß er 2000 Dukaten für das Grabmal einsetzen müsse und sechs Statuen von seiner Hand vollendet werden sollten. Als Termin der Fertigstellung gilt der August 1535.

Bibl.: Echinger-Maurach 1991, Bd. I, S. 367–372; Marialuisa Angiolillo: ›Genga, Girolamo‹, in: AKL, 2006, Bd. LI, S. 317–319; Echinger-Maurach 2009, S. 57–64 und S. 141.

[278] Alessandro de' Medici (*1511 wahrscheinlich in Florenz – †1537 ebenda) wurde offiziell als Sohn Lorenzo de' Medicis bezeichnet, des Herzogs von Urbino. Wahrscheinlich war er ein illegitimer Sohn Kardinal Giulio de' Medicis, des späteren Papst Clemens' VII. Unter der Obhut von Kardinal Silvio Passerini, dem Statthalter Clemens' VII. in Florenz, residierte Alessandro de' Medici 1524 gemeinsam mit seinem fast gleichaltrigen Cousin Ippolito de' Medici in Florenz. Nach dem Scheitern der zweiten Republik und der Wiedergewinnung der Herrschaft über Florenz wurde Alessandro 1530 alleiniger Herrscher der Stadt. 1532 heiratete er Margarethe von Österreich-Parma, eine uneheliche Tochter Kaiser Karls V., und erhielt den Titel des ›Herzogs von Florenz‹. Der letzte männliche Nachkomme der auf Cosimo de' Medici (il Vecchio) zurückgehenden Familienlinie der Medici übte nach dem Urteil seiner Zeitgenossen ein tyrannisches Regime aus. 1537 wurde er von Lorenzo, genannt ›Lorenzaccio‹, einem Verwandten, ermordet.

Bibl.: Stephens 1983, S. 170–171; Acidini Luchinat/Scalini 1998, Bd. I, S. 68.

[279] Michelangelo, der für die republikanische Stadtregierung als Festungsbauingenieur tätig gewesen war, fürchtete nach 1530, daß sich Alessandro de' Medici – seit 1519 Oberhaupt der Familie und seit 1530 Regent von Florenz – an ihm rächen könne. Als Clemens VII. 1534 starb, verließ Michelangelo Florenz.

Bibl.: Nova 1985, S. 104.

[280] Alessandro di Paolo Vitelli (*1500 Città di Castello – †1554 Citerna) entstammte einer Florentiner Familie, die den Medici nahestand. Sein Vater Paolo wurde 1498 von den Florentinern zum Heerführer im Krieg gegen Pisa berufen, dann aber des Verrats verdächtigt und nach einem zweifelhaften und kurzen Prozeß 1499 enthauptet. Alessandro, seit 1531 mit Paola Rossi aus dem Parmenser Geschlecht der San Secondo verheiratet, hatte bereits als Heerführer in den Diensten Karls V. gestanden, bevor er Statthalter und Gouverneur unter den Herzögen Alessandro und Cosimo I. de' Medici wurde. In der Schlacht von Montemurlo 1537 besiegte er die exilierten Florentiner Gegner der Medici. Vasari stellte ihn in den späten 1550er Jahren neben anderen Persönlichkeiten um Herzog Cosimo I. in einem Deckenfresko des Palazzo Vecchio dar, das den Sieg bei Montemurlo zeigt (Sala di Cosimo I).

Bibl.: Giustiniano Degli Azzi Vitelleschi: ›Vitelli‹, in: Enciclopedia italiana, 1937, Bd. XXXV, S. 486–487; Simoncelli 2003.

[281] Der Vertrag vom 29. April 1532 legte ein neues Datum für die Fertigstellung des Grabmals fest und enthielt eine Vereinbarung über das noch ausstehende Honorar von 8000 Dukaten. Außerdem verpflichtete sich Michelangelo, sechs Figuren des Grabmals eigenhändig zu vollenden.

Bibl.: Echinger-Maurach 1991, Bd. I, S. 367–372.

[282] Paul III., weltlich Alessandro Farnese (*1468 Canino nahe Viterbo – †1549 Rom), wurde am 13. Oktober 1534 zum Papst gewählt. Er erhielt seine humanistische Ausbildung an der Universität von Pisa und am Hof Lorenzos des Prächtigen, wo er in Kontakt zu den Gelehrten Angelo Poliziano, Marsilio Ficino, Pico della Mirandola und Cristoforo Landino stand. Sein Pontifikat war durch den Beginn der Gegenreformation geprägt, im Zuge derer der Jesuitenorden bestätigt und das Konzil von Trient eröffnet wurde. Politisch näherte sich die römische Kirche während seines Pontifikats Karl V. an. Paul III. empfing ihn am 5. April 1536 nach seinem Afrika-Feldzug. Der Papst suchte den Ruhm der römischen Kirche auch durch verschiedene Architekturprojekte zu mehren, etwa mit der Fertigstellung von Neu-Sankt Peter oder der Gestaltung des Kapitols, für die er Antonio da Sangallo den Jüngeren, Michelangelo und Guglielmo della Porta engagierte.

Bibl.: Frommel 1973, Bd. II, S. 127–131; Letizia Arcangeli: ›Chronik der Familie Farnese‹, in: Vitali 1995, S. 21–46; Till R. Verellen: ›Pope Paul III‹, in: Turner 1996, Bd. X, S. 808–809.

[283] Ercole Gonzaga (*1505 Mantua – †1563 Trient), der zweite Sohn von Francesco II. Gonzaga von Mantua und Isabella d'Este, war für die geistliche Laufbahn vorgesehen. Seine humanistische Bildung, die er am

Mantuaner Hof erhielt, vervollständigte er durch ein Studium in Bologna. 1526 folgte die Ernennung zum Kardinal durch Clemens VII. Als Kardinaldiakon war ihm Santa Maria Nuova unterstellt. Außerdem verwaltete er das Erzbistum Tarragona und war päpstlicher Legat der römischen Campagna und der Marken. Gonzaga war ein enger Freund von Kardinal Gasparo Contarini, einem Vertreter der innerkatholischen Reformbewegung, und nahm am Konzil in Trient teil, wo er 1563 überraschend starb. Seine Schwester Eleonora (*1493 Mantua – †1550 Fossombrone) hatte 1505 Francesco Maria I. della Rovere geheiratet. In der Folge vertrat Ercole die Interessen der Familie della Rovere innerhalb der Kurie sowie in der Angelegenheit des Juliusgrabmals.

Bibl.: Giampiero Brunelli: ›Ercole Gonzaga‹, in: DBI, 2001, Bd. LVII, S. 711–722.

284 1535 hatte Papst Paul III. Michelangelo mit einem Breve zum Leiter der künstlerischen Angelegenheiten des Vatikans ernannt und ihn in einem *motu proprio* vom 17. November 1536 von den vertraglichen Pflichten bezüglich des Grabmals befreit. Forcellino datiert daher die Einigung zwischen den Erben von Julius II. und Papst Paul III. – und damit auch die Anfertigung der Statuen zum Grabmal in San Pietro in Vincoli – auf dieses Jahr zurück. Da jedoch bis zur Enthüllung des *Jüngsten Gerichts* am 31. Oktober 1541 abgesehen von der Fertigstellung der *Madonna mit dem Kind*, für die Zahlungen geleistet wurden, keine weiteren Arbeiten am Grabmal überliefert sind, setzten sie offensichtlich erst wieder zum Jahresbeginn 1542 ein. Eine am 27. Februar 1542 geschlossene Vereinbarung zwischen Michelangelo und Raffaello da Montelupo sah vor, daß Raffaello die restlichen, bereits bossierten Figuren des Grabmals zur Ausarbeitung erhalten sollte, das heißt den *Propheten* und die *Sibylle*, die *vita activa* und die *vita contemplativa* sowie die *Madonna mit Kind*. Weitere schriftliche Vereinbarungen in diesem Jahr, getroffen zwischen Michelangelo und seinem Gehilfen Urbino sowie Giovanni de' Marchesi, betrafen die Arbeiten zur Ornamentierung der Wand des Grabmals. Nachdem Michelangelo, Papst Paul III. und die Erben Papst Julius' II. mehrere Briefe gewechselt hatten, wurden erst im August 1542 die bereits getroffenen Regelungen zu den Statuen vertraglich ratifiziert. Michelangelo war damit endgültig von der Verpflichtung aus dem Jahr 1532 befreit, sechs eigenhändig ausgeführte Figuren zu liefern. Statt dessen wurde festgelegt, daß Raffaello da Montelupo alle Figuren außer dem *Moses* bis zum 21. April 1544 fertigstellen sollte. Diese Frist wurde, so Claudia Echinger-Maurach, offenbar nicht ausgeschöpft, da schon im März 1544 die Statuen der *Sibylle*, des *Propheten* und der *Madonna* am Grabmal besichtigt werden konnten. Dies legt

darüber hinaus nahe, daß Aufbau und Ornamentierung von Wand und Nischen bereits 1543 weitestgehend abgeschlossen waren. Eine weitere Quelle vom Oktober 1544 dokumentiert die Skulpturen des *Moses*, der *Rahel* und der *Lea* im Untergeschoß des Grabmals, das zu diesem Zeitpunkt offensichtlich fertiggestellt war.

Bibl.: Barocchi 1962, Bd. III. S. 1191–1219; Tolnay 1954, S. 64–75; Forcellino 2002, S. 81–95; Zöllner/Thoenes/Pöpper 2007, S. 261 und S. 418 (Zöllner); Echinger-Maurach 2009, S. 91–101.

285 Statue der *Lea* (*Vita activa*), Marmor, Höhe 209 cm, um 1541–1543, und Statue der *Rahel* (*Vita contemplativa*), Marmor, Höhe 197 cm, um 1541–1543, beide Rom, San Pietro in Vincoli, Juliusgrabmal. Die Entstehung der Skulpturen erfolgte zeitnah zum letzten Vertrag vom 20. August 1542. Die Figuren ersetzten die in den früheren Entwürfen vorgesehenen Viktorien beziehungsweise *Sklaven* in den Nischen des Untergeschosses. Obwohl Michelangelo vertraglich verpflichtet worden war, die beiden Skulpturen eigenhändig auszuführen, wird angenommen, daß auch Raffaello da Montelupo an ihrer Fertigstellung beteiligt war.

Bibl.: Tolnay 1954, S. 71–73 und S. 121–123; Poeschke 1992, S. 119; Pope-Hennessy 1996b, S. 434; Forcellino 2001; Poeschel 2001; Prosperi 2002; Zöllner/Thoenes/Pöpper 2007, S. 234 und S. 424 (Zöllner); Echinger-Maurach 2009, S. 114–132.

286 Die Liegefigur *Julius' II.* (Marmor, Länge 174 cm, Rom, San Pietro in Vincoli) wird zwischen 1533 und 1542 datiert und erstmals im Zusatzvertrag von 1542 genannt. Aus den vor diesem Vertrag datierten Entwürfen wurde geschlossen, daß die Papstfigur zuerst als senkrecht aufgerichtete Effigies geplant war und somit ein triumphales Papstbildnis am Grabmal angebracht werden sollte.

Möglicherweise war die Statue bereits um 1533/34 fertiggestellt und zum Zeitpunkt des letzten Vertrages 1542 zusammen mit den sogenannten *Termini*, den Hermenpilastern, in San Pietro in Vincoli installiert. Mit hoher Wahrscheinlichkeit wurde die Statue von Michelangelo eigenhändig ausgeführt und – im Gegensatz zu Vasaris Angabe – dem Gehilfen Tommaso di Pietro Boscoli lediglich die abschließende Überarbeitung anvertraut.

Bibl.: Tolnay 1954, S. 126–127; Pope-Hennessy 1996b, S. 435; Forcellino 2001; Satzinger 2001, S. 215; Echinger-Maurach 2003; Echinger-Maurach 2009, S. 88 und S. 133–143.

287 Tommaso di Pietro Boscoli (*1501/03 Fiesole – †1574 Montepulciano)

288 *Madonna mit dem Kind* (Marmor, Rom, San Pietro in Vincoli, Juliusgrabmal). Michelangelo entwarf und bossierte diese Figur um 1532. Im

Jahr 1537 bearbeitete der Steinmetz Scherano da Settignano die Figur, 1542 wurde sie von Raffaello da Montelupo fertiggestellt.

Bibl.: Tolnay 1954, S. 124–125; Pope-Hennessy 1996b, S. 435; Echinger-Maurach 2009, S. 100 und S. 144–150.

[289] Alessandro di Giovanni Fancelli, genannt ›Scherano da Settignano‹ (†1586)

[290] Der *Prophet* (Marmor, Höhe 204 cm, Rom) und die *Sibylle* (Marmor, Höhe 210 cm, beide im oberen Register des Juliusgrabmals in San Pietro in Vincoli) wurden von Michelangelo bossiert. Für die Datierung werden zwei Zeiträume vorgeschlagen: 1532 bis 1535 sowie 1542 bis 1544. In jedem Fall wurden die Figuren im Herbst 1542 von Michelangelo vertragsgemäß an Raffaello da Montelupo zur Fertigstellung übergeben. Dieser ließ die Arbeit an den Skulpturen aufgrund einer Erkrankung (vgl. Vasari, *Bildhauer*, S. 98) vermutlich durch seine Gehilfen ausführen. Vasaris Behauptung, daß Michelangelo mit den beiden Skulpturen nicht zufrieden gewesen sei, wird von den überlieferten Quellen nicht bestätigt. Diese Aussage ist wahrscheinlich auf die Konkurrenz zwischen Raffaello da Montelupo und Bartolomeo Ammannati zurückzuführen, wobei sich Vasari auf die Seite Ammannatis schlug.

Bibl.: Tolnay 1954, S. 125–126; Pope-Hennessy 1996b, S. 435; Echinger-Maurach 2009, S. 151–161.

[291] Hinter dem Juliusgrabmal befindet sich der Chorraum der Kanoniker, der durch eine Verbindungstür beim Grabmal betreten werden kann. Die Öffnungen in der oberen Zone des Monuments einschließlich der Lünette sind nicht nur aus dem von Vasari einzig genannten Grund zweckmäßig, weil Gebete und Gesänge der Kanoniker auf diese Weise in den Kirchenraum dringen konnten. Sie dienen außerdem einer durchdachten Lichtinszenierung, da das durch die Fenster einfallende Licht die Wirkung der Skulpturen und der gesamten Anlage steigert.

Bibl.: Tolnay 1954, S. 69; Echinger-Maurach 1991, Bd. I, S. 375–376; Echinger-Maurach 2003; Satzinger 2007; Echinger-Maurach 2009, S. 11.

[292] Die Unzugänglichkeit der Sixtina beflügelte offenbar den Bedarf nach Reproduktionen des *Jüngsten Gerichts*. Der bekannteste, von dem prominenten Kleriker Alessandro Farnese in Auftrag gegebene Stich stammt von Giulio Bonasone aus der Mitte der 1540er Jahre. Aber auch andere Künstler, wie Niccolò Della Casa, Domenico Fiorentino, Giorgio Ghisi oder Martino Rota, gaben noch vor der Übermalung des Freskos durch Daniele da Volterra die Gesamtkomposition oder Details davon in Druckgraphiken wieder. Gemalte Kopien sind von Marcello

Venusti, Giulio Clovio und Robert Le Voyer überliefert. An der gezielten Verbreitung seiner Bildschöpfungen durch Druckgraphiken war Michelangelo jedoch im Gegensatz zu anderen Künstlern, die mit Verlegern und Kupferstechern zusammenarbeiteten, wenig interessiert.

Bibl.: De Maio 1990, S. 70–79; Moltedo 1991a; Moltedo 1991b, S. 50–52 und S. 57–58, 65–66, 68–72 und S. 99–103; Morello 1994, S. 247–251; Chapman 2005, S. 247.

293 Das *Jüngste Gericht* entsteht in einer entscheidenden Phase der Auseinandersetzung der katholischen Kirche mit den Protestanten um Luther. Im päpstlichen Rom entspann sich in den 30er und 40er Jahre des Cinquecento eine ernsthafte und kontroverse Debatte um die theologische Frage der Rechtfertigung. Es ist deswegen immer wieder vermutet worden, daß Michelangelo, der in engem Kontakt zu den aufgeschlossensten Kreisen der Kurie stand, möglicherweise mit seinem monumentalen Fresko selbst Stellung in dieser Diskussion bezog. Mit der dynamischen Auflösung der hierarchisch geordneten Komposition, die normalerweise das Thema des Jüngsten Gerichtes bestimmte, und mit der prozeßhaft kreisenden Gerichtshandlung, die es schwer macht zu entscheiden, ob das Gericht bereits abgeschlossen ist oder sich gerade erst anbahnt, hat Michelangelo jedenfalls entscheidende Neuerungen eingeführt.

Die Weigerung Vasaris, zu einer Ekphrasis des *Jüngsten Gerichts* anzuheben, entpuppt sich als rhetorische Strategie, um der Beschreibung der Motive zunächst eine stilkritische Bewertung der Fresken voranzustellen. Vasari fügte diesen Abschnitt erst in der zweiten Ausgabe der Vita ein und verwendete dafür einen Auszug aus der Michelangelo-Vita Condivis, ohne seine Quelle zu nennen (vgl. Condivi, Ed. Valdek, S. 69–72; Condivi, Ed. Nencioni, S. 49–51). Er stellt darin den *disegno* Michelangelos und die Figurenkompositionen des Freskos in den Mittelpunkt. Damit reagierte er auf Kritiken am *Jüngsten Gericht*, die in der Forderung nach dessen Zerstörung gipfelten.

Unter dem Eindruck der Gegenreformation, nach der Aktdarstellungen im Kirchenraum als unmoralisch oder gar häretisch galten, wurde die neuartige Komposition und die Körperdarstellung des *Jüngsten Gericht* kontrovers diskutiert. Vor allem die Nacktheit und die neuartige Ikonographie des Christusbildes sowie derjenigen Figuren, deren Attribute selbsterklärend waren, wie beispielsweise der Heiligen, riefen Widerspruch hervor. Irritation löste zudem das Fehlen von Attributen dort aus, wo diese traditionell als Distinktionsmerkmale eingesetzt wurden, wie bei der Darstellung der Geretteten und der Verdammten, deren Zugehörigkeit zu den verschiedenen gesellschaftlichen Ständen gewöhnlich zu erkennen war. Erst 1565, nach Michelangelos Tod, wurde der Kritik an der Blöße der Figuren stattgegeben, indem Daniele da Volterra eine Teilübermalung der Dargestellten vornahm.

Einer der schärfsten Kritiker des *Jüngsten Gerichts*, Pietro Aretino, hatte 1545 in einem polemischen Brief die Figurenkompositionen Michelangelos mit erotischen Badeszenen gleichgesetzt (vgl. Carteggio 1979, Bd. IV, S. 160–163). Dieser moralisierenden Sichtweise schloß sich der Kunsttheoretiker Ludovico Dolce an, der in seinem *Dialogo della pittura* (1558) den Malstil Michelangelos zudem mit jenem Raffaels verglich (vgl. Dolce, Ed. Roskill, S. 85–95 und S. 161–195). Die Vehemenz von Aretinos Polemik wird auch dem Umstand zugeschrieben, daß er sich von Michelangelo vergeblich eine Zeichnung erbeten hatte.

Vasaris Bewertung erscheint vor diesem Hintergrund wie ein Schlagabtausch mit Aretino und Dolce. Dabei klammert er die moralische Kritik aus seiner kunsttheoretischen Argumentation geschickt aus. Nur indirekt bezieht er sie mit ein, indem er die durch die bewegten Aktdarstellungen hervorgerufene Entrüstung in eine Bestätigung der affektiven Bildwirkung des Freskos umwertet. Der Literat Anton Francesco Doni verteidigte das *Jüngste Gericht*, indem er es mit dem *Laokoon* und dem *Apoll vom Belvedere* gleichsetzte (vgl. Carteggio 1979, Bd. IV, S. 160–163).

Bibl.: Tolnay 1960, S. 46; Barocchi 1962, Bd. III, S. 1254–1297; Roskill 1968, S. 28–29 und S. 65–66; Barocchi 1984 (1968); De Maio 1990, S. 17–31, 67–69; De Maio 1994; Morello 1994, S. 249; Cropper 1995; Manca 1995; Rubin 1995, S. 118–120; Saslow 1996; Jacobs 2000; Nagel 2000, S. 191–192; De Vecchi 2001, S. 216–217; Prosperi 2001; Bardeschi Ciulich/Ragionieri 2001, S. 117–119 (Giari); Forcellino 2002, S. 5–41; Bohde 2004, S. 90–93; Vasari, *Raffael*, S. 173–176; Chapman 2005, S. 247; Schlitt 2005; Acidini Luchinat 2007, S. 290–321; Zöllner/Thoenes/Pöpper 2007, S. 263–266 und S. 460–464 (Zöllner); Brothers 2008, S. 30–43; Burioni 2008, S. 131–134.

294 Im Gegensatz zur ersten Ausgabe der *Vite* von 1550, in der das *Jüngste Gericht* als Höhepunkt der *maniera moderna* dargestellt wurde, relativiert Vasari in der zweiten Fassung sein Lob der Fresken und des Malstils Michelangelos mit dem Hinweis, daß dieser an der Lieblichkeit der Farbgebung (*vaghezza de' colore*) oder an phantasievollen Erfindungen (*fantasia, capricci*) kein Interesse zeige. So wird in dieser Passage die Erweiterung der kunsttheoretischen Terminologie in der zweiten Fassung der *Vite* greifbar: Obwohl Vasari die Kompositionen Michelangelos als vorbildhaft herausstellt, läßt er neben dessen *disegno* die Erfindungsgabe (*invenzione*) und die *istoria* als weitere Maßstäbe für eine heraus-

ragende Malerei treten, was sich ferner in der Vita Raffaels bestätigt (vgl. Vasari, *Raffael*, S. 77–82). Mit Blick auf die Gründung der Accademia del Disegno nimmt Vasari in der zweiten Edition der *Vite* eine Pluralisierung der Stilkriterien vor. Neben dem *disegno* können demnach Vielseitigkeit und Erfindungreichtum (*varietà, capricci, fantasia, invenzione*) sowie Farbgebung (*colorito*) Kriterien eines herausragenden Kunstwerks sein. Zugleich betont er sein Modell der künstlerischen Ausbildung durch Übung (*pratica*) und Nachahmung, indem er das *Jüngste Gericht* als geeignetes Studienobjekt bezeichnet, das zur Ausbildung eines vollendeten Stils verhelfen kann.

Bibl.: Barocchi 1984 (1968); Vasari, *Kunsttheorie*, S. 193–196, 267–272 und S. 275–278; Vasari, *Raffael*, S. 173–176; Vasari, *Raffael-Werkstatt*, S. 9–11; Burioni 2008, S. 131–137.

295 Biagio Martinelli da Cesena (Lebensdaten unbekannt), seit 1518 Zeremonienmeister am päpstlichen Hof

Bibl.: Barocchi 1962, Bd. III, S. 1297; Acidini Luchinat 2007, S. 306.

296 Diese Anekdote wurde von Vasari in der zweiten Edition der Vita komplett überarbeitet, möglicherweise weil der Zeremonienmeister des Papstes, Biagio Martinelli da Cesena, sowie zahlreiche Mitglieder der Kurie die Zerstörung des *Jüngsten Gerichts* gefordert hatten. Vasari schildert in der Vita Leonardos eine ähnliche Begebenheit. Dort droht der Maler, die Gesichtszüge des Priors von Santa Maria delle Grazie für den Kopf des Judas im Abendmahl-Fresko des Refektoriums zum Vorbild zu nehmen (vgl. Vasari, *Leonardo*, S. 30 und Anm. 76). Es kann letztlich nicht belegt werden, ob die Figur des *Minos*, den eine Schlange in das Geschlechtsteil beißt, eine Karikatur Biagio da Cesenas darstellt.

Bibl.: Bettarini/Barocchi, *Vite*, Bd. V, S. 281, und Bd. VI, S. 110; Paoletti 1992; Kat. Bonn 1999, Kat.-Nr. 254 (Andres), S. 524; Preimesberger/Baader/Suthor 1999, S. 280–282; Costamagna 2003; Emison 2004, S. 189; Acidini Luchinat 2007, S. 306; Schumacher 2007, S. 183–186 und S. 214–222; Zöllner/Thoenes/Pöpper 2007, S. 262 (Zöllner).

297 Baccio Rontini (Lebensdaten unbekannt) ist durch Briefe Michelangelos und anderer Zeitgenossen nachgewiesen.

Bibl.: Barocchi 1962, Bd. III, S. 1301–1304.

298 Diese Wendung übernimmt Vasari aus Benedetto Varchis *Due lezzioni* (Florenz 1549), der dort die Behauptung aufstellt, daß Poesie und Malerei gleichrangig seien (vgl. Barocchi, *Scritti*, Bd. I, S. 267). Das Zitat ist Dantes *Göttlicher Komödie* entnommen (Läuterungsberg, XII. Gesang, Vers 64–69; vgl. Dante, *Göttliche Komödie*, S. 191). Michelangelo pflegte nicht nur in seinen Sonetten einen dantesken Stil, sondern

zeigte auch lebhaftes Interesse an der philologischen Diskussion zur Dichtung des Poeten. In der zweiten Hälfte des 16. Jahrhunderts personifizieren Michelangelo und Dante in emblematischer Weise die herausragende Bedeutung von Florenz als Zentrum der Literatur und Kunst. Ihre sinnbildliche Darstellung ging wahrscheinlich auf eine Festdekoration des Jahres 1549 zurück. Zu diesem Anlaß hatte Borghini ein entsprechendes Bildkonzept für den Apparat der Hochzeit Francesco de' Medicis und Johanna von Österreichs 1565 entwickelt.

Bibl.: Barocchi 1962, Bd. III, S. 1304; Mendelsohn-Martone 1998 (1978), S. 299–322; Brunner 1995; Smick-McIntire 1996b, S. 59–158; Barocchi 2001, S. 97–98; Scorza 2003; Acidini Luchinat 2007, S. 290.

299 Condivi bezeichnet diese Figur als Heiligen Johannes den Täufer, was ikonographisch plausibler erscheint (vgl. Condivi, Ed. Valdek, S. 71; Condivi, Ed. Nencioni, S. 50).

Bibl.: Burroughs 1995; Hall 2005, S. 25.

300 Zitat aus Dante Alighieri, *Die Göttliche Komödie*, Die Hölle, III. Gesang, Vers 109–111 (vgl. Dante, *Göttliche Komödie*, S. 18).

301 Vasari unterstreicht in seiner Beschreibung den Kontrast zwischen *varietà* und *terribilità*. Durch seine antithetische Darstellung betont er die Wirkung des Gemäldes, das – mittelalterlichem Verständnis entsprechend – die Ungebildeten über die Affekte belehrt.

Bibl.: Barocchi 1962, Bd. III, S. 1402.

302 Zum Abschluß der Betrachtung des *Jüngsten Gerichts* lobt Vasari erneut Michelangelos überragende Fähigkeit im *disegno* und seine *terribilità*, mit der er antike Motive, wie die Barke des Charon, in eine christliche Bildkomposition einbettet. Eine solche Schöpfung bleibt Vasaris Ansicht zufolge für andere Künstler unerreichbar, wodurch er das *Jüngste Gericht* für die Malerei der Zeit zum Prüfstein erhebt.

Bibl.: Tolnay 1960, S. 25; Barocchi 1962, Bd. III, S. 1403–1404; Vorländer 1996, Bd. I, S. 77.

303 Das *Jüngste Gericht* wurde am Vorabend von Allerheiligen, dem 31. Oktober 1541, enthüllt.

Bibl.: Tolnay 1960, S. 22.

304 Die Cappella Paolina, die Privatkapelle Papst Pauls III., war 1537–1541 durch Antonio da Sangallo an der Nordseite von Alt-Sankt Peter in Verbindung zur Südmauer der Sala Regia erbaut worden. Sie diente als Sakramentskapelle und als Ort des Konklaves. Funktion und auch die Maße übernahm sie von der sogenannten *Cappella parva*, in der sich vordem das Konklave versammelt hatte.

Bibl.: Tolnay 1960, S. 70; Bettarini/Barocchi, *Vite*, Bd. V, S. 46–47; Zöllner/Thoenes/Pöpper 2007, S. 388 (Zöllner).

305 *Bekehrung des Saulus* (Fresko, 625 x 661 cm, 1541–1545, Rom, Vatikan, Cappella Paolina). Der Auftrag zur Freskierung der beiden Seitenwände wurde im Oktober 1541 erteilt, Michelangelo arbeitete jedoch erst ein Jahr später, zwischen 1542 und 1545, am ersten Bild. An der Komposition ist die dramatische Gegenüberstellung von Christus und Paulus sowie die Figur des Helfers auffällig, der dem niedergestürzten Saulus aufhelfen möchte. Die merkwürdige Perspektive und Proportionierung der Figuren ist auf den relativ engen Raum der Cappella Paolina zugeschnitten, den die beiden Fresken lateral säumen. Vasari betont in seiner Beschreibung der diversen komplizierten Haltungen der Figuren die Schwierigkeit und Komplexität (*difficoltà*) des *disegno*, die zu der affektanregenden Bildwirkung beitragen.

Bibl.: Tolnay 1960, S. 70; Acidini Luchinat 2007, S. 344–354; Zöllner/Thoenes/Pöpper 2007, S. 388 und S. 464–466 (Zöllner).

306 *Martyrium des Heiligen Petrus* (Fresko, 625 x 662 cm, 1546–1550, Rom, Vatikan, Cappella Paolina). Charles Tolnay vermutet, daß über die Wahl des Motivs, das als ikonographisches Pendant zur *Bekehrung des Saulus* ungewöhnlich erscheint, erst spät entschieden wurde. Zudem nennt Vasari in der ersten Ausgabe der *Vite* als Bildmotiv noch die *Übergabe der Schlüssel an den Heiligen Petrus*, womit in den Fresken der jeweilige Moment der Amtseinsetzung der beiden Heiligen gezeigt worden wäre. Die Darstellung des Martyriums bot jedoch in Kombination mit dem Motiv der Bekehrung die Möglichkeit, die geistlichen Grundprinzipien der Nachfolge Christi zu verbildlichen. Die Veränderung des Bildprogramms wurde wahrscheinlich um 1545/46 vorgenommen.

In seiner Beschreibung spricht Vasari davon, der Heilige Petrus sei »nackt ans Kreuz geschlagen«. Der Lendenschurz, den man heute auf dem Fresko sieht, ist mit Sicherheit eine spätere Zutat, da neben Vasaris Aussage auch frühe Stiche die Nacktheit des Heiligen bezeugen. Zudem rühmt Vasari die Komposition des Freskos, die in der Figur des halb aufgerichteten Petrus eine besondere Pointe erhält, der den Betrachter aus dem Bild heraus prüfend anschaut. Die Frauengruppe im rechten Vordergrund stellt eine unmittelbare Beziehung zum Betrachterraum her und verstärkt so ähnlich dem Chor einer griechischen Tragödie die dramatische Wirkung des Gezeigten.

Die Reduktion der Szene auf die in der bühnenartigen Landschaft isoliert erscheinenden Figuren bewertet Vasari hier als Mangel an Anmut (*grazia*) und Lieblichkeit (*diligenzia*). Im Gegensatz zu früheren Fresken bleibt das Lob der *terribilità* des Malers aus.

Bibl.: Tolnay 1960, S. 70–71; Acidini Luchinat 2007, S. 344–364; Zöllner/Thoenes/Pöpper 2007, S. 388–390 und S. 464–466 (Zöllner).

307 Die Kontroverse zwischen Antonio da Sangallo und Michelangelo wird durch Quellen aus den Jahren 1544 und 1545 überliefert. 1545 berief der Papst eine Sitzung mit verschiedenen Sachverständigen ein, um über Pläne und Entwürfe zur Befestigung der Stadt zu beraten. Unter diesen war neben Michelangelo auch Antonio da Sangallo der Jüngere, führender Architekt und Leiter der Fabbrica di San Pietro, der seit 1538 den vom Papst verliehenen Titel *fabricae murorum almae Urbis nostrae* trug. Im gleichen Jahr bot Michelangelo seine Beteiligung an der Planungsarbeit an, übernahm aber erst nach dem Tod Sangallos 1546 eine beratende Tätigkeit. Die Befestigung des Borgo, die einen Teil der leoninischen Mauern verstärken sollte, wurde zwischen 1543 und 1546 von Sangallo ausgeführt. Michelangelo konzentrierte sich zwischen 1546 und 1547 auf den östlichen Schutzwall des Belvedere. Ende 1547 oder Anfang 1548 wurde diese Aufgabe schließlich dem Festungsarchitekten Jacopo Castriotto übertragen. Zwei Zeichnungen Michelangelos (Codex Vaticanus 3211, f. 84v und f. 93r), die Paola Barocchi als Entwürfe für die Befestigung des Borgo gedeutet hat, werden neuerdings von Amelio Fara den Festungsbauten für Florenz zugeordnet.

Bibl.: Giovannoni 1959, Bd. I, S. 364–365; Ackerman 1961, Bd. II, S. 113–114; Barocchi 1962, Bd. III, S. 1433–1436; Marani 1985; Annarosa Cerutti Fusco: ›Antonio da Sangallo‹, in: Turner 1996, Bd. XXVII, S. 741–746; Fara 2000.

308 Antonio da Sangallo der Jüngere erhielt den Auftrag, das Stadttor von Santo Spirito auszuführen. Auftraggeber war Papst Paul III., der die römischen Festungen verstärken und erweitern lassen wollte, damit der Vatikan bei einer befürchteten Invasion der Osmanen geschützt sei. Dieses Portal markierte den Eingang der leoninischen Stadtmauern über die Via della Lungara, die antike Via Settimana. Sangallo hatte es wie einen Triumphbogen gestaltet. Als Michelangelo 1546 zum Festungsbaumeister von Rom ernannt wurde, blieb das Portal jedoch unvollendet. Die geplante Gestaltung ist heute nur noch anhand von Sangallos Entwürfen rekonstruierbar.

Bibl.: Giovannoni 1959, Bd. I, S. 357 und S. 366–367; Cerutti Annarosa Fusco: ›Antonio da Sangallo‹, in: Turner 1996, Bd. XXVII, S. 741–746.

309 *Pietà* (Marmor, Höhe 226 cm, Florenz, Museo dell'Opera del Duomo). Das unvollendete Werk wird zwischen 1547 und 1555 datiert. Die von Vasari beschriebene Restaurierung oder Überarbeitung der Gruppe durch Tiberio Calcagni wurde erst in jüngster Zeit von Antonio Forcellino angezweifelt. So gelten zwar die Ergänzungen an den Extremitäten als Reparaturen Calcagnis, die Bearbeitung der Oberfläche sowie die

Ausarbeitung der bisher ebenfalls Calcagni zugeschriebenen Maria Magdalena erkennt Forcellino jedoch als eigenhändiges Werk Michelangelos. Die Provenienz der *Pietà*, die Michelangelo wahrscheinlich für sein eigenes Grabmal anfertigte und in deren Figur des Nikodemus einige Autoren sein Selbstbildnis sehen, kann lückenlos zurückverfolgt werden. 1564 wird die *Pietà* erstmals im Besitz der Familie Bandini in Rom genannt. Im gleichen Jahr schlägt Vasari in einem Brief an Leonardo Buonarroti, Michelangelos Neffen und Erben, vor, die *Pietà* von den Bandini zu erbitten, um sie in Florenz auf dem Grabmal Michelangelos aufzustellen. Bis Januar 1649 verbleibt die Figurengruppe jedoch in einer Nische in der *vigna* der Villa Bandini in Rom. Zu diesem Zeitpunkt wird sie von Kardinal Luigi Capponi gekauft und in dessen Palazzo Montecitorio gebracht. Nach weiteren Verkäufen und Erbfällen gelangt die Skulptur zwischen 1652 und 1674 in den Besitz Cosimo III. de' Medicis. 1674 wird sie nach Florenz gebracht und zunächst in der Unterkirche von San Lorenzo und 1721 im Dom aufgestellt.

Die Ikonographie der *Pietà* beruht wohl auf Anleihen mittelalterlicher Bildformeln, die mit dem Einfluß der reformkatholischen Frömmigkeit der *spirituali* erklärt werden können. Obwohl die *Pietà* nicht fertiggestellt wurde, betont Vasari ihre Ausdruckskraft, was mit der Tatsache zu tun haben dürfte, daß die Figurengruppe aus einem einzigen Steinblock herausgearbeitet wurde. Diese bildhauerische Arbeit bewertet Vasari als besondere technische Herausforderung.

Bibl.: Coffin 1979, S. 191; Weil-Garris 1981; Shrimplin-Evangelidis 1989; Steinberg 1989; Poeschke 1992, S. 119–120; Carteggio indiretto, Bd. II, S. 180–183; Pope-Hennessy 1996b, S. 446–447; Nagel 1996; Arkin 1997; Paolucci 1997, S. 84–85; Nagel 2000, S. 202–212; Wallace 2000; Forcellino 2001; Fehl 2002; Trinchieri Camiz 2003; Verdon 2003; Wasserman 2003, S. 59–98; Zöllner 2005; Zöllner/Thoenes/Pöpper 2007, S. 393 und S. 435–436 (Zöllner).

310 Michelangelos Ernennung zum leitenden Architekten von Neu-Sankt Peter erfolgte im November 1546 durch Papst Paul III. und wurde am Neujahrstag 1547 von der Kommission mit einer Ernennungsurkunde bestätigt. Seine vorangegangene Weigerung, die Bauleitung zu übernehmen, erscheint verständlich, wenn man bedenkt, daß er damals über siebzig Jahre alt war. Die Behauptung, daß er dieses Amt allein aus Gründen der Frömmigkeit und daher unentgeltlich bekleidete, ist eine Legende, die Michelangelo wohl selbst verbreitete. Dabei fiel sein Honorar doppelt so hoch aus wie das für Antonio da Sangallo. Michelangelo hatte indes zur Bedingung gemacht, nach freiem Ermessen planen und handeln zu können (vgl. Condivi, Ed. Valdek, S. 83; Condivi, Ed.

Nencioni, S. 59). Als er das Amt des Bauleiters übernahm, war mit dem Holzmodell Sangallos ein Gesamtplan festgelegt. Dieser zeigte im Grundriß einen Zentralbau in Form eines griechischen Kreuzes, dem im Osten ein von zwei Türmen flankierter Bau mit einer Benediktionsloggia vorgelagert war. Unter Sangallo waren lediglich die Mauern des mit der Loggia verbundenen östlichen Querhausarmes hochgezogen und überwölbt worden, genauso der südliche Kreuzarm, der bereits teilweise unter Raffael erbaut und mit einem Gewölbe versehen worden war. Weiterhin waren die von Bramante errichteten, durch Bögen miteinander verbundenen Vierungspfeiler und die für die Kuppel ansatzweise gemauerten Pendentifs vorhanden, zu denen sich die Konterpfeiler für die Apsiden im Westen, Süden und Norden gesellten. Im Westen grenzte die Cappella Julia an, und an der Südseite war bereits ein Teil des Umgangs der Cappella del Re di Francia gebaut worden. Von dem geplanten Zentralbau waren also in immerhin bereits vierzigjähriger Bauzeit nur Teile realisiert worden.

Bibl.: Argan/Contardi 1993, S. 322; Bredekamp 2000, S. 25–61 und S. 70; Satzinger 2005, S. 62–63 und S. 69; Zöllner/Thoenes/Pöpper 2007, S. 363–365 (Thoenes); Bredekamp 2008, S. 27–74 und S. 84–85; Burioni 2008, S. 164.

311 Antonio da Sangallo und Werkstatt (Holzmodell von Neu-Sankt Peter, verschiedene Hölzer, Länge 7,36 m, 1539–1546, Rom, Vatikanstadt, Fabbrica di San Pietro). Das Modell sollte – nach den verschiedenen Planänderungen während der Tätigkeit Bramantes und Raffaels – die Struktur von Neu-Sankt Peter bis in alle Details festlegen. Seine Anfertigung kostete hohe Geldsummen und nahm die Energie Sangallos so sehr in Anspruch, daß er hauptsächlich an der Perfektionierung dieses Planes arbeitete, statt sich mit der Ausführung des realen Baus zu beschäftigen (vgl. Bettarini/Barocchi, *Vite*, Bd. V, S. 48–50). Hatte Vasari in der ersten Ausgabe der *Vite* Sangallo noch als einfallsreichen und Michelangelo überlegenen Baumeister präsentiert, schätzt er dessen Fähigkeiten als Architekt in der zweiten Ausgabe geringer ein und läßt ihn gegenüber Michelangelo, dem universalen Künstler und Künstler-Architekten, nachrangig erscheinen.

Bibl.: Benedetti 1995, S. 110–115; Bredekamp 2000, S. 58–61; Satzinger 2005, S. 60–61; Bredekamp 2008, S. 70–74; Burioni 2008, S. 143–155.

312 Gemeint ist der gotische Stil.

313 Michelangelo kritisierte Sangallos Architektur als ›gotisch‹ und überladen. Dabei war das Halbdunkel der Kirche wahrscheinlich der Architekturtheorie Albertis geschuldet, der in *De re aedificatoria* das Dämpfen des Lichts als glaubensfördernde Maßnahme beschrieben

hatte, wie Satzinger herausstellt. Die Äußerungen Michelangelos sind unter anderem durch die sogenannten ›Arberino-Briefe‹, den ›Prälaten-Brief‹ und den Brief an Bischof Ferratini überliefert (vgl. Carteggio 1979, Bd. IV, S. 251).

Bibl.: Bardeschi Ciulich 1977, S. 235–275; Frings 1998; Satzinger 2005, S. 62–63.

314 Michelangelo fertigte wahrscheinlich zunächst ein Tonmodell an, im Winter 1546/47 dann ein zweites Modell aus Holz. Beide sind nicht mehr erhalten. Bereits das erste Modell muß die konsequente Reduzierung des Sangallo-Entwurfs gezeigt und Paul III. die Abbruchpläne vor Augen geführt haben, die dann 1548/49 am Umgang der südlichen Querhausapsis umgesetzt wurden.

Bibl.: Bardeschi Ciulich 1977, S. 238 und S. 251; Argan/Contardi 1993, S. 325 und S. 327; Bredekamp 2000, S. 65; Satzinger 2005, S. 62.

315 Kurz nach seiner Ernennung zum Bauleiter äußerte sich Michelangelo nicht nur abfällig über die Ästhetik und die Praktiken der Sangallo-Partei. Er entließ außerdem zahlreiche Mitarbeiter seines Vorgängers, entmachtete das Netzwerk von assistierenden Architekten und Baukommissionären und provozierte damit heftigen Widerstand bei den Sangallo-Befürwortern, wie die Akten der Baukommission und die Korrespondenzen verschiedener ihrer Mitglieder zwischen 1546 und 1550 überliefern. Diese waren der Meinung, daß Michelangelo zu alt und die Mitarbeiter seines Vorgängers wesentlich erfahrener seien. Man befürchtete, daß seine Planänderungen zu keinem guten Ende geführt werden könnten. Daher versuchten sie, das *motu proprio* des Papstes, das ihm einen fast uneingeschränkten Handlungsspielraum eröffnete, zu verhindern. Sie wollten einen Alternativentwurf entwickeln lassen, ihrem Favoriten Nanni di Baccio Bigio erneut einen Posten innerhalb der Bauhütte verschaffen und mit Verweis auf Kostensteigerungen gegen Michelangelos Pläne intervenieren.

Bibl.: Bardeschi Ciulich 1977, S. 235 und S. 239, 243, 245, 251, 257, 261, 272; Saalmann 1978, S. 484–485; Bredekamp 2000, S. 66–72; Bredekamp 2008, S. 80–88.

316 Als *motu proprio* [lat.: ›aus eigenem Antrieb‹] wird ein Erlaß bezeichnet, der auf einem eigenständigen Gesetzgebungsakt des Papstes beruht. Im Unterschied zu anderen päpstlichen Erlässen weist er die persönliche Unterschrift des Papstes auf. Ein *motu proprio* besitzt zum Beispiel bei der Verteilung von Pfründen höhere Bedeutung als andere Urkunden. Der Erlaß Pauls III. in bezug auf Neu-Sankt Peter wurde am 8. Oktober 1549 unterzeichnet und bestätigte Michelangelos Modelle und Baumaßnahmen.

Bibl.: Steinmann/Pogatscher 1906, S. 400–408; Thomas Frenz: ›Motu proprio‹, in: LexMa, 2003, Bd. VI, Sp. 874–875; Bredekamp 2009.

317 Frey hat nachgewiesen, daß dies eine Legende ist, denn es sind Zahlungen der Fabbrica di San Pietro an Michelangelo überliefert. Der Künstler selbst ließ diese Behauptung durch Condivi veröffentlichen, um einerseits seine Unabhängigkeit von der Kurie und der Fabbrica zu demonstrieren, andererseits um seiner Frömmigkeit Ausdruck zu geben (vgl. Condivi, Ed. Valdek, S. 82–83; Condivi, Ed. Nencioni, S. 59). Darüber hinaus kann angenommen werden, daß Michelangelo mit dieser Bemerkung seine Opposition gegen die Anhänger des Sangallo-Modells artikulieren wollte. Schließlich hatte er diesen vorgeworfen, sich an dem Bauprojekt finanziell bereichert zu haben.

Bibl.: Frey 1923–1940, Bd. II, S. 171; Barocchi 1962, Bd. III, S. 1459–1460; De Maio 1990, S. 309–310; Mussolin 2006b; Bredekamp 2009.

318 Die Zollstelle, die an einer Brücke oder Furt des Po gestanden hat und deren Einkünfte Michelangelo zugute kamen, befand sich nicht bei Parma, sondern bei Piacenza. Michelangelo erhielt dieses Privileg, als er 1535 zum leitenden Architekten, Maler und Bildhauer des Vatikans ernannt wurde. Sein Freund Luigi del Riccio, der unter anderem für die Strozzi-Bank arbeitete, verwaltete für ihn bis zu seinem Tod 1546 die Einkünfte aus dieser Zollstelle, die pro Jahr 600 Dukaten betrugen. Als Karl V., dem das Herzogtum von Piacenza nach der Ermordung Pier Luigi Farneses 1547 erneut zufiel, diese Einkünfte für sich beanspruchte, wurde Michelangelo das Anrecht auf die Einnahmen durch die päpstliche Verwaltung wieder entzogen. Als Kompensation erhielt er die Einkünfte der Kanzlei in Rimini, die sich auf 22 Golddukaten pro Monat beliefen.

Bibl.: Barocchi 1962, Bd. III, S. 1460–1466; De Maio 1990, S. 356–358; Hatfield 2002, S. 163.

319 Pier Luigi Farnese (*1503 Rom – †1547 Piacenza), der Sohn von Alessandro Farnese, des späteren Papstes Paul III., kämpfte 1528 während des Kriegs der Liga von Cognac als Söldner für Karl V. gegen die päpstlichen Truppen. Als sein Vater zum Papst gewählt wurde, ernannte dieser ihn 1537 zum päpstlichen *gonfaloniere* und Herzog von Castro. Der Festungsbau war ein Anliegen Pier Luigi Farneses, womit er Antonio da Sangallo den Jüngeren beauftragte. An seinem Hof beschäftigte er darüber hinaus Francesco Salviati und Girolamo Siciolante als Hofmaler. 1547 wurde er, kurz nach seiner Ernennung zum Herzog von Parma und Piacenza, in Piacenza ermordet.

Bibl.: Clare Robertson: ›Farnese, Pier Luigi‹, in: Turner 1996, Bd. X, S. 809.

320 Alessandro Ruffini (†1579 Rom), Kanoniker von Sankt Peter und Bischof von Melfi, bei Condivi auch als Kämmerer und Truchseß des Papstes bezeichnet (vgl. Condivi, Ed. Valdek, S. 83; Condivi, Ed. Nencioni, S. 59). Er betätigte sich als Sammler antiker Statuen, die unter anderem in einer Edition von Ulisse Aldrovandis Traktat *Delle statue antiche* (1562) erwähnt wurden. In Frascati ließ sich Ruffini eine heute noch bestehende prachtvolle Villa errichten.

321 Piergiovanni Aliotti (Lebensdaten unbekannt), zunächst *guardarobiere* unter Clemens VII., dann von Papst Paul III. zum Bischof von Forlì ernannt. Michelangelo gab ihm wegen seines angeblich ungezügelten Machthungers den Spitznamen ›Tantecose‹. Vasari erwähnt ihn ein weiteres Mal in seiner eigenen Vita. Zudem spielt dieser Kämmerer, der auch als geheimer Schatzmeister des Papstes fungierte, in der Autobiographie Benvenuto Cellinis eine unglückliche Vermittlerrolle (vgl. Cellini, *Mein Leben*, S. 180–188; Vasari, *Mein Leben*, S. 67).

Bibl.: Barocchi 1962, Bd. III, S. 1460.

322 In seinem Breve vom 11. Oktober 1549 befürwortete Paul III. das Modell Michelangelos und stattete den Architekten in bezug auf die Realisierung dieses Modells mit allen Befugnissen aus. Weiterhin regelte das Breve, daß das Modell auch in Zukunft nicht verändert werden sollte, womit der Entwurf Michelangelos unantastbar wurde.

Bibl.: Steinmann/Pogatscher 1906, S. 400–403.

323 Das Gesims zwischen Pendentifs und Kuppeltambour entstand 1548–1552.

Bibl.: Argan/Contardi 1993, S. 327.

324 Vasari beschreibt hier die ersten Baumaßnahmen am südlichen Querhausarm, die auch Arbeiten zum Abriß des von Raffael und Sangallo geplanten Umgangs einschlossen sowie eine Durchfensterung der Querhausarme. Der Abbruch der von Sangallo gebauten Mauern scheint besonders großen Aufruhr unter den Vertretern der Baukommission hervorgerufen zu haben.

Bibl.: Bardeschi Ciulich 1977; Saalman 1978.

325 Michelangelos Entwürfe wurden von Étienne Dupérac 1568/69 in Kupfer gestochen. Die Stiche folgen zusammen mit Vasaris Kuppelbeschreibung dem Wunsch, die authentischen Pläne Michelangelos schriftlich und bildlich zu fixieren.

Bibl.: Wittkower 1933; Eckhard Leuschner: ›Dupérac‹, in: AKL, 2002, Bd. XXXI, S. 42; Thoenes 2006, S. 76.

326 Michelangelo besuchte die Baustelle anfangs beinahe täglich.

Bibl.: Bredekamp 2000, S. 71.

327 Faßte man in der Antike unter dem Begriff *populus* alle erwachsenen

männlichen Bürger Roms, die den römischen Staat bildeten, erfuhr der Begriff im Mittelalter eine Wandlung: Er bezeichnete zunächst diejenigen Stadtbewohner, die nicht adelig waren und mit eigenen Institutionen, wie zum Beispiel den Zünften, am städtischen Leben teilnahmen. Im Verlauf des Mittelalters gelang es wirtschaftlich erfolgreichen Bürgern, innerhalb des *popolo* aufzusteigen, der in Rom stets ein Gegengewicht zum Papsttum bildete. So relativierte sich das gesellschaftliche und ökonomische Gefälle zwischen den adeligen und nichtadeligen Familien einer Kommune. Letztlich gewannen die wohlhabendsten Familien in der Stadtregierung den größten Einfluß. In Rom wurden im 12. Jahrhundert nach antikem Vorbild einer oder mehrere Senatoren eingesetzt, die auf dem Kapitol im Senatorenpalast regierten. Der politische Einfluß des *popolo romano*, der sich stets in Abhängigkeit von der Kurie befand, konnte sich jedoch nie in vollem Umfang entfalten. So mußten die Angehörigen des *popolo* gegenüber der Kirche einen Treueid leisten. Dennoch formte der *popolo romano*, der mit dem Papst und der Kurie die Belange der römischen Stadtbevölkerung verhandelte, die Identität der römischen Kommune.

Bibl.: Hartmut Galsterer: ›Populus‹, in: *Der Neue Pauly*, 2001, Bd. X, S. 155; Ester Capuzzo: ›Popolo‹, in: LexMa, 2003, Bd. VII, Sp. 100; Mario Sanfilippo: ›Rom: Vom 11. bis zum 15. Jahrhundert‹, in: LexMa, 2003, Bd. VII, Sp. 972–978.

328 Der Kapitolsplatz, einer der ältesten Plätze Roms, dessen Existenz der Überlieferung nach mit der Gründung Roms zusammenhing, war bis zum 6. Jahrhundert ein politisches und religiöses Zentrum der Stadt. Seit dem Mittelalter residierten an diesem Ort die Repräsentanten der städtischen Institutionen: der Senat und die drei Konservatoren, die den *popolo romano* vertraten und im Konservatorenpalast tagten. Im Verlauf des Mittelalters büßten die beiden Gremien ihren Handlungsspielraum zusehends ein, zumal ihre Befugnisse politischen Schwankungen unterlagen. So war beispielsweise der Senator bereits im 13. Jahrhundert zum Statthalter des Papstes geworden. Eine Statutenreform schränkte 1469 schließlich die Handlungsfreiheit der Konservatoren so weit ein, daß die Strafverfolgung und -ausübung an eine päpstliche Institution übertragen und nur noch der Handel und das öffentliche Bauwesen in der Hand der Kommunalverwaltung lagen. Damit war die politische Macht der Konservatoren stark gemindert, und auch das Kapitol hatte als städtischer Platz an Bedeutung eingebüßt.

Die Neugestaltung des Platzes unter Papst Paul III. ist also keineswegs Ausdruck einer gewachsenen politischen Bedeutung der kommunalen Verwaltung. Ein bedeutender Schritt zur Neugestaltung des

Kapitols wurde 1538 mit der Aufstellung des *Reiterstandbilds des Marc Aurel* vorgenommen. Es ersetzte von diesem Zeitpunkt ab die zuvor auf dem Platz aufgestellte *Kapitolinische Wölfin*. 1539 erhielt das Reiterdenkmal einen neuen Sockel mit ovalem Grundriß und einer Sockelinschrift. Zudem wurden die beiden Figuren der Flußgötter *Nil* und *Tigris* 1546/47 (zwischen 1565 und 1568 zu einem *Tiber* umgearbeitet, auf den sich Vasari hier bezieht) vom Konservatorenpalast an die Front des Senatorenpalastes versetzt. Die Umstellung der Statuen geschah im Zusammenhang mit der Umgestaltung des Kapitols. Diese begann ab 1542 oder 1544 mit der Errichtung einer Loggia an der Nordseite bei der Kirche Santa Maria Aracoeli durch Jacopo Meleghino und Nanni di Baccio Bigio. Zwischen 1546 und 1547 wurde der Treppenaufgang dieser Loggia und die Treppenanlage des Senatorenpalasts errichtet und dessen Fassade erneuert. Während die Treppe 1552 fertiggestellt war, dauerte die Vollendung der Fassade des Senatorenpalastes bis 1602. Durch ein in das Pflaster eingelassenes Oval und eine Brüstung am westlichen Ende wurden schließlich zwischen 1559 und 1561 die einzelnen Bauglieder mit dem Platz und dem *Reiterdenkmal des Marc Aurel* visuell zu einer Einheit zusammengefügt. Die durch das Ornament des Pflasters unterstrichene zentrale Position des Reiterdenkmals verweist auf die antike Funktion des Kaiserbildnisses, in dessen Umkreis Bedürftige Schutz und Asyl suchen konnten.

Ab 1563 wurde die Fassade des Konservatorenpalastes durch einen vorgelagerten Portikus ergänzt. Die gesamte Fassade, einschließlich der Balustrade auf dem Dach und ihrer Skulpturen, die Giacomo della Porta zugeschrieben werden, war 1586 vollendet. Vasaris Beschreibung des Konservatorenpalastes nimmt auf Statuennischen Bezug, die jedoch an der Fassade nicht existieren. Der Bau des Pendants zum Konservatorenpalast, des Neuen Palastes, erfolgte zwischen 1603 und 1654.

Ob sämtliche Baumaßnahmen auf einen Gesamtentwurf Michelangelos zurückgehen, wie Vasari nahelegt, läßt sich angesichts der langen, mehrfach unterbrochenen Bauzeit nicht eindeutig feststellen. Es ist nicht auszuschließen, daß Giacomo della Porta, der die Bauleitung noch zu Michelangelos Lebzeiten 1562 übernommen hatte und ab 1564 sein Nachfolger als leitender Architekt wurde, Modifikationen am Entwurf der Platzkonzeption und den Gebäuden vornahm.

Bibl.: Pastor 1886–1933, Bd. V, 8.–9. Aufl. 1925, S. 162–173 und S. 753–755; Ackerman 1961, Bd. I, S. 54–74, und Bd. II, S. 49–66; Bonelli 1964a; Thies 1982, S. 7–172; Liebenwein 1984; Güthlein 1985, S. 87–104, 116; Nova 1985, S. 113–118; Ebert-Schifferer 1988, S. 75–122; Argan/Contardi 1993, S. 210–264; Burroughs 1993; Burroughs 1995;

Morrogh 1994; Bellini 2001; Zöllner/Thoenes/Pöpper 2007, S. 356–361 und S. 476–479 (Thoenes); Bedon 2008, S. 51–69 und S. 88–199.

329 *Reiterstatue des Marc Aurel* (Bronze, Höhe 424 cm, 161–180, Rom, Kapitolinische Museen). Das kaiserliche Reiterstandbild entging als eines der wenigen antiken Bildwerke dem Ikonoklasmus des frühen Christentums und wurde bis ins Hochmittelalter als Porträt des christlichen Kaisers Konstantin rezipiert. Bis zur Versetzung auf das Kapitol 1538 befand es sich im Lateran und galt als ein Symbol des Papsttums. Im 15. Jahrhundert erkannte man es als römisches Kaiserbildnis, woraufhin es zum Vorbild groß- und kleinformatiger Reiterstandbilder und zu einer der am häufigsten wiedergegebenen antiken Statuen wurde, ob als Kleinplastik oder als (Druck-)Graphik. Heute befindet sich eine moderne Kopie der Statue auf dem Kapitolsplatz. Das Original ist zum Schutz vor Umwelteinflüssen im Hofeingang des Neuen Palastes in eine Glasvitrine verbracht worden.

Bibl.: Haskell/Penny 1998, S. 252–255; Zöllner/Thoenes/Pöpper 2007, S. 476 (Thoenes).

330 Tommaso de' Cavalieri (*1509/10 Rom – †1587 Rom), Abkömmling einer römisch-florentinischen Bankiersfamilie, galt als schön, musisch, künstlerisch und literarisch gebildet und begabt. Ende 1532 machte er die Bekanntschaft Michelangelos. Aus dieser Begegnung erwuchs eine enge Freundschaft. Besonders die Briefe des Künstlers belegen die tiefe Zuneigung, ja Liebe, die Michelangelo für Cavalieri empfand (vgl. Carteggio 1973, Bd. III, S. 443–446; Carteggio 1979, Bd. IV, S. 1–3 und S. 12, 26–30, 49). Diese gründete nicht zuletzt auf dessen Kunstinteresse, das zu eigenen Zeichenübungen und Unterricht durch Michelangelo in den Jahren 1533/34 führte. Michelangelo schuf für Tommaso de' Cavalieri einige seiner schönsten und anspruchsvollsten Blätter, den *Raub des Ganymed*, die *Bestrafung des Tityos*, den *Sturz des Phaeton* und ein *Kinderbacchanal*. Wahrscheinlich war Tommaso de' Cavalieri die einzige Person, die Michelangelo je eigenhändig porträtierte. Allerdings wird eine Zeichnung im Londoner British Museum, die zwischen 1528 und 1532 datiert wird (schwarze Kreide, 411 x 292 mm), als Porträt Andrea Quaratesis angesehen, eines weiteren Freundes Michelangelos, der ebenfalls Zeichenunterricht von ihm erhielt. Cavalieri übernahm später verschiedene Ämter in der römischen Kommunalverwaltung und setzte sich für die Projekte Michelangelos ein. Vor allem beschäftigte ihn das Kapitol, dessen bauliche Neugestaltung er von 1548 bis 1575 als Beauftragter der Fabbrica des Kapitolsplatzes mitbestimmte. 1564 und 1571 war er selbst Mitglied des Kollegiums der drei von der Bürgerschaft gewählten Konservatoren und diente darüber hinaus Kardinälen und Päpsten als Rat-

geber bei Bauprojekten und der Erwerbung von Antiken. Die Freundschaft Tommaso de' Cavalieris mit Michelangelo hatte bis zum Tod des Künstlers Bestand. Gemeinsam mit Daniele da Volterra war er dessen Nachlaßverwalter.

Bibl.: Perrig 1967; Alexander Perrig: ›Cavalieri, Tommaso de'‹, in: DBI, 1979, Bd. XXII, S. 678–680; Frommel 1979, S. 6–21 und S. 34–35, S. 76; Perrig 1991, S. 75–79; Saslow 1996; Güse/Perrig 1997, S. 131–133; Bardeschi Ciulich/Ragionieri 2001, S. 86 (Marongiu); Chapman 2005, S. 19–21; Sickel 2006; Schumacher 2007, S. 167–175; Zöllner/Thoenes/Pöpper 2007, S. 256–260 (Thoenes); Bedon 2008, S. 135–139.

331 Nachdem Kardinal Alessandro Farnese 1534 zum Papst (Paul III.) gewählt worden war, beauftragte er Antonio da Sangallo den Jüngeren mit der Erweiterung seines Palastes. Als Michelangelo dieses Bauprojekt nach Sangallos Tod 1546 übernahm, war das Gebäude einschließlich der Basis des obersten, dritten Stockwerks fertiggestellt. Michelangelo erhöhte die Fassade um etwas mehr als zwei Meter und bekrönte das obere Stockwerk mit einem antikisierenden Gesims. Darüber hinaus geht die außerordentlich reiche und prächtige Gestaltung der Innenhoffassaden auf Michelangelo zurück. Um dem Auftraggeber, Papst Paul III., die Wirkung des Entwurfs vor Augen zu führen, fertigte er ein Holzmodell des Gesimses mit einer Breite von 3,50 Metern an, das am Gebäude befestigt wurde. 1565 wurde beim Bau des Konservatorenpalastes ebenfalls ein Holzmodell eingesetzt, um die Wirkung von Pilasterkapitellen und Kranzgebälk zu überprüfen. Um das Kranzgesims entbrannte ein heftiger Streit, der in dem Vorwurf der Schüler und ehemaligen Mitarbeiter Antonio da Sangallos gipfelte, Michelangelo habe die Statik der Fassade durch das übergroße Gesims beeinträchtigt. Dies entspricht aber wohl nicht den Tatsachen. Die Fassadenmauer gab bereits vorher an einer Stelle nach, da sie zum Teil über einem Hohlraum errichtet worden war. Seine Planungen konnten bis zur Mitte des Jahres 1547 umgesetzt werden, so daß der Palast, wie Vasari schreibt, durch die *varietà* der verschiedenen Bauelemente sowohl moderne als auch antike Bauwerke in Rom übertraf. Obwohl das Gebäude noch nicht fertiggestellt war – so fehlten zum Beispiel noch die Seitenflügel des Palazzo –, wurde Michelangelo 1549, nach dem Tod Papst Pauls III., als leitender Architekt von Jacopo Barozzi da Vignola abgelöst, der auch alle anderen Bauvorhaben der Farnese betreute.

Bibl.: Ackerman 1961, Bd. I, S. 75–88, Bd. II, S. 67–75; Barocchi 1962, Bd. IV, S. 1529–1543; Bonelli 1964b; Frommel 1973, Bd. I, S. 123–125, und Bd. II, S. 103–148; Thies 1982, S. 154; Argan/Contardi 1993,

S. 265–269; Conforti 2001; Zöllner/Thoenes/Pöpper 2007, S. 370–371 und S. 483–484 (Thoenes).

332 Die umstrittenen Neuerungen, die Michelangelo am Palazzo Farnese eingeführt hatte, bewertet Vasari positiv und argumentiert so gegen die römischen Kritiker Michelangelos.

Bibl.: Ackerman 1961, Bd. II, S. 76–77; Barocchi 1962, Bd. IV, S. 1543–1552; Bonelli 1964b; Frommel 1973, Bd. II, S. 141–143 und S. 147; Argan/Contardi 1993, S. 270; Vasari, *Einführung in die Künste*, S. 60–62.

333 Die Spiegelgewölbe wurden von Michelangelo eingearbeitet. Er trug damit der Notwendigkeit Rechnung, die Deckenhöhe niedrig zu halten, um darüber Raum für ein vollwertiges Mezzaningeschoß mit Wirtschafts- und Wohnräumen zu schaffen, das im Entwurf Sangallos viel weniger hoch geplant war.

Bibl.: Ackerman 1961, Bd. II, S. 76; Frommel 1973, Bd. II, S. 141–143.

334 *Farnesischer Stier* (Marmor, Höhe 370 cm, frühes 3. Jahrhundert, Neapel, Museo Archaeologico Nazionale). 1545 wurde die Skulpturengruppe in den Caracalla-Thermen entdeckt und 1546 in den Palazzo Farnese überführt. Auf den Rat Michelangelos hin wurde die Gruppe teilweise restauriert. Es war vorgesehen, die Skulptur in einen Brunnen zu verwandeln und diese im Garten aufzustellen. Das Projekt kam aus Kostengründen nicht zustande, so daß die Stiergruppe in einem eigenen Raum beim Gartenhof des Palastes verblieb. Als Besitz der Familie Farnese gelangte die Statue wie viele andere Prunkstücke der Sammlung später nach Neapel.

Bibl.: Ackerman 1961, Bd. I, S. 86; Frommel 1973, Bd. II, S. 144 und S. 147; Haskell/Penny 1998, S. 165–167.

335 Das Vorhaben, den Palazzo Farnese mit den Gärten am gegenüberliegenden Tiberufer durch eine Holzbrücke zu verbinden, wurde aus finanziellen Gründen nicht realisiert.

Bibl.: Frommel 1973, Bd. II, S. 144; Nova 1985, S. 140.

336 Sebastiano del Piombo (*um 1485/86 Venedig – †1547 Rom)

337 Guglielmo della Porta (*Geburtsdatum unbekannt, Porlezza – †1577 Rom)

338 Vasari spielt hier auf den Konflikt zwischen Michelangelo und Guglielmo della Porta an, der um die Ausführung und Aufstellung des Grabmals des Papstes in Neu-Sankt Peter entstand (s. Anm. 340).

339 Papst Julius III., weltlich Giovanni Maria del Monte (*1487 Rom – †1555 ebenda). Nach seinem Studium der Jurisprudenz in Perugia und Siena wurde er als Nachfolger seines Onkels und Mentors Kardinal Antonio del Monte 1511 zum Erzbischof von Siponto (heute Manfredonia in Apulien) ernannt. 1533 unterstützte er diesen bei seinen Regierungs-

aufgaben in Rom und wurde nach dessen Tod 1534 päpstlicher Vize-Legat von Bologna. Zwei Jahre später erhielt er den Kardinalshut. 1545 wurde er zum päpstlichen Legaten von Bologna ernannt und führte im Auftrag Pauls III. den Vorsitz über das Konzil von Trient. Paul III. schätzte Giovanni Maria sowohl wegen seiner rhetorischen und administrativen Fähigkeiten als auch wegen seiner Loyalität, was ihm möglicherweise im Konklave von 1550 die Unterstützung der Farnese-Fraktion einbrachte. Cosimo I. de' Medici war wohl sein wichtigster politischer Verbündeter, der im Dezember 1549 bereits den Boden für seine Wahl zum neuen Papst bereitete.

Bibl.: Nova 1988, S. 15–57.

340 Abweichend von Vasaris Schilderung wurde das Grabmal wahrscheinlich 1544 in Auftrag gegeben, als Paul III. einen gerade aufgefundenen antiken Sarkophag für seine Bestattung bestimmte. Die Ausführung wurde Guglielmo della Porta 1547 übertragen, kurze Zeit darauf entstand das Modell der Porträtbüste, die in das Grabmal integriert werden sollte. Ein nicht erhaltenes Holzmodell, für das aus dem Jahr 1550 Zahlungen überliefert sind, zeigte den detaillierten Entwurf. Das als Freigrab entworfene Monument folgte in der Größe dem ersten Entwurf des Juliusgrabes von Michelangelo. Über einem viereckigen Grundriß, an dessen Seiten allegorische Figuren der vier Jahreszeiten auf Voluten wie in der neuen Sakristei von San Lorenzo lagerten, erhob sich ein Gehäuse, dessen Ecken mit Pilastern verkröpft waren und das von einer thronenden Porträtstatue des Papstes auf trapezförmigem Sockel bekrönt wurde. Aus einem Brief Annibale Caros vom 5. August 1551 geht hervor, daß sich Guglielmo della Porta mit Michelangelo über das Modell beraten hatte. Abgesehen von den deutlichen Anleihen bei Michelangelo stellten della Portas Entwurf und die spätere Ausführung insofern eine Neuerung dar, als er die architektonischen Strukturen gezielt durch den Einsatz von Buntmarmor, Marmor und Bronze akzentuierte.

Der Aufstellungsort des Grabmals ist nur bei Vasari angegeben. Vermutlich ist damit der östliche Vierungsbogen gemeint, weil dort bereits zu Lebzeiten Pauls III. Platz vorhanden war. Das Freigrab wurde letztlich aus politischen Gründen und aufgrund der Weigerung Michelangelos nicht an diesem Ort verwirklicht. Darüber hinaus kamen aus den Reihen der Baukommission Einwände gegen das Modell auf. 1550 erarbeitete der Architekt Francesco Paciotto einen Gegenentwurf. Schließlich wurde nur die Bronzestatue des Papstes aufgestellt, wahrscheinlich am südlichen Kreuzarm in der Nähe des Zugangs zur Reliquientribuna, ihre Enthüllung erfolgte 1559. Dieser nicht zuletzt durch Michelangelos Kritik erwirkte Kompromiß machte die von della Porta entwickelten

Entwürfe hinfällig. Jedoch hatte della Porta die Idee eines Freigrabes nie aufgegeben, so daß er nach dem Tod Michelangelos neue Anstrengungen unternahm, diese Idee zu verwirklichen. 1574 wurde das Freigrab dann im östlichen Arm von Neu-Sankt Peter, vor der Seitenkapelle Gregors XIII. errichtet. Im Zuge der weiteren Bauarbeiten am Dom wurde es jedoch bald wieder entfernt. 1588 befand es sich in der Nische des Kuppelpfeilers, in dem heute die Statue des Heiligen Andreas steht. 1628 erfolgte die letzte Versetzung in die Nische der Tribuna.

Bibl.: Gramberg 1984, S. 255–281.

341 Vasari verhandelte, als er Julius III. nach seinem Amtsantritt in Rom huldigte, mit Guglielmo della Porta über die Umwandlung des Grabmals Pauls III. in ein Wandgrabmal. Daß Vasari Augenzeuge der geschilderten Ereignisse war, verleiht seiner Schilderung historische Authentizität.

Bibl.: Gramberg 1984, S. 263.

342 Julius III. beauftragte noch als Kardinal kurz vor seiner Wahl zum Papst am 7. Februar 1550 Giorgio Vasari mit dem Bau einer Familienkapelle neben dem Hochaltar von San Pietro in Montorio. Michelangelo war als Gutachter, der den Preis festsetzen sollte, sowie als Aufseher über die Arbeiten bestellt. Der Skulpturenschmuck der Kapelle wurde von Bartolomeo Ammannati ausgeführt, die Freskierung des Gewölbes der Kapelle mit Szenen aus dem Leben des Heiligen Paulus übernahmen Gehilfen. Vasari malte 1550/51 das Altarbild, das die *Heilung des blinden Saulus durch Ananias* zeigt (Öl auf Holz, 370 x 263 cm, Rom, San Pietro in Montorio, Cappella del Monte). In seiner Autobiographie berichtet Vasari von dem Auftrag des Papstes und dem Wohlwollen, mit dem Michelangelo sein Altarbild bewertete, hatte er es doch in Variation zu dessen Gemälde in der Cappella Paolina geschaffen (vgl. Vasari, *Mein Leben*, S. 66 und S. 139–140).

343 Simone Mosca (*1492 San Martino a Terenzano oder Settignano – †1553 Orvieto)

344 Bartolomeo di Antonio Ammannati (*1511 Settignano – †1592 Florenz)

345 Nanni di Baccio Bigio (Geburtsdatum und -ort unbekannt, †1568)

346 Giovanni Norchiati (Geburtsdatum und -ort unbekannt, †1541), ab 1522 Kanoniker von San Lorenzo in Florenz, war Mitglied der Accademia degli Umidi und ein Freund Michelangelos. Er verfaßte mehrere Werke, darunter einen 1538/39 veröffentlichten Traktat über die toskanischen Doppellaute, einen Vitruv-Kommentar und ein Wörterbuch der Künste, die beide bei seinem Tod unvollendet waren.

Bibl.: Laschke 1993, S. 12.

[347] Michael Hirst faßt die verschiedenen älteren Thesen zu diesem Editionsprojekt zusammen und führt aus, daß es in Umfang und Inhalt schwer zu bestimmen sei, eben weil der Dialog nicht veröffentlicht wurde und der Autor in anderen Quellen den Inhalt ebenfalls nur andeutete.

Bibl.: Barocchi 1962, Bd. IV, S. 1567; Hirst 2004a, S. 33–34, Anm. 6.

[348] Die Bestätigung durch Julius III., daß der Entwurf Michelangelos unantastbar sei, erfolgte am 23. Januar 1552.

Bibl.: Bredekamp 2000, S. 72.

[349] Die Treppe, die in den oberen Garten des Belvedere führt, wurde um 1550/51 ausgeführt. Vasari überlieferte erstmals Michelangelo als Urheber. Aufgrund verschiedener Modifikationen in späteren Jahrhunderten ist die ursprüngliche Form der Treppenanlage nicht vollständig erhalten. Einige gedruckte Ansichten des Belvedere vermitteln jedoch einen Eindruck von ihr.

Bibl.: Ackerman 1961, Bd. II, S. 115–116; Barocchi 1962, Bd. IV, S. 1573–1576; Carratù/Ragionieri 2003, S. 139–140.

[350] Dieses 1550 entstandene Sonett schickte Michelangelo an Vasari als Dank für sein Exemplar der ersten Ausgabe der *Vite* (vgl. Michelangelo, *Rime*, S. 132 und S. 445; Engelhard 1992, S. 70). Wie eine vergleichbare Äußerung in einem Brief an Vasari vom 1. August 1550 (s. Anm. 352) läßt das Sonett Michelangelos ironische Sicht auf Vasaris Werk erkennen. Zum einen zollt er in beiden schriftlichen Quellen Vasaris Leistung als Autor seine Anerkennung. Zum anderen macht Michelangelo aber deutlich, daß er in der Huldigung Vasaris auch eine Vereinnahmung sah.

Bibl.: Engelhard 1992, S. 130–132; Burioni 2008, S. 155–156.

[351] Bindo Altoviti (*1491 Rom – †1557 ebenda) stammte aus einer angesehenen florentinischen Familie, deren Ursprünge sich in das 13. Jahrhundert zurückverfolgen lassen. Die Altoviti gründeten im 15. Jahrhundert eine Bank mit Niederlassungen in Lyon und Marseille. Im späteren 15. Jahrhundert kam eine weitere Niederlassung in Rom hinzu, die Bindo Altoviti seit 1507 leitete. Mit der Schließung der Chigi-Bank 1528 stieg er gemeinsam mit Filippo Strozzi dem Jüngeren zum größten Finanzier des päpstlichen Stuhls in Rom auf. Zeitlebens zählte er zu den Unterstützern der Republik von Florenz, und sein Palast war ein Treffpunkt gleichgesinnter Florentiner im römischen Exil. Aus diesem Grunde wurde er kontinuierlich von dem Abgesandten Cosimo I. de' Medicis in Rom, Averardo Serristori, überwacht und mußte die Konfiszierung seiner Besitztümer in Florenz hinnehmen. Als päpstlicher Verwalter des Kornvorrats von Rom, der Marken bei Ancona und der

Grafschaft von Spoleto sowie als Verwalter der Gelder der apostolischen Kammer war sein Einfluß 1554 auf dem Höhepunkt angelangt. Seine umfangreichen kulturellen Interessen spiegelten sich in seinem Mäzenatentum für zahlreiche namhafte Künstler, darunter Raffael und Benvenuto Cellini, und in seiner Sammelleidenschaft, die ihn mit ebenso gebildeten Kardinälen verband. Dabei nahm er einerseits die Rolle eines Vermittlers zwischen Kurie und Künstlern ein, indem er beispielsweise Vasari mit Alessandro Farnese bekannt machte, profitierte aber zugleich von diesen Kontakten. So schenkte ihm Michelangelo einen Karton zum Fresko der *Trunkenheit Noahs* in der Sixtinischen Kapelle, sicherlich nicht zuletzt deswegen, weil er Finanztransaktionen für ihn ausführte.

Bibl.: Aldo Stella: ›Altoviti, Bindo‹, in: DBI, 1960, Bd. II, S. 574–575; Clare Robertson: ›Altoviti, Bindo‹, in: Turner 1996, Bd. I, S. 734–735; Bullard 2003; Simoncelli 2003; Pegazzano 2003a; Pegazzano 2003b.

352 Der Brief Michelangelos vom 1. August 1550 an Vasari ist im Original erhalten (vgl. Carteggio 1979, Bd. IV, S. 346–347). In ironischem Ton signalisiert er Vasari darin, daß er sich der in der ersten Ausgabe der *Vite* verwendeten literarischen Strategien bewußt war und die Darstellung seiner Persönlichkeit kritisch betrachtete (s. Anm. 350).

Bibl.: Burioni 2008, S. 155–156.

353 Der Brief Michelangelos an Vasari vom 13. Oktober 1550 ist erhalten (Carteggio 1979, Bd. IV, S. 355).

354 Gemeint ist Piergiovanni Aliotti (vgl. Anm. 321).

355 Dem Kämmerer des Papstes wurde ein großer Einfluß auf den Papst nachgesagt.

Bibl.: Barocchi 1962, Bd. IV, S. 1580–1581; Vasari, Ed. Chastel, Bd. IX, S. 274, Anm. 11.

356 Kardinal Giovanni Salviati (*1490 Florenz – †1553 Rom) war ein Sohn des Jacopo di Giovanni Salviati und der Lucrezia de' Medici, einer Tochter Lorenzo il Magnificos. Papst Leo X., sein Onkel, ernannte ihn im November 1517 zum Kardinal von Santi Cosma e Damiano und zum apostolischen Protonotar. Zu seinen Bistümern gehörten Ferrara, Fermo, Volterra und Trani. Die Ernennung Giovannis zum Kardinal kann als Ausdruck der engen verwandtschaftlichen und finanziellen Beziehungen zwischen den Salviati und den Medici gesehen werden, kamen dem Inhaber des Kardinalsamtes doch die Pfründe seiner Bistümer zugute. Doch Giovanni Salviati zeichnete auch politisches Geschick aus, das ihn zu einem der angesehensten Mitglieder im Kardinalskollegium werden ließ. Unter Clemens VII. verhandelte er nach dem ›Sacco di Roma‹ mit Karl V. und Franz I., er engagierte sich für die Freilassung

seines Cousins Clemens VII. sowie in der mediceischen Heiratspolitik. Giovannis Schwester Maria heiratete Giovanni de' Medici, genannt ›delle Bande Nere‹, aus deren Verbindung der spätere Herzog Cosimo I. hervorging.

Auch seinen beiden Brüdern, Lorenzo und Bernardo, gelang es durch Heirat und geistliche Ämter, an politischem Einfluß innerhalb der römischen Adelsgesellschaft und der Kurie zu gewinnen. Giovanni Salviati war ein wichtiger Mäzen. Benvenuto Cellini fertigte für ihn die berühmte *Saliera* an (Wien, Kunsthistorisches Museum). Es gelang ihm außerdem, zahlreiche namhafte Künstler wie Carlo Maderno, Bartolomeo Ammannati, Baccio Bandinelli oder Alessandro Allori für Bauprojekte zu engagieren.

Bibl.: Berton 1969 (1857), S. 1499–1501; Hurtubise 1985, S. 167–184; Chiara Stefani: ›Salviati‹, in: Turner 1996, Bd. XXVII, S. 648.

[357] Marcello Cervino (*1501 Montepulciano – †1555 Rom) wurde 1540 von Paul III. zum Kardinal berufen und 1555 zum Papst gewählt. Papst Marcellus II. starb jedoch am 30. April 1555 nach nur 21 Tagen im Amt.

[358] Die Gegner Michelangelos, zu denen seit Beginn seiner Tätigkeit als Bauleiter nicht nur Architekten, wie Nanni di Baccio Bigio, sondern auch Mitglieder der Baukommission gehörten, veröffentlichten Anfang 1550 eine Denkschrift, in der sie Michelangelo die hier von Vasari überlieferten Fehler anlasteten.

Bibl.: Bardeschi Ciulich 1977; Saalmann 1978, S. 488; Bredekamp 2000, S. 68–69; Bredekamp 2008, S. 83.

[359] Vasari übernimmt diese Information aus Condivis Vita Michelangelos (vgl. Condivi, Ed. Valdek, S. 80; Condivi, Ed. Nencioni, S. 57). Ein Fassadenmodell wurde Ende 1551 bis Februar 1552 von Bastiano Malenotti angefertigt, dem Vorsteher (*soprastante*) der Bauhütte von Sankt Peter. 1560 schenkte Pius IV. dieses Modell Herzog Cosimo I. Es ist wie die dem Projekt zugehörigen Zeichnungen verloren. Der Bau selbst wurde nicht ausgeführt.

Bibl.: Barocchi 1962, Bd. IV, S. 1585–1587.

[360] Pius IV., weltlich Gian' Angelo de' Medici (*1499 Mailand – †1565 Rom), wurde am 25. Dezember 1559 zum Papst gewählt.

[361] Statt »vendere« stand im Original an dieser Stelle »vedere« (vgl. Bettarini/Barocchi, *Vite*, Bd. VI, S. 87).

[362] Wie Vasari schreibt, erhielt Michelangelo Ende des Jahres 1548 von Papst Paul III. den Auftrag, die antike, aus dem 2. Jahrhundert vor Christus stammende Tiberbrücke neu zu befestigen. 1551 wurde das Projekt Nanni di Baccio Bigio übergeben. Die Brücke stürzte während einer Überschwemmung im Jahr 1557 ein, nicht bereits 1555, wie Vasari

schreibt. Nach ihrem Wiederaufbau wurde sie im Verlauf des 16. Jahrhunderts zwei weitere Male zerstört und nach der letzten Zerstörung nicht wieder aufgebaut. Im Volksmund hat sich für die Ruine dreier Brückenbögen, die heute mitten im Tiber bei der Tiberinsel stehen, die Bezeichnung »ponte rotto« eingebürgert.

Bibl.: Ackerman 1961, Bd. II, S. 139; Barocchi 1962, Bd. IV, S. 1589–1594; Carratù/Ragionieri 2003, S. 139.

363 Brief vom 21. oder 28. April 1554 (vgl. Carteggio 1983, Bd. V, S. 16–17)

364 Tatsächlich handelt es sich bei diesen Zeilen um zwei Briefe Michelangelos, die Vasari miteinander verknüpft, obwohl sie drei Jahre auseinanderliegen. Der erste Passus stammt aus dem Brief vom 21. oder 28. April 1554, dessen Schlußsätze Vasari wegläßt und dafür mit leicht verändertem Anfang einen Brief Michelangelos vom 22. August 1551 anfügt (vgl. Carteggio 1979, Bd. IV, S. 366; Carteggio 1983, Bd. V, S. 16–17).

365 Vasaris Darstellung in der Vita Tribolos weicht von dem hier geschilderten Ablauf darin ab, daß Tribolo erst mit der Fertigstellung der Treppe beauftragt wurde und er anschließend zur Klärung des Entwurfs nach Rom reiste (vgl. Bettarini/Barocchi, *Vite*, Bd. V, S. 221–222).

Bibl.: Gronegger 1997, S. 47–73.

366 Die in den modernen Editionen der Briefe Michelangelos hinzugefügten Ergänzungen stammen wahrscheinlich von Leonardo Buonarroti, dem Neffen Michelangelos, der eine Kopie des Briefes an Vasari besaß. Der originale Brief an Vasari ist verloren (vgl. Carteggio 1983, Bd. V, S. 479). Es existiert aber noch ein Entwurf dieses Briefes von Michelangelo (Rom, Biblioteca Vaticana, Cod. Va. Lat. 3211, fol. 87), auf dem eine kleine Treppenskizze zu sehen ist.

Bibl.: Gronegger 1997, S. 76–95; Gronegger 2007.

367 Leonardo Marinozzi (Lebensdaten unbekannt), Sekretär Cosimo I. de' Medicis

368 Leonardo Marinozzi, Cosimo I. de' Medici und Vasari versuchten im Verlauf der 1550er Jahre bis 1561, Michelangelo zu einer Rückkehr nach Florenz zu bewegen, was dieser jedoch mehrmals verweigerte (vgl. Carteggio 1983, Bd. V, S. 18–21 und S. 82, 98–99, 181, 193–194, 269, 298–305).

369 Gian Pietro Carafa (*1476 Capriglio – †1559 Rom) wurde 1555 zum Papst gewählt und nannte sich Paul IV. Sein Pontifikat zeichnete sich durch verschärfte gegenreformatorische Maßnahmen aus.

370 Realdo Colombo (*um 1520 in Cremona – †1559 Rom) lehrte Medizin in Padua und Pisa, bevor er 1548 von Papst Paul III. nach Rom berufen wurde. Er ist der Autor eines anatomischen Traktats, das 1559 unter dem Titel *De re anatomica* in Venedig publiziert wurde und dessen Illu-

strationen von Michelangelo ausgeführt werden sollten. Dieses Projekt kam nicht zustande. Condivi berichtet, daß Michelangelo selbst Erfahrung in der anatomischen Sektion besaß. Auch erläuterte Michelangelo seinem Biographen Condivi während einer Leichenöffnung seine »ingeniöse (Kunst)Theorie« (vgl. Condivi, Ed. Valdek, S. 80–81; Condivi, Ed. Nencioni, S. 57–58). Ein Echo dieser Ausführungen publizierte Vincenzo Danti in seinem Traktat *Il primo libro del trattato delle perfette proporzioni di tutte le cose che imitare e ritrarre si possano con l'arte del disegno* (1567). Realdo Colombo, dessen Ruf als Chirurg und Anatom weit verbreitet war, durfte 1556 den Leichnam Ignatius von Loyolas sezieren, dem Gründer des Jesuitenordens.

Bibl.: Summers 1981, S. 20–21; Carlo Colombero: ›Colombo, Realdo‹, in: DBI, 1982, Bd. XXVII, S. 241–243; Jacobs 2002.

[371] Vasari zitiert hier einen Brief Michelangelos, der wahrscheinlich in den März 1557 datiert (vgl. Carteggio 1983, Bd. V, S. 105–106).

[372] Die Übermalung des *Jüngsten Gerichts* in der Sixtinischen Kapelle durch Daniele da Volterra erfolgte 1565 nach einem Dekret des Konzils von Trient, der die Nacktheit von Figuren in Kirchenräumen als obszön verurteilte.

Bibl.: Mancinelli 2003.

[373] Francesco di Bernardino Amadori, genannt ›Urbino‹ (*1512–15 Castel Durante – †1556 Rom). Zwischen dem Diener des Künstlers, der selbst Bildhauer war, und Michelangelo bestand eine enge Freundschaft. Michelangelo beklagte den Tod des Freundes sehr. Er war von ihm zum Testamentsvollstrecker und Vormund seiner Kinder eingesetzt worden, weswegen er auch mit Urbinos Frau Cornelia in Briefkontakt stand. Neben den Hilfsarbeiten für Michelangelo arbeitete Urbino in Rom als Marmorschneider und Ornamentbildhauer. Wahrscheinlich ab 1543 hatte er das Amt eines Konservators der Sixtinischen und Paolinischen Kapelle inne, wofür er von Papst Paul III. monatlich sechs Goldscudi erhielt. Insofern ist anzunehmen, daß er Michelangelo bereits bei den vorbereitenden Arbeiten und möglicherweise bei der Ausführung des *Jüngsten Gerichts* zur Hand ging. 1547 erhielt Urbino eine weitere Auszeichnung: er wurde offiziell zum *coadiutor architectorum*, zum Gehilfen des Architekten von Sankt Peter ernannt.

Bibl.: Anna Matteoli: ›Amadori‹, in: AKL, 1992, Bd. III, S. 56–60.

[374] Der Brief datiert vom 23. Februar 1556 (vgl. Carteggio 1983, Bd. V, S. 55–56).

[375] Giovanni Sallustio Peruzzi (*um 1515 Siena – †1573 in Österreich [?]) arbeitete bereits unter Papst Julius III. als Architekt in Rom. Seit 1555 stand er in den Diensten Papst Pauls IV. Er gehörte als *architetto di*

palazzo zu den Hofangestellten und bezog eine regelmäßige Pension. Neben dem Leiter der Bauhütte von Sankt Peter war er einer der ranghöchsten Architekten in Rom und gehörte zum engeren päpstlichen Hofstaat. Zu den größeren Bauvorhaben, die Peruzzi bis 1567 in Rom ausführte, zählen die Appartments Pauls IV., die Befestigung des jüdischen Ghettos von Rom und die Instandhaltung der Engelsburg, wobei er sich im Laufe seiner Tätigkeit als Architekt auf den Festungsbau spezialisierte. Für die Nachfolger Papst Pauls IV., Pius IV. und Pius V., errichtete er weiterhin die sogenannte Casina Pia, den Inquisitionspalast und war am Bau von Santa Maria in Traspontina beteiligt. 1567 wurde er von Kardinal Giovanni Morone nach Wien empfohlen, wo er am Hof Kaiser Maximilians II. wohl bis zu seinem Tod tätig war.

Bibl.: Seidel 2002.

376 Nicht mehr erhalten

377 Antonio di Giovanni Maria del Francese, genannt ›Antonio da Casteldurante‹ (*um 1528–30 Casteldurante – † nach 1581 wahrscheinlich in Rom) war ein Kunsttöpfer und Diener Michelangelos. Es haben sich von ihm und seiner Frau, Cornelia Brunelli, mehrere Briefe erhalten. Michelangelo schenkte ihm, den er stets wie einen leiblichen Sohn behandelt hatte, 1563 als vorweggenommenes Erbe einen Betrag von 2000 Scudi. Dies entsprach seinem Gehalt für zehn Jahre, wie eine Urkunde von 1563 belegt. Nach dem Tod Michelangelos verwaltete Antonio das Inventar der römischen Werkstatt.

Bibl.: Anna Matteoli: ›Antonio del Francese da Casteldurante‹, in: AKL, 1992, Bd. IV, S. 387–388.

378 Tatsächlich empfahl Pier Francesco Giambullari, ein florentinischer Kanoniker, Philologe und der erste Kustode der Biblioteca Laurenziana, Michelangelo am 24. August 1555 die dem Künstler gewidmete Schrift, die dann 1556 erschien (vgl. Carteggio 1983, Bd. V, S. 40–42). Sie trug den Titel *Difesa della lingua fiorentina et di Dante. Con le regole da far bella et numerosa la prosa*, verfaßt von Carlo Lenzoni, herausgegeben durch Cosimo Bartoli. Michelangelo wurde in der Widmung überhöhend als der ›Dante‹ der Malerei, Bildhauerei und Architektur gerühmt.

Bibl.: Bryce 1983, S. 209 und S. 222, 253; Franco Pignatti: ›Grazzini, Antonfrancesco‹, in: DBI, 2002, Bd. LIX, S. 33–40.

379 Carlo Lenzoni (Lebensdaten unbekannt) gehörte mit Pier Francesco Giambullari, Cosimo Bartoli und Battista Gelli zu einer Gruppe von Literaten und Philologen, die Mitglieder der von Cosimo I. geförderten Accademia Fiorentina waren. Sie widmeten sich den traditionell florentinischen Themen, wie der Lyrik Dantes, der toskanischen Philologie sowie der neuplatonischen Philosophie. Die Mitglieder der Acca-

demia Fiorentina standen darüber hinaus den höfischen Institutionen nahe. Lenzoni zum Beispiel nahm zwischen 1540 und 1551 mehrfach das Ehrenamt eines ›Kammerdieners‹ (*camerlengo*) Cosimos I. ein.

Bibl.: Franco Pignatti: ›Giambullari, Pier Francesco‹, in: DBI, 2000, Bd. LIV, S. 308–312.

380 Cosimo Bartoli (*1503 Florenz – †1572 ebenda) gehörte zu den alteingesessenen Patriziern in Florenz. Seine Familie spielte bei der Besetzung der öffentlichen Ämter seit dem späten 14. Jahrhundert gemeinsam mit den Medici, den Altoviti und den Rucellai eine maßgebende Rolle. Der Vater Cosimo Bartolis, Matteo Bartoli, war zu der Zeit politisch aktiv, während der Michelangelo als Architekt der Neuen Sakristei tätig war. Dabei muß eine Bekanntschaft mit Michelangelo zustande gekommen sein. Die Familie gehörte allem Anschein nach zu den Parteigängern der Medici, so daß Cosimo Bartoli während des republikanischen Aufstands nach Rom flüchtete. Bartoli hatte eine humanistische, musische und ansatzweise künstlerische Ausbildung erhalten, die offensichtlich sein Interesse an Architektur und Mathematik begründete. Er wurde 1540 Vorsteher des Florentiner Baptisteriums und bezog dadurch ein regelmäßiges Einkommen. Als 1560 Papst Pius IV. Giovanni de' Medici, einen Sohn Cosimo I. de' Medicis, zum Kardinal erhob, wurde er zum Sekretär des erst sechzehnjährigen Geistlichen. Von 1562 bis 1571 hielt er sich als florentinischer Gesandter in Venedig auf. Zudem betätigte er sich als Gelehrter und war Mitglied der literarischen Accademia Fiorentina. Aus dem Lateinischen übersetzte er Leon Battista Albertis Schriften, darunter *Zehn Bücher über Architektur* sowie *De Statua* und *De Pictura* ins Italienische, auch veröffentlichte er mathematische Traktate und historische Schriften. In seinen *Ragionamenti accademici* (1567) äußerte er zur Architektur Michelangelos, diese habe die Antike abgelöst. Bartoli besaß auch das Manuskript von Ghibertis *Commentarii* und den *Zibaldone* von Ghibertis Nachfahren. Sein freundschaftliches Verhältnis zu Vasari, das ab 1549 nachweisbar ist, wird durch zahlreiche Briefe und dadurch bestätigt, daß er diesem, zusammen mit Pier Francesco Giambullari, Carlo Lenzoni und Vincenzo Borghini, bei der Redigierung beider Ausgaben der *Vite* behilflich war. Vasari widmete er seine 1568 erschienene italienische Übersetzung von *De pictura*, was er mit dem Rang von Vasaris künstlerischen Werken begründete, vor allem mit den Fresken des Saals der Fünfhundert im Palazzo Vecchio. Eine Vielzahl der von Vasari realisierten ikonographischen Programme wie jenes im Quartiere degli Elementi im Palazzo Vecchio gehen auf Bartolis Erfindungsreichtum zurück.

Bibl.: Roberto Cantagalli/Nicola De Blasi: ›Bartoli, Cosimo‹, in:

DBI, 1964, Bd. VI, S. 561–563; Davis 1981; Bryce 1983, S. 19–71 und S. 268–272; Alberti, Ed. Bätschmann, S. 382–383.

381 Vasari zitiert den heute noch erhaltenen Brief vom 18. Dezember 1556 (vgl. Carteggio 1983, Bd. V, S. 76).

382 Vasari erweitert hier den Begriff des *non-finito*, den er bereits in der Beschreibung des *Heiligen Matthäus* (s. Anm. 101) ausführlich abgehandelt hatte. Ausgehend von dem Begriff des Augenmaßes (*giudizio dell'occhio*), der Blockgerechtigkeit und der Perfektion der Skulpturen Michelangelos, macht er deutlich, daß der Entwurf größere Bedeutung hat als die Ausführung einer Skulptur. Dabei bezieht er sich wahrscheinlich auf eine Passage bei Condivi, in der es um die fehlende Möglichkeit zur Realisierung eines *concetto* geht (vgl. Condivi, Ed. Valdek, S. 75–76; Condivi, Ed. Nencioni, S. 53–54). Indem Vasari die Werke des Künstlers im Vergleich zu seinen Entwürfen als unvollkommener und mit Mängeln behaftet ansieht, was beispielsweise durch die Qualität des Arbeitsmaterials bedingt sein kann, legitimiert er die Entscheidung, die Ausführung eines Werks abzubrechen.

Bibl.: Bettarini/Barocchi, *Vite*, Bd. VI, S. 22; Barocchi 1962, Bd. IV, S. 1645–1670; Rosenberg 2000b, S. 97–98.

383 Tiberio Calcagni (*1532 Florenz – †1565 Rom) entstammte einer angesehenen florentinischen Familie. Seine Verwandtschaft mütterlicherseits, die Buonaccorsi, stellte mehrere Amtsträger der Stadtregierung von Florenz. Sein Vater, Roberto Calcagni (†1560), betrieb eine erfolgreiche Schneiderei. Nachdem die Familie 1530/40 nach Rom übergesiedelt war, lieferte diese Werkstatt unter anderem Paramente für Papst Paul IV. Durch Vermittlung Francesco Bandinis und Donato Giannottis kam Tiberio Calcagni wahrscheinlich in den 1550er Jahren in die Werkstatt Michelangelos. Nach dem Tod Pietro Urbinos 1556 wurde er zu einem seiner engsten Mitarbeiter und konnte schließlich architektonische Entwürfe und Aufträge eigenhändig ausführen, wie bei San Giovanni dei Fiorentini, der Porta Pia oder der Sforza-Kapelle in Santa Maria Maggiore. Er überarbeitete auch Michelangelos Skulpturen, wie die *Pietà*, die vom Bildhauer zunächst als Figurenschmuck seines eigenen Grabmals gedacht war, dann aber als Geschenk in den Besitz der Bandini überging (s. Anm. 309). Aufgrund seines gewandten Auftretens und seiner angenehmen Persönlichkeit wurde er von seinen Zeitgenossen geschätzt, weswegen es ihm nicht schwerfiel, unabhängig von Michelangelo eigene Auftraggeber zu finden. So verhalf ihm der Kardinal von Santa Fiore, Guido Ascanio Sforza, zu Pfründen, um Calcagnis Entwurfszeichnungen für seine Villa zu belohnen.

Bibl.: Wallace 2000, S. 88–90.

[384] Zur *Pietà Bandini* s. Anm. 309.

[385] Francesco Bandini (*um 1496 – †1562) gehörte der alteingesessenen Florentiner Bankiersfamilie Bandini-Baroncelli an. Gemeinsam mit seinen Söhnen Pierantonio (*1514 Florenz – †1592 Rom) und Alamanno leitete er ein Bankhaus, das ab 1538 auch eine Niederlassung in Rom unterhielt. Diese gehörte dort zu den einflußreichsten und erfolgreichsten Finanzinstituten und war in der zweiten Hälfte des 16. Jahrhunderts eine der wichtigsten Geldgeber der Kurie. So wurden die Bandini 1559 zu Verwahrern der Gelder des Kardinalskollegiums ernannt und finanzierten 1561 den Bau der Porta Pia. Auch in die Baufinanzierung von *Il Gesù* waren sie einbezogen. In den achtziger Jahren des 16. Jahrhunderts hatte sich das Bankhaus in einem Maße vergrößert, daß es zum Kreditgeber europäischer Herrscher wurde, darunter Philipp II. von Spanien, Heinrich II. von Frankreich und Caterina de' Medici. Die überlieferte Korrespondenz Michelangelos aus den 1550er Jahren zeigt, daß er von 1555 bis 1557 von Francesco Bandini Geld erhielt, offensichtlich Honorare, sowie Grundstückskäufe und -verkäufe über die Bank tätigte. Auch ist eine kurze Notiz wegen eines Modells von Michelangelo an Francesco Bandini erhalten. Über dieses geschäftliche Verhältnis hinaus galt Francesco Bandini als Freund Michelangelos (vgl. Michelangelo, *Ricordi*, S. 302 und S. 343–344; Carteggio 1983, Bd. V, S. 65 und S. 70, 78, 104, 260; Carteggio indiretto, Bd. II, S. 56 und S. 123).

Bibl.: Cesare Vasoli: ›Bandini, Francesco‹, in: DBI, 1963, Bd. V, S. 709–720; Wallace 2000, S. 88 und S. 96.

[386] *Pietà* (sogenannte *Pietà Rondanini*), Marmor, Höhe 195 cm, 1552/53–1564, Mailand, Castello Sforzesco. Diese Figurengruppe blieb bis zum Tod Michelangelos in seinem Besitz und ist in dem Werkstattinventar von 1564 erwähnt. Eine Quelle aus dem Jahr 1561 überliefert, daß er sie bereits zu Lebzeiten seinem Gehilfen Antonio del Francese da Casteldurante überlassen hatte. Lange Zeit gab es keine weiteren Quellen zu dieser Skulptur. Erst 1807 ist sie in einem Inventar des Markgrafen Giuliano Capranica nachweisbar, der den Palazzo Rondanini von einem Sammler, Markgraf Giuseppe Rondanini, gekauft hatte. Die Familie Rondanini hatte den Palazzo seit 1744 bewohnt. Die *Pietà* trägt eine Inventarnummer, die ihre Herkunft aus der Sammlung Rondaninis bezeugt. Die Skulptur wird im Kontext mit der *Pietà Bandini* in Florenz als alternativer Entwurf Michelangelos für sein Grabmal angesehen.

Bibl.: Tolnay 1960, S. 89–92; Poeschke 1992, S. 121; Pope-Hennessy 1996b, S. 109; Nagel 1997; Paolucci 1997, S. 144–145; Nagel 2000, S. 212–215; Paoletti 2000; Fiorio 2004, S. 13–41; Zöllner/Thoenes/Pöpper 2007, S. 394 und S. 437 (Zöllner).

[387] Pirro Ligorio (*um 1513 Neapel – †1583 Ferrara) wurde entgegen Vasaris Schilderung erst nach Michelangelos Tod 1564 von Papst Pius IV. zu dessen Nachfolger als leitender Architekt von Sankt Peter ernannt. Davor war er, der bereits seit 1558 für Papst Paul IV. gearbeitet und an dessen Hof das Amt eines ›designators‹ bekleidet hatte, am Bau von Neu-Sankt Peter tätig. Seine wichtigsten Werke in dieser Zeit sind das Casino in den vatikanischen Gärten für Paul IV. und Pius IV. zwischen 1558 und 1562, die 1560 vorgenommenen Umbauten des Belvederehofes sowie des Palazzettos Pius' IV. Ob Ligorio, wie Vasari überliefert, Michelangelo verleumdete, ist nicht mehr nachprüfbar. Der Autor stilisiert Pirro Ligorio an dieser Stelle zu einem der zahlreichen Gegner und Kritiker Michelangelos. Vermutlich ist Vasaris Kritik darauf zurückzuführen, daß Ligorio als Architekt von Sankt Peter die obere Geschoßzone der Südseite abweichend von Michelangelos Plänen umgestaltete. Damit verstieß er gegen das nach wie vor geltende *motu proprio* Pius' IV., das jede Abweichung von diesen Entwürfen untersagt hatte. Er zog sich damit den Unmut derjenigen römischen Architekten zu, die Michelangelos Planungen bewahrt und umgesetzt sehen wollten. Vasaris Darstellung ging möglicherweise eine Verleumdung Pirro Ligorios durch Guglielmo della Porta voraus. Diese bewirkte 1565 die Anklage Ligorios wegen des Verdachts auf finanzielle Bereicherung sowie eine zweiundzwanzigtägige Haft. In der Folge verlor er sein Amt als Palastarchitekt. Die Bauleitung von Neu-Sankt Peter hatte er aber noch bis Ende 1566 oder Anfang 1567 inne, bis er – wahrscheinlich bedingt durch die Erhebung Pius' V. zum Papst im November 1566 – von Jacopo Barozzi da Vignola abgelöst wurde. Vor und nach seiner Arbeit als Hofkünstler Pauls IV. und nach seiner Tätigkeit als Architekt von Neu-Sankt Peter arbeitete er in Neapel als Maler und widmete sich dort und in Rom umfangreichen archäologischen Studien und Ausgrabungen. So erforschte er im Auftrag Kardinal Ippolito d'Estes seit 1549 die Villa Hadriana in Tivoli. 1568 erhielt er das Amt eines hauptamtlichen Antiquars am Hof Alfonso II. d'Estes in Ferrara, dessen Antikensammlung er betreute und für den er Bildzyklen und Festapparate entwarf. Darüber hinaus fertigte er verschiedene Karten Roms an, die auch die antike Stadt rekonstruierten (1553 und 1561), und verfaßte eine Schrift über die Architektur des antiken Rom (1553).

Bibl.: David R. Coffin: ›Ligorio, Pirro‹, in: Turner 1996, Bd. XIX, S. 370–373; Schreurs 2000, S. 11–14 und S. 140–147; Coffin 2004, S. 28 und S. 72; Satzinger 2005, S. 66.

[388] Aus dem Jahr 1555 sind keine Briefe Vasaris an Michelangelo überliefert. Allerdings ist dokumentiert, daß Vasari in einem Schreiben vom 8.

März 1557 versuchte, Michelangelo zur Rückkehr nach Florenz zu überreden (vgl. Carteggio 1983, Bd. V, S. 98–99).

389 Vasari spielt hier auf zwei Briefe an. In einem, der wahrscheinlich vom 11. März 1555 datiert, gibt Michelangelo sein Alter fälschlicherweise mit 81 Jahren an, was durch die unterschiedliche Kalendereinteilung in Rom und Florenz erklärbar ist. In Rom verwendete man den sogenannten ›Märzstil‹ zur Kalendereinteilung, weswegen der 1. März Neujahrstag war. In Florenz dagegen war der ›Annunziationsstil‹ gebräuchlich, dem zufolge der Neujahrstag auf den 25. März fiel. In dem zweiten Brief geht es um die Treppenkonstruktion der Biblioteca Laurenziana (vgl. Carteggio 1983, Bd. V, S. 31 und S. 43).

390 Brief vom 19. September 1554. Vasari schmückt den Anfangsteil des Briefes aus, indem er den ursprünglich darin nicht vorhandenen Satz »So Gott will, Vasari, werde ich dem Tod noch einige Jahre lästig fallen« ergänzt (vgl. Carteggio 1983, Bd. V, S. 21).

391 Das Sonett entstammt einem Brief Michelangelos an Vasari vom 19. September 1554 (vgl. Carteggio 1983, Bd. V, S. 21; Übersetzung entnommen aus Engelhard 1992, S. 73). Barocchi führt an, daß Vasari den Sinn des Sonetts mißverstanden habe. Es drücke das Bewußtsein Michelangelos aus, daß die eigenen künstlerischen Ideale einem tiefgreifenden Wandel unterzogen seien.

Bibl.: Barocchi 1984 (1968), S. 46; Engelhard 1992, S. 134–135.

392 Die Antwort Vasaris mit zugehörigem Sonett ist nicht erhalten.

393 Unter- und Obergeschoß der südlichen Querhausapsis von Neu-Sankt Peter wurden 1551 fertiggestellt. Durch ein Mißverständnis des Superintendenten Sebastiano Malenotti kam es Mitte 1557 zu einem Fehler in der Apsiswölbung der Cappella del Re di Francia. Der Assistent Michelangelos hatte das Gewölbe oder einen Teil davon falsch ausgeführt. Trotz sich abzeichnendem Geldmangels, der in den Auseinandersetzungen Papst Pauls IV. mit Spanien begründet lag, ließ Michelangelo das Gewölbe abbrechen und erneut ausführen, so daß es wie geplant in drei Segmente aufgeteilt wurde. Bei der Neugestaltung kam es auch zu einer Planänderung. Diese bestand darin, daß die Teilsegmente des Gewölbes in ›aufgeblähter‹ Form ausgeführt wurden. Der bereits bestehende, durch Sangallo errichtete Jochbogen vor dem Gewölbe ist, anders als ursprünglich beabsichtigt, belassen worden. 1558 war die Apsis des südlichen Querarmes fertiggestellt.

Bibl.: Millon/Smyth 1976; Argan/Contardi 1993, S. 327–328; Maurer 2004, S. 121–126; Satzinger 2005, S. 64; Zöllner/Thoenes/Pöpper 2007, S. 365 (Thoenes).

394 Vasari zitiert den Brief vom 1. Juli 1557 in voller Länge (vgl. Carteg-

gio 1983, Bd. V, S. 113). Dem Brief beigegeben sind zwei Zeichnungen des Apsisgewölbes. Das Sangallo-Modell, in das der erste Entwurf für die Ausführung der südlichen Querhausapsis wohl von Michelangelo eingefügt wurde, ist das einzige erhaltene Architekturmodell, welches das Querhaus darstellt. Ein zweites Modell des Querhauses ist verloren.

Bibl.: Millon/Smyth 1976, S. 137–166 und S. 184, 202–205; Maurer 2004, S. 121–126.

395 Brief vom 17. (?) August 1557 (vgl. Carteggio 1983, Bd. V, S. 117–118). Offensichtlich verfolgte Michelangelo das Ziel, Wände und Gewölbe wie ›aus einem Guß‹ zu gestalten und gleichzeitig ein Höchstmaß an gestalterischer Differenzierung bei der Unterteilung von Detailformen zu verwirklichen. Michelangelo arbeitete dabei als Architekt wie ein Bildhauer, der die Einheitlichkeit der Großform wahren und dennoch die Gestaltung aller Details selbst überwachen möchte. Dieses Ansinnen war nicht zuletzt deshalb sehr ehrgeizig, weil die verschiedenen, bereits ausgeführten Bauteile in Sankt Peter zu vereinheitlichen waren. Hinsichtlich der Raumwirkung des südlichen Querhausarmes kommt hier Michelangelos Auffassung von Architektur als ›Körper‹ mit ins Spiel, dessen unterschiedliche Glieder in idealen Proportionen zueinander stehen. Der Künstler hat dies im undatierten sogenannten ›Prälaten-Brief‹ geäußert. Eine polychrome Wandgestaltung wie für die anderen Querhausarme, sei es durch kontrastierende Verkleidungen oder farbigen Stuckmarmor, war ebenfalls nicht vorgesehen. Zudem deutet diese Briefpassage Michelangelos Ziel an, dem Bau die im Sangallo-Modell vorgesehene detailreiche Untergliederung der Wände sowie seine Dunkelheit zu nehmen. Die Wandverkleidung mit poliertem Travertin sorgt für ein Reflektieren des einströmenden Lichts und damit für zusätzliche Helligkeit. An anderen Stellen des Domes wurde Travertin dagegen selektiv neben weiteren Materialien eingesetzt, zum Beispiel für Basen und Kapitelle von Pilastern.

Bibl.: Millon/Smyth 1976, S. 147–149; Frings 1998, S. 227–230; Satzinger 2003/2004, S. 363; Thoenes 2006; Satzinger 2007; Brothers 2008, S. 3–4; Zanchettin 2008.

396 Brief Cosimo I. de' Medicis an Michelangelo vom 8. März 1557 (vgl. Carteggio 1983, Bd. V, S. 97)

397 Brief vom 17. (?) August 1557 (vgl. Carteggio 1983, Bd. V, S. 118)

398 Aufgrund des Krieges Pius' IV. mit Spanien wurden die an sich für die Baustelle bestimmten Gelder anderweitig verwandt. Die Arbeiten an Neu-Sankt Peter kamen fast zum Erliegen und wurden erst 1561 wieder aufgenommen.

Bibl.: Satzinger 2005, S. 64.

399 Der Kuppeltambour wurde von 1554 bis 1557 und dann wieder ab 1561 ausgeführt. Seine Höhe gewährleistete die Beleuchtung der Vierung. Anhand verschiedener Quellen rekonstruierte Vitale Zanchettin die Konstruktion des Tambours und die Zusammenarbeit von Architekt und Steinmetzen in der Fabbrica von Sankt Peter in den letzten Lebensjahren Michelangelos.

Bibl.: Bredekamp 2000, S. 81; Satzinger 2005, S. 64; Zanchettin 2006; Bredekamp 2008, S. 97–98.

400 Rodolfo Pio da Carpi (*1500 Carpi – †1564 Rom) war Neffe des letzten Herrn von Carpi, Alberto III. Pio, und einer der einflußreichsten Prälaten sowie leidenschaftlichsten Sammler seiner Zeit. 1528 zum Bischof von Faenza ernannt, erhielt er 1536, nach seiner Zeit als Botschafter in Frankreich, von Paul III. die Kardinalswürde. Als Mitglied zahlreicher päpstlicher Kommissionen und Kongregationen hatte er unter anderem großen Einfluß auf die Entscheidungen, die den Bau von Sankt Peter betrafen. Er wurde von seinen Zeitgenossen sowohl für seine Gelehrsamkeit als auch für seine umfangreiche Sammlung antiker Statuen bewundert, die sich in der heute zerstörten Villa am Fuß des Quirinalshügels in Rom befand. Er besaß außerdem in einem weiteren Palast (Palazzo Cardelli) in der Gegend des ehemaligen Campo Marzio in Rom eine Sammlung von Gemälden, Marmorbildnissen und griechischen Vasen sowie eine einzigartige Bibliothek, die er von seinem Onkel geerbt hatte.

Bibl.: Monbeig Goguel 1998, S. 230–231 (Hirst); Janet Southorn: ›Cardinal Rodolfo Pio‹, in: Turner 2000, Bd. II, S. 1252.

401 Donato Giannotti (*1492 Florenz – †1573 Rom) stammte aus einer Familie von Goldschmieden. In Florenz hatte er bei Marcello Virgilio Adriani, einem Schüler Cristoforo Landinos und Polizians, und bei Francesco Cattani da Diaccetto, einem Schüler Marsilio Ficinos, eine humanistische Ausbildung erhalten. Damit gehörte er während des ersten Viertels des 16. Jahrhunderts zur kulturellen Elite in Florenz. 1521 wurde er zum Dozenten der Poetik, Literatur und Rhetorik der Universität Pisa ernannt. Während des republikanischen Aufstands in Florenz war er Sekretär des Rats der Zehn und wirkte im Hintergrund in dieser Funktion in außen- und sicherheitspolitischen Belangen. Wahrscheinlich freundete er sich in dieser Zeit mit Michelangelo an. Wie dieser flüchtete sich Giannotti nach der erneuten Übernahme der politischen Macht durch die Medici ins römische Exil und stand als Sekretär in den Diensten Kardinal Niccolò Ridolfis. Wie bereits in Florenz trat er auch in Rom als Autor literarischer Werke in Erscheinung, darunter die *Dialogi de' giorni che Dante consumò nel cercare l'Inferno e 'l Purgatorio*

(1546) und politisch-historischer Traktate wie *Della Repubblica Fiorentina* (1538). Er war ein leidenschaftlicher Verteidiger der Florentiner Republik und verteidigte in seinem Traktat auch den Tyrannenmord. Giannotti gibt in seinen Dialogen über Dante, die er Mitte der 1540er Jahre in Rom stattfinden läßt, Michelangelos Haltung zur Lyrik Dantes wieder.

Bibl.: Giannotti, *Gespräche*, S. 5–10; Starn 1968, S. 58; Brunner 1995; Riklin 1996, S. 12 und S. 45–55; Sergio Marconi: ›Giannotti, Donato‹, in: DBI, 2000, Bd. LVI, S. 527–533.

402 Giovan Francesco Lottini (Lebensdaten unbekannt) war Humanist und Mitglied der florentinischen Accademia del Disegno. Als Agent Cosimo I. de' Medicis in Rom und Sekretär für den Kardinal von Santa Fiore, Guido Ascanio Sforza, gehörte er zu den eng miteinander verwobenen florentinischen Kreisen in Rom und vermittelte möglicherweise Tiberio Calcagni 1564 als Architekten an Kardinal Sforza.

Bibl.: Barocchi 1962, Bd. IV, S. 1598 und S. 1697, 1701, 1880–1881; Diaz 1987, S. 206 und S. 213–218; Wallace 2000, S. 98.

403 Laut Barocchi läßt sich ein ›Meister Giovanni aus Frankreich‹ oder ein ›Maître Jean‹, wie ihn Vasari überliefert, in den Quellen nicht nachweisen. Gemäß den *Ricordi* Giovan Battista Casnedos, des Buchhalters der Fabbrica di San Pietro, waren unter anderem die Kunstschreiner (*intagliatori*) Tommaso da San Gimignano und Battista da Carrara mit der Anfertigung des großen Holzmodells beauftragt.

Bibl.: Barocchi 1962, Bd. IV, S. 1702–1703.

404 Vasaris ausführliche Beschreibung des Kuppelmodells zählt neben dem Modell und den wenigen gezeichneten Entwürfen Michelangelos zu den frühesten Quellen zur Kuppel von Neu-Sankt Peter. Er nimmt hierbei die Perspektive eines Betrachters ein, der den Bau selbst durchschreitet. In einigen Details weicht er vom Modell ab, so daß sich einzelne Maßangaben oder die Anzahl der Gewölberippen vom Vorbild unterscheiden. Dies kann auf Übertragungsfehler beim Abmessen des Modells oder durch eine Vermischung mit Beschreibungen der bereits tatsächlich gebauten Architektur zurückzuführen sein. Möglicherweise hatte Vasari außerdem Einsicht in die Akten der Bauhütte von Sankt Peter. Die Darstellung kann insofern als ein Versuch interpretiert werden, die Konstruktion Michelangelos nachzuvollziehen, sie mit dem Zustand der Architektur in den 1560er Jahren in Übereinstimmung zu bringen und auf diese Weise eine Planänderung durch nachfolgende Architekten zu verhindern. Trotz der durchaus persönlichen und nicht nur professionellen Beziehung der beiden Künstler gibt es keine Belege dafür, daß Vasari von Michelangelo über dessen Kuppelkonstruktion

direkt informiert wurde. Wahrscheinlich erhielt Vasari seine Informationen aus dem Umfeld des Künstlers, von seinen Gehilfen und von seinem Erben und Neffen, Leonardo Buonarroti (vgl. Carteggio indiretto, Bd. II, S. 179–183).

Die Vertreter der katholischen Reform, allen voran Papst Paul IV., interpretierten die Kuppel als Symbol der Vorherrschaft und Überlegenheit des Papsttums. Bereits bei den Totenfeierlichkeiten für Papst Paul III. 1549 nannte einer seiner Sekretäre den Neubau von Sankt Peter das achte Weltwunder, und nur wenig später wurde in einer Rede zur Einsetzung Papst Julius' III. die Kirche als ein Tempel Salomons in neuer Form bezeichnet, der das neue Licht der Welt beherberge.

Bibl.: Vasari, Ed. Gottschewski/Gronau, Bd. VII, 2, S. 423–433 und Anm. 291–313; Wittkower 1933; Link-Heer 1986; De Maio 1990, S. 320–322; Argan/Contardi 1993, S. 277; Rubin 1995, S. 25 und S. 30; Karl-Heinz Ludwig/Marcus Popplow: ›Maschine‹, in: LexMa, 2003, Bd. VI, Sp. 362–363; Vasari, *Kunsttheorie*, S. 73; Mussolin 2006b; Thoenes 2006, S. 76; Vasari, *Bramante*, S. 27; Burioni 2008, S. 168–171.

405 Das Kuppelmodell von Sankt Peter im Maßstab 1:15 (Lindenholz, Höhe 5 m, Breite 4 m, Tiefe 2 m, Vatikan, Fabbrica di San Pietro) wurde von 1558 bis 1561 gebaut. Angesichts des Stillstands auf der Baustelle von Neu-Sankt Peter, seines hohen Alters und des immer noch schwelenden Konflikts mit den Verfechtern des Sangallo-Modells ließ sich Michelangelo zur Anfertigung eines Holzmodells überreden. Im allgemeinen verwandte er Modelle sonst eher experimentell. Dieses jedoch sollte seine Planungen auch für seine Nachfolger verbindlich festhalten, was durch die Breven Papst Pauls IV. und Julius' III. abgesichert wurde. Von den insgesamt vier angefertigten Modellen für Neu-Sankt Peter ist jenes aus Holz für die Kuppel als einziges erhalten. Ihm ging ein Tonmodell voraus, für das Zahlungen im Juli 1557 überliefert sind. Anhand des Holzmodells und der verschiedenen Entwurfszeichnungen lassen sich die technischen Probleme nachvollziehen, vor die Michelangelo bei der Planung der Kuppel gestellt war. Er strebte eine Kuppelform an, deren äußere Schale, die identisch mit der inneren und nach dem Vorbild des Pantheons eine Halbkuppel sein sollte, über einer gemeinsamen Basis konstruiert war. Andererseits experimentierte Michelangelo, wie eine Skizze (Haarlem, Teylers Museum, Inv.-Nr. A 29r) zeigt, mit einer steiler ansteigenden Form nach dem Vorbild der Florentiner Domkuppel oder der Kuppel der Sakristei von Santo Spirito in Florenz. Es wird kontrovers diskutiert, ob diese Überlegungen bereits vor der Herstellung des Holzmodells (um 1548) abgeschlossen waren oder ob sich der Entwurf der Kuppelform mit dem Fortschritt des Baus sukzes-

sive entwickelte. 1554 war der Tambour begonnen worden. Die Herstellung des Holzmodells könnte einen vorläufigen Endzustand der Formüberlegungen markieren. Dafür spricht, daß Michelangelo 1556 in einem Brief an seinen Neffen Leonardo um Mitteilung der Maße der Domkuppel von Santa Maria del Fiore in Florenz bat. An den Entwürfen, Vasaris Beschreibung des Modells sowie an den Zeichnungen Dosios (Florenz, Uffizien, Inv.-Nr. 2031, 2032 und 2033) und den Stichen Étienne Dupéracs läßt sich ablesen, daß die Kuppel im Querschnitt als Halbkugel gedacht war. Die Dekoration des Attikageschosses und die intendierte Wirkung der Kuppel können nicht sicher rekonstruiert werden. Ein Stich Giovanni Orlandis um 1562 zeigt das Attikageschoß der Querarme bis auf rundbogige Lichtöffnungen unverziert. Die hemisphärische Kuppel mit ihrer durch Pilaster und Fensteröffnungen untergliederten Außenhaut hätte sich demnach förmlich schwebend über den Querhausarmen ausgebreitet. Skizzen Michelangelos, darunter eine des Kuppelmodells in Lille (Musée d'Art et d'Histoire, Wicar Coll. Inv.-Nr. 93–94r, datiert um 1547), werden jedoch dahingehend gedeutet, daß der Künstler in einer letzten Entwurfsphase die Außendekoration des Attikageschosses selbst vereinheitlichte. Diese Entwürfe seien dann entweder nach seinem Tod von Pirro Ligorio verwendet oder noch zu seinen Lebzeiten umgesetzt worden. In den Folgejahren hat sich vermutlich die Baukommission, motiviert durch einen Entwurf Dupéracs, der wahrscheinlich von dem Bauleiter Jacopo Barozzi da Vignola dazu angeregt wurde, für die Ausgestaltung des Attikageschosses entschieden. In bezug auf die Kuppelform änderte Giacomo della Porta 1590 das Konzept Michelangelos, indem er die Wölbung der Außenschale steiler konstruierte, so daß diese eine leicht ovale Form erhielt. Diese Änderung wurde auch am Holzmodell vorweggenommen. Die Ausführung der Kuppel erfolgte 1588 bis 1590. 1591 war die Kuppellaterne fertiggestellt, 1593 wurde das Kuppelkreuz geweiht.

Das Kuppelmodell wurde in der ersten Hälfte des 18. Jahrhunderts einer Restaurierung unterzogen und dabei in einigen Detailformen verändert sowie vollständig neu gefaßt.

Bibl.: Wittkower 1933; Nova 1985, S. 195; Millon/Smyth 1988, S. 119–128; Argan/Contardi 1993, S. 272–277 und S. 329–333; Bredekamp 2000, S. 76 und S. 84–89; Kat. Bonn 2005, S. 67 und S. 83–84 (Satzinger); Thoenes 2006; Musollin 2006b; Zöllner/Thoenes/Pöpper 2007, S. 365–370 (Thoenes); Bredekamp 2008, S. 93 und S. 101–107.

406 Die Maßeinheit einer römischen Spanne – *palmo romano* – entspricht 22,34 cm. Eine Spanne konnte durch kleinere Maßeinheiten – *minuti*,

soldi, denari, digiti – weiter unterteilt werden. Die zehnfache Spanne bildete die Einheit *canna.* In Florenz war eine andere Einheit, der *braccio fiorentino* (58,36 cm), für Maßangaben in der Architektur gebräuchlich. Daß Michelangelo seine Pläne ausgehend von dem Maß des *palmo* entwickelte, belegt eine Federzeichnung in der Casa Buonarroti mit entsprechender Notiz (Florenz, Casa Buonarroti, Inv.-Nr. 31A).

Bibl.: Metternich/Thoenes 1987, S. 10; Kat. Bonn 2005, S. 82.

407 Die Technik der fischgratartigen Mauerung der Innenkuppel sollte das Gewicht des Kuppelgewölbes durch die diagonal ineinander verschränkt gemauerten Ziegel optimal verteilen und ableiten.

Bibl.: Alker 1968, S. 12.

408 Mit dem heutzutage unüblich gewordenen architektonischen Terminus *leghe* oder seinem Synonym *legamenti* werden einige sehr lange oder sehr breite Steine bezeichnet, die man zur Verstärkung von Mauern verwendet, insbesondere bei der Verbindung von äußeren mit inneren Wandteilen.

Bibl.: Grassi/Pepe 1994, S. 456.

409 Die Kuppelrippen sollten ursprünglich gestuft ausgeführt werden, was Vasari als Treppenstiege interpretiert. Zum Ende der Vita des verehrten Meisters wird hier Vasaris Absicht deutlich, bei der ausführlichen Beschreibung des Anstiegs über Treppen und Stiegen zur Laterne der Kuppel nicht nur die technischen Schwierigkeiten des Unterfangens Peterskuppel zu beleuchten, sondern auch den End- und Kulminationspunkt von Michelangelos Schaffen als Tugendberg zu charakterisieren, der durch die meisterlich angebrachten Treppen durch jedermann erreichbar sei.

Bibl.: Burioni 2008, S. 168–170.

410 Das sogenannte Casino in den vatikanischen Gärten entstand zwischen 1558 und 1562. Pirro Ligorio hatte es ursprünglich für Paul IV. geplant, doch die Ausführung wurde nach Beginn der Arbeiten aus finanziellen Gründen gestoppt. Unter Pius IV. erfuhren die Pläne auch dank der Mitarbeit Sallustio Peruzzis eine Erweiterung. Von 1560 bis 1565 wurde das Casino von Ligorio als zweistöckiges Sommerhaus mit einer kleinen vorgelagerten Loggia fertiggestellt, deren Fassade reich mit antikisierenden Stuckdekorationen versehen war.

Bibl.: Coffin 2004, S. 28–29 und S. 36–42.

411 Wie bereits an anderer Stelle erwähnt, datieren die Breven Pauls III. und Julius' III. zum Bau von Neu-Sankt Peter aus den Jahren 1549 und 1552. Papst Paul IV. bestätigte diese durch ein weiteres *motu proprio.*

Bibl.: Steinmann/Pogatscher 1906, S. 400–407.

412 Dank der Vermittlung Michelangelos erhielt Leone Leoni 1560 von

Papst Pius IV. den Auftrag, für dessen verstorbenen Bruder Gian Giacomo Medici ein Grabmal in der Familienkapelle im Mailänder Dom zu errichten, welches er 1563 vollendete. Vasaris Angabe zum Trotz wird der Entwurf des Grabmals heute Leoni zugeschrieben, der sich aber für die Gestaltung der Skulpturen mit Michelangelo beraten haben könnte. Die Skulpturen des Grabmals sind jedoch nicht nur diesem, sondern auch einigen anderen Künstlern verpflichtet, wie beispielsweise Jacopo Sansovino. Aus einem Brief Leonis an Michelangelo vom 26. August 1562 geht hervor, daß dieser am Fortgang der Arbeiten am Grabmal Interesse zeigte.

Bibl.: Carteggio 1983, Bd. V, S. 294; Spriti 1995; Pope-Hennessy 1996b, S. 504–505.

413 Der Bruder Papst Pius' IV., Gian Giacomo de' Medici (*um 1497 – †1557 Mailand), Graf von Marignano, Musso und Lecco, genannt ›il Medeghino‹, war ein berühmter Heerführer, der Karl V. in der Schlacht bei Mühlberg diente.

414 Leone Leoni (*1509 Menaggio – †1590 Mailand)

415 Leone Leoni schrieb am 14. März 1561 aus Mailand an Michelangelo. Dem Brief waren zwei versilberte und zwei bronzene Medaillen beigefügt, die von Leoni signiert waren und das Porträt Michelangelos trugen (vgl. Carteggio 1983, Bd. V, S. 244–245). Eine der Medaillen, die bereits 1560 hergestellt wurde, war besonders sorgfältig ausgearbeitet – sie war für Michelangelo persönlich bestimmt. Die anderen Exemplare waren offensichtlich dazu gedacht, als diplomatische Geschenke oder Freundschaftsgaben in Umlauf gebracht zu werden. Leoni wollte mit dem Porträt nicht nur Michelangelo Ehre erweisen, sondern sich damit auch für den Auftrag des Grabmals des Marchese di Marignano, Bruder Papst Pius' IV., bedanken, den ihm Michelangelo verschafft hatte. Er berichtet darüber hinaus, daß er weitere Exemplare nach Spanien, Flandern, Rom und andere Orte gesandt habe. Damit hoffte er wohl auch, als Porträtist Michelangelos selber Ruhm zu erlangen.

Der Vers zum Emblem der Rückseite, die Vasari hier beschreibt, gibt Psalm 51,15 wieder. Das Bild des blinden Pilgers, der von einem Hund geführt wird, läßt sich als allegorischer Verweis auf Bußfertigkeit, Gottvertrauen sowie Ewigkeits- und Jenseitshoffnung deuten. Zudem spricht es die Fähigkeit der Seele zur Gotteserkenntnis an, die sich auch auf Michelangelos Kunst bezieht. Damit ergibt sich eine zweite Möglichkeit zur Interpretation der Medaille und des Emblems auf der Rückseite, das sich auf Michelangelos kunsttheoretische Forderung nach der Reliefwirkung in Malerei und Skulptur beziehen läßt. In der Darstellung des Blinden sowie in der Medaille als plastischem Medium wird dieser Forderung nicht nur symbolisch, sondern auch gegenständlichfaßbar entsprochen.

Bibl.: Bardeschi Ciulich/Ragionieri 2001, S. 139 (Ragionieri); Ragionieri 2003, S. 28 (Ragionieri); Schumacher 2004; Ragionieri 2006a; Zöllner/Thoenes/Pöpper 2007, S. 390 (Zöllner); Ragionieri 2008, S. 92–93.

416 Das Wachsmodell einer *Herkules-Antäus*-Gruppe ist verloren.

417 Von Giuliano Bugiardinis Porträt Michelangelos, das um 1522 entstand und von Ottaviano de' Medici in Auftrag gegeben wurde, sind zwei Fassungen in Florenz (Öl auf Leinwand, 55,3 x 43,5 cm, Florenz, Casa Buonarroti, Inv.-Nr. 65) und Paris (Öl auf Holz, 58 x 36 cm, Paris, Musée du Louvre, Inv.-Nr. 874) erhalten. Eine dritte Fassung dieses Porträts befand sich einst in der Sammlung Bossi in Genua und ist heute verschollen. Die Meinungen darüber, welche der drei Versionen das Original sei, sind geteilt.

Auch von Jacopo del Contes Porträt Michelangelos existieren zwei Fassungen (Öl auf Holz, 64,1 x 88,3 cm, New York, Metropolitan Museum of Art; Öl auf Holz, 68 x 98,5 cm, Florenz, Casa Buonarroti), die zwischen 1535 und 1547 datiert werden. Darüber hinaus wird die Darstellung des mit aufgestütztem Arm in Denkerpose auf einer Stufe sitzenden Philosophen im Vordergrund von Raffaels Fresko der *Schule von Athen* für ein Rollenporträt Michelangelos gehalten. Es steht in Verbindung mit einer Druckgraphik von 1522, die den Bildhauer in ähnlicher Haltung zeigt (London, British Museum). Für seine Darstellung Michelangelos auf einem Fresko in der Sala dei Cento Giorni im Palazzo della Cancelleria in Rom rekurrierte Vasari vermutlich auf dieses Porträt Jacopo del Contes. Er nutzte es außerdem als Vorlage für ein Fresko in der Sala di Leone X. im Florentiner Palazzo Vecchio. Das Porträt, das der zweiten Edition der Michelangelo-Vita vorangestellt wurde, ist hingegen von der Porträtbüste Daniele da Volterras abgeleitet, die auf der Totenmaske des Künstlers basiert. Cristofano Coriolano übersetzte Vasaris Zeichnung nach der Porträtbüste da Volterras in das Medium des Holzschnitts. Weitere Porträts Michelangelos von Giulio Bonasone und von Giorgio Ghisi entstanden im Zusammenhang mit druckgraphischen Reproduktionen des *Jüngsten Gerichts*. Francisco Hollanda schuf ebenfalls ein Porträt des Künstlers, und Alessandro Allori verewigte ihn in der Cappella Montauti der Florentiner Kirche Santissima Annunziata. In seinem Fresko der *Himmelfahrt Mariens* in der Kirche Trinità dei Monti in Rom verlieh Daniele da Volterra einem Apostel die Züge Michelangelos (eine Vorzeichnung dieses Porträts befindet sich im Teylers Museum in Haarlem) und stellte ihn zudem in einem heute verlorenen Stuckrelief dar (vgl. Vasari, *Daniele da Volterra und Zuccaro*, S. 20).

Bibl.: Redig de Campos 1965; Prinz 1966; Bettarini/Barocchi, *Vite*, Bd. V, S. 281; Pagnotta 1987, S. 210 und S. 229, 235, 239–240; Robertson 1992, S. 58; Ferino-Pagden 1997, S. 314–316; Morello 1994, S. 250; A. Vannugli: ›Conte‹, in: AKL, 1998, Bd. XX, S. 600–602; Kat. Bonn 1999, S. 524; Ragionieri 2003, S. 18, 22 (Ragionieri) und S. 24 (Lombardi); Pegazzano 2003b; Ragionieri 2006b; Ragionieri 2008, S. 86, 102–104 und S. 106.

418 Jacopo del Conte (*1513 Florenz – †1598 Rom)

419 Daniele Ricciarelli, genannt ›Daniele da Volterra‹ (*1509 Volterra – †1566 Rom)

420 Die Porträtbüste Michelangelos entstand nach seiner Totenmaske. Michelangelos Neffe Leonardo Buonarroti vermerkte am 20. Februar 1564 in seinem Notizbuch Ausgaben für Wachs, das für die Maske und zwei Gußmodelle benötigt wurde. Allerdings existiert auch eine Zeichnung Daniele da Volterras, die Michelangelo zeigt und auf den Beginn der 1550er Jahre datiert wird. Sie diente als vorbereitende Zeichnung für ein Fresko in der Familienkapelle der della Rovere in der römischen Kirche Trinità dei Monti und wurde womöglich bei der Anfertigung der Büste wiederverwendet.

Welche Bestimmung die Büste hatte, ist nicht eindeutig zu klären. Cosimo I. de' Medici beabsichtigte wahrscheinlich, für Michelangelo ein Epitaph im Florentiner Dom anbringen zu lassen, das von dem Porträt bekrönt worden wäre. Womöglich war die Büste auch von Beginn an für das Grabmal in Santa Croce bestimmt. Ein Briefwechsel vom Februar 1565 belegt, daß der Guß dreier Porträtbüsten durch Daniele da Volterra geplant war. Leonardo Buonarroti sollte zwei Exemplare erhalten, das dritte wollte Daniele da Volterra selbst behalten. Nach seinem Tod im Jahr 1566 wurden im Werkstattinventar sechs Porträts Michelangelos erfaßt, darunter vier Büsten. Heute werden insgesamt elf Büsten in verschiedenen Sammlungen als ursprüngliche Güsse anerkannt (darunter ein Exemplar in Paris, Musée Jacquemart-André, eines in Florenz, Casa Buonarroti, und eines in Rom, Kapitolinische Museen), wobei Unterschiede in der Oberflächenbearbeitung und in der Ausgestaltung einiger plastischer Details bestehen. Daneben existieren einige Kopien. Die für das 16. Jahrhundert sehr hohe Auflage der Bronzeplastik wird damit erklärt, daß nicht nur Michelangelos engstes soziales Umfeld mit einer Porträtbüste die Erinnerung an ihn hochhalten wollte. Auch Außenstehende verliehen ihrer Verehrung des herausragenden Künstlers durch die Bestellung seines Porträts Ausdruck.

Bibl.: Barolsky 1979, S. 112–113; Waźbiński 1987, Bd. I, S. 157–158; Warren 1999, S. 98; Cecchi 2003a; Ragionieri 2003, S. 30–31 (Ulivi); Chapman 2005, S. 263; Ragionieri 2008, S. 90.

421 Giovanni de' Medici (*1543 Florenz – †1562 Livorno), der zweitälteste Sohn von Cosimo I. de' Medici und Eleonora von Toledo, wurde 1560 zum Kardinal und Erzbischof von Pisa erhoben.

422 Vasari besuchte Rom 1560, als Giovanni de' Medici dort zum Kardinal erhoben wurde, erwähnt den Anlaß der Reise in seiner eigenen Lebensbeschreibung jedoch nicht (vgl. Vasari, *Mein Leben*, S. 183). Abgesehen von seiner Funktion als Begleiter des Medici-Sprößlings gehörte es zu Vasaris Auftrag, sich von Michelangelo wegen einiger Projekte in Florenz beraten zu lassen, darunter der Ausbau des Salone dei Cinquecento, wie erhaltene Korrespondenzen belegen. Er berichtet unter anderem, daß Michelangelo ihn sehr herzlich in seiner Werkstatt in Rom empfangen und sich positiv über die verschiedenen Bauvorhaben geäußert habe. Vasaris demonstrative Schilderung dieser freundschaftlichen Vertrautheit, die er durch Zitate aus seinem Briefwechsel mit dem Künstler untermauert, dient an dieser Stelle auch dazu, sein Konzept der Künstlergenealogie sowie seine eigene geistige Nachfolge Michelangelos im *disegno* herauszustellen. Gegenüber Cosimo I. de' Medici, dem er die *Vite* widmete und der gleichzeitig sein Auftraggeber und Dienstherr war, will Vasari mit dieser Anekdote seine Rolle als Vermittler und Hofarchitekt bekräftigen und hervorheben.

Bibl.: Barocchi 1962, Bd. IV, S. 1743–1751.

423 Das Holzmodell ist verloren.

424 Gemeint sind die *Ragionamenti*. Sie entstanden um 1557/58 und wurden 1588 posthum veröffentlicht.

Bibl.: Bryce 1983, S. 59; Le Mollé 1998, S. 343–344.

425 Annibale Caro (*1507 Civitanova – †1566 Rom) war ein Humanist, der mehreren Päpsten als Sekretär diente. Caro trat auch als Antiquar und Übersetzer antiker Literatur und als Autor in Erscheinung. So übertrug er die *Aeneis* Vergils ins Italienische, interessierte sich für die Ikonographie antiker Münzen und verfaßte zahlreiche Impresen, darunter 1551 ein Motto für Vasaris Personifikation der *Patientia* im Auftrag Bischof Minerbettis. Bekannt ist vor allem sein ikonographisches Programm für die Ausstattung des Schlafzimmers der Villa Farnese in Caprarola, das während seiner sechzehn Jahre andauernden Tätigkeit als Sekretär und Kunstberater Kardinal Alessandro Farneses entstand. Annibale Caro, der zahlreiche Freundschaften zu Künstlern pflegte, darunter viele Bildhauer, wurde zu einem wichtigen Vermittler zwischen dem Kardinal und den von ihm beauftragten Künstlern, wobei er

über die Ikonographie und als Unterhändler selbst auf die Entstehung der Werke einwirkte. Außer ihm entwarfen in den 1560er Jahren auch die Antiquare Fulvio Orsini und Onofrio Panvinio ikonographische Konzepte für Kardinal Alessandro Farnese. Anfang der 1550er Jahre entwickelte sich eine Freundschaft zwischen Michelangelo und Caro, die auf gemeinsamen literarischen und kunsttheoretischen Interessen beruhte. Michelangelo hatte sich offenbar an ihn gewandt, da er für die Abfassung eines kunsttheoretischen Traktats die Unterstützung eines Gelehrten suchte. Ein Brief Annibale Caros an Benedetto Varchi vom Mai 1562 verweist darauf, daß Michelangelo einen – vermutlich kunsttheoretischen – Dialog geschrieben hat. Varchi hatte bereits eine Abhandlung über die Sonette des Künstlers verfaßt und für seine *Due lezzioni* von diesem eine Stellungnahme zum Vorrang von Malerei und Skulptur erhalten. Caro wird außerdem ein gewisser Einfluß auf Vasaris und Condivis Michelangelo-Vita zugeschrieben, da er das Manuskript der ersten Edition von Vasari vor der Veröffentlichung erhielt und es wahrscheinlich redigierte.

Bibl.: Claudio Mutini: ›Caro, Annibale‹, in: DBI, 1977, Bd. XX, S. 497–508; Wilde 1978, S. 12; Davis 1981; Summers 1981, S. 22–23; Robertson 1992, S. 215–219; Rubin 1995, S. 109; Hirst 2004a, S. 36.

426 Vasari stellt das Dekorationsprogramm und die Pläne für den Umbau des Palazzo Vecchio auch in seiner Autobiographie vor. Die Arbeiten begannen 1555 und waren 1572 abgeschlossen (vgl. Vasari, *Mein Leben*, S. 69–74).

427 Brief Michelangelos an Cosimo I. de' Medici vom 25. April 1560 (vgl. Carteggio 1983, Bd. V, S. 221–222). Während Vasaris Verhältnis zu Michelangelo eher von Verehrung zu dem älteren, als *divino* gepriesenen Meister gekennzeichnet war, soll Baccio Bandinelli ihm mit Neid und Mißgunst gegenübergetreten sein und ihn als Konkurrenten gesehen haben. Michelangelos Reaktion stellt Vasari als vorbildhaft dar, da es ihm nicht um die Demonstration von Überlegenheit, sondern um einen freundschaftlichen Wettbewerb um die beste Lösung gegangen sei. In bezug auf das Verhalten von Künstlern untereinander zieht Vasari in der Vita Baccio Bandinellis denn auch eine klare begriffliche Abgrenzungslinie zwischen Konkurrieren (*paragonare*) und Übertreffen (*superare*) (vgl. Vasari, *Baccio Bandinelli*, S. 19, 24, 29, 35).

428 Eleonora von Toledo (*1522 Neapel – †1562 Pisa), Tochter des neapolitanischen Vizekönigs Don Pedro Alvarez, war ab 1539 mit Cosimo I. de' Medici vermählt.

429 Vasari geht im ersten Kapitel der technischen Einleitung der *Vite* ausführlich auf das neu entwickelte Verfahren zur Bearbeitung von

Porphyr ein. Er nennt auch dort unter den herausragenden Werken aus diesem Material den Christuskopf von Francesco del Tadda (vgl. Vasari, *Einführung in die Künste*, S. 25–33).

430 Das Relief mit einem Christuskopf aus Porphyr, zu dem wahrscheinlich eine Mariendarstellung als Gegenstück existierte, gab Cosimo I. seinem Sohn Francesco als Geschenk für Kaiser Maximilian II. nach Wien mit auf die Reise.

Bibl.: Fučíková 1999.

431 Francesco di Giovanni Ferrucci, genannt ›del Tadda‹ (*1497 Fiesole – †1585 ebenda)

432 Francesco de' Medici (*1541 Florenz – †1587 Poggio a Caiano) muß Ende des Jahres 1561 mit Michelangelo zusammengetroffen sein, denn Vasari kündigt das Kommen des Medici-Sprößlings in einem Brief an diesen vom 28. Oktober 1561 an (vgl. Carteggio 1983, Bd. V, S. 269). Als ältester Sohn Cosimos I. war Francesco zu dessen Erben und Nachfolger bestimmt worden und wurde 1564 noch zu Lebzeiten seines Vaters als Regent eingesetzt. Damit sicherte Cosimo I. die Erbfolge des toskanischen Herzogtums. Francesco I. de' Medici, der seit 1565 mit einer Tochter des habsburgischen Kaisers Ferdinand I., Johanna von Österreich, verheiratet war, delegierte jedoch einen Großteil der Staatsgeschäfte an seine Minister und widmete sich seinen künstlerischen, literarischen und naturwissenschaftlichen Interessen. Unter seinem Mäzenat entstand das *studiolo* im Palazzo Vecchio, für dessen Gestaltung er die bedeutendsten florentinischen Künstler verpflichtete, darunter Vasari, Bronzino und Alessandro Allori. Er interessierte sich für die Bearbeitung von *naturalia*, was zu einer Blüte des Steinschnitts und der *pietra dura*-Technik während seiner Herrschaft und zur Gründung einer florentinischen Porzellanmanufaktur führte, der ersten im damaligen Europa. Nach seiner Erhebung zum Großherzog ließ Francesco Anfang der 70er Jahre des Cinquecento das damals im Bau befindliche Obergeschoß der Uffizien – eigentlich ein Verwaltungsgebäude für die dem Großherzog unterstellten Zünfte – in Ausstellungsräume für die Medici-Sammlungen umbauen.

Bibl.: Acidini Luchinat/Scalini 1998, Bd. I, S. 98.

433 Dieser Brief ist verloren.

434 Die Porta Pia ist ein Neubau des 16. Jahrhunderts und ersetzt die antike Porta Nomentana. Der Neubau wurde notwendig, da die auf dieses Tor ursprünglich zuführende antike Straße (Alta Semita) 1561 von Papst Pius IV. nivelliert und begradigt wurde und als Folge dessen das alte Tor verfehlte. Die Bauarbeiten begannen 1561 nach Plänen Michelangelos, der jedoch die Fertigstellung nicht mehr erlebte. Nach dem Tod des

Auftraggebers im Dezember 1565 wurde die Toranlage unvollendet stehengelassen und erst von Pius IX. ab 1860 in freier Ergänzung abgeschlossen (vor allem die obere Hälfte des bekrönenden Auszugs sowie die komplette Feldseite). Michelangelos Autorschaft ist nur für die zentrale Portalrahmung der Innenseite gesichert, für die sich insgesamt sieben eigenhändige Zeichnungen erhalten haben.

Neu an Michelangelos Projekt ist, daß damit erstmals die Innenseite eines Stadttors aufwendig gestaltet wird. Dadurch entsteht nicht nur ein szenographisch effektvoller Abschluß der neu angelegten schnurgeraden Via Pia (heute Via XX Settembre), sondern auch die planvoll inszenierte Verbindung zum freien Land. Dieser Bezug zum Land wird von Michelangelo architektonisch erfindungsreich thematisiert, ohne jedoch zeitgenössische Gartenarchitektur (*opus rusticum*) explizit zu zitieren. Die Illusion eines ungehinderten Verlassens der Stadt wird auch dadurch ermöglicht, daß behindernde Einrichtungen wie Zoll, Wachen und Torschreiber in einem zwischen die Stadtmauer und Michelangelos Tor eingeschobenen Hof untergebracht und von der Stadt her nicht sichtbar waren. Durch dieses »Tor zum Land« gelangten freilich auch alle über die Via Nomentana transportierten Agrarprodukte in die Stadt, so daß es auch als ostentatives Symbol des päpstlichen *buon governo* verstanden werden kann.

Bibl.: Tolnai 1930; Mac Dougall 1960; Ackerman 1961, Bd. I, S. 117, Bd. II, S. 125–127; Schwager 1973; Cardilli 1991; Argan/Contardi 1993, S. 350–352; Maurer 2006; Zöllner/Thoenes/Pöpper 2007, S. 375–376 und S. 488–489 (Thoenes).

435 Die im 3. Jahrhundert nach Christus unter dem römischen Kaiser Diokletian erbauten Thermen lagen Mitte des 16. Jahrhunderts am Stadtrand von Rom, außerhalb der bewohnten Stadtviertel. Der antike Bau war in einem sehr guten Erhaltungszustand, wie eine Grundrißaufnahme Antonio da Sangallos des Älteren (Florenz, Uffizien, Inv.-Nr. A 1546v) und eine Ansicht der Ruinen von Giovanni Antonio Dosio (Florenz, Uffizien, Inv.-Nr. A 2576) zeigen. Die Geschichte der Kirche Santa Maria degli Angeli e dei Martiri beginnt im Jahr 1516, als der sizilianische Priester Antonio del Duca, ein Freund Ignatius von Loyolas und Filippo Neris, den Entschluß faßte, eine Kirche zu Ehren der sieben Erzengel zu errichten. Nachdem er im Jahr 1543 die antiken Thermen des Christenverfolgers Diokletian in einer Vision als Kirchengebäude unter dem Patrozinium der Erzengel Gabriel, Raffael und Michael erschaut hatte, ersuchte er Paul III. Farnese erfolglos um die Errichtung einer Gedenkstätte für die Märtyrer, die als Sklaven in Zwangsarbeit die antiken Thermen erbaut hätten. Erst Julius III. veröffent-

lichte 1550 eine Bulle, in der die Neuerrichtung des Gebäudes als Kirche verkündet wurde. Da das Projekt jedoch keine große Unterstützung fand, ruhte es, bis Papst Pius IV. im Zusammenhang mit dem Neubau der Via Pia 1561 das Bauvorhaben erneut aufgriff. Ein päpstliches Breve an den Kartäuserorden vom 10. März 1560 und eine Bulle vom 27. Juli 1561 markieren den Beginn der Arbeiten. Michelangelo wurde beauftragt, für die Ausgestaltung des Innenraums der Kirche einen Entwurf vorzulegen. Die nicht für den Kirchenraum genutzten, noch erhaltenen Bauten der antiken Thermen wurden in ein neues Konventsgebäude für die Ordensgemeinschaft der Kartäuser von Santa Croce in Gerusalemme umgewandelt. Die Realisierung dieses Bauvorhabens wurde Giovanni Antonio Dosio übertragen, der anfangs mit Michelangelos Gehilfen Giacomo del Duca zusammenarbeitete. Die Arbeiten zum Umbau der Thermen begannen in der zweiten Jahreshälfte 1561 und waren 1566 abgeschlossen. Da die Gewölbe der Thermen noch intakt waren, wurde nur die Apsis für den Mönchschor neu errichtet. Die antiken Mauern wurden konsolidiert und verputzt. Die Entwürfe für Santa Maria degli Angeli e dei Martiri hängen zeitlich und formal mit der Planung der Cappella Sforza in Santa Maria Maggiore und der Kirche San Giovanni dei Fiorentini zusammen, wie eine Zeichnung veranschaulicht, die verschiedene Grundrisse vereint (Florenz, Casa Buonarroti, Inv.-Nr. 104A).

Bibl.: Ackerman 1961, Bd. I, S. 123–128, Bd. II, S. 132–137; De Maio 1990, S. 329–333; Andrew J. Martin: ›Duca, Giacomo del‹, in: AKL, 1992, Bd. XXX, S. 143–146; Argan/Contardi 1993, S. 354–357; Magnani Cianetti 2000; Mussolin 2006a; Raspe 2007; Zöllner/Thoenes/Pöpper 2007, S. 374–375 und S. 487–488 (Thoenes).

436 Das Sakramentstabernakel (Bronze, Höhe 208 cm) für Santa Maria degli Angeli e dei Martiri wurde 1565 in Auftrag gegeben. Giacomo del Duca goß es zwischen 1572 und 1574 in Bronze nach einem Modell, das Michelangelo zugeschrieben wird. Das aus mehreren Kompartimenten bestehende Tabernakel befindet sich heute in der Kartause von Padula in Kampanien.

Bibl.: Barocchi 1962, Bd. IV, S. 1784–1789; Argan/Contardi 1993, S. 357; Angelucci 1999; Redín 2003; Zöllner/Thoenes/Pöpper 2007, S. 488 (Thoenes).

437 Giacomo del Duca, genannt ›Jacopo Siciliano‹ (*um 1520 Cefalù – †1604 ebenda), war der Neffe des Priesters Antonio del Duca, dessen Vision einer christlichen Kirche in den Diokletiansthermen aus dem Jahr 1541 zum Bau von Santa Maria degli Angeli e dei Martiri führte. Er arbeitete als Bronzegießer und Bildhauer in Michelangelos Werkstatt

bis zu dessen Tod und war an zahlreichen Aufträgen beteiligt, so an der Porta Pia und an der oben genannten Kirche.

Bibl.: Andrew John Martin: ›Duca, Giacomo del‹, in: AKL, 1992, Bd. XXX, S. 143–146; Argan/Contardi 1993, S. 356.

438 Die Baugeschichte der 1484 gegründeten Nationalkirche der Florentiner, San Giovanni dei Fiorentini, erstreckt sich über eine Zeitspanne von zweihundert Jahren. Sie beginnt 1508 mit dem Abriß des Oratoriums der Bruderschaft der Florentiner, das sich zwischen dem Tiberufer und der Via Giulia befunden hatte und im Zuge der Erweiterung dieser Straße zerstört worden war. Unter dem Pontifikat Leos X. de' Medici, der zur Unterstützung seiner Landsleute in Rom diesen durch eine Bulle Ablässe und Privilegien gewährte, erhielt die Florentiner Gemeinde größere Autonomie innerhalb der Stadt. In diesem Zusammenhang wurde 1518 ein Wettbewerb für den Neubau der Kirche der Florentiner Nation ausgeschrieben, die dem Stadtpatron von Florenz, dem Heiligen Johannes dem Täufer, sowie den Schutzheiligen der Medici, Cosmas und Damian, geweiht werden sollte. An dem Wettbewerb nahmen Raffael, Antonio da Sangallo der Jüngere, Peruzzi und Jacopo Sansovino teil, dessen Entwurf siegreich war. Sein Modell, das einen Zentralbau mit fünf Kuppeln vorsah, war 1520 fertiggestellt. 1521 zog sich Sansovino jedoch von der Bauleitung zurück, und in Folge wurde ihm der Auftrag entzogen. Der neu beauftragte Antonio da Sangallo der Jüngere veränderte den Grundriß der Kirche in eine Basilikaform, an der mit Unterbrechungen bis zu seinem Tod 1546 weitergebaut wurde. Zu jenem Zeitpunkt war das Gebäude bis zur Höhe der Fenster des Hauptschiffs fertiggestellt. Mit der Wahl Julius' III. zum Papst im Jahr 1550 schien für die Florentiner Gemeinde ein neuer Geldgeber gefunden. Man versuchte ihn zu überreden, seine Familiengrablege in San Giovanni dei Fiorentini errichten zu lassen. Julius III. beauftragte daraufhin Michelangelo mit einem Entwurf, der erneut einen Zentralbau vorsah und ein zweites Mal von der Florentiner Gemeinde abgelehnt wurde. Nachdem mit Unterstützung von Papst Pius IV. 1559 Cosimo I. de' Medici als Geldgeber gewonnen werden konnte – wahrscheinlich weil ihm im Gegenzug die Kardinalswürde für seinen Sohn Giovanni in Aussicht gestellt worden war –, zog man Michelangelo erneut hinzu. In einem Brief vom 1. November 1559 schildert Michelangelo dem Herzog, daß er bereits einige Entwürfe ausgearbeitet habe. 1560 reiste Michelangelos Gehilfe Tiberio Calcagni nach Pisa, um Cosimo I. die Entwürfe seines Meisters zu präsentieren, woraufhin sich der Herzog für einen Zentralbau über quadratischem Grundriß entschied. Einige der Entwürfe befinden sich heute in der Casa Buonarroti in Florenz

(Inv.-Nr. 120A, 121A und 124A). Darüber hinaus existieren Stiche und Zeichnungen nach den heute verlorenen Modellen. Die Ausführung eines Ton- und eines Holzmodells und des Baus selbst wurde mit Rücksicht auf Michelangelos Altersbeschwerden Calcagni übertragen. Michelangelo wirkte im Hintergrund bis 1562 beratend an dem Bau mit, als die Florentiner den vereinbarten Grundriß erneut verändern ließen. Sie ersetzten dazu Tiberio Calcagni durch einen anderen Meister, so daß Cosimo I. dem Bauprojekt, sicherlich auch bedingt durch den Tod seines Sohnes, Kardinal Giovanni de' Medici, die weitere finanzielle Unterstützung versagte. Erst 1582 wurden die Arbeiten unter der Leitung Giacomo della Portas wieder aufgenommen und nach dessen Tod von Carlo Maderno abgeschlossen. Die von Alessandro Galilei entworfene Fassade wurde erst zwischen 1732 und 1735 errichtet.

Bibl.: Ackerman 1961, Bd. II, S. 117–121; Nova 1985, S. 143–153; Vicioso 1992; Argan/Contardi 1993, S. 342–347; Kersting 1994, S. 25–36 und S. 148–194; Morresi 2000, S. 20–25; Günther 2001; Frommel 2002; Elam 2006b; Zöllner/Thoenes/Pöpper 2007, S. 371–373 und S. 485 (Thoenes); Thoenes 2008.

439 Uberto oder Ruberto Ubaldini (Lebensdaten unbekannt) arbeitete vermutlich für ein florentinisches Bankhaus in Rom. Als Leonardo Buonarroti nach dem Tod seines Onkels in Rom dessen Nachlaß übergeben wurde, war er einer der Zeugen.

Bibl.: Barocchi 1962, Bd. IV, S. 2143.

440 Tommaso de' Bardi, nicht nachgewiesen

441 Die Büste des *Brutus* (Marmor, Höhe 74 cm ohne Sockel, Florenz, Museo Nazionale del Bargello) wurde vermutlich gegen Ende der 30er Jahre des Cinquecento für Kardinal Niccolò Ridolfi geschaffen und sollte an die Ermordung des von seinen Gegnern als Tyrann bezeichneten Herzogs Alessandro de' Medici durch Lorenzino de' Medici erinnern. Den Impuls zur Erschaffung dieser Büste erhielt Michelangelo laut Vasari durch den mit ihm befreundeten Donato Giannotti. Dieser war für seine republikanische Gesinnung bekannt und diente Kardinal Ridolfi als Sekretär. In seiner Schrift *Della Repubblica Fiorentina* (1531–1534) sowie in seinem Dante-Dialog *De' giorni che Dante consumò nel cercare l'Inferno e 'l Purgatorio* vertrat Giannotti die Rechtmäßigkeit des Tyrannenmordes. Die Büste, die gedanklich durch die Schriften Giannottis vorbereitet wurde, kann als Idealporträt eines ›Tyrannenmörders‹ interpretiert werden, das auf Lorenzino de' Medici anspielt. Lorenzino galt als Befreier von der Tyrannei und damit als ›neuer Brutus‹ und inszenierte sich selbst auch als solcher. Angesichts der Verbindung Giannottis mit Michelangelo (s. Anm. 401) sowie seiner weitreichenden

theoretischen Beschäftigung mit der Tyrannenmord-Theorie wird vermutet, daß die Fibel, die den Mantel der Büste zusammenhält, sein Porträt zeigt. Der geschnittene Karneol, der laut Vasari als Vorbild für die Büste gedient haben soll, ist verloren. Das Motiv der Kopfwendung, die Lage des Obergewandes sowie Schädelform und Haartracht des *Brutus* gehen vermutlich auf den antiken Porträtkopf Kaiser Caracallas zurück, während die Bartlosigkeit des *Brutus* wahrscheinlich einer frühaugustäischen Büste gleichen Sujets aus den Kapitolinischen Museen entlehnt ist.

Es wurde auch eine spätere Datierung des Bildnisses auf 1548 vorgeschlagen, da im Februar jenen Jahres Cosimo I. de' Medici seinen Verwandten Lorenzino de' Medici ermorden ließ, was eine Funktions- und Interpretationsverschiebung der Büste vom Porträt eines Tyrannenmörders hin zu einem Memorialbildnis des Ermordeten zur Folge hätte. Da Ascanio Condivi die Büste im Gegensatz zu Vasari in seiner Michelangelo-Vita nicht erwähnt, ist anzunehmen, daß sie zunächst unvollendet blieb und zu einem späteren Zeitpunkt von Tiberio Calcagni überarbeitet wurde.

Bibl.: Tolnay 1954, S. 76–78 und S. 131–134; Gordon 1957; Poeschke 1992, S. 118; Bredekamp 1995, S. 54–64; Riklin 1996, S. 59–99; Martin 1993; Simoncelli 2003; Hirst 2004a, S. 49–53; Zöllner/Thoenes/Pöpper 2007, S. 434–435 (Zöllner).

442 Wahrscheinlich handelt es sich um Giuliano Cesarini († 1565), der aus einer römischen Adelsfamilie stammte und mit dem von Leo X. kreierten Kardinal Alessandro Cesarini-Colonna verwandt war. Giuliano Cesarini hatte unter Papst Paul III. das Amt eines *gonfaloniere* des römischen Volkes inne und wird in dieser Funktion beim Einzug Karls V. in Rom 1536 überliefert. Er war mit Giulia Gonzaga verheiratet, die einer Nebenlinie des berühmten Adelsgeschlechts aus Mantua entstammte. Giulia galt als eine der schönsten und gebildetsten Frauen Roms und wurde unter anderem von Ippolito de' Medici verehrt, der auch ein Porträt von ihr anfertigen ließ. Bevor sie die Ehe mit Giuliano Cesarini einging, war sie mit einem Cousin Vittoria Colonnas, Vespasiano Colonna, verheiratet, der jedoch früh verstarb. Neben Vittoria Colonna war sie eine der bekanntesten Anhängerinnen der katholischen Reformbewegung.

Bibl.: Pastor 1886–1933, Bd. V, 5.–7. Aufl. 1923, S. 172; Luisa Bertoni: ›Cesarini, Alessandro‹, in: DBI, 1980, Bd. XXIV, S. 182–183; Chambers/Martineau 1981, S. XVIII; Corsi 1997; Macola 2005; Sickel 2006.

443 Kardinal Niccolò Ridolfi (* 1501 Florenz – † 1550 Rom) war ein Sohn der Contessina de' Medici und somit Neffe Leos X. Er wurde 1517 zum apostolischen Protonotar und Kardinal erhoben und regierte die Erz-

bistümer Florenz und Salerno sowie die Bistümer Orvieto, Vicenza, Forlì, Imola und Viterbo. Ridolfi wird als Anführer der sogenannten ›fuorusciti‹ angesehen. Diese von den Medici aus Florenz verbannten und ins Exil getriebenen Anhänger der Florentiner Republik bildeten in Rom sowie in Venedig anti-mediceische Enklaven. Unter ihnen befanden sich Künstler, Gelehrte und Schriftsteller, wie Michelangelo, Annibale Caro oder der Drucker und Verleger Francesco Priscianese, aber auch Bankiers wie Bindo Altoviti. Obwohl mütterlicherseits eng mit den Medici verwandt, war Niccolò Ridolfis politische Haltung eindeutig gegen die Herrschaft Alessandro de' Medicis gerichtet, so daß er mit hoher Wahrscheinlichkeit als Auftraggeber von Michelangelos *Brutus* angesehen werden kann. Als ein an Literatur und Kunst interessierter Kleriker war Niccolò Ridolfi mit zahlreichen Dichtern und Gelehrten wie Pietro Bembo, Sadoleto oder Trissino persönlich bekannt. In seinem römischen Stadtpalast beherbergte er eine erlesene Bibliothek griechischer und römischer Klassiker. Niccolò Ridolfi starb während des Konklaves im Jahr 1550.

Bibl.: Padoan 1980; Ferretti 2003; Simoncelli 2003.

444 Diese Äußerung Michelangelos ähnelt einer ebenfalls von Vasari überlieferten Aussage des Künstlers zum Fassadenprojekt von San Lorenzo in Florenz. Danach wollte er die Fassade als »Spiegel ganz Italiens« gestalten (vgl. Carteggio 1965, Bd. I, S. 277–279). Offenbar verknüpfte Michelangelo mit dem Bauprojekt von San Giovanni dei Fiorentini die Erwartung, durch die Gestaltung eines neuartigen Zentralbaus sein außerordentliches Können zu demonstrieren: Bisher bekannte Bauten dieser Art wollte er übertreffen, indem er eine Synthese ihrer Grundformen – Kreis, Quadrat, Umgang, Oktogon, griechisches Kreuz und Andreaskreuz – anstrebte.

Bibl.: Zöllner/Thoenes/Pöpper 2007, S. 373 (Thoenes); Thoenes 2008, S. 277.

445 Das Tonmodell für den Neubau von San Giovanni dei Fiorentini ist verloren.

446 Auch das Holzmodell für San Giovanni dei Fiorentini ist nicht erhalten.

447 Die Cappella Sforza wurde um 1561/62 von Kardinal Guido Ascanio Sforza in Auftrag gegeben, der das Amt des Kardinaldiakons und Erzpriesters von Santa Maria Maggiore innehatte. Die Kapelle sollte ihm als Grablege dienen. Sein Bruder, Kardinal Alessandro Sforza, der später ebenfalls dort bestattet wurde, ließ den Anbau an das linke südwestliche Seitenschiff 1573 vollenden. Die Errichtung der Kapelle fügt sich in den Kontext der Umgestaltung und Instandsetzung der römischen

Kirchen im Zuge der katholischen Reform, die mit dem Pontifikat Pius' IV. einsetzte. 1562 ließ Kardinal Sforza den Chor der Kirche durch Giacomo della Porta erneuern. Im August desselben Jahres verfaßte er sein Testament, in dem er festlegte, daß die Kapelle nach Michelangelos bereits existierendem Modell an besagtem Ort erbaut werden sollte. Satzinger vermutet, daß der Kapelle von Anfang an eine Doppelfunktion zugedacht war: Sie sollte nicht nur als Grablege des Kardinals, sondern auch als Aufbewahrungsort des Altarsakraments fungieren und somit eine wichtige liturgische Funktion innerhalb der Kirche erhalten.

Drei Skizzen (Florenz, Casa Buonarroti, Inv.-Nr. 104A und 109A, und London, British Museum, Inv.-Nr. 1946-7-13-33a) geben Auskunft über die Formfindung des Grundrisses der Kapelle, der einen rechteckigen Raum mit zwei angesetzten konvexen Nischen aufweist. Michelangelo legte fest, daß Tiberio Calcagni die Arbeiten ausführen sollte. Wahrscheinlich wurde kurz nach der Niederlegung von Guido Ascanio Sforzas Testament mit dem Bau der Kapelle begonnen, so daß der Rohbau bis zum Tod Tiberio Calcagnis im Jahr 1565 fertiggestellt gewesen sein dürfte. Trotz zahlreicher späterer Umbauten der Cappella Sforza, die den ursprünglichen Zustand nicht mehr erkennen lassen, ist davon auszugehen, daß die architektonische Struktur auf den von Tiberio Calcagni ausgeführten Entwurf Michelangelos zurückgeht. Die Ausstattung und die Fassade der Kapelle sowie die Altarädikula und das Grabmal des Kardinals sind vermutlich das Werk Giacomo della Portas.

Bibl.: Ackerman 1961, Bd. II, S. 122–124; Nova 1985, S. 154–155; Satzinger 2003/2004, S. 327–414; Zöllner/Thoenes/Pöpper 2007, S.373–374 und S. 486 (Thoenes).

448 Guido Ascanio Sforza (*1518 Rom – †1564 ebenda) und sein jüngerer Bruder Alessandro gehörten einer Linie der weitverzweigten Sforza-Familie an, die sich nach einem angeheirateten Besitztum ›Sforza di Santa Fiore‹ nannte. Guido wurde 1534 von seinem Großvater mütterlicherseits, Papst Paul III. Farnese, gleich nach dessen Thronbesteigung im Alter von 16 Jahren zum Kardinal ernannt – und erhielt die Titularkirche Santa Maria in Via Lata. Später verlieh ihm der Großvater weitere Ämter, darunter das Legat von Bologna und der Romagna, das Amt des päpstlichen Kämmerers und des Erzpriesters von Santa Maria Maggiore. Damit gehörte er neben seinem Cousin Alessandro Farnese zu den mächtigsten Nepoten Pauls III. Allerdings zeichnete er sich weniger durch künstlerisches Interesse als durch die Förderung der Wissenschaften aus. Er baute eine bedeutende Privatbibliothek auf und stiftete das Collegium de Santa Flora zur Ausbildung bedürftiger Schüler.

Bibl.: Satzinger 2003/2004, S. 333–336.

449 Cesare di Piero Bettini da Casteldurante († 1563 Rom) fiel einem Mordanschlag zum Opfer.

Bibl.: Barocchi 1962, Bd. IV, S. 1821; Carteggio 1983, Bd. V, S. 272 und S. 275.

450 Pier Luigi Gaeta (Lebensdaten unbekannt) war bereits Vorsteher des Baus der Porta Pia. 1561 sollte er nach Michelangelos Wunsch Assistent Cesare da Casteldurantes werden. Nach dem Tod Casteldurantes wurde das Amt jedoch an Berto Sandrini da Fiesole vergeben.

Bibl.: Barocchi 1962, Bd. IV, S. 1820–1822.

451 Baldo Ferratini († 1569), Bischof von Amelia und Kanoniker von Sankt Peter, hatte über seinen Onkel Bartolommeo Ferratini († 1534) enge Familienbeziehungen nach Rom. Jener bekleidete während des Pontifikats Julius' II. das Amt eines Kanonikers von Sankt Peter und war bis 1513 maßgeblich für den Bau von Neu-Sankt Peter verantwortlich. Baldo Ferratini wirkte ebenfalls als Baudeputierter. Es ist fraglich, ob er mit jenem Bartolommeo Ferratino identisch ist, den Michelangelo in einem Brief von 1546/47 als »amico caro« bezeichnet. Dieser Brief gilt jedoch hinsichtlich der Planungen Michelangelos für den Bau von Sankt Peter als eine der wichtigsten Quellen. Der Künstler lobt darin die Pläne Bramantes und kritisiert das Modell sowie die Arbeit Sangallos, weil der Raum nicht hell genug sei (vgl. Carteggio 1979, Bd. IV, S. 251). Auch wenn die Identität des Empfängers dieses Briefes nicht abschließend geklärt ist, zeugt das Schreiben von den Bemühungen Michelangelos, seine Pläne und Absichten offenzulegen. Wie die anschließende Episode zeigt, mußte er diese jedoch gegen Intrigen seiner Gegner verteidigen.

Bibl.: Pastor 1886–1933, Bd. VII, 5.–7. Aufl. 1923, S. 612–613; Barocchi 1962, Bd. IV, S. 1827–1832; Dario Busolini: ›Ferratini, Bartolommeo‹, in: DBI, 1996, Bd. XLVI, S. 774–777; Thoenes 2006, S. 63, Anm. 9.

452 1560/61 war das Gewölbe des nördlichen Querhausarms und der Cappella Imperatore noch im Bau, die Fertigstellung erfolgte erst nach Michelangelos Tod.

Bibl.: Ackerman 1961, Bd. II, S. 89, 95.

453 Gabrio Serbelloni (* 1509 Mailand – † 1590 ebenda) stammte aus Mailand und war ein Neffe Pius' IV. de' Medici. 1560 erhielt er das Amt des Hauptmanns der päpstlichen Garde. Drei seiner Brüder waren ebenfalls in Rom und wurden vom Papst protegiert. Sein Bruder Gian Battista und sein Cousin Carlo Borromeo wurden zu Kardinälen erhoben. In späteren Jahren erhielt Gabrio Serbelloni die Aufsicht über die Festungen des Kirchenstaates und machte sich als Militäringenieur einen Namen. Aufgrund seiner verwandtschaftlichen Beziehung zu Pius IV. wurde er gemeinsam mit Kardinal Gerolamo Morone beauftragt, den Papst beim

Abschluß des Vertrags für das Grabmal seines Bruders, Gian Giacomo de' Medici, genannt ›il Medeghino‹, der den Titel des Markgrafen von Marignano trug, zu vertreten. Das Grabmal wurde von Leone Leoni im Mailänder Dom ausgeführt, der beim Entwurf wahrscheinlich von Michelangelo beraten worden war. Serbelloni trat ein weiteres Mal als Auftraggeber Leone Leonis auf, als er sich von diesem porträtieren ließ.

Bibl.: Pastor 1886–1933, Bd. VII, 5.–7. Aufl. 1923, S. 83–84 und S. 596; Plon 1887; Storia di Milano, Bd. X, S. 125; Bettarini/Barocchi, *Vite*, Bd. VI, S. 202–203; Spriti 1995, S. 11 und Anm. 4.

454 Nanni di Baccio Bigio, eigentlich Giovanni Lippi (*1512/13 Florenz – 1568 Rom), stammte aus einer Architektenfamilie. Als Schüler Raffaello da Montelupos arbeitete er zunächst als Bildhauer. Um 1540 wandte er sich der Architektur zu und wurde gemeinsam mit Lorenzetto von Antonio da Sangallo für die Bauhütte von Sankt Peter eingestellt. Im Umkreis der ›Sangallo-Sekte‹, wie Vasari die Angehörigen und Mitarbeiter der Sangallo-Familie bezeichnete, war Nanni die Baccio Bigio an zahlreichen Bauprojekten beteiligt und wurde daher von Vasari zu einem Konkurrenten Michelangelos stilisiert, der sich mit diesem messen wollte, dessen Projekte jedoch aufgrund von Nachlässigkeit und Sparsamkeit fehlschlugen. Vasari kritisiert ihn in den *Vite* stark und gibt ihm die Schuld am Einsturz der Tiberbrücke Santa Maria (siehe Anm. 362). Nanni erfand ein Verfahren zur Herstellung von Backsteinen und wurde nach seiner Tätigkeit an Sankt Peter ein vielbeschäftigter Festungs- und Villenarchitekt.

Bibl.: Glenn M. Andres: ›Bigio, Nanni di Baccio‹, in: Turner 1996, Bd. IV, S. 47.

455 Jacopo Barozzi da Vignola (*1507 Vignola – †1573 Rom) betätigte sich als Maler, Architekt und Theoretiker. Nach Aufenthalten in Frankreich 1540/41 und in Bologna als Bauleiter von San Petronio von 1543 bis 1546 lebte er als Architekt der Farnese bis zu seinem Tod in Rom. 1562 gab er eine architekturtheoretische Schrift über die fünf Säulenordnungen heraus. Einen weiteren Traktat über die Regeln der Perspektive vollendete er nicht. Nach dem Tod Michelangelos war Jacopo Vignola als Assistent Pirro Ligorios 1564 am Bau von Neu-Sankt Peter tätig. Als Ligorio 1566 aus dem Amt des Bauleiters ausschied, rückte Vignola nach. Eines seiner bedeutendsten Bauwerke ist neben der Villa Farnese in Caprarola die ebenfalls von Kardinal Alessandro Farnese in Auftrag gegebene römische Jesuitenkirche Il Gesù, die unter seiner Aufsicht von 1568 bis 1575 errichtet wurde. Erste, nicht erhaltene Entwürfe und ein Modell für diese Kirche hatte Michelangelo bereits 1554 angefertigt.

Bibl.: Ackerman 1961, Bd. II, S. 141–142; Tuttle 2002.

456 Guglielmo Sangaletti (Lebensdaten unbekannt)

457 Giovambattista Altoviti (*1529 Florenz – †1590 ebenda) war der Sohn Bindo Altovitis und verwaltete als Bankier die Gelder der apostolischen Kammer. Er war mit Clarice Strozzi verheiratet, einer Tochter Lorenzo Ridolfis und Maria di Filippo Strozzis. Da er keine Kinder hatte, erbte sein Cousin das Bankgeschäft, das schließlich aufgegeben wurde. Sein Bruder Antonio Altoviti, der 1548 zum Erzbischof von Florenz ernannt wurde, war der Patensohn und Protegée Kardinal Niccolò Ridolfis.

Bibl.: Pegazzano 2003a; Simoncelli 2003.

458 Averardo Serristori (*1497 Florenz – †1569 Rom) wurde, nachdem schon sein Vater Antonio Serristori den Medici nahegestanden hatte, von Cosimo I. de' Medici sowie von dessen Sohn Francesco als Diplomat an den Hof Karls V. (1537–1538) und an den päpstlichen Hof in Rom (1541–1545, 1547–1555 und 1561–1569) gesandt. In dieser Funktion war er auch als Kunstagent tätig. Serristori erwarb für die Medici-Sammlungen in Florenz sowohl antike als auch moderne Kunstwerke in Rom. Er verkehrte im gesellschaftlichen Umfeld Kardinal Alessandro Farneses und pflegte freundschaftlichen Umgang mit führenden Humanisten und Künstlern seiner Zeit, neben Michelangelo auch mit Paolo Giovio, Annibale Caro und dem Drucker Francesco Priscianese. Von 1554 bis 1555, während des Krieges gegen Siena, war Serristori als Spion für Cosimo I. tätig und bespitzelte die im römischen Exil lebenden Medici-Gegner. Besonderes Augenmerk legte er dabei auf Bindo Altoviti sowie auf Piero Strozzi, der als Heerführer in den Diensten der französischen Krone stand (König Franz I. und Heinrich IV. von Frankreich).

Bibl.: Serristori 1853, S. XVIII–XXI; Ferretti 2003; Simoncelli 2003.

459 Da Michelangelo bereits im Herbst 1563 erschöpft wirkte, versuchten sowohl der Papst als auch Cosimo I. de' Medici, einen Überblick über die Bestände der Werkstatt zu erhalten, um bei seinem Tod in den Besitz von Zeichnungen zu gelangen, die rechtmäßig Michelangelos Neffen Leonardo Buonarroti zugestanden hätten. Dieser überließ einen Teil der Zeichnungen Cosimo I. de' Medici. Von Averardo Serristori, dem Spion und Kunstagenten des florentinischen Herzogs, ist ein Brief vom 19. Februar 1564 überliefert, in dem er Cosimo I. schildert, wie das Inventar im Beisein des römischen Gouverneurs und der Nachlaßverwalter Tommaso de' Cavalieri und Daniele da Volterra erstellt wurde. Neben der *Pietà Rondanini*, einer heute verlorenen Skulptur des kreuztragenden Christus und einer Figur des Heiligen Petrus wurden Kartons, Gegenstände des täglichen Lebens und eine versiegelte Geldkassette, die sieben- bis achttausend Golddukaten enthielt, darin aufge-

führt. Ein detaillierteres Inventar übermittelte Daniele da Volterra in einem Brief an Vasari, datiert vom 17. März 1564. Ein anderer, ebenfalls an Vasari gerichteter Brief Daniele da Volterras vom gleichen Tag gibt den notariellen Wortlaut des Werkstattinventars wieder. Da Michelangelo unmittelbar vor seinem Tod zahlreiche Entwürfe vernichtet hatte, war gerade das Konvolut der Zeichnungen stark dezimiert.

Bibl.: Serristori 1853, S. 414–415; Tolnay 1954, S. 15; Barocchi 1962, Bd. IV, S. 1832 und S. 1846–1853; Cecchi 2003b.

460 Neben Gherardo Fidelissimi (Lebensdaten unbekannt), der Cosimo I. über den Tod Michelangelos brieflich informierte, war Federigo Donati (Lebensdaten unbekannt) als Arzt an seinem Sterbebett. Weiterhin ist ein Augenzeugenbericht über die letzten Tage Michelangelos von dem florentinischen Kunstagenten Diomede Leoni überliefert.

Bibl.: Barocchi 1962, Bd. IV, S. 1834; Bedon 2008, S. 181–183.

461 Vasari stellt hier in Anlehnung an Condivi die Bedeutung der anatomischen Studien Michelangelos heraus und erinnert damit an das nicht zustande gekommene Projekt einer von Realdo Colombo verfaßten und von Michelangelo illustrierten Anatomielehre, die Vesalius' *De' humani corporis fabrica* übertreffen sollte. Vasari betont, daß Michelangelos Kunst nicht allein aus dem *disegno* entspringt, sondern auf dem intensiven praktischen Studium der Anatomie von Mensch und Tier fußt. Erneut spricht Vasari damit die in den *Vite* häufig erwähnte Idealvorstellung der Ausbildung des Künstlers an, der bei ausreichender Übung einen spontanen oder mühelos wirkenden Stil in Malerei und Bildhauerei erreicht (vgl. Vasari, *Kunsttheorie*, S. 193–196, 267–272 und S. 275–278). Auch Cellini vertritt in seinen Kommentaren zur Anatomie die Auffassung, daß die Kenntnis der Anatomie nicht nur das Wissen um die richtige Proportionierung des menschlichen Körpers vermittelt, sondern auch für die Darstellung von Bewegung von Vorteil ist, die Vasari zufolge eine besondere *difficoltà* darstellt. In Verbindung mit der *terribilità* wird der Begriff *difficoltà* in seiner Michelangelo-Vita besonders hervorgehoben. Die Darstellung von Bewegung, die anatomisch richtige Wiedergabe des Körpers und ein flüssiger Malduktus bilden für Vasari die Grundlage eines vollendeten Stils. Im Zusammenhang mit der Rolle Michelangelos als Vorbild der Künstler und als Patron der Accademia del Disegno, die Vasari in der zweiten Fassung der Vita hervorkehrt, stellt er hier in didaktischer Absicht die Vollendung der Kunst als Ergebnis eines Lernprozesses dar. Michelangelos *disegno* und *giudizio* erscheinen zugleich aber auch als angeborene Gaben, deren Vollendung nur bedingt durch Übung erreicht werden kann. Den Zusammenhang von *disegno* und *pratica* erläutert Vasari am Beispiel Raffaels sowie in

den Lebensläufen der Raffael-Schüler (vgl. Vasari, *Raffael*, S. 77–81 und S. 173–177; Vasari, *Raffael-Werkstatt*, S. 9–11).

Bibl.: Summers 1981, S. 397–405; Panofsky 1989, S. 34–35; Goffen 2002, S. 70–72; Emison 2004, S. 43–50; Burioni 2008, S. 131–137.

462 Sein göttlich inspirierter Intellekt verschafft Michelangelo laut Vasari gegenüber allen anderen Künstlern eine herausragende Stellung. Doch liegen die Genialität eines Entwurfs und das Scheitern seiner Umsetzung nahe beieinander. An mehreren Stellen der Vita kommt Vasari denn auch auf den für Michelangelo besonders charakteristischen *nonfinito* zu sprechen und damit auf solche Werke, die Michelangelo in einem unvollendeten Stadium beließ (s. Anm. 101, 244, 382). Vasari erklärt den fragmentarischen Zustand einiger Kunstwerke Michelangelos aus dem Ungleichgewicht zwischen dessen geistiger Kraft (*terribilità*) und den durch das Material vorgegebenen – beschränkten – Möglichkeiten der künstlerischen Realisierung des *disegno*. Die irdische Materie, der auch der Künstler selbst angehört, ist unvollendet und daher mit Mängeln behaftet. Die Zerstörung eines unvollendeten Werks ist eine mögliche Konsequenz dieser Erkenntnis.

463 Vasari versammelte in seinem *libro de' disegni* sowohl Entwürfe zu Gemälden und Skulpturen als auch Architekturzeichnungen. Welche Zeichnungen Michelangelos sich in Vasaris Besitz befanden, kann heute nicht mehr festgestellt werden. Im Hinblick darauf, daß der Künstler vor seinem Tod Zeichnungen in seiner Werkstatt in Rom vernichtet hatte, weist Vasari hier, wie auch an anderer Stelle, auf seine Rolle als erster Biograph Michelangelos und Konservator seiner Werke hin. Zugleich macht er seinen Anspruch geltend, als Schüler Michelangelos anerkannt zu werden. Denn im Besitz eigenhändiger Zeichnungen des Meisters zu sein bedeutete, dessen *disegno* studieren zu können.

Bibl.: Ziefer 2006.

464 Urteilskraft (*giudizio*) und Augenmaß (*giudizio dell'occhio*), die für die korrekte Proportionierung von Figuren und Architektur wesentlich sind und mit dem Begriff der Blockgerechtigkeit eng zusammenhängen, gehören laut Vasari zu den wesentlichen Prinzipien des plastischen und architektonischen Schaffens Michelangelos. Mit dem metaphorischen Bild von Vulkan, der mit seinem Schmiedehammer Minerva, die Göttin der Wissenschaften und der Künste, befreit, stellt Vasari die *terribilità* Michelangelos als männlich konnotierte intellektuelle Kraft im Entwurfsprozeß dar.

Bibl.: Summers 1981, S. 368–379; Frings 1998; Goffen 2002, S. 146–147 und S. 172–173; Satzinger 2003/2004, S. 369–375; Emison 2004, S. 40–42; Vasari, *Kunsttheorie*, S. 266–267 und S. 275–278; Pfisterer 2005.

465 Als Voraussetzung für die Entwicklung von Ideen hebt Vasari hier das Streben nach Einsamkeit aus Liebe zur Kunst hervor. Die konzentrierte Beschäftigung mit den eigenen Ideen kennzeichnet seit jeher den Melancholiker. Der Melancholie als Seelenzustand werden noch Mitte des 16. Jahrhunderts mehrheitlich negative Eigenschaften zugeschrieben, wie das grüblerische Eigenbrötlertum, das Vasari hier anspricht, welches bis hin zu lähmender Tatenlosigkeit reichen kann. Das Versunkensein, das schöpferische Kräfte weckt, wurde ausgehend von einer Neuinterpretation der *vita contemplativa* im italienischen Humanismus zu einem der idealen Charakterzüge des ›homo literatus‹ und damit auch des idealen Künstlers.

Der Planet Jupiter, der bei Michelangelos Geburt eine Rolle spielte (s. Anm. 9), bildete nach frühneuzeitlichem Verständnis ein Gegengewicht zu Saturn, der die melancholische Schwermut und Isolation verursacht. Die Rechtfertigung der Zurückgezogenheit Michelangelos durch Vasari dient dazu, den Vorwurf der Trägheit abzuwehren, mit der die Melancholie assoziiert wurde.

Bibl.: Mendelsohn-Martone 1998 (1978), S. 237, Anm. 567; Klibansky/Panofsky/Saxl 1992, S. 334–394; Matthias Laarmann: ›Sokrates im MA‹, in: LexMa, 2003, Bd. VII, Sp. 2027–2028; Preimesberger/Baader/Suthor 1999, S. 80–90; Vasari, *Daniele da Volterra und Zuccaro*, S. 117–118, Anm. 18.

466 Kardinal Ippolito de' Medici (*1511 Florenz – †1535 Itri) war ein illegitimer Sohn Giuliano de' Medicis, des Herzogs von Nemours. Nachdem er zunächst neben seinem Cousin Alessandro de' Medici als Anwärter auf die Regentschaft über Florenz gegolten hatte, berief Clemens VII. ihn 1529 zum Kardinal und kurz darauf zum Verwalter des Erzbistums Avignon und zum Vizekanzler der römischen Kirche. Als päpstlicher Legat begleitete er 1532 den Feldzug Karls V. gegen den osmanischen Sultan Soliman. Ippolito de' Medici war weltlichen Ämtern stärker zugeneigt als geistlichen Würden, so daß er für die Kirche auch als Feldherr agierte. Als Mäzen förderte er den jungen Vasari, den er in das Umfeld der römischen Kurie einführte. Michelangelo und Pietro Aretino gehörten zu den von ihm bevorzugten Künstlern, wie Vasari mit der Anekdote der Schenkung des türkischen Pferdes verdeutlicht. Darüber hinaus pflegte Ippolito de' Medici in Rom Kontakte zu den sogenannten ›fuorusciti‹, der Gemeinschaft der republikanisch gesinnten Florentiner im Exil. 1535 starb er im Alter von nur 24 Jahren. Möglicherweise fiel er einer Vergiftung zum Opfer, für die sein Cousin Alessandro verantwortlich gewesen sein könnte.

Bibl.: Rubin 1995, S. 91–92 und S. 100; Vasari, *Mein Leben*, S. 16.

[467] Kardinal John Reginald Pole (*1500 Stowerton Castle, Grafschaft Stafford, England – †1558 Rom) war ein enger Verwandter König Heinrichs VIII. von England und erhielt eine standesgemäße humanistische Ausbildung, die er 1521 durch ein Studium in Padua vervollständigte. Seine persönliche Abneigung gegen den englischen König führte dazu, daß er Anfang der 1530er Jahre seine theologischen Studien in Padua fortsetzte und engere Kontakte zu jenen Protagonisten der katholischen Reformbewegung knüpfte – darunter Gaspare Contarini, Giovanni Pietro Carafa, der Gründer des Theatinerordens und spätere Papst Paul IV., Gian Matteo Giberti, Marcantonio Flaminio, Alvise Priuli und Gregorio Cortese –, die sich für eine Einigung mit den Protestanten einsetzten. Pole wurde 1537 von Papst Paul III. zum apostolischen Protonotar und Kardinal berufen. Als er sich ab 1553 als päpstlicher Legat in England um die Rekatholisierung des Königreichs bemühte, wurden ihm von der Inquisition häretische Umtriebe vorgeworfen.

Bibl.: Ferino-Pagden 1997, S. 225–234 und S. 251–252.

[468] Kardinal Alessandro Farnese (*1520 Valentano bei Viterbo – †1589 ebenda), Sohn von Pierluigi Farnese und Enkel Papst Pauls III., wurde von Clemens VII. 1534 zum Kardinal erhoben und stand dem Bistum Parma sowie den Erzbistümern Avignon und Monréale auf Sizilien vor. Außerdem führte er den Titel des Patriarchen von Jerusalem. Unter Papst Paul III. war er Legat in Frankreich, Deutschland und den Niederlanden und nahm an Verhandlungen mit Karl V. und Franz I. von Frankreich teil. Alessandro Farnese war während und nach dem Pontifikat Pauls III. einer der bedeutendsten römischen Auftraggeber. Er beaufsichtigte die Bauprojekte seines Großvaters, weshalb er mit den Erben Papst Julius' II. verhandelte, um Michelangelo von seiner Verpflichtung zur Ausführung des Juliusgrabmals in San Pietro in Vincoli zu entbinden. Michelangelo verschaffte er auch die Einnahmequelle der Zollstelle Porto del Po bei Piacenza. Es wird vermutet, daß Michelangelos Auftrag für das *Jüngste Gericht* in der Sixtinischen Kapelle ebenfalls auf den Einfluß von Alessandro Farnese zurückzuführen ist. Dieser ließ sich von Marcello Venusti 1549 eine kleinformatige Kopie des *Jüngsten Gerichts* (Öl auf Holz, 180,9 x 145,4 cm, Neapel, Museo e Gallerie Nazionali di Capodimonte) anfertigen. Sein Reichtum erlaubte es ihm, großangelegte Projekte in Auftrag zu geben, wie die Villa Farnese in Caprarola oder die Jesuitenkirche Il Gesù in Rom. Der Kardinal hegte außerdem eine Leidenschaft für die Goldschmiedekunst und die Buchillumination. Der Miniaturist Giulio Clovio führte für ihn einige seiner wichtigsten Werke aus. Von dem Steinschneider Giovanni Ber-

nardi da Castel Bolognese stammten verschiedene gravierte Kristalle in der Sammlung Farneses. Einer zeigte den *Sturz des Phaeton* nach Michelangelos Zeichnung für Tommaso de' Cavalieri. Vasari berichtet, daß die Idee zum Verfassen der *Vite* letztlich auf Alessandro Farnese zurückging, dem er durch Paolo Giovio empfohlen worden sei.

Bibl.: Berton 1969 (1857), S. 892–893; De Maio 1990, S. 41; Robertson 1992; Clare Robertson: ›Farnese, Alessandro‹, in: Turner 1996, Bd. X, S. 810.

469 Kardinal Bernardino Maffei (*1514 Bergamo – †1553 Rom) war erster Sekretär Papst Pauls III., der ihn 1549 zum Bischof von Massa Marittima und zum Kardinal von San Ciriaco ernannte. Humanistisch gebildet, betätigte er sich als Dichter und Rhetoriker sowie als Antiquar. So ist von ihm ein Traktat über antike Medailleninschriften überliefert sowie ein Kommentar zu den Briefen Ciceros. Maffei förderte Künstler wie Guglielmo della Porta, dem er den Auftrag für ein Denkmal Karls V. in Rom verschaffte, und er gehörte der Kommission zur Errichtung des Grabmals für Papst Paul III. an, das ebenfalls della Porta ausführen sollte.

Bibl.: Gramberg 1964, Bd. I, S. 82 und S. 105; Gramberg 1984, S. 268

470 Pietro Bembo (*1470 Venedig – †1547 Rom) war einer der bekanntesten Humanisten und Literaten des 16. Jahrhunderts. Sein Leben spielte sich zwischen verschiedenen Polen ab: einem politisch-kommunalen, einem geistlichen und einem literarischen. Aus einer angesehenen venezianischen Senatorenfamilie stammend, erhielt er eine umfassende humanistische Ausbildung, die er später durch ein Studium des Altgriechischen und der Philosophie in Padua vertiefte. 1495 betreute er die Drucklegung einer griechischen Grammatik seines Lehrers Konstantin Laskaris, die der einflußreiche, humanistisch und philologisch interessierte Mäzen und Verleger Aldo Manuzio herausgab. Damit begann eine fruchtbare Zusammenarbeit zwischen Bembo und Manuzio, die sich 1496 mit Bembos erstem literarischen Werk *De Aetna*, einem Dialog in lateinischer Sprache, fortsetzte. Es schlossen sich 1501 und 1502 Ausgaben der *Rime* Petrarcas sowie der *Divina commedia* und der *Terze rime* Dantes an. 1505 veröffentlichte Bembo den platonischen Liebesdialog *Gli asolani* und 1507 die *Stanze*, mit denen er aufgrund der Verschmelzung von antiker Grammatik und Rhetorik mit dem *volgare* überragenden Ruhm erlangte. Pietro Bembo galt fortan als Idealtypus des humanistischen Gelehrten und wurde als Mitglied des Hofes von Urbino im *Hofmann* Baldassare Castigliones literarisch verewigt. Ungeachtet seiner Stellung als Gelehrter und Hofmann strebte Bembo jedoch eine geistliche Karriere an, die ihm soziales Prestige und die Frei-

heit zur Beschäftigung mit der antiken Literatur und Sprache bringen sollte. Mit der Unterstützung von Kardinal Galeotto Franciotti della Rovere und Papst Julius II., dem Onkel des Fürsten von Urbino, Francesco Maria I. della Rovere, wurden ihm verschiedene Ämter und Pfründe verliehen, die sein Auskommen sicherten. 1513 wurde er von Papst Leo X. zum Sekretär ernannt, wodurch sich die Chance auf die Kardinalswürde eröffnete. Beim Tod seines Vaters 1519 mußte Bembo jedoch nach Venedig zurückkehren, um sein Erbe zu sichern. Als schließlich Papst Leo X. 1521 starb, verlor er sein Amt als päpstlicher Sekretär. In den folgenden Jahren widmete er sich in Padua seinen Studien und veröffentlichte 1524 seine *Prose della volgar lingua*, die eine Eloge auf Raffael und Michelangelo enthalten. 1529 wurde er von der Republik Venedig zum Bibliothekar der Biblioteca Marciana ernannt und verfaßte zwischen 1530 und 1536 eine Geschichte der Republik. Mit der Wahl Alessandro Farneses zum Papst 1534 bemühte sich Bembo erneut um die Kardinalswürde, die ihm 1539 unter Fürsprache von Vittoria Colonna verliehen wurde, mit der er seit den 1530er Jahren einen Briefwechsel führte. Als Kardinal stand er der katholischen Reformbewegung nahe, doch vor allem gehörte er in Rom zum Kreis der anerkannten Humanisten und trat als Sammler von Medaillen und Kleinbronzen sowie als Auftraggeber Tizians in Erscheinung.

Bibl.: Bembo, *Prose*, S. 9–60; Carlo Dionisotti: ›Bembo, Pietro‹, in: DBI, 1966, Bd. VIII, S. 133–147; De Maio 1990, S. 374; Patrizi 1997.

471 Claudio Tolomei (*1492 Siena – †1556), Jurist und Dozent für Zivilrecht in Siena (1516 bis 1518), tat sich auch als Schriftsteller und Linguist hervor: 1530 gründete er mit Gleichgesinnten, darunter Paolo Giovio und Gabriello Cesano aus Pisa, die Accademia della Virtù und verfaßte den *Trattato della lingua toscana*. Zudem war er 1551 als Botschafter Sienas in Frankreich tätig.

472 Ottaviano de' Medici (*1482 Florenz – †1546 ebenda) gehörte einem jüngeren Zweig der Medici an. Er stand dem regierenden Familienpart in der Funktion eines Beraters und künstlerischen Administrators zur Seite. Als Mitglied der Florentiner Regierung und Vormund Ippolito und Alessandro de' Medicis wurde er zum vertrauten Ratgeber von Cosimo I. nach dessen Aufstieg zum Herzog von Florenz im Jahr 1537. Von vielen Künstlern und Poeten, wie beispielsweise Pietro Aretino, wurde er als großzügiger Mäzen geschätzt. Auch Vasari war ihm zutiefst verbunden, da Ottaviano seine erste Romreise finanziert hatte. Tizian und Sebastiano del Piombo standen ebenfalls in seiner Gunst. Mit Michelangelo verband ihn sogar ein freundschaftliches Verhältnis, der Künstler hatte die Patenschaft seines Sohnes Bernardetto († nach

1576 Ottaviano) übernommen. Seine Kennerschaft und sein Talent als geschickter Verwalter des mediceischen Besitzes kommen in seiner Entscheidung zum Ausdruck, von Raffaels Porträt Papst Leos X. mit den Kardinälen Giulio de' Medici und Luigi de' Rossi eine Kopie anfertigen zu lassen, als Federico I. Gonzaga Anspruch auf das Gemälde erhob. Für seine eigene Sammlung von Medici-Porträts, die unter anderem ein Bildnis Cosimo il Vecchios von Pontormo und ein Porträt Lorenzo il Magnificos von Vasari enthielt, beauftragte Ottaviano zu einem späteren Zeitpunkt Vasari mit der Anfertigung einer weiteren Kopie von Raffaels Papstporträt.

Bibl.: Bracciante 1984; Cox-Rearick 1984; Rubin 1995, S. 100.

473 Lorenzo Ridolfi (*1503 Florenz – †1576 ebenda), der jüngere Bruder Kardinal Niccolò Ridolfis, übte das Amt eines Vikars von San Miniato aus und war apostolischer Sekretär in Rom. Während dieser Zeit empfahl er unter anderem Cosimo I. de' Medici den Ankauf einer antiken Skulptur für dessen Sammlung. Nach dem Tod seines Bruders lebte er ab 1559 wieder in Florenz und führte als Mitglied des Hofes den Titel eines *senatore fiorentino.*

Bibl.: Carteggio 1983, Bd. V, S. 2.

474 Für einen jungen Adeligen wie Cavalieri gehörten Kenntnisse im Zeichnen zur Kultur des Edelmanns, der – laut Baldassare Castigliones *Hofmann* – auch in den bildenden Künsten dilettieren sollte. Zeichnungen der hier von Vasari erwähnten Motive und Sujets sind erhalten. Es handelt sich um den *Raub des Ganymed* (schwarze Kreide, 361 x 275 mm, Cambridge, Mass., Fogg Art Museum, Inv.-Nr. 1955–75), die *Bestrafung des Tityos* (schwarze Kreide, 190 x 330 mm, Sammlung Schloß Windsor, Royal Library, Inv.-Nr. RL 12771), den *Sturz des Phaeton* (erhalten in drei Versionen: schwarze Kreide, 313 x 217 mm, London, British Museum, Department of Prints and Drawings, Inv.-Nr. 1895-9-15-517r; schwarze Kreide, 413 x 234 mm, Sammlung Schloß Windsor, Royal Library, Inv.-Nr. RL 12766; schwarze Kreide, 394 x 255 mm, Venedig, Galleria dell'Accademia, Inv.-Nr. 177r) sowie um ein *Kinderbacchanal* (rote Kreide, 274 x 388 mm, Sammlung Schloß Windsor, Royal Library, Inv.-Nr. RL 12777 und 12778r).

Ob und welche der heute erhaltenen Zeichnungen Michelangelo zugeschrieben werden dürfen, ist Gegenstand einer weitläufigen Diskussion. Nur wenige Zeichnungen sind exakt datierbar. Eine Ausnahme bilden der *Raub des Ganymed*, dessen Entstehung durch einen Brief Michelangelos vom 1. Januar 1533 belegt ist, sowie der *Sturz des Phaeton* und das *Kinderbacchanal*, die in das gleiche Jahr datiert werden können. Neben der Frage der Zuschreibung wurde in jüngster Zeit die Funktion der Blätter diskutiert. Aufgrund ihrer vollendeten Ausführung vertritt Schumacher die Ansicht, daß diese ›Geschenkzeichnungen‹ im Gegensatz zu den sogenannten ›teste divine‹ weniger als Studienzeichnungen denn als Sammlerobjekte gedacht waren. Bestätigung findet diese These durch die Untersuchung Sickels, der zeigen konnte, daß Tommaso de' Cavalieri die Zeichnungen Michelangelos in einem eigenen Prachtband versammelt hatte. Dieser wurde später von seinem Sohn veräußert und gelangte schließlich in den Besitz Kardinal Alessandro Farneses.

Die Zeichnungen, vor allem der *Ganymed* und der *Tityos*, werden in der Forschung als allegorischer Kommentar Michelangelos zur Idee der platonischen Liebe, zu den Leidenschaften der Seele und der Gefahr der Überheblichkeit in Verbindung mit seiner homoerotischen Neigung interpretiert. Kurz nachdem sie ihm als Geschenke überreicht worden waren, gab Tommaso de' Cavalieri die Zeichnungen offenbar in die Hände Dritter, wie sein Brief an Michelangelo vom 6. September 1533 belegt. Darin berichtet er, Ippolito de' Medici wolle die Motive als Vorlage für geschnittene Kristalle verwenden. Diese fertigte der Gemmenschneider Giovanni Bernardi di Castel Bolognese an, der zu den bevorzugten Künstlern des Medici-Kardinals gehörte. Ein Kristall mit dem *Tityos*-Motiv befindet sich heute in Washington in der National Gallery of Art. Davon sind etwa zehn Abgüsse in Bronze überliefert. Von einem Kristall mit dem *Ganymed* existieren nur noch Bronzeabgüsse. Ein weiterer geschnittener Kristall mit dem *Sturz des Phaeton* befindet sich in Baltimore in der Walters Art Gallery. Auch die später Cavalieri gewidmeten Zeichnungen des *Traums* (schwarze Kreide, 396 x 279 mm, Sammlung Antoine Seilern) und die *Bogenschützen* (nach Perrig verloren, Joannides schreibt jedoch die von Perrig als Kopie Giulio Clovios genannte Zeichnung in der Sammlung von Schloß Windsor, Royal Library, rote Kreide, 219 x 323 mm, Inv.-Nr. RL 12778, als eigenhändig zu) thematisieren laut Frommel den Einfluß der Leidenschaften auf die Seele. Hirst vertritt im Gegensatz zur Überlieferung Vasaris die These, daß die *Bogenschützen* kein Geschenk Michelangelos an Cavalieri waren, weil sie nicht in dessen Inventar aufgelistet sind, ebensowenig wie die sogenannte *Kleopatra* (schwarze Kreide, 232 x 182 mm, Florenz, Casa Buonarroti, Inv.-Nr. 2F), deren Provenienz durch einen Brief Cavalieris belegt ist. Die *Kleopatra*, die als die einzig erhaltene Zeichnung der sogenannten ›teste divine‹ gilt, wird von Vasari allerdings nicht in der Michelangelo-Vita, sondern in der Vita Properzia de' Rossis erwähnt (vgl. Vasari, *Bildhauer*, S. 136). Perrig versucht unter Berufung auf Cavalieris Brief an Cosimo I. de' Medici, dem neben dieser

Zeichnung auch diejenige eines weinenden Jungen von Sofonisba Anguissola beigefügt war, den Nachweis zu führen, daß die florentinische Zeichnung der *Kleopatra* kein eigenhändiges Werk Michelangelos sei, sondern eine Kopie Cavalieris. Dieser Auffassung stehen zahlreiche andere Forschermeinungen entgegen, die aufgrund der Provenienz der Zeichnung aus Cavalieris Besitz eine Eigenhändigkeit Michelangelos als gegeben voraussetzen. Gegen Michelangelos Autorschaft hat sich jüngst hingegen auch Schumacher ausgesprochen: Vasaris Beschreibung der *Kleopatra*-Zeichnung sei ein Hinweis darauf, daß der Autor das Werk im Unterschied zu den anderen ›teste divine‹ Michelangelos sehr genau kannte. Die Nennung der Zeichnung in der Vita Properzia de' Rossis könnte überdies ein Hinweis darauf sein, daß Michelangelos Autorschaft für diese Zeichnung bereits im 16. Jahrhundert als fragwürdig erachtet wurde.

Bibl.: Bettarini/Barocchi, *Vite*, Bd. IV, S. 405; Carteggio 1979, Bd. IV, S. 1 und S. 49; Frommel 1979, S. 39–45 und S. 63–67; Carteggio 1983, Bd. V, S. 273–274; Hirst 1989, S. 105–118; Perrig 1991, S. 42–47 und S. 127, Anm. 99; Lewis 1992, S. 183–187; Joannides 1996, S. 56–58, 64–65 und S. 75–77; Saslow 1996; Güse/Perrig 1997, S. 131–133; Bardeschi Ciulich/Ragionieri 2001, S. 90–91 (Ragionieri), S. 92–95 (Marongiu), S. 96–97 (Wellington Gahtan) und S. 98–100 (Marongiu); Ragionieri 2006c; Sickel 2006; Schumacher 2007, S. 24– 38, 50–72, 160–178 und S. 183–242; Sickel 2007; Zöllner/Thoenes/Pöpper 2007, S. 260–261 (Thoenes).

475 Das Porträt des Tommaso de' Cavalieri ist nicht erhalten. Bezeichnenderweise behauptet Vasari an dieser Stelle, das Bildnis Tommasos sei das einzige von Michelangelo jemals geschaffene Porträt, zu dem er durch die außergewöhnliche Schönheit des Darzustellenden inspiriert worden wäre. Er schließt sich damit dem Kommentar Benedetto Varchis zu Michelangelos Sonett *Non ha l'ottimo artista alcun concetto* an, in dem dieser die Entstehung eines Kunstwerks auf die Liebe des Künstlers und die gestaltgebende Idee (*concetto*) zurückgeführt hatte (vgl. Barocchi, *Scritti*, Bd. II, S. 1322–1341). Die Bemerkung Vasaris, Michelangelo sei es zuwider gewesen, nach dem Leben zu malen, wenn das Darzustellende nicht von höchster Schönheit war, liest sich gerade im Zusammenhang mit der Vita Tizians, in der Vasari den Künstler zum größten Naturnachahmer und Porträtisten seiner Zeit stilisiert (vgl. Vasari, *Tizian*, S. 10–12, 41), wie die Konstruktion eines Gegensatzes zwischen *disegno* und *colore*. Letztlich, so stellt es Vasari dar, übersteigert Michelangelo das Konzept der idealen Schönheit, das die Kunsttheorie seit Leon Battista Alberti vertrat und durch die Anekdote von Zeuxis

und den Jungfrauen von Kroton exemplifizierte. Nicht der Prozeß einer Angleichung verschiedener Naturvorbilder an eine Idealvorstellung, sondern einzig ein absolutes Ideal, das sich auf die neuplatonische Vorstellung einer existierenden göttlichen Idee bezieht, ist demnach für Michelangelo relevant. Daß Vasari Michelangelos Porträtauffassung an dieser Stelle so deutlich darstellt, wird auf die platonische Verehrung Michelangelos für Tommaso de' Cavalieri zurückgeführt, die Vasari an dieser Stelle mit seiner eigenen Theorie des *disegno* verbindet. Tommaso, dem Michelangelo das Attribut der Göttlichkeit zuschrieb, etwa in dem Sonett *Non so, se s'é la desiata luce* (vgl. Kleinschmidt 1964, S. 24–27), wird bei Vasari zu einer Projektionsfigur, in der *disegno* und Naturnachahmung deckungsgleich sind. Da Tommasos körperliche Schönheit Zeugnis von seiner schönen, göttlichen Seele gibt, ist es möglich, in der naturgetreuen Wiedergabe seiner Person eine Art ›Seelenbild‹ anzufertigen. Auch Varchi bezieht sich in seinen *Due lezzioni* auf die Produktion des Schönen in der Kunst, auf die allerdings nach seinen Darlegungen die Imagination und mit dieser der Seelenzustand des Künstlers sowie dessen praktische Erfahrung in der Umsetzung einwirken.

Das Porträt Tommasos wird in der ersten Ausgabe der *Vite* von 1550 nicht erwähnt, allerdings wird es in einer Quelle aus dem 17. Jahrhundert beschrieben. Daraus geht hervor, daß Cavalieri *all'antica* gekleidet mit einer Medaille in der Hand dargestellt wurde. Möglicherweise handelte es sich bei dieser Medaille um die sogenannte ›anima‹, die in einem Brief Bartolommeo Angelinis an Michelangelo vom 12. Juli 1533 erwähnt wird (vgl. Carteggio 1979, Bd. IV, S. 13) und die Cavalieri wie einen Talisman stets mit sich führte.

Bibl.: Barocchi 1962, Bd. IV, S. 1889 und S. 1904–1905; Carteggio 1973, Bd. III, S. 443; Carteggio 1979, Bd. IV, S. 1–3 und S. 13; Frommel 1979, S. 49 und S. 67; Summers 1981, S. 279–282; Perrig 1991, S. 77–79; Engelhard 1992, S. 97; Preimesberger/Baader/Suthor 1999, S. 87–88, 247–261 und S. 273–287; Alberti, Ed. Bätschmann/Gianfreda, S. 157–159; Flemming 2004, S. 105; Schumacher 2007, S. 183–186 und S. 214–222.

476 Kardinal Federico Cesi (*1500 Rom – †1565 ebenda) und sein älterer Bruder Kardinal Paolo Emilio Cesi (*1481 Rom – †1537 ebenda) entstammten einer angesehenen römischen Familie. 1544 wurde Federico Cesi von Papst Paul III. zum Kardinal und Bischof von Todi ernannt, in späteren Jahren wurden ihm weitere Diözesen unterstellt. Wie sein Bruder Paolo Emilio hatte er antiquarische Interessen und tat sich als Auftraggeber und als Sammler von Antiken hervor. Auf Federico Cesi geht die Ausstattung zweier Familienkapellen in Santa Maria della Pace und in Santa Maria Maggiore zurück. In der letztgenannten Kapelle,

der Familiengrablege der Cesi, ließ er von Guglielmo della Porta ein Grabmal für seinen Bruder ausführen, in dem er später auch selbst bestattet wurde.

Bibl.: Martinori 1931; Agostino Borromeo: ›Cesi, Federico‹, in: DBI, 1980, Bd. XXIV, S. 253–256.

477 Die Zeichnung ist nur noch als Kopie Marcello Venustis nach Michelangelo erhalten (schwarze Kreide, 382 x 296 mm, New York, Pierpont Morgan Library, Inv.-Nr. IV, 7). Perrig zufolge schuf Marcello Venusti die Komposition aus einzelnen Figurenzeichnungen. Wallace hingegen schreibt die Zeichnung Michelangelo zu.

Bibl.: Wilde 1959; Perrig 1962, S. 265; Wallace 2003, S. 153.

478 Vasari bezeichnet Michelangelos Schüler Marcello Venusti (*1512/1515 Como – †1579 Rom) irrtümlich als Marcello Mantovano. Dieser kopierte im Auftrag Kardinal Alessandro Farneses 1549 das *Jüngste Gericht* (Öl auf Holz, 180,9 x 145,4 cm, Neapel, Museo e Gallerie Nazionali di Capodimonte), das als einzige Kopie den Zustand vor der Übermalung des Freskos durch Daniele da Volterra wiedergibt. Die Zusammenarbeit Michelangelos und Marcello Venustis, die gezielt darauf ausgerichtet war, die Nachfrage von Sammlern und Mäzenen zu befriedigen, begann wahrscheinlich in den 1540er Jahren, spätestens aber um 1550. In dieser Zeit war Michelangelo mit verschiedenen Architekturprojekten sowie mit den Fresken der Cappella Paolina beschäftigt. Auf Venusti gehen mehrere Gemälde nach Michelangelos Entwürfen zurück. Für eine *Kreuzigung* (Öl auf Holz, 50 x 32,5 cm, Florenz, Casa Buonarroti) oder *Christus und die Samariterin* (Öl auf Holz, 45 x 29,5 cm, Siena, Pinacoteca Nazionale) benutzte Venusti die Geschenkzeichnungen Michelangelos für Vittoria Colonna als Vorlage. Venustis Werke gehen über das Stadium reiner Kopien hinaus und sind als eigenständige malerische Umsetzung der Zeichnungen Michelangelos anzusehen.

Bibl.: Wilde 1959; Tolnay 1960, S. 98; Kamp 1993; Russo 1995; Capelli 2001; Wallace 2003; Ragionieri 2005, S. 170 und S. 176; Acidini Luchinat 2007, S. 332–341.

479 Ob das heute im Palazzo Barberini (Galleria Nazionale) in Rom aufbewahrte Gemälde einer *Verkündigung* (45 x 30 cm) das Original oder eine Replik des Altargemäldes für die Cesi-Kapelle im rechten Seitenschiff in Santa Maria della Pace in Rom ist, konnte bis heute nicht eindeutig geklärt werden. Vermutlich handelt es sich tatsächlich um die Originalfassung, da das heutige, im 17. Jahrhundert ersetzte Altarbild in der Kirche in seinen Abmessungen größer ist als das ursprüngliche Retabel.

Bibl.: Wilde 1959; Perrig 1962, S. 270; Kamp 1993, S. 43–48; Bardeschi Ciulich/Ragionieri 2001, S. 126 (Ragionieri); Wallace 2003.

[480] Das Altargemälde einer *Verkündigung* in der Sakristei von San Giovanni in Laterano schuf Marcello Venusti im Auftrag Tommaso de' Cavalieris. Dieser versuchte vermutlich, durch die Stiftung eines Altarbildes seinem Neffen Tiberio ein Kanonikat zu verschaffen. Vasari erwähnt das auf dem Entwurf Michelangelos basierende Altarbild Venustis auch in der knappen Sammelvita italienischer und flämischer Künstler, die er neu in die zweite Ausgabe der *Vite* von 1568 aufnahm (vgl. Bettarini/Barocchi, *Vite*, Bd. VI, S. 222). In dem kurzen Passus, der Marcello Venusti gewidmet ist, heißt es im Unterschied zum Wortlaut der vorliegenden Vita, Michelangelo habe für besagtes Gemälde »disegni«, also offenbar mehr als eine Zeichnung, angefertigt. Diese Zeichnungen sind jedoch verloren. Der Entwurf Venustis ging in die Sammlung Cosimo I. de' Medicis ein (*Verkündigung*, schwarze Kreide, 405 x 547 mm, Florenz, Uffizien, Gabinetto Disegni e Stampe, Inv.-Nr. 229F).

Bibl.: Perrig 1962.

[481] Zusammen mit dem Entwurf Venustis für die *Verkündigung* in San Giovanni in Laterano (schwarze Kreide, 405 x 545 mm, Florenz, Uffizien, Gabinetto Disegni e Stampe, Inv.-Nr. 229F) erhielt Cosimo I. de' Medici nach dem Tod Michelangelos im Mai 1564 Venustis Zeichnung des *Christus am Ölberg* (schwarze Kreide, 60 x 36 mm, Florenz, Uffizien, Inv.-Nr. 230F). Beide Zeichnungen wurden im Medici-Inventar als Werke Michelangelos eingetragen, da sie laut Michelangelos Neffen Leonardo aus dessen Werkstatt stammten. Schumacher zufolge hat Vasari jedoch die Angaben zum Nachlaß Michelangelos literarisch geschönt, um Cosimo I. zu schmeicheln, da dieser nur wenige Zeichnungen Michelangelos nach dessen Tod erhalten hatte.

Bibl.: Perrig 1962, S. 267–269; Bardeschi Ciulich/Ragionieri 2001, S. 126 (Ragionieri); Schumacher 2007, S. 26–29.

[482] Vasari stellt die sogenannten *Sklaven* des Juliusgrabmals als Beispiele für eine blockgerechte und sachgemäße Bearbeitung des Marmors vor. Der Bildhauer, so Vasari in der technischen Einleitung seiner *Vite*, benötigt ein inneres oder geistiges Konzept und das richtige Augenmaß, um von dem rohen Steinblock die entsprechenden Steinschichten abzutragen und die von ihm im Geiste konzipierte Figur aus dem Material herauszuarbeiten. Für Vasari demonstrieren die *Sklaven* des Juliusgrabmals diese Herangehensweise, die einen Gegensatz zu der von Alberti in seinem Traktat *De Sculptura* dargelegten Methode der mathematischen Proportionierung von Skulpturen bildet. Michelangelo wird als Künstler präsentiert, der die Bildhauerei nach Augenmaß perfekt beherrscht. Der *giudizio dell'occhio* ist eines der Fundamente seiner künstlerischen Praxis, wie Vasaris Lob an anderen Stellen der Vita zeigt.

Bibl.: Bettarini/Barocchi, *Vite*, Bd. VI, S. 16–18 und S. 19–21, 22, 92; Vasari, *Kunsttheorie*, S. 275–278; Vasari, *Einführung in die Künste*, S. 75, 82 und S. 157, Anm. 108.

483 »Was sich des größten Meisters Schau erschafft, / birgt alles schon der ungestalte Stein, / doch es zu lösen aus der Fülle Haft / gelingt der geistgelenkten Hand allein. // So schließest du, oh Holde, Hohe ein, / was ich ersehne, ach! Und was ich fliehe. / Die Kunst will nimmer mich dem Leben weihn, / denn sie versagt mir stets, wonach ich glühe. // Nicht deine Schönheit, nicht dein strenger Sinn, / der mich verschmäht – an allen meinen Klagen / hat Liebe, Zufall und Geschick nicht Schuld. // Dein Herz umschließt mir Untergang und Huld. / Was frommt es, da ich doch so töricht bin, / mir glühend nur den Tod herauszuschlagen?« (zitiert nach Kleinschmidt 1964, S. 66–67).

Das Sonett wird zwischen 1538 und 1547 datiert und war an Vittoria Colonna gerichtet. Nach Engelhard wird die hier angesprochene Geliebte zur Projektionsfläche der Freuden und Leiden des Dichters, die er mit dem Marmorblock des Bildhauers vergleicht, in dem dieser die darin verborgene Figur erkennen kann. Die von Vasari erwähnte Vorlesung über dieses Sonett, die eine maßgebliche Quelle für Vasaris *disegno*-Auffassung darstellt, hielt Benedetto Varchi 1547 vor der Accademia Fiorentina. In dieser Vorlesung ordnete Varchi das Sonett in den philosophischen und philologischen Kontext der Schriften von Aristoteles, Dante und Petrarca ein. Ausgehend von diesen erklärte er die Liebe zu einer den Künstler bewegenden Kraft, die ihn befähige, der toten Materie seine Idee einzuprägen, wobei die Idee oder der *concetto* als eine geistige Potenz höher zu bewerten ist als das handwerkliche Geschick des Künstlers.

Bibl.: Barocchi 1962, Bd. IV, S. 1982–2002; Mendelsohn-Martone 1998 (1978), S. 229–238; Barocchi, *Scritti*, Bd. II, S. 1322–1341; Panofsky 1989, S. 33–38; Engelhard 1992, S. 99–100.

484 Vittoria Colonna (*1490 Marino – †1547 Rom), Markgräfin von Pescara, entstammte einer bedeutenden römischen Adelsfamilie. Nach der französischen Annexion der Ländereien ihrer Familie lebte sie seit 1501 auf Ischia. Bereits mit sieben Jahren wurde sie aus dynastischen Gründen mit Ferrante d'Avalos (1489/90–1525), dem Markgrafen von Pescara, verlobt, den sie 1509 heiratete. Durch ihre gesellschaftliche Stellung hatte sie Kontakt zu den Höfen in Urbino, Neapel und Ischia und zählte Humanisten und Literaten zu ihrem Freundeskreis. Pietro Bembo, mit dem sie in den 1530er Jahren einen literarischen Briefwechsel führte, lobte sie als bedeutende Autorin der italienischen Literatur. 1525 starb ihr Mann in der Schlacht bei Pavia, woraufhin sie sich stärker

dem christlichen Glauben zuwandte und sich in einen Konvent zurückzog. Ihr Leben war von nun an von einer intensiven Auseinandersetzung mit der zeitgenössischen Dichtung, aber auch der Theologie geprägt. Neben dem Kontakt zu führenden Autoren und Humanisten, wie Baldassare Castiglione, Benedetto Varchi, Paolo Giovio, Annibale Caro oder Pietro Aretino, war sie ab 1537 mit einflußreichen Persönlichkeiten der katholischen Reformbewegung befreundet. Zu den sogenannten *spirituali* zählten unter anderen Bernardo Ochino, Ordensgeneral der Kapuziner und einflußreicher Prediger, Kardinal Reginald Pole und Kardinal Giovanni Morone. Erste Briefe an Michelangelo sind aus der zweiten Hälfte der 1530er Jahre überliefert (vgl. Carteggio 1979, Bd. IV, S. 101–102 und S. 169, 224). Auch in diesen spiegelt sich die Frömmigkeit der Dichterin wider, deren Denken um das Thema der ›göttlichen Liebe‹ sowie um die Passion Christi kreiste. Michelangelo antwortete ihr auf einer vergleichbaren literarischen Ebene. Ausgehend von dem Vorbild Dantes und dessen Liebe zu Beatrice behandelte er in den ihr gewidmeten Briefen, Zeichnungen und Sonetten ebenfalls das Leiden Christi, die himmlische Liebe und die Schönheit der Seele (vgl. Carteggio 1979, Bd. IV, S. 120–122). Francisco de' Hollanda verewigte in seinen *Quattro dialoghi sulla pittura*, die auch als *Dialoghi romani* bezeichnet werden, die Freundschaft zwischen Vittoria Colonna und Michelangelo.

Bibl.: Giorgio Patrizi: ›Colonna, Vittoria‹, in: DBI, 1982, Bd. XXVII, S. 448–457; De Maio 1990, S. 9; Barberi Squarotti 1995; Marjorie A. Och: ›Colonna, Vittoria‹, in: Turner 1996, Bd. VII, S. 621; Ferino-Pagden 1997, S. 19–27 und S. 149–157; Prosperi 2001; Prosperi 2002; Bianco/Romani 2005; Chapman 2005, S. 249–253; Fragnito 2005; Majo 2005; Zöllner/Thoenes/Pöpper 2007, S. 256, 266 (Thoenes).

485 Ob sämtliche hier erwähnte Zeichnungen Michelangelos für Vittoria Colonna im Original erhalten sind, ist fraglich. Während der *Christus am Kreuz* (schwarze Kreide, 371 x 270 mm, London, British Museum, Inv.-Nr. 1895-9-15-504r) von der Mehrheit der Forschung Michelangelo zugeschrieben wird, ist die Autorschaft der *Pietà* (schwarze Kreide, 295 x 193 mm, Boston, Isabella Stewart Gardner Museum) höchst umstritten. Beide Zeichnungen überliefern jedenfalls die von Vasari überlieferten Sujets der Geschenkzeichnungen für Vittoria Colonna und wurden in ihrer Ikonographie auf die Empfängerin abgestimmt. In der Literatur zu den Zeichnungen wird einerseits auf die Andachtspraxis der *spirituali* verwiesen, andererseits wurden die Motive im Kontext der Dante-Rezeption Michelangelos als Darstellungen himmlischer Liebe gedeutet, zumal die Zeichnung der *Pietà* mit

einem Dante-Zitat versehen ist. Ähnlich den Sonetten werden die Zeichnungen als Ausdruck seiner Beziehung zu Vittoria Colonna gesehen, in Analogie zu Dantes Verehrung für Beatrice.

Die Zeichnung eines *Christus mit der Samariterin am Brunnen*, die nur von Vasari in der zweiten Edition der *Vite* erwähnt wird, identifiziert Hirst mit einer Kreidezeichnung gleichen Sujets in Genf (436 x 337 mm, Fondation Martin Bodmer), die Perrig allerdings Marcello Venusti zuschreibt.

Bibl.: Gizzi 1995; Herrmann Fiore 1995; Güse/Perrig 1997, S. 133–135 und S. 298–299; Nagel 1997; Nagel 2000, S. 143–187; Bardeschi Ciulich/Ragionieri 2001, S. 112 (Lombardi); Bianco/Romani 2005; Chapman 2005, S. 254–257; Ragionieri 2005, S. 165–166 (Romani); Schumacher 2007, S. 62–65; Zöllner/Thoenes/Pöpper 2007, S. 266–267 (Thoenes).

486 Girolamo Savonarola (*1452 Ferrara – †1498 Florenz) gilt als berühmtester, gewaltigster, aber auch umstrittenster Reform-Prediger seiner Zeit. 1491 wurde er zum Prior von San Marco gewählt und erreichte 1493 die Erhebung des Dominikanerklosters zu einer eigenen Kongregation. Als Karl VIII. von Frankreich 1494 Florenz besetzte und die Medici vertrieb, sahen Savonarola und seine Anhänger in ihm einen von Gott gesandten Retter der Stadt. Nachdem der König Ende 1494 auf das Drängen Savonarolas hin Florenz wieder verlassen hatte, stieg Savonarola, nun selbst von seinen Anhängern forciert, zum geistigen und politischen Führer der Stadt auf. Er gab Florenz eine demokratische Verfassung auf religiöser Basis und leitete zugleich eine radikale Sittenreform ein, die in einer öffentlichen Verbrennung »irdischer Nichtigkeiten« kulminierte. Bald darauf erwirkten seine politischen Gegner jedoch bei Papst Alexander VI. ein Predigtverbot. Savonarola widersetzte sich den römischen Anordnungen, woraufhin der Papst 1497 die Exkommunikation aussprach. 1498 wurde er nach einem Prozeß in Florenz hingerichtet.

Bibl.: Franco Cardini: ›Savonarola, Girolamo‹, in: LexMa, 2003, Bd. VII, Sp. 1414–1415.

487 Um die Vorgehensweise Michelangelos im künstlerischen Schaffensprozeß zu verdeutlichen, spielt Vasari hier, wie auch in der Vita Raffaels, auf die antike Künstlerlegende des Zeuxis und der Jungfrauen von Kroton an. Dieser liegt die Vorstellung zugrunde, daß der Künstler das Prinzip der *electio* befolgend im schöpferischen Akt aus verschiedenen Naturvorbildern die schönsten Details auswählt und so ein Idealbildnis kreiert, mit dem er die Natur zu übertreffen vermag (vgl. Vasari, *Raffael*, S. 19 und S. 91, Anm. 4). Bei der hier kommentierten Passage geht

es Vasari offensichtlich darum, den Begriff der Schönheit von der Verknüpfung mit dem weiblichen Idealbildnis und damit auch von einer erotischen und moralisch gegebenenfalls fragwürdigen Vorstellung von Schönheit zu lösen, deren Darstellung Michelangelo unter anderem nach der Enthüllung des *Jüngsten Gerichts* beschuldigt wurde.

Bibl.: Summers 1981, S. 369–379; Valeska von Rosen: ›Naturnachahmung‹, in: Pfisterer, *Kunstwissenschaft*, S. 241–244; Goffen 2002, S. 172–173.

488 Dieser Absatz wurde von Vasari erst in die zweite Fassung der Vita eingefügt. Damit wollte er wahrscheinlich Vorwürfe abwehren, die Michelangelo Überheblichkeit (*superbia*), Prunksucht (*luxuria*) oder Geiz (*avaritia*) unterstellten, und ihn im Habitus eines Menschen präsentieren, der das kontemplative, von Armut und Barmherzigkeit bestimmte Leben eines Mönches führt.

Michelangelo selbst betonte in seinen Sonetten die Tugend der Einfachheit, die als äußeres Zeichen von Wahrheit erscheint. Michelangelo häufte belegtermaßen bis zum Ende seines Lebens fürstliche Reichtümer an, zeigte sich aber durch Stiftungen und Geschenke stets generös.

Bibl.: Goffen 2002, S. 146–147; Hatfield 2002, S. 177–194; Schumacher 2007, S. 189.

489 Die Arbeit in nächtlicher Einsamkeit wurde als anregend für den Geist verstanden. Wie bei anderen Verweisen Vasaris auf Michelangelos Melancholie wird jener als ›homo literatus‹ charakterisiert. Dieser humanistische Idealtypus entwickelte sich aus der mittelalterlichen Vorstellung von der *vita contemplativa* und der Rezeption antiker Autoren. Quintilians *Institutio oratoria*, Ciceros *De inventione* und *De officiis* sowie Petrarcas *De vita solitaria*, in denen verschiedene antike und mittelalterliche Beispiele einsam schaffender Gelehrter und Philosophen aufgeführt werden, bildeten die Grundlage für diese Vorstellung.

Bibl.: Liebenwein 1977, S. 44–47; Klibansky/Panofsky/Saxl 1992, S. 353–394.

490 Gherardo Perini (*1480–†1564) war ein florentinischer Adeliger. Es existiert ein Briefwechsel zwischen ihm und Michelangelo aus dem Jahr 1522, und Pietro Aretino erwähnt ihn in seinem bekannten Brief an Michelangelo.

Bibl.: Carteggio 1967, Bd. II, S. 342 und S. 343, 352, 353; Carteggio 1979, Bd. IV, S. 216; Schumacher 2007, S. 19–31.

491 Diese vermutlich in den 1520er Jahren angefertigten Zeichnungen werden mit der sogenannten *Furie* (schwarze Kreide, 298 x 205 mm, Florenz, Uffizien, Gabinetto Disegni e Stampe, Inv.-Nr. 601E und

18738F), der sogenannten *Zenobia* (schwarze Kreide, 357 x 252 mm, Florenz, Uffizien, Gabinetto Disegni e Stampe, Inv.-Nr. 598E r) und einem Blatt mit drei Köpfen (schwarze Kreide, 343 x 236 mm, Florenz, Uffizien, Gabinetto Disegni e Stampe, Inv.-Nr. 599E r) identifiziert. Als ein weiteres Idealporträt gilt die *Kleopatra* (schwarze Kreide, 232 x 182 mm, Florenz, Casa Buonarroti, Inv.-Nr. 2F). Von den drei Zeichnungen für Perini existieren weitere Kopien in anderen Sammlungen. Die Eigenhändigkeit der Zeichnungen ist umstritten. Die drei Uffizien-Zeichnungen stammen aus dem Besitz Gherardo Perinis. Nach dessen Tod 1564 gelangten sie in die Sammlung Francesco de' Medicis und werden im Inventar der Uffizien als Werke Michelangelos geführt. Während Hirst die Urheberschaft Michelangelos als gegeben voraussetzt, zumal die Blätter teilweise autographe Beischriften sowie Inventarangaben Perinis tragen, vertritt Perrig die These, daß alle drei Zeichnungen Werke Antonio Minis nach verlorenen Vorlagen Michelangelos seien.

Bibl.: Hirst 1989, S. 107–109; Perrig 1991, S. 45 und S. 127, Anm. 93; Ferino-Pagden 1997, S. 323; Schumacher 2007, S. 19–31 und S. 143–160.

492 Bartolomeo Bettini, auch Bectino oder Bectini († Ende 1551/Anfang 1552), war ein in Rom ansässiger florentinischer Bankier und Kunstliebhaber, der in Michelangelos Korrespondenz in den 1540er Jahren bis Anfang 1552 häufiger im Zusammenhang mit Zahlungen erwähnt wird. Ab diesem Zeitpunkt vertraute der Künstler sein Vermögen dem Bankhaus Bindo Altovitis an, der zugleich in Rom die Finanzen der Bauhütte von Sankt Peter verwaltete. Bettini stand wie Altoviti vermutlich den in Rom im Exil lebenden Gegnern Cosimo I. de' Medicis nahe. Er pflegte Kontakte zu einigen florentinischen Dichtern und Gelehrten, so zu Antonfrancesco Grazzini, genannt ›Il Lasca‹, und zu Benedetto Varchi, der ihm 1549 seine *Due lezzioni* widmete.

Bibl.: Carteggio 1979, Bd. IV, S. 124 und S. 166, 168, 257, 273, 309, 314, 319, 323, 327, 330, 370; Arnaldo Morelli: ›Grazzini, Antonfrancesco‹, in: DBI, 2002, Bd. LIX, S. 35; Pegazzano 2003b, S. 72–73.

493 Besagter Karton für Bartolomeo Bettini mit *Venus und Cupido* befindet sich heute in Neapel (Museo Nazionale di Capodimonte, Gabinetto Disegni e Stampe, Inv.-Nr. 86654). Zudem wird eine Zeichnung im British Museum in London (Inv.-Nr. 1859-6-25-553) mit dem Gemälde in Verbindung gebracht. 1543 fertigte Giorgio Vasari nach dem Karton für Bindo Altoviti ein Gemälde an (*Venus und Cupido*, Öl auf Holz, 128,6 x 193 cm, um 1541–1544, London, Kensington Palace).

Bibl.: Mendelsohn 1997, S. 271; Chong/Pegazzano 2003, S. 415, Kat.-Nr. 24; Pegazzano 2003b, S. 72; Acidini Luchinat 2007, S. 236–240.

494 Alfonso d'Avalos (*1502 Ischia – †1546 Vigevano), Markgraf von Vasto und Pescara, war ein Cousin Francesco Ferrante d'Avalos', des Gemahls der Vittoria Colonna. Er wuchs mit beiden gemeinsam am Hof seiner Tante, Costanza d'Avalos (*1460– †1541), der Herzogin von Francavilla, auf Ischia auf. Alfonso sammelte schon in jungen Jahren militärische Erfahrungen und wurde Heerführer Karls V. Für diesen eroberte er 1526 Mailand. 1538 war er dort Statthalter des Kaisers. In Mailand förderte und beauftragte er Künstler und Literaten wie Pietro Aretino, Tizian und Paolo Giovio.

Bibl.: Ferino-Pagden 1997, S. 85–87.

495 Den heute verlorenen Karton für ein Gemälde mit Christus und Maria Magdalena in einer *Noli me tangere*-Szene fertigte Michelangelo im Herbst 1531 im Auftrag Vittoria Colonnas für jene an und nicht, wie Vasari hier berichtet, für ihren Ziehsohn Alfonso d'Avalos. Zur selben Zeit ließ sie sich von Tizian ein weiteres, heute verlorenes Gemälde malen, das eine *büßende Maria Magdalena* zeigte.

Bibl.: Hirst/Mayr 1997; Hirst 2004c; Agosti 2005; Acidini Luchinat 2007, S. 243.

496 Die nach Michelangelos Entwürfen von Pontormo geschaffenen Gemälde *Venus mit Cupido* (Öl auf Holz, 128 x 197 cm, 1532–1534, Florenz, Galleria dell'Accademia) und *Noli me tangere*, das Pontormo gleich zweimal ausführte (Öl auf Holz, 124 x 95 cm, 1531/32, Mailand, Privatsammlung; Öl auf Holz, 134 x 172 cm, Florenz, Casa Buonarroti), wurden sehr geschätzt und mehrfach kopiert. Wie Vasari in der Vita des Malers schildert, ergänzten sich der *disegno* Michelangelos und das Kolorit Pontormos in den Augen der Zeitgenossen auf ideale Weise. Die indirekte Zusammenarbeit der beiden Künstler führte überdies dazu, daß sich Pontormo künstlerisch an Michelangelo orientierte (vgl. Vasari, *Pontormo*, S. 50–51).

Bibl.: Bardeschi Ciulich/Ragionieri 2001, S. 84–85 (Marongiu); Ragionieri 2005, S. 86–88 (Romani); Acidini Luchinat 2007, S. 236–240 und S. 243–246.

497 Vasari verwechselt hier Urbino mit seinem Nachfolger Antonio Francese da Casteldurante, dem Michelangelo 1563 eine Summe von 2000 Scudi schenkte.

498 Die gesamte Passage, in der sich Vasari mit dem Vorurteil auseinandersetzt, Michelangelo sei ein Geizhals gewesen, sowie der Nachweis seiner Freigebigkeit und Barmherzigkeit dienen dazu, die Tugendhaftigkeit des Künstlers ein weiteres Mal hervorzuheben. Vasari stellt die Großzügigkeit als eine Geste von Kaisern oder Päpsten dar. Michelangelo, der Vasari zufolge von den Früchten seiner Arbeit nicht leben

mußte, sondern es sich leisten konnte, wertvolle Werke oder Geld zu verschenken, wird auf diese Weise als autonomer Künstler charakterisiert. Andere Autoren, wie Paolo Giovio oder Pietro Aretino, dichteten Michelangelo ein moralisch fragwürdiges Verhalten an und beschuldigten ihn des Geizes. Vasaris Charakterisierung steht im Dienste der Strategie, die sozial fragile Stellung des Künstlers moralisch aufzuwerten und zu festigen.

Bibl.: Saslow 1996; Emison 2004, S. 7–8 und S. 147.

499 Ein weiteres Mal führt Vasari Beispiele für das Genie Michelangelos an, wobei der Schwerpunkt hier auf seiner Virtuosität liegt, die sich in einer absolut getreuen Nachahmung des Naturvorbilds und in seiner Erfindungsgabe ausdrückt. Dank seiner Phantasie und seines Gedächtnisses gelingt es dem Künstler sogar, eine Darstellung auf glaubhafte Weise dilettantisch erscheinen zu lassen. In der Vita Michelangelos weist Vasari von Beginn an auf die Fähigkeit des Künstlers zur Aneignung und Wiedergabe eines beliebigen Stils hin, so in seinem Bericht über Michelangelos Nachahmung verschiedener Zeichnungen älterer Meister oder über den *Schlafenden Cupido*, wobei seine Schilderungen dort deren Kehrseite, die Fälschung, berühren (s. Anm. 65).

Virtuosität wurde in der höfischen Gesellschaft hoch geschätzt. Sie entschied über die Gesellschaftsfähigkeit der einzelnen Mitglieder, sei es beim musischen oder poetischen Vortrag oder in der Konversation, wie Castiglione dies in seinem *Hofmann* (vgl. Castiglione, *Libro del cortegiano*, S. 36 und S. 38, 44–58 und S. 85–88) beschreibt und wie Vasari es bei anderen Künstlern hervorhebt, zum Beispiel bei Leonardo (vgl. Vasari, *Leonardo*, S. 18–21 und S. 28). In der Charakterisierung Michelangelos, dessen Stil jegliche höfische Eleganz und Lieblichkeit vermissen läßt, leitet Vasari die Virtuosität des Künstlers stärker aus dessen Fähigkeit zur Bewältigung jeglicher Form von künstlerischen Schwierigkeiten (*difficoltà*) ab.

Bibl.: Kris/Kurz 1995, S. 123–130; Nagel 2000, S. 2–3; Vasari, *Leonardo*, S. 53–54, Anm. 8, S. 61, Anm. 22 und 23, und S. 80, Anm. 65.

500 Schlagfertigkeit, der Hang zur burlesken Selbstironie und die Freude am Witz wurden seit Erasmus' *Lob der Torheit* zunehmend kulturelles Allgemeingut. Ariost schuf zu Beginn des 16. Jahrhunderts mit seinem rasenden Roland (*Orlando furioso*, 1516–1532) eine literarische Figur, die Verrücktheit (*pazzia*) mit *furia* und *terribilità* vereint, den kreativen Antriebskräften des Künstlers. In seinen *Paradossi* von 1543 schrieb Ortensio Landi gar von der »virtù della pazzia« (›Tugend der Verrücktheit‹). Auch in den Viten Donatellos und Brunelleschis bietet Vasari als Anhang an die eigentliche Biographie ein Kompendium von Anekdoten

und überlieferten Redewendungen der Künstler, um deren gewitztes Kunsturteil zu würdigen.

Bibl.: Rubin 1995, S. 335–336; Emison 2004, S. 153–154.

501 Donatellos *Heiliger Markus* (Marmor, Höhe 236 cm, Breite 74 cm, 1411, Florenz, Orsanmichele) wurde der Überlieferung zufolge zunächst von den Vorstehern der Zunft der Leinenhändler (*arte dei linaiuoli*) abgelehnt. Vasari berichtet, wie Donatello daraufhin zu einer Finte griff und eine erneute Überarbeitung der Figur nur vortäuschte, woraufhin die Figur allgemein Anklang fand (vgl. Bettarini/Barocchi, *Vite*, Bd. III, S. 207–208). Dieses anekdotische Motiv wiederholt Vasari, wenn er an anderer Stelle von der Fertigstellung des *David* durch Michelangelo spricht (s. Anm. 88).

Bibl.: Rubin 1995, S. 336.

502 Wortspiel mit dem Begriff ›pietà‹ (Erbarmen)

503 Im Original schreibt Vasari »uomini fognati«. Dieser Ausdruck, der sich nicht übersetzen läßt, kann mit Doppelzüngigkeit, übler Nachrede und innerlichem Verrotten assoziiert werden.

504 Vasari legt hier nochmals Michelangelos künstlerische Prinzipien dar. Auch für diesen gehörte die künstlerische Schulung am Vorbild anderer Künstler und ihrer Werke zur gängigen Praxis. Innerhalb der Vita Michelangelos wird das Nachahmen eines Vorbilds gegenüber der Originalität eigenen Schaffens allerdings relativiert. Mangelt es dem Künstler an Originalität, ist die Orientierung am Vorbild anderer problematisch, da so die Ausbildung eines eigenen Stils verhindert wird (s. Anm. 177, 200).

505 Dieses Sprichwort geht auf die antike Kunstliteratur zurück. In der Kunsttheorie des 15. Jahrhundert wurde es wieder aufgegriffen, um die Maler vor den Gefahren der Automimesis zu warnen. Der einem Werk zugrundeliegende *concetto* beweist das Vermögen eines Künstlers und wird damit als dessen ›intellektuelles Porträt‹ verstanden. Während Leonardo das Naturstudium und die Reflexion über die Malerei als Methode zur künstlerischen Selbstkontrolle empfiehlt, um individuelle Stilmerkmale zu tilgen, findet im 16. Jahrhundert eine positive Umwertung des Personalstils statt.

Bibl.: Schlosser 1924, S. 289; Zöllner 1992; Zöllner 2005.

506 Das Künstlerlob Ghibertis aus dem Mund Michelangelos sorgte offenbar dafür, daß sich die Bezeichnung ›Paradiestür‹ oder ›Paradiespforte‹ durchsetzte.

Bibl.: Barocchi 1962, Bd. IV, S. 2111–2113; Goffen 2002, S. 9.

507 Die verschiedenen Anekdoten, die zum Teil bereits in der ersten Ausgabe der *Vite* von 1550 enthalten sind, thematisieren in allegorischer

Form die künstlerischen Probleme beim Umgang mit Vorbildern, den Stil des Malers und den Unterschied zwischen (gottgegebener) künstlerischer Urteilskraft und erlerntem Wissen.

508 Antonio Bigarino, eigentlich Antonio Begarelli (*1499 Modena – †1565 ebenda)

509 Die Terrakottaskulpturen Begarellis in Modena könnte Michelangelo 1529, auf dem Weg nach Venedig, gesehen haben. Zu diesem Zeitpunkt existierte bereits die *Pietà* in San Bernardino (1525–1526) und eine *Anbetungsgruppe* von 1527 im Dom von Modena. Vasari erwähnt diesen Künstler wahrscheinlich, weil er eng mit Correggio zusammenarbeitete, der für den Stil der *maniera moderna* maßgebend war. Andererseits spricht aus dem Urteil über Begarellis Figuren Geringschätzung für das Modellieren mit Ton, das im Gegensatz zur Bildhauerei ein additives Verfahren ist und weniger Vorausplanung bei der Herstellung von Figuren erfordert.

Bibl.: Barocchi 1962, Bd. IV, S. 2117.

510 Lorenzo Ghiberti (*1378 Florenz – †1455 ebenda)

511 Ghibertis aus zwei Flügeln (jeweils 506 x 287 cm) bestehende Bronzetür am Florentiner Baptisterium entstand zwischen 1403 und 1424 sowie 1425 und 1452.

Bibl.: Pope-Hennessy 2000, S. 147–169 und S. 260–263.

512 Domenico Menighella (*in Terranuova Valdarno, dokumentiert zwischen 1518 und 1530)

513 Von Topolino, eigentlich Domenico da Settignano (*1465), sind mehrere Briefe an Michelangelo erhalten, in denen es um die Materialgewinnung in den Marmorbrüchen von Carrara geht. Er war Agent Giulio de' Medicis in Carrara und trug die Hauptverantwortung für die Qualität der Marmorblöcke und das grobe Bearbeiten der Figuren, wie aus seinen Briefen zwischen 1518 und 1526 hervorgeht. In seiner Korrespondenz kommen seine Ambitionen als Bildhauer, die Vasari ins Lächerliche zieht, nicht zur Sprache.

Bibl.: Carteggio 1967, Bd. II; Carteggio 1973, Bd. III; Rapetti 2001, S. 84.

514 In der Vorrede zum Gesamtwerk der *Vite* bemerkt Vasari über die zur Ausübung der Bildhauerkunst notwendige Urteilskraft, daß man an der Stelle, wo man einmal etwas weggenommen habe, nichts mehr hinzufügen könne. Habe man an einer Stelle irrtümlicherweise etwas entfernt, könne man einem solchen Fehler nur mit Flicken beikommen. Doch würde dies ebenso wie bei der Kleidung, wo Flicken lediglich eine Lösung für arme Leute darstelle, in der Bildhauerei nur von Künstlern ohne Talent und Urteilskraft praktiziert werden (vgl. Vasari, *Kunsttheorie*, S. 37,

und Vasari, *Einführung in die Künste*, S. 75 und S. 82). Neben dem notwendigen Augenmaß hebt diese Äußerung auch die Bedeutung des blockgerechten Arbeitens hervor, die den guten Bildhauer auszeichnet.

515 Die Anekdoten zu den verschiedenen Künstlern verdeutlichen den Unterschied zwischen Kunst und Handwerk sowie zwischen *giudizio*, *disegno* und manuellem Geschick. Die Modellierung und die als höherrangig angesehene, weil anspruchsvollere Bildhauerei werden dabei erzählerisch miteinander verglichen.

516 Korduanleder ist ein feines Ziegen- oder Schafsleder, aus dem hautenge Stiefel oder Strümpfe gefertigt wurden. Die Figur, die in Denkerpose auf den Stufen im Vordergrund von Raffaels Fresko *Die Schule von Athen* sitzt und als Rollenporträt Michelangelos gilt, trägt solche Stiefel.

Bibl.: Garrard 1984, S. 375; Goffen 2002, S. 222–225.

517 Vasari ergänzt die Beschreibung der Physiognomie des Künstlers, die er von Condivi übernimmt, um einige Details (vgl. Condivi, Ed. Valdek, S. 92–93; Condivi, Ed. Nencioni, S. 65–66).

518 Vasari wiederholt hier in verkürzter Form die einleitende Passage der Vita Michelangelos (siehe Anm. 2).

519 Die Trauerfeier in Rom fand am 19. Februar 1564 statt. Ein Kenotaph, angebracht zwischen Kirche und Konvent, erinnert an dieses Ereignis und an die Überführung des Leichnams nach Florenz, der dort am 9. März eintraf. Vasari nahm den Sarg stellvertretend für die Familie in Empfang und versiegelte ihn.

Bibl.: Barocchi 1962, Bd. IV, S. 2139–2140; Kusch-Arnhold 2005.

520 Leonardo Buonarroti, der Neffe und alleinige Erbe Michelangelos, erreichte Rom am 21. oder 22. Februar 1564, wenige Tage nach dem Tod Michelangelos. Unter dem Beisein von Zeugen – zu denen Tiberio Calcagni, Roberto Ubaldini und ein gewisser Petro Aloisio Gaita (wahrscheinlich Pier Luigi Gaeta) zählten – und mit notarieller Beglaubigung wurde ihm am 27. Februar der Nachlaß übergeben. Acht Zeichnungen erhielt er allerdings erst im April desselben Jahres. Der Leichnam Michelangelos, so Daniele da Volterra in einem Brief an Vasari, war bereits am 19. Februar in die Kirche Santi Apostoli überführt worden. Leonardos Aufenthalt in Rom zog sich bis Anfang März hin. Aus dieser Zeit existiert ein Brief Vasaris, in der dieser den Wunsch Cosimo I. de' Medicis erwähnt, daß Michelangelo in Florenz beigesetzt würde. Die Überführung Michelangelos nach Florenz hat vermutlich weniger heimlich stattgefunden, als es Vasari in der Vita darstellt. Seine Schilderung der Ereignisse trägt regelrecht hagiographische Züge und liest sich wie eine Allusion auf die Translation der Reliquien des Heiligen Markus von Konstantinopel nach Venedig.

Bibl.: Barocchi 1962, Bd. IV, S. 2142–2154; Voragine, *Legenda Aurea*, S. 166–172; Kusch-Arnhold 2005.

521 Vincenzo Maria Borghini (*1515 Florenz – †1580 ebenda), Philologe und Historiker, trat 1531 in den Benediktinerorden ein und wurde 1537 zum Diakon geweiht. Entgegen seiner Intention, sich ausschließlich dem Geschichts- und Literaturstudium zu widmen, wurde er 1552 von Cosimo I. zum Prior des Florentiner Findelhauses Santa Maria degli Innocenti berufen. Darüber hinaus zeichnete er sich als Vermittler zwischen den Mitgliedern der Accademia del Disegno und den Literaten, Philologen und Historikern aus, die sich in der Accademia Fiorentina versammelten. Zu seinen Freunden zählten neben Vasari auch Cosimo Bartoli und Pier Francesco Giambullari, die ebenfalls Schlüsselpositionen in der mediceischen Kulturpolitik einnahmen. Borghini spielte eine wichtige Rolle bei der Verfassung der *Vite*, zu denen er einen Index erstellte. Er hielt Vasari zur Überprüfung wichtiger historischer Fakten an, wies ihn auf das Fehlen bedeutender Künstler und auf die Vernachlässigung bestimmter Regionen hin, was Vasari veranlaßte, die Sammelviten zu verfassen. Mehrmals arbeitete Borghini gemeinsam mit Vasari an Aufträgen für Herzog Cosimo und entwarf ikonographische Programme, unter anderem für das *studiolo* Francesco I. de' Medicis. Mit der Gründung der Accademia del Disegno wurde er zum *luogotenente* oder Statthalter ernannt.

Bibl.: Williams 1989; Corrias 1994; Marlis von Hessert: ›Borghini, Vincenzo (Maria)‹, in: Turner 1996, Bd. VI, S. 408–409.

522 Agnolo Bronzino (*1503 Monticelli – †1572 Florenz)

523 Benedetto Varchi (*1503 Florenz – †1565 Montevarchi) zählt zu den einflußreichsten florentinischen Kunsttheoretikern in der ersten Hälfte des 16. Jahrhunderts. Als Anhänger der Strozzi mußte er 1527 nach dem Aufstand gegen die Medici Florenz verlassen. In der Folgezeit lebte er in Bologna, Venedig, Rom und Padua, wo er mit wichtigen Persönlichkeiten der katholischen Reformbewegung in Berührung kam, bis ihm Cosimo I. de' Medici 1543 die Erlaubnis erteilte, wieder in seine Heimatstadt zurückzukehren. 1545 wurde er Konsul der Accademia Fiorentina. Mit einer 1547 veröffentlichten Vorlesung über Michelangelos Sonett *Non ha l'ottimo artista alcun concetto* und den *Due lezzioni* (1549) vertrat er gegenüber den Lehren des venezianischen Kunsttheoretikers Ludovico Dolce einen ausgleichenden Standpunkt: Während Dolce den Vorrang der Malerei vor der Bildhauerei betonte und neben dem *disegno* die Farbe und die Erfindungsgabe des Malers als konstitutiv für die Kunstproduktion ansah, stellte Varchi den *concetto* als gemeinsame Wurzel von Dichtkunst, Malerei und Skulptur dar. Wie Leatrice Men-

delsohn ausführt, beruht sein kunsttheoretisches Konzept auf einer Verschmelzung von Aussagen in Aristoteleskommentaren mit neuplatonischen Theorien über die Liebe.

Bibl.: Barocchi, *Scritti*, Bd. I, S. 133–137 und S. 141–151, 524–544, Bd. II, S. 1328–1330 und S. 1335–1341; Ferino-Pagden 1997, S. 262–264; Mendelsohn 1997.

524 Lorenzo il Magnifico ließ im Florentiner Dom einen von Benedetto da Maiano geschaffenen Tondo mit einem Porträtrelief Giottos anbringen. Dieser sollte zusammen mit anderen Künstler- und Gelehrtenbildnissen eine Ehrengalerie ergeben.

525 Das Grabmal wurde von Lippis Sohn Filippino Lippi entworfen und von einem unbekannten Bildhauer im Dom von Santa Maria Assunta in Spoleto ausgeführt.

526 Dieser Brief Vincenzo Borghinis an Cosimo I. de' Medici vom 2. März 1564 wurde, wie die gesamte nachfolgend zitierte Korrespondenz und die Beschreibung der Planung der Trauerfeier, zuerst in Giuntis *Esequie del divino Michelagnolo Buonarroti* von 1564 veröffentlicht. Die Autorschaft dieses Traktats wird Vasari selbst oder Borghini zugeschrieben. Rudolf und Margot Wittkower nehmen an, daß Vasari eine korrigierte Version des in kleiner Auflage gedruckten Textes in seine zweite Edition der *Vite* aufnahm, um zu verhindern, daß die Beschreibung des Katafalks verlorenging. Die verschiedenen veröffentlichten Briefe dokumentieren die Aktivitäten der noch jungen Accademia del Disegno und besonders das engagierte Bemühen Vincenzo Borghinis, diese als Institution zur Entwicklung herausragender künstlerischer Ideen zu präsentieren. Zudem nutzte Vasari diese Darstellung innerhalb der Vita Michelangelos, die 1568 auch als Sonderdruck erschien, um seiner kunsttheoretischen Position gegenüber jener Benvenuto Cellinis Geltung zu verschaffen.

Bibl.: Wittkower/Wittkower 1964, S. 11–14 und S. 31–32, 42, 61; Kemp 1974; Waźbiński 1987, Bd. I, S. 96; Flemming 2003.

527 Brief Cosimo I. de' Medicis an Borghini vom 8. März 1564.

Bibl.: Wittkower/Wittkower 1964, S. 62.

528 Brief der Accademia an Cosimo I. de' Medici vom 2. März 1564, wahrscheinlich ebenfalls von Borghini verfaßt.

Bibl.: Wittkower/Wittkower 1964, S. 64–65.

529 Die Antwort Cosimo I. de' Medicis an die Mitglieder der Accademia erfolgte wahrscheinlich am 10. März 1564.

Bibl.: Wittkower/Wittkower 1964, S. 65–66.

530 Cosimo I. de' Medici schrieb an Benedetto Varchi am 9. März 1564.

Bibl.: Wittkower/Wittkower 1964, S. 66.

531 Bernardino Grazzini (†1581) war Sekretär Cosimo I. de' Medicis und ein Cousin des Dichters Antonfrancesco Grazzini, genannt ›Il Lasca‹. Grazzinis Brief, datiert vom 10. März 1564, bestätigt die Zusage des Herzogs, die Trauerfeierlichkeiten unterstützen zu wollen.
Bibl.: Wittkower/Wittkower 1964, S. 14, 66–69.

532 Der Leichnam erreichte Florenz am 9. März 1564. Vasari informierte Leonardo Buonarroti brieflich über die Überführung des Sarges nach Santa Croce durch die Mitglieder der Accademia del Disegno. Am 18. März schrieb er einen zweiten Brief nach Rom, um die Pläne der Accademia del Disegno für die Trauerfeier darzulegen.
Bibl.: Wittkower/Wittkower 1964, S. 14–15; Carteggio indiretto, Bd. II, S. 179–183; Kusch-Arnhold 2005.

533 Diesen Absatz hat Vasari in seinen eigenen Text eingefügt. Er stammt aus den *Esequie del divino Michelagnolo Buonarroti* von 1564.
Bibl.: Wittkower/Wittkower 1964, S. 68.

534 Die Feier wurde erst am 14. Juli 1564 in San Lorenzo abgehalten. Unstimmigkeiten zwischen den Mitgliedern der Accademia del Disegno, besonders zwischen Cellini, der ein eigenes Bildprogramm vorgeschlagen hatte, sowie Borghini, Vasari und Ammannati, hatten zu dieser Verzögerung geführt. Auch die hochfliegenden Pläne für die Trauerfeier und die Tatsache, daß Leonardo Buonarroti als nächster Angehöriger erst Anfang Mai aus Rom anreiste, verhinderten einen früheren Termin. Der Katafalk war bis zum 18. Juli in der Kirche ausgestellt.
Bibl.: Wittkower/Wittkower 1964, S. 19–21 und S. 24; Morét 2003.

535 Diese Kirche existiert heute nicht mehr. Sie befand sich in der Nähe von Santa Croce.

536 Richtigerweise 22 Tage. Vasari übernimmt diese Angabe aus Giuntis *Esequie*.
Bibl.: Wittkower/Wittkower 1964, S. 74.

537 Der unverweste Körper in Verbindung mit dem fehlenden Verwesungsgeruch oder gar mit einem Wohlgeruch sind seit dem Mittelalter unverzichtbare Topoi, wenn es darum geht, die Heiligkeit eines verstorbenen Menschen zu evozieren. Vasaris Bericht trägt somit hagiographische Züge und stilisiert Michelangelo zum ›Gründungsheiligen‹ der Accademia del Disegno.
Bibl.: Bynum 1996, S. 250–251; Lupton 1996, S. 43, 52 und S. 59–70; Kusch-Arnhold 2005; Zöllner 2005; Zöllner/Thoenes/Pöpper 2007, S. 398 (Zöllner).

538 Nach den Trauerfeierlichkeiten für Michelangelo erschien eine Flut von literarischen Nachrufen und Lobgedichten, darunter die *Poesie di diversi authori latine e volgari, fatte nella morte di Michel' Agnolo Buonarroti*

von Domenico Legati, die *Versi latini, e toscani in lode di Michelagnolo Buonarroti* von Paolo del Rossi sowie eine weitere Lobgedichtsammlung von Gherardo Saracini mit dem Titel *Versi latini, e toscani in lode di Michelagnolo Buonarroti.* In Giuntis *Esequie* ist ein Teil der Gedichte wiedergegeben, die dem Sarkophag angeheftet wurden.

Bibl.: Wittkower/Wittkower 1964, S. 77–86; Pon 1996a, S. 1022.

539 Zanobi Lastricati (*1508 Florenz – †1590 ebenda) wurde zum Organisator der Trauerfeier bestimmt.

Bibl.: Wittkower/Wittkower 1964, S. 19.

540 Zwar war Cellini tatsächlich krank, es ist jedoch bekannt, daß Vasari und er unterschiedliche Auffassungen bezüglich des Bildprogramms des Katafalks und des noch in der Entwurfsphase befindlichen Akademiesiegels vertraten. Dies könnte zu Cellinis Ausscheiden aus dem Komitee beigetragen haben, das die Trauerfeier zu organisieren hatte. Als die Accademia del Disegno 1563 ein neues Wappen erhalten sollte, beteiligte sich auch Cellini mit Entwürfen, die sich jedoch als nicht erfolgreich erwiesen. Durch seine Personifikation des *disegno* als Apoll oder seine vielbrüstige Diana von Ephesus wollte Cellini den *disegno* als einendes Prinzip der Künste versinnbildlichen und zugleich auch vergöttlichen. Letztendlich wählte man als Emblem der Akademie drei ineinander verschlungene Kränze und legte so den Schwerpunkt auf die Vereinigung von Malern, Bildhauern und Architekten. Anders als Vasari, der von einem *disegno*-Begriff ausging, unter dem er sowohl die konkrete Zeichnung als auch den geistigen Entwurf verstand, durch welchen der Künstler zum Stellvertreter göttlicher Schöpferkraft wird, unterschied Cellini zwischen einem inneren und einem äußeren *disegno* und somit zwischen geistiger Konzeption und manueller Ausführung. Zudem favorisierte er die Bildhauerei als führende Kunstgattung und befürchtete im Vorfeld der Bestattungsfeier für Michelangelo, daß die von ihm vertretene Bildhauerkunst in den Darstellungen des Katafalks zurückgedrängt werden könnte. Vasari hingegen strebte in der zweiten Edition der *Vite* nach einem rangmäßigen Ausgleich von Malerei, Bildhauerei und Architektur. Trotz Cellinis Bedeutung als Bildhauer im damaligen Florenz versagte er ihm in seinen *Vite* jedoch eine eigene Lebensbeschreibung und fällte so indirekt ein abschätziges Urteil über den Künstler. Cellini hingegen bezeichnete Vasari in seiner Autobiographie als einen verleumderischen und wenig kompetenten Künstler.

Bibl.: Kemp 1974; Goldstein 1975; Waźbiński 1987, Bd. I, S. 96 und S. 161–162; Cellini, *Mein Leben*, S. 262 und S. 659; Bohde 2003; Cole 2003, S. 57; Flemming 2003; Vasari, *Montorsoli*, S. 48–52.

541 Giovanni di Benedetto aus Città di Castello wird 1564 in den Akten

der Accademia del Disegno als Mitwirkender bei der Trauerfeier Michelangelos erwähnt. Seine Lebensdaten sind unbekannt.

542 Giovanni Battista di Benedetto Fiammeri (*um 1540 Florenz – †nach 1605)

543 Diese Bevorzugung rief auch Neid hervor, wie Vasari in der Vita Pietro Torrigianis berichtet. Dieser brach als Jugendlicher Michelangelo mit einem Faustschlag das Nasenbein.

Bibl.: Cellini, *Mein Leben*, S. 34–35; Bettarini/Barocchi, *Vite*, Bd. IV, S. 124–127, und Bd. VI, S. 9–12.

544 Mirabello di Antonio Cavalori, genannt ›Salincorno‹ (*1535 Florenz – †1572 ebenda)

545 Girolamo Macchietti, auch Girolamo di Francesco di Mariotto Macchetti, genannt ›del Crucifissaio‹ (*1535 Florenz – †1592 ebenda)

546 Friedrich Sustris oder Federico di Lamberto Sustris, auch genannt ›di Lamberto d'Amsterdam Fiammingo‹ oder ›del Padovano‹ (*1520/1540 Venedig oder Amsterdam – †1599 München)

547 Der mit Michelangelo befreundete Pietro Vettori (*1499 Florenz – †1585 ebenda) stammte aus adeligem Hause und war einer der bedeutendsten Humanisten seiner Zeit. Als Gegner der Medici mußte Vettori 1530 Florenz verlassen, wurde jedoch 1538 von Herzog Cosimo I. de' Medici nach Florenz zurückgerufen und erhielt einen Lehrstuhl für klassische Philologie. Vettori edierte Werke verschiedener antiker Autoren, darunter Cicero, Euripides und Aristoteles, seine eigene Bibliothek erlangte Berühmtheit.

Bibl.: Rüdiger 1896.

548 Lorenzo dello Sciorina (*1540/1550 Florenz – †1598 ebenda)

549 Vincenzio Danti (*1530 Perugia – †1576 ebenda)

550 Valerio di Simone Cioli (*1529/30 Settignano – †1599 Florenz)

551 Lazzaro Calamech da Carrara (*1543 Carrara – †um 1604)

552 Andrea Calamech (*1514/1525 Carrara – †vor 1589 Messina)

553 Piero Francia, wahrscheinlich Pier Francesco di Jacopo di Sandro beziehungsweise Pier Francesco di Jacopo Foschi (*1502 Florenz – †1567 ebenda), ein Schüler Andrea del Sartos

554 Michele Tosini, auch Michele di Ridolfo (Ghirlandaio) (*1503 Florenz – †1577 ebenda)

555 Battista di Domenico Lorenzo, genannt ›del Cavaliere‹ (*1527 Settignano – †1592/94 Florenz)

556 Der Philosoph Boethius (*475–480– †524) wurde im späten Mittelalter unter anderem wegen seiner Schrift *De consolatione philosophiae* rezipiert. Darüber hinaus verfaßte er Schriften zur Musiktheorie, Arithmetik und zu den *artes liberales*. Dante zählt Boethius in seiner *Göttlichen*

Komödie im X. Gesang des Paradieses zu den Weisen der Kirche (vgl. Dante, *Göttliche Komödie*, S. 321–325).

557 Boethius, *De consolatione philosophiae*, Buch III, Vers 9, Zeile 8. Das Zitat steht in einem Kontext, in dem die Philosophie, die sich mit dem Autor in einem Dialog befindet, Gott als Schöpfer anruft: »[...] und Du selbst als das herrlichste Wesen / schufest die Welt ganz nach dem Bild Deines Geistes [...]«. Es wird an dieser Stelle auf die Michelangelo zugeschriebene Göttlichkeit bezogen.

Bibl.: Boethius, *Trost*, S. 82.

558 Andrea del Minga, eigentlich Andrea di Mariotto Cini (*um 1540? Florenz – 1596 ebenda)

559 Antonio di Gino Lorenzi (*unbekannt, erstmals nachgewiesen 1544 – †1583 Florenz)

560 Giovan Maria Butteri (*1540/50 Florenz – †1606 ebenda)

561 Domenico Poggini (*1520 Florenz – †1590 Rom)

562 Das Mausoleum des Augustus auf dem Marsfeld, errichtet zwischen 28 bis 23 vor Christus, besaß die Form eines Tumulus mit einem Durchmesser von 87 m, der aus mehreren ineinandergesetzten konzentrischen und teilweise mehrstöckigen Mauern aufgebaut war. Der Tumulus selbst war mit Zypressen bepflanzt. Die Spitze des Grabhügels, die eigentliche Grabstätte, wurde von einer Kaiserstatue bekrönt. Der Eingang des Grabmals wurde durch zwei Obelisken markiert, an zwei Pfeilern daneben waren Bronzetafeln mit der offiziellen Biographie des Kaisers angebracht. Bis in die Frühe Neuzeit war das Bauwerk als Denkmal antiker Architektur bekannt und wurde unter anderem in Étienne Dupéracs *Speculum romanae magnificentiae* (1575) abgebildet.

Bibl.: Christoph Höcker: ›Mausoleum Augusti‹, in: *Der Neue Pauly*, 1999, Bd. VII, S. 1059.

563 Kaiser Septimius Severus (*146 Leptis Magna – †211 York) ließ 201 das sogenannte Septizodium errichten, eine Prunkfassade am Schnittpunkt der Via Appia und der Via Triumphalis. Sie wurde 1588 auf Veranlassung von Papst Sixtus V. abgetragen; einige Steine und andere Bauglieder wurden beim Bau von Santa Maria Maggiore wiederverwendet.

Bibl.: Christoph Höcker: ›Septizodium‹, in: *Der Neue Pauly*, 2001, Bd. XI, S. 438.

564 Santi Buglioni (*1494 Florenz – †1576 ebenda)

565 Die *Fama* ist anhand einer Studie für den Katafalk Michelangelos überliefert (München, Staatliche Graphische Sammlung, Inv.-Nr. 35343b, fol. 141).

566 Vermutlich war Borghini für das ikonographische Programm und Vasari für die Ausführung des Katafalks in San Lorenzo verantwortlich.

Der Katafalk war in seiner Größe und seinem Dekor für diese Zeit einzigartig, zumal für einen nicht-adeligen Künstler. Anhand der Beschreibung und mittels verschiedener Zeichnungen läßt sich ein doppelstöckiger, quadratischer Aufbau rekonstruieren, der von einer Pyramide mit einer Kugel und der allegorischen Figur des Ruhms bekrönt wird. Anhand der Beschreibung des Katafalks und der Dekoration des Kirchenraums, die im Zusammenspiel mit der Zeremonie und der Rede Varchis ein ephemeres Gesamtkunstwerk entstehen ließen, können die verwendeten Motive als Darstellungen von Tod, Trauer, Ruhm und Unsterblichkeit interpretiert werden. Das Bildprogramm, das von Dantes *Göttlicher Komödie* inspiriert war, stilisierte Michelangelo zur Symbolfigur der Accademia und gipfelte in seiner Apotheose. Trotz Michelangelos Distanz zu Florenz und zu den Nachfolgern seiner früheren Mäzene setzte das Bildprogramm seine Verdienste und seinen Ruhm in Beziehung zu seiner florentinischen Heimat und dem Herrschergeschlecht der Medici. Florenz erschien dabei als Zentrum der Künste und die Accademia del Disegno als deren wichtigste Institution. Entgegen der bei Vasari behaupteten Autonomie der Accademia del Disegno in der Planung und Ausführung des Festapparats stand diese als höfische Institution in direkter Abhängigkeit zu Cosimo I. de' Medici, worauf auch die Ikonographie des Katafalks hindeutet.

Den Künstlern, die sich an der Ausführung des Katafalks beteiligten und bei denen es sich überwiegend um junge Maler und Bildhauer der Accademia del Disegno handelte, widmet Vasari jeweils eine Kurzdarstellung. Seltsamerweise stellt er sie in der Sammelvita über Bronzino und die Mitglieder der Akademie, die erst der zweiten Fassung der *Vite* hinzugefügt wurde, ein weiteres Mal vor. Buontalenti, Santi di Tito, Domenico Poggini, Giovanni di Benedetto Bandini da Castello, Federico Sustris, Lorenzo dello Sciorina, Valerio Cioli, Santi Buglioni, Battista di Benedetto Fiammeri und Lazzaro di Domenico da Calamech wurden erst zwei Tage vor der Trauerfeier in die Akademie aufgenommen. Einige dieser Künstler, darunter Federico Sustris, waren bei der Gründung der Accademia del Disegno nicht berücksichtigt worden und erhielten nun erstmalig die Chance, zu Hofkünstlern Cosimo I. de' Medicis aufzusteigen.

Mit der Ausführung des Katafalks wurde den jungen, aufstrebenden Künstlern der Akademie eine Gelegenheit geboten, ihr Können öffentlich zu demonstrieren und miteinander in einen konstruktiven und zu Höchstleistungen anspornenden Wettstreit zu treten. In der Schilderung der Zusammenarbeit der verschiedenen Künstler will Vasari die Tragfähigkeit der Accademia del Disegno als künstlerische Institution und ihres Konzepts – die Gleichberechtigung aller bildenden Künste – belegen.

Die Skulpturen, Bilder und Schrifttafeln des Katafalks für Michelangelo wurden bis 1566 in der Sakristei von San Lorenzo und danach im Ospedale degli Innocenti aufbewahrt, gingen jedoch über die Jahre verloren.

Bibl.: Wittkower/Wittkower 1964, S. 22 und S. 26–27, 154–157; Bettarini/Barocchi, *Vite*, Bd. VI, S. 231–367; Kemp 1974; Waźbiński 1987, Bd. I, S. 45 und S. 48, 97, 279; Corrias 1994; Barzman 2001; Flemming 2003; Scorza 2003; Kusch-Arnhold 2005; Vasari, *Montorsoli*, S. 86–122.

567 Diese Worte entstammen dem IV. Gesang (Vers 133) der Hölle von Dantes *Göttlicher Komödie* (vgl. Dante, *Göttliche Komödie*, S. 22). Sie dienten einem allegorischen Vergleich Michelangelos mit dem antiken Dichter Vergil. Dessen Dichtung, insbesondere die vierte Ekloge, wurde bereits in der Spätantike als messianische Weissagung interpretiert, eine Sichtweise, die im Mittelalter und in der Dichtung der Frühen Neuzeit erhalten blieb.

Bibl.: Paul Klopsch: ›Vergil im MA, I. Lateinische Literatur‹, in: LexMa, 2003, Bd. VIII, Sp. 1524; Luciano Rossi: ›Vergil im MA, II. Romanische Literaturen‹, in: LexMa, 2003, Bd. VIII, Sp. 1527.

568 Alessandro Allori (*1535 Florenz – †1607 ebenda)

569 Hier ist wahrscheinlich Giovan Battista Naldini (*1537 Fiesole – †1591 Florenz) gemeint, der als Zehnjähriger Schüler und Gehilfe Pontormos wurde und bis zu dessen Tod bei ihm lebte. Nach Pontormos Ableben war Naldini auch ein Schüler Vasaris.

Bibl.: Vasari, *Pontormo*, S. 117–118.

570 Lukrez, *De rerum natura*, III / 9,10.

571 Jacopo Zucchi (*1540/42 Florenz – †1589/90 ebenda)

572 Jan van der Straet, genannt ›Giovanni Strada‹ oder ›Stradano‹ (*1523 Brügge – †1605 Florenz)

573 Santi di Tito (*1536 Borgo Sansepolcro – †1602/03 Florenz)

574 Der Begriff ›mazzocchio‹ bezeichnet eine für das Florenz des 15. Jahrhunderts typische Kopfbedeckung, die aus einem leichten Holzring oder einer ausgestopften, mit Tuch umwickelten Rolle bestand.

575 Bernardo Buontalenti (*um 1523 Florenz – †1608 ebenda)

576 Zu dieser Zeit waren die Kontinente Europa, Afrika und Asien bekannt, als deren Personifikation – abgeleitet von antiken Flußgottheiten – die Flüsse Donau, Nil und Ganges eingesetzt wurden.

577 Tommaso da San Frediano, eigentlich Tommaso d' Antonio Manzuoli (*1536 San Frediano – †1571 Florenz)

578 Stefano Pieri (*1542 Florenz – †1629 ebenda)

579 Der Konsul und Orator Marcus Cornelius Cethegus in Ciceros *Bru-*

tus wurde von dem Dichter Ennius als ›flos delibatus populi‹, als ›Blume des Volkes‹ bezeichnet. Dieses Zitat wurde auch auf Michelangelo umgemünzt, abgewandelt zu ›Tuscorum Flos delibatus‹ (›Blüte der Toskana‹). Da Wortspiele mit dem latinisierten Stadtnamen ›Florentia‹ im 16. Jahrhundert nicht unüblich waren und das ikonographische Programm des Katafalks die Biographie Michelangelos mit Florenz als Kunstzentrum und dem Mäzenatentum der Medici verquickte, liegt es nahe, das Liliensymbol auch als ein Wappen Michelangelos zu verstehen.

Bibl.: Waźbiński 1987, Bd. I, S. 118; Emison 2004, S. 191.

580 Diese Wendung wurde auch von Varchi in seiner Trauerrede angeführt. Sie stammt aus einer Ode des Horaz (vgl. *Carmen*, I, 1, Vers 8).

Bibl.: Wittkower/Wittkower 1964, S. 121.

581 Vasari unterrichtete Cosimo I. brieflich am 14. Juli 1564 über die Trauerfeier.

Bibl.: Wittkower/Wittkower 1964, S. 24–25.

582 Lucrezia de' Medici (*1545 Florenz – †1561 Ferrara), die Tochter von Cosimo I. de' Medici und Eleonora von Toledo, wurde 1558 oder 1560 mit Alfonso II. d'Este verheiratet. Benedetto Varchi hielt die Trauerrede für die bald darauf verstorbene Herzogin von Ferrara am 16. Mai 1561.

Bibl.: Barocchi 1962, Bd. IV, S. 2159; Wittkower/Wittkower 1964, S. 122.

583 Die Accademia del Disegno konstituierte sich am 31. Januar 1563. In der Eröffnungsrede wurde Cosimo I. als Vorsitzender und Protektor der Akademie, erstes Mitglied und Universalprotektor der Künste bezeichnet, Michelangelo als Führer, Vater und Meister. Die Treffen der neuen Vereinigung, deren Mitglieder ausnahmslos von den Medici geförderte Künstler waren, fanden zeitweise in der von Michelangelo entworfenen Neuen Sakristei von San Lorenzo statt, für deren Fertigstellung Giorgio Vasari in jener Zeit verantwortlich war. Neben den unter anderem in den *Due lezzioni* Benedetto Varchis wiedergegebenen Diskussionen über die Künste und ihre Vorrangstellung, in denen Varchi, Vasari und Michelangelo sehr ähnliche Positionen einnahmen, schien dieser Ort den idealen Rahmen für die Auseinandersetzung mit und die Orientierung an Michelangelos kunsttheoretischen Vorstellungen zu bieten.

Bibl.: Waźbiński 1987, Bd. I, S. 44–91, 135; Carofano 1994; Barzman 2001.

584 Der Titel der Schrift lautete *Orazione funerale di M. Benedetto Varchi fatta, e recitata da lui publicamente nell'essequie di Michelagnolo Buonarroti in Firenze, nella Chiesa di San Lorenzo*. Sie erschien 1564 in Florenz.

585 Leonardo Salviati (*1540 Florenz – †1589 ebenda), ein Schüler Benedetto Varchis, wirkte als Gelehrter, Dramatiker und Dichter. Er er-

langte Berühmtheit mit philologischen Schriften über Dante und die toskanische Sprache, seinen Komödien *Il granchio* und *La spina* sowie als (Trauer-)Redner. Seine *Orazione di Lionardo Salviati nella morte di Michagnolo Buonarroti* erschien 1564 in Florenz. Sie steht am Anfang zahlreicher von ihm verfaßter Trauerreden, in denen er prominente florentinische Gelehrte und Mäzene würdigte, wie Cosimo I. de' Medici, Benedetto Varchi oder Bernardo Vecchietti. Ferner veröffentlichte er eine an gegenreformatorische Vorstellungen angepaßte Neufassung von Boccaccios *Decameron*.

Leonardo Salviati gehörte 1582 gemeinsam mit Giovanni Battista Deti, Anton Francesco Grazzini, genannt ›il Lasca‹, Bernardo Cavigiani, Bernardo Zanchini und Bastiano di Rossi zu den Gründungsmitgliedern der Accademia della Crusca, in deren Rahmen er sich als Autor eines Lexikons betätigte.

Bibl.: Salviati, *Opere*, Bd. I, S. V–XX; Kindler, 1991, Bd. XIV, S. 682–683.

586 Die Ausstattung von Michelangelos Grabmal in Santa Croce mit Skulpturen und Gemälden wurde nach dem Entwurf Vasaris und unter konzeptioneller Mitwirkung von Vincenzo Borghini von den Bildhauern und Malern Battista di Gino Lorenzi, Giovanni Bandini dell'Opera, Battista di Benedetto, Valerio Cioli, Giacomo del Duca und Giovanni Battista Naldini geschaffen. Das Grabmal faßte Elemente der zwei vorangegangenen geplanten Projekte zur *memoria* Michelangelos zusammen. Es umfaßte eine Porträtbüste, die ursprünglich an dem nie zur Ausführung gebrachten Epitaph im Florentiner Dom angebracht werden sollte. Da die *Pietà*-Skulpturen, die Michelangelo als Bekrönung seines Grabmals vorgesehen hatte, nicht mehr im Besitz seiner Familie waren (s. Anm. 309, 386), erwirkte Leonardo Buonarroti von Vasari, daß der Skulptur beim Entwurf größere Bedeutung zugemessen wurde. Die Arbeiten am Grabmonument kamen aufgrund der neu entflammten *paragone*-Diskussion innerhalb der Accademia del Disegno und verschiedener Einwände seitens Leonardo Buonarrotis erst 1574/75 zum Abschluß. Aus der umfangreich überlieferten Korrespondenz läßt sich der Fortgang der Arbeiten erschließen.

Bibl.: Waźbiński 1987, Bd. I, S. 158 und S. 164–165; Cecchi 1993; Carteggio indiretto, Bd. II, S. 243 und S. 262–263, 265–276, 279–281, 288–289; Kusch-Arnhold 2005; Vasari, *Montorsoli*, S. 118–123.

587 Giovanni di Benedetto Bandini, genannt ›Giovanni dell'Opera‹ (*1540 Castello da Benedetto – †1599 Florenz)

588 Der Epitaph zu Ehren Michelangelos wurde nicht ausgeführt.

Bibliographie

AKL

Allgemeines Künstlerlexikon: Die bildenden Künstler aller Zeiten und Völker, begründet u. mithg. v. Günter Meißner, München 1992–2008, 60 Bde.

Alberti, Ed. Bätschmann

Alberti, Leon B.: *Das Standbild, Die Malkunst, Grundlagen der Malerei*, hg. v. Oskar Bätschmann u. Christoph Schäublin, Darmstadt 2000.

Alberti, Ed. Bätschmann/Gianfreda

Alberti, Leon B.: *Della Pittura, Über die Malkunst*, hg. v. Oskar Bätschmann u. Sandra Gianfreda, Darmstadt 2002.

Ariost, *Orlando furioso*

Ariost, Ludovico: *Orlando furioso*, hg. u. kommentiert von Lanfranco Caretti, Turin 1971.

Ariost, *Rasender Roland*

Ariost, Ludovico: *Der rasende Roland*, übers. v. Johann D. Gries, München 1987, 2 Bde.

Barocchi 1962

Vasari, Giorgio: *La Vita di Michelangelo nelle redazioni del 1500 e del 1568*, hg. u. komm. v. Paola Barocchi, Mailand/Neapel 1962, 5 Bde.

Barocchi, *Scritti*

Barocchi, Paola (Hg.): *Scritti d'arte del Cinquecento*, Mailand 1971–1977, 3 Bde.

Bartsch

The Illustrated Bartsch, hg. v. Walter L. Strauss, New York 1978–1999, 48 Bde. u. Supplemente.

Bembo, *Prose*

Prose e rime di Pietro Bembo, hg. v. Carlo Dionisotti, Turin 1960.

Bettarini/Barocchi, *Vite*

Bettarini, Rosanna/Barocchi, Paola (Hgg.): *Giorgio Vasari. Le vite de' più eccellenti pittori, scultori e architettori nelle redazioni del 1550 e del 1568*, Florenz 1967–1987, 6 Bde.

Boethius, *Trost*

Boethius, Anicius M. S.: *Trost der Philosophie*, übers. u. hg. v. Hermann M. Endres, München 1961.

Carteggio 1965–1983
Il carteggio di Michelangelo, hg. v. Giovanni Poggi, Paola Barocchi u. Renzo Ristori, Florenz 1965–1983, 5 Bde.

Carteggio indiretto
Il carteggio indiretto di Michelangelo, hg. v. Paola Barocchi, Kathleen Loach Bramanti u. Renzo Ristori, Florenz 1988–1995, 2 Bde.

Castiglione, *Libro del cortegiano*
Castiglione, Baldassare: *Das Buch vom Hofmann*, übers. u. erläut. v. Fritz Baumgart, München 1986.

Cellini, *Goldschmiedekunst*
Cellini, Benvenuto: *Traktat über die Goldschmiedekunst und Bildhauerei* auf der Grundlage der Übersetzung von Ruth u. Max Fröhlich, komm. u. hg. v. Erhard Brepohl, Köln/Weimar/Wien 2005.

Cellini, *Mein Leben*
Cellini, Benvenuto: *Mein Leben. Die Autobiographie eines Künstlers aus der Renaissance*, hg. v. Jacques Laager, Zürich 2000.

Codex Magliabechiano, Ed. Frey
Il codice Magliabechiano, cl. XVII., contenente Notizie sopra l'Arte degli Antichi e quella de' Fiorentini da Cimabue a Michelangelo Buonarroti, scritte da Anonimo Fiorentino, hg. u. erläut. v. Carl Frey, Berlin 1892, Nachdruck Farnborough 1969.

Condivi, Ed. Nencioni
Condivi, Ascanio: *Vita di Michelagnolo Buonarroti*, Rom 1553, Nachdruck, hg. v. Giovanni Nencioni, eingel. v. Michael Hirst u. Caroline Elam, Florenz 1998.

Condivi, Ed. Valdek
Condivi, Ascanio: *Das Leben des Michelangelo Buonarroti*, übers. u. hg. v. Rudolph Valdek, Wien 1874, Nachdruck Osnabrück 1970.

Dante, *Göttliche Komödie*
Alighieri, Dante: *Die göttliche Komödie*, übers. v. Wilhelm G. Hertz, Frankfurt am Main/Hamburg 1955.

DBI
Dizionario Biografico degli Italiani, hg. v. Istituto della Enciclopedia Italiana, Rom 1960–2008, 71 Bde.

Der Neue Pauly
Der Neue Pauly: Enzyklopädie der Antike, hg. v. Hubert Cancik, Brigitte Egger u. Manfred Landfester, Stuttgart/Weimar 1996–2003, 15 Bde.

Der Neue Pauly Online
Der Neue Pauly, hg. v. Hubert Cancik u. Helmuth Schneider (Antike), Manfred Landfester (Rezeptions- u. Wissenschaftsgeschichte), Leiden 2008. http://www.brillonline.nl.proxy.ub.uni-frankfurt.de.

Dolce, Ed. Roskill
Dolce, Ludovico: *Dialogo della pittura, intitolato l'Aretino*, Venedig 1558, Nachdruck in: *Dolce's 'Aretino' and Venetian Art Theory of the Cinquecento*, hg., übers. eingel. u. komm. v. Mark Roskill, New York 1968, S. 83–195.
Enciclopedia italiana
Enciclopedia italiana di scienze, lettere ed arti, Mailand 1929–1939, 36 Bde.
Engelhard 1992
Michelangelo. Die gesammelten Sonette, übers. u. komm. v. Michael Engelhard, Amsterdam 1992.
Frey 1887
Le vite di Michelangelo Buonarroti: con aggiunte e note: scritte da Giorgio Vasari e da Ascanio Condivi, hg. v. Carl Frey, Berlin 1887.
Frey 1961
Die Briefe des Michelagniolo Buonarroti, hg. u. komm. v. Herman-Walther Frey, Berlin 1961.
Gauricus, Ed. Brockhaus
Gauricus, Pomponius: *De sculptura*, hg., eingel. u. übers. v. Heinrich Brockhaus, Leipzig 1886.
Gauricus, Ed. Chastel
Gauricus, Pomponius: *De sculptura* (1504), hg., komm. u. übers. v. André Chastel u. Robert Klein, Genf 1969.
Giannotti, *Gespräche*
Giannotti, Donato: *Gespräche mit Michelangelo. Zwei Dialoge über die Tage, in denen Dante Hölle und Fegefeuer durchwanderte*, hg. u. übers. v. Joke Frommel-Haverkorn van Rijsewijk, Amsterdam 1968.
Giovio, *Michaelis Angeli vita*
Giovio, Paolo: *Michaelis Angeli vita* (um 1527), mit drei Übersetzungen, komm. u. hg. v. Charles Davis, September 2008, unter http://archiv.ub.uni-heidelberg.de/artdok/volltexte/2008/579/.
Grassi/Pepe 1994
Grassi, Luigi/Pepe, Mario: *Dizionario dei termini artistici*, Turin 1994.
Kallab 1908
Kallab, Wolfgang: *Vasaristudien*, hg. v. Julius Schlosser, Wien 1908.
Kindler
Kindlers Neues Literaturlexikon, hg. v. Walter Jens, München 1988–1998, 22 Bde.
Kleinschmidt 1964
Michelangelo. Sonette, übers. u. ausgew. v. Karl Kleinschmidt, Bremen 1964.

LCI
Lexikon der christlichen Ikonographie, hg. v. Engelbert Kirschbaum SJ, Rom/Freiburg/Basel/Wien 1994, 8 Bde.
Leonardo da Vinci, *Schriften*
Leonardo da Vinci: *Sämtliche Gemälde und die Schriften zur Malerei*, hg., komm. u. eingel. v. André Chastel, München 1990.
LexMa
Lexikon des Mittelalters, hg. v. Robert Auty et al., München 2003, 9 Bde.
Michelangelo, *Ricordi*
I ricordi di Michelangelo, hg. v. Lucilla Bardeschi Ciulich u. Paola Barocchi, Florenz 1970.
Michelangelo, *Rime*
Buonarroti, Michelangelo: *Rime*, hg. v. Enzo N. Girardi, Bari 1960.
Milanesi, *Lettere*
Buonarroti, Michelangelo: *Le lettere di Michelangelo Buonarroti*, hg. v. Gaetano Milanesi, Florenz 1875.
Nova/Feser/Lorini 2001
Die Anfänge der Maniera Moderna. Giorgio Vasaris Viten, Proemio, Leonardo, Giorgione, Correggio, übers. u. bearb. v. Sabine Feser u. Victoria Lorini, unter d. Ltg. v. Alessandro Nova hg. v. Kunstgeschichtlichen Institut der Johann Wolfgang Goethe-Universität, Frankfurt am Main, Hildesheim/Zürich/New York 2001.
Pfisterer 2002
Pfisterer, Ulrich (Hg.): *Die Kunstliteratur der italienischen Renaissance. Eine Geschichte in Quellen*, Stuttgart 2002.
Pfisterer, *Kunstwissenschaft*
Pfisterer, Ulrich (Hg.): *Lexikon Kunstwissenschaft. Ideen, Methoden, Begriffe*, Darmstadt 2003.
Salviati, *Opere*
Salviati, Leonardo: *Opere del Cavaliere Leonardo Salviati*, hg. v. Giuseppe Pelli, Mailand 1809, 5 Bde.
Schorn/Förster 1832–1849
Leben der ausgezeichnetsten Maler, Bildhauer und Baumeister von Cimabue bis zum Jahre 1567, beschrieben von Giorgo Vasari, übers., komm. u. hg. v. Ludwig Schorn, ab 1843 zus. mit Ernst Förster, Stuttgart 1832– 1849, 6 Bde.
Serlio 1584
Serlio, Sebastiano: *Tutte l'opere d'architettura di Sebastiano Serlio Bolognese*, Buch 1–7, Venedig 1584.

Storia di Milano
Storia di Milano, hg. v. d. Fondazione Treccani degli Alfieri per la Storia di Milano, Mailand 1953–1966, 17 Bde.
Thieme-Becker
Thieme, Ulrich/Vollmer, Hans/Becker, Felix (Hgg.): *Allgemeines Lexikon der Bildenden Künstler*, Leipzig 1930, 37 Bde.
Turner 1996
The Dictionary of Art, hg. v. Jane Turner, London/New York 1996, 34 Bde.
Turner 2000
Encyclopedia of Italian Renaissance and Mannerist Art, hg. v. Jane Turner, London/New York 2000, 2 Bde.
Varchi, *Leichenrede*
Ilg, Albert: ›Das Leben Michel Angelo Buonarrotis nach der Leichenrede des Benedetto Varchi‹, in: Ascanio Condivi: *Das Leben des Michelangelo Buonarroti*, übers.u. hg. v. Rudolph Valdek, Wien 1874, Nachdruck Osnabrück 1970, S. 104–121.
Vasari, *Andrea del Sarto*
Giorgio Vasari. Das Leben des Andrea del Sarto, hg., eingel. u. komm. v. Sabine Feser, Berlin 2005.
Vasari, *Baccio Bandinelli*
Giorgio Vasari. Das Leben des Baccio Bandinelli, hg., eingel. u. komm. v. Hana Gründler, Berlin 2009.
Vasari, *Bildhauer*
Giorgio Vasari. Die Leben der Bildhauer des Cinquecento, hg., eingel. u. komm. v. Sabine Feser, Christina Irlenbusch, Katja Lemelsen u. Daniel Mädler, Berlin 2007.
Vasari, *Bramante*
Giorgio Vasari. Das Leben des Bramante und des Peruzzi, hg., eingel. u. komm. v. Sabine Feser, Berlin 2007.
Vasari, *Daniele da Volterra und Zuccaro*
Giorgio Vasari. Das Leben des Daniele da Volterra und des Taddeo Zuccaro, hg., eingel. u. komm. v. Christina Irlenbusch, Berlin 2009.
Vasari, Ed. Chastel
Vasari, Giorgio: *Les vies des meilleurs peintres, sculpteurs et architectes*, hg. u. komm. v. André Chastel, Paris 1985, 10 Bde.
Vasari, Ed. Ekserdjian
Vasari, Giorgio: *Lives of the Painters, Sculptors and Architects*, eingel. v. David Ekserdjian, übers. v. Gaston de Vere, New Haven 1996.

Vasari, Ed. Gottschewski/Gronau
Vasari, Giorgio: *Die Lebensbeschreibungen der berühmtesten Architekten, Bildhauer und Maler*, hg. v. Adolf Gottschewski u. Georg Gronau, bearb. v. Frida Schottmüller, übers. v. Hiltgart Vielhaber u. Frida Schottmüller, Straßburg 1927, 12 Bde.

Vasari, Ed. Kanz
Vasari, Giorgio: *Das Leben von Lionardo da Vinci, Raffael von Urbino und Michelangelo Buonarroti*, hg. v. Roland Kanz, Stuttgart 1996.

Vasari, *Einführung in die Künste*
Giorgio Vasari. Einführung in die Künste der Architektur, Bildhauerei und Malerei, hg., eingel. u. komm. v. Matteo Burioni, Berlin 2006.

Vasari, *Kunsttheorie*
Giorgio Vasari. Kunstgeschichte und Kunsttheorie. Eine Einführung in die Lebensbeschreibung berühmter Künstler anhand der Proemien, hg., eingel. u. komm. v. Matteo Burioni u. Sabine Feser, Berlin 2004.

Vasari, *Leonardo*
Giorgio Vasari. Das Leben des Leonardo da Vinci, hg., eingel. u. komm. v. Sabine Feser, Berlin 2006.

Vasari, *Mein Leben*
Giorgio Vasari. Mein Leben, hg., eingel. u. komm. v. Sabine Feser, Berlin 2005.

Vasari, *Montorsoli*
Giorgio Vasari: Das Leben des Montorsoli und des Bronzino sowie der Künstler der Accademia del Disegno, hg., eingel. u. komm. v. Hana Gründler u. Katja Lemelsen, Berlin 2008.

Vasari, *Pontormo*
Giorgio Vasari. Das Leben des Pontormo, hg., eingel. u. komm. v. Katja Burzer, Berlin 2004.

Vasari, *Raffael*
Giorgio Vasari. Das Leben des Raffael, hg., eingel. u. komm. v. Hana Gründler, Berlin 2004.

Vasari, *Raffael-Werkstatt*
Giorgio Vasari. Die Künstler der Raffael-Werkstatt, hg., eingel. u. komm. v. Sabine Feser, Hana Gründler, Christina Irlenbusch u. Anja Zeller, Berlin 2007.

Vasari, *Salviati und Gherardi*
Giorgio Vasari. Das Leben des Francesco Salviati und des Cristofano Gherardi, hg., eingel. u. komm. v. Sabine Feser, Berlin 2009.

Vasari, *Sansovino*

Giorgio Vasari. Das Leben des Sansovino und des Sanmicheli mit Ammannati, Palladio und Veronese, hg., eingel. u. komm. v. Katja Lemelsen u. Jessica Witan, Berlin 2007.

Vasari, *Sebastiano del Piombo*

Giorgio Vasari. Das Leben des Sebastiano del Piombo, hg., eingel. u. komm. v. Christina Irlenbusch, Berlin 2004.

Vasari, *Steinschneider*

Giorgio Vasari. Die Leben der ausgezeichneten Steinschneider, Glas- und Miniaturmaler, hg., eingel. u. komm. v. Anja Zeller, Berlin 2006.

Vasari, *Tizian*

Giorgio Vasari. Das Leben des Tizian, hg., eingel. u. komm. v. Christina Irlenbusch, Berlin 2005.

Voragine, *Legenda Aurea*

Voragine, Jacobus de: *Legenda Aurea, Heiligenlegenden*, ausgew. u. übers. v. Jacques Laager, Zürich 2000.

Acidini Luchinat 1996

La chiesa e il Convento di Santo Spirito a Firenze, hg. v. Cristina Acidini Luchinat, unter Mitarbeit von Elena Capretti, Florenz 1996.

Acidini Luchinat 1999

Acidini Luchinat, Cristina: ›La formazione fiorentina di Michelangelo pittore‹, in: Cristina Acidini Luchinat/James D. Draper/Nicholas Penny/Kathleen Weil-Garris Brandt (Hgg.): *La giovinezza di Michelangelo*, Ausst.-Kat. Florenz, Palazzo Vecchio, Florenz 1999, S. 105–113.

Acidini Luchinat 2005

Acidini Luchinat, Cristina: *Michelangelo scultore*, Mailand 2005.

Acidini Luchinat 2007

Acidini Luchinat, Cristina: *Michelangelo pittore*, Mailand 2007.

Acidini Luchinat/Draper/Penny/Weil-Garris Brandt 1999

Cristina Acidini Luchinat/James D. Draper/Nicholas Penny/Kathleen Weil-Garris Brandt (Hgg.): *La giovinezza di Michelangelo*, Ausst.-Kat. Florenz, Palazzo Vecchio, Florenz 1999.

Acidini Luchinat/Scalini 1998

Cristina Acidini Luchinat/Mario Scalini (Hgg.): *Die Pracht der Medici: Florenz und Europa*, Ausst.-Kat. Wien, Kunsthistorisches Museum, 1999, München/London/New York 1998, 2 Bde.

Ackerman 1961

Ackerman, James: *The Architecture of Michelangelo*, London 1961, 2 Bde.

Agosti 2005

Agosti, Barbara: ›Vittoria Colonna e il culto della Maddalena (tra Tiziano e Michelangelo)‹, in: Pina Ragionieri (Hg.): *Vittoria Colonna e Michelangelo*, Ausst.-Kat. Florenz, Casa Buonarroti, 2005, Turin 2005, S. 71–81.

Agosti/Hirst 1996

Agosti, Giovanni/Hirst, Michael: ›Michelangelo, Pietro d'Argento and the 'Stigmatisation of St. Francis'‹, in: *The Burlington Magazine*, 1996, Bd. CXXXVIII, S. 683–684.

Alker 1968

Alker, Hermann R.: *Michelangelo und seine Kuppel von St. Peter in Rom*, Karlsruhe 1968.

Alpers 1995 (1960)

Alpers, Svetlana: ›Ekphrasis und Kunstanschauung in Vasaris Viten‹ (1960), in: Gottfried Böhm/Helmut Pfotenhauer (Hgg.): *Beschreibungskunst – Kunstbeschreibung*, München 1995, S. 215–258.

Altringer 1999

Altringer, Lothar: ›Hadrian VI.‹, in: *Hochrenaissance im Vatikan. Kunst und Kultur im Rom der Päpste I, 1503–1534*, Ausst.-Kat. Bonn, Kunst- u. Ausstellungshalle der Bundesrepublik Deutschland, 1999/2000, Ostfildern-Ruit 1999, S. 48–54.

Amy 2006

Amy, Michaël J.: ›Michelangelo's Drawings for 'Apostle' Statues for the Cathedral of Florence‹, in: *Viator*, 2006, Bd. XXXVII, S. 479–517.

Angelucci 1999

Angelucci, Sergio: ›Il ciborio bronzeo della Certosa di Padula‹, in: *Dialoghi di storia dell'arte*, 1999, Bd. VIII–IX, S. 188–197.

Argan/Contardi 1993

Argan, Giulio C./Contardi, Bruno: *Michelangelo Architect*, Mailand/London 1993.

Arkin 1997

Arkin, Moshe: ›'One of the Marys …': An Interdisciplinary Analysis of Michelangelo's Florentine Pietà‹, in: *The Art Bulletin*, 1997, Bd. LXXIX, S. 493–517.

Armour 1993

Armour, Peter: ›Michelangelo's Moses: A Text in Stone‹, in: *Italian Studies*, 1993, Bd. XLVIII, S. 18–43.

Bacci 1985
Bacci, Mina: ›Le fonti letterarie del Bacco di Michelangelo e il problema del committente‹, in: *Antichità viva*, 1985, Bd. XXIV, S. 131–134.
Balas 1989
Balas, Edith: ›Michelangelo's Victory: Its Role and Significance‹, in: *Gazette des Beaux-Arts*, 1989, Bd. CXIII, S. 67–80.
Baldini 1982
Baldini, Umberto: *Michelangelo. Die Skulpturen*, Stuttgart 1982.
Baldini 1999
Baldini, Nicoletta: ›'Quasi Adonidos hortum'. Il giovane Michelangelo al giardino mediceo delle sculture‹, in: Cristina Acidini Luchinat / James D. Draper / Nicholas Penny / Kathleen Weil-Garris Brandt (Hgg.): *La giovinezza di Michelangelo*, Ausst.-Kat. Florenz, Palazzo Vecchio, Florenz 1999, S. 49–56.
Baldini 2001
Baldini, Umberto: ›Il crocifisso di Santo Spirito di Michelangelo 'perfettissimo sopra tutti li altri corpi'‹, in: *Critica d'Arte*, 2001, Bd. LXIV, S. 21–37.
Baldini / Lodico / Piras 1999
Baldini, Nicoletta / Lodico, Donatella / Piras, Anna M.: ›Michelangelo a Roma. I rapporti con la famiglia Galli e con Baldassarre del Milanese‹, in: Cristina Acidini Luchinat / James D. Draper / Nicholas Penny / Kathleen Weil-Garris Brandt (Hgg.): *La giovinezza di Michelangelo*, Ausst.-Kat. Florenz, Palazzo Vecchio, Florenz 1999, S. 149–155.
Baldini / Nardini 1984
Baldini, Umberto / Nardini, Bruno (Hgg.): *San Lorenzo. La basilica, le sagrestie, le cappelle, la biblioteca*, Florenz 1984.
Baldriga 2000
Baldriga, Irene: ›The First Version of Michelangelo's Christ for S. Maria Sopra Minerva‹, in: *The Burlington Magazine*, 2000, Bd. CXLII, S. 740–745.
Bambach Cappel 1994
Bambach Cappel, Carmen: ›Problemi di technica nei cartoni di Michelangelo per la Cappella Sistina‹, in: Kathleen Weil-Garris Brandt (Hg.): *Michelangelo. La Cappella Sistina*, Atti del convegno internazionale di studi, Vatikanstadt, März 1990, Novara 1994, Bd. III, S. 83–102.
Barberi Squarotti 1995
Barberi Squarotti, Giorgio: ›Michelangelo e Vittoria Colonna‹, in: Corrado Gizzi (Hg.): *Michelangelo e Dante*, Mailand 1995, S. 63–74.

Bardeschi Ciulich 1977
Bardeschi Ciulich, Lucilla: ›Documenti inediti su Michelangelo e l'incarico di San Pietro‹, in: *Rinascimento*, 1977, N. S., Bd. XVII, S. 235–275.

Bardeschi Ciulich 1995
Bardeschi Ciulich, Lucilla (Hg.): *I contratti di Michelangelo*, Florenz 2005.

Bardeschi Ciulich/Ragionieri 2001
Bardeschi Ciulich, Lucilla/Ragionieri, Pina (Hgg.): *Vita di Michelangelo*, Ausst.-Kat. Florenz, Casa Buonarroti, 2001–2002, Florenz 2001.

Barocchi 1984 (1968)
Barocchi, Paola: ›Michelangelo tra le due redazioni delle 'Vite' vasariane (1550–1568)‹ (1968), in: dies.: *Studi vasariani*, Turin 1984, S. 35–52.

Barocchi 2001
Barocchi, Paola: ›Der Wettstreit zwischen Malerei und Skulptur. Benedetto Varchi und Vincenzio Borghini‹, in: Hannah Baader/Ulrike Müller-Hofstede/Kristine Patz (Hgg.): *Ars et scriptura*, Festschrift für Rudolf Preimesberger, Berlin 2001, S. 93–106.

Barolsky 1979
Barolsky, Paul: *Daniele da Volterra: A Catalogue Raisonné*, New York 1979.

Barolsky 1990
Barolsky, Paul: *Michelangelo's Nose: A Myth and Its Maker*, London 1990.

Barolsky 1994
Barolsky, Paul: *The Faun in the Garden: Michelangelo and the Poetic Origins of Italian Renaissance Art*, University Park 1994.

Barolsky 1996
Barolsky, Paul: *Giottos Vater. Vasaris Familiengeschichten*, Berlin 1996.

Barolsky 1999
Barolsky, Paul: ›Michelangelo's Marble Faun Revisited‹, in: *Artibus et historiae*, 1999, Bd. XX, S. 113–116.

Barolsky 2004
Barolsky, Paul: ›Machiavelli, Michelangelo, and David‹, in: *Source*, 2004, Bd. XXIII, S. 32–33.

Barolsky 2005
Barolsky, Paul: ›Plato, Aristophanes, and Michelangelo‹, in: *Source*, 2005, Bd. XXV, S. 25–26.

Barolsky/Lieberman 2005
Barolsky, Paul/Liebermann, Ralph: ›Michelangelo's Mole‹, in: *Source*, 2005, Bd. XXIV, Nr. 3, S. 36–37.
Barzman 2001
Barzman, Karen-edis: ›The Accademia del Disegno and Fellowships of Discourse‹, in: Konrad Eisenbichler (Hg.): *The Cultural Politics of Duke Cosimo I de' Medici*, Aldershot 2001, S. 178–188.
Beck 1990
Beck, James: ›Cardinal Alidosi, Michelangelo, and the Sistine Ceiling‹, in: *Artibus et historiae*, 1990, Bd. XI, S. 63–77.
Beck 1994a
Beck, James: ›Benedetto di Leonardo da Maiano e Michelangelo giovane‹, in: Daniela Lamberini/Marcello Lotti/Roberto Lunardi (Hgg.): *Giuliano e la bottega dei da Maiano*, Atti del convegno internazionale di studi, Fiesole, 13.–15. Juni 1991, Florenz 1994, S. 176–181.
Beck 1994b
Beck, James: ›Il cardinale Alidosi, Michelangelo e il San Petronio di Bologna‹, in: Mario Fanti (Hg.): *Una basilica per una città. Sei secoli in San Petronio*, Bologna 1994, S. 215–221.
Beck 1998
Beck, James: ›Connoisseurship: A Lost or a Found Art? The Example of a Michelangelo Attribution: The Fifth Avenue Cupid‹, in: *Artibus et historiae*, 1998, Bd. XIX, Nr. 37, S. 9–42.
Bedon 2008
Bedon, Anna: *Il Campidoglio. Storia di un monumento civile nella Roma papale*, Mailand 2008.
Bellini 2001
Bellini, Federico: ›I grandi cantieri: Campidoglio, San Pietro, 'Studium Urbis'‹, in: Claudia Conforti (Hg.): *Storia dell'architettura italiana: il secondo Cinquecento*, Mailand 2001, S. 66–93.
Bellini 2008
Bellini, Federico: ›La cupola di San Pietro da Michelangelo a Della Porta‹, in: Georg Satzinger (Hg.): *Sankt Peter in Rom 1506–2006*, Beiträge der internationalen Tagung vom 22. bis 25. Februar 2006 in Bonn, München 2008, S. 175–194.
Belting 1983
Belting, Hans: ›Vasari und die Folgen. Die Geschichte der Kunst als Prozeß?‹, in: ders.: *Das Ende der Kunstgeschichte?*, München 1983, S. 63–91.

Benedetti 1995
Benedetti, Sandro: ›Sangallos Modell für St. Peter‹, in: *Architekturmodelle der Renaissance. Die Harmonie des Bauens von Alberti bis Michelangelo*, Ausst.-Kat. München, 1995, hg. v. Bernd Evers, München 1995, S. 110–115.

Benkard 1933
Benkard, Ernst: *Michelangelos Madonna an der Treppe*, Berlin 1933.

Berti/Ragionieri 2001
Berti, Luciano/Ragionieri, Pina: ›Note circa la Madonna della scala di Michelangelo‹, in: *Critica d'arte*, 2001, Bd. LXIV, S. 16–20.

Berton 1969 (1857)
Berton, Charles: *Dictionnaire des cardinaux*, Migne 1857, Nachdruck Farnborough 1969.

Bianco/Romani 2005
Bianco, Monica/Romani, Vittoria: ›Vittoria Colonna e Michelangelo‹, in: Pina Ragionieri (Hg.): *Vittoria Colonna e Michelangelo*, Ausst.-Kat. Florenz, Casa Buonarroti, 2005, Turin 2005, S. 145–164.

Bjurström 2001
Bjurström, Per: ›Crozat, Mariette, Tessin et le libro de' disegni de Vasari‹, in: Anna Ottani Cavina (Hg.): *Mélanges en hommage à Pierre Rosenberg*, Paris 2001, S. 87–96.

Blum 2008
Blum, Gerd: ›Michelangelo als neuer Mose. Zur Rezeptionsgeschichte von Michelangelos 'Moses': Vasari, Nietzsche, Freud, Thomas Mann‹, in: *Zeitschrift für Ästhetik und Allgemeine Kunstwissenschaft*, 2008, Bd. LIII, S. 73–106.

Bockemühl 1986
Bockemühl, Michael: ›Vom unvollendeten zum offenen Kunstwerk: Zur Diskussion des non-finito in der Plastik von Michelangelo‹, in: Michael Hesse/Max Imdahl (Hgg.): *Studien zu Renaissance und Barock: Manfred Wundram zum 60. Geburtstag*, Frankfurt am Main 1986, S. 111–133.

Bohde 2003
Bohde, Daniela: ›Der Schatten des 'disegno'. Benvenuto Cellinis Siegelentwürfe und Tizians Zweifel‹, in: Alessandro Nova/Anna Schreurs (Hgg.): *Benvenuto Cellini. Kunst und Kunsttheorie im 16. Jahrhundert*, Köln/Weimar/Wien 2003, S. 99–122.

Bohde 2004
Bohde, Daniela: ›Ein Heiliger der Sodomiten? Das erotische Bild des Hl. Sebastian im Cinquecento‹, in: Mechthild Fend/Marianne Koos (Hgg.): *Männlichkeit im Blick. Visuelle Inszenierungen in der Kunst seit der Frühen Neuzeit*, Köln 2004, S. 79–98.
Bonelli 1964a
Bonelli, Renato: ›La piazza Capitolina‹, in: Paolo Portoghesi/Bruno Zevi (Hgg.): *Michelangiolo architetto*, Turin 1964, S. 425–496.
Bonelli 1964b
Bonelli, Renato: ›Palazzo Farnese‹, in: Paolo Portoghesi/Bruno Zevi (Hgg.): *Michelangiolo architetto*, Turin 1964, S. 610–619.
Bonsanti 1992
Bonsanti, Giorgio: ›Michelangelo as a Painter before the Sistine Ceiling‹, in: *The Genius of the Sculptor in Michelangelo's Work*, Ausst.-Kat. Montreal, Museum of Fine Arts, 1992, Montreal 1992, S. 279–305.
Bonsanti 2001
Bonsanti, Giorgio: ›Il Mosè di Michelangelo: 'perchè non chatti?'‹, in: *Il giornale dell'arte*, 2001, Bd. XIX, Nr. 203, S. 46.
Borea 1991
Borea, Evelina: ›Michelangelo e le stampe nel suo tempo‹, in: Alida Moltedo (Hg.): *La Sistina riprodotta*, Ausst.-Kat. Rom, Rom 1991, S. 17–30.
Borgo/Sievers 1989
Borgo, Ludovico/Sievers, Ann H.: ›The Medici Gardens at San Marco‹, in: *Mitteilungen des Kunsthistorischen Institutes in Florenz*, 1989, Bd. XXXIII, Nr. 2, S. 237–256.
Borsook 1994
Borsook, Eve: ›Michelangelo e l'uso dei cartoni nella Cappella Sistina‹, in: Kathleen Weil-Garris Brandt (Hg.): *Michelangelo. La Cappella Sistina*, Atti del convegno internazionale di studi, Vatikanstadt, März 1990, Novara 1994, Bd. III, S. 103–106.
Bracciante 1984
Bracciante, Anna M.: *Ottaviano de' Medici e gli artisti*, Florenz 1984.
Bredekamp 1995
Bredekamp, Horst: *Repräsentation und Bildmagie der Renaissance als Formproblem*, München 1995.

Bredekamp 1999
Bredekamp, Horst: ›Grabmäler der Renaissancepäpste. Die Kunst der Nachwelt‹, in: *Hochrenaissance im Vatikan. Kunst und Kultur im Rom der Päpste I, 1503–1534*, Ausst.-Kat. Bonn, Kunst- u. Ausstellungshalle der Bundesrepublik Deutschland, 1999/2000, Ostfildern-Ruit 1999, S. 259–267.
Bredekamp 2000
Bredekamp, Horst: *Sankt Peter in Rom und das Prinzip der produktiven Zerstörung*, Berlin 2000.
Bredekamp 2008
Bredekamp, Horst: *Sankt Peter in Rom und das Prinzip der produktiven Zerstörung*, neu überarbeitet, Berlin 2008.
Bredekamp 2009
Bredekamp, Horst: *Michelangelo. Fünf Essays*, Berlin 2009.
Brizio 1952
Brizio, Anna M.: ›La prima e la seconda edizione delle ‘Vite’‹, in: *Studi vasariani*, Atti del convegno internazionale per il IV centenario della I edizione delle Vite del Vasari, Florenz, Palazzo Strozzi, 16.–19. September 1950, Florenz 1952, S. 83–90.
Brothers 2008
Brothers, Cammy: *Michelangelo, Drawing, and the Invention of Architecture*, New Haven/London 2008.
Brown 1993
Brown, Theodore M.: ›Mental Diseases‹, in: William F. Bynum (Hg.): *Companion Encyclopedia of the History of Medicine*, London 1993, Bd. I, S. 438–463.
Brown 2008
Brown, Clifford: ›I camerini di Isabella d'Este in Corte Vecchia: ipotesi e certezze‹, in: Filippo Trevisani/Davide Gasparotto (Hgg.): *Bonacolsi l'antico; uno scultore nella Mantova di Andrea Mantegna e di Isabella d'Este*, Ausst.-Kat. Mantua, Palazzo Ducale, Appartamento di Isabella d'Este in Corte Vecchia, Mailand 2008, S. 99–103.
Brunner 1995
Brunner, Michael: ›Michelangelo e la critica dantesca‹, in: Corrado Gizzi (Hg.): *Michelangelo e Dante*, Mailand 1995, S. 81–90.
Bryce 1983
Bryce, Judith: *Cosimo Bartoli (1503–1573). The Career of a Florentine Polymath*, Genf 1983.
Bullard 1980
Bullard, Melissa: *Filippo Strozzi and the Medici: Favor and Finance in Sixteenth-Century Florence and Rome*, Cambridge 1980.

Bullard 2003
Bullard, Melissa: ›Bindo Altoviti, Renaissance Banker and Papal Financier‹, in: Alan Chong/Donatella Pegazzano (Hgg.): *Raphael, Cellini, and a Renaissance Banker: The Patronage of Bindo Altoviti*, Ausst.-Kat. Boston, Isabella Stewart Gardner Museum, 2003/2004, u. Florenz, Museo Nazionale del Bargello, 2004, Mailand 2003, S. 21–57.

Burckhardt 1904
Burckhardt, Jacob: *Die Kultur der Renaissance in Italien*, Leipzig 1904, 2 Bde.

Burg 2008
Burg, Tobias: *Die Signatur. Formen und Funktionen vom Mittelalter bis zum 17. Jahrhundert*, Berlin 2008.

Burioni 2006
Burioni, Matteo: ›Gattungen, Medien, Techniken. Vasaris Einführung in die drei Künste des ‘Disegno’‹, in: Vasari, *Einführung in die Künste*, S. 7–24.

Burioni 2008
Burioni, Matteo: *Die Renaissance der Architekten. Profession und Souveränität des Baukünstlers in Giorgio Vasaris Viten*, Berlin 2008.

Burroughs 1993
Burroughs, Charles: ›Michelangelo at the Campidoglio: Artistic Identity, Patronage, and Manufacture‹, in: *Artibus et historiae*, 1993, Bd. XIV, S. 85–111.

Burroughs 1995
Burroughs, Charles: ›The ‘Last Judgment’ of Michelangelo: Pictorial Space, Sacred Topography, and the Social World‹, in: *Artibus et historiae*, 1995, Bd. XVI, S. 55–89.

Büscher 2002
Büscher, Mareile: *Künstlerverträge in der Florentiner Renaissance*, Frankfurt am Main 2002.

Bush 1980
Bush, Virginia L.: ›Bandinelli's Hercules and Cacus and Florentine Traditions‹, in: Henry A. Millon (Hg.): *Studies in Italian Art and Architecture, 15th through 18th Centuries*, Rom 1980, S. 163–206.

Bush Mockler 1967
Bush Mockler, Virginia: *Colossal Sculpture of the Cinquecento from Michelangelo to Giovanni Bologna*, Ann Arbor (Mich.) 1967 (= zugl. Ph. D. thesis Columbia University).

Bynum 1996
Bynum, Caroline W.: ›Materielle Kontinuität, individuelles Überleben und die Auferstehung des Leibes: Eine scholastische Diskussion im Mittelalter und heute‹, in: dies.: *Fragmentierung und Erlösung, Geschlecht und Körper im Glauben des Mittelalters*, Frankfurt am Main 1996, S. 226–302.

Cadogan 1993
Cadogan, Jean K.: ›Michelangelo in the Workshop of Domenico Ghirlandaio‹, in: *The Burlington Magazine*, 1993, Bd. CXXXV, S. 30–31.

Caglioti 1996
Caglioti, Francesco: ›Il 'David' bronzeo di Michelangelo (e Benedetto da Rovezzano): il problema dei pagamenti‹, in: ders. et al. (Hgg.): *Ad Alessandro Conti: (1946–1994)*, Pisa 1996, S. 85–132.

Calì 1967
Calì, Maria: ›La 'Madonna della scala' di Michelangelo: il Savonarola e la crisi dell'umanesimo‹, in: *Bollettino d'Arte*, 1967, Bd. LII, S. 152– 166.

Capelli 2001
Capelli, Simona: ›Marcello Venusti un valtellinese pittore a Roma‹, in: *Studi di storia dell'arte*, 2001, Bd. XII, S. 17–48.

Cardilli 1991
Cardilli, Luisa: ›Un cantiere michelangiolesco. Porta Pia e il suo restauro‹, in: Guido Biscontin (Hg.): *Le pietre nell'architettura*, Padua 1991, S. 861–872.

Carofano 1994
Carofano, Pierluigi: ›I primi anni dell'Accademia fiorentina del Disegno‹, in: Mario Di Giampaolo (Hg.): *Disegno italiano antico; artisti e opere dal Quattrocento al Settecento*, Mailand 1994, S. 30–39.

Carratù/Ragionieri 2003
Carratù, Tullia/Ragionieri, Pina: ›Introduzione‹, in: Pina Ragionieri (Hg.): *Michelangelo tra Firenze e Roma*, Ausst.-Kat. Rom, Palazzo di Venezia, u. Siracusa, Galleria Civica d'Arte Contemporanea ›Montevergini‹, Florenz 2003, S. 131–145.

Castelfranchi Vegas 1952
Castelfranchi Vegas, Liana: ›Il Vasari e il architetto Michelangelo‹, in: *Studi vasariani*, Atti del convegno internazionale per il IV centenario della I edizione delle Vite del Vasari, Florenz, Palazzo Strozzi, 16.–19. September 1950, Florenz 1952, S. 73–76.

Catitti 2007
Catitti, Silvia: ›Michelangelo e la monumentalità nel ricetto: progetto, esecuzione e interpretazione‹, in: Pietro Ruschi (Hg.): *Michelangelo architetto a San Lorenzo. Quattro problemi aperti*, Ausst.-Kat. Florenz, Casa Buonarroti, 20. Juni – 12. November 2007, Florenz 2007, S. 91–103.

Cecchi 1983
Cecchi, Alessandro: ›Le perdute decorazioni fiorentine di Giovanni da Udine‹, in: *Paragone*, 1983, Bd. CCCIC, S. 20–44.

Cecchi 1984
Cecchi, Alessandro: ›Raffaello fra Firenze, Urbino e Perugia‹, in: Mina Gregori (Hg.): *Raffaello a Firenze: Dipinti e disegni delle collezioni fiorentine*, Ausst.-Kat.Florenz, Palazzo Pitti, 1984, Florenz 1984, S. 40–41.

Cecchi 1987
Cecchi, Alessandro: ›Agnolo e Maddalena Doni committenti di Raffaello‹, in: Micaela Sambucco Hamoud/Maria L. Strocchi (Hgg.): *Studi su Raffaello*, Atti del congresso internazionale di studi, Urbino-Firenze, 6.–14. April 1984, Urbino 1987, S. 429–439.

Cecchi 1993
Cecchi, Alessandro: ›L'estremo omaggio al 'Padre e Maestro di tutte le Arti'. Il monumento funebre di Michelangelo‹, in: Luciano Berti (Hg.): *Il Pantheon di Santa Croce a Firenze*, Florenz 1993, S. 57–82.

Cecchi 1996
Cecchi, Alessandro: ›Niccolò Macchiavelli o Marcello Virgilio Adriani? Sul programma e l'assetto compositivo delle 'battaglie' di Leonardo e Michelangelo per la Sala del Maggior Consiglio in Palazzo Vecchio‹, in: *Prospettiva*, 1996, Bd. LXXXIII–LXXXIV, S. 102–115.

Cecchi 1998
Cecchi, Alessandro: ›Salviati e i Medici (1543–1548)‹, in: Catherine Monbeig Goguel (Hg.): *Francesco Salviati (1510–1563) o la bella maniera*, Ausst.-Kat. Rom u. Paris, Mailand 1998, S. 61–65.

Cecchi 2003a
Cecchi, Alessandro: ›Kat. Nr. 54 u. 55: Daniele da Volterra: Testa di Michelangelo‹, in: Vittoria Romani (Hg.): *Daniele da Volterra amico di Michelangelo*, Ausst.-Kat. Florenz, Casa Buonarroti, 2003/2004, Florenz 2003, S. 170–172.

Cecchi 2003b
Cecchi, Alessandro: ›Kat. Nr. 54: Daniele da Volterra: Lettera a Giorgio Vasari dopo la morte di Michelangelo‹, in: Vittoria Romani (Hg.): *Daniele da Volterra amico di Michelangelo*, Ausst.-Kat. Florenz, Casa Buonarroti, 2003/2004, Florenz 2003, S. 166.

Chambers/Martineau 1981
Chambers, David/Martineau, Jane: *Splendours of the Gonzaga*, Ausst.-Kat. London, Victoria and Albert Museum, 1981/1982, Mailand 1981.
Chapman 2005
Chapman, Hugo: *Michelangelo. Drawings: Closer to the Master*, London 2005.
Chastel 1952
Chastel, André: ›Vasari et la légende médicéene: 'l'École du Jardin de Saint Marc'‹, in: *Studi vasariani*, Atti del convegno internazionale per il IV centenario della I edizione delle Vite del Vasari, Florenz, Palazzo Strozzi, 16.–19. September 1950, Florenz 1952, S. 159–167.
Chong/Pegazzano 2003
Chong, Alan/Pegazzano, Donatella (Hgg.): *Raphael, Cellini, and a Renaissance Banker: The Patronage of Bindo Altoviti*, Ausst.-Kat. Boston, Isabella Stewart Gardner Museum, 2003/2004, u. Florenz, Museo Nazionale del Bargello, 2004, Mailand 2003.
Ciammitti 1999
Ciammitti, Luisa: ›Note biografiche su Giovan Francesco Aldrovandi‹, in: Cristina Acidini Luchinat/James D. Draper/Nicholas Penny/Kathleen Weil-Garris Brandt (Hgg.): *La giovinezza di Michelangelo*, Ausst.-Kat. Florenz, Palazzo Vecchio, Florenz 1999, S. 139–141.
Cinelli/Myssok/Vossilla 2002
Cinelli, Carlo/Myssok, Johannes/Vossilla, Francesco: *Il ciclo degli apostoli nel duomo di Firenze*, Florenz 2002.
Clifton 1996
Clifton, James: ›Vasari on Competition‹, in: *Sixteenth Century Journal*, 1996, Bd. XXVII, S. 23–41.
Coffin 1979
Coffin, David R.: *The Villa in the Life of Renaissance Rome*, Princeton 1979.
Coffin 2004
Coffin, David R.: *Pirro Ligorio. The Renaissance Artist, Architect and Antiquarian*, Pennsylvania 2004.
Colalucci 1994
Colalucci, Gianluigi: ›La tipologia dei cartoni e la tecnica esecutiva della volta della Cappella Sistina‹, in: Kathleen Weil-Garris Brandt (Hg.): *Michelangelo. La Cappella Sistina*, Atti del convegno internazionale di studi, Vatikanstadt, März 1990, Novara 1994, Bd. III, S. 77–82.

Cole 2003
Cole, Michael: ›'Am Werkzeug erkennen wir den Künstler'. Waffen und Wappen in der Zeit Cellinis‹, in: Alessandro Nova/Anna Schreurs (Hgg.): *Benvenuto Cellini. Kunst und Kunsttheorie im 16. Jahrhundert*, Köln/Weimar/Wien 2003, S. 39–58.

Collareta 2003
Collareta, Marco: ›Benvenuto Cellini ed il destino dell' oreficeria‹, in: Alessandro Nova/Anna Schreurs (Hgg.): *Benvenuto Cellini. Kunst und Kunsttheorie im 16. Jahrhundert*, Köln/Weimar/Wien 2003, S. 161–169.

Collobi Ragghianti 1974
Ragghianti Collobi, Licia: *Il libro de'disegni del Vasari*, Florenz 1974, 2 Bde.

Conforti 2001
Conforti, Claudia: ›Roma: architettura e città‹, in: dies. (Hg.): *Storia dell'architettura italiana: il secondo Cinquecento*, Mailand 2001, S. 26–64.

Corrias 1994
Corrias, Paola: ›Don Vincenzio Borghini e l'iconologia del potere alla corte di Cosimo I e di Francesco I de' Medici‹, in: *Storia dell'arte*, 1994, Bd. LXXX, S. 169–181.

Corsi 1997
Corsi, Stefano: ›Zur Biographie Vittoria Colonnas‹, in: Sylvia Ferino-Pagden (Hg.): *Vittoria Colonna. Dichterin und Muse Michelangelos*, Ausst.-Kat. Wien, Kunsthistorisches Museum, Wien 1997, S. 19–21.

Costamagna 2003
Costamagna, Philippe: ›Portraits of Florentine Exiles‹, in: Alan Chong/Donatella Pegazzano (Hgg.): *Raphael, Cellini, and a Renaissance Banker: The Patronage of Bindo Altoviti*, Ausst.-Kat. Boston, Isabella Stewart Gardner Museum, 2003/2004, u. Florenz, Museo Nazionale del Bargello, 2004, Mailand 2003, S. 329–350.

Cox-Rearick 1984
Cox-Rearick, Janet: *Dynasty and Destiny in Medici Art: Pontormo, Leo X, and the Two Cosimos*, Princeton 1984.

Cox-Rearick 1995
Cox-Rearick, Janet: *The Collection of Francis I: Royal Treasures*, Antwerpen 1995.

Cropper 1995
Cropper, Elizabeth: ›The Place of Beauty in the High Renaissance and its Displacement in the History of Art‹, in: Alvin Vos (Hg.): *Place and Displacement in the Renaissance*, New York 1995, S. 159–205.

Dalli Regoli 1976
Dalli Regoli, Gigetta: ›Sul ‘Libro de’disegni’ di Giorgio Vasari‹, in: *Critica d’arte*, 1976, Bd. XLI, H. 146, S. 39–43.
Dalli Regoli 1994/1995
Dalli Regoli, Gigetta: ›Leonardo e Michelangelo: il tema della ‘battaglia’ agli inizi del Cinquecento‹, in: *Achademia Leonardi Vinci*, 1994/1995, Bd. VII, S. 98–106.
Dalli Regoli/Nanni/Natali 2001
Dalli Regoli, Gigetta/Nanni, Romano/Natali, Antonio (Hgg.): *Leonardo e il mito di Leda. Modelli, memorie e metamorfosi di un’invenzione*, Ausst.-Kat. Vinci, 2001, Cinisello Balsamo 2001.
Davis 1981
Davis, Charles: ›Vasari e Annibal Caro ‘soggettista’‹, in: Paola Tinagli Baxter (Hg.): *Giorgio Vasari: La Toscana nel ’500*, Ausst.-Kat. Arezzo, 1981, Florenz 1981, S. 124–125.
De Maio 1990
De Maio, Romeo: *Michelangelo e la controriforma*, Florenz 1990.
De Maio 1994
De Maio, Romeo: ›Censure e prime manomissioni del giudizio di Michelangelo‹, in: Kathleen Weil-Garris Brandt (Hg.): *Michelangelo. La Cappella Sistina*, Atti del convegno internazionale di studi, Vatikanstadt, März 1990, Novara 1994, Bd. III, S. 239–243.
De Ruvo 1952
De Ruvo, Vincenze: ›La concezione estetica di G. Vasari‹, in: *Studi vasariani*, Atti del convegno internazionale per il IV centenario della I edizione delle Vite de Vasari, Florenz, Palazzo Strozzi, 16.–19. September 1950, Florenz 1952, S. 47–56.
De Vecchi 1985
De Vecchi, Pierluigi: *Michelangelo. Der Maler*, Stuttgart/Zürich 1985.
De Vecchi 2001
De Vecchi, Pierluigi: *Die Sixtinische Kapelle*, München 2001.
Diaz 1987
Diaz, Furio: *Il Granducato di Toscana: I Medici*, Turin 1987.
Dodsworth 1992
Dodsworth, Barbara W.: ›Dominican Patronage and the Arca di San Domenico‹, in: Steven C. Bule/Alan P. Darr/Fiorella Superbi Gioffredi (Hgg.): *Verrocchio and Late Quattrocento Italian Sculpture. Acts of Two Conferences Commemorating the Fifth Centenary of Verrocchio’s Death*, Florenz 1992, S. 283–290.

Dodsworth 1995
Dodsworth, Barbara W.: *The Arca di San Domenico*, New York/Bern/Frankfurt am Main/Wien/Paris/Berlin 1995 (= Thomas E. Vesce [Hg.]: *Intercultural Studies*, Bd. II).

Draper 1992
Draper, James D.: *Bertoldo di Giovanni. Sculptor of the Medici Household. Critical Reappraisal and Catalogue Raisonné*, Columbia (Miss.)/London 1992.

Draper 1997
Draper, James D.: ›Ango after Michelangelo‹, in: *The Burlington Magazine*, 1997, Bd. CXXXIX, S. 398–400.

Dundas 1990
Dundas, Judith: ›The 'Paragone' and the Art of Michelangelo‹, in: *Sixteenth Century Journal*, 1990, Bd. XXI, S. 87–92.

Dunkerton 1994
Dunkerton, Jill: ›The Painting Technique of the 'Manchester Madonna'‹, u. dies.: ›The Painting Technique of the 'Entombment'‹, in: Jill Dunkerton/Michael Hirst (Hgg.): *Making & Meaning. The Young Michelangelo. The Artist in Rome 1496–1501. Michelangelo as a Painter on Panel*, Ausst.-Kat. National Gallery, London, 1994/1995, London 1994, S. 83–127.

Dunkerton/Hirst 1994
Dunkerton, Jill/Hirst, Michael (Hgg.): *Making & Meaning. The Young Michelangelo. The Artist in Rome 1496–1501. Michelangelo as a Painter on Panel*, Ausst.-Kat. National Gallery, London 1994/1995, London 1994.

Dussler 1959
Dussler, Luitpold: *Die Zeichnungen des Michelangelo. Kritischer Katalog*, Berlin 1959.

Ebert-Schifferer 1988
Ebert-Schifferer, Sibylle: ›Ripandas kapitolinischer Freskenzyklus und die Selbstdarstellung der Konservatoren um 1500‹, in: *Römisches Jahrbuch für Kunstgeschichte*, 1988, Bd. XXIII/XXIV, S. 75–218.

Echinger-Maurach 1991
Echinger-Maurach, Claudia: *Studien zu Michelangelos Juliusgrabmal*, Hildesheim/Zürich/New York 1991, 2 Bde.

Echinger-Maurach 1998a
Echinger-Maurach, Claudia: ›Zu Michelangelos Skizze für den verlorenen Bronzedavid und zum Beginn der 'gran maniera degli ignudi' in seinem Entwurf für den Marmordavid‹, in: *Zeitschrift für Kunstgeschichte*, 1998, Bd. LXI, S. 301–338.

Echinger-Maurach 1998b
Echinger-Maurach, Claudia: ›Ein Entwurf Michelangelos für den Tondo Pitti und seine Beziehungen zu Leonardo da Vinci, zu antiken Werken und zu Raffael‹, in: *Mitteilungen des Kunsthistorischen Institutes in Florenz*, 1998, Bd. XLII, S. 274–310.

Echinger-Maurach 1999/2000
Echinger-Maurach, Claudia: ›Michelangelos Statuen des 'Apollo Pubes' und Raffaels 'Apollo Citharoedus' in der 'Schule von Athen'‹, in: *Mitteilungen des Kunsthistorischen Institutes in Florenz*, 1999/2000, Bd. XLIII, S. 420–470.

Echinger-Maurach 2000
Echinger-Maurach, Claudia: ›'Gli occhi fissi nella somma bellezza del figliuolo'. Michelangelo im Wettstreit mit Leonardos Madonnenconcetti der zweiten Florentiner Periode‹, in: Michael Rohlmann/Andreas Thielemann (Hgg.): *Michelangelo. Neue Beiträge*, Akten des Michelangelo-Kolloquiums, veranstaltet vom Kunsthistorischen Institut der Universität zu Köln im Italienischen Kulturinstitut Köln, 7.–8. November 1996, München/Berlin 2000, S. 113–150.

Echinger-Maurach 2002
Echinger-Maurach, Claudia: ›Zwischen Quattrocento und Barock: Michelangelos Entwurf für das Juliusgrabmal in New York‹, in: Joachim Poeschke et al. (Hgg.): *Praemium virtutis: Grabmonumente und Begräbniszeremoniell im Zeichen des Humanismus*, Münster 2002, S. 257–277.

Echinger-Maurach 2003
Echinger-Maurach, Claudia: ›Michelangelo's Monument for Julius II in 1534‹, in: *The Burlington Magazine*, 2003, Bd. CXLV, S. 336–344.

Echinger-Maurach 2007
Echinger-Maurach, Claudia: ›Michelangelos 'San Pietro in abito di Papa': Eine letzte Skulptur für St. Peter?‹, in: Johannes Myssok/Jürgen Wiener/Manfred Luchterhandt/Adriano Peroni (Hgg.): *Docta Manus*, Studien zur italienischen Skulptur für Joachim Poeschke, Münster 2007, S. 279–288.

Echinger-Maurach 2009
Echinger-Maurach, Claudia: *Michelangelos Grabmal für Papst Julius II.*, München 2009.

Eisler 1967
Eisler, Colin T.: ›The Madonna of the Steps: Problems of Date and Style‹, in: *Stil und Überlieferung in der Kunst des Abendlandes*, Akten des 21. internationalen Kongresses für Kunstgeschichte in Bonn, 1964, Berlin 1967, Bd. II, S. 115–121.

Eisler 1996
Eisler, Colin T.: ›Michelangelo and the Payne Whitney Marble: His Development by Imitation and Deception‹, in: *Apollo*, 1996, Bd. CXLIV, S. 7–13.

Elam 1979
Elam, Caroline: ›The Site and Early Building History of Michelangelo's New Sacristy‹, in: *Mitteilungen des Kunsthistorischen Institutes in Florenz*, 1979, Bd. XXIII, S. 155–186.

Elam 1990
Elam, Caroline: ›Il palazzo del contesto della città‹, in: Cristina Acidini Luchinat/Giovanni Cherubini (Hgg.): *Il Palazzo Medici-Riccardi di Firenze*, Ausst.-Kat. Florenz, 1990, Florenz 1990, S. 44–57.

Elam 1992a
Elam, Caroline: ›Lorenzo de' Medici's Sculpture Garden‹, in: *Mitteilungen des Kunsthistorischen Institutes in Florenz*, 1992, Bd. XXXVI, S. 41–84.

Elam 1992b
Elam, Caroline: ›Il giardino delle sculture di Lorenzo de' Medici‹, in: Paola Barocchi (Hg.): *Il giardino di San Marco. Maestri e compagni del giovane Michelangelo*, Ausst.-Kat. Florenz, 1992, Mailand 1992, S. 159– 171.

Elam 1993
Elam, Caroline: ›Art in the Service of Liberty: Battista della Palla, Art Agent for Francis I‹, in: *I Tatti Studies*, 1993, Bd. V, S. 33–109.

Elam 1998
Elam, Caroline: ›'Che ultima Mano?' Tiberio Calcagni's *Postille* to Condivi's Life of Michelangelo‹, in: Ascanio Condivi: *Vita di Michelagnolo Buonarroti*, 1553, Nachdruck, hg. v. Giovanni Nencioni, eingel. v. Michael Hirst u. Caroline Elam, Florenz 1998, S. XXIII–XLVI.

Elam 2005
Elam, Caroline: ›'Tuscan Dispositions': Michelangelo's Florentine Architectural Vocabulary and Its Reception‹, in: *Renaissance Studies*, 2005, Bd. XIX, Nr. 1, S. 46–82.

Elam 2006a
Elam, Caroline (Hg.): *Michelangelo e il disegno di architettura*, Ausst.-Kat. Vicenza, Palazzo Barbaran da Porto, u. Florenz, Casa Buonarroti, 2006, Venedig 2006.

Elam 2006b
Elam, Caroline: ›Funzione, tipo e ricezione dei disegni di architettura di Michelangelo‹, in: dies. (Hg.): *Michelangelo e il disegno di architettura*, Ausst.-Kat. Vicenza, Palazzo Barbaran da Porto, u. Florenz, Casa Buonarroti, 2006, Venedig 2006, S. 43–73.

Emiliani 1999
Emiliani, Andrea: ›Michelangelo a Bologna‹, in: Cristina Acidini Luchinat/James D. Draper/Nicholas Penny/Kathleen Weil-Garris Brandt (Hgg.): *La giovinezza di Michelangelo*, Ausst.-Kat. Florenz, Palazzo Vecchio, Florenz 1999, S. 127–137.

Emison 1998
Emison, Patricia A.: ›The Ignudo as Proto-Capriccio‹, in: *Word and Image*, 1998, Bd. XIV, S. 281–295.

Emison 2004
Emison, Patricia A.: *Creating the 'Divine' Artist: From Dante to Michelangelo*, Leiden 2004.

Emmerling-Skala 1994
Emmerling-Skala, Andreas: *Bacchus in der Renaissance*, Hildesheim/Zürich/New York 1994, 2 Bde.

Erlande-Brandenburg 1988
Erlande-Brandenburg, Alain: *The Château of Écouen*, Paris 1988.

Fara 2000
Fara, Amelio: ›Michelangelo architetto a Firenze e il fronte bastionato da Leonardo al Buontalenti‹, in: *Mitteilungen des Kunsthistorischen Institutes in Florenz*, 1999 (2000), Bd. XLIII, S. 471–542.

Fastenrath 2000
Fastenrath, Wiebke: ›Terribilità – Bizzaria – Capriccio. Zum Dekorationssystem der Sixtinischen Decke‹, in: Michael Rohlmann/Andreas Thielemann (Hgg.): *Michelangelo. Neue Beiträge*, Akten des Michelangelo-Kolloquiums, veranstaltet vom Kunsthistorischen Institut der Universität zu Köln im Italienischen Kulturinstitut Köln, 7.–8. November 1996, München/Berlin 2000, S. 151–179.

Fehl 2002
Fehl, Philipp: ›Michelangelo's Tomb in Rome: Observations on the 'Pieta' in Florence and the 'Rondanini Pieta'‹, in: *Artibus et historiae*, 2002, Bd. XXIII, S. 9–27.

Fehrenbach 2005
Fehrenbach, Frank: ›Kohäsion und Transgression: zur Dialektik lebendiger Bilder‹, in: Ulrich Pfisterer (Hg.): *Animationen, Transgressionen: Das Kunstwerk als Lebewesen*, Berlin 2005, S. 1–40.

Ferino-Pagden 1994
Ferino-Pagden, Sylvia (Hg.): *'La prima donna del mondo'. Isabella d'Este, Fürstin und Mäzenatin der Renaissance*, Ausst.-Kat. Wien, Kunsthistorisches Museum, 1994, Wien 1994.

Ferino-Pagden 1997
Ferino-Pagden, Sylvia (Hg.): *Vittoria Colonna. Dichterin und Muse Michelangelos*, Ausst.-Kat. Wien, Kunsthistorisches Museum, 1997, Wien 1997.
Ferretti 2003
Ferretti, Emanuela: ›Between Bindo Altoviti and Cosimo I: Averardo Serristori, Medici Ambassador in Rome‹, in: Alan Chong/Donatella Pegazzano (Hgg.): *Raphael, Cellini, and a Renaissance Banker: The Patronage of Bindo Altoviti*, Ausst.-Kat. Boston, Isabella Stewart Gardner Museum, 2003/2004, u. Florenz, Museo Nazionale del Bargello, 2004, Mailand 2003, S. 456–461.
Fiorio 2004
Fiorio, Maria T.: *La Pietà Rondanini*, Martellago 2004 (= Quaderni del Castello Sforzesco, Bd. I).
Flemming 2003
Flemming, Victoria von: ›Gezähmte Phantasie: Cellinis Entwürfe für das Akademie-Siegel‹, in: Alessandro Nova/Anna Schreurs (Hgg.): *Benvenuto Cellini. Kunst und Kunsttheorie im 16. Jahrhundert*, Köln/Weimar/Wien 2003, S. 59–98.
Flemming 2004
Flemming, Victoria von: ›Der Sieg der Knaben oder von freiwilliger und unfreiwilliger Knechtschaft. Michelangelo, Caravaggio, Guido Reni und ein stummer Streit der Bilder‹, in: Mechthild Fend/Marianne Koos (Hgg.): *Männlichkeit im Blick. Visuelle Inszenierungen in der Kunst seit der Frühen Neuzeit*, Köln 2004, S. 99–119.
Forcellino 1994
Forcellino, Antonio: ›Sul ponteggio michelangiolesco per la decorazione della volta Sistina‹, in: Kathleen Weil-Garris Brandt (Hg.): *Michelangelo. La Cappella Sistina*, Atti del convegno internazionale di studi, Vatikanstadt, März 1990, Novara 1994, Bd. III, S. 57–59.
Forcellino 2001
Forcellino, Antonio: ›Questioni aperte nell'esegesi michelangiolesca‹, in: *Atti della Accademia Nazionale dei Lincei, Classe di scienze morali, storiche e filologiche*, 2001, Bd. XII, S. 717–750.
Forcellino 2002
Forcellino, Antonio: *Michelangelo Buonarroti. Storia di una passione eretica*, Turin 2002.
Forcellino 2005
Forcellino, Antonio: *Michelangelo. Una vita inquieta*, Rom 2005.
Forcellino 2007
Forcellino, Antonio: *Michelangelo. Eine Biographie*, München 2007.

Fragnito 2005

Fragnito, Gigliola: ›Vittoria Colonna e il dissenso religioso‹, in: Pina Ragionieri (Hg.): *Vittoria Colonna e Michelangelo*, Ausst.-Kat. Florenz, Casa Buonarroti, 2005, Turin 2005, S. 97–195.

Francini 1997

Francini, Carlo: ›Il basamento del David di Michelangelo‹, in: *Bollettino della Società di Studi Fiorentini*, 1997, S. 23–32.

Freedman 2003

Freedman, Luba: ›Michelangelo's Reflections on Bacchus‹, in: *Artibus et historiae*, 2003, Bd. XLVII, Nr. 47, S. 121–135.

Frey 1907

Frey, Karl: *Michelagniolo Buonarroti. Quellen und Forschungen zu seiner Geschichte und Kunst*, Berlin 1907, Bd. I.

Frey 1923–1940

Frey, Karl: *Der literarische Nachlaß Giorgio Vasaris*, München 1923–1940, 3 Bde.

Frings 1998

Frings, Marcus: ›Zu Michelangelos Architekturtheorie. Eine neue Deutung des sog. 'Prälaten-Briefes'‹, in: *Zeitschrift für Kunstgeschichte*, 1998, Bd. LXI, S. 227–243.

Frommel 1973

Frommel, Christoph L.: *Der römische Palastbau der Hochrenaissance*, Tübingen 1973, 3 Bde.

Frommel 1977

Frommel, Christoph L.: ›'Cappella Julia': Die Grabkapelle Papst Julius' II. in Neu-St. Peter‹, in: *Zeitschrift für Kunstgeschichte*, 1977, Bd. XL, S. 26–62.

Frommel 1979

Frommel, Christoph L.: *Michelangelo und Tommaso dei Cavalieri: Mit der Übertragung von Francesco Diaccetos ›Panegirico all'amore‹*, Amsterdam 1979.

Frommel 1989

Frommel, Christoph L.: ›Il Cardinale Raffaello Riario ed il Palazzo della Cancelleria‹, in: Silvia Bottaro (Hg.): *Sisto IV e Giulio II mecenati e promotori di cultura*, Atti del convegno internazionale di studi, Savona 1985, Savona 1989, S. 73–85.

Frommel 1992

Frommel, Christoph L.: ›Jacopo Gallo als Förderer der Künste: Das Grabmal seines Vaters in S. Lorenzo in Damaso und Michelangelos erste römische Jahre‹, in: Heide Froning (Hg.): *Kotinos*, Festschrift für Erika Simon, Mainz 1992, S. 450–460.

Frommel 1999
Frommel, Christoph L.: ›Raffaele Riario, la Cancelleria, il teatro e il 'Baccho' di Michelangelo‹, in: Cristina Acidini Luchinat/James D. Draper/Nicholas Penny/Kathleen Weil-Garris Brandt (Hgg.): *La giovinezza di Michelangelo*, Ausst.-Kat. Florenz, Palazzo Vecchio, Florenz 1999, S. 143–148.
Frommel 2002
Frommel, Christoph L.: ›San Giovanni dei Fiorentini a Roma‹, in: Richard J. Tuttle et al. (Hgg.): *Jacopo Barozzi da Vignola*, Mailand 2002, S. 244–245.
Frommel 2009
Frommel, Christoph L.: ›Die schwarze Ader im Gesicht‹, in: *Frankfurter Allgemeine Zeitung*, 25. 4. 2009, S. Z3.
Fučíková 1999
Fučíková, Eliška: ›Das Porphyr-Relief von Francesco Ferrucci del Tadda – ein vergessenes Werk aus den Sammlungen Rudolfs II.‹, in: *Bulletin of the National Gallery in Prague*, 1999, Bd. IX, S. 108–112.
Furlan 1975
Furlan, Caterina: ›Giovanni da Udine e Michelangelo‹, in: *Arte veneta*, 1975, Bd. XXIX, S. 150–155.
Gaborit 2000
Gaborit, Jean-René (Hg.): *Le cupidon de Manhattan: un Michel-Ange retrouvé?*, Ausst.-Kat. Paris, Louvre, 2000, Paris 2000.
Garrard 1984
Garrard, Mary D.: ›The Liberal Arts and Michelangelo's First Project for the Tomb of Julius II (with a Coda on Raphael's 'School of Athens')‹, in: *Viator*, 1984, Bd. XV, S. 335–404.
Gatti 1994
Gatti, Luca: ›'Delle cose de' pictori et sculptori si può mal promettere cosa certa': la diplomazia fiorentina presso la corte del re di Francia e il Davide bronzeo di Michelangelo Buonarroti‹, in: *Mélanges de l'École Française de Rome: Italie et Méditerranée*, 1994, Bd. CVI, S. 433–472.
Gilbert 1994
Gilbert, Creighton E.: ›Lo schizzo della scala‹, in: Kathleen Weil-Garris Brandt (Hg.): *Michelangelo. La Cappella Sistina*, Atti del convegno internazionale di studi, Vatikanstadt, März 1990, Novara 1994, Bd. III, S. 61–65.
Gilbert 2003
Gilbert, Creighton E.: ›What Is Expressed in Michelangelo's 'Non-Finito'‹, in: *Artibus et historiae*, 2003, Bd. XXIV, Nr. 48, S. 57–64.

Giovannoni 1959

Giovannoni, Gustavo: *Antonio da Sangallo il Giovane*, Rom 1959, 2 Bde.

Girardi 1988

Girardi, Enzo N.: ›La notte di Michelangelo: scultura e poesia‹, in: Antonio Franceschetti (Hg.): *Letteratura italiana e arti figurative*, Atti del XII convegno dell' Associazione Internazionale per gli Studi di Lingua e Letteratura Italiana (Toronto, Hamilton, Montreal, 6.–10. Mai 1985), Florenz 1988, Bd. II, S. 473–483.

Gizzi 1995

Gizzi, Corrado: ›Michelangelo e Dante‹, in: ders. (Hg.): *Michelangelo e Dante*, Mailand 1995, S. 221–232.

Goffen 1999

Goffen, Rona: ›Mary's Motherhood According to Leonardo and Michelangelo‹, in: *Artibus et historiae*, 1999, Bd. XX, Nr. 40, S. 35–69.

Goffen 2001

Goffen, Rona: ›Signatures: Inscribing Identity in Italian Renaissance Art‹, in: *Viator*, 2001, Bd. XXXII, S. 303–370.

Goffen 2002

Goffen, Rona: *Renaissance Rivals: Michelangelo, Leonardo, Raphael, Titian*, New Haven/London 2002.

Goffen 2007

Goffen, Rona: ›Agon der Gräber: Michelangelo, Bandinelli, Cellini, Tizian‹, in: Hannah Baader/Ulrike Müller-Hofstede/Kristine Patz/Nicola Suthor (Hgg.): *Im Agon der Künste: Paragonales Denken, ästhetische Praxis und die Diversität der Sinne*, München 2007, S. 169–194.

Goldstein 1975

Goldstein, Carl: ›Vasari and the Florentine Accademia del Disegno‹, in: *Zeitschrift für Kunstgeschichte*, 1975, Bd. XXXVIII, S. 145–152.

Goldthwaite 1968

Goldthwaite, Richard: ›The Building of the Strozzi Palace: The Construction Industry in Renaissance Florence‹, in: ders.: *Private Wealth in Renaissance Florence: A Study of Four Families*, Princeton 1968, S. 99–194.

Gombrich 1985

Gombrich, Ernst: ›Die Medici als Kunstmäzene‹, in: ders.: *Die Kunst der Renaissance: Norm und Form*, Stuttgart 1985, S. 77–78.

Goodgal 1978

Goodgal, Dana: ›Camerino of Alfonso d'Este‹, in: *Art History*, 1978, Bd. I, S. 162–190.

Gordon 1957
Gordon, Donald J.: ›Giannotti, Michelangelo and the Cult of Brutus‹, in: ders. (Hg.): *Fritz Saxl (1890–1948)*, London 1957, S. 281–296.
Gosebruch 1964
Gosebruch, Martin: ›Zum 'Disegno' des Michelangelo‹, in: ders.: *Michelangelo Buonarroti*, Würzburg 1964, S. 51–113.
Gramaccini 1985
Gramaccini, Norberto: ›Die Umwertung der Antike – Zur Rezeption des Marc Aurel in Mittelalter und Renaissance‹, in: Herbert Beck/Peter C. Bol (Hgg.): *Natur und Antike in der Renaissance*, Ausst.-Kat. Liebieghaus Museum alter Plastik, Frankfurt am Main, Frankfurt am Main 1985, S. 51–83.
Gramberg 1964
Gramberg, Werner (Hg.): *Die Düsseldorfer Skizzenbücher des Guglielmo della Porta*, Berlin 1964, 3 Bde.
Gramberg 1984
Gramberg, Werner: ›Guglielmo della Portas Grabmal für Paul III. Farnese in San Pietro in Vaticano‹, in: *Römisches Jahrbuch für Kunstgeschichte*, 1984, Bd. XXI, S. 253–364.
Gregori 1984
Gregori, Mina (Hg.): *Raffaello a Firenze: dipinti e disegni delle collezioni fiorentine*, Ausst.-Kat. Florenz, Palazzo Pitti, 1984, Florenz 1984.
Grimm 1904
Grimm, Herman: *Das Leben Michelangelo's*, Berlin/Stuttgart 1904, 2 Bde.
Gronegger 1997
Gronegger, Thomas: *Das Ricetto der Biblioteca Laurenziana: Eine Rekonstruktion des Projekts von Tribolo und ein neuer Vorschlag für die Interpretation des Briefes von Michelangelo an Vasari vom 28. September 1555 im Lichte der Auffindungen unter der Treppe*, Wien 1997.
Gronegger 2007
Gronegger, Thomas: ›Il progetto per la scala del ricetto, da Michelangelo al Tribolo a Vasari ad Ammannati. Nuove interpretazioni‹, in: Pietro Ruschi (Hg.): *Michelangelo Architetto a San Lorenzo. Quattro problemi aperti*, Ausst.-Kat. Florenz, Casa Buonarroti, 20. Juni – 12. November 2007, Florenz 2007, S. 105–123.
Gross 1992
Gross, Kenneth: *The Dream of the Moving Statue*, Ithaca/London 1992.

Günther 2001
Günther, Hubertus: ›Die Planung von San Giovanni dei Fiorentini (Rom) im Wettstreit zwischen fürstlichen Mäzenen und bürgerlichen Auftraggebern‹, in: Klaus Bergdolt/Giorgio Bonsanti (Hgg.): *Opere e giorni. Studi su mille anni di arte europea dedicati a Max Seidel*, Venedig 2001, S. 451–464.
Güse/Perrig 1997
Güse, Ernst-Gerhard/Perrig, Alexander (Hgg.): *Zeichnungen aus der Toskana. Das Zeitalter Michelangelos*, Ausst.-Kat. Saarbrücken, Saarlandmuseum, 1997, München/New York 1997.
Güthlein 1985
Güthlein, Klaus: *Der 'Palazzo Nuovo' des Kapitols*, Tübingen 1985 (= Sonderdruck aus: *Römisches Jahrbuch für Kunstgeschichte*, 1985, Bd. XXII, S. 83–190).
Hall 2005
Hall, Marcia B.: ›Introduction‹, in: dies. (Hg.): *Michelangelo's 'Last Judgement'*, Cambridge/New York 2005, S. 1–50.
Hall 2006
Hall, James: ›Desire and Disgust: Touching Artworks from 1500 to 1800‹, in: Robert Maniura (Hg.): *Presence: The Inherence of the Prototype within Images and Other Objects*, Aldershot 2006, S. 145–160.
Hartt 1965
Hartt, Frederick: *Michelangelo. Gemälde*, Köln 1965.
Hartt 1986
Hartt, Frederick: ›Leonardo and the Second Florentine Republic‹, in: *Journal of the Walters Art Gallery*, 1986, Bd. XLIV, S. 95–116.
Hartt 1994
Hartt, Frederick: ›Lo Schizzo degli Uffizi, il suo significato per il ponteggio e la cronologia‹, in: Kathleen Weil-Garris Brandt (Hg.): *Michelangelo. La Cappella Sistina*, Atti del convegno internazionale di studi, Vatikanstadt, März 1990, Novara 1994, Bd. III, S. 51–55.
Haskell/Penny 1998
Haskell, Francis/Penny, Nicholas: *Taste and the Antique*, New Haven/London 1998 (Erstausgabe 1981).
Hatfield 2002
Hatfield, Rob: *The Wealth of Michelangelo*, Rom 2002.
Heikamp 2000a
Heikamp, Detlef: ›Le cupidon de Manhattan. Un Michel-Ange retrouvé? Rezension der Ausstellung in Paris‹, in: *Kunstchronik*, 2000, Bd. LIII, S. 200–209.

Heikamp 2000b
Heikamp, Detlef: ›The Youth of Michelangelo: The New York 'Archer' Reconsidered‹, in: *Apollo*, 2000, Bd. CLI, S. 27–36.
Hellwig 2005
Hellwig, Karin: *Von der Vita zur Künstlerbiographie*, Berlin 2005.
Hemsoll 2003
Hemsoll, David: ›The Laurentian Library and Michelangelo's Architectural Method‹, in: *Journal of the Warburg and Courtauld Institutes*, 2003, Bd. LXVI, S. 29–62.
Henry/Plazzotta 2004
Henry, Tom/Plazzotta, Carol: ›Raffaels Weg von Urbino nach Rom‹, in: Hugo Chapman/Tom Henry/Carol Plazzotta (Hgg.): *Raffel. Von Urbino nach Rom*, Ausst.-Kat. London, National Gallery, 2004/2005, Stuttgart 2004, S. 15–65.
Herrmann Fiore 1995
Herrmann Fiore, Kristina: ›Disegni di Michelangelo in omaggio a Vittoria Colonna e tracce del poema di Dante‹, in: Corrado Gizzi (Hg.): *Michelangelo e Dante*, Mailand 1995, S. 95–112.
Hessler 2002
Hessler, Christiane J.: ›Maler und Bildhauer im sophistischen Tauziehen. Der Paragone in der italienischen Kunstliteratur des 16. Jahrhunderts‹, in: Ekkehard Mai/Kurt Wettengl (Hgg.): *Wettstreit der Künste. Malerei und Skulptur von Dürer bis Daumier*, Ausst.-Kat. München, Haus der Kunst, 2002, Wolfratshausen 2002, S. 83–97.
Hirst 1988
Hirst, Michael: *Michelangelo Draftsman*, Ausst.-Kat. Washington, National Gallery of Art, 1988, Mailand 1988.
Hirst 1989
Hirst, Michael: *Michelangelo and His Drawings*, New Haven/London 1989.
Hirst 1991
Hirst, Michael: ›Michelangelo in 1505. In Memory of Giovanni Poggi‹, in: *The Burlington Magazine*, 1991, Bd. CXXXIII, S. 760–766.
Hirst 1994a
Hirst, Michael: ›I disegni preparatori‹, in: Kathleen Weil-Garris Brandt (Hg.): *Michelangelo. La Cappella Sistina*, Atti del convegno internazionale di studi, Vatikanstadt, März 1990, Novara 1994, Bd. III, S. 73–76.
Hirst 1994b
Hirst, Michael: ›The Sculptor of the Sleeping Cupid‹, in: Jill Dunkerton/Michael Hirst (Hgg.): *Making & Meaning. The Young Michel-*

angelo. The Artist in Rome 1496–1501. Michelangelo as a Painter on Panel, Ausst.-Kat. National Gallery, London, 1994/1995, London 1994, S. 13–28.

Hirst 1998
Hirst, Michael: ›Introduction‹, in: Ascanio Condivi: *Vita di Michelagnolo Buonarroti*, Rom 1553, Nachdruck, hg. v. Giovanni Nencioni, eingel. v. ders. u. Caroline Elam, Florenz 1998, S. I–XX.

Hirst 1999
Hirst, Michael: ›'...per lui il mondo ha così nobil opera'. Michelangelo und Papst Clemens VII.‹, in: *Hochrenaissance im Vatikan. Kunst und Kultur im Rom der Päpste I, 1503–1534*, Ausst.-Kat. Bonn, Kunst- und Ausstellungshalle der Bundesrepublik Deutschland, 1999/2000, Ostfildern-Ruit 1999, S. 429–431.

Hirst 2000
Hirst, Michael: ›Michelangelo in Florence: David in 1503 and Hercules in 1506‹, in: *The Burlington Magazine*, 2000, Bd. CXLII, S. 487–492.

Hirst 2004a
Hirst, Michael: ›Michelangelo e i suoi primi biografi‹, in: ders.: *Tre saggi su Michelangelo*, Florenz 2004, S. 31–57.

Hirst 2004b
Hirst, Michael: ›Michelangelo a Firenze: il David nel 1503 e l'Ercole nel 1506‹, in: ders.: *Tre saggi su Michelangelo*, Florenz 2004, S. 59–73.

Hirst 2004c
Hirst, Michael: ›Michelangelo, Pontormo e Vittoria Colonna‹, in: ders.: *Tre saggi su Michelangelo*, Florenz 2004, S. 5–29.

Hirst 2005
Hirst, Michael: ›The Marble for Michelangelo's Taddei Tondo‹, in: *The Burlington Magazine*, 2005, Bd. CLXVII, S. 548–549.

Hirst/Mayr 1997
Hirst, Michael/Mayr, Gudula: ›Michelangelo, Pontormo und das 'Noli Me Tangere' für Vittoria Colonna‹, in: Sylvia Ferino-Pagden (Hg.): *Vittoria Colonna. Dichterin und Muse Michelangelos*, Ausst.-Kat. Wien, Kunsthistorisches Museum, 1997, Wien 1997, S. 335–344.

Hope 1971
Hope, Charles: ›The 'Camerini d'Alabastro' of Alfonso d'Este‹, in: *The Burlington Magazine*, 1971, Bd. CXIII, S. 641–650.

Hurtubise 1985
Hurtubise, Pierre: *Une famille-témoin: les Salviati*, Vatikanstadt 1985.

Huse 1965/66
Huse, Norbert: ›Ein Bilddokument zu Michelangelo's Julius II. in Bologna‹, in: *Mitteilungen des Kunsthistorischen Institutes in Florenz*, 1965/66, Bd. XII, S. 355–358.
Imorde 2008
Imorde, Joseph: ›Antiklassik: Deutsche Michelangelo-Identifikation‹, in: Joseph Imorde/Jan Pieper (Hgg.): *Die Grand Tour in Moderne und Nachmoderne*, Tübingen 2008, S. 81–99.
Jacobs 2000
Jacobs, Frederika: ›Aretino and Michelangelo, Dolce and Titian: 'Femina, Masculo, Grazia'‹, in: *Art Bulletin*, 2000, Bd. LXXXII, S. 51–67.
Jacobs 2002
Jacobs, Frederika: ›(Dis)assembling: Marsyas, Michelangelo, and the Accademia del Disegno‹, in: *Art Bulletin*, 2002, Bd. LXXXIV, S. 426–448.
Joannides 1977
Joannides, Paul: ›Michelangelo's Lost Hercules‹, in: *The Burlington Magazine*, 1977, Bd. CXIX, S. 550–555.
Joannides 1981
Joannides, Paul: ›A Supplement to Michelangelo's Lost Hercules‹, in: *The Burlington Magazine*, 1981, Bd. CXXIII, S. 20–23.
Joannides 1996
Joannides, Paul (Hg.): *Michelangelo and His Influence. Drawings from Windsor Castle*, Ausst.-Kat. Washington/Fort Worth/Chicago/Cambridge/London, 1996–1998, London 1996.
Juřen 1974
Juřen, Vladimir: ›Fecit-faciebat‹, in: *Revue de l'art*, 1974, Bd. XXVI, S. 27–30.
Kamp 1993
Kamp, Georg W.: *Marcello Venusti. Religiöse Kunst im Umfeld Michelangelos*, Egelsbach/Köln/New York 1993.
Kat. Bonn 1999
Hochrenaissance im Vatikan. Kunst und Kultur im Rom der Päpste I, 1503–1534, Ausst.-Kat. Bonn, Kunst- u. Ausstellungshalle der Bundesrepublik Deutschland, 1999/2000, Ostfildern-Ruit 1999.
Kat. Bonn 2005
Barock im Vatikan. Kunst und Kultur im Rom der Päpste 1572–1676, Ausst.-Kat. Bonn, Kunst- u. Ausstellungshalle der Bundesrepublik Deutschland, 2005, Bonn 2005.

Kat. Colmar 1991
Der hübsche Martin. Kupferstiche und Zeichnungen von Martin Schongauer (ca. 1450–1491), Ausst.-Kat. Colmar, Musée Unterlinden, 1991, Straßburg 1991.

Kat. Florenz 1985
Il Tondo Doni di Michelangelo e il suo restauro, Ausst.-Kat. Florenz, Galleria degli Uffizi, 1985, bearb. v. Caterina Caneva, Alessandro Cecchi, Antonio Godoli u. Antonio Natali, Florenz 1985 (= Gli Uffizi, Studi e Ricerche, Bd. II).

Kat. Florenz 2000
Il Crocifisso di Santo Spirito/The Crucifix of Santo Spirito, Ausst.-Kat. Florenz, hg. v. der Comune di Firenze, Assessorato alla Cultura, Florenz 2000.

Kat. Rom 2000
Die Kapitolinischen Museen, hg. v. der Comune di Roma, Assessorato alle Politiche Culturali, Rom 2000.

Kemp 1974
Kemp, Wolfgang: ›Disegno. Beiträge zur Geschichte des Begriffs zwischen 1547 und 1607‹, in: *Marburger Jahrbuch für Kunstwissenschaft*, 1974, Bd. XIX, S. 219–240.

Kemper 1999
Kemper, Max-Eugen: ›Leo X. – Giovanni de' Medici (1513–1521)‹, in: *Hochrenaissance im Vatikan. Kunst und Kultur im Rom der Päpste I, 1503–1534*, Ausst.-Kat. Bonn, Kunst- u. Ausstellungshalle der Bundesrepublik Deutschland, 1999/2000, Ostfildern-Ruit 1999, S. 30–47.

Kempers 1999
Kempers, Bram: ›Julius inter laudem et vituperationem. Ein Papst unter gegensätzlichen Gesichtspunkten betrachtet‹, in: *Hochrenaissance im Vatikan. Kunst und Kultur im Rom der Päpste I, 1503–1534*, Ausst.-Kat. Bonn, Kunst- u. Ausstellungshalle der Bundesrepublik Deutschland, 1999/2000, Ostfildern-Ruit 1999, S. 15–29.

Kempers 2004
Kempers, Bram: ›Die Erfindung eines Monuments, Michelangelo und die Metamorphosen des Juliusgrabmals‹, in: Horst Bredekamp/Volker Reinhardt (Hgg.): *Totenkult und Wille zur Macht: Die unruhigen Ruhestätten der Päpste in St. Peter*, Darmstadt 2004, S. 41–59.

Kersting 1994
Kersting, Markus: *San Giovanni dei Fiorentini in Rom und die Zentralbauideen des Cinquecento*, Worms 1994.

Klebanoff 1999
Klebanoff, Randi: ›Sacred Magnificence: Civic Intervention and the Arca of San Domenico in Bologna‹, in: *Renaissance Studies*, 1999, Bd. XIII, S. 412–429.

Klein/Weber 2009
Klein, Birgit/Weber, Annette: ›Kunst als Wirkung des Göttlichen – Der Moses des Michelangelo und die Juden Roms‹, in: *Mussaf*, Magazin der Hochschule für Jüdische Studien, Nr. I, 2009, S. 18.

Klibansky/Panofsky/Saxl 1992
Klibansky, Raimund/Panofsky, Erwin/Saxl, Fritz: *Saturn und Melancholie. Studien zur Geschichte der Naturphilosophie und Medizin, der Religion und der Kunst*, Frankfurt am Main 1992 (englische Originalausgabe 1964).

Kliemann 1991
Kliemann, Julian: ›Giorgio Vasari: Kunstgeschichtliche Perspektiven‹, in: Peter Ganz (Hg.): *Kunst und Kunsttheorie 1400–1900*, Wiesbaden 1991, S. 29–74.

Kliemann/Rohlmann 2004
Kliemann, Julian/Rohlmann, Michael: *Wandmalerei in Italien. Die Zeit der Hochrenaissance und des Manierismus 1510–1600*, München 2004.

Klotz 1990
Klotz, Heinrich: *Filippo Brunelleschi*, Stuttgart 1990.

Koch 2006
Koch, Linda A.: ›Michelangelo's Bacchus and the Art of Self-Formation‹, in: *Art History*, 2006, Bd. XXIX, S. 344–386.

Koos 2004
Koos, Marianne: ›Identität und Begehren. Bildnisse effeminierter Männlichkeit in der venezianischen Malerei des frühen 16. Jahrhunderts‹, in: Mechthild Fend/Marianne Koos (Hgg.): *Männlichkeit im Blick. Visuelle Inszenierungen in der Kunst seit der Frühen Neuzeit*, Köln 2004, S. 53–77.

Krahn 1988
Krahn, Volker: *Bartolommeo Bellano. Studien zur Paduaner Plastik des Quattrocento*, München 1988 (= Beträge zur Kunstwissenschaft, Bd. XX, zugl. Diss. Univ. Berlin 1986).

Krahn 2001
Krahn, Volker: ›Bartolomeo Bellano‹, in: Comune di Padua (Hg.): *Donatello e il suo tempo*, Ausst.-Kat. Padua, Musei Civici, 2001, Mailand 2001, S. 63–79.

Kris/Kurz 1995
Kris, Ernst/Kurz, Otto: *Die Legende vom Künstler. Ein geschichtlicher Versuch*, Frankfurt am Main 1995.
Kusch-Arnhold 2005
Kusch-Arnhold, Britta: ›Solcher Tugend gebührte nicht weniger! Die Exequien Michelangelo Buonarrotis und das Grabmal des Künstlers‹, in: Joachim Poeschke et al. (Hgg.): *Praemium Virtutis II: Grabmäler und Begräbniszeremoniell in der italienischen Hoch- und Spätrenaissance*, Münster 2005, S. 65–87.
Larson 1991
Larson, John: ›The Cleaning of Michelangelo's Taddei Tondo‹, in: *The Burlington Magazine*, 1991, Bd. CXXXIII, S. 844–846.
Laschke 1993
Laschke, Birgit: *Fra Giovan Angelo da Montorsoli. Ein Florentiner Bildhauer des 16. Jahrhunderts*, Berlin 1993 (zugl. Diss. Univ. Berlin 1990).
Lavin 1993
Lavin, Irving: ›David's Sling and Michelangelo's Bow: A Sign of Freedom‹, in: *Past – Present: Essays on Historicism in Art from Donatello to Picasso*, Berkeley 1993, S. 29–61.
Lazzarini 1996
Lazzarini, Isabella: *Fra un principe e altri stati. Relazioni di potere e forme di servizio a Mantova nell'età di Ludovico Gonzaga*, Rom 1996.
Le Mollé 1998
Le Mollé, Roland: *Giorgio Vasari im Dienst der Medici*, Stuttgart 1998.
Levine 1974
Levine, Saul: ›The Location of Michelangelo's David: The Meeting of January 25, 1504‹, in: *The Art Bulletin*, 1975, Bd. LVI, S. 31–49.
Lewis 1992
Lewis, Douglas: ›Genius Disseminated: The Influence of Michelangelo's Works on Contemporary Sculpture‹, in: *The Genius of the Sculptor in Michelangelo's Work*, Ausst.-Kat. Montreal, Museum of Fine Arts, Montreal 1992, S. 179–199.
Liebenwein 1977
Liebenwein, Wolfgang: *Studiolo. Die Entstehung eines Raumtyps und seine Entwicklung bis um 1600*, Berlin 1977.
Liebenwein 1984
Liebenwein, Wolfgang: ›Antikes Bildrecht in Michelangelos 'Area Capitolina'‹, in: *Mitteilungen des Kunsthistorischen Instituts in Florenz*, 1984, Bd. XXVIII, S. 1–32.

Liebenwein 1992
Liebenwein, Wolfgang: ›Kniende Fenster: Michelangelos Beitrag zum Florentiner Palastbau‹, in: *Almanach, 1990–1992* (Fachbereich Architektur, Technische Hochschule Darmstadt, 1992), S. 126–138.

Liebenwein 1996
Liebenwein, Wolfgang: ›Un'antiquarium per la Biblioteca Laurenziana? Riflessioni sul Ricetto di Michelangelo‹, in: *Rara Volumina*, 1996, Bd. II, S. 17–33.

Lieberman 1985
Lieberman, Ralph: ›Michelangelo's Design for the Biblioteca Laurenziana‹, in: Andrew Morrogh (Hg.): *Renaissance Studies in Honor of Craig Hugh Smyth*, Florenz 1985, S. 571–612.

Lieberman 2001
Lieberman, Ralph: ›Regarding Michelangelo's Bacchus‹, in: *Artibus et historiae*, 2001, Bd. XLIII, Nr. 43, S. 65–74.

Lightbown 1969
Lightbown, Ronald W.: ›Michelangelo's Great Tondo: Its Origins and Setting‹, in: *Apollo*, 1989, Bd. LXXXIX, S. 22–31.

Lingo 1995
Lingo, Estelle: ›The Evolution of Michelangelo's Magnifici Tomb: Program versus Process in the Iconography of the Medici Chapel‹, in: *Artibus et historiae*, 1995, Bd. XVI, S. 91–100.

Link-Heer 1986
Link-Heer, Ursula: ›Maniera: Überlegungen zur Konkurrenz von Maier und Stil (Vasari, Diderot, Goethe)‹, in: Hans Ulrich Gumbrecht/K. Ludwig Pfeiffer (Hgg.): *Stil. Geschichten und Funktionen eines kulturwissenschaftlichen Diskurselements*, Frankfurt am Main 1986, S. 93–114.

Lippincott 1989
Lippincott, Kristen: ›When Was Michelangelo Born?‹, in: *Journal of the Warburg and Courtauld Institutes*, 1989, Bd. LII, S. 228–232.

Lisner 1963
Lisner, Margrit: ›Der Kruzifixus Michelangelos im Kloster S. Spirito in Florenz‹, in: *Kunstchronik*, 1963, Bd. XVI, S. 1–2.

Lisner 1964
Lisner, Margrit: *Il crocifisso di Michelangelo in Santo Spirito a Firenze*, München 1964.

Lisner 1970
Lisner, Margrit: *Holzkruzifixe in Florenz und in der Toscana, von der Zeit um 1300 bis zum frühen Cinquecento*, München 1970 (= Italienische Forschungen, dritte Folge, Bd. IV, hg. v. Kunsthistorischen Institut Florenz).

Lisner 1980
Lisner, Margrit: ›Form und Sinngehalt von Michelangelos Kentaurenschlacht mit Notizen zu Bertoldo di Giovanni‹, in: *Mitteilungen des Kunsthistorischen Institutes in Florenz*, 1980, Bd. XXIV, S. 299–344.
Lisner 2001
Lisner, Margrit: ›Michelangelos Anfänge: Gedanken zu seinen ersten rundplastischen Arbeiten‹, in: *Münchner Jahrbuch der Bildenden Kunst*, 2001, Bd. LII, S. 17–58.
Longsworth 2002
Longsworth, Ellen L.: ›Michelangelo and the Eye of the Beholder: The Early Bologna Sculptures‹, in: *Artibus et historiae*, 2002, Bd. XLVI, S. 77–82.
Lowe 1993
Lowe, Kate J. P.: ›Patronage and Territoriality in Early Sixteenth-Century Florence‹, in: *Renaissance Studies*, 1993, Bd. VII, S. 258–271.
Lupton 1996
Lupton, Julia R.: *Afterlives of the Saints. Hagiography, Typology, and Renaissance Literature*, Stanford 1996.
Mac Dougall 1960
Mac Dougall, Elisabeth B.: ›Michelangelo and the Porta Pia‹, in: *Journal of the Society of Architectural Historians*, 1960, Bd. XXIX, S. 97–108.
Macola 2005
Macola, Novella: ›Ritratto di Giulia Gonzaga‹, in: Pina Ragionieri (Hg.): *Vittoria Colonna e Michelangelo*, Ausst.-Kat. Florenz, Casa Buonarroti, 2005, Florenz 2005, S. 109–110.
Magnani Cianetti 2000
Magnani Cianetti, Marina: ›Il chiostro michelangiolesco dell'ex certosa di Santa Maria degli Angeli a Roma‹, in: *Bollettino d'arte*, 2000, Bd. LXXXV, S. 131–152.
Mainberger 2007
Mainberger, Sabine: ›'Der Künstler selbst war abwesend.' Zu Plinius' Erzählung vom Paragone der Linien‹, in: Hannah Baader/Ulrike Müller-Hofstede/Kristine Patz/Nicola Suthor (Hgg.): *Im Agon der Künste: Paragonales Denken, ästhetische Praxis und die Diversität der Sinne*, München 2007, S. 19–31.
Majo 2005
Maio, Ippolita di: ›Vittoria Colonna, il Castello di Ischia e la cultura delle corti‹, in: Pina Ragionieri (Hg.): *Vittoria Colonna e Michelangelo*, Ausst.-Kat. Florenz, Casa Buonarroti, 2005, Turin 2005, S. 19–32.

Manca 1995
Manca, Joseph: ›Michelangelo as Painter: A Historiographic Perspective‹, in: *Artibus et historiae*, 1995, Bd. XVI, S. 111–123.
Mancinelli 1994a
Mancinelli, Fabrizio: ›Il Ponteggio di Michelangelo per la Cappella Sistina e i problemi cronologici della volta‹, in: Kathleen Weil-Garris Brandt (Hg.): *Michelangelo. La Cappella Sistina*, Atti del convegno internazionale di studi, Vatikanstadt, März 1990, Novara 1994, Bd. III, S. 43–49.
Mancinelli 1994b
Mancinelli, Fabrizio: ›Il problema degli aiuti di Michelangelo‹, in: Kathleen Weil-Garris Brandt (Hg.): *Michelangelo. La Cappella Sistina*, Atti del convegno internazionale di studi, Vatikanstadt, März 1990, Novara 1994, Bd. III, S. 107–114.
Mancinelli 2001
Mancinelli, Fabrizio: ›Michelangelo's Working Technique and Methods on the Ceiling of the Sistine Chapel‹, in: ders. (Hg.): *Michelangelo. The Sistine Chapel*, Treviso 2001, Bd. I (Report on the Restoration), S. 15–28.
Mancinelli 2003
Mancinelli, Fabrizio: ›Il 'Giudizio Universale'. La storia, la technica esecutiva, gli interventi di restauro e censura‹, in: Francesco Buranelli/Anna M. De Strobel/Giovanni Gentili (Hgg.): *La Sistina e Michelangelo. Storia e fortuna di un capolavoro*, Ausst.-Kat. Rimini, Castelsismondo; Savona, Palazzo del Commissario, 2003/2004, Mailand 2003, S. 43–55.
Mancusi-Ungaro 1971
Mancusi-Ungaro, Harold R., Jr.: *Michelangelo: The Bruges Madonna and the Piccolomini Altar*, New Haven/London 1971.
Marani 1985
Marani, Pietro C.: ›Gli ultimi Disegni di Fortificazioni di Michelangelo‹, in: Andrew Morrogh (Hg.): *Renaissance Studies in Honor of Craig Hugh Smyth*, Florenz 1985, Bd. II, S. 597–612.
Marongiu 2000
Marongiu, Marcella: ›Michelangelo e la pittura ferrarese: un modello per il 'San Procolo'‹, in: *Critica d'arte*, 2000, Bd. LXIII, S. 45–51.
Martin 1993
Martin, Thomas: ›Michelangelo's 'Brutus' and the Classicizing Portrait Bust in Sixteenth Century Italy‹, in: *Artibus et historiae*, 1993, Bd. XXVII, S. 67–83.

Martinori 1931
Martinori, Edoardo: *I Cesi. Genealogia e cronistoria di una grande famiglia urbo-romana*, Rom 1931.
Maurer 2004
Maurer, Golo: *Michelangelo. Die Architekturzeichnungen*, Regensburg 2004.
Maurer 2006
Maurer, Golo: ›Überlegungen zu Michelangelos Porta Pia‹, in: *Römisches Jahrbuch der Bibliotheca Hertziana*, 2006, Bd. XXXVII, S. 124–162.
Mendelsohn 1997
Mendelsohn, Leatrice: ›Der Florentiner Kreis: Michelangelos Sonett an Vittoria Colonna, Varchis *Lezzioni* und Bilder der Reformation‹, in: Sylvia Ferino-Pagden (Hg.): *Vittoria Colonna. Dichterin und Muse Michelangelos*, Ausst.-Kat. Wien, Kunsthistorisches Museum, 1997, Wien 1997, S. 265–273.
Mendelsohn-Martone 1998 (1978)
Mendelsohn-Martone, Leatrice: *Benedetto Varchi's 'Due Lezzioni'; Paragoni and Cinquecento Art Theory*, New York 1978, Nachdruck Ann Arbor 1998.
Metternich/Thoenes 1987
Metternich, Franz Graf Wolff: *Die frühen St.-Peter-Entwürfe 1505–1514*, aus dem Nachlaß hg., bearb. u. erg. v. Christof Thoenes, Tübingen 1987.
Middeldorf 1978
Middeldorf, Ulrich: ›The Crucifixes of Taddeo Curradi‹, in: *The Burlington Magazine*, 1978, Bd. CXX, S. 806–810.
Millon/Smyth 1976
Millon, Henry A./Smyth, Craigh H.: ›Michelangelo and St. Peter's: Observations on the Interior of the Apses, a Model of the Apse Vault, and Related Drawings‹, in: *Römisches Jahrbuch für Kunstgeschichte*, 1976, Bd. XVI, S. 137–206.
Millon/Smyth 1988
Millon, Henry A./Smyth, Craigh H.: *Michelangelo architetto. La facciata di San Lorenzo e la cupola di San Pietro*, Mailand 1988.
Moltedo 1991a
Moltedo, Alida: ›Gli affreschi sistini di Michelangelo nelle stampe antiche‹, in: dies. (Hg.): *La Sistina riprodotta*, Ausst.-Kat. Rom, Rom 1991, S. 31–39.
Moltedo 1991b
Moltedo, Alida (Hg.): *La Sistina riprodotta*, Ausst.-Kat. Rom, Rom 1991.

Monbeig Goguel 1998
Monbeig Goguel, Catherine (Hg.): *Francesco Salviati (1510–1563) o la bella maniera*, Ausst.-Kat. Rom u. Paris, Mailand 1998.

Morello 1994
Morello, Giovanni: ›La fortuna degli affreschi sistini di Michelangelo nelle incisioni del cinquecento‹, in: Kathleen Weil-Garris Brandt (Hg.): *Michelangelo. La Cappella Sistina*, Atti del convegno internazionale di studi, Vatikanstadt, März 1990, Novara 1994, Bd. III, S. 245–251.

Morét 2003
Morét, Stefan: ›Der 'paragone' im Spiegel der Plastik‹, in: Alessandro Nova/Anna Schreurs (Hgg.): *Benvenuto Cellini. Kunst und Kunsttheorie im 16. Jahrhundert*, Köln/Weimar/Wien 2003, S. 203–215.

Morresi 2000
Morresi, Manuela: *Jacopo Sansovino*, Mailand 2000.

Morrogh 1994
Morrogh, Andrew: ›The Palace of the Roman People: Michelangelo at the Palazzo dei Conservatori‹, in: *Römisches Jahrbuch der Bibliotheca Hertziana*, 1994, Bd. XXIX, S. 129–186.

Möseneder 1985
Möseneder, Karl: ›Werke Michelangelos als Movens ikonographischer Erfindung‹, in: *Mitteilungen des Kunsthistorischen Institutes in Florenz*, 1985, Bd. XXIX, S. 363–365.

Möseneder 2008
Möseneder, Karl: ›'MORBIDO, MORBIDEZZA': Zum Begriff und zur Realisation des 'Weichen' in der Plastik des Cinquecento‹, in: Johannes Myssok/Jürgen Wiener/Manfred Luchterhandt/Adriano Peroni (Hgg.): *Docta Manus*, Studien zur italienischen Skulptur für Joachim Poeschke, Münster 2007, S. 289–299.

Mussolin 2006a
Mussolin, Mauro: ›Studi di piante per la Cappella Sforza in Santa Maria Maggiore a Roma; studi di piante e di alzati per Santa Maria degli Angeli a Roma‹, in: Caroline Elam (Hg.): *Michelangelo e il disegno di architettura*, Ausst.-Kat. Vicenza, Palazzo Barbaran da Porto, u. Florenz, Casa Buonarroti, 2006, Venedig 2006, S. 205–207.

Mussolin 2006b
Mussolin, Mauro: ›Forme 'in fieri'. I modelli architettonici nella progettazione di Michelangelo‹, in: Caroline Elam (Hg.): *Michelangelo e il disegno di architettura*, Ausst.-Kat. Vicenza, Palazzo Barbaran da Porto, und Florenz, Casa Buonarroti, 2006, Venedig 2006, S. 95–111.

Myssok 1999
Myssok, Johannes: *Bildhauerische Konzeption und plastisches Modell in der Renaissance*, Münster 1999.
Nagel 1996
Nagel, Alexander: ›Observations on Michelangelo's Late Pieta Drawings and Sculptures‹, in: *Zeitschrift für Kunstgeschichte*, 1996, Bd. LIX, S. 548–572.
Nagel 1997
Nagel, Alexander: ›Gifts for Michelangelo and Vittoria Colonna‹, in: *The Art Bulletin*, 1997, Bd. LXXIX, S. 647–668.
Nagel 2000
Nagel, Alexander: *Michelangelo and the Reform of Art*, Cambridge 2000.
Natali 1985
Natali, Antonio: ›L'antico, le scritture e l'occasione. Ipotesi sul Tondo Doni‹, in: *Il Tondo Doni di Michelangelo e il suo restauro*, Ausst.-Kat. Florenz, Galleria degli Uffizi, 1985, bearb. v. Caterina Caneva, Alessandro Cecchi, Antonio Godoli, Antonio Natali, Florenz 1985 (= Gli Uffizi, Studi e ricerche, Bd. II), S. 21–37.
Nesselrath 1999
Nesselrath, Arnold: ›Päpstliche Malerei der Hochrenaissance und des frühen Manierismus‹, in: *Hochrenaissance im Vatikan. Kunst und Kultur im Rom der Päpste I, 1503–1534*, Ausst.-Kat. Bonn, Kunst- u. Ausstellungshalle der Bundesrepublik Deutschland, 1999/2000, Ostfildern-Ruit 1999, S. 240–258.
Nova 1985
Nova, Alessandro: *Michelangelo. Der Architekt*, Mailand 1985.
Nova 1988
Nova, Alessandro: *The Artistic Patronage of Pope Julius III (1550–1555): Profane Imagery and Buildings for the De Monte Family in Rome*, New York/London 1988.
Nova/Schreurs 2003
Nova, Alessandro/Schreurs, Anna (Hgg.): *Benvenuto Cellini. Kunst und Kunsttheorie im 16. Jahrhundert*, Köln/Weimar/Wien 2003.
Nutton 1993
Nutton, Vivian: ›Humoralism‹, in: William F. Bynum (Hg.): *Companion Encyclopedia of the History of Medicine*, London 1993, Bd. I, S. 281–291.
Padoan 1980
Padoan, Giorgio: ›A casa di Tiziano, una sera d'agosto‹, in: *Tiziano e Venezia*, Convegno internazionale di studi, Venedig, 27. September – 1. Oktober 1976, Turin 1980, S. 357–367.

Pagnotta 1987
Pagnotta, Laura: *Giuliano Bugiardini*, Mailand 1987.
Panofsky 1989
Panofsky, Erwin: *Idea: ein Beitrag zur Begriffsgeschichte der älteren Kunsttheorie*, Berlin 1989.
Panofsky 1991
Panofsky, Gerda S.: *Michelangelos 'Christus' und sein römischer Auftraggeber*, Worms 1991 (= Römische Studien der Bibliotheca Hertziana, Bd. V).
Paoletti 1978
Paoletti, John T.: ›The Bargello 'David' and Public Sculpture in Fifteenth-Century Florence‹, in: Wendy Stedman Sheard/John T. Paoletti (Hgg.): *Collaboration in Italian Renaissance Art*, New Haven/London 1978, S. 99–112.
Paoletti 1992
Paoletti, John T.: ›Michelangelo's Masks‹, in: *The Art Bulletin*, 1992, Bd. LXXIV, S. 423–440.
Paoletti 2000
Paoletti, John T.: ›The Rondanini 'Pieta': Ambiguity Maintained through the Palimpsest‹, in: *Artibus et historiae*, 2000, Bd. XXI, S. 53–80.
Paolucci 1997
Paolucci, Antonio: *Michelangelo. Le Pietà*, Mailand 1997.
Parks 1975
Parks, Randolph N.: ›The Placement of Michelangelo's David: A Review of the Documents‹, in: *The Art Bulletin*, 1975, Bd. LVII, S. 560–570.
Parronchi 1964
Parronchi, Alessandro: ›Sul probabile tipo del 'Cupido dormente' di Michelangelo‹, in: *Arte antica e moderna*, 1964, Bd. XXVII, S. 281–294.
Parronchi 1967
Parronchi, Alessandro: ›Il 'Cupido dormente' di Michelangelo‹, in: *Stil und Überlieferung in der Kunst des Abendlandes*, Akten des 21. internationalen Kongresses für Kunstgeschichte in Bonn, 1964, Berlin 1967, Bd. II, S. 121–125.
Pastor 1886–1933
Pastor, Ludwig: *Geschichte der Päpste seit dem Ausgang des Mittelalters*, Freiburg i. Br. 1886–1933, 16 Teile in 22 Bänden.

Patrizi 1997
Patrizi, Giorgio: ›'Un grande amico': Vittoria Colonna und ihr Freundeskreis‹, in: Sylvia Ferino-Pagden (Hg.): *Vittoria Colonna. Dichterin und Muse Michelangelos*, Ausst.-Kat. Wien, Kunsthistorisches Museum, Wien 1997, S. 149–152.
Pedrocco 2000
Pedrocco, Filippo: *Tizian*, München 2000.
Pegazzano 2003a
Pegazzano, Donatella: ›'Il Gran Bindo Huomo Raro et Singhulare'; The Life of Bindo Altoviti‹, in: Alan Chong/Donatella Pegazzano (Hgg.): *Raphael, Cellini, and a Renaissance Banker: The Patronage of Bindo Altoviti*, Ausst.-Kat. Boston, Isabella Stewart Gardner Museum, 2003/2004, u. Florenz, Museo Nazionale del Bargello, 2004, Mailand 2003, S. 3–19.
Pegazzano 2003b
Pegazzano, Donatella: ›A Banker as Patron‹, in: Alan Chong/Donatella Pegazzano (Hgg.): *Raphael, Cellini, and a Renaissance Banker: The Patronage of Bindo Altoviti*, Ausst.-Kat. Boston, Isabella Stewart Gardner Museum, 2003/2004, u. Florenz, Museo Nazionale del Bargello, 2004, Mailand 2003, S. 59–91.
Perrig 1962
Perrig, Alexander: ›Michelangelo und Marcello Venusti: Das Problem der Verkündigungs- und Ölberg-Konzeption Michelangelos‹, in: *Wallraf-Richartz-Jahrbuch*, 1962, Bd. XXIV, S. 261–294.
Perrig 1967
Perrig, Alexander: ›Bemerkungen zur Freundschaft zwischen Michelangelo und Tommaso de' Cavalieri‹, in: *Stil und Überlieferung in der Kunst des Abendlandes*, Akten des 21. internationalen Kongresses für Kunstgeschichte in Bonn, 1964, Berlin 1967, Bd. II, S. 164–171.
Perrig 1977
Perrig, Alexander: *Michelangelo-Studien: Die 'Michelangelo'-Zeichnungen Benvenuto Cellinis*, Frankfurt am Main/Bern 1977, Bd. IV (= Kunstwissenschaftliche Studien, Bd. IV).
Perrig 1991
Perrig, Alexander: *Michelangelo's Drawings. The Science of Attribution*, übers. v. Michael Joyce, New Haven/London 1991.
Perrig 1997a
Perrig, Alexander: ›Michelangelo als Entwerfer‹, in: Ernst-Gerhard Güse/Alexander Perrig (Hgg.): *Zeichnungen aus der Toskana. Das Zeitalter Michelangelos*, Ausst.-Kat. Saarbrücken, Saarlandmuseum, 1997, München/New York 1997, S. 40–53.

Perrig 1997b

Perrig, Alexander: ›Das ‘Zeitalter Michelangelos’‹, in: Ernst-Gerhard Güse/Alexander Perrig (Hgg.): *Zeichnungen aus der Toskana. Das Zeitalter Michelangelos*, Ausst.-Kat. Saarbrücken, Saarlandmuseum, 1997, München/New York 1997, S. 10–28.

Perrig 2003

Perrig, Alexander: ›Cellini als Zeichner oder: Die Wiederkehr seiner in Paris hinterlassenen Blätter‹, in: Alessandro Nova/Anna Schreurs (Hgg.): *Benvenuto Cellini. Kunst und Kunsttheorie im 16. Jahrhundert*, Köln/Weimar/Wien 2003, S. 125–160.

Pestilli 2000

Pestilli, Livio: ›Michelangelo's Pietà: Lombard Critics and Plinian Sources‹, in: *Source*, 2000, Bd. XIX, S. 21–30.

Petronio 1992

Petronio, Giuseppe: *Geschichte der italienischen Literatur*, Tübingen/Basel 1992, 3 Bde.

Pfisterer 2003

Pfisterer, Ulrich: ›Erste Werke und Autopoiesis: Der Topos künstlerischer Frühbegabung im 16. Jahrhundert‹, in: Ulrich Pfisterer/Max Seidel (Hgg.): *Visuelle Topoi: Erfindung und tradiertes Wissen in den Künsten der italienischen Renaissance*, München 2003 (= Italienische Forschungen des Kunsthistorischen Institutes in Florenz, Bd. IV, Folge 3), S. 263–302.

Pfisterer 2005

Pfisterer, Ulrich: ›Zeugung der Idee – Schwangerschaft des Geistes: Sexualisierte Metaphern und Theorien zur Werkgenese in der Renaissance‹, in: Ulrich Pfisterer (Hg.): *Animationen, Transgressionen: Das Kunstwerk als Lebewesen*, Berlin 2005, S. 41–72.

Plon 1887

Plon, Eugène: *Les maîtres italiens au service de la maison d'Autriche. Leone Leoni, sculpteur de Charles-Quint et Pompeo Leoni, sculpteur de Philippe II*, Paris 1887, S. 304–306.

Poeschel 2000

Poeschel, Sabine: ›‘Capricci straordinari e nuovi’. Michelangelos ‘Ahnen Christi’ in der Sixtinischen Kapelle‹, in: Michael Rohlmann/Andreas Thielemann (Hgg.): *Michelangelo. Neue Beiträge*, Akten des Michelangelo-Kolloquiums, veranstaltet vom Kunsthistorischen Institut der Universität zu Köln im Italienischen Kulturinstitut Köln, 7.–8. November 1996, München/Berlin 2000, S. 181–203.

Poeschel 2001
Poeschel, Sabine: ›Moses und die Frauen des Jakob: Das Konzept des Julius-Grabes von 1545‹, in: dies. (Hg.): *Heilige und profane Bilder: Kunsthistorische Beiträge aus Anlaß des 65. Geburtstags von Herwarth Röttgen*, Weimar 2001, S. 55–78.

Poeschke 1990
Poeschke, Joachim: *Die Skulptur der Renaissance in Italien. Donatello und seine Zeit*, München 1990, Bd. I.

Poeschke 1992
Poeschke, Joachim: *Die Skulptur der Renaissance in Italien. Michelangelo und seine Zeit*, München 1992, Bd. II.

Poeschke 2000
Poeschke, Joachim: ›Ein Michelangelo in New York?‹, in: *Kunstchronik*, 2000, Bd. LIII, S. 189–194.

Poeschke 2005
Poeschke, Joachim: ›Historizität und Symbolik im Figurenprogramm der Medici-Kapelle‹, in: ders. et al. (Hgg.): *Praemium Virtutis II: Grabmäler und Begräbniszeremoniell in der italienischen Hoch- und Spätrenaissance*, Münster 2005, S. 145–169.

Pon 1996a
Pon, Lisa: ›Michelangelo's Lives: Sixteenth-Century Books by Vasari, Condivi, and Others‹, in: *Sixteenth Century Journal*, 1996, Bd. XXVII, Nr. 4, S. 1015–1037.

Pon 1996b
Pon, Lisa: ›Michelangelo's First Signature‹, in: *Source*, 1996, Bd. XV, S. 16–21.

Pope-Hennessy 1996a
Pope-Hennessy, John: *An Introduction to Italian Sculpture: Italian Renaissance Sculpture*, London 1996 (EA 1958), Bd. II.

Pope-Hennessy 1996b
Pope-Hennessy, John: *An Introduction to Italian Sculpture: Italian High Renaissance and Baroque Sculpture*, London 1996 (EA 1963), Bd. III.

Pope-Hennessy 2000
Pope-Hennessy, John: *An Introduction to Italian Sculpture: Italian Gothic Sculpture*, London 2000 (EA 1955), Bd. I.

Portoghesi/Zevi 1964
Paolo Portoghesi/Bruno Zevi (Hgg.): *Michelangiolo architetto*, Turin 1964.

Preimesberger 2003
Preimesberger, Rudolf: ›Rilievo und Michelangelo: '...benche ignorantemente'‹, in: Ulrich Pfisterer/Max Seidel (Hgg.): *Visuelle Topoi: Erfindung und tradiertes Wissen in den Künsten der italienischen Renaissance*, München/Berlin 2003, S. 303–316.

Preimesberger/Baader/Suthor 1999
Preimesberger, Rudolf/Baader, Hannah/Suthor, Nicola (Hgg.): *Porträt*, Berlin 1999 (= Geschichte der klassischen Bildgattungen in Quellentexten u. Kommentaren, Bd. II).

Prinz 1966
Prinz, Wolfram: *Vasaris Sammlung von Künstlerbildnissen*, Florenz 1966 (= Mitteilungen des Kunsthistorischen Institutes in Florenz, Beiheft zu Bd. XII).

Procacci 1967
Procacci, Ugo: *La Casa Buonarroti a Firenze*, Mailand 1967.

Procacci/Baldini 1966
Procacci, Ugo/Baldini, Umberto: ›Il restauro del crocifisso di Santo Spirito‹, in: *Atti del convegno di studi Michelangioleschi Firenze-Roma 1964*, hg. v. Comitato Nazionale per le Onoranze a Michelangiolo, Rom 1966, S. 317–321.

Prosperi 2001
Prosperi, Adriano: ›Michelangelo: una devozione eretica?‹, in: *Rendiconti/Accademia Nazionale Dei Lincei, classe di scienze morali, storiche e filologiche*, 2001, Bd. XII, S. 701–715.

Prosperi 2002
Prosperi, Adriano: ›Michelangelo e gli 'spirituali'‹, in: Adriano Forcellino: *Michelangelo Buonarroti. Storia di una passione eretica*, Turin 2002, S. IX–XXXVII.

Quiviger 1987
Quiviger, François: ›Benedetto Varchi and the Visual Arts‹, in: *Journal of the Warburg and Courtauld Institutes*, 1987, Bd. L, S. 219–224.

Ragionieri 2003
Ragionieri, Pina (Hgg.): *Michelangelo tra Firenze e Roma*, Ausst.-Kat. Rom, Palazzo di Venezia, u. Siracusa, Galleria Civica d'Arte Contemporanea 'Montevergini', Florenz 2003.

Ragionieri 2005
Ragionieri, Pina (Hg.): *Vittoria Colonna e Michelangelo*, Ausst.-Kat. Florenz, Casa Buonarroti, 2005, Turin 2005.

Ragionieri 2006a
Ragionieri, Pina: ›Leone Leoni: Medaglia di Michelangelo‹, in: Caroline Elam (Hg.): *Michelangelo e il disegno di architettura*, Ausst.-Kat. Vicenza, Palazzo Barbaran da Porto, u. Florenz, Casa Buonarroti, 2006, Venedig 2006, S. 161–162.

Ragionieri 2006b
Ragionieri, Pina: ›Ritratto di Michelangelo Buonarroti‹, in: Caroline Elam (Hg.): *Michelangelo e il disegno di architettura*, Ausst.-Kat. Vicenza, Palazzo Barbaran da Porto, u. Florenz, Casa Buonarroti, 2006, Venedig 2006, S. 162–163.

Ragionieri 2006c
Ragionieri, Pina: ›La collezione di disegni di Michelangelo della Casa Buonarroti‹, in: Caroline Elam (Hg.): *Michelangelo e il disegno di architettura*, Ausst.-Kat. Vicenza, Palazzo Barbaran da Porto, u. Florenz, Casa Buonarroti, 2006, Venedig 2006, S. 75–79.

Ragionieri 2007
Ragionieri, Pina (Hg.): *Michelangelo. La 'Leda' e la seconda repubblica fiorentina/Michelangelo, Die 'Leda' und die zweite florentinische Republik*, Ausst.-Kat. Turin/Bonn, 2007, Mailand 2007.

Ragionieri 2008
Ragionieri, Pina: *Il volto di Michelangelo*, Ausst.-Kat. Florenz, 7. Mai – 30. November 2008, Florenz 2008.

Rapetti 2001
Rapetti, Caterina: *Michelangelo, Carrara e 'I Maestri di Cavar Marmi'*, Florenz 2001 (= Quaderni dell'Istituto di Storia della Cultura Materiale, Bd. I).

Raspe 2007
Raspe, Martin: ›Basilica di Santa Maria degli Angeli e dei Martiri‹, in: *Rom. Meisterwerke der Baukunst von der Antike bis heute*, Festgabe für Elisabeth Kieven, hg. v. Christina Strunck, Petersberg 2007, S. 246–250.

Rebecchini 2002
Rebecchini, Guido: *Private Collectors in Mantua, 1500–1630*, Rom 2002.

Redig de Campos 1965
Redig de Campos, Deoclecio: ›Das Porträt Michelangelos mit dem Turban von Giuliano Bugiardini‹, in: Gerd von der Osten/Georg Kauffmann (Hgg.): *Festschrift für Herbert von Einem zum 16. Februar 1965*, Berlin 1965, S. 49–51.

Redín 2003
Redín, Gonzalo: ›Giacomo Del Duca, il ciborio della certosa di Padula e il ciborio di Michelangelo per Santa Maria degli Angeli‹, in: *Antologia di belle arti*, 2003, Bd. LXIII–LXVI, S. 129–139.
Reiss 1999
Reiss, Sheryl E.: ›Clemens VII.‹, in: *Hochrenaissance im Vatikan. Kunst und Kultur im Rom der Päpste I, 1503–1534*, Ausst.-Kat. Bonn, Kunst- u. Ausstellungshalle der Bundesrepublik Deutschland, 1999/2000, Ostfildern-Ruit 1999, S. 55–69.
Riklin 1996
Riklin, Alois: *Giannotti, Michelangelo und der Tyrannenmord*, Bern/Göttingen 1996.
Risaliti/Vossilla 2008
Risaliti, Sergio/Vossilla, Francesco: *Michelangelo. La zuffa dei centauri*, Mailand 2008.
Robertson 1983
Robertson, David A.: ›Michelangelo's Saint Proculus Reconstructed‹, in: *Art Bulletin*, 1983, Bd. LXV, S. 658–660.
Robertson 1986
Robertson, Charles: ›Bramante, Michelangelo, and the Sistine Ceiling‹, in: *Journal of the Warburg and Courtauld Institutes*, 1986, Bd. XLIX, S. 91–105.
Robertson 1992
Robertson, Clare: *Il gran cardinale Alessandro Farnese, Patron of the Arts*, New Haven/London 1992.
Rohlmann 1995
Rohlmann, Michael: *Michelangelos 'Jonas'. Zum Programm der Sixtinischen Kapelle*, Weimar 1995.
Rohlmann 1996
Rohlmann, Michael: ›Michelangelos Bronzestatue von Julius II.: Zu Geschichte und Bedeutung päpstlicher Ehrentore in Bologna und Ascoli‹, in: *Römisches Jahrbuch der Bibliotheca Hertziana*, 1996, Bd. XXXI, S. 187–206.
Rohlmann/Thielemann 2000
Rohlmann, Michael/Thielemann, Andreas (Hgg.): *Michelangelo. Neue Beiträge*, Akten des Michelangelo-Kolloquiums, veranstaltet vom Kunsthistorischen Institut der Universität zu Köln im Italienischen Kulturinstitut Köln, 7.–8. November 1996, München/Berlin 2000.

Romani 2003
Romani, Vittoria (Hg.): *Daniele da Volterra amico di Michelangelo*, Ausst.-Kat. Florenz, Casa Buonarroti, 2003/2004, Florenz 2003.

Rosen 2001
Rosen, Valeska von: *Mimesis und Selbstbezüglichkeit in Werken Tizians: Studien zum venezianischen Malereidiskurs*, Emsdetten/Berlin 2001 (= Zephir 1, zugl. Diss. Univ. Berlin 1998).

Rosenberg 2000a
Rosenberg, Charles: ›Alfonso I d'Este, Michelangelo, and the Man Who Bought Pigs‹, in: Gabriele Neher/Rupert Shepherd (Hgg.): *Revaluing Renaissance Art*, Aldershot/Cambridge 2000, S. 89–99.

Rosenberg 2000b
Rosenberg, Raphael: *Beschreibungen und Nachzeichnungen der Skulpturen Michelangelos. Eine Geschichte der Kunstbetrachtung*, München/Berlin 2000.

Rosenberg 2003
Rosenberg, Raphael: ›'Le vedute della statua': Michelangelos Strategien zur Betrachterlenkung‹, in: Alessandro Nova/Anna Schreurs (Hgg.): *Benvenuto Cellini. Kunst und Kunsttheorie im 16. Jahrhundert*, Köln/Weimar/Wien 2003, S. 217–235.

Roskill 1968
Roskill, Mark W.: *Dolce's 'Aretino' and Venetian Art Theory of the Cinquecento*, New York 1968.

Rubin 1995
Rubin, Patricia L.: *Giorgio Vasari: Art and History*, New Haven/London 1995.

Rubinstein 1991
Rubinstein, Nicolai: ›Machiavelli and the Mural Decoration of the Hall of the Great Council of Florence‹, in: Ronald G. Kecks (Hg.): *Musagetes*, Festschrift für Wolfram Prinz zu seinem 60. Geburtstag am 5. Februar 1989, Berlin 1991, S. 275–285.

Rüdiger 1896
Rüdiger, Wilhelm: *Petrus Victorius aus Florenz. Studien zu einem Lebensbilde*, Halle 1896.

Ruschi 2007
Ruschi, Pietro: ›La Sagrestia Nuova, metamorfosi di uno spazio‹, in: ders. (Hg.): *Michelangelo architetto a San Lorenzo. Quattro problemi aperti*, Ausst.-Kat. Florenz, Casa Buonarroti, 20. Juni – 12. November 2007, Florenz 2007, S. 15–49.

Russo 1995
Russo, Laura: ›Marcello Venusti e Michelangelo‹ in: Corrado Gizzi (Hg.): *Michelangelo e Dante*, Mailand 1995, S. 143–148.
Saalman 1978
Saalman, Howard: ›Michelangelo at St. Peter's: The Arberino Correspondence‹, in: *Art Bulletin*, 1978, Bd. LX, Nr. 3, S. 483–493.
Saalman 1985
Saalman, Howard: ›The New Sacristy of San Lorenzo before Michelangelo‹, in: *Art Bulletin*, 1985, Bd. LXVII, S. 199–228.
Samaran 1921
Samaran, Charles: *Jean de Bilhères Lagraulas, Cardinal de Saint-Denis: un diplomate français sous Louis XI et Charles VIII*, Paris 1921.
Sambin De Norcen 2003/2004
Sambin De Norcen, Maria Teresia: ›Michelangelo e Clemente VII: corrispondenza e corrispondenti nella genesi della sacrestia Nuova e della biblioteca Laurenziana‹, in: *Annali di architettura*, 2003/2004, Bd. XV, S. 75–87.
Samsonow 1998
Samsonow, Elisabeth von: ›Die Schöne und das Alphabet. Zur Mnemotechnik des Petrus von Ravenna‹, in: Aleida Assmann/Manfred Weinberg/Martin Windisch (Hgg.): *Medien des Gedächtnisses*, Stuttgart/Weimar 1998, S. 72–89.
Saslow 1996
Saslow, James M.: ›The Unconsummated Portrait: Michelangelo's Poems about Art‹, in: Amy Golahny (Hg.): *The Eye of the Poet: Studies in the Reciprocity of the Visual and Literary Arts from the Renaissance to the Present*, Lewisburg 1996, S. 79–101.
Satzinger 2001
Satzinger, Georg: ›Michelangelos Grabmal Julius' II. in S. Pietro in Vincoli‹, in: *Zeitschrift für Kunstgeschichte*, 2001, Bd. LXIV, S. 177–222.
Satzinger 2003/2004
Satzinger, Georg: ›Michelangelos Cappella Sforza‹, in: *Römisches Jahrbuch der Bibliotheca Hertziana*, 2003/2004, Bd. XXXV, S. 327–414.
Satzinger 2005
Satzinger, Georg: ›Die Baugeschichte von Neu-St. Peter‹, in: *Barock im Vatikan. Kunst und Kultur im Rom der Päpste 1572–1676*, Ausst.-Kat. Bonn, Kunst- u. Ausstellungshalle der Bundesrepublik Deutschland, 2005, Bonn 2005, S. 45–74.

Satzinger 2007
Satzinger, Georg: ›Michelangelo und das Licht‹, in: Johannes Myssok/Jürgen Wiener/Manfred Luchterhandt/Adriano Peroni (Hgg.): *Docta Manus*, Studien zur italienischen Skulptur für Joachim Poeschke, Münster 2007, S. 239–254.
Schiavo 1960
Schiavo, Armando: ›Profilo e testamento di Raffaelo Riario‹, in: *Studi romani*, 1960, Bd. VIII, S. 414–429.
Schlitt 2005
Schlitt, Melinda: ›Painting, Criticism, and Michelangelo's 'Last Judgement' in the Age of the Counter-Reformation‹, in: Marcia B. Hall (Hg.): *Michelangelo's 'Last Judgment'*, Cambridge/New York 2005, S. 113–149.
Schlosser 1924
Schlosser, Julius: *Die Kunstliteratur der italienischen Renaissance*, Wien 1924.
Schnitzer 1995
Schnitzer, Claudia (Hg.): *Im Lichte des Halbmonds*, Ausst.-Kat. Dresden, Albertinum, Bonn, Kunst- u. Ausstellungshalle der Bundesrepublik Deutschland, 1995/1996, Dresden 1995.
Schreurs 2000
Schreurs, Anna: *Antikenbild und Kunstanschauungen des Pirro Ligorio (1513–1583)*, Köln 2000 (= Atlas, Bonner Beiträge zur Renaissanceforschung, hg. v. Gunther Schweikhart, Bd. III).
Schulz 1975
Schulz, Jürgen: ›Michelangelo's Unfinished Works‹, in: *Art Bulletin*, 1975, Bd. LVII, S. 366–373.
Schumacher 2004
Schumacher, Andreas: ›Leone Leonis Michelangelo-Medaille. Porträt und Glaubensbekenntnis des alten Buonarroti‹, in: Georg Satzinger (Hg.): *Die Renaissance-Medaille in Italien und Deutschland*, Münster 2004, S. 169–194.
Schumacher 2007
Schumacher, Andreas: *Michelangelos Teste Divine. Idealbildnisse der Zeichenkunst*, Münster 2007.
Schwager 1973
Schwager, Klaus: ›Die Porta Pia in Rom. Untersuchungen zu einem 'verrufenen Gebäude'‹, in: *Münchner Jahrbuch der bildenden Kunst*, 1973, Bd. XXIV, S. 33–96.

Schwedes 1998
Schwedes, Kerstin: *'Historia' in 'Statua': Zur Eloquenz plastischer Bildwerke Michelangelos im Umfeld des Christus von Santa Maria sopra Minerva zu Rom*, Frankfurt am Main/Berlin/Bern/New York/Paris/Wien 1998.

Schwedes 2000a
Schwedes, Kerstin: ›Michelangelos 'Römische Pietà'‹, in: Michael Rohlmann/Andreas Thielemann (Hgg.): *Michelangelo. Neue Beiträge*, Akten des Michelangelo-Kolloquiums, veranstaltet vom Kunsthistorischen Institut der Universität zu Köln im Italienischen Kulturinstitut Köln, 7.–8. November 1996, München/Berlin 2000, S. 93–112.

Schwedes 2000b
Schwedes, Kerstin: ›Wortlose Beredsamkeit: Evokatorische Bildsprache von Michelangelos 'Römischer Pietà' und dem 'Minerva-Christus'‹, in: Hartmut Laufhütte (Hg.): *Künste und Natur in Diskursen der Frühen Neuzeit*, Wiesbaden 2000, S. 355–372.

Scorza 2003
Scorza, Rick: ›Vasari, Borghini, and Michelangelo‹, in: Frances Ames-Lewis/Paul Joannides (Hgg.): *Reactions to the Master: Michelangelo's Effect on Art and Artists in the Sixteenth Century*, Aldershot 2003, S. 180–210.

Seidel 2002
Seidel, Wolfgang: *Salustio Peruzzi (1511/12–1572). Vita und zeichnerisches Œuvre des römischen Architekten. Eine Spurensuche*, München 2002.

Serristori 1853
Serristori, Luigi (Hg.): *Legazioni di Averardo Serristori, ambasciatore di Cosimo I a Carlo Quinto e in corte di Roma*, komm. v. Giuseppe Canestrini, Florenz 1853.

Seymour 1967
Seymour, Charles, Jr.: *Michelangelo's David: A Search for Identity*, Pittsburgh 1967.

Shearman 1975
Shearman, John: ›The Collections of the Younger Branch of the Medici‹, in: *The Burlington Magazine*, 1975, Bd. CXVII, S. 12–27.

Shearman 1987
Shearman, John: ›Alfonso d'Este's Camerino‹, in: *'Il se rendit en Italie': Études offertes à André Chastel*, Rom 1987, S. 209–230.

Shearman 2003
Shearman, John: ›Art or Politics in the Piazza?‹, in: Alessandro Nova/Anna Schreurs (Hgg.): *Benvenuto Cellini. Kunst und Kunsttheorie im 16. Jahrhundert*, Köln/Weimar/Wien 2003, S. 19–36.

Shrimplin-Evangelidis 1989
Shrimplin-Evangelidis, Valerie: ›Michelangelo and Nicodemism: The Florentine Pietà‹, in: *The Art Bulletin*, 1989, Bd. LXXI, S. 58–66.

Sickel 2006
Sickel, Lothar: ›Die Sammlung des Tommaso de' Cavalieri und die Provenienz der Zeichnungen Michelangelos‹, in: *Römisches Jahrbuch der Bibliotheca Hertziana*, 2006, Bd. XXXVII, S. 163–221.

Sickel 2007
Sickel, Lothar: ›Die Zeichnungssammlung des Tommaso de' Cavalieri‹, in: Frank Zöllner/Christof Thoenes/Thomas Pöpper: *Michelangelo 1475–1564. Das vollständige Werk*, Hongkong/Köln/London/Los Angeles/Madrid/Paris/Tokyo 2007, S. 750.

Silvan 1994
Silvan, Pierluigi: ›Il ponteggio di Michelangelo per la decorazione della volta della Cappella Sistina‹, in: Kathleen Weil-Garris Brandt (Hg.): *Michelangelo. La Cappella Sistina*, Atti del convegno internazionale di studi, Vatikanstadt, März 1990, Novara 1994, Bd. III, S. 37–41.

Simoncelli 2003
Simoncelli, Paolo: ›Florentine Fuorusciti at the Time of Bindo Altoviti‹, in: Alan Chong/Donatella Pegazzano (Hgg.): *Raphael, Cellini, and a Renaissance Banker: The Patronage of Bindo Altoviti*, Ausst.-Kat. Boston, Isabella Stewart Gardner Museum, 2003/2004, u. Florenz, Museo Nazionale del Bargello, 2004, Mailand 2003, S. 285–328.

Simonetti 2005
Simonetti, Carlo M.: *La vita delle 'Vite' Vasariane*, Florenz 2005.

Smick-McIntire 1996a
Smick-McIntire, Rebekah J.: ›Evoking Michelangelo's Vatican Pietà: Transformations in the Topos of Living Stone‹, in: Amy Golahny (Hg.): *The Eye of the Poet: Studies in the Reciprocity of the Visual and Literary Arts from the Renaissance to the Present*, Lewisburg 1996, S. 24–52.

Smick-McIntire 1996b
Smick-McIntire, Rebekah J.: *Image and the Rhetorics of Feminine Compassion: Art Critical and Poetic Reception of Michelangelo's Vatican 'Pietà' in the Sixteenth and Seventeenth Centuries*, Ottawa 1996.

Sonnabend 2009
Sonnabend, Martin: *Michelangelo: Zeichnungen und Zuschreibungen*, Ausst.-Kat. Städel, Graphische Sammlung, Frankfurt am Main, Petersberg 2009.
Spriti 1995
Spriti, Andrea: ›Leone Leoni nel duomo di Milano: il mausoleo del Medeghino‹, in: Maria L. Gatti Perer (Hg.): *Leone Leoni tra Lombardia e Spagna* (Monografie di 'arte lombarda', i maestri, Bd. IV), Akten der internationalen Tagung, Menaggio, 25.–26. September 1993, Mailand 1995, S. 11–20.
Starn 1968
Starn, Randolph: *Donato Giannotti and His 'Epistolae'*, Genf 1968.
Stefaniak 2008
Stefaniak, Regina: *Mysterium Magnum: Michelangelo's Tondo Doni*, Leiden/Boston 2008.
Steinberg 1989
Steinberg, Leo: ›Michelangelo's Florentine Pietà: The Missing Leg Twenty Years After‹, in: *The Art Bulletin*, 1989, Bd. LXXI, S. 480–505.
Steiner 1991
Steiner, Reinhard: *Prometheus. Ikonologie und anthropologische Aspekte der bildenden Kunst vom 14. bis zum 17. Jahrhundert*, München 1991.
Steinmann 1932
Steinmann, Ernst: *Michelangelo e Luigi del Riccio*, Florenz 1932.
Steinmann/Pogatscher 1906
Steinmann, Ernst/Pogatscher, Heinrich: ›Dokumente und Forschungen zu Michelangelo‹, in: *Repertorium für Kunstwissenschaft*, 1906, Bd. XXXIX, S. 387–423.
Steinmann/Wittkower 1967
Steinmann, Ernst/Wittkower, Rudolf: *Michelangelo Bibliographie I, 1510–1926*, Hildesheim 1967 (Erstausgabe Leipzig 1927).
Stephens 1983
Stephens, John N.: *The Fall of the Florentine Republic 1512–1530*, Oxford 1983.
Stone 1961
Stone, Irving: *Michelangelo. Ein Leben in Größe und Leid*, Berlin 1961.

Strunck 2000
Strunck, Christina: ›Eine radikale Programmänderung im Palazzo Vecchio: Wie Michelangelos 'Sieger' auf Giambologna und Vasari wirkte‹, in: Michael Rohlmann/Andreas Thielemann (Hgg.): *Michelangelo. Neue Beiträge*, Akten des Michelangelo-Kolloquiums, veranstaltet vom Kunsthistorischen Institut der Universität zu Köln im Italienischen Kulturinstitut Köln, 7.–8. November 1996, München/Berlin 2000, S. 265–297.

Summers 1978
Summers, David: ›David's Scowl‹, in: Wendy Stedman Sheard/John T. Paoletti (Hgg.): *Collaboration in Italian Renaissance Art*, New Haven/London 1978, S. 113–124.

Summers 1981
Summers, David: *Michelangelo and the Language of Art*, Princeton 1981.

Symonds 1911 (2002)
Symonds, John A.: *The Life of Michelangelo Buonarroti, Based on Studies in the Archives of the Buonarroti Family at Florence*, New York 1911, Nachdruck Philadelphia (Penn.) 2002.

Tauber 2003
Tauber, Christine: ›'Mit einem Kranze aus dem Laube unserer hercynischen Wälder …'; Bildungsbürgerlicher Kunstgenuß in Deutschland und das Michelangelo-Jubiläum 1875‹, in: *Marburger Jahrbuch für Kunstwissenschaft*, 2003, Bd. XXX, S. 269–287.

Tempestini 1991
Tempestini, Anchise: ›Il cupido dormiente di Michelangelo e un dipinto veneto dei primi del Cinquecento‹, in: Ronald G. Kecks (Hg.): *Musagetes*, Festschrift für Wolfram Prinz zu seinem 60. Geburtstag am 5. Februar 1989, Berlin 1991, S. 287–298.

Thielemann 2000
Thielemann, Andreas: ›Schlachten erschauen – Kentauren gebären. Zu Michelangelos Relief der Kentaurenschlacht‹, in: Michael Rohlmann/Andreas Thielemann (Hgg.): *Michelangelo. Neue Beiträge*, Akten des Michelangelo-Kolloquiums, veranstaltet vom Kunsthistorischen Institut der Universität zu Köln im Italienischen Kulturinstitut Köln, 7.–8. November 1996, München/Berlin 2000, S. 17–92.

Thies 1982
Thies, Harmen: *Michelangelo: Das Kapitol*, München 1982.

Thoenes 2006
Thoenes, Christof: ›Michelangelos St. Peter‹, in: *Römisches Jahrbuch der Bibliotheca Hertziana*, 2006, Bd. XXXVII, S. 59–83.

Thoenes 2008
Thoenes, Christof: ›Zu Michelangelos Entwürfen für San Giovanni dei Fiorentini‹, in: Hanns Hubach (Hg.): *Reibungspunkte: Ordnung und Umbruch in Architektur und Kunst.* Festschrift für Hubertus Günther, Petersberg 2008, S. 275–280.

Tolnai 1930
Tolnai, Karl: ›Beiträge zu den späten architektonischen Projekten Michelangelos‹, in: *Jahrbuch der Preußischen Kunstsammlungen*, 1930, Bd. LI, S. 1–48.

Tolnay 1947
Tolnay, Charles de: *Michelangelo: The Youth of Michelangelo*, Princeton 1947, Bd. I.

Tolnay 1948
Tolnay, Charles de: *Michelangelo: The Medici Chapel*, Princeton 1948, Bd. II.

Tolnay 1949
Tolnay, Charles de: *Michelangelo: The Sistine Ceiling*, Princeton 1949, Bd. III.

Tolnay 1954
Tolnay, Charles de: *Michelangelo: The Tomb of Julius II*, Princeton 1954, Bd. IV.

Tolnay 1960
Tolnay, Charles de: *Michelangelo: The Final Period*, Princeton 1960, Bd. V.

Trinchieri Camiz 2003
Trinchieri Camiz, Franca: ›The 'Pietà' in Rome‹, in: Jack Wasserman: *Michelangelo's Florence Pietà*, Princeton/Oxford 2003, S. 99–107.

Tugnoli Pattaro 1974
Tugnoli Pattaro, Sandra: ›Una pagina di storia bolognese. Giovanni Francesco Aldrovandi antenato di Ulisse e la fine della Signoria Bentivoglio a Bologna‹, in: *Strenna storica bolognese*, 1974, Bd. XXIV, S. 309–319.

Tuttle 2002
Tuttle, Richard et al. (Hgg.): *Jacopo Barozzi da Vignola*, Mailand 2002.

Verdon 2003
Verdon, Timothy: ›Michelangelo and the Body of Christ. Religious Meaning in the Florence Pietà‹, in: Jack Wasserman: *Michelangelo's Florence Pietà*, Princeton/Oxford 2003.

Verspohl 2001
Verspohl, Franz-Joachim: *Michelangelo Buonarroti und Niccolò Machiavelli. Der David, die Piazza, die Republik*, Bern/Göttingen 2001.

Verspohl 2004
Verspohl, Franz-Joachim: *Michelangelo Buonarroti und Papst Julius II. Moses – Heerführer, Gesetzgeber, Musenlenker*, Bern/Göttingen 2004.
Verspohl 2007
Verspohl, Franz-Joachim: *Michelangelo Buonarroti und Leonardo da Vinci. Republikanischer Alltag und Künstlerkonkurrenz in Florenz zwischen 1501 und 1505*, Bern/Göttingen 2007.
Viatte 2003
Viatte, Françoise: ›La Bataille d'Anghiari‹, in: Varena Forcione/Françoise Viatte (Hgg.): *Léonard de Vinci. Dessins et manuscrits*, Ausst.-Kat. Paris, Musée du Louvre, 2003, Paris 2003, S. 267–268.
Vicioso 1992
Vicioso, Julia: ›La Basilica di San Giovanni dei Fiorentini a Roma. Individuazione delle vicende progettuali‹, in: *Bollettino d'arte*, 1992, Bd. LXXVII, S. 73–114.
Vitali 1995
Vitali, Christoph (Hg.): *Der Glanz der Farnese. Kunst und Sammelleidenschaft in der Renaissance*, Ausst.-Kat. München, Haus der Kunst, 1995, München 1995.
Voci 2001
Voci, Anna M.: *Il figlio prediletto del papa: Alessandro VI, il duca di Gandìa e la Pietà di Michelangelo in Vaticano: committenza e destino di un capolavoro*, Rom 2001.
Vorländer 1996
Vorländer, Karl: *Geschichte der Philosophie mit Quellentexten*, hg. v. Herbert Schnädelbach, Hamburg 1996, 3 Bde.
Wallace 1992a
Wallace, William E.: ›Michelangelo's Rome Pietà. Altarpiece or Grave Memorial?‹, in: Steven C. Bule/Alan P. Darr/Fiorella Superbi Gioffredi (Hgg.): *Verrocchio and Late Quattrocento Italian Sculpture. Acts of Two Conferences Commemorating the Fifth Centenary of Verrocchio's Death*, Florenz 1992, S. 243–255.
Wallace 1992b
Wallace, William E.: ›Michelangelo: In and Out of Florence between 1500 and 1508‹, in: Serafina Hager (Hg.): *Leonardo, Michelangelo, and Raphael in Renaissance Florence from 1500 to 1508*, Washington 1992, S. 55–88.
Wallace 1994
Wallace, William E.: *Michelangelo at San Lorenzo: The Genius as Entrepreneur*, Cambridge 1994.

Wallace 2000
Wallace, William E.: ›Michelangelo, Tiberio Calcagni, and the Florentine 'Pietà'‹, in: *Artibus et historiae*, 2000, Bd. XXI, Nr. 42, S. 81–99.
Wallace 2001
Wallace, William E.: ›Michelangelo's 'Leda': The Diplomatic Context‹, in: *Renaissance Studies*, 2001, Bd. XV, S. 473–499.
Wallace 2003
Wallace, William E.: ›Michelangelo and Marcello Venusti: A Case of Multiple Authorship‹, in: Frances Ames-Lewis/Paul Joannides (Hgg.): *Reactions to the Master: Michelangelo's Effect on Art and Artists in the Sixteenth Century*, Aldershot 2003, S. 137–156.
Wallace 2005
Wallace, William E.: ›Michelangelo ha ha‹, in: Anne B. Barriault/Andrew Ladis/Norman E. Land/Jeryldene M. Wood (Hgg.): *Reading Vasari*, London 2005, S. 235–243.
Wang 2004
Wang, Aileen J.: ›Michelangelo's Signature‹, in: *Sixteenth Century Journal*, 2004, Bd. XXXV, S. 447–473.
Warnke 1993
Warnke, Martin: ›Schneedenkmäler‹, in: Michael Diers (Hg.): *Mo(nu)mente: Formen und Funktionen ephemerer Denkmäler*, Berlin 1993, S. 51–59.
Warnke 1996
Warnke, Martin: *Hofkünstler. Zur Vorgeschichte des modernen Künstlers*, Köln 1996.
Warren 1999
Warren, Jeremy: *Renaissance Master Bronzes from the Ashmolean Museum Oxford. The Fortnum Collection*, Ausst.-Kat. London, Galerie Daniel Katz, 1999, Oxford 1999.
Wasserman 2003
Wasserman, Jack: *Michelangelo's Florence Pietà*, Princeton/Oxford 2003.
Watt 2001
Watt, Mary A.: ›The Reception of Dante in the Time of Cosimo I‹, in: Konrad Eisenbichler (Hg.): *The Cultural Politics of Duke Cosimo I de' Medici*, Aldershot 2001, S. 121–134.
Waźbiński 1976
Waźbiński, Zygmunt: ›L'idée de l'histoire dans la première et la seconde édition des 'Vies' de Vasari‹, in: *Il Vasari storiografo e artista*, Atti del congresso internazionale nel IV centenario della morte, Arezzo–Florenz, 2.–8. September 1974, Florenz 1976, S. 1–25.

Waźbiński 1987
Waźbiński, Zygmunt: *L'Accademia Medicea del Disegno a Firenze nel Cinquecento*, Florenz 1987, 2 Bde.
Weddigen 1996
Weddigen, Tristan: ›Aus der Not eine Tugend: Michelangelos 'David' difficilissimamente facile/A Virtue of Necessity: Michelangelo's 'David' difficilissimamente facile‹, in: *Daidalos*, 1996, Bd. LIX, S. 80– 91.
Weil-Garris 1981
Weil-Garris, Kathleen: ›Bandinelli and Michelangelo: A Problem of Artistic Identity‹, in: Moshe Barasch/Lucy Freeman Sandler (Hgg.): *Art the Ape of Nature: Studies in Honor of H. W. Janson*, New York 1981, S. 223–251.
Weil-Garris 1983
Weil-Garris, Kathleen: ›On Pedestals: Michelangelo's David, Bandinelli's Hercules and Cacus and the Sculpture of the Piazza della Signoria‹, in: *Römisches Jahrbuch für Kunstgeschichte*, 1983, Bd. XX, S. 377–415.
Weil-Garris Brandt 1987
Weil-Garris Brandt, Kathleen: ›Michelangelo's Pietà for the Cappella del Re di Francia‹, in: *'Il se rendit en Italie': Études offertes à André Chastel*, Rom 1987, S. 77–108.
Weil-Garris Brandt 1992a
Weil-Garris Brandt, Kathleen: ›The Nurse of Settignano: Michelangelo's Beginnings as a Sculptor‹, in: *The Genius of the Sculptor in Michelangelo's Work*, Ausst.-Kat. Montreal, Museum of Fine Arts, Montreal 1992, S. 21–43.
Weil-Garris Brandt 1992b
Weil-Garris Brandt, Kathleen: ›Michelangelo's Early Projects for the Sistine Ceiling: Their Practical and Artistic Consequences‹ in: Ann Gilkerson/Craig H. Smyth (Hgg.): *Michelangelo Drawings*, Washington 1992, S. 57–87 (= Studies in the History of Art, Bd. XXXIII).
Weil-Garris Brandt 1994
Weil-Garris Brandt, Kathleen (Hg.): *Michelangelo. La Cappella Sistina*, Atti del convegno internazionale di studi, Vatikanstadt, März 1990, Novara 1994, 3 Bde.
Weil-Garris Brandt 1996
Weil-Garris Brandt, Kathleen: ›Marble in Manhattan Attributed to Michelangelo‹, in: *The Burlington Magazine*, 1996, Bd. CXXXVIII, S. 644–659.

Weil-Garris Brandt 1997
Weil-Garris Brandt, Kathleen: ›More on Michelangelo and the Manhattan Marble‹, in: *The Burlington Magazine*, 1997, Bd. CXXXIX, S. 400–404.

Weil-Garris Brandt 1999a
Weil-Garris Brandt, Kathleen: ›I primordi di Michelangelo scultore‹, in: Cristina Acidini Luchinat/James D. Draper/Nicholas Penny/Kathleen Weil-Garris Brandt (Hgg.): *La giovinezza di Michelangelo*, Ausst.-Kat. Florenz, Palazzo Vecchio, Florenz 1999, S. 69–105.

Weil-Garris Brandt 1999b
Weil-Garris Brandt, Kathleen: ›Sogni di un 'cupido dormiente' smarrito‹, in: Cristina Acidini Luchinat/James D. Draper/Nicholas Penny/Kathleen Weil-Garris Brandt (Hgg.): *La giovinezza di Michelangelo*, Ausst.-Kat. Florenz, Palazzo Vecchio, Florenz 1999, S. 315–323.

Weinberger 1967
Weinberger, Martin: *Michelangelo the Sculptor*, London/New York 1967, 2 Bde.

Wilde 1944
Wilde, Johannes: ›The Hall of the Great Council of Florence‹, in: *Journal of the Warburg and Courtauld Institutes*, 1944, Bd. VII, S. 66–81.

Wilde 1953
Wilde, Johannes: ›Michelangelo and Leonardo‹, in: *The Burlington Magazine*, 1953, Bd. XCV, S. 65–77.

Wilde 1959
Wilde, Johannes: ›'Cartonetti' by Michelangelo‹, in: *The Burlington Magazine*, 1959, Bd. CI, S. 370–381.

Wilde 1978
Wilde, Johannes: ›Michelangelo, Vasari, and Condivi‹, in: ders.: *Michelangelo. Six Lectures*, Oxford 1978, S. 1–16.

Williams 1989
Williams, Robert: *Vincenzo Borghini and Vasari's 'Lives'*, Ann Arbor 1989 (zugl. Ph. D. thesis, Princeton 1988).

Wind 1987 (1958)
Wind, Edgar: ›Ein bacchisches Mysterium Michelangelos‹, in: ders.: *Heidnische Mysterien in der Renaissance*, übers. v. Christa Münstermann, Frankfurt am Main 1987, S. 205–219 (englische Originalausgabe 1958).

Wittkower 1933
Wittkower, Rudolf: ›Zur Peterskuppel Michelangelos‹, in: *Zeitschrift für Kunstgeschichte*, 1933, Bd. V, S. 348–370.

Wittkower 1934
Wittkower, Rudolf: ›Michelangelo's Bibliotheca Laurenziana‹, in: *The Art Bulletin*, 1934, Bd. XVI, S. 123–218.
Wittkower 1968
Wittkower, Rudolf: ›Nanni di Baccio Bigio and Michelangelo‹, in: Antje Kosegarten/Peter Tiegler (Hgg.): *Festschrift Ulrich Middeldorf*, Berlin 1968, S. 248–262.
Wittkower/Wittkower 1964
The Divine Michelangelo: The Florentine Academy's Homage on His Death in 1564, mit einer faksimilierten Ausgabe der *Esequie del Divino Michelagnolo Buonarroti*, Florenz 1564, eingel., übers. u. hg. v. Rudolf u. Margot Wittkower, London 1964.
Wittkower/Wittkower 1989 (1963)
Wittkower, Margot/Wittkower, Rudolf: *Künstler – Außenseiter der Gesellschaft*, Stuttgart 1989 (englische Originalausgabe 1963).
Zanchettin 2006
Zanchettin, Vitale: ›Un disegno sconosciuto di Michelangelo per l'architrave del tamburo della cupola di San Pietro in Vaticano‹, in: *Römisches Jahrbuch der Bibliotheca Hertziana*, 2006, Bd. XXXVII, S. 9–55.
Zanchettin 2008
Zanchettin, Vitale: ›Le verità della pietra. Michelangelo e la costruzione in travertino di San Pietro‹, in: Georg Satzinger (Hg.): *Sankt Peter in Rom 1506–2006*, Beiträge der internationalen Tagung vom 22. bis 25. Februar 2006 in Bonn, München 2008, S. 159–174.
Ziefer 2006
Ziefer, Anka: ›Michelangelo e Vasari: Il caso del disegno di Dresda‹, in: Caroline Elam (Hg.): *Michelangelo e il disegno di architettura*, Ausst.-Kat. Vicenza, Palazzo Barbaran da Porto, u. Florenz, Casa Buonarroti, 2006, Venedig 2006, S. 113–117.
Zöllner 1992
Zöllner, Frank: ›'Ogni pittore dipinge sé'; Leonardo da Vinci and 'Automimesis'‹, in: Matthias Winner (Hg.): *Der Künstler über sich in seinem Werk: Internationales Symposium der Bibliotheca Hertziana*, Rom 1989, Weinheim 1992, S. 137–160.
Zöllner 2002
Zöllner, Frank: *Michelangelos Fresken in der Sixtinischen Kapelle: Gesehen von Giorgio Vasari und Ascanio Condivi*, Freiburg i. Br. 2002.

Zöllner 2005
Zöllner, Frank: ›Vom Auftragskünstler zum Ausdruckskünstler‹, in: Maren Huberty/Roberto Ubbidiente (Hgg.): *Leonardo da Vinci all'Europa: Einem Mythos auf den Spuren*, Berlin 2005, S. 131–160.
Zöllner/Thoenes/Pöpper 2007
Zöllner, Frank/Thoenes, Christof/Pöpper, Thomas: *Michelangelo 1475–1564. Das vollständige Werk*, Hongkong et al. 2007.

Daten zu Leben und Werk

1475 Geburt Michelangelos am 6. März in der toskanischen Ortschaft Caprese westlich von Arezzo. Dort bekleidet sein Vater, Ludovico di Leonardo Buonarroti Simoni, das Amt eines Podestà. Michelangelo verbringt die ersten Jahre seiner Kindheit bei einer Amme in Settignano.

1481 Tod der Mutter. Wahrscheinlich besucht Michelangelo in dieser Zeit bereits eine Lateinschule in Florenz.

1485 Der Vater heiratet Lucrezia di Antonio di Sandro Ubaldini.

1487/88 Eintritt in die Werkstatt Domenico Ghirlandaios. Möglicherweise erlernte Michelangelo in der benachbarten Werkstatt Benedetto da Maianos auch die Bildhauerei.

1490/92 Aufnahme in die Gartenakademie und an den Hof Lorenzo de' Medicis. Nach einer *Faunsmaske* entstehen die Reliefs *Kentaurenschlacht* und *Madonna mit dem Kind* sowie Zeichnungen nach Motiven der Brancacci-Kapelle in Santa Maria del Carmine. Pietro Torrigiani bricht ihm im Streit die Nase.

1492 Tod Lorenzo de' Medicis. Wahrscheinlich arbeitet Michelangelo weiter als Hofkünstler im Auftrag für dessen Sohn Piero. Entstehung eines *Herkules* aus Marmor und eines *Kruzifixus* für den Prior von Santo Spirito.

1494 Im Oktober flieht Michelangelo kurz vor der Vertreibung der Medici aus Florenz nach Venedig und nach Bologna. Dort skulptiert er einen *Heiligen Petronius*, einen *Heiligen Prokulus* und einen *Engel* für die Arca des Heiligen Dominikus in San Petronio.

1495 Rückkehr nach Florenz. Entstehung eines *Johannesknaben* und eines *Schlafenden Cupido*, der als vermeintliche Antike an Kardinal Riario in Rom verkauft wird.

1496 Michelangelo reist nach Rom und erhält von Kardinal Riario den Auftrag zur Anfertigung eines lebensgroßen *Bacchus* für seinen Garten. Darüber hinaus entsteht ein *Cupido-Apoll.*

1497/98 Auftrag für die *Pietà* durch den französischen Kardinal Lagraulas.

1500 Im Juli Aufstellung der *Pietà* in einer Kapelle in Sankt Peter.

1501 Im März Rückkehr Michelangelos nach Florenz. Die Florentiner Domopera erteilt Michelangelo am 16. August den Auftrag für den *David*. Zuvor hatte er bereits einen Auftrag für das *Grabmal Papst Pius' III.* im Dom von Siena angenommen.

1502 Während der Arbeit am *David* Herstellung eines Modells für eine weitere *David*-Skulptur aus Bronze für Pierre de Rohan, den Marschall des französischen Königs. Die Figur wird 1508 gegossen.

1503 Auftrag zur Anfertigung von zwölf Apostelfiguren für den Dom von Florenz, Santa Maria del Fiore.

1504 Aufstellung des *David* auf der Piazza della Signoria. In dieser Zeit Entstehung verschiedener Madonnentondi (*Tondo Pitti, Tondo Taddei, Tondo Doni*) und der Skulptur einer *Madonna mit dem Kind* für die Familie Mouscron. Die Signoria beauftragt Michelangelo, in Konkurrenz zu Leonardo da Vincis *Schlacht von Anghiari* ein Fresko der *Schlacht von Cascina* für die Sala dei Cinquecento im Palazzo Vecchio zu schaffen.

1505 Im Februar ruft Papst Julius II. Michelangelo nach Rom und beauftragt ihn mit dem Entwurf seines Grabmals. Im Juli und im August wählt der Künstler passende Steinblöcke in den Marmorbrüchen von Carrara aus. Im gleichen Zeitraum wird der Vertrag über die Apostelfiguren annulliert. Der Karton für das Fresko der *Schlacht von Cascina* bleibt in Florenz und wird später zerstört.

1506 Als es bezüglich des Grabmals Julius' II. Unstimmigkeiten gibt, verläßt Michelangelo Rom im April und geht nach Florenz. Dort entsteht wahrscheinlich der *Heilige Matthäus*, der nicht vollständig ausgeführt wird. Im November kommt es in Bologna zur Aussöhnung mit dem Papst. Es folgt der Auftrag für eine Porträtstatue des Papstes in Bronze.

1508 Im März Aufstellung der Bronzestatue Julius' II. in Bologna.

Kurze Rückkehr nach Florenz. Im April ist Michelangelo wieder in Rom, und im Mai erfolgt der Auftrag zur Ausmalung des Deckengewölbes der Sixtinischen Kapelle. Im August Unterbrechung der Arbeiten in der Sixtinischen Kapelle.

1511 Im Januar Wiederaufnahme der Arbeiten in der Kapelle. Zum Fest Mariä Himmelfahrt am 15. August läßt der Papst die bis dahin ausgeführten Gewölbefresken enthüllen.

1512 Fertigstellung der Fresken in der Sixtinischen Kapelle. Anläßlich der Vigilie zu Allerheiligen, am 31. Oktober, folgt die Enthüllung.

1513 Im Februar stirbt Julius II. Die Erben des Papstes schließen Anfang Mai einen Vertrag zur Ausführung des Grabmals. Michelangelo verändert den Entwurf, der wahrscheinlich den *Sterbenden* und den *Rebellischen Sklaven* sowie den *Moses* vorsah.

1514 Vertrag für den *Auferstandenen Christus.* Für Papst Leo X. führt Michelangelo eine Marmorfassade für dessen Privatkapelle in der Engelsburg aus.

1516 Neuer Vertrag für das Juliusgrabmal im Juli. Am Jahresende Auftrag zur Gestaltung der Fassade der Florentiner Kirche San Lorenzo. Rückkehr nach Florenz.

1517 Arbeit in den Steinbrüchen und Ausführung eines Holzmodells für die Fassade von San Lorenzo und der ›knienden‹ Fenster des Medici-Palastes.

1518 Im Januar Vertragsschluß für die Fassade von San Lorenzo.

1520 Das Projekt der Fassade für San Lorenzo wird im März aufgrund verschiedener Schwierigkeiten aufgegeben. Michelangelo übernimmt die Bauleitung und die Ausstattung der Neuen Sakristei von San Lorenzo.

1521 Fertigstellung des *Auferstandenen Christus* für die Grablege der Familie Porcari in Santa Maria sopra Minerva in Rom. Papst Leo X. stirbt Anfang Dezember.

1522/23 Während des Pontifikats Hadrians VI. und Clemens' VII. entstehen in Florenz weitere Figuren für das Juliusgrabmal, darunter der *Jugendliche Sklave*, der *Bärtige Sklave*, der *Atlas* und der *Erwachende Sklave.*

1524 Arbeit an den Medici-Grabmälern in der Neuen Sakristei von San Lorenzo. Im gleichen Jahr erhält Michelangelo den Auftrag für den Bau und die Ausgestaltung der Biblioteca Laurenziana.

1525/26 Neuer Vertrag für das Juliusgrabmal.

1527 Im Mai nehmen kaiserliche Truppen die Stadt Rom ein (*Sacco di Roma*), Papst Clemens VII. muß nach Orvieto fliehen. Zur gleichen Zeit Entmachtung der Medici in Florenz, erneute Einführung einer republikanischen Ordnung und Kommunalverwaltung.

1528 Auftrag für eine *Samson-Philister*-Gruppe.

1529 Ernennung Michelangelos zum Leiter der Befestigungsarbeiten der Republik Florenz. Im Juli Reise nach Ferrara, um militärische Unterstützung von Alfonso I. d'Este zu erwirken. Im September zweite Reise nach Ferrara. Da Florenz belagert wird, will Michelangelo über Venedig nach Frankreich reisen. Rückkehr nach Florenz im November. In diesem Zeitraum Entstehung der *Leda* (verloren) und verschiedener Festungsentwürfe.

1530 Im August Kapitulation des republikanischen Widerstands und Wiedereinsetzung der Medici-Herrschaft in Florenz. Nachdem Michelangelo sich aus Angst vor Repressalien versteckt hält, signalisiert ihm Clemens VII. im November sein Entgegenkommen. Es entsteht der *Apoll-David* für Baccio Valori, den Statthalter Clemens' VII.

1531 Modell für das Gemälde eines *Noli me tangere* für Vittoria Colonna. Ende des Jahres reist Michelangelos Gehilfe Antonio Mini mit dem Gemälde der *Leda* nach Frankreich, um es dort am französischen Hof zu präsentieren.

1532 Im April neuer Vertrag für das Juliusgrabmal. Im August reist Michelangelo nach Rom und bleibt dort bis 1533. Beginn der langjährigen Freundschaft mit Tommaso de' Cavalieri, dem er in den folgenden Jahren mehrere meisterhaft ausgeführte Zeichnungen schenkt, darunter den *Ganymed*, den *Tityos* und den *Sturz des Phaeton*.

1533 Zwischen Juni und Oktober Aufenthalt in Florenz. Ende des Jahres Rückkehr nach Rom. Dort erteilt ihm Clemens VII. wahrscheinlich den Auftrag für das *Jüngste Gericht* in der Sixtinischen Kapelle.

1534 Zwischen Juni und September Aufenthalt in Florenz. Ende September, zwei Tage vor dem Tod Papst Clemens' VII., gibt der Künstler seine Werkstatt in Florenz auf und läßt sich endgültig in Rom nieder.

1535 Papst Paul III. ernennt Michelangelo zum Leiter der künstlerischen Angelegenheiten des Vatikan. Beginn der Arbeiten am *Jüngsten Gericht* in der Sixtinischen Kapelle.

1536 Beginn der Korrespondenz mit Vittoria Colonna. Entstehung mehrerer Geschenkzeichnungen, darunter ein *Christus am Kreuz* (London, British Museum) und eine *Pietà* (Boston, Isabella Stewart Gardner Museum). Im November Aufhebung des Vertrags für das Juliusgrabmal durch ein *motu proprio* Papst Pauls III.

1537 Auftrag für die Fresken in der Cappella Paolina. Michelangelo wird im Dezember römischer Bürger.

1538/39 Versetzung der Reiterstatue Marc Aurels auf den Kapitolsplatz, mit der die Umgestaltung der Fassaden von Senatorenpalast und Konservatorenpalast und der Bau des Neuen Palastes in verschiedenen Phasen bis 1562 einhergehen.

1539/40 Entstehung des *Brutus* (Florenz, Bargello).

1541 Ende Oktober Enthüllung des *Jüngsten Gerichts*. Auftrag zur *Bekehrung Saulus'* und zur *Kreuzigung Petri* in der Cappella Paolina.

1542 Erneuter und endgültiger Vertrag für das Juliusgrabmal. Bis 1545 erfolgt die Errichtung des Grabmals in San Pietro in Vincoli.

1544 Michelangelo erkrankt im Juli schwer.

1546 Im Januar erneute Erkrankung und Pflege durch Luigi del Riccio. Nach seiner Genesung verschenkt Michelangelo zwei *Sklaven* (Paris, Musée du Louvre), die ursprünglich für das Juliusgrabmal gedacht waren, an Roberto Strozzi, den Dienstherrn Luigi del Riccios. Als Antonio da Sangallo der Jüngere stirbt, wird Michelangelo zum Festungsbaumeister von Rom und zum leitenden Architekten von Sankt Peter ernannt. Darüber hinaus beauftragt ihn Papst Paul III. mit der Bauleitung des Palazzo Farnese, dessen Fassade er mit einem viel diskutierten Gesims ausstattet. Zudem entwickelt er die Architekturordnung des Innenhofs. Im Winter entsteht das erste Modell für Sankt Peter.

1547 Im Februar stirbt Vittoria Colonna. Dieses Ereignis und seine schwere Krankheit im Vorjahr geben Michelangelo wahrscheinlich den Anstoß zur Ausarbeitung einer vierfigurigen *Pietà* (*Pietà Bandini*, Florenz, Museo dell'Opera del Duomo). Im Herbst ist das Modell für Sankt Peter fertiggestellt. Es legt den Abbruch der südlichen Querhausapsis und damit eine entscheidende Planänderung nahe. Diese markiert den Beginn der mehrere Jahre andauernden Konflikte mit den Befürwortern des Entwurfs Sangallos.

1548 In Neu-Sankt Peter läßt Michelangelo die von Antonio da Sangallo dem Jüngeren erbauten Mauern teilweise abreißen. Das Gesims zwischen Pendentifs und Kuppeltambour wird aufgemauert und ist spätestens 1552 fertiggestellt.

1549 Zwischen April und August wird ein Teil des nördlichen Querhauses errichtet. Anfang Oktober erläßt Papst Paul III. ein *motu proprio* bezüglich der Baupläne Michelangelos für Neu-Sankt Peter und entmachtet damit die Baukommission, die diese Pläne kritisiert. Als Papst Paul III. im November 1549 stirbt, wird die Bauleitung des Palazzo Farnese an Jacopo Barozzi da Vignola übertragen.

1550/51 Unter Papst Julius III. entsteht eine Treppenanlage zum oberen Garten des Belvedere. Außerdem wird ein Entwurf für die Kirche der Florentiner, San Giovanni dei Fiorentini, in Auftrag gegeben. Im gleichen Zeitraum werden Unter- und Obergeschoß der südlichen Querhausapsis von Neu-Sankt Peter fertiggestellt. Mit dem Erscheinen der ersten Auflage der *Vite* Giorgio Vasaris sowie durch verschiedene Aufträge intensiviert sich in den 1550er Jahren der Kontakt zwischen Michelangelo und Vasari.

1552 Wahrscheinlich Ausführung der sogenannten *Pietà Rondanini* (Mailand, Castello Sforzesco). Im gleichen Jahr Erneuerung des *motu proprio* zu Neu-Sankt Peter durch Papst Julius III. Stillstand der Bauarbeiten bis 1554.

1554 Im Januar Beginn der Arbeiten am Kuppeltambour, die bis 1557 dauern. Entwürfe für die römische Jesuitenkirche Il Gesù.

1555 Im März Tod Papst Julius' III. und Einsetzung von Papst Paul IV.

1556 Tod von Michelangelos Diener Pietro Urbino. Kurz davor oder danach beginnt Tiberio Calcagni in der Werkstatt Michelangelos zu arbeiten. In dieser Zeit konkretisiert sich die Planung des Kuppelbaus von Neu-Sankt Peter.

1557 Die Apsiswölbung des südlichen Querhauses wird durch einen Gehilfen fehlerhaft ausgeführt und muß abgebrochen werden. Im gleichen Jahr kommen die Arbeiten an Neu-Sankt Peter als Folge des Krieges zum Erliegen, den Papst Paul IV. mit Spanien führt. Ausführung des Kuppelmodells in Ton.

1558 Im November wird mit der Konstruktion des Kuppelmodells aus Holz für Neu-Sankt Peter begonnen, das 1561 fertiggestellt ist.

1559 Im August Tod Papst Pauls IV. und Wahl Papst Pius' IV. Michelangelo wird von der Gemeinde der Florentiner in Rom um einen Entwurf für San Giovanni dei Fiorentini gebeten.

1560 Papst Pius IV. beauftragt Leone Leoni mit einem Familiengrabmal im Mailänder Dom, an dem Michelangelo wahrscheinlich beratend mitwirkt. Zum Dank widmet Leone Michelangelo eine Porträtmedaille, die eine allegorische Darstellung auf der Rückseite zeigt. Zweiter Entwurf Michelangelos für San Giovanni dei Fiorentini, den Tiberio Calcagni dem Auftraggeber Cosimo I. de' Medici in Florenz präsentiert. Im gleichen Jahr Auftrag für die Cappella Sforza in Santa Maria Maggiore in Rom durch Kardinal Guido Ascanio Sforza.

1561 Wiederaufnahme der Arbeiten an Neu-Sankt Peter, Weiterführung des Kuppeltambours. Im gleichen Jahr Entwürfe zum Bau der Porta Pia, die unter der Leitung Tiberio Calcagnis ausgeführt wird. Beginn der Umgestaltung der römischen Diokletiansthermen zum Kirchenraum von Santa Maria degli Angeli nach Entwürfen Michelangelos.

1563 Michelangelo schenkt seinem engen Freund und Hausdiener Antonio da Casteldurante einen Betrag von 2000 Scudi als vorweggenommenes Erbe. Im Herbst versuchen sowohl Papst Pius IV. als auch Cosimo I. de' Medici das Werkstattinventar Michelangelos zu sichten.

1564 Michelangelo stirbt am 18. Februar. Einen Tag später wird im Beisein des römischen Gouverneurs und seiner Freunde sowie der Nachlaßverwalter Daniele da Volterra und Tommaso de' Cavalieri ein Inventar der Werkstatt erstellt. Am selben Tag findet eine Trauerfeier mit anschließender Beisetzung in der römischen Kirche Santi Apostoli statt. Michelangelos Neffe und Alleinerbe, Leonardo Buonarroti, trifft erst drei oder vier Tage später in Rom ein. Er sorgt für die Überführung des Leichnams nach Florenz am 9. März. Michelangelo wird schließlich in Santa Croce beigesetzt. Am 14. Juli 1564 hält die Accademia del Disegno mit der Unterstützung des Großherzogs Cosimo I. eine prunkvolle Trauerfeier in San Lorenzo ab.

Bedeutende Werke Michelangelos in Florenz

Biblioteca Medicea Laurenziana
- Vestibül (›ricetto‹) und Treppenaufgang zum Lesesaal
- Lesesaal

Casa Buonarroti
- Bozzetto der *Herkules-und-Kakus*-Gruppe
- *Kentaurenschlacht*
- *Madonna mit dem Kind (›Madonna della Scala‹)*
- Modell zur Fassade von San Lorenzo

Galleria dell'Accademia
- *Atlas*
- *Bärtiger Sklave*
- *David*
- *Erwachender Sklave*
- *Heiliger Matthäus*
- *Jugendlicher Sklave*

Museo dell' Opera del Duomo
- *›Pietà Bandini‹*

Museo Nazionale del Bargello
- *Bacchus*
- *Brutus*
- *David-Apoll*
- *Madonna mit dem Kind und dem Johannesknaben (›Tondo Pitti‹)*

Palazzo Medici Riccardi
- Fensterkonsolen, sogenannte ›finestre inginocchiate‹

Palazzo Vecchio
- *Der Sieger*

San Lorenzo, Neue Sakristei
- Kuppel und Kuppellaterne
- Grabmal des Giuliano de' Medici, Herzog von Nemours, mit den Personfikationen der *Nacht* und des *Tages*
- Grabmal des Lorenzo de' Medici, Herzog von Urbino, mit den Personifikationen der *Morgenröte* und der *Abenddämmerung*
- Grabmal des Lorenzo il Magnifico und des Giuliano de' Medici, mit der Figur einer thronenden Madonna mit dem Kind

Santo Spirito
- *Kruzifix*

Uffizien
- *Heilige Familie (›Tondo Doni‹)*

Bedeutende Werke Michelangelos in Rom

Kapitolsplatz

Palazzo Farnese
- Fassade und Innenhof

Porta Pia

San Pietro in Vincoli
- Juliusgrabmal mit *Moses*

Santa Maria degli Angeli

Santa Maria sopra Minerva
- *Auferstandener Christus*

Vatikan, Cappella Paolina, Wandfresken
- *Bekehrung des Saulus*
- *Martyrium des Heiligen Petrus*

Vatikan, Sankt-Peter
- Kuppel und südliche Apsis (›Cappella del Re‹)
- *Pietà*

Vatikan, Santa Maria Maggiore
- Cappella Sforza

Vatikan, Sixtinische Kapelle, Gewölbe- und Wandfresken
- *Die Ahnen Christi*
- Darstellungen der *Genesis* bis zum *Opfer Noahs*
- *Das Jüngste Gericht*
- *Ignudi*
- *Propheten* und *Sibyllen*

Bedeutende Werke Michelangelos ausserhalb von Florenz und Rom

Bologna, San Domenico

- Leuchterengel, *Heiliger Proculus* und *Heiliger Petronius* an der Arca des Heiligen Dominikus

Brügge, Onze-Lieve-Vrouwkerk (Nôtre Dame)

- *Thronende Madonna mit dem Kind*

London, National Gallery

- *Grablegung*
- *Muttergottes mit dem Kind, dem Johannesknaben und vier Engeln (›Manchester Madonna‹)*

London, Royal Academy

- *Madonna mit dem Kind und dem Johannesknaben (›Tondo Taddei‹)*

Mailand, Castello Sforzesco

- *›Pietà Rondanini‹*

Paris, Musée du Louvre

- *Rebellischer Sklave*
- *Sterbender Sklave*

Die Edition Giorgio Vasari

Giorgio Vasari
Lebensläufe der hervorragendsten Künstler

»Solche Unternehmungen entspringen nur der Leidenschaft. Wagenbach hat sich mit Vasaris Künstler-Viten selbst ein Geschenk gemacht.«

Horst Bredekamp, Literaturen

Kunsttheorie und Kunstgeschichte
288 Seiten mit vielen farbigen Abbildungen.

Das Leben des Parmigianino
96 Seiten mit vielen farbigen Abbildungen.

Das Leben des Raffael
208 Seiten mit vielen farbigen Abbildungen.

Das Leben des Pontormo
144 Seiten mit vielen farbigen Abbildungen.

Das Leben des Sebastiano del Piombo
96 Seiten mit vielen farbigen Abbildungen.

Das Leben des Rosso Fiorentino
96 Seiten mit vielen farbigen Abbildungen.

Giorgio Vasari. Mein Leben
192 Seiten mit vielen farbigen Abbildungen.

Das Leben des Tizian
144 Seiten mit vielen farbigen Abbildungen.

Das Leben des Giulio Romano
96 Seiten mit vielen farbigen Abbildungen.

Das Leben des Andrea del Sarto
144 Seiten mit vielen farbigen Abbildungen.

Steinschneider, Glas- und Miniaturmaler
224 Seiten mit vielen farbigen Abbildungen.

Das Leben des Leonardo da Vinci
144 Seiten mit vielen farbigen Abbildungen.

Einführung in die Künste der Architektur, Bildhauerei und Malerei
176 Seiten mit vielen farbigen Abbildungen.

Sodoma und Beccafumi
160 Seiten mit vielen farbigen Abbildungen.

Die Leben der Bildhauer des Cinquecento
320 Seiten mit vielen farbigen Abbildungen.

Das Leben des Sansovino und des Sanmicheli mit Ammannati, Palladio und Veronese
272 Seiten mit vielen farbigen Abbildungen.

Das Leben des Bramante und des Peruzzi
160 Seiten mit vielen farbigen Abbildungen.

Die Künstler der Raffael-Werkstatt
256 Seiten mit vielen farbigen Abbildungen.

Das Leben des Giorgione, Correggio, Palma il Vecchio und Lorenzo Lotto
128 Seiten mit vielen farbigen Abbildungen.

Das Leben des Piero Di Cosimo, Fra Bartolomeo und Mariotto Albertinelli
144 Seiten mit vielen farbigen Abbildungen.

Das Leben des Perino del Vaga
128 Seiten mit vielen farbigen Abbildungen.

Das Leben des Montorsoli und des Bronzino sowie der Künstler der Accademia del Disegno
256 Seiten mit vielen farbigen Abbildungen.

Das Leben des Francesco Salviati und des Cristofano Gherardi
240 Seiten mit vielen farbigen Abbildungen.

Das Leben des Daniele da Volterra und des Taddeo Zuccaro.
200 Seiten mit vielen farbigen Abbildungen.

Das Leben des Baccio Bandinelli
160 Seiten mit vielen farbigen Abbildungen.

In Vorbereitung

Botticelli, Filippino Lippi, Cosimo Rosselli und Alesso Baldovinetti • Die Sangallo-Familie • Tribolo und Pierino da Vinci

Wenn Sie über den Fortgang der Edition Giorgio Vasari informiert werden wollen oder an einer Fortsetzungs-Bestellung interessiert sind, fragen Sie uns: vertrieb@wagenbach.de
Wenn Sie mehr über den Verlag und seine Bücher wissen möchten, schreiben Sie uns eine Postkarte (mit Anschrift und ggf. e-mail). Wir verschicken immer im Herbst die *Zwiebel*, unseren Westentaschen-almanach mit Gesamtverzeichnis, Lesetexten aus unseren Büchern und Photos. *Kostenlos!*

Verlag Klaus Wagenbach Emser Straße 40/41 10719 Berlin
www.wagenbach.de

Die Übersetzung und Kommentierung des dritten Teils der *Vite* Vasaris entstand im Rahmen eines Forschungsprojekts an der Johann Wolfgang Goethe-Universität unter der Leitung von Prof. Dr. Alessandro Nova, das von der Deutschen Forschungsgemeinschaft (DFG) und der Gerda-Henkel-Stiftung gefördert wurde.

Der Verlag dankt dem Ministero degli Affari Esteri für die freundliche Unterstützung dieses Buches.

Edition Giorgio Vasari
Deutsche Erstausgabe

Verlag Klaus Wagenbach, Emser Straße 40/41, 10719 Berlin
Umschlaggestaltung Julie August, unter Verwendung einer Fotografie des *Moses* von Michelangelo © Bridgeman Berlin 2009. Die Abbildungen auf den Seiten 78–91 sowie 122–131 stammen aus dem Archivio Fotografico dei Musei Vaticani © Musei Vaticani. Das Karnickel auf Seite 1 zeichnete Horst Rudolph. Gesetzt aus der Bembo von der Offizin Götz Gorissen, Berlin. Reproduktionen: MEDIEN PROFIS, Leipzig/Kunsthistorisches Institut, Florenz. Vorsatzpapier von Schabert, Strullendorf. Gedruckt auf Schleipen Fly 05 und gebunden bei Pustet, Regensburg. Printed in Germany.

ISBN 978 3 8031 5045 5